SV

Jürgen Habermas
Faktizität und Geltung

Beiträge zur Diskurstheorie
des Rechts
und des demokratischen
Rechtsstaats

Suhrkamp

Fünfte Auflage 1997
Unveränderter Nachdruck der vierten, durchgesehenen und um Nachwort
und Literaturverzeichnis erweiterten Auflage 1994
© Suhrkamp Verlag Frankfurt am Main 1992
Alle Rechte vorbehalten
Satz und Druck:
MZ-Verlagsdruckerei GmbH, Memmingen
Printed in Germany

Die Deutsche Bibliothek – CIP-Einheitsaufnahme
Habermas, Jürgen:
Faktizität und Geltung :
Beiträge zur Diskurstheorie des Rechts
und des demokratischen Rechtsstaats /
Jürgen Habermas. – 5. Aufl. –
Frankfurt am Main : Suhrkamp, 1997
ISBN 3-518-58127-9 kart.
ISBN 3-518-58126-0 Ln.

Inhalt

Vorstudien und Ergänzungen

Vorwort

Die Rechtsphilosophie ist in Deutschland längst keine Sache der Philosophen mehr. Wenn ich Hegels Namen kaum erwähne und mich stärker auf die Kantische Rechtslehre stütze, drückt sich darin auch die Scheu vor einem Modell aus, das für uns unerreichbare Maßstäbe gesetzt hat. Es ist ja kein Zufall, daß die Rechtsphilosophie dort, wo sie den Kontakt mit der gesellschaftlichen Realität noch sucht, in die Juristischen Fakultäten abgewandert ist.[1] Allerdings vermeide ich ebenso die Anknüpfung an eine juristisch verfachlichte Rechtsphilosophie, die ihren Schwerpunkt nach wie vor in der Diskussion über Grundlagen des Strafrechts hat.[2] Was seinerzeit in Begriffen der Hegelschen Philosophie zusammengehalten werden konnte, verlangt heute ein methodenpluralistisches Vorgehen aus den Perspektiven der Rechtstheorie, der Rechtssoziologie und -geschichte, der Moral- und der Gesellschaftstheorie.

Das ist mir insofern willkommen, als ich auf diese Weise eine oft verkannte pluralistische Anlage der Theorie des kommunikativen Handelns deutlich machen kann. Die philosophischen Grundbegriffe bilden keine eigene Sprache, jedenfalls kein System mehr, das sich alles anverwandelt – sondern Mittel für die rekonstruierende Aneignung wissenschaftlicher Erkenntnisse. Dank ihrer Vielsprachigkeit kann eine Philosophie, die aus eigener Kompetenz nur noch für die Durchsichtigkeit der Grundbegriffe sorgt, auf metatheoretischer Ebene überraschende Kohärenzen aufdecken. So verzweigen sich auch die Grundannahmen der Theorie des kommunikativen Handelns in verschiedene Diskursuniversen; dort müssen sie sich in den vorgefundenen Argumentationskontexten bewähren.

Das erste Kapitel behandelt kursorisch einige Aspekte des Verhältnisses von Faktizität und Geltung, das Grundlagen der Theorie des kommunikativen Handelns berührt. Dieses im Titel angesprochene

---

1 W. Hassemer, Rechtsphilosophie, Rechtswissenschaft, Rechtspolitik, Archiv für Rechts- u. Sozialphilosophie, Beiheft 44, 1991, 130-143.

2 Den Beitrag, den die Diskurstheorie zu diesem Thema leisten könnte, skizziert K. Günther, Möglichkeiten einer diskursethischen Begründung des Strafrechts, in: H. Jung et al. (Hg.), Recht und Moral, Baden-Baden 1991, 205-217.

Problem bedarf freilich einer weitergehenden philosophischen Klärung, als ich sie hier vornehmen kann. Das zweite Kapitel skizziert einen Ansatz, der die Spannweite zwischen soziologischen Rechts- und philosophischen Gerechtigkeitstheorien in sich aufnimmt. Die beiden folgenden Kapitel führen sodann die Rekonstruktion von Teilen des klassischen Vernunftrechts im Rahmen einer Diskurstheorie des Rechts durch. Dabei operiere ich mit andernorts entfalteten Grundannahmen der Diskursethik.[3] Allerdings gelange ich jetzt zu einer anderen Bestimmung des komplementären Verhältnisses von Moral und Recht als noch in den Tanner Lectures.[4] Im fünften und sechsten Kapitel soll sich der diskurstheoretische Ansatz an zentralen Gegenständen der Rechtstheorie bewähren. Ich beziehe mich auf aktuelle Auseinandersetzungen in der Bundesrepublik und in den USA, weil ich nur mit diesen beiden Rechtstraditionen einigermaßen vertraut bin. Im siebten und achten Kapitel kläre ich den normativ gehaltvollen Begriff der deliberativen Politik und prüfe aus soziologischer Sicht Bedingungen für eine rechtsstaatliche Regulierung des Machtkreislaufs in komplexen Gesellschaften. Dabei behandele ich die Demokratietheorie hauptsächlich unter Aspekten der Legitimation. Das letzte Kapitel führt die rechtstheoretischen und die gesellschaftstheoretischen Überlegungen im Begriff des prozeduralistischen Rechtsparadigmas zusammen.

Übrigens möchte ich auf diesem Wege performativ den Einwand entkräften, daß die Theorie des kommunikativen Handelns blind sei gegenüber der Realität von Institutionen[5] – oder daß sie gar anarchistische Konsequenzen habe.[6] Einen anarchischen Kern hat freilich jenes Potential entfesselter *kommunikativer* Freiheiten, von dem die Institutionen des demokratischen Rechtsstaats zehren müssen,

3 J. Habermas, Moralbewußtsein und kommunikatives Handeln, Frankfurt/Main 1983; ders., Erläuterungen zur Diskursethik, Frankfurt/Main 1991.
4 Einen wie mir scheint normativistisch überanstrengten Zugang wählt auch K.O. Apel, Diskursethik vor der Problematik von Recht und Politik, in: K.O. Apel, M. Kettner (Hg.), Zur Anwendung der Diskursethik in Politik, Recht und Wissenschaft, Frankfurt/Main 1992, 29-61.
5 So immer wieder R. Bubner, zuletzt: Das sprachliche Medium der Politik, in: ders., Antike Themen und ihre moderne Verwandlung, Frankfurt/Main 1992, 188-202, hier 196 ff.
6 O. Höffe, Politische Gerechtigkeit, Frankfurt/Main 1987, 193 ff.

wenn sie gleiche *subjektive* Freiheiten effektiv gewährleisten sollen.

Auf juristische Fachdiskussionen mußte ich mich tiefer einlassen, als mir, dem juristischen Laien, lieb sein konnte. Währenddessen ist mein Respekt vor den eindrucksvollen konstruktiven Leistungen dieser Disziplin noch gewachsen. Die Vorschläge zur Klärung des paradigmatischen Hintergrundverständnisses von Recht und Verfassung verstehe ich als einen Diskussionsbeitrag, der sich gegen die unter juristischen Kollegen zunehmende Rechtsskepsis wendet – vor allem gegen jenen, wie ich meine, falschen Realismus, der die soziale Wirksamkeit der normativen Präsuppositionen bestehender Rechtspraktiken unterschätzt. In den Kontroversen, die wir seit dem 17. Jahrhundert kontinuierlich über die rechtliche Verfassung des politischen Gemeinwesens führen, artikuliert sich auch ein moralisch-praktisches Selbstverständnis der Moderne im ganzen. Dieses kommt gleichermaßen in den Zeugnissen eines universalistischen Moralbewußtseins wie in den freiheitlichen Institutionen des demokratischen Rechtsstaats zum Ausdruck. Die Diskurstheorie ist ein Versuch, dieses Selbstverständnis so zu rekonstruieren, daß es seinen normativen Eigensinn gegenüber szientistischen Reduktionen[7] wie gegenüber ästhetischen Assimilationen[8] behaupten kann. Die drei Geltungsdimensionen, in denen sich das Selbstverständnis der Moderne ausdifferenziert, dürfen nicht kollabieren. Nach einem Jahrhundert, das uns wie kaum ein anderes die Schrekken existierender Unvernunft gelehrt hat, sind die letzten Reste eines essentialistischen Vernunftvertrauens zerstört. Um so mehr bleibt aber die Moderne, die sich ihrer Kontingenzen bewußt geworden ist, auf eine prozedurale, und das heißt auch: auf eine gegen sich selbst prozessierende Vernunft angewiesen. Die Kritik der Vernunft ist deren eigenes Werk: dieser Kantische Doppelsinn verdankt sich der radikal antiplatonischen Einsicht, daß es weder Höheres noch Tieferes gibt, an das wir – die wir uns in unseren sprachlich strukturierten Lebensformen vorfinden – appellieren könnten.

Vor drei Jahrzehnten habe ich Marxens Versuch der Überführung

7 N. Luhmann, Beobachtungen der Moderne, Köln 1992.
8 J. Derrida, Gesetzeskraft. Der ›mystische Grund der Autorität‹, Frankfurt/Main 1991.

der Hegelschen Rechtsphilosophie in eine materialistische Geschichtsphilosophie mit den Worten kritisiert: »Marx hat … mit der Ideologiekritik am bürgerlichen Rechtsstaat die Idee der Rechtlichkeit selbst und, mit der soziologischen Auflösung der Basis natürlicher Rechte, die Intention des Naturrechts als solche für den Marxismus so nachhaltig diskreditiert, daß sich seitdem die Klammer um Naturrecht und Revolution gelöst hat. Die Parteien eines internationalisierten Bürgerkriegs haben den Nachlaß verhängnisvoll eindeutig aufgeteilt: die eine Seite hat die Erbschaft der Revolution, die andere die Ideologie des Naturrechts übernommen.«[9] Nach dem Zusammenbruch des Staatssozialismus und nach dem Ende des »Weltbürgerkrieges« liegt der theoretische Fehler der gescheiterten Partei offen zutage: sie hat das sozialistische Projekt mit dem Entwurf – und der gewaltsamen Durchsetzung – einer konkreten Lebensform verwechselt. Wenn man jedoch »Sozialismus« als Inbegriff notwendiger Bedingungen für emanzipierte Lebensformen begreift, über die sich die Beteiligten *selbst* erst verständigen müssen, erkennt man, daß die demokratische Selbstorganisation einer Rechtsgemeinschaft den normativen Kern auch dieses Projekts bildet. Auf der anderen Seite wird die Partei, die sich als die siegende sieht, ihres Triumphes nicht froh. In dem Augenblick, da sie das *ungeteilte* Erbe des moralisch-praktischen Selbstverständnisses der Moderne antreten könnte, verzagt sie vor der Aufgabe, die sozialstaatliche und ökologische Zähmung des Kapitalismus in den Furcht einflößenden Dimensionen der Weltgesellschaft energisch voranzutreiben. Wohl respektiert sie eilfertig den systemischen Eigensinn einer über Märkte gesteuerten Ökonomie; und vor einer Überdehnung des Machtmediums staatlicher Bürokratien ist sie mindestens auf der Hut. Jedoch fehlt eine auch nur annähernd ähnliche Sensibilität für die *eigentlich* gefährdete Ressource – eine in rechtlichen Strukturen aufbewahrte und regenerationsbedürftige gesellschaftliche Solidarität.

Vor der eminenten Herausforderung einer ökologischen Begrenzung des ökonomischen Wachstums und der zunehmenden Dis-

---

9 Die im Oktober 1962 gehaltenen Vorträge über »Naturrecht und Revolution« sind erschienen in: J. Habermas, Theorie und Praxis, Frankfurt/Main 1971, 89-127, hier 117 f.

parität der Lebensverhältnisse im Norden und im Süden; vor der historisch einzigartigen Aufgabe einer Umstellung staatssozialistischer Gesellschaften auf Mechanismen eines ausdifferenzierten Wirtschaftssystems; unter dem Druck der Migrationsströme aus den verelendeten Regionen des Südens und nun auch des Ostens; im Angesicht der Risiken erneuerter ethnischer, nationaler und religiöser Kriege, atomarer Erpressungen und internationaler Verteilungskämpfe – vor diesem erschreckenden Hintergrund verliert heute die Politik in den rechtsstaatlich und demokratisch verfaßten Gesellschaften des Westens Orientierung und Selbstbewußtsein. Diesseits der rhetorischen Floskeln regiert Kleinmut. Auch in den etablierten Demokratien sind die bestehenden Institutionen der Freiheit nicht mehr unangefochten, obgleich die Bevölkerungen hier eher auf mehr denn auf weniger Demokratie zu drängen scheinen. Ich vermute allerdings, daß die Beunruhigung noch einen tieferliegenden Grund hat – die Ahnung nämlich, daß im Zeichen einer vollständig säkularisierten Politik der Rechtsstaat ohne radikale Demokratie nicht zu haben und nicht zu erhalten ist. Aus dieser Ahnung eine Einsicht zu machen, ist das Ziel der vorliegenden Untersuchung. Letztlich können die privaten Rechtssubjekte nicht in den Genuß gleicher subjektiver Freiheiten gelangen, wenn sie sich nicht *selbst*, in gemeinsamer Ausübung ihrer politischen Autonomie, über berechtigte Interessen und Maßstäbe klarwerden und auf die relevanten Hinsichten einigen, unter denen Gleiches gleich und Ungleiches ungleich behandelt werden soll.

Über die Probleme und die Stimmungslagen, die unsere Situation hervorruft, mache ich mir keine Illusionen. Aber Stimmungen – und melancholische Stimmungsphilosophien – rechtfertigen nicht die defaitistische Preisgabe jener radikalen Gehalte des demokratischen Rechtsstaates, für die ich eine neue, den Umständen einer komplexen Gesellschaft angemessene Lesart vorschlage. Sonst hätte ich ein anderes literarisches Genre wählen müssen – etwa das Tagebuch eines hellenistischen Schriftstellers, der die uneingelösten Versprechen seiner untergehenden Kultur für die Nachwelt nur noch dokumentiert.

Der Anhang enthält zwei bereits auf deutsch publizierte Arbeiten. Die eine stellt den Verfahrensbegriff der Demokratie in einen größeren historischen Zusammenhang; die andere erklärt unter drei verschiedenen Aspekten den immer wieder mißverstandenen Begriff des Verfassungspatriotismus. Die vor sechs Jahren an der Harvard University gehaltenen Tanner Lectures sind bisher nur auf englisch, holländisch und italienisch erschienen. Sie sind aus Frankfurter rechtsphilosophischen Vorlesungen während des akademischen Jahres 1985/86 hervorgegangen.

Zur gleichen Zeit hatte mich das Leibniz-Programm der Deutschen Forschungsgemeinschaft überraschenderweise in die Lage versetzt, für fünf Jahre ein Forschungsprojekt meiner Wahl in Gang zu bringen. Diese zufällige Konstellation gab Anlaß für die Gründung einer rechtstheoretischen Arbeitsgemeinschaft. Sie hat den ungewöhnlich anregenden und lehrreichen Kontext gebildet, in dem ich den damals aufgenommenen Faden weiterspinnen konnte. Ich habe diese Kooperation, aus der neben vielen anderen Publikationen eine Reihe von Monographien hervorgegangen ist,[10] als besonders glücklich empfunden. Ohne die produktive Hilfe kompetenter Mitarbeiter hätte ich nicht den Mut gefaßt, das Projekt einer Rechtsphilosophie in Angriff zu nehmen; ich hätte mir auch nicht die Argumente und Kenntnisse aneignen können, die zu seiner Ausführung nötig waren. Den ständigen Mitgliedern der Arbeitsgruppe, Inge Maus, Rainer Forst, Günter Frankenberg, Klaus Günther, Bernhard Peters und Lutz Wingert, schulde ich überdies Dank für hilfreiche Kommentare zu früheren Versionen meines Manuskripts. Auch Thomas A. McCarthy bin ich für Hinweise dankbar. Klaus Günthers juristischem Sachverstand verdanke ich so viele Belehrungen, daß ich fast zögern müßte, ihn wie die anderen von der Verantwortung für meine Fehler zu entlasten – was ich hiermit aber ausdrücklich tue.

Frankfurt, im Juli 1992   J. H.

---

10 K. Günther, Der Sinn für Angemessenheit, Frankfurt/Main 1988; B. Peters, Rationalität, Recht und Gesellschaft, Frankfurt/Main 1991; I. Maus, Zur Aufklärung der Demokratietheorie, Frankfurt/Main 1992; B. Peters, Die Integration moderner Gesellschaften, Frankfurt/Main 1993; L. Wingert, Gemeinsinn und Moral, Frankfurt/Main 1993; R. Forst, Kontexte der Gerechtigkeit, Frankfurt/Main 1994.

I. Recht als Kategorie der gesellschaftlichen Vermittlung zwischen Faktizität und Geltung

Der Begriff der praktischen Vernunft als eines subjektiven Vermögens ist eine moderne Prägung. Die Umstellung der Aristotelischen Begrifflichkeit auf Prämissen der Subjektphilosophie hatte den Nachteil, daß die praktische Vernunft aus ihren Verkörperungen in kulturellen Lebensformen und politischen Lebensordnungen herausgelöst wurde. Sie hatte aber den Vorzug, daß sich die praktische Vernunft nunmehr auf das individualistisch verstandene Glück und die moralisch zugespitzte Autonomie des Einzelnen beziehen ließ – auf die Freiheit des Menschen als eines privaten Subjekts, das auch die Rollen eines Mitglieds der bürgerlichen Gesellschaft, des Staatsbürgers und des Weltbürgers übernehmen kann. In der Weltbürgerrolle verschmilzt das Individuum mit dem Menschen überhaupt – ist zugleich Ich als einzelnes und allgemeines. Diesem Begriffsrepertoire des 18. Jahrhunderts wird im 19. die Dimension der Geschichte hinzugefügt. Das einzelne Subjekt ist in seine Lebensgeschichte auf ähnliche Weise verwickelt wie die Staaten als Subjekte des Völkerrechts in die Geschichte der Nationen. Hegel prägt dafür den Begriff des objektiven Geistes. Freilich ist Hegel noch ebenso wie Aristoteles davon überzeugt, daß die Gesellschaft ihre Einheit im politischen Leben und in der Organisation des Staates findet; die praktische Philosophie der Neuzeit geht nach wie vor von der Annahme aus, daß die Individuen der Gesellschaft angehören wie die Mitglieder einem Kollektiv oder die Teile einem Ganzen – auch wenn sich das Ganze erst durch die Verbindung seiner Teile konstituieren soll.

Moderne Gesellschaften sind aber inzwischen so komplex geworden, daß auf sie diese beiden Denkfiguren – einer im Staat zentrierten Gesellschaft und der aus Individuen zusammengesetzten Gesellschaft – nicht mehr problemlos angewendet werden können. Schon die marxistische Gesellschaftstheorie hatte daraus die Konsequenz gezogen, auf eine normative Theorie des Staates zu verzichten. Hier hinterläßt die praktische Vernunft ihre geschichtsphilosophischen Spuren allerdings im Begriff einer demokratisch sich selbst verwaltenden Gesellschaft, in der die bürokratische Staatsgewalt zusammen mit der kapitalistischen Wirtschaft aufgehen sollte. Die Systemtheorie tilgt auch noch diese Spuren und verzichtet auf jeden Anschluß an normative Gehalte der praktischen Vernunft. Der Staat bildet ein Subsystem neben anderen funktional spezifizierten gesellschaftlichen Subsystemen; diese stehen füreinander in System-Umweltbeziehungen auf ähnliche Weise wie die Personen und ihre Gesellschaft. Von der Selbstbehauptung der naturalistisch begriffenen Individuen bei Hobbes führt die Linie einer konsequent verfolgten Eliminierung praktischer Vernunft bei Luhmann zur Autopoiesis selbstbezüglich gesteuerter Systeme. Weder empiristische Schrumpfformen noch Rehabilitierungsbemühungen scheinen dem Begriff der praktischen Vernunft die explanatorische Kraft, die er im Zusammenhang von Ethik und Politik, von Vernunftrecht und Moraltheorie, Geschichtsphilosophie und Gesellschaftstheorie einmal besessen hat, zurückgeben zu können.

Aus geschichtlichen Prozessen kann die Geschichtsphilosophie nur soviel Vernunft herauslesen, wie sie zuvor mit Hilfe teleologischer Begriffe in sie hineingelegt hat; ebensowenig wie aus der Geschichte lassen sich aus der naturgeschichtlichen Konstitution des Menschen normativ gerichtete Imperative für eine vernünftige Lebensführung entnehmen. Nicht weniger als die Geschichtsphilosophie verfällt eine Anthropologie à la Scheler oder Gehlen der Kritik jener Wissenschaften, die sie vergeblich philosophisch in Dienst nehmen möchte – die Schwächen der einen verhalten sich symmetrisch zu den Schwächen der anderen. Nicht viel überzeugender ist der kontextualistische Begründungsverzicht, der auf die gescheiterten anthropologischen und geschichtsphilosophischen Begründungsversuche antwortet, aber über die trotzige Berufung auf die normative Kraft des Faktischen nicht hinauskommt. Der gepriesene »nordatlantische« Entwicklungspfad des demokratischen Rechtsstaates hat uns gewiß bewahrenswerte Resultate beschieden; aber diejenigen, die zufällig nicht zu den glücklichen Erben der Gründerväter der amerikanischen Verfassung gehören, können eben in ihrer eigenen Tradition keine guten Gründe finden, die erlauben würden, das Bewahrenswerte vom Kritikbedürftigen zu unterscheiden.

Die Spuren des vernunftrechtlichen Normativismus verlieren sich also in dem Trilemma, daß wir die Gehalte einer in ihrer subjektphilosophischen Gestalt zerborstenen praktischen Vernunft weder in der Teleologie der Geschichte noch in der Konstitution des Menschen auffinden, noch aus dem zufälligen Fundus gelungener Überlieferungen begründen können. Das erklärt die Attraktivität der einzigen, wie es scheint, noch offenen Option: des forschen Dementis von Vernunft überhaupt, sei es in den dramatischen Formen einer nach-nietzscheanischen Vernunftkritik oder in der nüchternen Spielart eines sozialwissenschaftlichen Funktionalismus, der alles, was aus der Beteiligtenperspektive noch Verbindlichkeit oder überhaupt Bedeutung hat, neutralisiert. Wer in den Humanwissenschaften nicht schlechthin aufs Kontraintuitive setzen will, wird freilich auch diese Lösung wenig attraktiv finden. Ich habe deshalb mit der Theorie des kommunikativen Handelns einen anderen Weg eingeschlagen: an die Stelle der praktischen Vernunft tritt die kommunikative. Das ist mehr als ein Etikettenwechsel.

In den alteuropäischen Denktraditionen ist ein kurzschlüssiger Zusammenhang hergestellt worden zwischen praktischer Vernunft und gesellschaftlicher Praxis. Damit geriet diese Sphäre ganz in den Blickwinkel normativer oder – geschichtsphilosophisch gebrochen – kryptonormativer Fragestellungen. Wie die praktische Vernunft den Einzelnen im Handeln orientieren sollte, so wollte auch das Naturrecht – bis hin zu Hegel – die einzig richtige politische und gesellschaftliche Ordnung normativ auszeichnen. Einen anderen Sitz in der Theoriebildung erhält aber ein Vernunftkonzept, das in das sprachliche Medium verlegt und von der ausschließlichen Bindung ans Moralische entlastet wird; es kann den deskriptiven Zwecken der Rekonstruktion vorgefundener Kompetenz- und Bewußtseinsstrukturen dienen und Anschluß finden an funktionale Betrachtungsweisen und empirische Erklärungen.[1]

Die kommunikative unterscheidet sich von der praktischen Vernunft zunächst dadurch, daß sie nicht länger dem einzelnen Aktor oder einem staatlich-gesellschaftlichen Makrosubjekt zugeschrieben wird. Es ist vielmehr das sprachliche Medium, durch das sich

1 J. Habermas, Rekonstruktive vs. verstehende Sozialwissenschaften, in: ders., Moralbewußtsein und kommunikatives Handeln, Frankfurt/Main 1983, 29 ff.

Interaktionen vernetzen und Lebensformen strukturieren, welches kommunikative Vernunft ermöglicht. Diese Rationalität ist dem sprachlichen Telos der Verständigung eingeschrieben und bildet ein Ensemble zugleich ermöglichender und beschränkender Bedingungen. Wer immer sich einer natürlichen Sprache bedient, um sich mit einem Adressaten über etwas in der Welt zu verständigen, sieht sich genötigt, eine performative Einstellung einzunehmen und sich auf bestimmte Präsuppositionen einzulassen. Er muß unter anderem davon ausgehen, daß die Beteiligten ihre illokutionären Ziele ohne Vorbehalte verfolgen, ihr Einverständnis an die intersubjektive Anerkennung von kritisierbaren Geltungsansprüchen binden und die Bereitschaft zeigen, interaktionsfolgenrelevante Verbindlichkeiten, die sich aus einem Konsens ergeben, zu übernehmen. Was derart in die Geltungsbasis der Rede eingelassen ist, teilt sich auch den übers kommunikative Handeln reproduzierten Lebensformen mit. Die kommunikative Rationalität äußert sich in einem dezentrierten Zusammenhang transzendental ermöglichender, strukturbildender und imprägnierender Bedingungen, aber sie ist kein subjektives Vermögen, das den Aktoren sagen würde, was sie tun *sollen*.

Die kommunikative Vernunft ist nicht wie die klassische Gestalt der praktischen Vernunft eine Quelle für Normen des Handelns. Sie hat einen normativen Gehalt nur insofern, als sich der kommunikativ Handelnde auf pragmatische Voraussetzungen kontrafaktischer Art einlassen muß. Er muß nämlich Idealisierungen vornehmen – z.B. Ausdrücken identische Bedeutungen zuschreiben, für Äußerungen einen kontextüberschreitenden Geltungsanspruch erheben, den Adressaten Zurechnungsfähigkeit, d.h. Autonomie und Wahrhaftigkeit, sich und anderen gegenüber, unterstellen. Dabei steht der kommunikativ Handelnde unter dem ›Muß‹ einer schwachen transzendentalen Nötigung, aber er begegnet damit nicht auch schon dem präskriptiven ›Muß‹ einer Handlungsregel – ob sich dieses nun deontologisch auf die Sollgeltung eines moralischen Gebots, axiologisch auf eine Konstellation bevorzugter Werte oder empirisch auf die Wirksamkeit einer technischen Regel zurückführen läßt. Ein Kranz unvermeidlicher Idealisierungen bildet die kontrafaktische Grundlage einer faktischen Verständigungspraxis, die sich kritisch gegen ihre eigenen Resultate richten, sich selbst *transzendieren* kann. Damit bricht die Spannung zwischen Idee und Wirklichkeit in die Faktizität sprachlich strukturierter Lebensformen selber ein. Die kommunikative Alltagspraxis überfordert sich mit ihren idealisierenden Voraussetzungen; aber nur im Lichte dieser innerweltlichen Transzendenz können sich Lernprozesse vollziehen.

Die kommunikative Vernunft ermöglicht also eine Orientierung an Geltungsansprüchen, aber sie selbst gibt keine inhaltlich bestimmte Orientierung für die Bewältigung praktischer Aufgaben – sie ist weder informativ noch unmittelbar praktisch. Sie erstreckt sich einerseits auf das ganze Spektrum von Geltungsansprüchen der propositionalen Wahrheit, der subjektiven Wahrhaftigkeit und der normativen Richtigkeit und reicht insofern über den Bereich moralisch-praktischer Fragen hinaus. Andererseits bezieht sie sich nur auf Einsichten – auf kritisierbare Äußerungen, die grundsätzlich argumentativer Klärung zugänglich sind – und bleibt insofern hinter einer praktischen Vernunft zurück, die auf Motivierung, die Lenkung des Willens abzielt. Normativität im Sinne der verbindlichen Orientierung des Handelns fällt nicht mit der Rationalität verständigungsorientierten Handelns im ganzen zusammen. Normativität und Rationalität *überschneiden* sich auf dem Feld der Begründung von moralischen Einsichten, die in hypothetischer Einstellung gewonnen werden und nur die schwache Kraft rationaler Motivation mit sich führen, jedenfalls von sich aus die Umsetzung der Einsichten in motiviertes Handeln nicht sicherstellen können.[2]

Diese Differenzen muß man im Auge behalten, wenn ich im Zusammenhang einer rekonstruktiv ansetzenden Gesellschaftstheorie am Begriff der kommunikativen Vernunft festhalte. In diesem veränderten Kontext gewinnt auch das überlieferte Konzept der praktischen Vernunft einen anderen, gewissermaßen heuristischen Stellenwert. Es dient nicht mehr unmittelbar der Anleitung zu einer normativen Theorie des Rechts und der Moral. Einen Leitfaden bietet es vielmehr für die Rekonstruktion jenes Geflechts meinungsbildender und entscheidungsvorbereitender Diskurse, in das die rechtsförmig ausgeübte demokratische Herrschaft eingebettet ist. Die rechtsstaatlichen Kommunikationsformen der politischen Wil-

2 J. Habermas, Erläuterungen zur Diskursethik, Frankfurt/Main 1991 (a).

lensbildung, der Gesetzgebung und der richterlichen Entscheidungspraxis erscheinen aus dieser Perspektive als Teil des umfassenderen Vorgangs einer Rationalisierung der Lebenswelten von modernen, unter dem Druck systemischer Imperative stehenden Gesellschaften. Mit einer solchen Rekonstruktion wäre freilich zugleich ein kritischer Maßstab gewonnen, nach dem die Praktiken einer unübersichtlichen Verfassungswirklichkeit beurteilt werden können.

Trotz des Abstandes zu den aus der Tradition bekannten Begriffen der praktischen Vernunft ist es keineswegs trivial, daß eine zeitgenössische Theorie des Rechts und der Demokratie überhaupt noch Anschluß an die klassische Begriffsbildung sucht. Sie setzt bei der sozialintegrativen Kraft gewaltloser, weil rational motivierender Verständigungsprozesse an, die auf der Basis einer aufrechterhaltenen Gemeinsamkeit von Überzeugungen Distanzen und anerkannte Differenzen ermöglichen. Aus dieser Perspektive führen heute Moral- und Rechtsphilosophen nach wie vor, sogar lebhafter denn je, ihre normativen Diskurse. Indem sie sich in der performativen Einstellung von Beteiligten und Betroffenen auf Fragen der normativen Geltung spezialisieren, geraten sie freilich in Versuchung, innerhalb des beschränkten Horizonts von Lebenswelten zu verharren, den die sozialwissenschaftlichen Beobachter längst entzaubert haben. Normative Theorien setzen sich dem Verdacht aus, jene harten Fakten nicht gebührend zur Kenntnis zu nehmen, die das vernunftrechtlich inspirierte Selbstverständnis des modernen Verfassungsstaates längst dementiert haben. Aus dem Blickwinkel sozialwissenschaftlicher Objektivierung gehört eine philosophische Begriffsbildung, die noch mit der Alternative von *gewaltsam* stabilisierter und *vernünftig* legitimierter Ordnung operiert, zur Übergangssemantik der frühen Moderne, die angeblich mit der vollzogenen Umstellung von stratifizierten auf funktional ausdifferenzierte Gesellschaften obsolet geworden ist. Auch wer einen kommunikativen Nachfolgebegriff für »praktische Vernunft« in eine theoriestrategisch zentrale Stellung bringt, muß, so scheint es, eine spezielle und besonders anspruchsvolle Form der Kommunikation auszeichnen, die aus dem breiten Spektrum der beobachtbaren Kommunikationen nur einen kleinen Teil abdeckt: »nach solchen Engführungen wird es dann kaum noch gelingen, in das neue Paradigma der Verständigung eine hinreichend komplexe Theorie der Gesellschaft wieder einzufüllen.«[3]

Hin- und hergerissen zwischen Faktizität und Geltung zerfällt die Politik- und Rechtstheorie heute in Lager, die sich kaum noch etwas zu sagen haben. Die Spannung zwischen normativistischen Ansätzen, die stets in Gefahr sind, den Kontakt mit der gesellschaftlichen Realität zu verlieren, und objektivistischen Ansätzen, die alle normativen Aspekte ausblenden, kann als Mahnung verstanden werden, sich nicht auf eine disziplinäre Blickrichtung zu fixieren, sondern sich offenzuhalten für verschiedene methodische Standorte (Teilnehmer vs. Beobachter), für verschiedene theoretische Zielsetzungen (sinnverstehende Explikation und begriffliche Analyse vs. Beschreibung und empirische Erklärung), verschiedene Rollenperspektiven (Richter, Politiker, Gesetzgeber, Klient und Staatsbürger) und forschungspragmatische Einstellungen (Hermeneutiker, Kritiker, Analytiker etc.).[4] Die folgenden Untersuchungen bewegen sich in diesem breiten Feld.

Der diskurstheoretische Ansatz war bisher auf individuelle Willensbildung zugeschnitten, er hat sich auf moralphilosophischem und ethischem Gebiet bewährt. Aber unter funktionalen Gesichtspunkten läßt sich begründen, warum die posttraditionale Gestalt einer prinzipiengeleiteten Moral auf die Ergänzung durch positives Recht angewiesen ist.[5] Deshalb sprengen Fragen der Rechtstheorie von vornherein den Rahmen einer bloß normativen Betrachtungsweise. Die Diskurstheorie des Rechts – und des Rechtsstaates – wird aus den konventionellen Bahnen der Rechts- und Staatsphilosophie ausbrechen müssen, auch wenn sie deren Fragestellungen aufnimmt. In den *ersten beiden* Kapiteln verfolge ich das doppelte Ziel zu erklären, warum die Theorie des kommunikativen Handelns der Kategorie des Rechts einen zentralen Stellenwert einräumt, und warum sie ihrerseits für eine Diskurstheorie des Rechts einen geeigneten Kontext bildet. Dabei geht es mir um die Heraus-

---

3 N. Luhmann, Intersubjektivität oder Kommunikation, Archivo di Filosofia, Vol. LIV, 1986, 51 Fn. 28.

4 B. Peters, Rationalität, Recht und Gesellschaft, Frankfurt/Main 1991, 33 ff.

5 Vgl. unten Kap. III, 135 ff.

arbeitung eines rekonstruktiven Ansatzes, der beide Perspektiven in sich aufnimmt: die der soziologischen Rechts- und der philosophischen Gerechtigkeitstheorie. Im *dritten* und *vierten* Kapitel wird der normative Gehalt des Systems der Rechte und der Idee des Rechtsstaates unter diskurstheoretischen Gesichtspunkten rekonstruiert. In Anknüpfung an vernunftrechtliche Fragestellungen versuche ich zu zeigen, wie sich das alte Versprechen einer rechtlichen Selbstorganisation freier und gleicher Bürger unter Bedingungen komplexer Gesellschaften auf neue Weise begreifen läßt. Anschließend werde ich den Diskursbegriff des Rechts und des demokratischen Rechtsstaates im Kontext der zeitgenössischen Diskussionen überprüfen und ausarbeiten. Das *fünfte* Kapitel behandelt allgemein das Rationalitätsproblem der Rechtsprechung, das *sechste* das Legitimitätsproblem der Verfassungsrechtsprechung. Das *siebte* Kapitel entfaltet das Modell deliberativer Politik in Auseinandersetzung mit Demokratietheorien, die sich auf einen empiristischen Machtbegriff stützen. Im *achten* Kapitel untersuche ich, wie die rechtsstaatliche Regulierung des Machtkreislaufs in komplexen Gesellschaften funktioniert. In Verbindung mit diesen gesellschaftstheoretischen Einsichten dient schließlich die Diskurstheorie des Rechts der Einführung eines prozeduralistischen Rechtsparadigmas, das, wie im *letzten* Kapitel gezeigt werden soll, über den Gegensatz zwischen den Sozialmodellen des bürgerlichen Formalrechts und des Sozialstaates hinausführen kann.

*

In der Rechtstheorie streiten sich Soziologen, Juristen und Philosophen über die angemessene Bestimmung des Verhältnisses von Faktizität und Geltung; je nachdem, wie sie zu diesem problematischen Verhältnis Stellung nehmen, gelangen sie zu anderen Prämissen und anderen Theoriestrategien. Ich will deshalb zunächst die gesellschaftstheoretische Fragestellung erklären, die mein Interesse an der Rechtstheorie begründet. Die Theorie des kommunikativen Handelns nimmt die Spannung zwischen Faktizität und Geltung schon in ihre Grundbegriffe auf. Mit dieser riskanten Entscheidung wahrt sie den Anschluß an die klassische Auffassung eines, wie immer auch vermittelten, internen Zusammenhangs zwischen Gesellschaft und Vernunft, also zwischen Beschränkungen und Zwängen, unter denen sich die Reproduktion des gesellschaftlichen Lebens vollzieht, einerseits und der Idee einer bewußten Lebensführung andererseits.[6] Damit handelt sie sich freilich das Problem ein, erklären zu müssen, wie sich die Reproduktion der Gesellschaft auf einem so fragilen Boden wie dem transzendierender Geltungsansprüche überhaupt vollziehen kann. Als Kandidat für eine solche Erklärung bietet sich das Medium des Rechts an, insbesondere in der modernen Gestalt des positiven Rechts. Solche Rechtsnormen ermöglichen nämlich hoch artifizielle Gemeinschaften, und zwar Assoziationen von gleichen und freien Rechtsgenossen, deren Zusammenhalt gleichzeitig auf der Androhung äußerer Sanktionen wie auf der Unterstellung eines rational motivierten Einverständnisses beruht.

Mit dem Begriff des kommunikativen Handelns fällt den illokutionären Bindungsenergien einer verständigungsorientiert gebrauchten Sprache die wichtige Funktion der Handlungskoordinierung zu. Deshalb erinnere ich zunächst daran, wie sich die in der idealistischen Philosophie ausgeprägte klassische Auffassung des Verhältnisses von Faktizität und Geltung ändert, wenn Sprache als ein universales Medium der Verkörperung von Vernunft begriffen wird (I). Die in den Modus der Handlungskoordinierung selbst einziehende Spannung zwischen Faktizität und Geltung stellt hohe Anforderungen an die Aufrechterhaltung sozialer Ordnungen. Lebenswelt, naturwüchsige Institutionen und Recht müssen die Instabilitäten einer Vergesellschaftung auffangen, die sich über die Ja-/Nein-Stellungnahmen zu kritisierbaren Geltungsansprüchen vollzieht (II). In modernen Wirtschaftsgesellschaften spitzt sich dieses allgemeine Problem in besonderer Weise zu auf die normative Einbindung der aus traditioneller Sittlichkeit entlassenen strategischen Interaktionen. Daraus erklären sich einerseits Struktur und Gel-

6 In ähnlicher Weise berücksichtigt Husserl die fundamentale Rolle von Geltungsansprüchen bei der Konstituierung der Lebenswelt, vgl. J. Habermas, Vorlesungen zu einer sprachtheoretischen Grundlegung der Soziologie, in: ders., Vorstudien und Ergänzungen zur Theorie des kommunikativen Handelns, Frankfurt/Main 1984, bes. S. 35 ff.

tungssinn subjektiver Rechte, andererseits die idealistischen Konnotationen einer Rechtsgemeinschaft, die als eine Assoziation freier und gleicher Bürger die Regeln ihres Zusammenlebens selber bestimmt (III).

I.

Die Umstellung der Grundbegriffe von »praktischer Vernunft« auf »kommunikative Rationalität« hat für die Gesellschaftstheorie den Vorzug, die Fragestellungen und Problemlösungen, die in der praktischen Philosophie von Artistoteles bis Hegel entwickelt worden sind, nicht einfach beiseite schieben zu müssen. Es ist ja keineswegs ausgemacht, daß Indifferenz gegenüber Fragen, die in der Lebenswelt ohnehin nicht verstummen, der Preis sein muß, den wir für die Prämissen nachmetaphysischen Denkens zu entrichten haben. Solange sich die Theorie den Zugang zum Fundus der Alltagsintuitionen von Laien nicht selber verlegt, kann sie die Probleme, die sich den Beteiligten objektiv aufdrängen, schon aus methodischen Gründen nicht ignorieren. Freilich hat die praktische Philosophie ihre Grundfragen: »Was soll ich tun?« oder: »Was ist auf längere Sicht und im ganzen gesehen gut für mich?« ganz unvermittelt aus dem Alltag übernommen und ohne den Filter einer sozialwissenschaftlichen Objektivierung bearbeitet. Der Verzicht auf den Grundbegriff der praktischen Vernunft signalisiert den Bruch mit diesem Normativismus. Aber auch der Nachfolgebegriff der kommunikativen Vernunft bewahrt sich noch idealistische Erbteile, die im veränderten Kontext einer auf Erklärung verpflichteten Theoriebildung keineswegs nur von Vorteil sind.

Wie weit sich der Vernunftbegriff heute auch immer von seinen platonischen Ursprüngen entfernt und durch den Wandel der Paradigmen hindurch verändert haben mag, konstitutiv bleibt für ihn ein Bezug, wenn nicht zu idealen Gehalten oder gar zu Ideen, so doch zur limesbildenden, idealisierenden Begriffsbildung. Jede Idealisierung treibt Begriffe über die mimetische Anpassung an eine gegebene und erklärungsbedürftige Realität hinaus. Wenn nun diese Operation mit dem Begriff der kommunikativen Vernunft sogar der gesellschaftlichen Realität selber zugeschrieben, ihr gleichsam inkorporiert wird, erwacht das erfahrungswissenschaftlich gut begründete Mißtrauen gegen jede Art der Konfundierung von Vernunft und Wirklichkeit. In welchem Sinne sollte sich so etwas wie kommunikative Vernunft in sozialen Tatsachen verkörpern können? Und was nötigt uns zu einer solchen, wie es scheint, ganz kontraintuitiven Annahme? Ohne die Grundzüge einer Theorie des kommunikativen Handelns rekapitulieren zu wollen, muß ich kurz daran erinnern, wie sich das zunächst auf der elementaren Ebene von Begriffs- und Urteilsbildung auftretende Verhältnis von Faktizität und Geltung *nach der linguistischen Wende* darstellt.

(1) Nachdem Kants metaphysische Hintergrundannahmen über den abstrakten Gegensatz des Intelligiblen und des Phänomenalen nicht mehr überzeugten, und nachdem Hegels spekulative Verschränkung der beiden dialektisch in Bewegung gesetzten Sphären von Wesen und Erscheinung erst recht ihre Plausibilität verloren hatte, setzten sich im weiteren Verlauf des 19. Jahrhunderts empiristische Auffassungen durch, die einer psychologischen Erklärung logischer, überhaupt begrifflicher Beziehungen den Vorzug gaben: Geltungszusammenhänge wurden an faktische Bewußtseinsabläufe assimiliert. Gegen diesen Psychologismus wenden sich mit beinahe gleichlautenden, mindestens ähnlichen Argumenten Ch. S. Peirce in Amerika, Gottlob Frege und Edmund Husserl in Deutschland, schließlich G. E. Moore und B. Russell in England. Sie stellen die Weichen für die Philosophie des 20. Jahrhunderts, indem sie sich dagegen wehren, daß die empirische Psychologie zur Grundlagenwissenschaft für Logik, Mathematik und Grammatik gemacht wird.

Den zentralen Einwand faßt Frege in der These zusammen: »Wir sind nicht Träger der Gedanken, wie wir Träger unserer Vorstellungen sind.«[7] Vorstellungen sind jeweils meine oder deine Vorstellungen; sie müssen einem in Raum und Zeit identifizierbaren vorstellenden Subjekt zugeschrieben werden, während Gedanken die Grenzen eines individuellen Bewußtseins überschreiten. Gedanken bleiben, auch wenn sie von verschiedenen Subjekten an jeweils verschiedenen Orten zu jeweils anderen Zeiten erfaßt werden, ihrem Inhalt nach im strikten Sinne *dieselben* Gedanken.

---

7 G. Frege, Logische Untersuchungen, Göttingen 1966, 49.

Die Analyse einfacher prädikativer Sätze zeigt zudem, daß Gedanken eine komplexere Struktur haben als die Objekte des vorstellenden Denkens. Mit Hilfe von Namen, Kennzeichnungen und deiktischen Ausdrücken beziehen wir uns auf einzelne Gegenstände, während Sätze, in denen solche singulären Termini die Stelle des Subjektausdrucks einnehmen, im ganzen eine Proposition ausdrücken oder einen Sachverhalt wiedergeben. Wenn ein solcher Gedanke wahr ist, gibt der Satz, der ihn ausdrückt, eine Tatsache wieder. Auf dieser einfachen Überlegung beruht die Kritik an der Auffassung, daß Denken vorstellendes Bewußtsein sei. Nur Gegenstände sind in der Vorstellung gegeben; Sachverhalte oder Tatsachen erfassen wir in Gedanken. Mit dieser Kritik vollzieht Frege den ersten Schritt zur linguistischen Wende. Gedanken und Tatsachen können fortan nicht mehr unvermittelt in der Welt vorstellbarer Gegenstände angesiedelt werden; sie sind nur als *dargestellte*, also in Sätzen ausgedrückte Sachverhalte zugänglich.

(2) Gedanken sind propositional gegliedert. Was das heißt, kann man sich anhand des grammatischen Aufbaus einfacher assertorischer Sätze klarmachen. Darauf brauche ich hier nicht einzugehen. Wichtig ist nur, daß es die Struktur der Sätze ist, an denen wir die Struktur der Gedanken ablesen können; und Sätze sind die elementaren wahrheitsfähigen Bestandteile einer grammatischen Sprache. Wir sind also an das Medium der Sprache verwiesen, wenn wir den eigentümlichen Status erklären wollen, durch den sich Gedanken von Vorstellungen unterscheiden. Beide Momente, das Hinausschießen des Gedankens über die Grenzen eines einzelnen empirischen Bewußtseins und die Unabhängigkeit des Gedankeninhalts vom Erlebnisstrom eines Individuums, lassen sich nun so beschreiben, daß sprachliche Ausdrücke für verschiedene Benutzer *identische Bedeutungen* haben. Jedenfalls müssen die Angehörigen einer Sprachgemeinschaft in der Praxis davon ausgehen, daß Sprecher und Hörer einen grammatischen Ausdruck auf identische Weise verstehen können. Sie unterstellen, daß die gleichen Ausdrücke in der Mannigfaltigkeit der Situationen und der Sprechakte, in denen sie verwendet werden, dieselbe Bedeutung behalten. Schon auf der Ebene des Zeichensubstrats von Bedeutungen muß der Zeichentypus in der Vielfalt korrespondierender Zeichenereignisse als dasselbe

Zeichen wiedererkannt werden können. In diesem konkret wahrgenommenen Verhältnis von type und token spiegelt sich jene logische Beziehung von Allgemeinem und Besonderem, die der philosophische Idealismus als Verhältnis von Wesen und Erscheinung begriffen hatte. Das gleiche gilt für den Begriff oder die Bedeutung und die Erscheinungsformen ihres Ausdrucks. Was einen dargestellten Gedanken als Allgemeines, mit sich Identisches und öffentlich Zugängliches, als etwas gegenüber dem individuellen Bewußtsein Transzendentes, von den je besonderen, episodischen und nur privat zugänglichen, also bewußtseinsimmanenten Vorstellungen unterscheidet, ist die in Sprachzeichen und grammatischen Regeln begründete Idealität. Es sind diese Regeln, die den sprachlichen Ereignissen in phonetischer, syntaktischer und semantischer Hinsicht ihre bestimmte, durch alle Variationen hindurch verstetigte und wiedererkennbare Form verleihen.

(3) Die Idealität der Allgemeinheit von Begriff und Gedanke ist mit einer Idealität ganz anderer Art verwoben. Jeder vollständige Gedanke hat als seinen bestimmten Inhalt einen Sachverhalt, der in einem Aussagesatz ausgedrückt werden kann. Aber über den Aussagegehalt oder Inhalt hinaus verlangt jeder Gedanke nach einer weiteren Bestimmung: es fragt sich, ob er wahr oder falsch ist. Denkende und sprechende Subjekte können zu jedem Gedanken mit ›Ja‹ oder ›Nein‹ Stellung nehmen; deshalb tritt zum bloßen Haben des Gedankens ein Akt der Beurteilung hinzu. Erst der bejahte Gedanke oder der wahre Satz drückt eine Tatsache aus. Die affirmative Beurteilung eines Gedankens oder der assertorische Sinn eines behaupteten Aussagesatzes bringt mit der Geltung des Urteils oder der Gültigkeit des Satzes ein weiteres Moment von Idealität ins Spiel.

Die semantische Kritik am vorstellenden Denken besagt schon, daß der Satz: »Dieser Ball ist rot« nicht die individuelle Vorstellung eines roten Balles ausdrückt. Er ist vielmehr die Darstellung des Umstandes, *daß* der Ball rot ist. Das bedeutet, daß sich ein Sprecher, der ›p‹ im assertorischen Modus äußert, mit seiner affirmativen Beurteilung oder Bejahung nicht auf die Existenz eines Gegenstandes, sondern auf das Bestehen eines entsprechenden Sachverhaltes bezieht. Sobald man ›p‹ expandiert zu dem Satz: »*Es gibt* mindestens einen Gegenstand, der ein Ball ist, und von dem *gilt*, daß er rot ist«, sieht man, daß die Wahrheitsgeltung von ›p‹ und das Bestehen oder Der-Fall-sein des entsprechenden Sachverhaltes oder Umstandes nicht in Analogie zum Vorhandensein oder zur Existenz eines Gegenstandes verstanden werden darf. Das veritative Sein darf nicht mit Existenz verwechselt werden.[8] Sonst läßt man sich wie Frege, Husserl und später auch Popper zu der bedeutungsplatonischen Auffassung verleiten, daß den Gedanken, Propositionen oder Sachverhalten ein ideales Ansichsein zukommt. Diese Autoren sehen sich veranlaßt, die Architektonik der Bewußtseinsphilosophie bloß um eine dritte Welt zeitlos idealer Gebilde zu ergänzen, die der Welt raumzeitlich lokalisierbarer Vorgänge gegenübertritt, und zwar auf der einen Seite der objektiven Welt der erfahrbaren oder behandelbaren Gegenstände und Ereignisse sowie auf der anderen Seite der subjektiven Welt der jeweils privilegiert zugänglichen Erlebnisse.

Diese Drei-Welten-Lehre der Bedeutungsplatoniker ist aber nicht weniger metaphysisch als die Zwei-Reiche-Lehre des subjektiven Idealismus. Denn es bleibt ein Rätsel, wie die drei Welten miteinander in Kontakt treten können: »Selbst das Zeitlose muß irgendwie mit dem Zeitlichen verflochten sein«, meint Frege.[9] Wenn Bedeutungen und Gedanken erst einmal zu ideal seienden Gegenständen hypostasiert worden sind, geben die Relationen zwischen den Welten, sowohl die Relation der Darstellung von Tatsachen wie die Relation der Erfassung und Beurteilung von Gedanken, hartnäckige Fragen auf, an denen sich die formale Semantik jahrzehntelang vergeblich abgearbeitet hat.

(4) Der ideale Status, der den Gedanken eine feste, aus dem Strom der Erlebnisse herausgehobene propositionale Struktur verleiht, indem er Begriffen und Urteilen allgemeine, intersubjektiv wiedererkennbare, in diesem Sinne identische Inhalte sichert, verweist von sich aus auf die Idee der Wahrheit. Aber die Idealität der *Wahrheitsgeltung* läßt sich nicht wie Idealität der *Bedeutungsallgemeinheit* allein mit grammatischen Invarianzen, also mit der Regelstruktur

8 Vgl. E. Tugendhat, Einführung in die sprachanalytische Philosophie, Frankfurt/Main 1976, 35 ff.
9 Frege (1966), 52.

von Sprache überhaupt erklären. Und da die formale Semantik im Anschluß an Frege nur mit einem semantischen Sprachbegriff operiert, der alle Aspekte der Sprachverwendung ausblendet und der empirischen Analyse überläßt, kann diese den Sinn von Wahrheit auch nicht innerhalb des Horizontes sprachlicher Kommunikation aufklären. Sie rekurriert stattdessen auf die ontologische Beziehung zwischen Sprache und Welt, Satz und Tatsache oder Gedanke und Denkkraft (als dem subjektiven Vermögen, Gedanken zu erfassen und zu beurteilen). Demgegenüber hat Ch. S. Peirce die linguistische Wende konsequent weitergeführt, indem er die Sprachverwendung in die formale Analyse einbezog.

Wie Humboldt das Gespräch, so betrachtet Peirce Kommunikation, allgemein Zeicheninterpretation, als Herzstück sprachlicher Leistungen. Am Modell dieser Verständigungspraxis kann er nicht nur das allgemeinheitsstiftende Moment der Begriffsbildung, sondern auch das zeitüberwindende Moment der Bildung wahrer Urteile erklären. An die Stelle des zweistelligen Begriffs einer sprachlich repräsentierten Welt tritt bei Peirce der dreistellige Begriff der sprachlichen Repräsentation von etwas für einen möglichen Interpreten.[10] Die Welt als Inbegriff möglicher Tatsachen konstituiert sich nur für eine Interpretationsgemeinschaft, deren Angehörige sich innerhalb einer intersubjektiv geteilten Lebenswelt miteinander über etwas in der Welt verständigen. »Wirklich« ist, was sich in wahren Aussagen darstellen läßt, wobei sich »wahr« wiederum mit Bezugnahme auf den Anspruch erklären läßt, den einer gegenüber Anderen erhebt, indem er eine Aussage behauptet. Mit dem assertorischen Sinn seiner Behauptung erhebt ein Sprecher den kritisierbaren Anspruch auf die Gültigkeit der behaupteten Aussage; und weil niemand über die Möglichkeit eines direkten Zugriffs auf uninterpretierte Geltungsbedingungen verfügt, muß »Gültigkeit« epistemisch verstanden werden als »Geltung, die sich für uns erweist«. Der berechtigte Wahrheitsanspruch eines Proponenten soll sich mit Gründen gegen die Einwände möglicher Opponenten verteidigen lassen und am Ende auf ein rational motiviertes Einverständnis der Interpretationsgemeinschaft im ganzen rechnen dürfen.

10 J. Habermas, Charles S. Peirce über Kommunikation, in: ders., Texte und Kontexte, Frankfurt/Main 1991 (b), 9-33.

Dabei genügt die Bezugnahme auf irgendeine *besondere* Interpretationsgemeinschaft, die sich in ihrer partikularen Lebensform eingerichtet hat, allerdings nicht. Auch wenn wir aus der Sphäre von Sprache und Argumentation nicht ausbrechen können und die Realität als die Gesamtheit dessen verstehen müssen, was wir in wahren Aussagen repräsentieren können, darf im Realitätsbezug der Bezug zu etwas von uns Unabhängigem, in diesem Sinne Transzendentem nicht verlorengehen. Mit jedem Wahrheitsanspruch transzendieren Sprecher und Hörer die provinziellen Maßstäbe jedes einzelnen Kollektivs, jeder besonderen, hier und jetzt lokalisierten Verständigungspraxis. Deshalb konstruiert Peirce mit Hilfe des kontrafaktischen Begriffs der »final opinion«, eines unter idealen Bedingungen erreichten Konsenses, so etwas wie eine Transzendenz von innen: »The real, then, is that which, sooner or later, information and reasoning would finally result in, and which is therefore independent of the vagaries of me and you. Thus, the very origin of the conception of reality shows that this conception essentially involves the notion of a community, without definite limits, and capable of a definite increase of knowledge.«[11] Peirce erklärt Wahrheit als rationale Akzeptabilität, d.h. als die Einlösung eines kritisierbaren Geltungsanspruches unter den Kommunikationsbedingungen eines im sozialen Raum und in der historischen Zeit ideal erweiterten Auditoriums urteilsfähiger Interpreten.

(5) Mit dieser sprachpragmatischen Erklärung der Idee der Wahrheit berühren wir ein Verhältnis von Faktizität und Geltung, das für die Praxis der Verständigung selber konstitutiv und insofern für die – gegenüber der im instrumentellen Handeln oder in der methodischen Praxis der Wissenschaften vergegenständlichten Realität der Natur – höherstufige Realität der Gesellschaft, der auch Peirces »community of investigators« angehört, relevant ist. Die Idealität der Begriffsallgemeinheit stellte uns vor das Problem, anhand der Regelstruktur der Sprache zu erklären, wie sich identische Bedeutungen in der Mannigfaltigkeit ihrer jeweiligen sprachlichen Realisierungen durchhalten können. Die Idealität der Wahrheitsgeltung

11 Ch.S. Peirce, Collected Papers, Vol.5, 311; vgl. auch K.-O. Apel, Der Denkweg von Charles S. Peirce, Frankfurt/Main 1975; J.E. McCarthy, Semiotic Idealism, Transactions of the Ch.S. Peirce Society, Vol.20, 1984, 395 ff.

konfrontierte uns mit der weiterreichenden Aufgabe, anhand der Kommunikationsbedingungen der Argumentationspraxis zu erklären, wie die hic et nunc erhobenen und auf intersubjektive Anerkennung oder Akzeptanz angelegten Wahrheitsansprüche zugleich über die in jeder partikularen Gemeinschaft von Interpreten eingespielten Standards für Ja- und Nein-Stellungnahmen hinausschießen können. Allein dieses transzendierende Moment unterscheidet die Praktiken der an Wahrheitsansprüchen orientierten Rechtfertigungspraktiken von den anderen, bloß durch soziale Konventionen geregelten Praktiken. Für Peirce dient die Bezugnahme auf eine *unbegrenzte* Kommunikationsgemeinschaft der Ersetzung des Ewigkeitsmomentes (oder des überzeitlichen Charakters) von Unbedingtheit durch die Idee eines offenen, aber zielgerichteten Interpretationsprozesses, der die Grenzen des sozialen Raums und der historischen Zeit von innen, aus der Perspektive einer in der Welt verorteten endlichen Existenz heraus transzendiert. In der Zeit sollen, Peirce zufolge, die Lernprozesse der unbegrenzten Kommunikationsgemeinschaft jenen Bogen bilden, der alle raumzeitlichen Distanzen überbrückt; in der Welt sollen sich jene Bedingungen realisieren lassen, die für den unbedingten Anspruch transzendierender Geltungsansprüche als hinreichend erfüllt vorausgesetzt werden müssen. Dabei gilt dasjenige Maß der Erfüllung als »hinreichend«, welches unsere jeweilige Argumentationspraxis zu einem raumzeitlich lokalisierten Bestandteil des unvermeidlich unterstellten universellen Diskurses einer entgrenzten Interpretationsgemeinschaft qualifiziert. Mit dieser *Projektion* verlagert sich die Spannung zwischen Faktizität und Geltung in Kommunikationsvoraussetzungen, die, auch wenn sie einen *idealen* und nur annäherungsweise zu erfüllenden Gehalt haben, alle Beteiligten *faktisch* jedesmal dann machen müssen, wenn sie überhaupt die Wahrheit einer Aussage behaupten oder bestreiten, und für die Rechtfertigung dieses Geltungsanspruches in eine Argumentation eintreten möchten.

Bei diesem Modell steht Peirce, der sich zunächst vom Ziel einer semiotischen Transformation erkenntnis- und wissenschaftstheoretischer Fragestellungen leiten läßt, freilich die Argumentationspraxis einer Gelehrtenrepublik vor Augen. Was für die Verständigung innerhalb der Kommunikationsgemeinschaft der Forscher

gilt, gilt aber mutatis mutandis auch für alltägliche Kommunikationen. Denn die Theorie der Sprechhandlungen weist für die kommunikative Alltagspraxis ganz ähnliche Strukturen und Voraussetzungen nach. Auch hier verständigen sich die Beteiligten miteinander
über etwas in der Welt, indem sie für ihre Äußerungen Gültigkeit
beanspruchen. Anders als in den argumentationsgesteuerten For-
schungsprozessen wird freilich in der Alltagspraxis die Sprache
nicht ausschließlich oder vornehmlich in ihrer Darstellungsfunk-
tion in Anspruch genommen; hier kommen *alle* Sprachfunktionen
und Weltbezüge ins Spiel, so daß sich das Spektrum der Geltungsansprüche über Wahrheitsansprüche hinaus erweitert. Zudem werden diese Geltungsansprüche, neben assertorischen Ansprüchen
auch Ansprüche auf subjektive Wahrhaftigkeit und normative
Richtigkeit, zunächst naiv, also intentione recta erhoben, auch
wenn sie implizit auf die Möglichkeit diskursiver Einlösung angewiesen bleiben.

Die lebensweltliche Situierung dieses erweiterten Geltungsspek-
trums macht deshalb eine Verallgemeinerung des Peirceschen Konzepts der unbegrenzten Kommunikationsgemeinschaft über die kooperative Wahrheitssuche von Wissenschaftlern hinaus nötig. Jene
Spannung zwischen Faktizität und Geltung, die Peirce in den nicht-
hintergehbaren Argumentationsvoraussetzungen der wissenschaftlichen Praxis aufgedeckt hat, können wir über die Kommunikationsvoraussetzungen von Argumentationen verschiedener Art bis
in die pragmatischen Voraussetzungen einzelner Sprechakte und
der durch sie verknüpften Interaktionszusammenhänge hinein verfolgen.[12]

II.

Wie immer wir uns zu den Details dieser kontroversen und noch
klärungsbedürftigen Konzeption stellen, so können wir doch festhalten, daß wir mit der Explikation der Bedeutung sprachlicher

12 J. Habermas, Zur Kritik der Bedeutungstheorie, in: ders., Nachmetaphysisches
   Denken, Frankfurt/Main 1988, 105ff.; vgl. A. Wellmer, Konsens als Telos
   sprachlicher Kommunikation?, in: H.J. Giegel (Hg.), Kommunikation und
   Konsens in modernen Gesellschaften, Frankfurt/Main 1992, 18-30.

Ausdrücke und der Geltung von Aussagesätzen Idealisierungen berühren, die mit dem Medium der Sprache verknüpft sind: die Idealität der Begriffs- und Bedeutungsallgemeinheit ist einer semantischen Analyse der Sprache, die Idealität der Geltungsbegriffe einer
pragmatischen Analyse des verständigungsorientierten Sprachgebrauchs zugänglich. Diese der Sprache selbst innewohnenden Idealisierungen gewinnen darüber hinaus eine *handlungstheoretische*
Bedeutung, wenn die illokutionären Bindungskräfte von Sprechhandlungen für die Koordinierung der Handlungspläne verschiedener Aktoren in Anspruch genommen werden. Mit dem Begriff des
kommunikativen Handelns, der sprachliche Verständigung als Mechanismus der Handlungskoordinierung in Anschlag bringt, erhalten auch die kontrafaktischen Unterstellungen der Aktoren, die ihr
Handeln an Geltungsansprüchen orientieren, unmittelbare Relevanz für den Aufbau und die Erhaltung sozialer Ordnungen; denn
diese *bestehen* im Modus der Anerkennung von normativen Geltungsansprüchen. Das bedeutet, daß die in Sprache und Sprachverwendung eingebaute Spannung von Faktizität und Geltung in der
Art und Weise der Integration vergesellschafteter, jedenfalls kommunikativ vergesellschafteter Individuen wiederkehrt – und von
den Beteiligten abgearbeitet werden muß. In der über positives
Recht vollzogenen sozialen Integration wird diese Spannung, wie
wir sehen werden, auf besondere Weise stabilisiert.

(1) Jede soziale Interaktion, die ohne Ausübung manifester Gewalt
zustandekommt, läßt sich als Lösung des Problems verstehen, wie
die Handlungspläne mehrerer Aktoren so miteinander koordiniert
werden können, daß sich die Handlungen der einen an die der
anderen Partei »anschließen«. Ein derart kontinuierender Anschluß
reduziert den Spielraum der doppelt kontingent aufeinandertreffenden Wahlmöglichkeiten auf ein Maß, welches die mehr oder weniger konfliktlose Vernetzung von Intentionen und Handlungen
möglich macht, also Verhaltensmuster, soziale Ordnung überhaupt
entstehen läßt. Solange Sprache nur als Medium für die Übertragung von Informationen und Redundanzen genutzt wird, läuft die
Handlungskoordinierung über die wechselseitige Einflußnahme
zwecktätig aufeinander einwirkender Aktoren. Sobald hingegen die
illokutionären Kräfte der Sprechhandlungen eine handlungskoor-

dinierende Rolle übernehmen, wird die Sprache selbst als primäre Quelle der sozialen Integration erschlossen. Nur in diesem Falle soll von »kommunikativem Handeln« die Rede sein. Dabei versuchen die Aktoren in der Rolle von Sprechern und Hörern, gemeinsame Situationsdeutungen auszuhandeln und ihre jeweiligen Pläne über Verständigungsprozesse, also auf dem Wege einer vorbehaltlosen Verfolgung illokutionärer Ziele aufeinander abzustimmen. Die Bindungsenergien der Sprache können für die Koordinierung von Handlungsplänen freilich nur mobilisiert werden, wenn die Beteiligten die objektivierende Einstellung eines Beobachters und unmittelbar am eigenen Erfolg orientierten Handelnden zugunsten der performativen Einstellung eines Sprechers suspendieren, der sich mit einer zweiten Person über etwas in der Welt *verständigen* will. Unter dieser Bedingung können Sprechaktangebote eine handlungskoordinierende Wirkung erzielen, weil sich aus der affirmativen Stellungnahme des Adressaten zu einem ernsthaften Angebot interaktionsfolgenrelevante Verpflichtungen ergeben.

Der verständigungsorientierte Sprachgebrauch, auf den kommunikatives Handeln angewiesen ist, funktioniert in der Weise, daß sich die Teilnehmer über die beanspruchte Gültigkeit ihrer Sprechhandlungen entweder einigen oder Dissense feststellen, die sie im weiteren Handlungsverlauf einvernehmlich berücksichtigen. Mit jeder Sprechhandlung werden kritisierbare Geltungsansprüche erhoben, die auf intersubjektive Anerkennung angelegt sind. Koordinationswirksam wird ein Sprechaktangebot dadurch, daß ein Sprecher mit seinem Geltungsanspruch uno actu auch eine hinreichend glaubwürdige Gewähr dafür übernimmt, den erhobenen Anspruch erforderlichenfalls mit der richtigen Sorte von Gründen einzulösen. Mit solchen unbedingten Geltungsansprüchen, die ihrem Anspruch nach über alle provinziellen, vor Ort eingespielten und akzeptierten Maßstäbe hinauszielen, zieht aber jene ideale Spannung in die Faktizität der Lebenswelt ein, die Peirce am Beispiel der Wahrheitsgeltung wissenschaftlicher Aussagen analysiert hat. Die Idee der Einlösbarkeit kritisierbarer Geltungsansprüche erfordert Idealisierungen, die von den kommunikativ Handelnden selber vorgenommen und damit vom transzendentalen Himmel auf den Boden der Lebenswelt herabgeholt werden. Die Theorie des kommunikativen Handelns *detranszendentalisiert* das Reich des Intelligiblen nur, um in den unvermeidlichen pragmatischen Voraussetzungen der Sprechakte, also im Herzen der kommunikativen Alltagspraxis, jene idealisierende Kraft transzendierender Vorgriffe anzusiedeln, die Peirce an den gleichsam außeralltäglichen Kommunikationsformen der wissenschaftlichen Argumentationspraxis nachgewiesen hat. Noch die flüchtigsten Sprechaktangebote, die konventionellsten Ja-/Nein-Stellungnahmen *verweisen* auf potentielle Gründe und damit auf das ideal erweiterte Auditorium der unbegrenzten Interpretationsgemeinschaft, dem sie einleuchten müßten, um gerechtfertigt, also rational akzeptabel zu sein.

(2) Wir haben die Idealität der Begriffs- und Bedeutungsallgemeinheit von der Idealität der Geltungsbegriffe unterschieden. Diese Aspekte lassen sich zum einen anhand der Regelstruktur der Sprache überhaupt, zum anderen anhand der Präsuppositionen des verständigungsorientierten Sprachgebrauchs erklären. Beide Stufen der Idealisierung sind in die sprachliche Kommunikation selbst eingebaut und greifen, über das kommunikative Handeln, in die Konstituierung der gesellschaftlichen Realität vernetzter, radial in Raum und Zeit ausstrahlender Interaktionen ein. Die Idealität der Bedeutungsallgemeinheit prägt die Zusammenhänge kommunikativen Handelns insofern, als die Beteiligten gar nicht die Absicht fassen können, sich miteinander über etwas in der Welt zu verständigen, wenn sie nicht auf der Basis einer gemeinsamen (oder übersetzbaren) Sprache *unterstellen*, daß sie den verwendeten Ausdrücken identische Bedeutungen beilegen. Mißverständnisse können sich erst als Mißverständnisse herausstellen, wenn diese Bedingung erfüllt ist. Die Unterstellung der bedeutungsidentischen Verwendung sprachlicher Ausdrücke mag sich aus der Perspektive eines Beobachters oft, unter dem Mikroskop von Ethnomethodologen sogar immer als unzutreffend erweisen; aber auch als kontrafaktische bleibt diese Voraussetzung für jeden verständigungsorientierten Sprachgebrauch notwendig.

Mit dieser Spannung zwischen Faktizität und Geltung muß jede Soziologie rechnen, die sich des Umstandes bewußt ist, daß sie sich den Weg zu ihrem Objektbereich über hermeneutisches Sinnverstehen bahnt. Sie braucht sich aber durch diesen Umstand in ihrem konventionell erfahrungswissenschaftlichen Selbstverständnis noch nicht irritieren zu lassen, weil sie den kommunikativ handelnden Subjekten *selbst* die normale, mit der Sprachkompetenz erworbene Fähigkeit zuschreiben kann, Kommunikationsstörungen zu beheben, die aus bloßen Mißverständnissen hervorgehen. Mißverständnisse dementieren auf harmlose Weise notwendig vorgenommene Idealisierungen. Ähnliches gilt für eine weitere, im kommunikativen Handeln unvermeidliche und wiederum idealisierende Unterstellung. Die Interaktionsteilnehmer müssen sich nämlich gegenseitig Zurechnungsfähigkeit zuschreiben, also unterstellen, daß sie ihr Handeln an Geltungsansprüchen orientieren können. Sobald sich diese Rationalitätserwartung als falsch erweist, wechseln die Beteiligten – ebenso wie die soziologischen Beobachter als virtuelle Teilnehmer – ihre performative zugunsten einer objektivierenden Einstellung.

Eine andere Problemlage ergibt sich aber im Hinblick auf jene anspruchsvollen und kontrafaktischen Voraussetzungen kommunikativen Handelns, die den Geltungsansprüchen den Charakter der Unbedingtheit sichern sollen. Diese *zweite Stufe der Idealisierung* bestimmt nämlich die Konstituierung der gesellschaftlichen Realität in der Weise, daß sich jedes kommunikativ erzielte Einverständnis, welches die Koordinierung von Handlungen, den komplexen Aufbau von Interaktionen und die Vernetzung von Handlungssequenzen ermöglicht, an der intersubjektiven Anerkennung von kritisierbaren Ansprüchen bemißt und damit den auf doppelter Negation beruhenden Ja-/Nein-Stellungnahmen eine Schlüsselfunktion für das Funktionieren alltäglicher Sprachspiele einräumt. Diese Stellungnahmen laden die sozialen Tatsachen, die sie schaffen, mit einer idealen Spannung auf, weil sie auf Geltungsansprüche reagieren, für deren Berechtigung die Zustimmung eines ideal erweiterten Auditoriums vorausgesetzt werden muß. Die für Aussagen und Normen (auch für Erlebnissätze) beanspruchte Gültigkeit transzendiert ihrem Sinne nach Räume und Zeiten, während der aktuelle Anspruch jeweils hier und jetzt, innerhalb bestimmter Kontexte erhoben und – mit Fakten erzeugenden Handlungsfolgen – akzeptiert oder zurückgewiesen wird. Die beanspruchte *Gültigkeit* unserer Äußerungen und der Praktiken unserer Rechtfertigung unterscheidet sich von der *sozialen Geltung* faktisch eingespielter Standards und bloß eingewöhnter oder durch Sanktionsdrohungen stabilisierter Erwartungen. Das ideale Moment der Unbedingtheit ist tief in die faktischen Verständigungsprozesse eingelassen, weil Geltungsansprüche ein Janusgesicht zeigen: als Ansprüche schießen sie über jeden Kontext hinaus; zugleich müssen sie hier und jetzt erhoben sowie akzeptiert werden, wenn sie ein koordinationswirksames Einverständnis tragen sollen – denn dafür gibt es keinen Null-Kontext. Die Universalität der behaupteten rationalen Akzeptabilität sprengt alle Kontexte, aber nur das verbindliche Akzeptieren vor Ort macht die Geltungsansprüche zu Schienen, über die eine kontextgebundene Alltagspraxis gleiten kann.

Eine sinnverstehende Soziologie, die erkennt, daß in ihrem Objektbereich diese zweite und radikalere Spannung zwischen Faktizität und Geltung angelegt ist, muß ihr konventionell erfahrungswissenschaftliches Selbstverständnis revidieren und sich als eine rekonstruktiv verfahrende Sozialwissenschaft begreifen. Eines rekonstruktiven Zugriffs bedarf es, um zu erklären, wie unter Bedingungen einer derart instabilen Vergesellschaftung, die mit permanent gefährdeten kontrafaktischen Unterstellungen operiert, soziale Integration überhaupt zustandekommt.

(3) Der erste Schritt zur Rekonstruktion der Bedingungen sozialer Integration führt zum Begriff der *Lebenswelt*. Den Bezugspunkt bildet das Problem, wie aus Konsensbildungsprozessen, die durch eine explosive Spannung zwischen Faktizität und Geltung bedroht sind, soziale Ordnung soll hervorgehen können. Die doppelte Kontingenz, die von jeder Interaktionsbildung absorbiert werden muß, nimmt im Falle kommunikativen Handelns die besonders prekäre Form eines in den Verständigungsmechanismus selbst eingebauten, stets gegenwärtigen Dissensrisikos an, wobei jeder Dissens unter dem Gesichtspunkt der Handlungskoordinierung hohe Kosten verursacht. Normalerweise stehen nur wenige Alternativen zur Verfügung: einfache Reparaturleistungen; das Dahingestelltseinlassen kontroverser Ansprüche mit der Folge, daß der Boden geteilter Überzeugungen schrumpft; der Übergang zu aufwendigen Diskursen mit ungewissem Ausgang und störenden Problematisierungseffekten; Abbruch der Kommunikation und Aus-dem

Feld-Gehen; schließlich Umstellung auf strategisches, am je eigenen Erfolg orientiertes Handeln. Die auf dem Nein-sagen-Können beruhende rationale Motivation zum Einverständnis hat gewiß den Vorzug einer *gewaltlosen* Stabilisierung von Verhaltenserwartungen. Aber das hohe Dissensrisiko, das durch Erfahrungen, also durch überraschende Kontingenzen immer neue Nahrung erhält, würde soziale Integration über verständigungsorientierten Sprachgebrauch ganz unwahrscheinlich machen, wenn das kommunikative Handeln nicht in lebensweltliche Kontexte eingebettet wäre, die für Rückendeckung durch einen massiven Hintergrundkonsens sorgen. Sozusagen von Haus aus bewegen sich die expliziten Verständigungsleistungen im Horizont gemeinsamer unproblematischer Überzeugungen; gleichzeitig speisen sie sich aus diesen Ressourcen des *immer schon Vertrauten.* Die kontinuierliche Beunruhigung durch Erfahrung und Widerspruch, Kontingenz und Kritik bricht sich in der Alltagspraxis an einem breiten, unerschütterlichen, aus der Tiefe herausragenden Fels konsentierter Deutungsmuster, Loyalitäten und Fertigkeiten.

Auf die formalpragmatische Analyse dieser Lebenswelt brauche ich hier nicht einzugehen, auch nicht auf den theoriearchitektonischen Ort des kommunikativen Handelns zwischen Diskurs und Lebenswelt. Die Lebenswelt bildet gleichzeitig den Horizont für Sprechsituationen und die Quelle von Interpretationsleistungen, während sie sich ihrerseits nur durch kommunikative Handlungen hindurch reproduziert.[13] In unserem Zusammenhang interessiert mich am lebensweltlichen Hintergrundwissen jener eigentümliche Charakter des Vorprädikativen und des Vorkategorialen, der schon Husserl an diesem »vergessenen« Sinnesfundament der alltäglichen Praxis und Welterfahrung aufgefallen ist.[14]

Während des kommunikativen Handelns umgreift uns die Lebenswelt im Modus einer unvermittelten Gewißheit, aus der heraus wir distanzlos leben und sprechen. Diese alles durchdringende, zugleich latente und unmerkliche Präsenz des Hintergrundes kommu-

13 J. Habermas (1981), Bd. 2, 182-232; ders., Handlungen, Sprechakte, sprachlich vermittelte Interaktionen und Lebenswelt, in: ders. (1988), 63-104.
14 J. Habermas, E. Husserl über Lebenswelt, Philosophie und Wissenschaft, in: ders. (1991b), 34-43.

nikativen Handelns läßt sich als eine intensivierte und gleichwohl defiziente Form des Wissens und Könnens beschreiben. Einerseits machen wir von diesem Wissen unwillkürlich Gebrauch, ohne reflexiv zu wissen, *daß* wir es überhaupt besitzen. Was dem Hintergrundwissen derart zur absoluten Gewißheit verhilft und ihm subjektiv geradezu die Qualität eines gesteigerten Wissens verleiht, ist objektiv betrachtet jene Eigenschaft, die es eines konstitutiven Zuges von Wissen gerade beraubt: wir machen von dieser Art Wissen Gebrauch, ohne das Bewußtsein zu haben, daß es falsch sein könnte. Sofern alles Wissen fallibel ist und als solches gewußt wird, stellt das Hintergrundwissen überhaupt kein Wissen im strikten Sinne dar. Ihm fehlt der interne Bezug zur Möglichkeit des Problematischwerdens, weil es erst im Augenblick des Ausgesprochenwerdens mit kritisierbaren Geltungsansprüchen in Berührung kommt, aber in diesem Augenblick der Thematisierung nicht länger als lebensweltlicher Hintergrund fungiert, sondern in seiner Modalität als Hintergrundwissen *zerfällt*. Das Hintergrundwissen kann nicht als solches falsifiziert werden; es zersetzt sich, sobald es, indem es thematisch wird, in den Strudel von Problematisierungsmöglichkeiten hineingerät. Was ihm seine eigentümliche Stabilität verleiht und es gegen den Druck kontingenzerzeugender Erfahrungen zunächst immunisiert, ist die eigenartige *Einebnung der Spannung zwischen Faktizität und Geltung*: In der Geltungsdimension selbst wird jenes kontrafaktische Moment einer über das jeweils Gegebene hinausschießenden Idealisierung, das eine enttäuschende Konfrontation mit der Wirklichkeit erst möglich macht, ausgelöscht; zugleich bleibt die Dimension als solche, aus der implizites Wissen die Kraft von Überzeugungen bezieht, intakt.

(4) Eine ähnliche, wiederum Verhaltenserwartungen stabilisierende Verschmelzung von Faktizität und Geltung begegnet in einer ganz anderen Gestalt auf dem Niveau des durch kommunikatives Handeln schon hindurchgelaufenen, also thematisch verfügbaren Wissens – nämlich in jenen archaischen Institutionen, die mit einem, wie es scheint, unanfechtbaren Autoritätsanspruch auftreten. In tabugeschützten Institutionen von Stammesgesellschaften verfestigen sich ungeschieden kognitive und normative Erwartungen zu

einem mit Motiven und Wertorientierungen verknüpften Überzeugungskomplex. Die Autorität gewalthabender Institutionen begegnet den Handelnden *innerhalb* ihrer sozialen Lebenswelt. Diese wird jetzt nicht mehr aus der formalpragmatischen Teilnehmerperspektive als Hintergrundwissen beschrieben, sondern aus der soziologischen Beobachterperspektive vergegenständlicht. Die Lebenswelt, von der Institutionen einen Bestandteil bilden, rückt als ein durch kommunikatives Handeln reproduzierter Zusammenhang ineinander verschränkter kultureller Überlieferungen, legitimer Ordnungen und personaler Identitäten vor Augen.

Arnold Gehlens anthropologische Institutionentheorie richtet den Blick auf das Phänomen eines ursprünglichen, auratisch verklärten normativen Konsenses, der von lebensweltlichen Gewißheiten analytisch unterschieden werden kann. Denn dieses Einverständnis bezieht sich speziell auf Verhaltenserwartungen, die trotz ihrer tiefen institutionellen Verankerung als explizites Wissen kulturell überliefert und eingeübt werden.[15] Am Zusammenspiel mythischer Erzählungen und ritueller Handlungen läßt sich zeigen, warum dieses Wissen nur unter Vorbehalt thematisiert werden kann. Kommunikationseinschränkungen, die zeremoniell festgelegt sind, schirmen die autoritative Geltung der zum Syndrom verschränkten deskriptiven, evaluativen und expressiven Gehalte gegen Problematisierungen ab. Der kristallisierte Überzeugungskomplex behauptet eine Art von Geltung, die mit der Kraft des Faktischen ausgestattet ist. Diesmal vollzieht sich die *Verschmelzung von Faktizität und Geltung* nicht im Modus einer ursprünglichen Vertrautheit mit tragenden Gewißheiten, die wir als Lebenswelt gleichsam im Rücken haben, sondern im Modus einer gefühlsambivalent besetzten Autorität, die uns gebieterisch *entgegentritt*. Die Ambivalenz dieses Geltungsmodus hat Durkheim am Status heiliger Objekte herausgearbeitet, die den Betrachtern ein aus Schrecken und Enthusiasmus gemischtes Gefühl einflößen, in ihnen zugleich Ehrfurcht und Erschauern auslösen.[16] Diese Symbiose widerstrebender Affekte ist uns heute noch in der ästhetischen Erfahrung zugänglich; sie wird

---

15 A. Gehlen, Der Mensch, Bonn 1950; ders., Urmensch und Spätkultur, Bonn 1956.
16 Habermas (1981), Bd. 2, 79 ff.

im surrealistisch ausgelösten Schock, den Autoren wie Bataille und Leiris sowohl literarisch erzeugt wie auch beschrieben haben, gezähmt und wiederholbar gemacht.[17]

An dem zugleich abschreckenden und anziehenden Faszinosum gewalthabender Institutionen fällt auf, daß zwei Momente, die uns heute inkompatibel erscheinen, eine Fusion eingehen. Die Androhung einer rächenden Gewalt und die Kraft bindender Überzeugungen koexistieren nicht nur, sondern entspringen derselben mythischen Quelle. Die von Menschen verhängten Sanktionen sind sekundär: sie ahnden Verstöße gegen eine ihnen vorausliegende, von Haus aus *zwingende* und zugleich *bindende* Autorität. Dieser entleihen die sozialen Sanktionen sozusagen ihre rituelle Bedeutung. Offensichtlich ließ sich die Integration von sozialen Kollektiven über ein Handeln, das sich an Geltungsansprüchen orientiert, zunächst nur sichern, wenn das darin angelegte Dissensrisiko *in der Geltungsdimension selbst* abgefangen werden konnte. Noch heute erinnern unsere tief verwurzelten Reaktionen auf Verstöße gegen das Inzesttabu an den Umstand, daß die Stabilität von Verhaltenserwartungen in den Kernbereichen verwandtschaftlich organisierter Gesellschaften durch Überzeugungen gesichert werden mußte, die eine *bannende*, zugleich bindende und abschreckende Autorität besitzen, und dies *unterhalb* jener Schwelle, an der sich für uns der sanktionierende Zwang von der Zwanglosigkeit des zur Überzeugungskraft sublimierten Zwangs einleuchtender Gründe irreversibel trennt.

Diesseits dieser Schwelle behält die Geltung die Kraft des Faktischen, sei es in der Gestalt lebensweltlicher Gewißheiten, die der Kommunikation entzogen sind, weil sie im Hintergrund bleiben, oder eben in Gestalt von kommunikativ bereits verfügbaren, verhaltensdirigierenden Überzeugungen, die aber unter den Kommunikationseinschränkungen einer faszinierenden Autorität stehen und der Problematisierung entzogen sind.

(5) Erst der dritte Rekonstruktionsschritt führt uns zur Kategorie des Rechts. Die Einbettung des kommunikativen Handelns in lebensweltliche Kontexte und eine Verhaltensregulierung durch ursprüngliche Institutionen erklären, wie in kleinen und relativ undif-

17 W. Benjamin, Der Surrealismus, Gesammelte Schriften, II, 3, 295 ff.

ferenzierten Gruppen soziale Integration auf der unwahrscheinlichen Basis von Verständigungsprozessen überhaupt möglich ist. Die Spielräume für das Dissensrisiko von Ja-/Nein-Stellungnahmen zu kritisierbaren Geltungsansprüchen wachsen freilich im Verlaufe der sozialen Evolution. Je mehr die Komplexität der Gesellschaft zunimmt und die ethnozentrisch eingeschränkte Perspektive sich weitet, um so stärker tritt eine Pluralisierung von Lebensformen und eine Individualisierung von Lebensgeschichten hervor, die die Zonen der Überlappung oder der Konvergenz lebensweltlicher Hintergrundüberzeugungen schrumpfen lassen; und im Maße ihrer Entzauberung zerfallen die sakralisierten Überzeugungskomplexe unter ausdifferenzierten Geltungsaspekten in die mehr oder weniger beliebig thematisierbaren Gehalte einer kommunikativ verflüssigten Überlieferung. Vor allem erzwingen aber die Prozesse der *gesellschaftlichen* Differenzierung eine Vervielfältigung funktional spezifizierter Aufgaben, sozialer Rollen und Interessenlagen, die kommunikatives Handeln aus engumschrieben institutionellen Bindungen in erweiterte Optionsspielräume entläßt und in wachsenden Bereichen interessegeleitetes, individuell erfolgsorientiertes Handeln zugleich freisetzt und erforderlich macht.

Diese wenigen Stichworte sollen genügen, um das in modernen Gesellschaften auftretende *Problem* anzuzeigen: wie die Geltung einer sozialen Ordnung stabilisiert werden kann, in der sich autonom gewordene kommunikative Handlungen von strategischen Interaktionen aus der Sicht der Aktoren selber klar voneinander differenzieren. Natürlich hatte es immer schon interessenorientiertes Handeln im Rahmen einer normativen Ordnung gegeben. In staatlich organisierten Gesellschaften wird die gewachsene normative Ordnung bereits von Rechtsnormen überformt. Aber in traditionalen Gesellschaften zehrt auch das Recht noch von der selbstautorisierenden Kraft des religiös sublimierten Heiligen. In der sakralen Verschmelzung von Faktizität und Geltung wurzelt beispielsweise die aus der europäischen Rechtstradition bekannte Legeshierarchie, wonach das vom Herrscher gesetzte Recht dem kirchlich verwalteten christlichen Naturrecht *untergeordnet* bleibt.

Im folgenden werde ich von der Situation einer weitgehend profanisierten Gesellschaft ausgehen, wo die normativen Ordnungen ohne metasoziale Garantien aufrechterhalten werden müssen. Auch die ohnehin pluralisierten und immer stärker differenzierten lebensweltlichen Gewißheiten bieten für dieses Defizit keinen hinreichenden Ausgleich. So verschiebt sich die Bürde der sozialen Integration immer weiter auf die Verständigungsleistungen von Aktoren, für die Geltung und Faktizität, also die bindende Kraft von rational motivierten Überzeugungen und der auferlegte Zwang äußerer Sanktionen, jedenfalls außerhalb der durch Sitte und Gewohnheit regulierten Handlungsbereiche, inkompatibel auseinandergetreten sind. Wenn sich Interaktionszusammenhänge, wie ich mit Durkheim und Parsons annehme, nicht allein aus der gegenseitigen Einwirkung erfolgsorientiert eingestellter Aktoren aufeinander zu stabilen Ordnungen verstetigen lassen, muß die Gesellschaft *letztlich* über kommunikatives Handeln integriert werden.[18]

In einer solchen Situation muß sich das Problem verschärfen, wie ausdifferenzierte, in sich pluralisierte und entzauberte Lebenswelten sozial integriert werden können, wenn gleichzeitig das Dissensrisiko in den Bereichen des von sakralen Autoritäten entbundenen, aus starken Institutionen entlassenen kommunikativen Handelns wächst. Nach diesem Szenario muß der zunehmende Integrations-

---

18 Der Grundbegriff des kommunikativen Handelns erklärt, wie soziale Integration über die Bindungskräfte einer intersubjektiv geteilten Sprache zustandekommen kann. Diese erlegt den Subjekten, die die Bindungsenergien der Sprache nutzen wollen, pragmatische Beschränkungen auf und nötigt sie, aus der Egozentrik ihrer Erfolgsorientierung herauszutreten, um sich den öffentlichen Kriterien der Verständigungsrationalität zu stellen. Aus dieser Sicht präsentiert sich die Gesellschaft als symbolisch strukturierte Lebenswelt, die sich über kommunikatives Handeln reproduziert. Daraus folgt natürlich nicht, daß in der Lebenswelt keine strategischen Interaktionen auftreten könnten. Aber diese haben nun einen anderen Stellenwert als bei Hobbes oder in der Spieltheorie: sie werden nicht mehr als der Mechanismus zur *Erzeugung* einer instrumentellen Ordnung begriffen. Strategische Interaktionen finden vielmehr ihren Platz in einer gleichsam andernorts bereits konstituierten Lebenswelt. Wohl behält auch der strategisch Handelnde jeweils einen lebensweltlichen Hintergrund im Rücken; aber dieser wird dann in seiner handlungskoordinierenden Kraft neutralisiert. Er liefert keinen Konsensvorschuß mehr, weil dem strategisch Handelnden die institutionellen Gegebenheiten ebenso wie die anderen Interaktionsteilnehmer nur noch als soziale Tatsachen begegnen. In der objektivierenden Einstellung eines Beobachters kann er sich mit diesen nicht mehr wie mit zweiten Personen verständigen.

bedarf die Integrationskapazität des nur noch zur Verfügung stehenden Verständigungsmechanismus zumal dann hoffnungslos überfordern, wenn, wie es in modernen Wirtschaftsgesellschaften der Fall ist, eine wachsende Menge sozialstrukturell unentbehrlicher strategischer Interaktionen freigesetzt werden.[18a] Im Konfliktfall stehen die kommunikativ Handelnden vor der Alternative zwischen Kommunikationsabbruch und strategischem Handeln – zwischen Vertagung oder Austragung eines ungelösten Konfliktes. Einen Ausweg bietet nun die *normative Regelung strategischer Interaktionen*, auf die sich die Aktoren selbst *verständigen*. Die paradoxe Natur solcher Regeln zeigt sich im Lichte der Prämisse, daß Faktizität und Geltung für die handelnden Subjekte selbst zu zwei einander ausschließenden Dimensionen auseinandergetreten sind. Für erfolgsorientiert handelnde Aktoren verwandeln sich alle Situationsbestandteile in Tatsachen, die sie im Lichte ihrer je eigenen Präferenzen bewerten, während die verständigungsorientiert handelnden Aktoren auf ein gemeinsam ausgehandeltes Situationsverständnis angewiesen sind und relevante Tatsachen nur im Lichte intersubjektiv anerkannter Geltungsansprüche interpretieren. Wenn derart Erfolgs- und Verständigungsorientierung für die handelnden Subjekte eine vollständige Alternative bilden, müssen aber Normen, die sich für eine sozialintegrative Einbindung, also eine für alle Beteiligten verbindliche Regelung strategischer Interaktionen eignen, zwei kontradiktorischen Bedingungen genügen, die aus der Sicht der Aktoren nicht gleichzeitig erfüllt werden können. Solche Regeln müssen einerseits faktische Beschränkungen darstellen, die den Datenkranz so verändern, daß sich der Aktor in der Einstellung eines strategisch Handelnden zur objektiv erwünschten Anpassung seines Verhaltens genötigt sieht; andererseits müssen sie zugleich eine sozialintegrative Kraft entfalten, indem sie den Adressaten Verpflichtungen auferlegen, was nach unserer Voraussetzung nur auf der Grundlage intersubjektiv anerkannter normativer Geltungsansprüche möglich ist.

Die gesuchte Sorte von Normen müßte demnach *gleichzeitig* durch

---

18a Diese Prämisse eines in modernen Gesellschaften verstetigten Dissenses verkennen die üblichen Einwände gegen die Theorie des kommunikativen Handelns; siehe H. J. Giegel, Einleitung zu Giegel (1992), 7-17.

faktischen Zwang und durch legitime Geltung Folgebereitschaft bewirken. Normen dieser Art müßten mit einer Autorität auftreten können, die noch einmal die Geltung mit der Kraft des Faktischen ausstattet, aber diesmal unter der Bedingung der bereits eingetretenen Polarisierung zwischen erfolgs- und verständigungsorientiertem Handeln, und damit einer *perzipierten* Unvereinbarkeit von Faktizität und Geltung. Wie angenommen, sind nämlich jene metasozialen Garantien des Heiligen zerfallen, die die ambivalente Bindungskraft archaischer Institutionen, und damit eine Legierung von Geltung und Faktizität in der Geltungsdimension selber, ermöglicht hatten. Die Auflösung dieses Rätsels finden wir in jenem System von Rechten, das subjektive Handlungsfreiheiten mit dem Zwang des objektiven Rechts ausstattet. Historisch gesehen bilden denn auch die subjektiven Privatrechte, die legitime Spielräume individueller Handlungsfreiheiten auszeichnen und insofern auf die strategische Verfolgung privater Interessen zugeschnitten sind, den Kern des modernen Rechts.

III.

Seit Hobbes gelten die Regeln des auf Vertragsfreiheit und Eigentum basierenden bürgerlichen Privatrechts als Prototyp für Recht überhaupt. Auch Kant geht in seiner Rechtslehre von natürlichen subjektiven Rechten aus, die jeder Person gegen Verletzungen ihrer rechtlich gesicherten subjektiven Handlungsfreiheiten Zwangsbefugnisse einräumen. Mit dem Übergang vom natürlichen zum positiven Recht verwandeln sich diese Zwangsbefugnisse, die nach der Monopolisierung aller Mittel legitimen Zwangs durch den Staat nicht mehr von einzelnen Rechtspersonen unmittelbar vollstreckt werden dürfen, in Klagebefugnisse. Gleichzeitig werden die subjektiv privaten Rechte durch strukturell homologe Abwehrrechte gegen die Staatsgewalt selbst ergänzt. Diese schützen die privaten Rechtspersonen gegen ungesetzliche Eingriffe des Staatsapparats in Leben, Freiheit und Eigentum. In unserem Zusammenhang interessiert zunächst der *Begriff der Legalität*, mit dem Kant, ausgehend von subjektiven Rechten, den komplexen Geltungsmodus von

Recht überhaupt erklärt. In der Dimension der Rechtsgeltung verschränken sich Faktizität und Geltung ein weiteres Mal, aber diesmal verbinden sich die beiden Momente nicht – wie in den lebensweltlichen Gewißheiten oder der bezwingenden Autorität starker, jeder Diskussion entzogener Institutionen – zu einem unauflöslichen Amalgam. Im Geltungsmodus des Rechts verschränkt sich die Faktizität der staatlichen Rechts*durchsetzung* mit der Legitimität begründenden Kraft eines dem Anspruch nach rationalen, weil freiheitsverbürgenden Verfahrens der Rechts*setzung*. Die Spannung zwischen diesen distinkt bleibenden Momenten wird zugleich intensiviert und verhaltenswirksam operationalisiert.

(1) Für Kant stellt sich das in der Rechtsgeltung stabilisierte Verhältnis von Faktizität und Geltung als der vom Recht gestiftete interne Zusammenhang zwischen Zwang und Freiheit dar. Das Recht ist von Haus aus mit der Befugnis zu zwingen verbunden; dieser Zwang rechtfertigt sich aber nur als »die Verhinderung eines Hindernisses der Freiheit«, also aus dem Zweck, Übergriffen in die Freiheit eines jeden entgegenzutreten. Diese innere »Verknüpfung des allgemeinen wechselseitigen Zwangs mit jedermanns Freiheit« drückt sich im Geltungsanspruch des Rechts aus.[19] Rechtsregeln setzen Bedingungen des Zwangs, »unter denen die Willkür des einen mit der Willkür des anderen nach einem allgemeinen Gesetz der Freiheit zusammen vereinigt werden kann.«[20] Einerseits kann Legalität des Verhaltens als »die bloße Übereinstimmung einer Handlung mit dem Gesetz« erzwungen werden;[21] deshalb muß den Subjekten eine Befolgung des Gesetzes aus anderen als moralischen Gründen freigestellt sein. Die »Bedingungen des Zwangs« brauchen von den Adressaten nur als *Veranlassung* zu regelkonformem Verhalten wahrgenommen werden; denn ein Handeln aus Pflicht, der moralisch motivierte Rechtsgehorsam, kann schon aus analytischen Gründen nicht mit Zwang durchgesetzt werden. Andererseits ist aber eine »Vereinigung« der Willkür eines jeden mit der Willkür aller anderen, d. h. soziale Integration, nur auf der Grundlage normativ gültiger Regeln möglich, die unter dem moralischen

19 I. Kant, Einleitung in die Rechtslehre, Werke (Weischedel) Bd. IV, 338 f.
20 Ebd., 337.
21 Ebd., 324.

Gesichtspunkt – »nach einem allgemeinen Gesetz der Freiheit« – die zwanglose, nämlich rational motivierte Anerkennung ihrer Adressaten *verdienen.* Obgleich Rechtsansprüche mit Zwangsbefugnissen verknüpft sind, müssen sie jederzeit auch ihres normativen Geltungsanspruches wegen – also aus »Achtung vor dem Gesetz« – befolgt werden können.[22] Das Paradox von Handlungsregeln, die unangesehen ihrer moralischen Anerkennungswürdigkeit nur ein objektiv mit Normen übereinstimmendes Verhalten fordern, löst sich mit Kants Begriff der Legalität auf: Rechtsnormen sind unter jeweils verschiedenen Aspekten zugleich Zwangsgesetze und Gesetze der Freiheit.

Der Doppelaspekt der Rechtsgeltung, den wir uns zunächst in Begriffen der Kantischen Rechtslehre klargemacht haben, läßt sich auch aus der Perspektive der Handlungstheorie erläutern. Die beiden Komponenten der Rechtsgeltung, Zwang und Freiheit, stellen den Adressaten die Wahl der Aktorperspektive frei. Für eine empirische Betrachtungsweise ist die Geltung des positiven Rechts zunächst tautologisch dadurch bestimmt, daß als Recht gilt, was nach rechtsgültigen Prozeduren Rechtskraft erlangt – und trotz der rechtlich gegebenen Möglichkeit der Derogation einstweilen Rechtskraft behält. Der Sinn dieser Rechtsgeltung erklärt sich aber erst durch die simultane Bezugnahme auf beides – auf die soziale oder faktische Geltung einerseits, die Legitimität oder Gültigkeit des Rechts andererseits.[23] Die *soziale Geltung* von Rechtsnormen bestimmt sich nach dem Grad der Durchsetzung, also der faktisch zu erwartenden Akzeptanz im Kreise der Rechtsgenossen. Anders als die konventionelle Geltung von Brauch und Sitte stützt sich freilich das gesatzte Recht nicht auf die gewachsene Faktizität eingewöhnter und tradierter Lebensformen, sondern auf die *artifiziell hergestellte Faktizität* der Androhung rechtsförmig definierter und vor Gericht einklagbarer Sanktionen. Hingegen bemißt sich die *Legitimität* von Regeln an der diskursiven Einlösbarkeit ihres normativen Geltungsanspruchs letztlich daran, ob sie in einem rationalen Gesetzgebungsverfahren zustandegekommen sind – oder wenig-

22 Ebd., 51of.

23 R. Dreier, Recht und Moral, in: ders., Recht - Moral - Ideologie, Frankfurt/Main 1981, 180ff., hier 194ff.

47

stens unter pragmatischen, ethischen und moralischen Gesichtspunkten hätten gerechtfertigt werden können. Die Legitimität einer Regel ist von ihrer faktischen Durchsetzung unabhängig. Umgekehrt variieren aber soziale Geltung und faktische Befolgung mit dem Legitimitätsglauben der Rechtsgenossen, und dieser stützt sich wiederum auf die Unterstellung der Legitimität, d.h. der Begründbarkeit der jeweiligen Normen. Andere Faktoren wie Einschüchterung, Macht der Umstände, Sitte und schiere Gewohnheit müssen eine Rechtsordnung substitutiv um so stärker stabilisieren, je weniger diese legitim ist, jedenfalls für legitim gehalten wird.

Allgemein hat das Rechtssystem im ganzen einen höheren Grad von Legitimität als einzelne Rechtsnormen. Als notwendige Bedingungen für die Rechtsgeltung eines Rechtssystems nennt Dreier, daß es »erstens im großen und ganzen sozial wirksam und zweitens im großen und ganzen ethisch gerechtfertigt ist, für die rechtliche Geltung von Einzelnormen, daß diese gemäß einer Verfassung, die den genannten Kriterien genügt, gesetzt sind und, für sich genommen, erstens ein Minimum an sozialer Wirksamkeit bzw. Wirksamkeitschance und zweitens ein Minimum an ethischer Rechtfertigung bzw. Rechtfertigungsfähigkeit aufweisen.«[24]

Der doppelte Bezug der Rechtsgeltung zur Faktizität der an durchschnittlicher Normbefolgung gemessenen sozialen Geltung einerseits, zur Legitimität des Anspruchs auf normative Anerkennung andererseits läßt den Rechtsgenossen die Wahl, gegenüber derselben Norm eine objektivierende oder eine performative Einstellung einzunehmen und entsprechende Lesarten zu adoptieren. Für die »Willkür« eines Aktors, der sich am eigenen Erfolg orientiert, bildet die Regel in Erwartung der Durchsetzung des Rechtsgebots eine faktische Schranke – mit kalkulierbaren Folgen für den Fall einer Regelverletzung. Hingegen bindet die Regel den »freien Willen« eines Aktors, der sich mit anderen Aktoren über gemeinsam einzuhaltende Bedingungen für je eigene Handlungserfolge verständigen will, mit ihrem normativen Geltungsanspruch – und der Möglichkeit seiner kritischen Nachprüfung. Das Offenhalten dieser Alternative bedeutet keine Fusion der Momente, die aus der Sicht des

24 Dreier (1981), 198. Dreier verwendet den Ausdruck »ethisch« im Sinne von »moralisch«.

Aktors unvereinbar *bleiben*. Denn je nach der gewählten Perspektive bildet die Rechtsnorm eine andere Art von Situationsbestandteil: für den strategisch Handelnden liegt sie auf der Ebene von sozialen Tatsachen, die seinen Optionsspielraum extern einschränken, für den kommunikativ Handelnden liegt sie auf der Ebene von obligatorischen Verhaltenserwartungen, hinsichtlich deren ein rational motiviertes Einverständnis zwischen den Rechtsgenossen unterstellt wird. Der Aktor wird deshalb einer rechtsgültigen Vorschrift in jeweils anderer Hinsicht den Status einer Tatsache mit prognostizierbaren Folgen oder die deontologische Verbindlichkeit einer normativen Verhaltenserwartung zuschreiben. Die Rechtsgültigkeit einer Norm – und darin besteht ihr Witz – besagt nun, daß *beides zugleich* garantiert ist: sowohl die Legalität des Verhaltens im Sinne einer durchschnittlichen Normbefolgung, die erforderlichenfalls durch Sanktionen erzwungen wird, wie auch die Legitimität der Regel selbst, die eine Befolgung der Norm aus Achtung vor dem Gesetz jederzeit möglich macht.

An den subjektiven Privatrechten läßt sich die doppelte Aktorperspektive von Zwangs- und Freiheitsgesetzen ablesen. Diese Regeln tolerieren sozusagen, indem sie die Motive des regelkonformen Verhaltens freistellen, eine strategische Einstellung des Aktors gegenüber der einzelnen Norm. Als Bestandteile einer im ganzen legitimen Rechtsordnung treten sie zugleich mit einem normativen Geltungsanspruch auf, der auf eine rational motivierte Anerkennung angelegt ist und dem Adressaten Rechtsgehorsam aus dem nicht-erzwingbaren Motiv der Pflicht immerhin *ansinnt*. Dieses Ansinnen bedeutet, daß die Rechtsordnung eine Befolgung ihrer Regeln aus Achtung vor dem Gesetz jederzeit *möglich* machen muß. Aus dieser Analyse des Geltungsmodus des zwingenden Rechts ergeben sich mithin Konsequenzen für die Rechtsetzung: auch das positive Recht muß legitim sein.

Eine Rechtsordnung muß nicht nur garantieren, daß eine jede Person in ihren Rechten von allen übrigen Personen überhaupt anerkannt wird; die reziproke Anerkennung der Rechte eines jeden durch alle muß vielmehr auf Gesetzen beruhen, die insofern legitim sind, als sie jedermann gleiche Freiheiten gewähren, so daß »die Freiheit der Willkür eines jeden mit jedermanns Freiheit ... zusammen bestehen kann.« Diese Bedingung erfüllen moralische Gesetze per se; aber für Regeln des positiven Rechts muß sie vom politischen Gesetzgeber erfüllt werden. Der Prozeß der Gesetzgebung bildet also im Rechtssystem den eigentlichen Ort der sozialen Integration. Deshalb muß den am Gesetzgebungsprozeß Beteiligten zugemutet werden, aus der Rolle privater Rechtssubjekte herauszutreten und mit ihrer Staatsbürgerrolle die Perspektive von Mitgliedern einer frei assoziierten Rechtsgemeinschaft zu übernehmen, in der ein Einverständnis über die normativen Grundsätze der Regelung des Zusammenlebens entweder schon durch Tradition gesichert ist oder über eine Verständigung nach normativ anerkannten Regeln herbeigeführt werden kann. Jene charakteristische Vereinigung von faktischem Zwang und Legitimitätsgeltung, die wir uns an der mit Zwangsbefugnissen bewehrten subjektiven Berechtigung zur strategischen Wahrnehmung je eigener Interessen klargemacht haben, erfordert einen Prozeß der Rechtsetzung, an dem die beteiligten Staatsbürger nicht wiederum nur in der Rolle erfolgsorientiert handelnder Rechtssubjekte teilnehmen dürfen. Soweit die politischen Teilnahme- und Kommunikationsrechte für ein legitimationswirksames Verfahren der Gesetzgebung konstitutiv sind, dürfen diese subjektiven Rechte nicht *wie* von vereinzelten Privatrechtssubjekten, sie müssen vielmehr in der Einstellung von verständigungsorientiert handelnden Teilnehmern an einer intersubjektiven Verständigungspraxis wahrgenommen werden. Deshalb ist im Begriff des modernen Rechts, das die Spannung zwischen Faktizität und Geltung zugleich steigert und verhaltenswirksam operationalisiert, der von Rousseau und Kant entfaltete *demokratische Gedanke* schon angelegt: daß der Legitimitätsanspruch einer aus subjektiven Rechten konstruierten Rechtsordnung nur durch die sozialintegrative Kraft des »übereinstimmenden und vereinigten Willens aller« freien und gleichen Staatsbürger eingelöst werden kann.

Die Idee der staatsbürgerlichen Autonomie wird uns noch im einzelnen beschäftigen. Zunächst erinnert sie nur an den Umstand, daß die Zwangsgesetze ihre Legitimität als Freiheitsgesetze im Prozeß – und durch die Art des Prozesses – der Rechtssetzung ausweisen müssen; und in dieser Positivierung des Rechts reproduziert sich die Spannung zwischen Faktizität und Geltung noch einmal, aber auf andere Weise als in der Dimension der Geltung bereits gesatzter Normen. Gewiß läßt sich legales Verhalten als eine Befolgung von Normen beschreiben, die sowohl mit der Androhung von Sanktionen belegt wie durch Beschlüsse eines politischen Gesetzgebers in Kraft gesetzt worden sind. Aber die Faktizität der Rechtsetzung unterscheidet sich von der der sanktionierenden Rechtsdurchsetzung insofern, als die Erlaubnis zum Rechtszwang *zurückgeführt* werden muß auf eine, mit der (auch anders möglichen und grundsätzlich korrigierbaren) Beschlußfassung des Gesetzgebers verbundenen *Legitimitätserwartung*. Mit der Positivität des Rechts ist die Erwartung verbunden, daß das demokratische Verfahren der Rechtsetzung die Vermutung der rationalen Akzeptabilität der gesatzten Normen begründet. In der Positivität des Rechts gelangt nicht die Faktizität eines beliebigen, schlechthin kontingenten Willens zum Ausdruck, sondern der legitime Wille, der sich einer präsumptiv vernünftigen Selbstgesetzgebung politisch autonomer Staatsbürger verdankt. Auch bei Kant muß das Demokratieprinzip eine Lücke füllen in einem System des rechtlich geordneten Egoismus, das sich nicht aus sich selbst reproduzieren kann, sondern auf einen Hintergrundkonsens der Staatsbürger angewiesen bleibt. Diese *Solidaritätslücke*, die die bloß legale Inanspruchnahme der auf erfolgsorientiertes Handeln zugeschnittenen subjektiven Rechte offen läßt, kann aber nicht wiederum durch Rechte desselben Typs, jedenfalls nicht allein durch solche Rechte, geschlossen werden. Das gesatzte Recht kann sich der Grundlagen seiner Legitimität nicht allein durch eine Legalität versichern, die den Adressaten Einstellungen und Motive freistellt.

Entweder bleibt die Rechtsordnung, wie die ständischen oder absolutistischen Übergangsformationen der frühen Neuzeit, in die Kontexte eines gesamtgesellschaftlichen Ethos eingebettet und der Autorität eines überpositiven oder heiligen Rechts untergeordnet, oder die subjektiven Handlungsfreiheiten werden durch subjektive Rechte *eines anderen Typs* ergänzt – durch Staatsbürgerrechte, die nicht mehr nur auf Willkürfreiheit, sondern auf Autonomie abstellen. Denn ohne religiöse oder metaphysische Rückendeckung kann das auf legales Verhalten zugeschnittene Zwangsrecht seine sozialintegrative Kraft nur noch dadurch bewahren, daß sich die einzelnen *Adressaten* der Rechtsnormen zugleich in ihrer Gesamtheit als vernünftige *Urheber* dieser Normen verstehen dürfen. Insofern zehrt das moderne Recht von einer Solidarität, die sich in der Staatsbürgerrolle konzentriert und letztlich aus kommunikativem Handeln hervorgeht. Die kommunikative Freiheit der Staatsbürger kann, wie wir sehen werden, in der organisierten Selbstbestimmungspraxis eine durch rechtliche Institutionen und Verfahren vielfach vermittelte Form annehmen, aber nicht vollständig durch zwingendes Recht substituiert werden. Dieser interne Zusammenhang zwischen der Faktizität der Rechtsdurchsetzung und der geltungsbegründenden Legitimität des Rechtsetzungsprozesses bedeutet für Rechtssysteme, die den überforderten Verständigungsleistungen kommunikativ handelnder Aktoren die Bürde der sozialen Integration doch gesellschaftsweit abnehmen sollen, allerdings eine Hypothek. Denn nichts erscheint dem aufgeklärten Soziologen unwahrscheinlicher, als daß sich die Integrationsleistungen des modernen Rechts allein oder auch nur in erster Linie aus einem sei es vorgefundenen oder erzielten normativen Einverständnis, also aus Quellen der Solidarität speisten.

Insbesondere mit den funktionalen Imperativen hochkomplexer Gesellschaften kommt eine soziale Faktizität ins Spiel, die nicht mehr wie das Moment der Rechtsdurchsetzung in einem internen Verhältnis zur beanspruchten Legitimität der Rechtsordnung steht. Das normative Selbstverständnis kann durch soziale Tatsachen, die von außen ins Rechtssystem eingreifen, dementiert werden. Faktizität und Geltung stehen hier in einem *externen* Verhältnis, denn beide Momente, einerseits die Sinnimplikate des geltenden Rechts und andererseits die sozialen Beschränkungen, denen die Rechtsentscheidungen faktisch unterworfen sind, können unabhängig voneinander beschrieben werden. Bevor ich dieses Thema im nächsten Kapitel aufgreife, möchte ich die *bisher erörterten internen* Verhältnisse von Faktizität und Geltung, die für die Infrastruktur des Rechts moderner Gesellschaften konstitutiv sind, rekapitulieren.[25]

25 Im folgenden stütze ich mich auf mündliche Anregungen von Lutz Wingert.

(2) Nach der von Frege und Peirce vollzogenen sprachanalytischen Wende wird der klassische, aus der platonistischen Tradition bekannte und zunächst ontologisch, dann bewußtseinsphilosophisch gedeutete Gegensatz von Idee und erscheinender Wirklichkeit überwunden. Die Ideen selbst werden sogleich als sprachlich verkörperte konzipiert, so daß sich die Faktizität der in der Welt auftretenden Zeichen und sprachlichen Ausdrücke mit der Idealität der Bedeutungsallgemeinheit und der Wahrheitsgeltung intern verbindet. Die semantische Allgemeinheit sprachlicher Bedeutungen gewinnt ihre ideale Bestimmtheit allein im Medium von Zeichen und Ausdrücken, die sich nach grammatischen Regeln aus dem Strom der Zeichenereignisse und Redevorgänge (bzw. Schriftzeugnisse) als wiedererkennbare Typen herausheben. Ferner wird die Differenz zwischen der Gültigkeit und dem Für-wahr-Halten einer Aussage damit erklärt, daß der Begriff der idealen Geltung als rationale Behauptbarkeit unter idealen Bedingungen, also nur unter Bezugnahme auf die diskursive Einlösung von Geltungsansprüchen zu verstehen ist. Wenn »gültig« als dreistelliges Prädikat verstanden wird, drückt sich die Idealität der Wahrheitsgeltung nur noch in den anspruchsvollen Präsuppositionen unserer Rechtfertigungspraxis, also auf der Ebene des Sprachgebrauchs, aus. Daran zeigt sich der interne Zusammenhang, der zwischen der Gültigkeit einer Aussage und dem Erweis ihrer Geltung für ein ideal erweitertes Auditorium besteht. Was gültig ist, muß sich gegen faktisch vorgetragene Einwände bewähren können. Wie im Falle der Idealität der Bedeutungsallgemeinheit konstituiert sich die Dimension der Geltung in der Sprache selbst nur durch eine Spannung zwischen Faktizität und Geltung: Wahrheit und die diskursiven Bedingungen für die rationale Akzeptabilität von Wahrheitsansprüchen erläutern sich wechselseitig.[26]

Auf der Ebene des kommunikativen Handelns wandert mit dem verständigungsorientierten Sprachgebrauch, über den die Aktoren ihre Handlungen koordinieren, jenes Spannungsverhältnis in die Welt der sozialen Tatsachen ein. Während wir die Faktizität der Zeichenereignisse und Redevorgänge als ein für die Bedeutungs-

26 H. Putnam, Vernunft, Wahrheit und Geschichte, Frankfurt/Main 1982.

und Geltungsdimension notwendiges Moment verstehen konnten, müssen wir die mit Geltungsansprüchen ins kommunikative Handeln einziehende innersprachliche Spannung zwischen Faktizität und Geltung ihrerseits als ein Moment der gesellschaftlichen Faktizität, nämlich jener kommunikativen Alltagspraxis begreifen, durch die hindurch Lebensformen sich reproduzieren. Soweit die Handlungskoordinierung und damit die Vernetzung von Interaktionen über Verständigungsprozesse abläuft, bilden intersubjektiv geteilte Überzeugungen das Medium der gesellschaftlichen Integration. Überzeugt sind die Aktoren von dem, was sie verstehen und für gültig halten. Deshalb lassen sich Überzeugungen, die problematisch werden, allein durch Gründe stützen oder revidieren. Gründe sind aber keine naturalistisch zu beschreibenden Dispositionen für das Haben von Meinungen; sie bilden vielmehr die Währung eines diskursiven Austauschs, durch den kritisierbare Geltungsansprüche eingelöst werden. Gründe verdanken ihre rational motivierende Kraft einer internen Beziehung zur Bedeutungs- und Geltungsdimension sprachlicher Äußerungen. Dabei sind sie von Haus aus zweischneidig, weil sie Überzeugungen sowohl befestigen wie erschüttern können. Mit ihnen dringt die der Sprache und ihrer Verwendung innewohnende Spannung zwischen Faktizität und Geltung in die Gesellschaft ein. Deren soziale Integration ist, soweit sie sich auf Überzeugungen stützt, anfällig für den destabilisierenden Effekt entwertender Gründe (und erst recht der Entwertung einer ganzen Kategorie von Gründen). Die in die gesellschaftliche Realität einbrechende ideale Spannung geht darauf zurück, daß die Akzeptanz von Geltungsansprüchen, die soziale Tatsachen erzeugt und perpetuiert, auf der kontextabhängigen Akzeptabilität von Gründen beruht, die stets dem Risiko ausgesetzt sind, durch bessere Gründe und kontextverändernde Lernprozesse entwertet zu werden.

Diese strukturellen Eigenschaften von kommunikativer Vergesellschaftung erklären, warum die durch Interpretationen und Überzeugungen vermittelte, symbolisch vorstrukturierte Lebenswelt, warum das soziale Gewebe im ganzen von falliblen Geltungsunterstellungen durchschossen ist. Sie machen verständlich, warum soziale Verhaltenserwartungen, die von falliblen Geltungsunterstellungen abhängen, bestenfalls eine prekäre Art der Stabilität gewinnen. Diese Stabilität verdankt sich Leistungen der sozialen Integration, die die stets gegenwärtige Gefahr einer Destabilisierung durch begründeten Dissens abwenden. Gründe zählen gewiß nur vor dem Hintergrund kontextabhängiger Rationalitätsstandards;[27] aber Gründe, die die Ergebnisse kontextverändernder Lernprozesse zur Geltung bringen, können eingespielte Rationalitätsstandards auch untergraben.

Wir haben zwei Strategien kennengelernt, die diesem Dissensrisiko und damit der der kommunikativen Vergesellschaftung überhaupt innewohnenden Instabilität begegnen: die Eingrenzung und die Entschränkung des kommunikativen Mechanismus. *Eingegrenzt* wird das ins kommunikative Handeln eingebaute Risiko durch jene intuitiven Gewißheiten, die sich fraglos von selbst verstehen, weil sie von allen kommunikativ verfügbaren und mit Absicht mobilisierbaren Gründen entkoppelt sind. Diese verhaltensstabilisierenden Gewißheiten, aus denen sich der lebensweltliche Hintergrund aufbaut, verharren vor der Schwelle möglicher Thematisierung, sind abgeschnitten von jener erst im kommunikativen Handeln eröffneten Dimension, worin wir zwischen der Akzeptabilität und der bloßen Akzeptanz von Überzeugungen und Gründen unterscheiden können. Eine ähnliche Verschmelzung zwischen Faktizität und Geltung haben wir in der Geltungsdimension jener verhaltenssteuernden Überzeugungen beobachtet, die an sakrale Weltbilder und an die bannende Autorität großer Institutionen gebunden waren. Diese Art von Autorität beruht nicht etwa darauf, daß die normativen Überzeugungen im Hintergrund blieben, nicht thematisiert und nicht mit Gründen verknüpft werden könnten; sie beruht vielmehr auf einer präskriptiven Auswahl von Themen und der starren Fixierung von Gründen. Indem die kommunikative Verfügung über Gründe und die Mobilisierung von Gründen angehalten und damit Kritik stillgestellt wird, bilden die autoritativ ausgezeichneten Normen und Werte für die kommunikativ Handelnden einen Datenkranz, der dem Problematisierungssog ihrer Verständigungsprozesse entzogen bleibt. Erst in dem Maße, wie Normen und

27 R. Rorty, Solidarität oder Objektivität, Stuttgart 1988; dazu kritisch H. Putnam, Why Reason can't be naturalized, Synthese 52 (1982), 1-23.

Werte kommunikativ flüssig gemacht und im Hinblick auf den *kategorialen* Unterschied zwischen Akzeptabilität und bloßer Akzeptanz dem freien Spiel mobilisierbarer Gründe ausgesetzt werden, fällt die über Werte, Normen und Verständigung vollzogene soziale Integration ganz den Leistungen der kommunikativ Handelnden selbst anheim.

Unter modernen Bedingungen komplexer Gesellschaften, die in weiten Bereichen ein interessengeleitetes, mithin ein normativ neutralisiertes Handeln erfordern, entsteht jene paradoxe Situation, in der das *entschränkte* kommunikative Handeln die ihm zufallende Bürde der sozialen Integration weder abwälzen noch ernstlich tragen kann. Aus eigenen Ressourcen kann es das in ihm angelegte Dissensrisiko allein durch Risikosteigerung zähmen, nämlich dadurch, daß Diskurse auf Dauer gestellt werden. Wenn man nun überlegt, wie ein Mechanismus aussehen könnte, mit dem sich eine entschränkte Kommunikation, ohne sich selbst zu desavouieren, gleichwohl von sozialintegrativen Leistungen entlasten könnte, erscheint die vollständige Positivierung des bis dahin sakral gestützten und mit konventioneller Sittlichkeit verflochtenen Rechts als plausibler Ausweg aus der Sackgasse: es wird ein System von Regeln erfunden, das die beiden Strategien der Eingrenzung und der Entschränkung des im kommunikativen Handeln angelegten Dissensrisikos verbindet und zugleich arbeitsteilig differenziert.

Einerseits bietet die staatliche Garantie der Rechtsdurchsetzung ein funktionales Äquivalent für die Erwartungsstabilisierung durch bannende Autorität. Während die weltbildgestützten Institutionen die verhaltenssteuernden Überzeugungen durch Kommunikationseinschränkung fixieren, erlaubt das moderne Recht, Überzeugungen durch Sanktionen zu ersetzen, indem es die Motive der Regelbefolgung freistellt, aber Nachachtung erzwingt. In beiden Fällen wird eine Destabilisierung durch begründeten Dissens dadurch vermieden, daß die Adressaten die Geltung der Normen, denen sie folgen sollen, nicht in Frage stellen können. Dieses »Nichtkönnen« gewinnt freilich einen anderen, nämlich zweckrationalen Sinn, weil sich der Geltungsmodus selber verändert. Während im Geltungssinn autoritätsgebundener Überzeugungen Faktizität und Geltung verschmelzen, treten beide Momente in der Rechtsgeltung auseinander – die durchgesetzte Akzeptanz der Rechtsordnung wird von der Akzeptabilität der Gründe, auf die sie ihren Legitimitätsanspruch stützt, unterschieden. Diese doppelte Kodierung verweist *andererseits* auf den Umstand, daß die Positivität und der Anspruch auf Legitimität des Rechts auch jener Entschränkung der Kommunikation Rechnung tragen, die grundsätzlich alle Normen und Werte der kritischen Überprüfung aussetzt. Die Rechtsgenossen müssen unterstellen dürfen, daß sie in freier politischer Meinungs- und Willensbildung die Regeln, denen sie als Adressaten unterworfen sind, auch selber autorisieren würden. Allerdings wird dieser Legitimationsprozeß zum Bestandteil des Rechtssystems, weil er gegenüber den Kontingenzen der formlos flottierenden Alltagskommunikation selber der rechtlichen Institutionalisierung bedarf. Vorbehaltlich dieser Kommunikationseinschränkung wird das Dauerrisiko des Widerspruchs diskursiv auf Dauer gestellt und in die Produktivkraft einer präsumptiv vernünftigen politischen Meinungs- und Willensbildung umgewandelt.

(3) Wenn man in dieser Weise das moderne Recht als Mechanismus betrachtet, der die überforderten Verständigungsleistungen der kommunikativ Handelnden von Aufgaben der sozialen Integration entlastet, ohne im Prinzip die Entschränkung des Kommunikationsspielraums rückgängig zu machen, werden beide Seiten: die Positivität und der Anspruch auf rationale Akzeptabilität verständlich. Die Positivität des Rechts bedeutet ja, daß mit einem bewußt gesatzten Normengefüge ein Stück artifiziell erzeugter sozialer Realität entsteht, die nur auf Widerruf existiert, weil sie in jedem einzelnen ihrer Bestandteile geändert oder außer Kraft gesetzt werden kann. Unter dem Aspekt der Änderbarkeit erscheint die Geltung des positiven Rechts als der reine Ausdruck eines Willens, der bestimmten Normen gegen die stets gegenwärtige Möglichkeit ihrer Außerkraftsetzung bis auf weiteres Dauer verleiht. An diesem Voluntarismus der puren Setzung entzündet sich, wie wir sehen werden, das Pathos des Rechtspositivismus. Auf der anderen Seite kann sich die Positivität des Rechts nicht ohne Einbuße an sozialintegrativer Kraft allein auf die Kontingenz willkürlicher Entscheidungen, also auf Dezision gründen. Das Recht entlehnt seine bindende Kraft vielmehr dem Bündnis, das die Positivität des Rechts

mit dem Anspruch auf Legitimität eingeht. In dieser Verbindung spiegelt sich jene strukturelle Verschränkung der tatsachenbegründenden Akzeptanz mit der beanspruchten Akzeptabilität von Geltungsansprüchen, die ja als eine Spannung zwischen Faktizität und Geltung schon ins kommunikative Handeln und in die mehr oder weniger naturwüchsigen sozialen Ordnungen eingezogen war. Diese ideale Spannung kehrt auf der Ebene des Rechts intensiviert wieder, und zwar im Verhältnis des Rechtszwangs, der eine durchschnittliche Regelakzeptanz sichert, zur Idee der Selbstgesetzgebung – oder der Unterstellung der politischen Autonomie der vereinigten Staatsbürger –, die den Legitimitätsanspruch der Regeln selbst erst einlöst, d. h. rational akzeptabel macht.

Aus dieser in der Geltungsdimension des Rechts aufrechterhaltenen Spannung ergibt sich im weiteren die Notwendigkeit, die zum Zweck der Rechtsdurchsetzung (und autoritativen Rechtsanwendung) in Anspruch genommene politische Gewalt, der das Recht seine Positivität verdankt, selber in den Formen legitimen Rechts zu organisieren. Auf das Desiderat der rechtlichen Transformation der vom Recht selbst vorausgesetzten Gewalt antwortet die Idee des Rechtsstaates. In ihm nimmt die staatsbürgerliche Praxis der Selbstgesetzgebung eine institutionell ausdifferenzierte Gestalt an. Mit der Idee des Rechtsstaates wird eine Spirale der Selbstanwendung des Rechts in Gang gesetzt, welche die intern unvermeidliche Unterstellung politischer Autonomie gegen die *von außen* ins Recht eindringende Faktizität rechtlich nicht gezähmter Macht zur Geltung bringen soll. Die Ausgestaltung des Rechtsstaats läßt sich verstehen als die grundsätzlich offene Sequenz erfahrungsgeleiteter Vorkehrungen gegen die Überwältigung des Rechtssystems durch eine – illegitime – Macht der Verhältnisse, die seinem normativen Selbstverständnis widerspricht. Dabei handelt es sich um ein (aus der Sicht des Rechtssystems wahrgenommenes) *externes* Verhältnis von Faktizität und Geltung, eine Spannung zwischen Norm und Wirklichkeit, die selber zu einer normativen Verarbeitung herausfordert.

Moderne Gesellschaften werden nicht nur sozial, über Werte, Normen und Verständigungsprozesse, sondern auch systemisch, über Märkte und administrativ verwendete Macht, integriert. Geld und administrative Macht sind systembildende Mechanismen der gesellschaftlichen Integration, die Handlungen nicht notwendig intentional, also mit kommunikativem Aufwand über das Bewußtsein der Interaktionsteilnehmer, sondern objektiv, gleichsam hinter deren Rücken, koordinieren. Die »unsichtbare Hand« des Marktes ist seit Adam Smith das klassische Beispiel für diesen Regelungstypus. Beide Medien werden auf dem Wege rechtlicher Institutionalisierung in den über kommunikatives Handeln sozial integrierten Ordnungen der Lebenswelt verankert. Auf diese Weise ist das moderne Recht mit allen drei Ressourcen der gesellschaftlichen Integration verknüpft. Über eine Selbstbestimmungspraxis, die von den Bürgern die gemeinsame Ausübung ihrer kommunikativen Freiheiten erfordert, speist das Recht seine sozialintegrative Kraft letztlich aus Quellen der gesellschaftlichen Solidarität. Die Institutionen des privaten und des öffentlichen Rechts ermöglichen andererseits die Einrichtung von Märkten und die Organisation einer Staatsgewalt; denn die Operationen des aus der Gesellschaftskomponente der Lebenswelt ausdifferenzierten Wirtschafts- und Verwaltungssystems vollziehen sich in Formen des Rechts.

Weil das Recht auf diese Weise mit Geld und administrativer Macht ebenso verzahnt ist wie mit Solidarität, verarbeitet es in seinen Integrationsleistungen Imperative verschiedener Herkunft. Dabei steht es den rechtlichen Normen nicht auf der Stirn geschrieben, *wie* diese Imperative zum Ausgleich gebracht werden. An den Materien der verschiedenen Rechtsgebiete läßt sich gewiß die Herkunft des Regelungsbedarfs erkennen, auf den Politik und Rechtsetzung reagieren. Aber in den funktionalen Imperativen des Staatsapparates, des Wirtschaftssystems und anderer gesellschaftlicher Bereiche setzen sich oft genug normativ ungefilterte Interessenlagen nur deshalb durch, weil sie die stärkeren sind und sich der legitimierenden Kraft der Rechtsform bedienen, um ihre bloß faktische Durchsetzungsfähigkeit zu bemänteln. Als Organisationsmittel einer politischen Herrschaft, die auf die Funktionsimperative einer ausdifferenzierten Wirtschaftsgesellschaft bezogen ist, bleibt deshalb das moderne Recht ein zutiefst zweideutiges Medium der gesellschaftlichen Integration. Oft genug verleiht das Recht der illegitimen Macht nur den Anschein von Legitimität. Auf den ersten Blick ist ihm nicht anzusehen, ob die rechtlichen Integrationsleistungen von der Zustimmung der assoziierten Staatsbürger getragen werden, oder ob sie aus staatlicher Selbstprogrammierung und gesellschaftsstruktureller Gewalt resultieren und ihrerseits, gestützt auf dieses materielle Substrat, die erforderliche Massenloyalität selbst erzeugen. Allerdings sind einer naturwüchsig gesteuerten Selbstlegitimation des Rechts um so engere Grenzen gezogen, je weniger sich das Rechtssystem im ganzen auf metasoziale Garantien stützen und gegen Kritik immunisieren kann. Zwar gerät ein Recht, dem in modernen Gesellschaften die Hauptlast der sozialen Integration zufällt, unter den *profanen* Druck der Funktionsimperative der gesellschaftlichen Reproduktion; gleichzeitig steht es aber unter der gleichsam *idealistischen* Nötigung, diese zu legitimieren. Auch die über Geld und administrative Macht vollzogenen systemintegrativen Leistungen von Wirtschaftssystem und Staatsapparat *sollen* gemäß dem verfassungsrechtlichen Selbstverständnis der Rechtsgemeinschaft an den sozialintegrativen Prozeß der staatsbürgerlichen Selbstbestimmungspraxis angekoppelt bleiben. Die Spannung zwischen dem Idealismus des Verfassungsrechts und dem Materialismus einer Rechtsordnung, insbesondere eines Wirtschaftsrechts, das die Ungleichverteilung sozialer Macht nur widerspiegelt, findet ihr Echo im Auseinanderdriften der philosophischen und der empirischen Betrachtungsarten des Rechts. Bevor ich die Überlegungen zur rechtsinternen Spannung zwischen Faktizität und Geltung wieder aufnehme, möchte ich auf das externe Verhältnis zwischen der gesellschaftlichen Faktizität und dem Selbstverständnis des modernen Rechts eingehen – und zwar so, wie es sich in den soziologischen Rechts- und den philosophischen Gerechtigkeitsdiskursen spiegelt.

II. Soziologische Rechts- und philosophische Gerechtigkeitskonzepte

Über kommunikatives Handeln wird das Rationalitätspotential der Sprache für Funktionen der gesellschaftlichen Integration in Anspruch genommen, mobilisiert und im Verlaufe der sozialen Evolution freigesetzt. Das moderne Recht springt in die Funktionslücken von sozialen Ordnungen ein, die in ihren sozialintegrativen Leistungen überfordert sind. In der Geltungsdimension dieses Rechts wird jene Spannung zwischen Faktizität und Geltung intensiviert, die mit dem idealen Gehalt der pragmatischen Voraussetzungen kommunikativen Handelns schon in die nicht-formalisierte Alltagspraxis eingebaut ist. In dem Maße, wie der ideale Gehalt der Rechtsgeltung in den zunächst vernunftrechtlich gefaßten Ideen einer bewußten Organisation und Selbstorganisation der Rechtsgemeinschaft zu Bewußtsein kommt und mit Funktionsimperativen der marktgesteuerten Wirtschaft und der bürokratisierten Verwaltung zusammenstößt, ruft das normative Selbstverständnis eine sozialwissenschaftliche Kritik auf den Plan. Einerseits muß das Recht den starken Anspruch aufrechterhalten, daß sich nicht einmal die über Geld und administrative Macht gesteuerten Systeme gänzlich einer sozialen, durch ein gesamtgesellschaftliches Bewußtsein vermittelten Integration entziehen dürfen; andererseits scheint eben dieser Anspruch der soziologischen Entzauberung des Rechts zum Opfer zu fallen. Wie die Gesellschaft diesen Widerspruch bearbeitet, ist ein Thema, das seit langem ideologie- und machtkritische Untersuchungen beschäftigt. Ich werde die Linie einer Anspruch und Wirklichkeit konfrontierenden Rechtskritik nur insoweit verfolgen,[1] wie diese auf den radikaleren Einwand zuläuft, daß ein ohnehin peripher gewordenes Recht nach und nach auch noch den Schein der Normativität ablegen muß, wenn es seine Funktionen angesichts wachsender gesellschaftlicher Komplexität weiterhin soll erfüllen können. Diese Behauptung würde, wenn sie zuträfe, einer Diskurstheorie, die ans normative Selbstverständnis des Rechts an-

1 Vgl. Peters (1991), 136-166.

schließt, den Boden entziehen; ein solcher Ansatz hätte dann von vornherein den Kontakt mit einer zynisch gewordenen Realität verloren. Gegenüber der sozialwissenschaftlichen Rechtsskepsis arbeiten die philosophischen Gerechtigkeitstheorien entschieden den moralischen Gehalt moderner Rechtsordnungen heraus. Diese rationalen Konstruktionen des Rechts dienen der Begründung von Prinzipien, nach denen eine wohlgeordnete Gesellschaft eingerichtet werden sollte; aber sie entfernen sich dabei so weit von der Realität zeitgenössischer Gesellschaften, daß sie Schwierigkeiten haben, Bedingungen für die Realisierung dieser Grundsätze zu spezifizieren.

Ich werde zunächst der systemtheoretischen Linie der sozialwissenschaftlichen Diskussion folgen, um Nutzen und Nachteil einer objektivistischen Entzauberung des Rechts zu prüfen (I). Anhand des von John Rawls entwickelten Rechtskonzepts möchte ich sodann die komplementären Schwierigkeiten eines rein normativ durchgeführten philosophischen Gerechtigkeitsdiskurses zeigen (II). Im Anschluß an Max Weber und Talcott Parsons entwickele ich schließlich die Doppelperspektive, aus der sich das Rechtssystem gleichzeitig von innen in seinem normativen Gehalt rekonstruktiv ernstnehmen, wie von außen als Bestandteil der sozialen Realität beschreiben läßt (III).

I.

Der Stellenwert der Kategorie des Rechts in der Analyse von Staat und Gesellschaft schwankt während der letzten drei Jahrhunderte im Auf und Ab der wissenschaftlichen Konjunkturen. Von Hobbes bis Hegel bediente sich ihrer das moderne Naturrecht als einer Schlüsselkategorie, durch die sich alle gesellschaftlichen Beziehungen vermitteln sollten. Die juristischen Denkfiguren schienen zu genügen, um das Legitimationsmodell einer wohlgeordneten Gesellschaft zu entwerfen. Die richtige Gesellschaft präsentierte sich als die nach einem vernünftigen Rechtsprogramm eingerichtete. Aber schon die Naturgesellschaftslehre der schottischen Moralphilosophen brachte gegen die Vernunftrechtskonzeptionen das Bedenken zur Geltung, daß sich die gewachsenen Lebenszusammenhänge von Praktiken, Sitten und Institutionen einer Rekonstruktion in den Begriffen des formalen Rechts widersetzen. Adam Ferguson und John Millar stehen noch zwischen der klassischen Politik und der zeitgenössischen Politischen Ökonomie, sind erst auf dem Wege von Aristoteles zu Marx.[2] Als Empiriker wenden sie sich gegen den *Präskriptivismus* eines Vernunftrechts, das sich mit normativen Argumenten über die historischen Besonderheiten und die soziokulturellen Gegebenheiten hinwegsetzt; als frühe Soziologen und Anthropologen wenden sie sich auch gegen einen *Rationalismus*, der das informelle Geflecht von eingewöhnten sozialen Beziehungen, gewachsenen Institutionen, tief verankerten Interessenlagen und Klassenstrukturen in einem mit Willen und Bewußtsein konstruierten Regelsystem aufgehen lassen wollte.

Das Modell des Gesellschaftsvertrages konnte sich freilich auf die Evidenz stützen, daß die moderne Tauschgesellschaft den Privatleuten über die Teilnahme am Wirtschaftsverkehr eine gleichsam natürliche Autonomie und Gleichheit zu sichern schien. Dieser spontan freiheitsverbürgende Charakter der bürgerlichen Gesellschaft schien nur noch der formalrechtlichen Festschreibung zu bedürfen. Gewiß wird diese Intuition nur in den liberalen Varianten von Locke bis Kant und Thomas Paine expliziert.[3] Aber die Absicht, die strukturbildenden Institutionen vernunftrechtlich zu konstruieren, läuft ja in allen kontraktualistischen Theorien darauf hinaus, daß sich die Gesellschaft im ganzen als der intentionale Zusammenhang einer freiwilligen Assoziation ursprünglich autonomer und gleicher Mitglieder verstehen läßt.[4] Diese unwahrscheinliche Idee kann nur vor dem Hintergrund eine gewisse Plausibilität erlangen, daß die bürgerliche Gesellschaft zunächst als eine Naturbasis erscheint, auf der sich die Parteien von Haus aus als Freie und Gleiche begegnen – von Haus aus, weil die als männliche Haus-

2 A. Ferguson, Versuch über die Geschichte der bürgerlichen Gesellschaft, Frankfurt/Main 1986. John Millar, Vom Ursprung des Unterschieds in den Rangordnungen und Ständen der Gesellschaft, Frankfurt/Main 1967.

3 C. B. Macpherson, Die politische Theorie des Besitzindividualismus, Frankfurt/Main 1973; W. Euchner, Naturrecht und Politik bei John Locke, Frankfurt/Main 1979.

4 I. Fetscher, H. Münkler (Hg.), Pipers Handbuch politischer Ideen, Bd. 3, München 1985, Kap. VII, 353 ff.

haltsvorstände imaginierten Warenbesitzer unter den egalitären Bedingungen einer equilibrierten Kleinwarenwirtschaft, wie Marx sagen wird, schon vor aller intentional herbeigeführten politischen Vergesellschaftung *virtuell* die Stellung privatautonomer Rechtssubjekte einnehmen. Dieser Hintergrund tritt zwar bei jenen Autoren zurück, die den Naturzustand nicht ökonomisch, sondern machttheoretisch bestimmen; aber die Hobbistischen Konstruktionen des Naturzustandes bilden immerhin ein Äquivalent für die Unterstellung der bürgerlichen Gesellschaft als einer Sphäre, die noch vor aller rechtlichen Regulierung als Quelle der politischen Vergesellschaftung fungieren sollte, weil die wirtschaftlichen Konkurrenzbeziehungen vertragschließende und insofern rechtsetzende Subjekte bereits implizieren.

Diese entweder explizit entwickelte oder stillschweigend angenommene Prämisse erklärt, warum die aus der schottischen Moralphilosophie hervorgehende ökonomische Analyse der bürgerlichen Gesellschaft die Tradition des Vernunftrechts nachhaltig erschüttert hat. Mit Adam Smith und Ricardo entwickelt sich eine Politische Ökonomie, welche die bürgerliche Gesellschaft als eine durch anonyme Gesetzmäßigkeiten beherrschte Sphäre des Warenverkehrs und der gesellschaftlichen Arbeit begreift. Hegel gibt ihr im Gefolge der Politischen Ökonomie den Namen eines »Systems der Bedürfnisse«, in dem die Individuen aller wirklichen Freiheit beraubt sind. Als Kritiker der Politischen Ökonomie erkennt schließlich Marx in der Anatomie der bürgerlichen Gesellschaft nur noch Strukturen, in denen sich der Prozeß der Selbstverwertung des Kapitals über die Köpfe der sich selbst entfremdeten Individuen hinwegsetzt, um immer drastischere Formen der sozialen Ungleichheit hervorzubringen. Aus einem Ensemble Freiheit ermöglichender, *autorisierender* Bedingungen, unter denen sich die Individuen mit Willen und Bewußtsein assoziieren und den gesellschaftlichen Prozeß ihrer gemeinsamen Kontrolle unterwerfen können, verwandelt sich so die bürgerliche Gesellschaft in ein *anonym herrschendes* System, das sich gegenüber den Intentionen der bewußtlos vergesellschafteten Individuen verselbständigt, nur noch seiner eigenen Logik gehorcht und die Gesellschaft im ganzen den ökonomisch entschlüsselten Imperativen seiner Selbststabilisierung unterwirft.

Mit diesem Perspektivenwechsel, den die Politische Ökonomie und die Kritik der Politischen Ökonomie herbeiführen, verliert die Kategorie des Rechts ihre theoriestrategische Schlüsselrolle. Die Reproduktion des gesellschaftlichen Lebens ist nicht nur viel zu komplex, um sich in den dürren normativen Denkfiguren des Vernunftrechts erfassen zu lassen. Die Mechanismen der gesellschaftlichen Integration sind auch, so scheint es nun, ganz anderer, nämlich nicht-normativer Art. Die in Begriffen der Politischen Ökonomie erfaßte Anatomie der bürgerlichen Gesellschaft hat einen entlarvenden Effekt: nicht die Rechts-, sondern die Produktionsverhältnisse bilden das Knochengerüst, das den gesellschaftlichen Organismus zusammenhält. Das medizinische Bild wird bald vom ehrwürdigen Metaphernschatz des Hausbaus verdrängt: das Recht gehört zum politischen Überbau der ökonomischen Basis einer Gesellschaft, wo die Herrschaft einer sozialen Klasse über die anderen Klassen in der unpolitischen Form der privaten Verfügungsmacht über die Produktionsmittel ausgeübt wird. Der rekursiv geschlossene Kreislauf der Produktion und Reproduktion von Tauschwerten greift durch die sozialintegrativen Leistungen des modernen Rechts hindurch – und setzt dieses zum Epiphänomen herab. Damit geht der von der Politischen Ökonomie entdeckte und analysierte Marktmechanismus auch in der Gesellschaftstheorie in Führung. Das realistische Modell einer nicht-intentionalen, hinter dem Rücken der Aktoren sich durchsetzenden, anonymen Vergesellschaftung löst das idealistische Modell einer von den Rechtsgenossen intentional herbeigeführten und kontinuierlich aufrechterhaltenen Assoziation ab.

Allerdings hält Marx noch an dem klassischen, von Aristoteles bis Hegel maßgebenden Totalitätsbegriff der Gesellschaft fest. Die Spitze und das Zentrum des gesellschaftlichen Ganzen, dem die Individuen als Teile eingegliedert sind, wird nur vom Kopf auf die Füße gestellt. An die Stelle der manifesten Einheit einer rechtlich konstituierten staatlichen Ordnung tritt die systemisch hergestellte latente Einheit des gesamtwirtschaftlichen Prozesses der Selbstverwertung des Kapitals. Vor allem bleibt dieser, als negative Totalität, geschichtsphilosophisch auf das beibehaltene, klassische Gegenbild einer bewußt hergestellten Totalität bezogen. Nachdem von Vico bis Condorcet die Teleologie der Natur in die Dimension der Geschichte verlegt worden ist,[5] kann die Gesellschaft als werdende, sich auf sich selbst beziehende Totalität begriffen werden, die das ihr eingeschriebene Wesen einer intentionalen Vergesellschaftung im Laufe des historischen Prozesses erst verwirklicht, und zwar als *künftige* Assoziation der vom Kapitalfetisch befreiten Produzenten, die die Bedingungen des materiellen Lebensprozesses ihrer gemeinschaftlichen Kontrolle unterwerfen.

Diese prekäre Konstruktion konnte – abgesehen von anderen Einwänden – weder der Kritik an den geschichtsteleologischen Hintergrundannahmen, noch dem Bedenken gegen holistische Gesellschaftskonzepte standhalten. Aber theoriegeschichtlich hat sich auf verschiedenen Traditionslinien der von Marx eingeübte streng objektivierende Blick durchgesetzt, der von außen auf die Vergesellschaftungsmechanismen gerichtet ist, und vor dem jede über Werte, Normen und Verständigungsprozesse, auch die übers Recht laufende Sozialintegration in bloßen Schein zerfällt. Wenn schließlich, auf der Linie eines marxistischen Funktionalismus, auch noch die geschichtsphilosophische Hoffnung schwindet, tritt die Gesellschaft aus der Dynamik der Geschichte heraus und erstarrt unter den diktatorischen Wiederholungszwängen eines sich beschleunigenden und alles durchdringenden Akkumulationsprozesses zu einer Welt verdinglichter sozialer Beziehungen.[6] Ihren *melancholischen* Sinn verdankt diese Systemtheorie dem festgehaltenen Bezug zu einer nunmehr negativ, als Zwangzusammenhang gedeuteten Totalität.[7] Sobald die Einsicht in die fortschreitende Differenzierung und wachsende Komplexität der Gesellschaft auch noch diesen invertierten Bezug zum abstrakten Ganzen einer aufgespreizten instrumentellen Vernunft verbietet, verliert die *ins Affirmative gewendete* Systemtheorie ihren kritischen Stachel und löst sich zugleich von der philosophischen Fixierung an einen einzigen, im Äquivalententausch zentrierten Vergesellschaftungsmechanismus.

Der Systemfunktionalismus kann den Realismus des Marxschen Modells noch einmal mit dem Begriff einer dezentrierten, in viele

5 K. Löwith, Weltgeschichte und Heilsgeschehen, Stuttgart 1953.
6 S. Benhabib, Critique, Norm and Utopia, New York 1986.
7 W. Lepenies, Melancholie und Gesellschaft, Frankfurt/Main 1969.

Systeme auseinanderstrebenden, funktional ausdifferenzierten Gesellschaft überbieten; ihr sieht sich der soziologische Beobachter mitsamt seiner Wissenschaft als ein System neben anderen subsumiert. In dieser polyzentrisch zersplitterten Gesellschaft ohne Basis und ohne Spitze bilden die vielen rekursiv geschlossenen, grenzerhaltenden Teilsysteme Umwelten füreinander; sie begegnen sich gleichsam auf horizontaler Ebene und stabilisieren sich, indem sie einander beobachten und sich, ohne Möglichkeiten eines direkten Zugriffs, reflexiv auf ihr Verhältnis zueinander einstellen. Die transzendentalen Fähigkeiten der monadisch konzipierten Husserlschen Bewußtseinssubjekte gehen über auf die der Subjektivität von Bewußtseinsmonaden entkleideten, aber wiederum monadisch in sich verkapselten Systeme.

N. Luhmann tritt die systemtheoretische Erbfolge der transzendentalen Phänomenologie an und stellt die Subjektphilosophie in dieser Weise auf einen radikalen Objektivismus um. In anderer Weise vollziehen die strukturalistischen Gesellschaftstheorien von Lévi-Strauss bis Althusser und Foucault den gleichen Schritt. Hier wie dort verlieren die Subjekte, die je eigene Welten konstituieren oder, auf höherer Stufe, gemeinsame Lebenswelten intersubjektiv teilen, ihren Ort; und mit ihnen verlieren alle intentionalen, durch das Bewußtsein der Aktoren selbst vollzogenen Integrationsleistungen ihr Recht. Alle hermeneutischen Spuren, auf denen eine intern, am Selbstverständnis der Aktoren ansetzende Handlungstheorie noch Zugang zur Gesellschaft finden könnte, sind verwischt. Mit dieser Radikalisierung der Marxschen Systemanalyse gewinnen die objektivistischen Gesellschaftstheorien neuen Typs Abstand von der Enge und dem normativen Ballast der holistischen und geschichtsphilosophischen Grundbegriffe. Unbefangen öffnet sich der Blick für die Variationsbreite, Kontingenz und Vielfalt hochkomplexer Gesellschaften.

Auch die rechtssoziologischen Untersuchungen profitieren von dem neuen Paradigma. Das Rechtssystem – oder die ihm zugrundeliegenden Strukturen – gewinnen einen Teil ihrer sozusagen ideologiekritisch verlorengegangenen Autonomie zurück. Das Recht gilt nicht mehr nur als Epiphänomen, sondern erhält wieder einen Eigensinn. Allerdings bezieht es in einer insgesamt dezentrierten Gesellschaft nur noch eine periphere Stellung, bildet ein System oder einen Diskurs in einer ungeordneten Mannigfaltigkeit von Systemen und Diskursen. Die einschlägigen Phänomene, die rechtlich strukturierten oder gesteuerten Kommunikationen, werden in einer Sprache beschrieben, die sich objektivistisch über das Selbstverständnis der Aktoren hinwegsetzt und an das intuitive Wissen der Beteiligten weder Anschluß sucht, noch findet. Unter den artifiziell verfremdenden Blicken des Systembeobachters, der sich selbst als System in einer Umwelt begreift, oder des Ethnologen, der auch den einheimischen Praktiken und Sprachspielen als der nicht-initiierte Fremde gegenübertritt, kristallisiert sich jeder gesellschaftliche Lebenszusammenhang zu einer hermeneutisch unzugänglichen zweiten Natur, über die in der Art naturwissenschaftlicher Erkenntnis kontraintuitives Wissen gesammelt wird.

Auf dem Weg von den frühen Kontroversen zwischen Naturgesellschafts- und Naturrechtslehren im 18. Jahrhundert bis zu Strukturalismus und Systemtheorie scheint die sozialwissenschaftliche Reflexion unwiderruflich nicht nur den präskriptivistischen und rationalistischen Zugriff der kontraktualistischen Theorien auf die Gesellschaft zu unterminieren, sondern überhaupt das Recht als eine zentrale Kategorie der Gesellschaftstheorie zu entwerten. Den vorläufigen Endpunkt auf dieser theoriegeschichtlichen Achse markiert die Rechtssoziologie von Niklas Luhmann.[8] Diese interessiert mich hier lediglich als die konsequenteste Variante einer Theorie, die dem Recht, gemessen an den klassischen Gesellschaftstheorien, eine marginale Stellung zuweist und das intern zugängliche Phänomen der Rechtsgeltung unter einer objektivistischen Beschreibung neutralisiert.

Recht wird hier allein unter dem funktionalen Gesichtspunkt der Stabilisierung von Verhaltenserwartungen begriffen. In funktional ausdifferenzierten Gesellschaften ist Recht darauf spezialisiert, Erwartungen in der zeitlichen, sozialen und sachlichen Dimension übereinstimmend so zu generalisieren, daß in kontingent auftretenden Konfliktfällen bindend nach dem binären Code von Recht und Unrecht entschieden werden kann. Das Rechtssystem im ganzen

---

8 N. Luhmann, Ausdifferenzierung des Rechts, Frankfurt/Main 1981; ders., Legitimation durch Verfahren, Neuwied 1969.

umfaßt alle Kommunikationen, die an Recht orientiert sind. Im engeren Sinne umfaßt es solche Rechtsakte, die die Rechtslage ändern, wobei sie mit institutionalisierten Rechtsverfahren, Rechtsnormen und rechtsdogmatischen Auslegungen rückgekoppelt sind. Freilich erhalten diese konventionellen rechtssoziologischen Bestimmungen ihren spezifischen Sinn erst durch die Annahme, daß sich die evolutionäre Ausdifferenzierung des Rechts als eine Autonomisierung verstehen läßt, die das positiv gewordene Recht schließlich zu einem autopoietischen System verselbständigt. Dann grenzt sich das Rechtssystem selbstreferentiell als ein rekursiv geschlossener Kommunikationskreislauf gegen seine Umwelten so ab, daß es seine Außenbeziehungen nur noch über Beobachtungen abwickelt. Es beschreibt seine eigenen Komponenten wiederum in Rechtskategorien und verwendet diese Selbstthematisierungen dazu, die Rechtsakte mit eigenen Mitteln zu konstituieren und zu reproduzieren. Das Rechtssystem wird in dem Maße autonom, wie seine Komponenten derart miteinander verknüpft sind, »daß Normen und Rechtshandlungen einander wechselseitig produzieren und daß Verfahren und Dogmatik diese Relationen ihrerseits relationieren.«[9]

Die erste Konsequenz aus diesem Konzept ist die Entkoppelung eines monadisch zugleich geschlossenen und geöffneten Rechtssystems von allen übrigen Handlungssystemen. Das autonom gewordene Rechtssystem kann mit seinen gesellschaftsinternen Umwelten keinen *direkten* Austausch mehr unterhalten, auch nicht mehr regulatorisch auf sie einwirken. Auf der Grundlage der Konstruktion je eigener Umwelten bietet der durch Beobachtung hergestellte Kontakt mit Ereignissen jenseits der Systemgrenze für das autopoietisch geschlossene Rechtssystem nur noch *Anlässe*, um auf sich selbst einzuwirken. Gesamtgesellschaftliche Steuerungsfunktionen sind ihm versagt. Das Recht kann die Gesellschaft allenfalls in einem metaphorischen Sinne »regulieren«: indem es sich selbst verändert, präsentiert es sich anderen Systemen als eine veränderte Umwelt, auf die diese wiederum in der gleichen indirekten Weise »reagieren« können. Darauf komme ich sogleich zurück.

9 G. Teubner, Recht als autopoietisches System, Frankfurt/Main 1989, 46.

Die zweite Konsequenz, die uns zunächst interessiert, ist die Auslöschung aller Spuren, die das normative Selbstverständnis des Rechtssystems in den klassischen Gesellschaftstheorien noch hinterlassen hatte. Schon die lerntheoretische Umdeutung normativer Verhaltenserwartungen in kontrafaktisch durchgehaltene kognitive Erwartungen tilgt die deontologische Dimension der Sollgeltung und damit den illokutionären Sinn von Handlungsnormen und Geboten. Luhmann macht sich diesen Gedanken zu eigen und erklärt normative Erwartungen mit der Strategie des Nichtlernens: »Der Psychologe (denkt) dabei nur an ein lernunwilliges Verhalten auf eigene Faust – nicht auch an ein Verhalten, das die gleiche Strategie wählt, sich dabei aber auf die herrschende Moral, die Institutionen, das Recht stützt. Daran erhellt, daß erst soziale Normen das Nichtlernen entpathologisieren.«[10] Die Differenz zwischen Sein und Sollen, zwischen Wahrheitsgeltung und Sollgeltung wird auf zwei Reaktionsmöglichkeiten reduziert, die als Lernen und Nichtlernen *nur* mit Bezug auf *kognitive* Erwartungen eine Alternative darstellen. ›Normativ‹ heißen dann die kognitiven Erwartungen, die man im Enttäuschungsfalle nicht zu revidieren bereit ist. Mit dieser grundbegrifflichen Weichenstellung macht sich die funktionalistische Rechtssoziologie gegen den Sinn des komplexen Geltungsmodus von Recht blind.

Erst diese empiristische Umdeutung der normativen Aspekte des Rechts macht die Annahme einer Ablösung des Rechtssystems von allen *internen* Beziehungen zu Moral auf der einen, Politik auf der anderen Seite plausibel. Sie präjudiziert die weitere Analyse in der Weise, daß sich das Recht auf die spezielle Funktion der Rechtsanwendung reduziert. Dabei gerät der interne Zusammenhang zwischen dem Recht und der demokratisch-rechtsstaatlichen Organisation der Entstehung, des Erwerbs und der Verwendung politischer Macht aus dem Blick.

Entscheidend ist schließlich die Objektivierung des Rechts zu einem selbstgesteuerten System. Unter dieser Beschreibung wird die Kommunikation über Recht und Unrecht ihres *sozialintegrativen* Sinnes beraubt. Damit verlieren die Rechtsnormen und Rechtsakte

10 N. Luhmann, Normen in soziologischer Perspektive, Soziale Welt 20, 1969, 35.

jede Verbindung mit der Unterstellung von rational motivierten Verständigungsprozessen innerhalb einer Assoziation von Rechtsgenossen. Indem die konfliktbewältigende Integrationsleistung des Rechts als *systemische* Leistung beschrieben wird, wird sie ans Modell nichtintentionaler Vergesellschaftung assimiliert. Damit büßen auch die in juristischen Diskursen geäußerten Geltungsansprüche und Gründe ihren intrinsischen Wert ein. Der Sinn juristischer Argumente erschöpft sich in der Funktion, den Überraschungswert von anderweitig motivierten Entscheidungen zu verringern und deren tatsächliche Akzeptanz zu erhöhen. Aus der Sicht des soziologischen Beobachters schrumpft das, was für die Beteiligten als Begründung zählt, auf das Format notwendiger Fiktionen zusammen: »Weil Gründe als Garanten für Entscheidungszusammenhänge schwer ersetzbar sind, *erscheint* es dem Juristen so, als ob die Gründe die Entscheidung rechtfertigen und nicht Entscheidungen die Gründe«.[11] Juristische Argumentationen, die, wie wir sehen werden, für eine Diskurstheorie des Rechts einen zentralen Stellenwert haben, sind aus systemtheoretischer Sicht spezielle Kommunikationen, in denen Meinungsverschiedenheiten über die Zuteilung der Codewerte Recht bzw. Unrecht durch den Austausch von Gründen beigelegt werden. Unter funktionalen Gesichtspunkten zählen freilich nur noch die perlokutionären Effekte, die sich mit Gründen erzielen lassen: sie sind Mittel, mit denen sich das Rechtssystem von den eigenen Entscheidungen überzeugt. Wenn aber Gründe nicht mehr über die intrinsische Kraft rationaler Motivation verfügen – wenn sich Gründe, wie Luhmanns Formel heißt, nicht begründen lassen –, wird die im Rechtssystem aufwendig ausgebildete Argumentationskultur zum Rätsel. Es müßte erklärt werden, warum »man Gründe braucht, die gar keine sind«.[12]

11 N. Luhmann, Die soziologische Beobachtung des Rechts, Frankfurt/Main 1986, 33.

12 N. Luhmann, Juristische Argumentation, Manuskript 1991, 1. Die Antwort, die Luhmann anbietet, ist nicht sehr überzeugend. Sie lautet ungefähr so: Wenn ›Informationen‹ Unbekanntes bekannt machen und wenn ›Redundanzen‹ die Wiederholung von Bekanntem darstellen, lassen sich Kommunikationen allgemein als laufende Überführung von Informationen in Redundanzen verstehen. Argumentationen leisten dasselbe auf reflexiver Stufe. Sie benützen Gründe, um mit Hilfe vorhandener Redundanzen ein ausreichendes Maß an Redundanz zu si-

Am Ende eines langen Prozesses der sozialwissenschaftlichen Ernüchterung hat die Systemtheorie mit den letzten Resten des vernunftrechtlichen Normativismus aufgeräumt. Das Recht, das sich in ein autopoietisches System zurückgezogen hat, wird aus dem verfremdenden soziologischen Blickwinkel aller normativen, letztlich auf die Selbstorganisation einer Rechtsgemeinschaft bezogenen Konnotationen entkleidet. Unter der Beschreibung des autopoietischen Systems kann das narzißtisch marginalisierte Recht nur auf eigene Probleme, die von außen allenfalls veranlaßt sind, reagieren. Daher kann es Probleme, die das Gesellschaftssystem *im ganzen* belasten, weder wahrnehmen noch bearbeiten. Zugleich muß es gemäß seiner autopoietischen Verfassung alle Leistungen aus selbsthergestellten Ressourcen bestreiten. Recht kann seine Geltung nur positivistisch aus geltendem Recht herleiten; alle weiterreichenden Legitimitätsansprüche hat es, wie Luhmann am Gerichtsverfahren erläutert, abgestreift. Es gibt weder einen output, den das Rechtssystem in Form von Regulationen abgeben könnte: Interventionen in die Umwelt sind ihm verwehrt. Noch gibt es einen input, den das Rechtssystem in Form von Legitimationen erhielte: auch der politische Prozeß, die Öffentlichkeit, die politische Kultur bilden Umwelten, deren Sprachen das Rechtssystem nicht versteht. Das Recht produziert für seine Umwelten den Lärm, der die Systeme, für die

chern und auf diese Weise dem Variationsdruck einströmender Informationen entgegenzuarbeiten. Entsprechend bearbeiten juristische Argumentationen den Begründungsbedarf, der durch den Variationsdruck neuer Fälle entsteht, um die Konsistenz der Entscheidungen über Zeit zu sichern; sie errichten also eine dogmatische Barriere gegen die kognitive Anpassungsbereitschaft einer interessenabwägenden und folgenorientierten Entscheidungspraxis. Unplausibel ist dieser Vorschlag, weil die dogmatische Konservierung des geltenden Rechts durch Argumentationseinschränkung risikoloser zu haben wäre. Gründe haben nicht nur eine Redundanzfunktion, sondern sind von Haus aus zweischneidig: Sie sichern nicht nur die Kohärenz eines Wissensbestandes, sondern sind auch innovativ, indem sie Neues neu interpretieren und Wissenskontexte verändern. Deshalb bedürfen auch juristische Grundsatzentscheidungen eines erheblicheren Argumentationsaufwandes als Routineentscheidungen. Im übrigen kann eine systemtheoretische Betrachtungsweise die intrinsische Begründungsfunktion, Fehler zu vermeiden oder zu korrigieren, überhaupt nicht erklären, weil sie eine Unterscheidung zwischen faktischen und richtigen Rechtsentscheidungen nicht zuläßt.

das Recht seinerseits eine Umwelt bildet, allenfalls zur Variation ihrer eigenen internen Ordnungen veranlassen kann.

Diese *wechselseitige Indifferenz* von Recht und anderen gesellschaftlichen Funktionssystemen stimmt freilich mit den empirisch beobachtbaren Interdependenzen auch dann nicht überein, wenn man, unter dem Eindruck der Ergebnisse der Implementationsforschung, die verhaltenssteuernden Effekte rechtlicher Interventionen allgemein skeptisch beurteilt[13] und entgegen geläufigen Auffassungen bereit ist, den Gesetzgebungsprozeß zu einem streng rechtsinternen Vorgang zu abstrahieren. Ich kann hier auf Kritik und Ausweichmanöver nicht im einzelnen eingehen,[14] möchte aber auf eine Konsequenz hinweisen, die G. Teubner aus der Fragmentierung der Gesellschaft in eine Vielheit autonomer Teilsysteme zieht, welche jeweils ihre eigenen Diskurse führen und mit je eigenen, untereinander inkompatiblen Wirklichkeitskonstruktionen auskommen müssen. Der juristische Konstruktivismus sieht sich sowohl theoretisch wie empirisch mit der Frage konfrontiert, was die selbstreferentielle Geschlossenheit des Rechtssystems für die Möglichkeiten der Kommunikation mit anderen »epistemischen Welten« bedeutet: »Gibt es so etwas wie ein epistemisches Minimum in der modernen Gesellschaft, das als gemeinsamer Nenner für soziale Diskurse trotz aller Autonomisierung dient? Gibt es so etwas wie Kovariation oder sogar Koevolution zwischen autonomen sozialen Epistemen? Oder ist die Verbindung nur so herstellbar, daß eine Episteme im Rahmen einer anderen Episteme rekonstruiert wird?«[15] Teubner behandelt diese Frage getrennt für die rezeptive Seite der Verarbeitung fremden ökonomischen, technischen, psychiatrischen, allgemein wissenschaftlichen »Tatsachenwissens«, das in den Rechtskode übersetzt und darin rekonstruiert werden muß, ohne daß das

---

13 R. Mayntz, Steuerung, Steuerungsakteure, Steuerungsinstrumente, H. 70, Hi-Mon, Gesamthochschule Siegen, 1986; vgl. dies. (Hg.), Implementation politischer Programme II, Opladen 1983.

14 R. Münch, Die sprachlose Systemtheorie, Zeitschrift für Rechtstheorie, 6, 1985; N. Luhmann, einige Probleme mit ›reflexivem‹ Recht, Zeitschrift für Rechtstheorie, 6, 1985; vgl. auch G. Teubner (Hg.), Autopoietic Law: A New Approach to Law and Society, Berlin 1988.

15 G. Teubner, Die Episteme des Rechts, in: D. Grimm (Hg.), Wachsende Staatsaufgaben – sinkende Steuerungsfähigkeit des Rechts, Baden-Baden 1990, 126.

Rechtssystem selber für die Zuverlässigkeit des derart inkorporierten Fremdwissens »die volle empistemische Autorität« übernehmen könnte, einerseits und für die regulative Seite der wie immer auch indirekten »Beeinflussung« fremder sozialer Bereiche auf der anderen Seite. Für beide Kommunikationsrichtungen sieht sich Teubner zur Annahme eines Mediums »allgemeiner gesellschaftlicher Kommunikation« genötigt. Auf der Seite der regulierenden Beeinflussung fremder Subsysteme, Diskurse, Epistemen usw. öffnet er unter dem Stichwort der »Interferenz« zwischen Recht und Gesellschaft (die er von »Koevolution« und »Interpenetration« unterscheidet) das autopoietische Recht für reale Kontakte mit Wirtschaft, Politik, Erziehung, Familie usw., die über bloße »Veranlassung« hinausgehen. Weil solche Teilsysteme miteinander über *dasselbe* kommunikative Ereignis in Berührung kommen, sollen sich im selben Kommunikationsakt Handlungen mit jeweils verschiedenen Systemreferenzen »überschneiden« können.

So »überschneidet« sich beispielsweise im Abschluß eines Pachtvertrages der Rechtsakt mit einer wirtschaftlichen Transaktion und mit Vorgängen in der Lebenswelt der Beteiligten: »Über die Systeminterferenz Recht-Lebenswelt-Wirtschaft können Teilsysteme mehr tun als nur einander zu beobachten oder nur sich selbst zu regulieren.«[16] Sie können miteinander kommunizieren, denn »jede Spezialkommunikation ... ist immer auch – buchstäblich uno actu – allgemeingesellschaftliche Kommunikation.«[17] Wie schon der theoriefremde Ausdruck »Lebenswelt« verrät, muß Teubner ein für alle gesellschaftlichen Kommunikationen gemeinsames Kommunikationsmedium annehmen, auf dem die Spezialkodes der Teilsysteme nur aufsitzen: »Soziale Teilsysteme benutzen den gesellschaftlichen Kommunikationsfluß und ziehen aus diesem Fluß Sonderkommunikationen als neue Elemente heraus.«[18] Darüber hinaus können sich die an einzelnen Kommunikationsakten ansetzenden Interferenzen zur Rolleninterferenz mehrfacher Mitgliedschaften strukturell verfestigen. Ich glaube nicht, daß sich dieser Vorschlag in eine theoriekonforme Fassung bringen läßt.

16 Teubner, (1989), 109.
17 Ebd., 107.
18 Ebd., 108.

Einerseits soll der Rechtsdiskurs in seiner Selbstreproduktion gefangen sein und nur eigene interne Bilder der Außenwelt konstruieren; andererseits soll er die »allgemein gesellschaftliche Kommunikation« überformen und benutzen, um allgemeine gesellschaftliche Wirklichkeitskonstruktionen, und auf diesem Wege auch die der anderen Diskurswelten, »beeinflussen« zu können. Beide Aussagen lassen sich schwer miteinander vereinbaren. Wenn die erste Teilaussage zutrifft, dann gehört zwar ein und derselbe Kommunikationsakt mindestens zwei verschiedenen Diskursen an; aber die Identität beider Äußerungen darf dann nur objektiv, nicht aus der Sicht eines der beteiligten Diskurse erkennbar sein. Sonst müßte nämlich zwischen ihnen eine Übersetzungsrelation bestehen können, welche die rekursive Geschlossenheit der für einander undurchdringlichen Kommunikationkreisläufe sprengt. Für diese Interpretation spricht die merkwürdige Formulierung: »Jeder Rechtsakt ist zur gleichen Zeit – uno acto – ein Ereignis der allgemeinen gesellschaftlichen Kommunikation. Ein und *das gleiche* kommunikative Ereignis ist an zwei verschiedene soziale Diskurse angeschlossen, an den spezialisierten institutionalisierten Rechtsdiskurs und an die diffuse allgemeine Kommunikation. Interferenz des Rechts mit anderen Sozialdiskursen bedeutet nicht, daß diese nun in einen multidimensionalen Superdiskurs aufgingen, und es bedeutet auch nicht, daß Information zwischen ihnen ›ausgetauscht‹ würde. Vielmehr wird Information in jedem Diskurs neu konstituiert, und Interferenz fügt dem ganzen nichts außer der *Gleichzeitigkeit* zweier kommunikativer Ereignisse hinzu.«[19] Nun kann Gleichzeitigkeit allein nicht die Identität einer Äußerung garantieren, die je nach Referenzsprache verschiedene Bedeutungen behält. Das Identische des Zeichenereignisses müßte in der Differenz seiner Bedeutungen wiederum perzipiert und aus dem Blickwinkel irgendeines Beobachters festgehalten werden. Da es eine solche Beobachterposition nach Voraussetzungen der Systemtheorie so wenig geben kann wie ein gesamtgesellschaftliches Subjekt, muß ein kommunikatives Ereignis aus mindestens einem der Diskurse als *dasselbe* identifiziert werden können. Diese problematische Leistung kann bestenfalls dem

19 Teubner (1990), 27 (Hervorhebungen von J. H.).

Medium der gesellschaftsweit zirkulierenden Allgemeinkommunikation zugeschrieben werden. Dann müßte dieses Medium aber wie eine natürliche Sprache funktionieren, die Übersetzungen aus den zu Spezialkodes verfestigten »Fremdsprachen« möglich macht und zwischen diesen sogar den auf direktem Wege versperrten Informationsaustausch vermittelt. Wie anders sollte der »Test auf soziale Kohärenz« möglich sein, dem die selbstreferentiell geschlossenen Diskurse »in der gesellschaftlichen Dauerkommunikation« ausgesetzt werden? Sollte Teubner auf diese Weise seine zweite Teilaussage plausibel machen wollen, müßte er jedoch für die Gesellschaft im ganzen einen Kommunikationskreislauf postulieren, der zwar hinter die Stufe autopoietischer Geschlossenheit zurückfällt, aber für die Spezialdiskurse gleichwohl Dolmetscherfunktionen übernimmt, indem er aus ihnen Informationsgehalte extrahiert und weiterleitet.

Empirische Evidenzen drängen Teubner zu Annahmen, welche die Theoriearchitektonik, um die es ihm geht, zerstören. In einer vollständig dezentrierten Gesellschaft bleibt ja für eine gesamtgesellschaftliche Kommunikation, für die Selbstthematisierung und Selbsteinwirkung der Gesellschaft im ganzen, kein Ort übrig, weil sie zentrifugal in Teilsysteme auseinandergefallen ist, die nur noch in ihrer je eigenen Sprache mit sich selbst kommunizieren können. Teubner setzt nun an die Stelle des verlorenen Zentrums der Gesellschaft die »Lebenswelt«. Diese konstituiert sich über eine Sprache, die durch alle gesellschaftlichen Bereiche zirkuliert und eine selbstbezügliche Struktur von der Art aufweist, daß sie Übersetzungen aus allen Kodes ermöglicht. Eine Systeminterferenz, die besagt, »daß nicht nur Beobachtung, sondern kommunikativer Anschluß zwischen System und ›Lebenswelt‹ möglich ist«,[20] erfordert unterhalb der Schwelle von funktional spezifizierten Kodes ein *allgemeines* Kommunikationsmedium. Dieses sieht der Umgangssprache zum Verwechseln ähnlich. Es gestattet die Ausdifferenzierung von Steuerungsmedien wie Geld oder Macht, kann aber nicht selber als ein systemischer Mechanismus begriffen werden. Dieser Vorschlag paßt schlecht zur Konzeptualisierung des Rechts als eines autopoie-

20 Teubner (1989), 109.

tischen Systems. Er weist vielmehr in die Richtung einer Theorie des kommunikativen Handelns, die eine ans Medium der Umgangssprache gebundene Lebenswelt von adaptiv umweltoffenen, über Spezialkodes gesteuerten Systemen unterscheidet.

Diese Konzeption begeht nicht den Fehler, den Spezialdiskursen gegenüber der unspezialisierten Umgangssprache eine *in jeder Hinsicht überlegene* Problemlösungsfähigkeit zuzuschreiben. Wie das andere anthropologische Monopol, die Hand, so besitzt die grammatisch komplexe und reflexiv strukturierte Umgangssprache den Vorzug der Multifunktionalität. Mit ihrer praktisch unbegrenzten Interpretationsfähigkeit und Zirkulationsweite ist sie den Spezialkodes darin überlegen, daß sie einen Resonanzboden für die externen Kosten der ausdifferenzierten Teilsysteme bildet und insofern für gesamtgesellschaftliche Problemlagen sensibel bleibt. Umgangssprachliche Problemdefinitionen und -verarbeitungen bleiben diffuser und werden auf einem geringeren Niveau der Differenzierung weniger scharf operationalisiert als unter den kodespezifisch vereinseitigten Aspekten von Kosten und Nutzen, Befehl und Gehorsam etc. Dafür ist aber die Umgangssprache auch nicht nur auf einen einzigen Kode festgelegt; sie ist von Haus aus vielsprachig und braucht nicht den Preis der Spezialisierung zu zahlen – nämlich taub zu sein für Probleme, die in einer fremden Sprache formuliert sind.

Wenn man das berücksichtigt, vollzieht sich, kurz gesagt, die funktionale Spezifizierung der Lebenswelt so, daß sich deren Komponenten – Kultur, Gesellschaft, Persönlichkeitsstrukturen – *in den Grenzen* einer multifunktionalen Sprache zwar ausdifferenzieren, über dieses Medium aber miteinander *verschränkt* bleiben. Davon ist jene systembildende, über die Einführung von Spezialkodes laufende Differenzierung zu unterscheiden, durch die sich aus der Gesellschaftskomponente der Lebenswelt, und nur aus dieser, Funktionssysteme wie die geldgesteuerte Ökonomie und eine machtgesteuerte Verwaltung herausbilden.[21] Unter diesen Prämissen behält das Recht eine Scharnierfunktion zwischen System und Lebenswelt, die mit der Vorstellung einer autopoietischen Ab- und Ein-

21 Vgl. J. Habermas, Handlungen, Sprechakte, sprachlich vermittelte Interaktionen und Lebenswelt, in: Habermas (1988), 98 ff.

kapselung des Rechtssystems unvereinbar ist. Was Teubner als »Interferenzleistung« beschreibt, ergibt sich aus der eigentümlichen Doppelstellung und Vermittlungsfunktion des Rechts zwischen einer über kommunikatives Handeln reproduzierten Lebenswelt einerseits und gesellschaftlichen Funktionssystemen, die füreinander Umwelten bilden, andererseits. Der lebensweltliche Kommunikationskreislauf wird dort, wo er auf die für umgangssprachliche Botschaften tauben Medien Geld und administrative Macht stößt, unterbrochen; denn diese Spezialkodes sind aus der reicher strukturierten Umgangssprache nicht nur ausdifferenziert, sondern auch ausgegliedert worden. Die Umgangssprache bildet zwar einen universalen Horizont des Verstehens; sie kann *aus* allen Sprachen im Prinzip alles übersetzen. Aber sie kann nicht umgekehrt ihre Botschaften für alle Adressaten verhaltenswirksam operationalisieren. Für die Übersetzung *in* die Spezialkodes bleibt sie auf das mit den Steuerungsmedien Geld und administrative Macht kommunizierende Recht angewiesen. Das Recht funktioniert gleichsam als Transformator, der erst sicherstellt, daß das Netz der sozialintegrativen gesamtgesellschaftlichen Kommunikation nicht reißt. Nur in der Sprache des Rechts können normativ gehaltvolle Botschaften *gesellschaftsweit* zirkulieren; ohne die Übersetzung in den komplexen, für Lebenswelt und System gleichermaßen offenen Rechtskode, würden diese in den mediengesteuerten Handlungsbereichen auf taube Ohren treffen.[22]

II.

Die sozialwissenschaftliche Unterminierung des vernunftrechtlichen Normativismus hat seit den frühen 70er Jahren eine überraschende Reaktion ausgelöst. Im Zuge der allgemeinen Rehabilitierung von Fragestellungen der praktischen Philosophie hat nämlich

22 Aus systemtheoretischer Perspektive ist die gesellschaftsweite Zirkulation ein Anzeichen für den archaischen Status einer hinter den Funktionssystemen zurückbleibenden Moral, vgl. N. Luhmann, Ethik als Reflexionstheorie der Moral, in: ders., Gesellschaftsstruktur und Semantik, Bd. III, Frankfurt/Main 1990, 358-448.

die Rechtsphilosophie eine Wendung genommen, die die vernunftrechtliche Tradition auf etwas unvermittelte Weise wieder zu Ehren
gebracht hat. Spätestens seit John Rawls' »Theorie der Gerechtigkeit« (1971) ist das Pendel zur anderen Seite ausgeschlagen. Nicht
nur unter Philosophen und Juristen, auch unter Ökonomen hat sich
ein Diskurs eingespielt, der an Theoreme des 17. und 18. Jahrhunderts so ungeniert anknüpft, als brauche man von der sozialwissenschaftlichen Entzauberung des Rechts keine Notiz zu nehmen.
Ohne einen metakritischen Rückbezug auf den von Politischer
Ökonomie und Gesellschaftstheorie herbeigeführten Perspektivenwechsel sind mit der direkten Wiederaufnahme der vernunftrechtlichen Argumentation die Brücken zwischen beiden Diskursuniversen abgebrochen. Inzwischen drängt sich allerdings innerhalb des
normativen Diskurses jene Frage nach der Ohnmacht des Sollens
wieder auf, die schon Hegel dazu motiviert hatte, A. Smith und
D. Ricardo zu studieren, um sich der Verfassung der modernen
bürgerlichen Gesellschaft als eines Momentes der Wirklichkeit der
sittlichen Idee zu vergewissern.[23] Als Wiederkehr eines verdrängten
Problems erscheint aus dieser Sicht auch John Rawls' Interesse an
den Bedingungen der politischen Akzeptanz seiner zunächst in va-
cuo entwickelten Theorie der Gerechtigkeit. Dabei geht es um das
alte Problem, wie das Vernunftprojekt einer gerechten Gesellschaft, das abstrakt einer einsichtslosen Realität gegenübersteht,
verwirklicht werden kann, nachdem das geschichtsphilosophische
Vertrauen in die von Hegel und Marx durchgespielte Dialektik von
Vernunft und Revolution geschichtlich aufgebraucht ist – und nur
noch der reformistische Weg von Versuch und Irrtum sowohl praktisch offensteht wie moralisch zumutbar ist.[23a]
Rawls hatte in seiner »Theorie der Gerechtigkeit« die Idee einer
unter modernen Lebensbedingungen »wohlgeordneten« Gesellschaft entwickelt. Diese bildet ein System, das die gerechte Kooperation freier und gleicher Rechtsgenossen ermöglicht. Die grundlegenden Institutionen einer solchen Gesellschaft müssen nach einem

23 A.E. Buchanan, Marx und Justice, London 1982; P. Koslowski, Gesellschaft
   und Staat, Stuttgart 1982, Kap. 6, 242-292.
23a Zum folgenden vgl. K. Baynes, The Normative Grounds of Social Criticism,
   Kant, Rawls, and Habermas, Albany, New York, 1992.

Schema eingerichtet werden, das sich im Lichte von Gerechtigkeit als Fairneß begründen läßt und so die rational motivierte Zustimmung aller Bürger *verdient*. Für die Begründung der beiden obersten Gerechtigkeitsprinzipien schlägt Rawls nach kontraktualistischem Vorbild ein Verfahren vor, das sich als die Explikation des Gesichtspunktes der unparteilichen Beurteilung moralisch gehaltvoller Fragen der politischen Gerechtigkeit verstehen läßt. Im »Urzustand« unterliegen die am Rechtfertigungsprozeß beteiligten Parteien genau den Beschränkungen (u. a. der Gleichheit, Unabhängigkeit und Unkenntnis über die eigene Position in einer künftigen Gesellschaft), die garantieren, daß alle aus zweckrationalen Erwägungen begründeten Vereinbarungen zugleich im Interesse aller liegen, also im normativen Sinne richtig oder gerecht sind.[24]

Bereits auf dieser *ersten Stufe* der normativen Rechtfertigung seines Modells der wohlgeordneten Gesellschaft, das nach amerikanischem Sprachgebrauch »liberale«, aus europäischer Sicht »sozialdemokratische« Züge trägt, hatte sich Rawls mit dem Problem der Selbststabilisierung befaßt. In § 86 der »Theorie der Gerechtigkeit« bemüht er sich um den Nachweis der »Kongruenz des Rechten und des Guten«. Die Parteien, die sich im Urzustand auf vernünftige Prinzipien einigen, sind artifizielle Größen oder Konstrukte; sie dürfen nicht mit den Bürgern aus Fleisch und Blut identifiziert werden, die unter den realen Bedingungen einer nach Gerechtigkeitsprinzipien eingerichteten Gesellschaft leben würden. Sie sind auch nicht identisch mit jenen in der Theorie vorausgesetzten vernünftigen Bürgern, von denen erwartet wird, daß sie auch moralisch handeln, also ihre persönlichen Interessen hinter den Verpflichtungen eines loyalen Staatsbürgers zurückstellen. Der Sinn für Gerechtigkeit mag den Wunsch begründen, gerecht zu handeln; aber dieser ist kein automatisch wirksames Motiv wie z. B. der Wunsch, Schmerzen zu vermeiden. Rawls stützt sich deshalb auf eine »schwache Theorie des Guten«, um zu zeigen, daß gerechte Institutionen Verhältnisse schaffen würden, unter denen es in jedermanns wohlverstandenem Interesse liegt, die eigenen freigewählten Le-

24 J. Rawls, Theorie der Gerechtigkeit, Frankfurt/Main 1975. Die Details brauchen uns hier nicht zu interessieren. Vgl. meine Analysen in: J. Habermas (1991a), 125 ff. und 203 ff.

benspläne unter den gleichen Bedingungen zu verfolgen, die auch anderen Personen zugestanden sind, damit diese ihre Lebenspläne verfolgen können. In einer wohlgeordneten Gesellschaft würde es auch jeweils für mich gut sein, den Erfordernissen der Gerechtigkeit zu genügen. Oder in Hegels Worten: die Moralität des Einzelnen fände in den Institutionen einer gerechten Gesellschaft ihren sittlichen Kontext. Die Selbststabilisierung der gerechten Gesellschaft beruht also nicht auf Rechtszwang, sondern auf der sozialisatorischen Kraft eines Lebens unter gerechten Institutionen; ein solches Leben bildet nämlich die Gerechtigkeitsdispositionen der Bürger aus und befestigt sie zugleich.

Das alles gilt freilich nur unter der Prämisse, daß gerechte Institutionen schon bestehen. Eine andere Frage ist es, wie diese unter den gegebenen Umständen *etabliert* werden können. Für eine philosophische Theorie der Gerechtigkeit stellt sich diese Frage nicht unter pragmatischen Gesichtspunkten, sondern zunächst in der Weise, daß sie auf die politisch-kulturellen Bedingungen jenes Pluralismus von Wertüberzeugungen reflektiert, unter denen die Gerechtigkeitstheorie im zeitgenössischen Publikum der Staatsbürger Resonanz finden müßte. Auf dieser *zweiten Stufe* der Argumentation handelt es sich nicht um das Problem der Anwendung einer als gültig vorausgesetzten Theorie, sondern um die Frage, wie das normativ-theoretisch entfaltete Konzept der wohlgeordneten Gesellschaft im Kontext einer bestehenden politischen Kultur und Öffentlichkeit so situiert werden kann, daß es faktisch die Zustimmung verständigungsbereiter Bürger findet. In diesem Zusammenhang spielt zunächst der Begriff des »reflective equilibrium« eine zweideutige, von Rawls selbst nicht hinreichend differenzierte Rolle.

Das Überlegungsgleichgewicht bezeichnet eine Methode, die schon auf der Stufe der Theoriekonstruktion eine wichtige Rolle spielt. Hier bedeutet es das für rekonstruktive Theorien überhaupt kennzeichnende Verfahren, wonach das intuitive Wissen kompetenter Subjekte anhand exemplarischer Äußerungen in rationaler Form expliziert werden kann. Eine andere Rolle übernimmt das Verfahren rationaler Rekonstruktion auf der zweiten Stufe, wo sich die Theorie der Gerechtigkeit reflexiv auf ihren Einbettungskontext rückbezieht, um darzulegen, wie und warum ihre Aussagen die normative Substanz der bewährtesten Intuitionen unserer alltäglichen Praxis und der besten Traditionen unserer politischen Kultur nur auf den Begriff bringen. Die Theorie soll mit dem Nachweis, daß ihre einleuchtend formulierten Grundsätze nur die latenten Grundüberzeugungen der Bevölkerung spiegeln, einen »Sitz« im politischen Leben finden: »The aim of political philosophy, when it presents itself in the public culture of a democratic society, is to articulate and to make explicit those shared notions and principles thought to be already latent in common sense; or, as is often the case, if common sense is hesitant and uncertain, to propose to it certain conceptions and principles congenial to its most essential convictions und historical traditions.«[25] Da Rawls im Laufe der 70er Jahre den starken universalistischen Begründungsanspruch seiner Gerechtigkeitstheorie abgeschwächt hat, wird freilich der differenzielle Sinn verwischt, der dem Appell an unsere besten normativen Intuitionen einerseits im Kontext der *Begründung* der Theorie, und andererseits im Kontext der öffentlichen Aufklärung über, und der politischen *Werbung* für die Grundsätze einer unter philosophischen Experten bereits verteidigten Theorie zukommt. Je mehr Rawls glaubt, die Gerechtigkeitstheorie selbst nur noch auf die kulturell geprägten Intuitionen vor Ort, die niemand »von uns« vernünftigerweise zurückweisen kann, stützen zu dürfen, um so undeutlicher wird die Grenze zwischen dem Geschäft einer philosophischen Begründung der Gerechtigkeitsprinzipien auf der einen Seite, und dem Unternehmen der politischen Selbstverständigung einer konkreten Rechtsgemeinschaft über die normativen Grundlagen ihres Zusammenlebens, für das die Explikationsvorschläge des Philosophen allenfalls eine katalysatorische oder klärende Funktion haben können, auf der anderen.

Zunächst war der zweite in diesem Zusammenhang relevante Begriff, der des ›overlapping consensus‹, mit einer ähnlichen Zweideutigkeit behaftet. Aber später erkennt Rawls, daß er die erste Stufe der philosophischen Begründung von der zweiten Stufe der Akzeptanzüberlegungen deutlicher trennen muß: »Here (on the second

25 J. Rawls, Kantian Constructivism in Moral Theory, Journal of Philosophy, Vol. 77, 1980, 518.

stage) the idea of an overlapping consensus is introduced to explain
how, given the plurality of conflicting comprehensive religious,
philosophical and moral doctrines always found in a democratic
society ... free institutions may gain the allegiance needed to endure over time.«[26] Freilich bietet auch diese Textstelle noch eine
Stütze für konkurrierende Lesarten. Man weiß nicht genau, ob die in
der »Theorie der Gerechtigkeit« behandelte Frage der Selbststabilisierung einer gerechten Gesellschaft im Hinblick auf das Faktum des
weltanschaulichen Pluralismus nur vertieft werden soll, oder ob das
Konzept des ›überlappenden Konsensus‹ auf die Frage antwortet,
wie der Theorie unter gegebenen Umständen das Maß an wohlüber-
legter Akzeptanz gesichert werden kann, das für eine reformistische
Verbesserung bestehender Institutionen im Lichte der Theorie nötig ist. Im folgenden gehe ich von dieser zweiten Lesart aus.

In einer pluralistischen Gesellschaft wird die Theorie der Gerechtigkeit nur dann auf Akzeptanz rechnen dürfen, wenn sie sich auf
eine Konzeption beschränkt, die im strikten Sinne nachmetaphysisch ist, nämlich vermeidet, im Streit konkurrierender Lebensformen und Weltanschauungen Partei zu ergreifen. Auch der öffentliche Gebrauch der Vernunft führt in vielen theoretischen, erst recht
in praktischen Fragen nicht zu dem angestrebten rational motivierten Einverständnis. Dafür liegen die Gründe in Beweislasten, die
die idealen Vernunftansprüche selbst dem endlichen Geist auferlegen. Das gilt schon für wissenschaftliche Diskurse. In praktischen
Diskursen kommt hinzu, daß Fragen des guten Lebens sogar unter
idealen Bedingungen nur innerhalb des Horizonts eines als gültig
schon vorausgesetzten Lebensentwurfes eine vernünftige Antwort
finden können. Nun muß eine auf moderne Lebensverhältnisse zugeschnittene Theorie der Gerechtigkeit mit einer Mannigfaltigkeit
gleichberechtigt koexistierender Lebensformen und Lebenspläne
rechnen; über diese wird aus der Perspektive verschiedener Traditionen und Lebensgeschichten vernünftigerweise Dissens bestehen.[27] Sie muß sich deshalb auf den engen Kreis jener politisch-

26 J. Rawls, The Domain of the Political and Overlapping Consensus, Manuskript
   1989, 1.
27 Auch dies zählt Rawls zu den »burdens of reason«. Inzwischen liegen Rawls'
   Aufsätze von 1978 bis 1989 gesammelt vor: ders., Politischer Liberalismus, Ffm.
   1992. Zu den Bürden der Vernunft vgl. S. 336-399.

83

moralischen Grundsatzfragen beschränken, in denen ein »überlappender Konsens« vernünftigerweise erwartet werden darf; dies sind nämlich genau die Fragen, die weltanschaulich neutrale und allgemein akzeptable Werte betreffen. Gesucht werden Grundsätze oder Normen, die verallgemeinerungsfähige Interessen verkörpern.

Rawls stellt sich dies so vor, daß eine nachmetaphysische Gerechtigkeitstheorie, die einen schwachen, nämlich nur formal definierten Begriff des Guten einschließt, eine Schnittmenge von normativen Aussagen darstellt, in der sich die umfassenderen, aber kontextabhängigen, seien es ethische oder gar religiöse und metaphysische, Selbst- und Weltdeutungen »überlappen«. Diese konkurrierenden Weltbilder müssen sich freilich, wie ich hinzufügen möchte, mindestens insoweit auf Bedingungen nachmetaphysischen Denkens einlassen, daß sie sich der öffentlichen und argumentativen Auseinandersetzung vorbehaltlos stellen: »The hope is that, by this method of avoidance, as we might call it, existing differences between contending political views can at least be moderated, even if not entirely removed, so that social cooperation on the basis of mutual respect can be maintained. Or if this is expecting too much, this method may enable us to conceive how, given a desire for free and uncoerced agreement, a public understanding could arise consistent with the historical conditions and constraints of our social world.«[28]

Es ist nicht ganz klar, was Rawls mit diesen Überlegungen tatsächlich gewonnen hat – und was nicht. Er hat gewiß gezeigt, daß eine normative Theorie der Gerechtigkeit, wie er sie vorschlägt, an eine Kultur Anschluß finden kann, wo durch Tradition und Gewöhnung liberale Grundüberzeugungen in den Praktiken des täglichen Umgangs und in den Intuitionen des einzelnen Bürgers schon verwurzelt sind. Ein so geprägtes Milieu glaubt Rawls heute nicht nur in der pluralistischen Kultur der Vereinigten Staaten anzutreffen; er weiß auch, daß sich dieser Pluralismus in dem Maße entfalten und sogar verschärfen müßte, wie die postulierten Gerechtigkeitsprinzipien in den tragenden Institutionen der Gesellschaft konkrete Ge-

---

28 J. Rawls, Justice as Fairness: Political not Metaphysical, Philosophical and Public Affairs, Vol. 14, 1985, 231.

stalt annehmen würden. Aber nach meiner Auffassung bedeutet die Korrespondenz zwischen der nachmetaphysischen Gerechtigkeitstheorie und ihrem amerikanischen Entstehungskontext nicht, daß Rawls »lediglich versucht, die für amerikanische Liberale typischen Grundsätze und intuitiven Anschauungen in ein System zu bringen.«[29] Richard Rorty attestiert Rawls »eine durch und durch historische und antiuniversalistische Einstellung«;[30] er habe keineswegs eine verfahrensrationale Erklärung der unparteilichen Beurteilung moralisch-politischer Fragen, sondern »eine historisch-soziologische Beschreibung« zeitgenössischer amerikanischer Gerechtigkeitsintuitionen gegeben.

Rortys kontextualistische Vereinnahmung ist deshalb nicht plausibel, weil ein derart bescheidenes Explikationsziel den erheblichen Begründungsaufwand nicht erklärt, den Rawls für seine Theorie auf sich genommen hat. Rorty zieht jene beiden Argumentationsstufen, die Rawls unterscheidet, zusammen und verwechselt den rekonstruktiven Sinn, den das Überlegungsgleichgewicht im Rechtfertigungskontext hat, mit dem Sinn von Existenzerhellung oder ethischer Selbstverständigung, den die Gerechtigkeitstheorie dann übernimmt, wenn sie sich dazu eignet, ihren eigenen Entstehungskontext zu beleuchten. Wenn sie von *vornherein* als die Selbstreflexion eines Bildungsprozesses angelegt wäre und nur *bestimmte* politische Traditionen, worin sich die darin aufgewachsenen Liberalen wiedererkennen können, auf den Begriff bringen sollte, würde der zweite, über die theoretische Begründung hinausgehende Schritt einer reflexiven Vergewisserung der Akzeptabilitätsbedingungen seine Pointe verlieren. Rawls hätte dann die vernunftrechtliche Kluft zwischen normativer Theorie und reformistischer Praxis von Anbeginn vermieden, allerdings um den Preis der Zurücknahme eines allgemeinen theoretischen Geltungsanspruchs. Rawls müßte dann zugestehen, daß die beiden Gerechtigkeitsprinzipien beispielsweise für Deutsche keine Gültigkeit beanspruchen, weil sich in der deutschen Kultur und Geschichte bildungswirk-

---

29 R. Rorty, Der Vorrang der Demokratie vor der Philosophie, in: ders., Solidarität oder Objektivität, Stuttgart 1988, 101; dazu die Diskussion zwischen R. Bernstein und R. Rorty, in: Political Theory, Vol. 15, Nov. 1987, 538-580.
30 Rorty (1988), 91.

same Äquivalente für die amerikanische Verfassungstradition nicht finden lassen.[31] Ich sehe kein Anzeichen für ein solches Zugeständnis. Denn das Fehlen einer entgegenkommenden politischen Kultur (die es inzwischen auch in der Bundesrepublik gibt) darf nicht als eine Falsifizierung von Gerechtigkeitsprinzipien zählen, die nach dem wohlüberlegten Urteil der Parteien im Urzustand gültig sind. Dieses unparteiliche Urteil sollen alle, auch die, die nicht zu Jeffersons glücklichen Erben gehören, nachvollziehen können. Die Kommunikationsvoraussetzungen, unter denen jene Parteien ihre Vereinbarungen treffen, erklären einen moralischen Gesichtspunkt, der nicht zum Privileg einer bestimmten Kultur gehört, sondern tiefer, und zwar letztlich in den Symmetrien gegenseitiger Anerkennung kommunikativ handelnder Subjekte überhaupt verankert ist.

Weil diese abstrakten Bedingungen, die die unparteiliche *Beurteilung* praktischer Fragen möglich machen, nicht mit den Bedingungen zusammenfallen, unter denen wir disponiert sind, aus moralischer Einsicht zu *handeln*, sucht Rawls nach der motivationalen Schubkraft einer entgegenkommenden politischen Kultur – und findet diese am privilegierten Ort einer kontinuierlichen, über zwei Jahrhunderte zurückreichenden, von Klassen- und Rassenkonflikten gewiß immer wieder herausgeforderten, aber durch radikale Interpretationen erneuerten und vitalisierten Verfassungstradition. Wenn man das wörtlich versteht, ist damit allerdings die *politische* Überzeugungskraft der Theorie auf einige wenige resonanzfähige Kontexte eingeschränkt.

Diese Konsequenz veranlaßt Ronald Dworkin, nach einer weniger kontingenten Einbettung zu suchen. Er möchte die Wirksamkeit liberaler Prinzipien auf keinen Fall von latenten Potentialen abhängig machen, die wir aus glücklicherweise *angetroffenen* Traditionen erwecken können. Dworkin mutet deshalb der Theorie neuerdings nicht nur die Begründungslast für abstrakte, gleichsam in der Luft hängende Gerechtigkeitsprinzipien zu, sondern stellt ihr die Aufgabe einer ethischen Fundierung dieser Grundsätze. Er wendet sich gegen die Entkoppelung eines nachmetaphysischen Gerechtigkeits-

31 Vgl. K.O. Apels Kritik an Rortys Position: Zurück zur Normalität?, in: ders., Diskurs und Verantwortung, Frankfurt/Main 1988, 412 ff.

begriffs von den umfassenderen, aber konkreter angelegten, deshalb auch motivierenden Entwürfen eines gelungenen Lebens. An die Stelle des deontologischen Vorrangs des Richtigen vor dem Guten will Dworkin eine *liberale Ethik* setzen, die zwar hinreichend formal ist, um mit dem vernünftigerweise zu erwartenden Dissens über bevorzugte Lebensorientierungen verträglich zu sein, aber noch substantiell genug, um für abstrakte liberale Grundsätze einen Motivationszusammenhang bilden zu können. Diese Theorie aus einem Guß soll das deontologische Konzept der Gerechtigkeit in eine konsonante Ethik einbetten: »Liberal philosophers who ... adopt the restricted view that liberalism is a theory of the right but not the good face the problem of explaining what reasons people have to be liberals ...: they try to find motives people have in either self-interest or morality, for setting aside their convictions about the good life when they act politically. I argue that liberals should reject this restricted view of their theory. They should try on the contrary to connect ethics and politics by constructing a view about the nature or character of the good life that makes liberal political morality seem continous rather than discontinuous with appealing philosophical views about the good life.«[32]

An Dworkins eigenem Entwurf zeigt sich freilich das Dilemma, in das sich heute, unter Bedingungen nachmetaphysischen Denkens, jede Ethik, die allgemeine Gültigkeit beansprucht, verstricken muß. Solange sie nämlich substantielle Aussagen macht, bleiben ihre Prämissen dem Entstehungskontext bestimmter historischer

---

32 R. Dworkin, Foundations of Liberal Equality. The Tanner Lectures on Human Values, Vol. VIII, 1990, 2 f. Im Hinblick auf Rawls' nachmetaphysisches Gerechtigkeitskonzept fügt er hinzu: »A political conception of justice, constructed to be independent of and neutral among different ethical positions people in the community hold, is perhaps more likely to prove acceptable by everyone in the community than any conception that is not neutral in this way. If we were statesmen intent on securing the widest possible agreement for some political theory, which could then serve as the basis of a truly and widely consensual government, we might well champion a political conception for that reason ... But we need more from a theory of justice than consensual promise; we need categorical force. Liberals insist that political decisions be made on liberal principles now, even before liberal principles come to be embraced by everyone, if they ever will be« (ebd., 17). Vgl. auch R. Dworkin, Liberal Community, Calif. Law Rev. 77 (1989), 479-589, hier 561 ff.

oder gar persönlicher Selbst- und Weltdeutungen verhaftet; sobald sie hinreichend formal ist, besteht ihre Substanz aber nur noch darin, das Verfahren ethischer Selbstverständigungsdiskurse zu erläutern. Darauf brauche ich an dieser Stelle nicht einzugehen.[33] Die Schwäche des Rawlsschen Versuches, die Kluft zwischen den idealen Forderungen der Theorie und der gesellschaftlichen Faktizität zu überbrücken, liegt ohnehin auf einer Ebene, wo sie durch eine ethische Theorie nicht wettgemacht werden kann. Die widerständige Realität, mit der sich das normative Räsonnement ins Benehmen setzen will, baut sich nämlich nicht nur, nicht einmal in erster Linie aus dem Pluralismus widerstreitender Lebensideale und Wertorientierungen auf, sondern aus dem härteren Stoff von Institutionen und Handlungssystemen.

Auf der ersten Stufe der Theoriekonstruktion befaßt sich Rawls auch mit Fragen der rechtsstaatlichen Institutionalisierung der zunächst in abstracto begründeten Grundsätze der Gerechtigkeit. Ebensowenig verkennt er den Aspekt der staatlichen Sanktionierung, unter dem das zwingende Recht – anders als die Moral, die allein an den Gerechtigkeitssinn appellieren kann – auf externe Weise mit dem Verhalten seiner Adressaten verknüpft ist. Aber das Verhältnis von positivem Recht und politischer Gerechtigkeit bleibt ungeklärt. Rawls konzentriert sich auf Fragen der Legitimität des Rechts, ohne die Rechtsform als solche und damit die *institutionelle Dimension* des Rechts zu thematisieren. Das an der Rechtsgeltung Spezifische, die dem Recht selbst innewohnende Spannung von Faktizität und Geltung, kommt nicht in den Blick. Deshalb wird auch die externe Spannung zwischen dem Legitimitätsanspruch des Rechts und der sozialen Faktizität nicht unverkürzt wahrgenommen. Die Wirklichkeit, die der Norm entgegensteht, reduziert sich im zweiten, reflexiv gewendeten Schritt der Überlegung auf die kulturellen Bedingungen für die Akzeptanz der Gerechtigkeitstheorie. Rawls überlegt, wie plausibel die Gerechtigkeitsgrundsätze vor dem Hintergrund der politischen Überlieferungen und im *kulturellen Kontext* der öffentlichen Kommunikation einer zeitgenössischen pluralistischen Gesellschaft sind. Er

33 Vgl. J. Habermas, Zum pragmatischen, ethischen und moralischen Gebrauch der praktischen Vernunft, in: Habermas (1991a), 100-118.

bezieht sich weder auf die tatsächlich institutionalisierten Entscheidungsprozesse noch auf gesellschaftliche und politische Entwicklungstendenzen, die womöglich rechtsstaatlichen Prinzipien entgegenlaufen und den Institutionen der wohlgeordneten Gesellschaft ein eher höhnisches Spiegelbild vorhalten.

Rawls' »politisches« Gerechtigkeitskonzept gibt Antwort auf ein Problem, das Hegel unter dem Titel des Verhältnisses von Moral und Sittlichkeit behandelt hatte. Für das klassische Vernunftrecht hatte sich das Problem des Verhältnisses von Norm und Wirklichkeit zunächst auf einer anderen Ebene gestellt. Das Vernunftrecht war von der Differenz zwischen Moral und Recht ausgegangen und hatte die im positiven Recht selbst angelegte Spannung zwischen Faktizität und Geltung berücksichtigt. Insofern war es von Haus aus realistischer eingestellt als eine moralisch ansetzende Gerechtigkeitstheorie. Es hatte sich der Wirklichkeit des politischen Prozesses sozusagen auf ganzer Breite konfrontiert. Wenn Rawls *diese* Fragestellung einholen wollte, dürfte er sich auf der zweiten Stufe seiner Argumentation nicht mit einer Reflexion auf Bedingungen einer entgegenkommenden politischen *Kultur* begnügen, er müßte sich auf die normativ angeleitete Rekonstruktion der geschichtlichen Entwicklung des Rechtsstaates und seiner *sozialen Basis* einlassen.

Diese komplexe Aufgabe erfordert einen empirischen Aufwand, der über die ideengeschichtliche Vergewisserung politisch-kultureller Zusammenhänge hinausgeht. Dafür sind allerdings die bisher behandelten gesellschaftstheoretischen Ansätze, die aus der Beobachterperspektive gleichsam entlarvend durch das normative Selbstverständnis des Rechtssystems bloß hindurchgreifen, unzureichend. Erst wenn die sozialwissenschaftlichen Analysen des Rechts den externen Zugriff mit einer intern ansetzenden Rekonstruktion verbinden, braucht die normative Theorie nicht mehr *unvermittelt* über das politische Bewußtsein eines Publikums von Staatsbürgern an die Realität Anschluß zu suchen. Eine für Zwecke der Rekonstruktion der Rechtsstaatsentwicklung konkreter Gesellschaften in Anspruch genommene normative Theorie könnte dann ihren Platz im Zusammenhang einer kritischen Beschreibung des jeweils angetroffenen politischen Prozesses im ganzen erhalten. Für diese Doppelperspektive einer gleichermaßen auf Rekonstruktion und Entzauberung des Rechtssystems zugeschnittenen Analyse[34] finden sich in der klassischen Gesellschaftstheorie von Durkheim und Max Weber bis Parsons interessante Ansatzpunkte.

III.

Der philosophische Gerechtigkeitsdiskurs verfehlt jene institutionelle Dimension, auf die der sozialwissenschaftliche Rechtsdiskurs von vornherein gerichtet ist. Ohne den Blick auf Recht als empirisches Handlungssystem bleiben die philosophischen Begriffe leer. Soweit sich aber die Rechtssoziologie auf einen objektivierenden Blick von außen versteift und gegenüber dem nur intern zugänglichen Sinn der symbolischen Dimension unempfindlich ist, gerät umgekehrt die soziologische Anschauung in Gefahr, blind zu bleiben. Gegen diese Gefahr haben sich insbesondere neukantianisch inspirierte Ansätze gewappnet, die mit der Vorstellung operieren, daß sich in sozialen Ordnungen Ideen und Interessen (M. Weber) oder kulturelle Werte und Motive (Parsons) *durchdringen*. Sie verstehen das institutionalisierte Handeln als selektive Verwirklichung von kulturell anerkannten Werten unter situationstypischen Beschränkungen. Soziale Ordnungen verleihen normativen Verhaltenserwartungen dadurch Realität, daß sie Werte im Hinblick auf konkrete Anwendungsbedingungen spezifizieren und mit gegebenen Interessenlagen integrieren. Max Weber ließ sich von einer dualistischen Anthropologie leiten, wonach die handelnden Subjekte sowohl mit Problemen der inneren wie der äußeren Not konfrontiert sind und ebensosehr nach ideellen wie nach materiellen Gütern streben. Auch T. Parsons geht von Wertorientierungen und Bedürfnisdispositionen aus, die aufeinander abgestimmt werden müssen. Unabhängig von solchen persönlichkeitstheoretischen Annahmen läßt sich aus dem formalen Problem der Handlungskoordinierung ein ähnlicher Begriff von Institution entwickeln.

Für einen Aktor stehen in jeder Situation mehr Möglichkeiten offen, als sich im Handeln realisieren lassen. Wenn nun jeder Inter-

34 Vgl. Peters (1991), 35 ff.

aktionsteilnehmer aufgrund eigener Erfolgserwartungen jeweils eine Alternative aus dem Spielraum von Optionen wählen würde, müßte sich aus dem zufälligen Zusammentreffen unabhängiger Selektionen ein Dauerkonflikt ergeben, der auch nicht dadurch zu stabilisieren ist, daß sich die Beteiligten mit ihren voneinander erwarteten Erwartungen reflexiv aufeinander einstellen, um die jeweils eigene Entscheidung in Erwartung der antizipierten Entscheidungen der anderen Aktoren zu treffen. Aus dem kontingenten Aufeinandertreffen verschiedener erwarteter Interessenlagen und Erfolgskalküle entsteht noch keine soziale Ordnung. Um die Herausbildung und Stabilität von Verhaltensmustern zu erklären, hat deshalb Durkheim einen vorgängig eingespielten Wertekonsens und die Orientierung der Beteiligten an intersubjektiv anerkannten Werten postuliert. Dann muß freilich erklärt werden, wie sich Aktoren, die in ihren Entscheidungen frei sind, an Normen überhaupt *binden*, d. h. von Normen zur Verwirklichung entsprechender Werte *verpflichten* lassen. Die Aktoren werden den wie immer sanften Zwang normativer Ansprüche nur dann nicht als äußerlich imponierte Gewalt erfahren, wenn sie sich diesen als moralischen Zwang zu eigen machen, d. h. in eigene Motive umsetzen. Durkheim bemüht sich um eine soziologische Übersetzung jener Kantischen Autonomie, die die Bindung an überpersönliche Ordnungen auf persönliche Einsicht gründet und darum etwas anderes ist als bloße Wahlfreiheit. Gefordert ist eine symmetrische Beziehung zwischen der moralischen Autorität geltender Normen und der in den Persönlichkeitsstrukturen verankerten Selbstkontrolle. Den institutionalisierten Werten müssen, wie Parsons sagt, internalisierte Werte entsprechen. Die Normadressaten werden zur durchschnittlichen Normenbefolgung nur dann hinreichend motiviert sein, wenn sie die in den Normen verkörperten Werte verinnerlicht haben.

Zwar ist die Internalisierung, die den Wertorientierungen der Handelnden eine motivationale Grundlage verschafft, in der Regel kein repressionsfreier Vorgang; er *resultiert* aber in einer Gewissensautorität, die für den einzelnen das Bewußtsein von Autonomie mit sich führt. Nur in diesem Bewußtsein findet der eigentümlich verpflichtende Charakter »geltender« sozialer Ordnungen einen Adressaten, der sich aus freien Stücken »binden« läßt.

Dem entspricht Max Webers Auffassung, daß soziale Ordnungen nur als legitime Ordnungen auf Dauer gestellt werden können. Das »Gelten einer Ordnung soll uns mehr bedeuten als eine bloße, durch Sitte oder Interessenlage bedingte Regelmäßigkeit eines Ablaufs sozialen Handelns,«[35] wobei »Sitte« auf dumpfer, gleichsam mechanischer Eingewöhnung beruht, während »legitim geordnetes Handeln« die bewußte Orientierung an einem als gültig unterstellten Einverständnis erfordert: »Unter Einverständnis wollen wir den Tatbestand verstehen: daß ein an Erwartungen des Verhaltens anderer orientiertes Handeln um deswillen eine empirisch ›geltende‹ Chance hat, diese Erwartungen erfüllt zu sehen, weil die Wahrscheinlichkeit objektiv besteht: daß diese anderen jene Erwartungen trotz des Fehlens einer Vereinbarung als sinnhaft ›gültig‹ für ihr Verhalten praktisch behandeln werden ... Der Inbegriff von Gemeinschaftshandeln, welches und soweit es in einer durch Orientierung an solchen ›Einverständnis‹-Chancen bedingten Art abläuft, soll ›Einverständnishandeln‹ heißen«.[36] Zwar behauptet Weber an dieser Stelle, daß die Motive, aus denen das Verhalten der anderen erwartet werden darf, gleichgültig sind. Aber zu diesen Motiven muß mindestens *auch* die berechtigte Unterstellung einer »legitimen Ordnung« gehören; und diese beruht insofern auf einem Wertekonsens, als die in ihr verkörperten Ideen oder Werte intersubjektiv anerkannt sein müssen: »Einen Sinngehalt einer sozialen Beziehung wollen wir a) nur dann eine ›Ordnung‹ nennen, wenn das Handeln an angebbaren ›Maximen‹ (durchschnittlich und annähernd) orientiert wird. Wir wollen b) nur dann von einem ›Gelten‹ dieser Ordnung sprechen, wenn diese tatsächliche Orientierung an jenen Maximen *auch* (also in einem praktisch ins Gewicht fallenden Maße) deshalb erfolgt, weil sie als irgendwie für das Handeln geltend: verbindlich oder vorbildlich, angesehen werden ... Eine nur aus zweckrationalen Motiven innegehaltene Ordnung ist im allgemeinen weit labiler als die lediglich kraft Sitte, infolge der Eingelebtheit eines Verhaltens, erfolgende Orientierung an dieser: die von allen häufigste Art der inneren Haltung. Aber sie ist noch weit

---

35 M. Weber, Wirtschaft und Gesellschaft, Köln 1956, 22.
36 M. Weber, Über einige Kategorien der verstehenden Soziologie, in: ders., Methodologische Schriften, Frankfurt/Main 1968, 196f.

labiler als eine mit dem Prestige der Vorbildlichkeit oder Verbind-lichkeit, wir wollen sagen: der ›*Legitimität*‹ auftretende.«[37]

Im legitim geordneten Handeln bezieht sich das wechselseitig un-terstellte Einverständnis darauf, »daß neben anderen Motiven die Ordnung mindestens einem Teil der Handelnden auch als vorbild-lich oder verbindlich und also gelten *sollend* vorschwebt.« Eine le-gitime Ordnung beruht andererseits nicht nur auf einem normati-ven Einverständnis, das durch Internalisierung entsprechender Werte intrapsychisch verankert ist. Soweit ihre Geltung nicht durch religiöse Autorität oder rein moralisch, durch wertrationalen Glau-ben begründet, also durch entsprechende innere Sanktionen (Furcht vor dem Verlust von Heilsgütern, Scham- und Schuldbe-wußtsein) und die Fähigkeit zur Selbstbindung geschützt ist, bedarf sie äußerer Garantien. In diesen Fällen wird die Legitimitätserwar-tung einer sozialen Ordnung durch Konvention oder Recht stabili-siert. Von »Konvention« spricht Weber bekanntlich dann, wenn die soziale Geltung äußerlich garantiert ist durch »eine allgemeine und praktisch fühlbare Mißbilligung« abweichenden Verhaltens; von »Recht« ist die Rede, wenn durchschnittlich normenkonfor-mes Verhalten durch die Androhung äußerer Sanktionen von seiten eines »Erzwingungsstabes« garantiert ist. Das Einverständnis, das im legitim geordneten Handeln unterstellt werden kann, modifi-ziert sich nach der Art der inneren und äußeren Garantien, die zu den Legitimitätsgründen hinzutreten. Es stützt sich auf eine *Legie-rung aus Gründen und empirischen Motiven*, wobei die Gründe sich danach unterscheiden, ob sie sich aus mythischen Erzählun-gen, religiösen Weltbildern oder metaphysischen Lehren herleiten, oder ob sie profaner Herkunft sind und dem pragmatisch-zweck-rationalen, ethischen oder moralischen Gebrauch der praktischen Vernunft entspringen.

In dieser gemischten Geltungsbasis des Einverständnisses, das einer Ordnung soziale Geltung und damit eine durchschnittlich zu er-wartende faktische Befolgung sichert, spiegelt sich die ambivalente Natur von Institutionen überhaupt. Interessen können über gene-ralisierte Verhaltenserwartungen auf Dauer nur befriedigt werden,

37 Weber (1956), 22 f.

wenn diese sich mit Ideen verbinden, die normative Geltungsansprüche rechtfertigen; Ideen können sich wiederum empirisch nur durchsetzen, wenn sie sich mit Interessen verbünden, die ihnen Schubkraft verleihen. Methodisch ergibt sich daraus die Konsequenz, daß sich legitime Ordnungen gleichermaßen »von oben« wie »von unten« analysieren lassen; eine rekonstruktiv verfahrende Soziologie muß beiden Perspektiven gerecht werden. Auf diese Weise kann der soziologische Rechtsdiskurs auch an den philosophischen Gerechtigkeitsdiskurs Anschluß gewinnen und dessen Grenzen zugleich überschreiten.

Die aus der Teilnehmerperspektive des Richters oder des Staatsbürgers vorzunehmende rekonstruktive Analyse richtet sich auf die im normativen Substrat verkörperten Sinngehalte, auf jene Ideen und Werte, aus denen sich der Legitimitätsanspruch oder die ideale Geltung eines Rechtssystems (bzw. einzelner Normen) erklären läßt. Die aus der Beobachterperspektive vorzunehmende empirische Analyse richtet sich auf das Ganze aus Legitimitätsglauben, Interessenlagen, Sanktionen und Umständen, also auf die Logik der Handlungssituationen, aus denen sich die empirische Geltung und die faktische Durchsetzung der rechtlich institutionalisierten Verhaltenserwartungen erklärt. Max Weber trifft eine entsprechende Unterscheidung zwischen der *juristischen* und der *soziologischen Betrachtungsweise*. Die eine habe es mit dem objektiven Sinngehalt von Rechtssätzen zu tun, die andere mit einer rechtlich geregelten Praxis, für die »unter anderem auch Vorstellungen von Menschen über den ›Sinn‹ und das ›Gelten‹ bestimmter Rechtssätze eine bedeutende Rolle spielen.«[38]

Weber beginnt seine Rechtssoziologie mit dieser Unterscheidung. Die juristische Betrachtungsweise fragt, »was als Recht ideell gilt. Das will sagen: welche Bedeutung, und dies wiederum heißt: welcher normative Sinn einem als Rechtsnorm auftretenden sprachlichen Gebilde logisch richtigerweise zukommen sollte. (Die soziologische Betrachtungsweise) dagegen fragt: was innerhalb einer Gemeinschaft faktisch um deswillen geschieht, weil die Chance besteht, daß am Gemeinschaftshandeln beteiligte Menschen ... be-

38 Weber (1968), 181.

stimmte Ordnungen als geltend subjektiv ansehen und praktisch behandeln, also ihr eigenes Handeln an ihnen orientieren.«[39] Weber schiebt freilich die rekonstruktive begriffsanalytische Arbeit in pauschaler Weise der Jurisprudenz zu; er unterscheidet hier nicht hinreichend zwischen Rechtsdogmatik, Rechtstheorie und Rechtsphilosophie. Die Vernachlässigung der Rechtsphilosophie mag im übrigen darauf zurückgehen, daß Weber kognitivistischen Ansätzen in der Moraltheorie (wie sie heute von Rawls oder der Diskursethik vertreten werden) skeptisch gegenüberstand. Die enge disziplinäre Zuschreibung der Rekonstruktion von Sinn- und Geltungsbedingungen zur Rechtsdogmatik läßt den Gegensatz jener beiden methodischen Perspektiven stärker hervortreten als den Zusammenhang, den Weber mindestens impliziert. Er müßte nämlich sein eigenes rechtssoziologisches Vorgehen als inklusiv verstehen. Die Bedingungen der idealen Geltung, die im Legitimitätsglauben unterstellt werden, bilden notwendige, wenn auch nicht hinreichende Bedingungen für die soziale Geltung einer Rechtsordnung. Denn Rechtsordnungen sind »legitime Ordnungen«, die Ideen zwar keineswegs bruchlos mit Interessen zusammenfügen, die aber, über eine Interpretation der Interessen durch Ideen, auch Gründen und Geltungsansprüchen faktische Wirksamkeit verschaffen.

In Webers materialen Arbeiten zu Geschichte und Typen des Rechts nehmen rekonstruktive Analysen einen ausgezeichneten Platz ein. In Übereinstimmung mit Arbeiten von Klaus Eder,[40] Rainer Döbert und mir, hat Wolfgang Schluchter den Versuch gemacht, die internen Aspekte der von Weber analysierten Rechtsentwicklung im einzelnen herauszuarbeiten. Neben der fortschreitenden Differenzierung in sachliche Rechtsgebiete verfolgt Weber die Rationalisierung des Rechts unter dem doppelten Gesichtspunkt der generalisierenden und systematisierenden Durchgestaltung der Rechtsprogramme und Rechtswege einerseits, der Veränderung der kognitiven Geltungsgrundlagen des Rechts andererseits. Die Variation der Begründungsniveaus von Rechtsentscheidungen rekonstruiert Schluchter nach dem Muster jener Entwicklungsstufen des moralischen Be-

---

39 M. Weber, Rechtssoziologie (hg. v. J. Winckelmann), Neuwied 1960, 53.

40 K. Eder, Die Entstehung staatlich organisierter Gesellschaften, Frankfurt/Main 1976; ders., Geschichte als Lernprozeß? Frankfurt/Main 1985.

wußtseins, die L. Kohlberg im Anschluß an J. Piaget für die Onto-
genese nachgewiesen hat.[41] Schluchter faßt die unter rechtsimmanenten Gesichtspunkten durchgeführte Analyse folgendermaßen
zusammen: »Ausgangspunkt waren Webers Unterscheidungen in
offenbartes, traditionales, erschlossenes und gesatztes Recht einerseits, in eine formale und materiale Rationalisierung des Rechts andererseits. Die These lautete, Weber habe zwischen einer formellen
und einer materiellen Seite des Rechts unterschieden und die Rationalisierung des Rechts, freilich mit ungleicher Gewichtung, unter
beiden Gesichtspunkten diskutiert. Es muß deshalb sowohl eine
Rationalisierung der Rechtswege wie eine der Rechtsbasis geben,
die zwar historisch-empirisch zusammenhängen, aber analytisch zu
unterscheiden sind. Während sich das Rechtsverfahren logisiert,
wird die Geltungsbasis des Rechts abstrakt und universell. Zugleich
wird diese von rechtstranszendenten auf rechtsimmanente Prinzipien umgestellt, also säkularisiert.«[42]
In unserem Zusammenhang geht es mir nur um den methodischen
Gesichtspunkt, daß auch die Rechtssoziologie auf eine anspruchsvolle Rekonstruktion der Geltungsbedingungen jenes »Legalitäts-
einverständnisses« angewiesen ist, das in modernen Rechtssystemen vorausgesetzt wird. Aus dieser Perspektive zeigt sich nämlich,
daß die Positivierung des Rechts und die damit einhergehende Differenzierung zwischen Recht und Moral Ergebnis eines Rationalisierungsprozesses sind, der zwar die metasozialen Garantien der
Rechtsordnung zerstört, aber das im Legitimitätsanspruch des
Rechts enthaltene Moment der Unverfügbarkeit keineswegs zum
Verschwinden bringt. Die Entzauberung religiöser Weltbilder hat
nicht nur destruktive Folgen, indem sie das »Doppelreich« heiligen
und profanen Rechts und damit die Legeshierarchie untergräbt; sie
führt auch zu einer Reorganisation der Rechtsgeltung, indem sie die
Grundbegriffe von Moral und Recht *gleichzeitig* auf ein postkon-

---

41 L. Kohlberg, Essays on Moral Development, San Francisco 1981.
42 W. Schluchter, Die Entwicklung des okzidentalen Rationalismus, Tübingen
    1979, 148; vgl. auch Schluchters »Beiträge zur Werttheorie«, in: ders., Religion
    und Lebensführung, Frankfurt/Main 1988, Bd. 1, 165 ff. Zu Schluchters Kritik
    der Diskursethik meine Bemerkungen in: J. Habermas, Die nachholende Revo-
    lution, Frankfurt/Main 1990, 131 ff.

ventionelles Begründungsniveau umstellt. Mit der Unterscheidung von Handlungsnormen und Handlungsprinzipien, mit dem Begriff einer prinzipiengeleiteten Erzeugung von Normen und der freiwilligen Vereinbarung normativ verbindlicher Regeln, mit dem Konzept der rechtsetzenden Kraft privatautonomer Rechtspersonen usw. bildete sich die Vorstellung positiv gesetzter, also änderbarer, aber zugleich kritisierbarer und rechtfertigungsbedürftiger Normen heraus. Luhmann hat die Positivität des Rechts auf die zu kurz greifende Formel gebracht: »daß das Recht nicht nur durch Entscheidung gesetzt (das heißt ausgewählt) wird, sondern auch kraft Entscheidung (also kontingent und änderbar) *gilt*.«[43] Tatsächlich bedeutet die Positivität des nachmetaphysischen Rechts auch, daß Rechtsordnungen nur noch im Lichte rational gerechtfertigter und daher universalistischer Grundsätze konstruiert und fortgebildet werden können.

Max Weber trägt diesem *internen Zusammenhang von Satzungs- und Begründungsprinzip* auf handlungstheoretischer Ebene Rechnung, indem er rechtlich reguliertes Handeln – das Gesellschaftshandeln im Unterschied zum Gemeinschaftshandeln – am Modell des auf rational vereinbarter Satzung beruhenden Zweckvereins analysiert. Darin wird nämlich ein Legalitätseinverständnis unterstellt, das auf idealtypische Weise beide Momente in sich vereinigt: die Satzung gilt, weil sie einerseits in Übereinstimmung mit dem geltenden Vereinsrecht *positiv gesetzt* und andererseits *rational vereinbart* worden ist. Die spezifische Rationalität einer solchen Satzung besteht darin, daß sich die Mitglieder nur aufgrund eines begründeten Konsenses dem Zwang staatlich sanktionierter Regeln unterwerfen. Weber ist freilich der Auffassung, daß legale Ordnungen nicht allein aufgrund der Unterstellung eines solchen rational erzielten Einverständnisses als legitim gelten können, sondern auch »kraft Oktroyierung aufgrund einer als legitim geltenden Herrschaft von Menschen über Menschen – und Fügsamkeit.«[44] Diese Alternative bleibt freilich erklärungsbedürftig, da legale Herrschaft wiederum nur aufgrund ihrer Rechtsförmigkeit für legitim gehalten werden kann.

43 N. Luhmann, Rechtssoziologie, Opladen 1983, 210.
44 Weber (1964), 26.

Die paradoxe Geltungsgrundlage der »legalen Herrschaft« mag nicht nur auf eine unklare Verwendung des Rationalitätsbegriffs zurückgehen,[45] sondern auch auf die eigentümlich eingeschränkte Behandlung des modernen Rechts, die Weber in den Grenzen seiner Herrschaftssoziologie vornimmt. Obwohl er die Rationalisierung des Rechts anhand seiner internen Aspekte erklärt und die analytischen Mittel in der Hand hält, um die Geltungsgrundlagen des modernen Rechts zu rekonstruieren, bleiben diese dann doch im wertskeptischen Schatten der *Funktionen*, die das Recht *für* die kompetenzförmige Organisation und Ausübung der legalen Herrschaft erfüllt. Die Rechtstypen dienen Weber allgemein als Leitfaden für die Untersuchung der Typen legitimer Herrschaft; dabei wird das moderne Recht so sehr in den funktionalen Zusammenhang mit der bürokratischen Herrschaft der rationalen Staatsanstalt gerückt, daß die *sozialintegrative Eigenfunktion des Rechts* nicht die gebührende Aufmerksamkeit findet. Nach Weber bezieht der Rechtsstaat seine Legitimation letztlich nicht aus der demokratischen Form der politischen Willensbildung, sondern nur aus Prämissen der rechtsförmigen Ausübung der politischen Herrschaft – nämlich aus der abstrakten Regelstruktur der Gesetze, aus der Autonomie der Rechtsprechung sowie der Gesetzesbindung und dem ›rationalen‹ Aufbau der Verwaltung (mit Kontinuität und Schriftlichkeit der Amtsgeschäfte, kompetenzmäßiger Behördenorganisation, mit Amtshierarchie, Fachschulung der Beamten, Trennung von Amt und Person, Trennung des Verwaltungsstabes von den Verwaltungsmitteln usw.). Bei Weber ergibt sich ein spezifisch deutsches Bild vom Rechtsstaat, dem sich die Eliteherrschaft politischer Parteien einfügt.

Ein anderes Bild entsteht, wenn man wie Parsons den modernen Verfassungsstaat aus der Perspektive einer Verrechtlichung der politischen Gewalt betrachtet, die sich unter den strukturellen Beschränkungen der rationalen Geltungsgrundlagen des modernen Rechts vollzieht und dem demokratischen, in Zivilgesellschaft, politischer Öffentlichkeit und Staatsbürgerstatus verankerten Legitimationsmodus zum Durchbruch verhilft. Parsons nennt den Kern-

45 J. Habermas (1981), Bd. 1, 355 ff.

bereich, aus dem sich jedes differenzierte Gesellschaftssystem entwickelt haben soll, Gemeinschaftssystem (»societal community«). Dieses umfaßt alle auf Integrationsleistungen spezialisierten Handlungsbereiche – einerseits symbolische Praktiken, die (wie Riten, religiöser Kultus, nationale Zeremonien usw.) gesellschaftliche Solidarität sichern, andererseits Institutionen zweiter Stufe, die (wie Moral und Recht) typische Handlungskonflikte regeln, also einspringen, wenn Störfälle eintreten, die die Stabilität der auf erster Stufe institutionalisierten Verhaltungserwartungen gefährden. Moral und Recht stellen so etwas wie Ausfallbürgschaften für die sozialintegrativen Leistungen aller übrigen institutionellen Ordnungen dar. Schon in Stammesgesellschaften bildet sich mit archaischen Rechtspraktiken wie Schlichtung, Orakel, Fehde, Blutrache usw. eine solche selbstbezügliche Normstruktur aus.[46] Recht ist eine im Hinblick auf den Institutionalisierungsvorgang selbst reflexiv gewordene legitime Ordnung. Als solche bildet es den Kern eines Gemeinschaftssystems, das seinerseits die Kernstruktur von Gesellschaft überhaupt ist.

Anders als Weber verfolgt Parsons die soziale Evolution des Rechts unter dem Aspekt seiner *eigenen* Funktion, der Sicherung gesellschaftlicher Solidarität, nicht unter dem Aspekt des Beitrages, den es zur Formierung von Herrschaft leistet. In vorhochkulturellen Gesellschaften ist das Recht noch mit anderen normativen Komplexen verflochten; es bleibt diffus. Ein teilweise autonomes Recht bildet sich erst mit dem Übergang von Stammesgesellschaften zu Hochkulturen. Dieser evolutionäre Schritt ist durch eine staatliche Organisationsform gekennzeichnet, in der Recht und politische Macht eine bemerkenswerte Synthese eingehen. Der Staat ermöglicht einerseits die Institutionalisierung von Verfahren der Rechtsprechung und der Rechtsdurchsetzung, die den streitenden Parteien vor- und übergeordnet sind; andererseits konstituiert sich der Staat erst in Gestalt einer rechtsförmigen Hierarchie von Ämtern und legitimiert sich zugleich über die Rechtsform der administrativen Herrschaftsausübung. So fordern sich staatlich sanktioniertes Recht und rechtsförmig ausgeübte politische Macht gegenseitig.

46 Vgl. U. Wesel, Frühformen des Rechts in vorstaatlichen Gesellschaften, Frankfurt/Main 1985.

Auf diesem Niveau können sich erst die bekannten Elemente des Rechtssystems herausbilden: Rechtsnormen oder Entscheidungsprogramme, die auf *mögliche* künftige Fälle bezogen sind und ex ante Rechtsansprüche sichern; sekundäre Rechtsnormen, die die Feststellung und Änderung der primären Verhaltensnormen ermöglichen; eine Organisation von Rechtsprechung, die Rechtsansprüche in Klagemöglichkeiten transformiert; ein Rechtsvollzug, auf den sich die Androhung von Sanktionen stützt usw.

Weil erst das staatliche Recht die spezifischen Züge eines Rechtssystems annimmt, hat Max Webers theoriestrategische Entscheidung, das Recht als Teil des politischen Systems zu begreifen, eine gewisse Plausibilität. Weniger plausibel ist Luhmanns weiterer Schritt, das in der Moderne ausdifferenzierte Recht aus der Politik wieder auszugliedern und zu einem eigenen Subsystem neben Verwaltung, Wirtschaft, Familie usw. zu verselbständigen. Eine andere Perspektive nimmt Parsons ein, der wie Durkheim die Rechtsentwicklung mit der Evolution des Gemeinschaftssystems verbunden sieht. Dieses bildet sich in modernen Gesellschaften zu einer Zivilgesellschaft aus, die sich auch noch aus der (in Hegels Begriff der »bürgerlichen Gesellschaft« supponierten) Umklammerung des kapitalistischen Wirtschaftsverkehrs löst. Von der Vorläufergestalt der »societal community« erbt die »civil society« die Rolle eines Statthalters für die soziale Integration der Gesellschaft im ganzen.

Die internen Aspekte der Umstellung des traditionalen Rechts auf rationale Begründung und Positivität behandelt Parsons eher beiläufig unter den Titeln der Werteverallgemeinerung und der Inklusion; dem moralischen Universalismus der Geltungsgrundlagen des modernen Rechts entspricht die sukzessive Einbeziehung aller Gesellschaftsmitglieder in die Assoziation freier und gleicher Rechtspersonen. Parsons thematisiert die Rechtsentwicklung vor allem unter externen Aspekten. Die frühe Moderne ist beherrscht vom strukturbildenden Prozeß der Ausdifferenzierung eines über das Geldmedium gesteuerten Wirtschaftssystems aus einer politischen Herrschaftsordnung, die ihrerseits die Gestalt eines über administrative Macht gesteuerten Systems annimmt. Diese beiden Subsystembildungen bedeuten zugleich eine Ablösung der Zivilgesellschaft von Ökonomie und Staat. Die traditionalen Gemeinschaftsformen modernisieren sich zu einer Zivilgesellschaft, die im Zeichen des religiösen Pluralismus auch von den kulturellen Handlungssystemen Abstand gewinnt. Mit diesen Differenzierungsprozessen entsteht ein neuartiger Integrationsbedarf, auf den das positiv gewordene Recht dreifach reagiert.[47] Die Steuerungsmedien Geld und administrative Macht werden über die rechtliche Institutionalisierung von Märkten und bürokratischen Organisationen in der Lebenswelt verankert. Gleichzeitig werden Interaktionszusammenhänge, in denen auftretende Konflikte bisher auf der Basis von Gewohnheit, Loyalität oder Vertrauen ethisch bewältigt werden konnten, verrechtlicht, d.h. in der Weise formal reorganisiert, daß sich die Beteiligten im Konfliktfall auf Rechtsansprüche beziehen können. Und das notwendige Komplement zur Verrechtlichung potentiell aller gesellschaftlichen Beziehungen bildet die Universalisierung eines öffentlich-rechtlich institutionalisierten Staatsbürgerstatus. Den Kern dieser Staatsbürgerschaft bilden politische Teilnahmerechte, die in den neuen Verkehrsformen der Zivilgesellschaft, einem grundrechtlich geschützten Netz von freiwilligen Assoziationen, sowie in den Kommunikationsformen einer über Massenmedien hergestellten politischen Öffentlichkeit wahrgenommen werden.

Weil sich die Positivierung des Rechts zwingend aus der Rationalisierung seiner Geltungsgrundlagen ergibt, kann das moderne Recht eine komplexe Gesellschaft mit strukturell ausdifferenzierten Lebenswelten und funktional verselbständigten Subsystemen in ihren Verhaltenserwartungen nur stabilisieren, wenn es als Statthalter einer »societal community«, die sich ihrerseits in die Zivilgesellschaft transformiert hat, den ererbten Solidaritätsanspruch in der abstrakten Form eines glaubwürdigen Legitimitätsanspruchs aufrechterhalten kann. Dieses Versprechen lösen moderne Rechtssysteme über die Verallgemeinerung und Konkretisierung des Staatsbürgerstatus ein: »A societal community as basically composed of equals seems to be the ›end of the line‹ in the long process of undermining the legitimacy of such older, more particularistic ascriptive bases of membership as religion, ethnic affiliation, region or locality, and

47 T. Parsons, The System of Modern Societies, Englewood Cliffs 1971.

hereditary position in social stratification ... This basic theme of equality has long antecedents but was first crystallized in conceptions of ›natural rights‹ ... The current prominence of poverty and race problems in the United States is largely owing to the deep moral repugnance that the conception of an inherently ›lower‹ class, to say nothing of an inferior race, arouse in modern societies, despite vociferous objections to modern egalitarianism among certain groups.«[48] Im Zusammenhang der Herausbildung einer Zivilgesellschaft als der Basis für die öffentlichen und inklusiven Meinungs- und Willensbildungsprozesse freiwillig assoziierter Rechtsgenossen betont Parsons schließlich die Bedeutung der Egalisierung von Bildungschancen, überhaupt der Entkoppelung des kulturellen Wissens von Klassenstrukturen: »The focus of the new phase is the educational revolution which in a certain sense synthesizes the themes of the industrial and the democratic revolutions: equality of opportunity and equality of citizenship.«[49] Mit diesem Konzept der »Erziehungsrevolution« berührt Parsons auch jene politisch-kulturellen Bedingungen einer resonanzfähigen politischen Öffentlichkeit, für die sich Rawls insofern zu Recht interessiert, als die Wertmaßstäbe der rechtsstaatlich verfaßten Legitimationsprozesse um so mehr von nicht-organisierten öffentlichen Kommunikationsprozessen abhängig werden, je weitergehend der Legitimationsanspruch moderner Rechtssysteme tatsächlich in der Münze realisierter staatsbürgerlicher Gleichheit eingelöst wird.

Parsons versteht das moderne Recht als Transmissionsriemen, über

48 Parsons (1971), 118 f.
49 Parsons (1971), 97. Schon für Durkheim war dieser Zusammenhang wichtig geworden, weil er Demokratie als die »Herrschaftsform der Reflexion« begriffen und dadurch charakterisiert hat, daß »zwischen den Bürgern und dem Staat eine beständige Kommunikation stattfindet« (E. Durkheim, Physik der Sitten und des Rechts, Frankfurt/Main 1991, 131). Der Reifezustand der Demokratie bemißt sich am Niveau dieser öffentlichen Kommunikation: »Aus dieser Perspektive erscheint uns die Demokratie als jene politische Verfassung, in der die Gesellschaft das reinste Bewußtsein ihrer selbst erlangt. Ein Volk ist um so demokratischer, je größer die Rolle des Räsonnements, der Reflexion und des kritischen Geistes in der Regelung seiner öffentlichen Angelegenheiten ausfällt. Und umgekehrt ist es um so weniger demokratisch, je größer das Gewicht des Unbewußten, der uneingestandenen Gewohnheiten, kurz: der jeder Überprüfung entzogenen Vorurteile ist« (S. 128).

den sich Solidarität, also anspruchsvolle Strukturen gegenseitiger Anerkennung, die wir aus konkreten Lebensverhältnissen kennen, in abstrakter, aber bindender Form auf die anonym gewordenen und systemisch vermittelten Beziehungen einer komplexen Gesellschaft übertragen lassen. Als empirische Referenz dient ihm jene Expansion staatsbürgerlicher Rechte, die T. H. Marshall am Beispiel Englands untersucht hat.[50] Die von Marshall vorgeschlagene Einteilung in ›civil‹, ›political‹ und ›social rights‹ folgt einer bekannten juristischen Klassifikation. Danach schützen die liberalen Abwehrrechte das private Rechtssubjekt gegen ungesetzliche Eingriffe des Staates in Leben, Freiheit und Eigentum; die politischen Teilnahmerechte ermöglichen dem Aktivbürger eine Beteiligung am demokratischen Prozeß der Meinungs- und Willensbildung; und die sozialen Teilhaberechte gewähren dem Klienten des Wohlfahrtsstaates Mindesteinkommen und soziale Sicherheit. Marshall vertritt die These, daß sich in dieser Reihenfolge der Status von Staatsbürgern westlicher Gesellschaften während der letzten zwei oder drei Jahrhunderte sukzessive erweitert und gefestigt hat.

Dieses Konzept der Staatsbürgerschaft hat in neueren Diskussionen erneut Aufmerksamkeit gefunden. Marshall hatte die fortschreitende Inklusion der Bürger vor allem im Zusammenhang mit Prozessen der kapitalistischen Modernisierung untersucht. Aber das Schema, wonach sich die Erweiterung staatsbürgerlicher Rechte als Ergebnis einer sozialen Evolution darstellt, ist offenbar zu eng. Demgegenüber hat A. Giddens die Rolle von Kämpfen und sozialen Bewegungen hervorgehoben.[51] Einseitig ist freilich die Betonung der ökonomisch motivierten Klassenkämpfe. Auch soziale Bewegungen anderer Art, vor allem Migrationen und Kriege, haben die Erweiterung des Staatsbürgerstatus in verschiedenen Dimensionen vorangetrieben.[52] Faktoren, die die Verrechtlichung neuer Inklusionsbeziehungen stimulieren, wirken sich umgekehrt auch auf die politische Mobilisierung der Bevölkerung und damit auf eine

50 T. H. Marshall, Citizenship and Social Class, in: ders., Class, Citizenship and Social Development, Westport, Conn. 1973.
51 A. Giddens, Profiles and Critiques in Social Theory, London 1982, 171.
52 B. S. Turner, Citizenship and Capitalism, London 1986.

Aktivierung schon vorhandener Bürgerrechte aus.[53] Schließlich ist Marshalls Klassifikation der Rechte nicht nur um kulturelle Rechte, sondern um neue Sorten von Bürgerrechten erweitert worden, für die heute insbesondere feministische und ökologische Bewegungen kämpfen. Dabei ist eine Differenz deutlicher hervorgetreten, die sich der intern ansetzenden juristischen Betrachtungsweise leichter erschließt als der soziologischen.

Die im großen und ganzen linear verlaufende Entwicklung, die Marshall und Parsons mit ihrem Konzept der Staatsbürgerschaft verbinden, trifft allenfalls auf das zu, was Soziologen verallgemeinernd »Inklusion« nennen. In einer funktional immer weiter ausdifferenzierten Gesellschaft erwerben immer mehr Personen immer umfassendere Rechte auf Zugang zu und Beteiligung an immer mehr Teilsystemen – ob es sich nun um Märkte, Betriebe und Arbeitsplätze, um Ämter, Gerichte und stehende Heere, um Schulen und Krankenhäuser, Theater und Museen, um politische Vereinigungen und öffentliche Kommunikationsmittel, Parteien, Selbstverwaltungseinrichtungen oder Parlamente handelt. Für den Einzelnen vervielfältigen sich damit die Organisationsmitgliedschaften, erweitern sich die Optionsspielräume. Dieses Bild eines linearen Fortschritts verdankt sich freilich einer Beschreibung, die gegenüber Zuwächsen und Verlusten an Autonomie neutral bleibt. Sie ist blind gegenüber der tatsächlichen Nutzung eines aktiven Staatsbürgerstatus, über den der Einzelne auf die demokratische Veränderung seines Status einwirken kann.[54] Nur die politischen Teilnahmerechte begründen ja die reflexive, auf sich selbst bezügliche Rechtsstellung eines Staatsbürgers. Die negativen Freiheitsrechte und die sozialen Teilhaberechte können hingegen paternalistisch verliehen werden. Rechtsstaat und Sozialstaat sind im Prinzip auch ohne Demokratie möglich. Auch dort, wo alle drei Kategorien von Rechten institutionalisiert sind, behalten nämlich diese Abwehr- und Teilhaberechte ein Janusgesicht. Die liberalen Rechte, die sich, historisch gesehen, um die gesellschaftliche Stellung des privaten Eigentümers kristallisiert haben, lassen sich unter *funktio-*

53 M. Barbalet, Citizenship, Stratford, England 1988.
54 D. Held, Citizenship and Autonomy, in: ders., Political Theory and the Modern State, Oxford 1989, 214-242.

nalen Gesichtspunkten als die Institutionalisierung eines markt-gesteuerten Wirtschaftssystems begreifen, während sie unter *normativen* Gesichtspunkten bestimmte private subjektive Freiheiten gewährleisten. Die sozialen Rechte bedeuten unter *funktionalen* Gesichtspunkten die Installierung wohlfahrtsstaatlicher Bürokratien, unter *normativen* Gesichtspunkten gewähren sie kompensatorische Ansprüche auf eine gerechte Teilhabe am gesellschaftlichen Reichtum. Gewiß, sowohl subjektive Freiheiten wie soziale Sicherheiten können auch als rechtliche Basis für jene gesellschaftliche Autonomie betrachtet werden, die eine effektive Wahrnehmung politischer Rechte erst ermöglicht. Dabei handelt es sich aber um empirische, nicht etwa um konzeptuell notwendige Zusammenhänge. Denn Freiheits- und Teilhaberechte können ebensogut die privatistische Abkehr von einer Staatsbürgerrolle bedeuten, die sich damit auf die Beziehungen eines Klienten zu vorsorgenden und leistenden Verwaltungen reduziert.

Das Syndrom des staatsbürgerlichen Privatismus und die Ausübung der Staatsbürgerrolle aus der Interessenlage von Klienten werden um so wahrscheinlicher, je mehr Ökonomie und Staat, die über dieselben Rechte institutionalisiert werden, einen systemischen Eigensinn entfalten und die Staatsbürger in die periphere Rolle von bloßen Organisationsmitgliedern abdrängen. Die Systeme von Wirtschaft und Verwaltung haben die Tendenz, sich gegen ihre Umwelten abzuschließen und nur den eigenen Imperativen von Geld und administrativer Macht zu gehorchen. Sie sprengen das Modell einer Rechtsgemeinschaft, die sich über die gemeinsame Praxis der Staatsbürger selbst bestimmt. Die Spannung zwischen einer Erweiterung privater und staatsbürgerlicher Autonomie einerseits, der Foucaultschen Normalisierung des passiven Genusses paternalistisch verliehener Rechte andererseits[55] ist im Status von Bürgern sozialstaatlicher Massendemokratien selber angelegt. Eine Soziologie, die für Spannungen dieser Art sensibel bleiben will, darf deshalb auf eine rationale Rekonstruktion der Bürgerrechte aus der Innenperspektive des Rechtssystems nicht verzichten. Auch Parsons ebnet das, was Max Weber als die Rationalisierung

55 F. Ewald, L'Etat Providence, Paris 1986.

des Rechts rekonstruiert hat, in den Grundbegriffen seiner Systemtheorie ein. Er behandelt nämlich »Inklusion« und »Werteverallgemeinerung« als Dimensionen, worin der normative Gehalt des im modernen Rechtsstaat verkörperten sozialintegrativen Rechtskonzepts hinter den nur zum Scheine neutralen Grundannahmen über verschiedene Ebenen systemischer Integration verschwindet.[56]

Um solchen Nivellierungen vorzubeugen, werde ich in den beiden folgenden Kapiteln das Konzept der Staatsbürgerschaft zunächst in seinem normativen Gehalt rekonstruieren, indem ich das System der Rechte und die Prinzipien des Rechtsstaates unter diskurstheoretischen Gesichtspunkten analysiere. Dabei suche ich aber eine in philosophischen Gerechtigkeitsdiskursen verbreitete Zweideutigkeit zu vermeiden, die durch den Sprachgebrauch von »Recht« und »Rechten« nahegelegt wird. Von »Rechten« sprechen wir sowohl im moralischen wie im juristischen Sinne. Ich möchte stattdessen Recht und Moral von vornherein unterscheiden – und mich nicht wie Rawls mit der Unterscheidung zwischen politischer Gerechtigkeit und Moral, die beide auf der gleichen Ebene rein normativer Geltungsansprüche liegen, begnügen. Unter »Recht« verstehe ich das moderne gesatzte Recht, das mit dem Anspruch auf systematische Begründung sowie verbindliche Interpretation und Durchsetzung auftritt. Recht stellt nicht nur wie die postkonventionelle Moral eine Form des kulturellen Wissens dar, sondern bildet zugleich eine wichtige Komponente des gesellschaftlichen Institutionensystems. Das Recht ist beides zugleich: Wissenssystem und Handlungssystem. Es läßt sich ebensosehr als ein Text von Normsätzen und -interpretationen wie als Institution, d. h. als ein Komplex von Handlungsregulativen verstehen. Weil Motive und Wertorientierungen im Recht als Handlungssystem miteinander verschränkt sind, kommt den Rechtssätzen unmittelbar eine Handlungswirksamkeit zu, die moralischen Urteilen fehlt. Anderseits unter-

---

56 Dem gleichen Einwand setzt sich die an Parsons anknüpfende Theorie von Richard Münch aus, der mit einem normativ aufgeladenen Begriff der Interpenetration von Teilsystemen arbeitet; vgl. R. Münch, Theorie des Handelns, Frankfurt/Main 1982; ders., Die Kultur der Moderne, Bd. 1 u. 2, Frankfurt/Main 1986.

scheiden sich Rechtsinstitutionen von naturwüchsigen institutionellen Ordnungen durch ihre vergleichsweise hohe Rationalität; denn in ihnen verkörpert sich ein dogmatisch durchgestaltetes, d. h. artikuliertes, auf wissenschaftliches Niveau gebrachtes und mit einer prinzipiengeleiteten Moral verschränktes Wissenssystem.

Mit diesem Rechtskonzept sichert sich die philosophische Analyse Übergänge zu einer »doppelperspektivisch« angelegten empirischen Analyse. Auf der anderen Seite darf der Verzicht auf einen systemtheoretischen Ansatz, ob nun Parsonianischer oder Luhmannscher Provenienz, nicht mit der Rückkehr zu einem holistischen Gesellschaftskonzept erkauft werden. Das »Staatsvolk« oder die »Assoziation freier und gleicher Rechtsgenossen« sind als Konstruktionen des Rechtssystems ebenso unvermeidlich wie als Modelle für die Gesellschaft im ganzen ungeeignet.

Auch der kommunikationstheoretische Begriff der Lebenswelt bricht mit der Denkfigur eines aus Teilen bestehenden Ganzen. Die Lebenswelt bildet sich aus einem in sozialen Räumen und historischen Zeiten verzweigten Netz kommunikativer Handlungen; und diese speisen sich nicht weniger aus den Quellen kultureller Überlieferungen und legitimer Ordnungen, wie sie von den Identitäten vergesellschafteter Individuen abhängen. Deshalb ist die Lebenswelt keine Großorganisation, der Mitglieder angehören, keine Assoziation, kein Verband, zu dem sich Individuen zusammenschließen, kein Kollektiv, das sich aus Angehörigen zusammensetzt. Die vergesellschafteten Individuen könnten sich als Subjekte gar nicht behaupten, wenn sie an den in kulturellen Überlieferungen artikulierten und in legitimen Ordnungen stabilisierten Verhältnissen reziproker Anerkennung keinen Halt fänden – und umgekehrt. Die kommunikative Alltagspraxis, in der die Lebenswelt gewiß zentriert ist, geht *gleichursprünglich* aus dem Zusammenspiel von kultureller Reproduktion, sozialer Integration und Sozialisation hervor. Kultur, Gesellschaft und Person setzen sich wechselseitig voraus.[57] Der juristische Begriff der Rechtsordnung als einer Assoziation von Rechtsgenossen, an dem die philosophischen Diskurse bis heute festhalten, ist zu konkretistisch für die Gesellschaftstheorie.

57 Vgl. Habermas (1988), 95-104.

Aus der Sicht der Theorie des kommunikativen Handelns gehört das Handlungssystem »Recht«, so können wir festhalten, als eine reflexiv gewordene legitime Ordnung zur Gesellschaftskomponente der Lebenswelt. Wie diese sich nur in eins mit Kultur und Persönlichkeitsstrukturen durch den Strom kommunikativen Handelns hindurch reproduziert, so bilden auch Rechtshandlungen das Medium, durch das sich die Rechtsinstitutionen gleichzeitig mit den intersubjektiv geteilten Rechtsüberlieferungen und den subjektiven Fähigkeiten der Interpretation und Beachtung von Rechtsregeln reproduzieren. Als Teil der Gesellschaftskomponente bilden diese Rechtsregeln legitime Ordnungen höherer Stufe; gleichzeitig sind sie aber als Rechtssymbolismus und als rechtssozialisatorisch erworbene Kompetenzen auch in den beiden anderen Komponenten der Lebenswelt repräsentiert. Alle drei Komponenten haben gleichursprünglich teil an der Produktion von Rechtshandlungen. Zum Recht gehören alle Kommunikationen, die an Recht orientiert sind, wobei sich die Rechtsregeln reflexiv auf die im Vorgang der Institutionalisierung geradehin vollzogene soziale Integration beziehen. Aber der Rechtskode hält nicht nur Anschluß ans Medium der Umgangssprache, über das die sozialintegrativen Verständigungsleistungen der Lebenswelt laufen; er bringt auch Botschaften dieser Herkunft in eine Form, in der sie für die Spezialkodes der machtgesteuerten Administration und der geldgesteuerten Ökonomie verständlich bleiben. Insofern kann die Sprache des Rechts, anders als die auf die Sphäre der Lebenswelt beschränkte moralische Kommunikation, als Transformator im gesellschaftsweiten Kommunikationskreislauf zwischen System und Lebenswelt fungieren.

III. Zur Rekonstruktion des Rechts (1): Das System der Rechte

Die bisherigen Überlegungen dienten dem propädeutischen Zweck, die Kategorie des Rechts, insbesondere die des modernen Rechts aus der Sicht der Theorie des kommunikativen Handelns einzuführen. Gerade eine kritische Gesellschaftstheorie kann sich nicht auf eine aus der Beobachterperspektive vorgenommene Beschreibung des Verhältnisses von Norm und Wirklichkeit beschränken. Bevor ich in Kapitel VII auf diese externe Spannung zwischen den normatischen Ansprüchen demokratisch-rechtsstaatlicher Ordnungen und der Faktizität ihres gesellschaftlichen Kontextes zurückkomme, will ich in den folgenden Kapiteln das *Selbstverständnis* dieser modernen Rechtsordnungen rational rekonstruieren. Dabei gehe ich von den Rechten aus, die Bürger einander zuerkennen müssen, wenn sie ihr Zusammenleben mit Mitteln des positiven Rechts legitim regeln wollen. Diese Formulierung zeigt schon an, daß das System der Rechte im ganzen von jener internen Spannung zwischen Faktizität und Geltung durchzogen ist, die für den ambivalenten Modus der Rechtsgeltung charakteristisch ist.

Für das moderne Rechtsverständnis spielt, wie wir im ersten Kapitel gesehen haben, der Begriff des subjektiven Rechts eine zentrale Rolle. Er korrespondiert dem Begriff der subjektiven Handlungsfreiheit: subjektive Rechte (im Englischen »rights«) legen die Grenzen fest, innerhalb deren ein Subjekt zur freien Bestätigung seines Willens berechtigt ist. Und zwar definieren sie gleiche Handlungsfreiheiten für alle als Träger von Rechten verstandenen Individuen oder Rechtspersonen. In Artikel 4 der Erklärung der Menschen- und Bürgerrechte von 1789 heißt es: »Die Freiheit besteht darin, alles tun zu können, was einem anderen nicht schadet. So hat die Ausübung der natürlichen Rechte eines Menschen nur diejenigen Grenzen, die den anderen Gliedern der Gesellschaft den Genuß der gleichen Rechte sichern. Diese Grenzen können allein durch Gesetze festgelegt werden.« An diesen Satz schließt Kant mit der Formulierung seines allgemeinen Rechtsprinzips an, wonach jede

Handlung Rechtens ist, die oder nach deren Maxime die Freiheit der Willkür eines jeden mit jedermanns Freiheit nach einem allgemeinen Gesetz zusammen bestehen können. Dem folgt noch Rawls mit der Formulierung seines ersten Gerechtigkeitsgrundsatzes: »Jedermann soll gleiches Recht auf das umfangreichste System gleicher Grundfreiheiten haben, das mit dem gleichen System für alle anderen verträglich ist.«[1] Der Begriff des Gesetzes expliziert die im Begriff des Rechts schon enthaltene Idee der Gleichbehandlung: in der Form allgemeiner und abstrakter Gesetze kommen allen Subjekten die gleichen Rechte zu.

Diese grundbegrifflichen Bestimmungen erklären, warum sich das moderne Recht insbesondere für die soziale Integration von Wirtschaftsgesellschaften eignet, die in sittlich neutralisierten Handlungsbereichen auf die dezentralisierten Entscheidungen interessegeleiteter, am je eigenen Erfolg orientierter Einzelsubjekte angewiesen sind. Das Recht kann aber nicht nur den funktionalen Erfordernissen einer komplexen Gesellschaft, es muß auch den prekären Bedingungen einer Sozialintegration genügen, die sich letztlich über die Verständigungsleistungen kommunikativ handelnder Subjekte, d.h. über die Akzeptabilität von Geltungsansprüchen vollzieht. Das moderne Recht verschiebt die normativen Zumutungen vom moralisch entlasteten Einzelnen auf die Gesetze, die die Kompatibilität der Handlungsfreiheiten sichern.[2] Diese beziehen ihre Legitimität aus einem Gesetzgebungsverfahren, das sich seinerseits auf das Prinzip der Volkssouveränität stützt. Mit Hilfe der Rechte, die den Staatsbürgern die Ausübung ihrer politischen Autonomie sichern, muß die paradoxe Entstehung von Legitimität aus Legalität erklärt werden.

Paradox deshalb, weil diese Staatsbürgerrechte als subjektive

1 Rawls (1975), 81; in Reaktion auf eine Kritik von H. Hart, Rawls on Liberty and its Priority, in: N. Daniels (Hg.), Reading Rawls, Oxford 1975, 230-252, hat Rawls diese Formulierung durch eine andere ersetzt, die mir allerdings keine Verbesserung zu sein scheint: »Each person has an equal right to a fully adequate scheme of equal basic liberties which is compatible with a similar scheme of liberties for all.« J. Rawls, The Basic Liberties and their Priorities, in: St. McMurrin (Hg.), The Tanner Lectures on Human Values 1982, Salt Lake City 1983, 5.

2 E. W. Böckenförde, Das Bild vom Menschen in der Perspektive der heutigen Rechtsordnung, in: ders., Recht, Freiheit, Staat, Frankfurt/Main 1991, 58-66.

Rechte einerseits dieselbe Struktur haben wie alle Rechte, die dem Einzelnen Sphären der Willkürfreiheit einräumen. Ungeachtet der Unterschiede in den Modalitäten des Gebrauchs dieser Rechte, müssen auch die politischen Rechte als subjektive Handlungsfreiheiten interpretiert werden können, die lediglich legales Verhalten zur Pflicht machen, also die Motive für regelkonformes Verhalten *freistellen*. Auf der anderen Seite muß das demokratische Gesetzgebungsverfahren seine Teilnehmer mit den normativen Erwartungen der Gemeinwohlorientierung konfrontieren, weil es selber seine legitimierende Kraft allein aus dem Prozeß einer *Verständigung* der Staatsbürger über Regeln ihres Zusammenlebens ziehen kann. Das Recht kann auch in modernen Gesellschaften die Funktion der Erwartungsstabilisierung nur erfüllen, wenn es einen internen Zusammenhang mit der sozialintegrativen Kraft kommunikativen Handelns bewahrt.

Diesen problematischen Zusammenhang zwischen subjektiv-privaten Freiheiten und staatsbürgerlicher Autonomie möchte ich mit Hilfe des Diskursbegriffs des Rechts aufklären. Dabei handelt es sich um ein hartnäckiges Problem, das ich zunächst in zwei verschiedenen Kontexten behandeln werde. Daß es bisher nicht gelungen ist, private und öffentliche Autonomie auf eine grundbegrifflich befriedigende Weise in Einklang zu bringen, zeigt sich innerhalb der Rechtsdogmatik an dem ungeklärten Verhältnis von subjektivem und öffentlichem Recht, innerhalb der Tradition des Vernunftrechts an der ungeschlichteten Konkurrenz zwischen Menschenrechten und Volkssouveränität (I). In beiden Fällen erklären sich die Schwierigkeiten nicht nur aus Prämissen der Bewußtseinsphilosophie, sondern auch aus einem metaphysischen Erbteil des Naturrechts, nämlich der Unterordnung des positiven Rechts unter das natürliche oder moralische Recht. Tatsächlich differenzieren sich aber aus dem Bestand der zerfallenden substantiellen Sittlichkeit positives Recht und postkonventionelle Moral gleichursprünglich aus. Kants Analyse der Rechtsform wird Anlaß geben, die Diskussion über das Verhältnis von Recht und Moral aufzunehmen, um zu zeigen, daß das Demokratieprinzip nicht, wie im Aufbau der Kantischen Rechtslehre, dem Moralprinzip untergeordnet werden darf (II). Erst nach dieser Weichenstellung kann ich das System der

Rechte mit Hilfe des Diskursprinzips so begründen, daß klar wird, warum sich private und öffentliche Autonomie, Menschenrechte und Volkssouveränität wechselseitig voraussetzen (III).

I.

(1) In der deutschen Zivilrechtsdogmatik, die bei uns für das Rechtsverständnis im ganzen maßgebend gewesen ist, hatte die Lehre vom subjektiven Recht zunächst unter dem Einfluß der idealistischen Rechtsphilosophie gestanden. Nach Savigny sichert ein Rechtsverhältnis »die der einzelnen Person zustehende Macht: ein Gebiet, worin ihr Wille herrscht – und mit unserer Einstimmung herrscht.«[3] Hier wird noch der Zusammenhang der subjektiven Handlungsfreiheiten mit der intersubjektiven Anerkennung durch die Rechtsgenossen betont. Im Fortgang der Überlegung wächst aber dem Privatrecht ein intrinsischer Wert zu; das »Recht im subjectiven Sinne« soll per se legitim sein, weil es, ausgehend von der Unverletzlichkeit der Person, der freien Betätigung des individuellen Willens »ein Gebiet unabhängiger Herrschaft« garantiert.[4] Auch für Puchta ist Recht wesentlich subjektives Recht: »Das Recht ist die Anerkennung der Freiheit, die den Menschen als Subjekten der Willensmacht gleichmäßig zukommt.«[5] Subjektive Rechte sind nach dieser Auffassung negative Rechte, die individuelle Handlungsspielräume schützen, indem sie einklagbare Ansprüche auf die Unterlassung von unerlaubten Interventionen in Freiheit, Leben und Eigentum begründen. Private Autonomie wird in dieser unter Rechtsschutz gestellten Sphäre vor allem über das Recht, Verträge abzuschließen und Eigentum zu erwerben bzw. zu entäußern oder zu vererben, gesichert.

Im späteren 19. Jahrhundert kam allerdings immer stärker der Umstand zu Bewußtsein, daß sich das Privatrecht nur solange aus sich selbst hatte legitimieren können, wie die private Autonomie des Rechtssubjekts eine Grundlage in der moralischen Autonomie der

3 F. C. v. Savigny, System des heutigen Römischen Rechts, Bd. 1, Berlin 1840, § 4.
4 Ebd., § 53.
5 G. F. Puchta, Cursus der Institutionen, Leipzig 1865, § 4.

Person fand. Als das Recht überhaupt seine idealistische Begründung, insbesondere die Rückendeckung durch Kants Moraltheorie verlor, wurde die Hülle der »individuellen Herrschaftsmacht« des normativen Kerns einer von Haus aus schutzwürdigen und legitimen Willensfreiheit beraubt. Legitimierende Kraft hatte nur jenes Band besessen, welches Kant mit Hilfe des Rechtsprinzips zwischen der Willkürfreiheit und dem autonomen Willen der Person geknüpft hatte. Nachdem dieses Band gerissen war, konnte sich das Recht, nach positivistischem Verständnis, nur noch als die Form behaupten, die bestimmte Entscheidungen und Kompetenzen mit der Kraft faktischer Verbindlichkeit ausstattet. Subjektive Rechte gelten seit Windscheid als Reflexe einer Rechtsordnung, die die in ihr objektiv verkörperte Willensmacht auf Individuen überträgt: »Recht ist eine von der Rechtsordnung verliehene Willensmacht oder Willensherrschaft.«[6]

Später wird Iherings utilitaristische Deutung, wonach der Nutzen und nicht der Wille die Substanz des Rechts sei,[7] in diese Definiton einbezogen: »Das subjektive Recht ist begrifflich eine Rechtsmacht, die dem Einzelnen durch die Rechtsordnung verliehen ist, seinem Zwecke nach ein Mittel zur Befriedigung menschlicher Interessen.«[8] Der Bezug auf Genuß und Interesse erlaubte die Ausdehnung subjektiver Privatrechte auf Rechte überhaupt. Gegebenenfalls ergibt sich aus einem subjektiven Recht nicht nur ein Recht von A auf etwas, das gegen die Eingriffe Dritter geschützt ist, sondern auch ein, sei es absolutes oder relatives Recht auf die Teilhabe an organisierten Leistungen. Schließlich bestimmt Hans Kelsen das subjektive Recht allgemein als objektiv-rechtlich geschütztes Interesse und als objektiv-rechtlich gewährleistete Willkürfreiheit (oder »Wollendürfen« im Sinne von Windscheid).

6 B. Windscheid, Lehrbuch des Pandektenrechts, Frankfurt/Main 1906, Bd. 2, §37. Hier auch der zustimmende Hinweis auf die Definition von Regelsberger: »Ein subjektives Recht liegt vor, wenn die Rechtsordnung die Verwirklichung eines anerkannten Zwecks, d.h. die Befriedigung eines anerkannten Interesses dem Beteiligten überläßt und ihm zu diesem Beruf eine rechtliche Macht überläßt.«

7 R. v. Ihering, Geist des römischen Rechts, Leipzig 1888, Teil III, 338.

8 L. Enneccerus, Allgemeiner Teil des Bürgerlichen Rechts, 15. Aufl., Tübingen 1959, §72.

Zugleich streift er dem objektiven Recht die Konnotationen der bis dahin einflußreichen Thonschen Befehlstheorie der Rechtsgeltung ab. Nach Kelsen ist die subjektive Berechtigung nicht nur durch den Willen eines Befehlshabers autorisiert, sondern mit Sollgeltung ausgestattet – die Rechtssätze statuieren gesollte Handlungsfreiheiten. Dieses »Sollen« wird jedoch nicht deontologisch, sondern empiristisch verstanden als diejenige Geltung, die der politische Gesetzgeber seinen Entscheidungen dadurch verleiht, daß er das gesatzte Recht mit Strafnormen koppelt. Die staatliche Sanktionsgewalt qualifiziert den Willen des Gesetzgebers zum »Willen des Staates«.

Kelsens Auffassung kennzeichnet insofern das andere Ende der von Savigny ausgehenden Privatrechtsdogmatik, als damit der moralische Gehalt der individualistisch begriffenen subjektiven Rechte seine Referenz ausdrücklich verliert – eben den freien Willen oder die Herrschaftsmacht einer Person, die unter dem moralischen Gesichtspunkt in ihrer privaten Autonomie geschützt zu werden *verdient*. Kelsen löst den juristischen Begriff der Person nicht nur von der moralischen, sondern sogar von der natürlichen Person ab, weil ein vollständig autonom gewordenes Rechtssystem mit seinen selbsterzeugten Fiktionen auskommen muß; es schiebt die natürlichen Personen, wie Luhmann nach einer weiteren naturalistischen Wendung sagen wird, in seine Umwelt ab. Die Rechtsordnung selbst schafft mit subjektiven Rechten den logischen Ort für das Rechtssubjekt als den Träger dieser Rechte: »Wenn das Rechtssubjekt ... als Beziehungspunkt stehen gelassen wird, so geschieht dies, um zu verhindern, daß das Urteil: ein Rechtssubjekt oder eine Person ›hat‹ subjektive Rechte, zu der leeren Tautologie werde: es gibt subjektive Rechte ... Denn die Person berechtigen oder verpflichten hieße: Rechte berechtigen, Pflichten verpflichten, kurz: Normen normieren.«[9] Mit der Entkoppelung der moralischen und der natürlichen Person vom Rechtssystem eröffnet sich für die Rechtsdogmatik der Weg zu einer rein funktionalistischen Auffassung subjektiver Rechte. Die Lehre von den subjektiven Rechten übergibt die Staffette an einen Systemfunktionalismus, der sich

9 H. Kelsen, Allgemeine Staatslehre, Bad Homburg 1968, 64.

durch methodische Entscheidungen von allen normativen Betrachtungen entlastet.[10]

Der Wandel der Privatrechtsordnung während des NS-Regimes[11] hatte zwar gegen die objektiv-rechtliche »Entthronung« und die damit einhergehende moralische Aushöhlung des subjektiven Rechts nach 1945 moralisch begründete Reaktionen hervorgerufen. Aber die naturrechtliche Restauration des Zusammenhangs von privater und moralischer Autonomie konnte nicht lange überzeugen. Der Ordoliberalismus erneuerte nur jenes individualistisch verkürzte Verständnis subjektiver Rechte, das eine funktionalistische Deutung der Privatrechtsordnung als des Rahmens für den kapitalistischen Wirtschaftsverkehr geradezu herausfordert: »Der Gedanke des subjektiven Rechts hält die Auffassung lebendig, daß das Privatrecht und der Rechtsschutz, den es begründet, letztlich der Aufrechterhaltung der Freiheit des Einzelnen in der Gesellschaft dient, daß die individuelle Freiheit eine der grundlegenden Ideen ist, um derentwillen das Privatrecht existiert. Denn im Gedanken des subjektiven Rechts kommt zum Ausdruck, daß das Privatrecht das Recht der voneinander unabhängigen, nach ihren eigenen Entschlüssen handelnden Rechtsgenossen ist.«[12]

Gegen die naheliegende funktionalistische Umdeutung dieser Konzeption hat schließlich L. Raiser den Versuch unternommen, den individualistischen Ansatz sozialrechtlich zu korrigieren und auf diese Weise dem Privatrecht seinen moralischen Gehalt wiederzugeben. Er geht nicht auf Savignys grundbegriffliche Weichenstellungen zurück, sondern sieht sich durch die sozialstaatliche Materialisierung von Kernbereichen des bürgerlichen Privatrechts dazu veranlaßt, einen unverändert beibehaltenen Begriff des subjektiven Rechts auf die klassischen Handlungsfreiheiten *einzuschränken.* Diese fundamentalen Rechte sollen nach wie vor »die Selbstbehauptung und Eigenverantwortung der Person in der Gesellschaft« si-

10 J. Schmidt, Zur Funktion der subjektiven Rechte, Archiv für Rechts- u. Sozialphilosophie, Bd. 57, 1971, 383-396.

11 B. Rüthers, Die unbegrenzte Auslegung, Frankfurt/Main 1973.

12 H. Coing, Zur Geschichte des Begriffs ›subjektives Recht‹, in: Coing et al., Das subjektive Recht und der Rechtsschutz der Persönlichkeit, Frankfurt/Main 1959, 39 ff., hier 22 f.

chern. Sie müssen aber durch soziale Rechte ergänzt werden: »Ethisch und politisch gleich wichtig wie die Anerkennung solcher (privaten) Rechtsstellungen ist es, den Einzelnen auch durch das Recht in die ihn umgreifenden, mit anderen verbindenden, als Ordnungsgefüge geregelten Wirkungszusammenhänge einzufügen, also die Rechtsinstitute auszubilden und zu sichern, in denen der Einzelne eine *Gliedstellung* einnimmt.«[13] Die »primären« Rechte sind zu schwach, um der Person auch noch dort Rechtsschutz zu garantieren, wo sie in »größere, überindividuelle Ordnungen eingefügt ist.«[14] Dieser Rettungsversuch setzt freilich nicht abstrakt genug an. Gewiß erfährt das Privatrecht durch den Paradigmenwechsel vom bürgerlichen Formalrecht zum materialisierten Recht des Sozialstaates eine Umdeutung.[15] Diese Umdeutung darf aber nicht mit einer Revision der Grundbegriffe und Prinzipien selbst verwechselt werden, die in wechselnden Paradigmen nur auf verschiedene Weise *interpretiert* werden.

Immerhin erinnert Raiser an den durch individualistische Lesarten unkenntlich gewordenen intersubjektiven Sinn der subjektiven Rechte. Diese beruhen nämlich auf der reziproken Anerkennung kooperierender Rechtssubjekte. Mit subjektiven Rechten wird nicht notwendigerweise auch schon jene Isolierung der Rechtsgenossen voneinander unterstellt, die Raiser korrigieren möchte. Die Rechtssubjekte, die sich gegenseitig gleiche Rechte einräumen, sind mit den Privatleuten, die, indem sie davon einen strategischen Gebrauch machen, einander als Gegenspieler gegenübertreten, gleichsam durch Personalunion verbunden, aber nicht identisch: »A right, after all, is neither a gun nor a one-man show. It is a relationship and a social practice, and in both those essential aspects it is an expression of connectedness. Rights are public propositions, involving obligations to others as well as entitlements against them. In appearance, at least, they are a form of social cooperation, no doubt, but still, in the final analysis, co-

---

13 L. Raiser, Der Stand der Lehre vom subjektiven Recht im Deutschen Zivilrecht (1961), in: ders., Die Aufgabe des Privatrechts, Frankfurt/Main 1977, 98 ff., hier S. 115.
14 Ebd., 113.
15 Vgl. unten Kap. IX, 477 ff.

operation.«[16] Subjektive Rechte sind nicht schon *ihrem Begriffe nach* auf atomistische und entfremdete Individuen bezogen, die sich possessiv gegeneinander versteifen. Als Elemente der Rechtsordnung setzen sie vielmehr die Zusammenarbeit von Subjekten voraus, die sich in ihren reziprok aufeinander bezogenen Rechten und Pflichten als freie und gleiche Rechtsgenossen anerkennen. Diese gegenseitige Anerkennung ist konstitutiv für eine Rechtsordnung, aus der sich einklagbare subjektive Rechte herleiten. In diesem Sinne sind die subjektiven Rechte mit dem objektiven Recht gleichursprünglich. Irreführend ist freilich ein etatistisches Verständnis des objektiven Rechts; denn dieses geht erst aus den Rechten hervor, die sich die Subjekte gegenseitig zuerkennen. Eine additive Hinzufügung von Sozialrechten genügt nicht, um jene intersubjektive Struktur von Anerkennungsverhältnissen deutlich zu machen, die der Rechtsordnung als solcher zugrundeliegt. Die Verkennung dieser Struktur bestimmt gleichermaßen die idealistischen Anfänge wie die positivistischen Ausläufer der deutschen Zivilrechtsdogmatik.

Wie gezeigt, war der Beginn der Lehre vom subjektiven Recht gekennzeichnet durch die normative Verselbständigung von moralisch gehaltvollen subjektiven Rechten, die gegenüber dem politischen Gesetzgebungsprozeß eine höhere Legitimität beanspruchen. Der freiheitssichernde Sinn sollte den subjektiven Rechten eine von der demokratischen Rechtsetzung unabhängige moralische Autorität verleihen, die innerhalb der Rechtstheorie selber gar nicht zu begründen war. Darauf reagiert eine Entwicklung, die mit der abstrakten Unterordnung subjektiver Rechte unter das objektive Recht endet, wobei sich dessen Legitimität schließlich in der Legalität einer gesetzespositivistisch verstandenen politischen Herrschaft erschöpft. Dieser Diskussionsverlauf verdeckt aber das wirkliche Problem, das mit der zentralen Stellung subjektiver Privatrechte verbunden ist: es gelang nicht zu erklären, woher das positive Recht seine Legitimität bezieht. Gewiß liegt im demokratischen Rechtsetzungsprozeß die Quelle aller Legitimität; und dieser beruft sich wiederum auf das Prinzip der Volkssouveränität. Aber der Geset-

16 F. Michelman, Justification and the Justifiability of Law in a Contradictory World, Nomos, Vol. XVIII, 1986, 71 ff., hier 91.

zespositivismus führt dieses Prinzip nicht so ein, daß der eigenständige moralische Gehalt subjektiver Rechte – der von Coing betonte Schutz individueller Freiheit – gewahrt bleibt. Auf die eine oder andere Weise wird der intersubjektive Sinn rechtlich eingeräumter subjektiver Handlungsfreiheiten und damit das Verhältnis von privater und staatsbürgerlicher Autonomie verfehlt, in dem beide Momente unverkürzt zur Geltung kommen.

(2) Im Vertrauen auf einen idealistischen Freiheitsbegriff konnte Savigny noch davon ausgehen, daß sich das Privatrecht als ein System von freiheitssichernden negativen und prozeduralen Rechten aus Vernunftgründen, d. h. aus sich selbst, legitimiert. Aber Kant hatte die Frage der Legitimation allgemeiner Gesetze, die ein System des wohlgeordneten Egoismus sollten begründen können, nicht ganz eindeutig beantwortet. Schon in seiner Rechtslehre bleibt das Verhältnis von Moral-, Rechts- und Demokratieprinzip (wenn wir das, wodurch Kant die republikanische Regierungsart bestimmt sieht, Demokratieprinzip nennen dürfen) letztlich ungeklärt. Alle drei Prinzipien bringen je auf ihre Art dieselbe *Idee der Selbstgesetzgebung* zum Ausdruck. Mit diesem Begriff der Autonomie hatte Kant auf den fehlgeschlagenen Versuch von Hobbes reagiert, die Einrichtung eines Systems bürgerlicher Rechte ohne Zuhilfenahme moralischer Gründe allein aus dem aufgeklärten Selbstinteresse der Beteiligten zu rechtfertigen.

Wenn man aus Kantischer Perspektive auf Hobbes zurückblickt, drängt sich eine Lesart auf, die in Hobbes eher den Theoretiker eines bürgerlichen Rechtsstaates ohne Demokratie als den Apologeten des unbeschränkten Absolutismus erblickt. Nach Hobbes kann nämlich der Souverän seine Befehle nur in der Sprache des modernen Rechts erteilen. Im Inneren garantiert dieser eine Ordnung, die den Privatleuten subjektive Freiheiten nach allgemeinen Gesetzen gewährleistet: »Denn die Herrscher können für das Glück innerhalb des Staates nicht mehr tun, als daß die Bürger vor äußeren und inneren Kriegen gesichert werden und dadurch ihr durch eigenen Fleiß erworbenes Vermögen in Ruhe genießen können.«[17]

17 Hobbes, Lehre vom Bürger, Kap. 6; vgl. J. Habermas, Die klassische Lehre von

Für Hobbes, der den Untertanenstatus der Bürger durchaus mit Privatrechten ausstattet, kann das Legitimationsproblem natürlich nicht *innerhalb* der schon begründeten Rechtsordnung, also über Staatsbürgerrechte und Verfahren der demokratischen Gesetzgebung geregelt werden. Es muß sogleich mit der Konstituierung der Staatsgewalt, sozusagen auf einen Schlag gelöst, oder besser: zum Verschwinden gebracht werden. Hobbes will ja zeigen, daß sich die absolutistisch verfaßte Gesellschaft im ganzen als eine instrumentelle Ordnung aus den zweckrationalen Erwägungen aller Beteiligten rechtfertigt. Damit sollte sich die Aufgabe einer normativen Begründung der rechtsförmigen *Ausübung* politischer Herrschaft erübrigen. Die im Recht selbst angelegte Spannung zwischen Faktizität und Geltung löst sich auf, wenn sich die rechtlich konstituierte Herrschaft per se als die Aufrechterhaltung eines von allen Beteiligten bevorzugten Systems des geordneten Egoismus darstellen läßt. Was als moralisch geboten erscheint, geht dann nämlich aus den interessegeleiteten Handlungen rationaler Egoisten oder, wie Kant sagen wird, eines »Volkes von Teufeln« spontan hervor. Die utilitaristische Begründung der bürgerlichen Privatrechtsordnung – daß »so viele wie möglich und so lange wie möglich sich wohlbefinden«[18] – verleiht der Souveränität eines Herrschers, der aus konzeptuellen Gründen kein Unrecht tun kann, materiale Gerechtigkeit.

Allerdings muß Hobbes, um dieses Beweisziel zu erreichen, nicht nur zeigen, warum eine solche Ordnung ex post, also aus der Sicht von Lesern, die sich bereits im bürgerlichen Zustand vorfinden, die Interessen aller Beteiligten gleichmäßig befriedigt. Er muß darüber hinaus erklären, warum ein solches System bereits im Naturzustand von jedem der vereinzelten und zweckrational handelnden Subjekte in gleicher Weise *vorgezogen* werden könnte. Da nun Hobbes den Parteien im Naturzustand dieselbe erfolgsorientierte Einstellung zuschreibt wie das Privatrecht seinen Adressaten, liegt es nahe, den Akt der ursprünglichen Vergesellschaftung mit Hilfe des privatrechtlichen Instruments des Vertrages zu konstruieren – eben als

der Politik in ihrem Verhältnis zur Sozialphilosophie, in: ders., Theorie und Praxis, Frankfurt/Main 1971, 48-88.

18 Hobbes, Lehre, Kap. 13, 3.

Herrschaftsvertrag, den alle miteinander zugunsten eines von ihnen eingesetzten Souveräns abschließen. Dabei berücksichtigt Hobbes freilich einen Umstand nicht. Die von je eigenen Präferenzen bestimmten Subjekte treffen ihre Entscheidungen aus einer Perspektive der ersten Person Singular; aber dies ist nicht die Perspektive, aus der die Parteien im Naturzustand eine Prüfung mit dem Ergebnis vornehmen, ihre natürlichen, d.h. miteinander konfligierenden, aber unbegrenzten Handlungsfreiheiten gegen die nach allgemeinen Gesetzen kompatibel gemachten und begrenzten, eben privatrechtlichen Freiheiten einzutauschen. Ein rational motivierter Übergang vom Dauerkonflikt des Naturzustandes zur zwangsgestützten Kooperation unter wechselseitigem partiellen Freiheitsverzicht wäre den Subjekten im Naturzustand nämlich nur unter zwei Bedingungen zuzutrauen.

Sie müßten *zum einen* verstehen können, was eine auf dem Prinzip der Gegenseitigkeit beruhende soziale Beziehung überhaupt bedeutet. Die im Naturzustand erst virtuell vorhandenen Privatrechtssubjekte haben nämlich *vor aller* Vergesellschaftung noch nicht gelernt, die Perspektive eines anderen zu übernehmen und sich selbst aus der Perspektive einer zweiten Person zu betrachten. Erst dann würde ihnen ihre eigene Freiheit nicht mehr geradehin als eine auf faktische Widerstände stoßende natürliche, sondern als eine durch wechselseitige Anerkennung konstituierte Freiheit erscheinen können. Um das Instrument des Vertrages zu handhaben, müßten sie schon über die sozialkognitive Begrifflichkeit eines Perspektivenwechsels zwischen Gegenspielern verfügen, die sie doch erst im vertragstheoretisch zu erklärenden Gesellschaftszustand erwerben können. *Zum anderen* müßten sich die vertragschließenden Parteien auch noch auf eine andere Weise von ihren natürlichen Freiheiten distanzieren können. Sie müßten jene *soziale* Perspektive einer ersten Person Plural einnehmen können, die der Autor Hobbes und dessen Leser stillschweigend immer schon eingenommen haben, die aber den Subjekten im Naturzustand vorenthalten ist. Unter Hobbesschen Prämissen ist ihnen versagt, genau den Standpunkt einzunehmen, von dem aus ein jeder erst beurteilen könnte, ob die Reziprozität des Zwangs, der die Willkür eines jeden nach allgemeinen Gesetzen einschränkt, im gleichmäßigen Interesse aller liegt und daher von allen Beteiligten gewollt werden kann. Die Sorte von moralischen Gründen, die damit ins Spiel kommt, hat Hobbes zwar beiläufig an den Stellen anerkannt, wo er auf die Goldene Regel – Quod tibi fieri non vis, alteri ne feceris – als natürliches Gesetz rekurriert.[19] Eine solche moralische Imprägnierung des Naturzustandes steht aber im Widerspruch zu den naturalistischen Voraussetzungen des Beweiszieles, das sich Hobbes gesetzt hat, nämlich die Errichtung eines Systems des wohlgeordneten Egoismus allein aus dem aufgeklärten Selbstinteresse aller Einzelnen zu begründen.[20]

Die empiristische Fragestellung, wie ein System der Rechte aus der Verschränkung von Interessenlagen und Nutzenkalkülen zufällig aufeinander treffender, rational handelnder Aktoren erklärt werden kann, hat immer wieder die Aufmerksamkeit scharfsinniger Autoren auf sich gezogen; aber auch mit den modernen Mitteln der Spieltheorie ist eine befriedigende Antwort nicht gefunden worden. Schon aus diesem Grunde verdient Kants Reaktion auf das *Scheitern* dieses Versuchs nach wie vor Beachtung.

Kant hat gesehen, daß die subjektiven Rechte ihrerseits nicht wiederum nach einem dem Privatrecht entnommenen Modell begründet werden können. Gegen Hobbes erhebt er den überzeugenden Einwand, daß dieser den strukturellen Unterschied zwischen der Legitimationsfigur des Vergesellschaftungsvertrages und einem Privatvertrag nicht berücksichtigt habe. Von den vertragschließenden Parteien im Naturzustand muß tatsächlich eine andere als eine bloß egozentrische Einstellung erwartet werden: »Der Vertrag der

---

19 Hobbes, Leviathan, Neuwied 1966, 100, 131, 208.
20 Mutatis mutandis verfolgt auch O. Höffe dieses Hobbistische Beweisziel. Gerechtigkeit besteht für ihn in distributiv allgemeinen, also für alle Seiten gleichermaßen vorteilhaften Freiheitseinschränkungen: »Wegen des allseitigen Vorteils braucht die natürliche Gerechtigkeit für ihre Durchsetzung keine moralische Gesinnung, keine personale Gerechtigkeit. Sie kann sich mit dem Selbstinteresse als Motivationsprinzip zufriedengeben ...« (Höffe (1987), 407). Dieser Ansatz wird noch deutlicher herausgearbeitet in: O. Höffe, Kategorische Rechtsprinzipien, Frankfurt/Main 1990; ders., Gerechtigkeit als Tausch?, Baden-Baden 1991. Dazu kritisch K. Günther, Kann ein Volk von Teufeln Recht und Staat moralisch legitimieren?, in: Rechtshistorisches Journal, Heft 10, Frankfurt/Main 1991, 233-267.

Errichtung einer bürgerlichen Verfassung (ist) von so eigentümlicher Art, daß ... er sich im Prinzip seiner Stiftung von allen anderen (Verträgen) wesentlich unterscheidet.«[21] Während üblicherweise die Parteien einen Vertrag »zu einem bestimmten Zweck« schließen, ist der Gesellschaftsvertrag »an sich selbst Zweck.« Er begründet nämlich »das Recht der Menschen, unter öffentlichen Zwangsgesetzen (zu leben), durch welche jedem das Seine bestimmt und gegen jedes« anderen Eingriff gesichert werden kann.«[22] Kant zufolge einigen sich die Parteien nicht auf die Einsetzung eines Souveräns, dem sie die Gesetzgebungskompetenz überlassen; der Gesellschaftsvertrag hat vielmehr die Eigentümlichkeit, daß er überhaupt keinen speziellen Inhalt hat, sondern an sich selbst das Modell für eine Vergesellschaftung unter der Herrschaft des Rechtsprinzips darstellt. Er legt performativ die Bedingungen fest, unter denen Rechte legitime Geltung erlangen. Denn »das Recht ist die Einschränkung der Freiheit eines jeden auf die Bedingung ihrer Zusammenstimmung mit der Freiheit von jedermann, insofern diese nach einem allgemeinen Gesetze möglich ist.«[23]

Unter diesem Aspekt dient der Gesellschaftsvertrag der *Institutionalisierung* des einzigen »angeborenen« Rechts auf gleiche subjektive Handlungsfreiheiten. Dieses ursprüngliche Menschenrecht sieht Kant im autonomen Willen von Einzelnen begründet, die als moralische Personen vorgängig über jene soziale Perspektive einer gesetzesprüfenden Vernunft verfügen, aus der sie ihren Auszug aus dem Zustand ungesicherter Freiheiten eben moralisch, und nicht nur aus Klugheit, begründen können. Zugleich sieht Kant, daß sich das einzige Menschenrecht zu einem *System von Rechten* ausdifferenzieren muß, durch das sowohl »die Freiheit jedes Gliedes der Sozietät, als Menschen« wie auch »die Gleichheit desselben mit jedem anderen, als Untertan« eine positive Gestalt annehmen. Dies geschieht in der Form »öffentlicher Gesetze«, die nur als Akte des öffentlichen Willens der autonomen und vereinigten Staatsbürger Legitimität beanspruchen können: »Hiezu aber ist kein anderer Wille als der des gesamten Volkes (da alle über alle, mithin ein jeder über sich selbst

---

21 Kant, Über den Gemeinspruch, Bd. VI, 143 f.
22 Kant, Bd. VI, 144.
23 Ebd.

beschließt) möglich: denn nur sich selbst kann niemand unrecht tun.«[24] Weil die Frage nach der Legitimität der freiheitssichernden Gesetze *innerhalb* des positiven Rechts eine Antwort finden muß, bringt der Gesellschaftsvertrag das Rechtsprinzip zur Herrschaft, indem er die politische Willensbildung des Gesetzgebers an Bedingungen eines *demokratischen Verfahrens* bindet, unter denen die verfahrenskonform zustandekommenden Ergebnisse per se den übereinstimmenden Willen oder den vernünftigen Konsens aller Beteiligten ausdrücken. Auf diese Weise verschränken sich im Gesellschaftsvertrag das moralisch begründete Recht der Menschen auf gleiche subjektive Freiheiten mit dem Prinzip der Volkssouveränität.

Die in der moralischen Autonomie der einzelnen begründeten Menschenrechte gewinnen eine positive Gestalt allein durch die politische Autonomie der Staatsbürger. Das Rechtsprinzip scheint zwischen dem Moral- und dem Demokratieprinzip zu vermitteln. Aber es ist nicht ganz klar, wie sich diese beiden Prinzipien zueinander verhalten. Den Autonomiebegriff, der die ganze Konstruktion trägt, führt Kant gewiß aus der gleichsam privaten Sicht des moralisch urteilenden einzelnen ein; diesen Begriff expliziert er aber in der Gesetzesformel des Kategorischen Imperativs seinerseits mit Hilfe des Rousseau entlehnten Modells einer öffentlichen, demokratisch vollzogenen »Gesetzgebung«. Begrifflich erläutern sich Moral- und Demokratieprinzip wechselseitig; dieser Umstand wird durch die Architektonik der Rechtslehre nur verdeckt. Wenn das zutrifft, bildet das Rechtsprinzip kein Mittelglied zwischen Moral- und Demokratieprinzip, sondern nur die Kehrseite des Demokratieprinzips selber. Die Unklarheit über das Verhältnis dieser drei Prinzipien führe ich darauf zurück, daß bei Kant wie bei Rousseau zwischen den moralisch begründeten *Menschenrechten* und dem *Prinzip der Volkssouveränität* eine uneingestandene *Konkurrenzbeziehung* besteht.

Bevor ich darauf näher eingehe, möchte ich einen Exkurs einschieben, der klären soll, welche Bedeutung theoriegeschichtliche Erörterungen dieser Art für eine systematische Betrachtung von privater und öffentlicher Autonomie überhaupt haben können.

24 Kant, Bd. VI, 150.

(3) *Exkurs*: Die beiden Ideen der Menschenrechte und der Volkssouveränität bestimmen das normative Selbstverständnis demokratischer Rechtsstaaten bis heute. Diesen verfassungsstrukturell verankerten Idealismus dürfen wir nicht nur als ein vergangenes Kapitel aus der Geschichte politischer Ideen verstehen. Die Theoriegeschichte ist vielmehr notwendiger Bestandteil und Reflex der im Recht selbst angelegten Spannung zwischen Faktizität und Geltung, zwischen der Positivität des Rechts und der von ihm beanspruchten Legitimität. Diese Spannung läßt sich weder trivialisieren, noch schlicht ignorieren, weil es die Rationalisierung der Lebenswelt immer weniger zuläßt, den Legitimationsbedarf des gesatzten, auf änderbaren Beschlüssen eines politischen Gesetzgebers beruhenden Rechts aus Tradition und eingewöhnter Sittlichkeit zu decken. Ich möchte kurz an das sowohl kulturell wie sozialisatorisch freigesetzte Rationalitätspotential erinnern, unter dessen Druck das Recht seit den ersten großen Kodifikationen des ausgehenden 18. Jahrhunderts immer stärker geraten ist.

In den Lehren des bis weit ins 19. Jahrhundert hinein wirksamen klassischen, vor allem Aristotelischen und des durch Thomas umgeformten christlichen Naturrechts spiegelt sich noch ein gesamtgesellschaftliches Ethos, das durch die sozialen Schichten der Bevölkerung hindurchgreift und die verschiedenen sozialen Ordnungen miteinander verklammert. In der vertikalen Dimension der Lebensweltkomponenten hatte dieses Ethos dafür gesorgt, daß sich kulturelle Wertmuster und Institutionen mit den in den Persönlichkeitsstrukturen befestigten Motiven und Handlungsorientierungen hinreichend überlappen. Auf der horizontalen Ebene der legitimen Ordnungen hatte es die normativen Glieder von Sittlichkeit, Politik und Recht verzahnt. Im Zuge der Entwicklungen, die ich als Rationalisierung der Lebenswelt deute, wird diese Klammer aufgesprengt. Als erste geraten kulturelle Überlieferungen und Sozialisationsvorgänge unter Reflexionsdruck, so daß sie nach und nach von den Aktoren selbst zum Thema gemacht werden. Im gleichen Maße differenzieren sich die eingewöhnten Praktiken und Deutungsmuster einer zur bloßen Konvention herabgestuften Sittlichkeit von praktischen Entscheidungen, die durch den Filter der Reflexion und der eigenständigen Urteilsbildung hindurchgehen. Dabei

kommt es im Gebrauch der praktischen Vernunft zu einer Spezialisierung, auf die es mir in unserem Zusammenhang ankommt. Die
modernen Ideen der *Selbstverwirklichung* und der *Selbstbestimmung* signalisieren nicht nur andere Themen, sondern zwei verschiedene Arten von Diskursen, die auf den Eigensinn *ethischer* und
moralischer Fragestellungen zugeschnitten sind. Die je eigene Logik dieser Fragestellungen prägt sich wiederum in philosophischen
Entwicklungen aus, die mit dem späten 18. Jahrhundert einset-
zen.

Was seit Aristoteles »Ethik« geheißen hatte, nimmt seitdem einen
neuen, subjektivistischen Sinn an. Das gilt gleichermaßen für individuelle Lebensgeschichten wie für intersubjektiv geteilte Traditionen und Lebensformen. Im Zusammenhang mit, und in Reaktion
auf eine wachsende autobiographische Bekenntnis- und Selbster-
forschungsliteratur bildet sich von Rousseau über Kierkegaard bis
zu Sartre eine Art der Reflexion aus, die die Einstellungen zum jeweils eigenen Leben verändert. Kurz gesagt, tritt an die Stelle der
exemplarischen Anleitungen zum tugendhaften Leben, der zur
Nachahmung empfohlenen Modelle gelungener Lebensführung,
immer stärker die abstrakte Forderung nach bewußter und selbstkritischer Aneignung, die Forderung nach verantwortlicher Übernahme der je eigenen individuellen, unvertretbaren und kontingenten Lebensgeschichte. Die radikalisierte Innerlichkeit wird mit der
Aufgabe einer Selbstverständigung belastet, in der sich Selbsterkenntnis und existentielle Entscheidung verschränken. Die Zumu-
tung dieses sondierenden Ergreifens faktisch vorgefundener, aber
identitätsprägender Möglichkeiten hat Heidegger auf die Formel
des »geworfenen Entwurfs« gebracht.[25] Der Einbruch der Reflexion in den lebensgeschichtlichen Prozeß erzeugt eine neuartige
Spannung zwischen Kontingenzbewußtsein, Selbstreflexion und
Haftung für die eigene Existenz. In dem Maße, wie diese Konstellation über herrschende Sozialisationsmuster immer weitere Kreise
zieht, werden *ethisch-existentielle* oder *klinische Diskurse* nicht nur
möglich, sondern in gewissem Sinne unumgänglich: die aus einer
solchen Konstellation entspringenden Konflikte bringen sich näm-

25 Das rekonstruiert E. Tugendhat mit sprachanalytischen Mitteln: ders., Selbstbewußtsein und Selbstbestimmung, Frankfurt/Main 1979.

lich, wenn sie nicht mit Willen und Bewußtsein gelöst werden, in aufdringlichen Symptomen zur Geltung.

Nicht nur die persönliche Lebensführung, auch die kulturelle Überlieferung wird zunehmend auf Selbstverständigungsdiskurse umgestellt. Von Schleiermacher über Droysen und Dilthey bis zu Gadamer entsteht im Zusammenhang mit, und in Reaktion auf die historischen Geisteswissenschaften eine Problematisierung der Aneignung je unserer intersubjektiv geteilten Traditionen. Anstelle religiöser oder metaphysischer Selbstdeutungen wird nun die Geschichte zum Medium der Selbstvergewisserung von Kulturen und Völkern. Die philosophische Hermeneutik geht zwar von Methodenfragen der historischen Wissenschaften aus, sie antwortet aber auch auf eine durch den Historismus ausgelöste Verunsicherung – auf eine reflexive Brechung im Modus jener öffentlichen Traditionsaneignung, die in der ersten Person Plural vollzogen wird.[26] Während des 19. Jahrhunderts hat sich im Zeichen einer Verschwisterung von Historismus und Nationalismus die erste Gestalt einer posttraditionalen Identität herausgebildet. Aber diese nährte sich noch von einem nationalgeschichtlichen Dogmatismus, der inzwischen in Auflösung begriffen ist. Ein Pluralismus von Lesarten grundsätzlich ambivalenter Überlieferungen gibt immer wieder Anlaß zu Selbstverständigungsdiskussionen, die deutlich machen, daß den streitenden Parteien zugemutet wird, bewußt zu entscheiden, aus welchen Kontinuitäten sie leben, welche Tradition sie abbrechen oder fortsetzen wollen. Und in dem Maße, wie sich kollektive Identitäten nur noch in der zerbrechlichen, dynamischen und zerfaserten Gestalt eines solchen dezentrierten öffentlichen Bewußtseins ausbilden können, werden *ethisch-politische Diskurse*, die in die Tiefe reichen, sowohl möglich wie auch unvermeidlich.

Der Einbruch der Reflexion in Lebensgeschichten und kulturelle Überlieferungen fördert den Individualismus persönlicher Lebensentwürfe und einen Pluralismus kollektiver Lebensformen. Gleichzeitig werden aber auch die Normen des Zusammenlebens reflexiv; dabei setzen sich universalistische Wertorientierungen durch. In

26 J. Habermas, Geschichtsbewußtsein und posttraditionale Identität, in: ders., Eine Art Schadensabwicklung, Frankfurt/Main 1987, 271 ff.

den einschlägigen philosophischen Theorien spiegelt sich seit dem ausgehenden 18. Jahrhundert ein verändertes Normbewußtsein. Maximen, Handlungsstrategien und Handlungsregeln legitimieren sich nicht schon dadurch, daß man ihre Überlieferungskontexte namhaft macht. Mit der Unterscheidung zwischen autonomen und heteronomen Handlungen wird das Normbewußtsein geradezu revolutioniert. Zugleich wächst der Rechtfertigungsbedarf, der unter Bedingungen nachmetaphysischen Denkens nur noch durch *moralische Diskurse* gedeckt werden kann. Diese zielen auf die unparteiliche Regelung von Handlungskonflikten. Anders als die ethischen Überlegungen, die am Telos je meines oder je unseres guten oder nicht-verfehlten Lebens orientiert sind, verlangen moralische Überlegungen eine von jeder Ego- bzw. Ethnozentrik gelöste Perspektive. Unter dem moralischen Gesichtspunkt des gleichen Respekts für jeden und einer gleichmäßigen Berücksichtigung der Interessen aller geraten die nunmehr scharf geschnittenen normativen Ansprüche legitim geregelter interpersonaler Beziehungen in den Sog der Problematisierung. Auf der Höhe des posttraditionalen Begründungsniveaus bildet der Einzelne ein prinzipiengeleitetes Moralbewußtsein aus und orientiert sein Handeln an der Idee der Selbstbestimmung. Und was im Bereich der persönlichen Lebensführung Selbstgesetzgebung oder moralische Autonomie heißt, bedeuten die vernunftrechtlichen Lesarten der politischen Freiheit, d.h. der demokratischen Selbstgesetzgebung für die Konstitution einer gerechten Gesellschaft.

In dem Maße, wie kulturelle Überlieferungen und Sozialisationsvorgänge reflexiv werden, kommt die in den Strukturen verständigungsorientierten Handelns angelegte Logik ethischer und moralischer Fragen zu Bewußtsein. Ohne Rückendeckung durch kritikfeste religiöse oder metaphysische Weltbilder sind praktische Orientierungen letztlich nur noch aus Argumentationen, d.h. aus den Reflexionsformen kommunikativen Handelns selber zu gewinnen. Die Rationalisierung einer Lebenswelt bemißt sich daran, wie weit die im kommunikativen Handeln angelegten und diskursiv freigesetzten Rationalitätspotentiale die Lebensweltstrukturen durchdringen und verflüssigen. Gegen diesen Problematisierungssog bieten individuelle Bildungsprozesse und kulturelle Wissenssysteme den vergleichsweise geringeren Widerstand. Sobald sich der Eigensinn ethischer und moralischer Fragestellungen durchgesetzt hat, lassen sich Alternativen zu den die Neuzeit beherrschenden normativen Ideen auf Dauer nicht mehr rechtfertigen. Die bewußte Lebensführung der einzelnen Person bemißt sich am expressivistischen Ideal der Selbstverwirklichung, an der deontologischen Idee der Freiheit und an der utilitaristischen Maxime der Vermehrung individueller Lebenschancen. Die Sittlichkeit kollektiver Lebensformen bemißt sich einerseits an Utopien eines nicht-entfremdeten und solidarischen Zusammenlebens im Horizont selbstbewußt angeeigneter und kritisch fortgesetzter Traditionen, andererseits an Modellen einer gerechten Gesellschaft, deren Institutionen so beschaffen sind, daß sie Verhaltenserwartungen und Konflikte im gleichmäßigen Interesse aller Aktoren regeln; eine Variante davon sind die wohlfahrtsstaatlichen Ideen der Steigerung und gerechten Verteilung des gesellschaftlichen Reichtums.

Eine Konsequenz dieser Überlegungen ist nun in unserem Zusammenhang von besonderem Interesse: in dem Maße, wie die »Kultur« und die »Persönlichkeitsstrukturen« in dieser Weise idealistisch aufgeladen werden, gerät auch ein Recht, das seiner sakralen Grundlagen beraubt ist, unter Druck. Die dritte Komponente der Lebenswelt, »Gesellschaft« als die Gesamtheit legitimer Ordnungen, konzentriert sich, wie wir gesehen haben, um so stärker im Rechtssystem, je mehr diesem die Erfüllung der Funktionen gesamtgesellschaftlicher Integration aufgebürdet wird. Die skizzierten Veränderungen in den beiden anderen Komponenten können erklären, warum sich moderne Rechtsordnungen zunehmend nur noch aus Quellen legitimieren können, die es nicht in Widerspruch setzen zu den posttraditionalen Lebensidealen und Gerechtigkeitsideen, die zuvor für persönliche Lebensführung und Kultur maßgeblich geworden sind. Gründe für die Legitimität des Rechts müssen, bei Strafe kognitiver Dissonanzen, in Einklang stehen mit den moralischen Grundsätzen universeller Gerechtigkeit und Solidarität sowie mit den ethischen Grundsätzen einer bewußt entworfenen, selbstverantworteten Lebensführung von Einzelnen wie von Kollektiven. Diese Ideen von Selbstbestimmung und Selbstverwirklichung harmonieren freilich nicht ohne weiteres miteinander. Deshalb hat auch das Vernunftrecht auf die modernen Gerechtigkeitsideen und Lebensideale mit jeweils anders akzentuierten Antworten reagiert. (4) Die Menschenrechte und das Prinzip der Volkssouveränität bilden nicht zufällig die Ideen, in deren Licht das moderne Recht nur noch gerechtfertigt werden kann. Denn zu diesen beiden Ideen verdichten sich diejenigen Gehalte, die gleichsam übrigbleiben, wenn die normative Substanz eines in religiösen und metaphysischen Überlieferungen verankerten Ethos durch den Filter posttraditionaler Begründungen hindurchgetrieben worden ist. In dem Maße, wie sich moralische und ethische Fragestellungen voneinander differenziert haben, findet die diskursiv gefilterte Normsubstanz ihre Ausprägung in den beiden Dimensionen von Selbstbestimmung und Selbstverwirklichung. Gewiß lassen sich die Menschenrechte und die Souveränität des Volkes diesen beiden Dimensionen nicht einfach linear zuordnen. Aber zwischen beiden Begriffspaaren bestehen Affinitäten, die mehr oder weniger stark betont werden können. Die politischen Traditionen, die ich in Übereinstimmung mit einer heute in den USA geführten Diskussion vereinfachend die »liberale« und die »republikanische« nennen will, begreifen einerseits die Menschenrechte als Ausdruck moralischer Selbstbestimmung, andererseits die Souveränität des Volkes als Ausdruck ethischer Selbstverwirklichung. Nach diesem Verständnis stehen Menschenrechte und Volkssouveränität zueinander eher in einem Verhältnis der Konkurrenz als der wechselseitigen Ergänzung.

So beobachtet beispielsweise F. Michelman in der amerikanischen Verfassungstradition eine Spannung zwischen der unpersönlichen, in angeborenen Menschenrechten fundierten Herrschaft der Gesetze sowie der spontanen Selbstorganisation einer Gemeinschaft, die sich durch den souveränen Willen des Volkes ihre Gesetze selber gibt.[27] Diese Spannung kann aber nach der einen oder anderen

27 F. Michelman, Law's Republic, The Yale Law Journal, Vol. 97, 1499f.: »I take American constitutionalism – as manifest in academic constitutional theory, in the professional practice of lawyers and judges, and in the ordinary political self-understanding of Americans at large – to rest on two premises regarding political freedom: first, that the American people are politically free insomuch as they are governed by themselves collectively, and, second, that the American people are politically free insomuch as they are governed by laws and not by men. I take it that no earnest, non-disruptive participant in American constitutional debate is

Seite hin aufgelöst werden. Die Liberalen beschwören die Gefahr einer »Tyrannei der Mehrheit« und postulieren den Vorrang von Menschenrechten, die die vorpolitischen Freiheiten des einzelnen gewährleisten und dem souveränen Willen des politischen Gesetzgebers Grenzen ziehen. Die Vertreter eines republikanischen Humanismus betonen hingegen den nicht-instrumentalisierbaren Eigenwert staatsbürgerlicher Selbstorganisation, so daß für eine von Haus aus politische Gemeinschaft die Menschenrechte nur als Elemente ihrer je eigenen, bewußt angeeigneten Tradition Verbindlichkeit gewinnen. Während sich nach liberaler Auffassung die Menschenrechte der moralischen Einsicht als etwas Gegebenes, in einem fiktiven Naturzustand Verankertes aufdrängen, darf nach republikanischer Auffassung der ethisch-politische Wille eines sich selbst verwirklichenden Kollektivs nichts anerkennen, was nicht dem eigenen authentischen Lebensentwurf entspricht. Im einen Fall überwiegt das moralisch-kognitive, im anderen das ethisch-volitive Moment. Demgegenüber haben Rousseau und Kant das Ziel verfolgt, im Begriff der Autonomie die Vereinigung von praktischer Vernunft und souveränem Willen so zu denken, daß sich die Idee der Menschenrechte und das Prinzip der Volkssouveränität *wechselseitig* interpretieren. Gleichwohl gelingt auch diesen beiden Autoren die vollständig symmetrische Verschränkung der beiden Konzepte nicht. Im ganzen gesehen, legt Kant eher eine liberale, Rousseau eher eine republikanische Lesart der politischen Autonomie nahe.

Kant gewinnt das »allgemeine Prinzip des Rechts« aus der Anwendung des Moralprinzips auf »äußere Verhältnisse« und beginnt seine Rechtslehre mit jenem Recht auf gleiche, mit Zwangsbefugnissen ausgestattete subjektive Freiheiten, das jedem Menschen »kraft seiner Menschheit« zusteht. Dieses ursprüngliche Recht regelt das »innere Mein und Dein«; in Anwendung auf das »äußere Mein und Dein« ergeben sich daraus die subjektiven Privatrechte (von denen dann Savigny und die deutsche Zivilrechtsdogmatik in der Nachfolge Kants ausgegangen sind). Dieses System von Rech-

quite free to reject either of those two professions of belief. I take them to be premises whose problematic relation to each other, and therefore whose meanings, are subject to an endless contestation ...«.

ten, die jedem Menschen »unverlierbar« zukommen, und »die er nicht einmal aufgeben könnte, wenn er auch wollte«,[28] legitimiert sich, vor seiner Ausdifferenzierung in der Gestalt öffentlicher Gesetze, aus moralischen Grundsätzen, also unabhängig von jener politischen Autonomie der Staatsbürger, die sich erst mit dem Gesellschaftsvertrag konstituiert. Insofern genießen die Grundsätze des Privatrechts schon im Naturzustand die Geltung moralischer Rechte; und insofern gehen auch die »natürlichen Rechte«, die die private Autonomie des Menschen schützen, dem Willen des souveränen Gesetzgebers voran. In dieser Hinsicht ist die Souveränität des »zusammenstimmenden und vereinigten Willens« der Bürger durch moralisch begründete Menschenrechte eingeschränkt. Kant hat die Bindung der Volkssouveränität an die Menschenrechte freilich nicht als Einschränkung interpretiert, weil er davon ausging, daß niemand in Ausübung seiner staatsbürgerlichen Autonomie Gesetzen zustimmen *könne*, die gegen seine naturrechtlich verbürgte Privatautonomie verstoßen. Dann müßte aber die politische Autonomie aus einem *inneren* Zusammenhang der Volkssouveränität mit den Menschenrechten erklärt werden. Genau das soll die Konstruktion des Gesellschaftsvertrages leisten. Aber der von der Moral zum Recht *fortschreitende* Gang der Begründung verwehrt dem Gesellschaftsvertrag im Aufbau der Kantischen Rechtslehre die zentrale Stellung, die er bei Rousseau tatsächlich einnimmt. Rousseau geht von der Konstituierung der staatsbürgerlichen Autonomie aus und stellt a fortiori zwischen Volkssouveränität und Menschenrechten einen internen Zusammenhang her. Da sich der souveräne Wille des Volkes allein in der Sprache allgemeiner und abstrakter Gesetze äußern kann, ist ihm von Haus aus jenes Recht auf gleiche subjektive Freiheiten *eingeschrieben*, das Kant als moralisch begründetes Menschenrecht der politischen Willensbildung *voranstellt*. Deshalb steht bei Rousseau die Ausübung der politischen Autonomie nicht mehr unter dem Vorbehalt angeborener Rechte; der normative Gehalt der Menschenrechte geht vielmehr in den Modus des Vollzugs der Volkssouveränität selber ein. Der vereinigte Wille der Staatsbürger ist über das Medium allgemeiner

28 Kant, Über den Gemeinspruch, Bd. VI, 161.

und abstrakter Gesetze an ein Verfahren demokratischer Gesetzgebung gebunden, das per se alle nicht-verallgemeinerungsfähigen Interessen ausschließt und nur Regelungen zuläßt, die allen gleiche subjektive Freiheiten gewährleisten. Nach dieser Idee sichert die verfahrenskonforme Ausübung der Volkssouveränität zugleich die Substanz von Kants ursprünglichem Menschenrecht.

Allerdings hat Rousseau diesen einleuchtenden Gedanken nicht konsequent durchgeführt, da er stärker als Kant der republikanischen Tradition verpflichtet ist. Er gibt der Idee der Selbstgesetzgebung eher eine ethische als eine moralische Deutung und begreift Autonomie als die Verwirklichung der bewußt ergriffenen Lebensform eines konkreten Volkes. Bekanntlich stellt sich Rousseau die gesellschaftsvertragliche Konstituierung der Volkssouveränität als einen gleichsam existentiellen Akt der Vergesellschaftung vor, durch den sich die vereinzelten und erfolgsorientiert handelnden Individuen in die gemeinwohlorientierten Bürger eines ethischen Gemeinwesens *verwandeln*. Als Glieder eines kollektiven Körpers verschmelzen diese zum Großsubjekt einer Gesetzgebungspraxis, das mit den Einzelinteressen der den Gesetzen bloß unterworfenen Privatleute gebrochen hat. Rousseau treibt die ethische Überforderung des Staatsbürgers, die im republikanischen Gemeinschaftskonzept angelegt ist, auf die Spitze. Er rechnet mit politischen Tugenden, die im Ethos einer überschaubaren, über gemeinsame kulturelle Überlieferungen integrierten, mehr oder weniger homogenen Gemeinschaft verankert sind. Die einzige Alternative dazu wäre der staatliche Zwang: »Je weniger sich die Einzelwillen auf den Gemeinwillen beziehen – das heißt: die Sitten auf die Gesetze – desto mehr muß die Zwangsgewalt wachsen. Also muß die Regierung, um gut zu sein, entsprechend mächtiger sein in dem Maße, wie die Volkszahl größer wird.«[29]

Wenn aber die Praxis der Selbstgesetzgebung derart von der ethischen Substanz eines in seinen Wertorientierungen bereits *vorverständigten* Volkes zehren muß, kann Rousseau nicht erklären, wie die postulierte Gemeinwohlorientierung der Bürger mit den gesellschaftlich ausdifferenzierten Interessenlagen der Privatleute, wie

29 J.-J. Rousseau, Contrat Social III,1 deutsch: Staat und Gesellschaft, München 1959, 53.

also der normativ konstruierte Gemeinwille mit der Willkür der einzelnen ohne Repression vermittelt werden kann. Dazu bedürfte es eines genuin moralischen Standpunktes, von dem aus geprüft werden könnte, was, über das *für uns* Gute hinaus, im gleichmäßigen Interesse eines jeden liegt. In der ethischen Fassung des Konzepts der Volkssouveränität muß am Ende der universalistische Sinn des Rechtsprinzips verlorengehen.

Offensichtlich kann der normative Gehalt des ursprünglichen Menschenrechts nicht allein, wie Rousseau annimmt, in der Grammatik allgemeiner und abstrakter Gesetze aufgehen. Der im Legitimitätsanspruch des modernen Rechts beschlossene Sinn der Rechtsinhaltsgleichheit, auf den es Rousseau ankommt, läßt sich mit den *logisch-semantischen* Eigenschaften allgemeiner Gesetze nicht zureichend erklären. Die grammatische Form universeller Gebote sagt nichts über deren Gültigkeit. Der Anspruch, daß eine Norm im gleichmäßigen Interesse aller liegt, hat vielmehr den Sinn rationaler Akzeptabilität – alle möglicherweise Betroffenen müßten ihr aus guten Gründen zustimmen können. Und das kann sich wiederum nur unter den *pragmatischen* Bedingungen von Diskursen herausstellen, in denen auf der Grundlage einschlägiger Informationen allein der Zwang des besseren Arguments zum Zuge kommt. Rousseau vermutet in den logisch-semantischen Eigenschaften dessen, *was* gewollt wird, schon den normativen Gehalt des Rechtsprinzips, den er allein aus jenen pragmatischen Bedingungen herauslesen könnte, welche festlegen, *wie* der politische Wille gebildet wird. Der gesuchte interne Zusammenhang zwischen Volkssouveränität und Menschenrechten liegt im normativen Gehalt eines *Modus der Ausübung politischer Autonomie*, der nicht schon durch die Form allgemeiner Gesetze, sondern erst durch die Kommunikationsform diskursiver Meinungs- und Willensbildung gesichert wird.

Dieser Zusammenhang bleibt beiden, Kant und Rousseau, verschlossen. Unter Prämissen der Bewußtseinsphilosophie lassen sich nämlich Vernunft und Wille zwar im Begriff der Autonomie zusammenführen – aber nur so, daß diese Fähigkeit der Selbstbestimmung einem Subjekt zugeschrieben wird – sei es dem intelligiblen Ich der »Kritik der praktischen Vernunft« oder dem Volk des

»Contrat Social«. Wenn sich der vernünftige Wille nur im einzelnen Subjekt bilden kann, muß die moralische Autonomie der Einzelnen durch die politische Autonomie des vereinigten Willens aller hindurchgreifen, um im voraus die private Autonomie eines jeden naturrechtlich zu sichern. Wenn sich der vernünftige Wille nur im Großsubjekt eines Volkes oder einer Nation bilden kann, muß politische Autonomie als die selbstbewußte Verwirklichung des sittlichen Wesens einer konkreten Gemeinschaft verstanden werden; und die private Autonomie wird gegen die überwältigende Kraft der politischen Autonomie nur noch durch die nicht-diskriminierende Form allgemeiner Gesetze geschützt. Beide Konzeptionen verfehlen die Legitimationskraft einer diskursiven Meinungs- und Willensbildung, in der die illokutionären Bindungskräfte des verständigungsorientierten Sprachgebrauchs genutzt werden, um Vernunft und Willen zusammenzuführen – und zu Überzeugungen zu gelangen, in denen alle einzelnen zwanglos übereinstimmen können.

Wenn aber Diskurse (und, wie wir sehen werden, Verhandlungen, deren Verfahren diskursiv begründet sind) den Ort bilden, an dem sich ein vernünftiger Wille bilden kann, stützt sich die Legitimität des Rechts letztlich auf ein kommunikatives Arrangement: als Teilnehmer an rationalen Diskursen müssen die Rechtsgenossen prüfen können, ob eine strittige Norm die Zustimmung aller möglicherweise Betroffenen findet oder finden könnte. Mithin besteht der gesuchte interne Zusammenhang zwischen Volkssouveränität und Menschenrechten darin, daß das System der Rechte genau die Bedingungen angibt, unter denen die für eine politisch autonome Rechtsetzung notwendigen Kommunikationsformen ihrerseits rechtlich institutionalisiert werden können. Das System der Rechte läßt sich weder auf eine moralische Lesart der Menschenrechte noch auf eine ethische Lesart der Volkssouveränität zurückführen, weil die private Autonomie der Bürger ihrer politischen Autonomie weder über- noch untergeordnet werden darf. Die normativen Intuitionen, die wir mit Menschenrechten und Volkssouveränität verbinden, kommen im System der Rechte erst dann *unverkürzt* zur Geltung, wenn wir davon ausgehen, daß das Recht auf gleiche subjektive Handlungsfreiheiten weder als moralisches Recht dem souveränen Gesetzgeber als äußere Schranke bloß auferlegt, noch als funktionales Requisit für dessen Zwecke instrumentalisiert werden darf. Die Gleichursprünglichkeit von privater und öffentlicher Autonomie zeigt sich erst, wenn wir die Denkfigur der Selbstgesetzgebung, wonach die Adressaten zugleich die Urheber ihrer Rechte sind, diskurstheoretisch entschlüsseln. Die Substanz der Menschenrechte steckt dann in den formalen Bedingungen für die rechtliche Institutionalisierung jener Art diskursiver Meinungs- und Willensbildung, in der die Souveränität des Volkes rechtliche Gestalt annimmt.

II.

Auf den beiden theoriegeschichtlichen Linien der Zivilrechtsdogmatik und des Vernunftrechts haben wir Schwierigkeiten analysiert, die sich aus ähnlichen Defiziten erklären: der innere Zusammenhang zwischen subjektivem und objektivem Recht auf der einen, zwischen privater und öffentlicher Autonomie auf der anderen Seite erschließt sich erst, wenn wir die intersubjektive Struktur von Rechten und die kommunikative Struktur der Selbstgesetzgebung ernstnehmen und angemessen explizieren. Bevor ich diesen Versuch unternehmen und das System der Rechte diskurstheoretisch einführen kann, muß allerdings das Verhältnis von Recht und Moral geklärt werden. Denn die analysierten Schwierigkeiten beruhen nicht ausschließlich auf falschen bewußtseinsphilosophischen Weichenstellungen, sondern auch darauf, daß das moderne Vernunftrecht vom traditionalen Naturrecht mit der beibehaltenen Unterscheidung von positivem und natürlichem Recht eine Hypothek übernommen hat. Es hält an einer Verdoppelung des Rechtsbegriffs fest, die, soziologisch betrachtet, unplausibel ist und, normativ betrachtet, mißliche Konsequenzen hat. Ich gehe davon aus, daß sich auf dem nachmetaphysischen Begründungsniveau rechtliche und moralische Regeln *gleichzeitig* aus traditionaler Sittlichkeit ausdifferenzieren und als zwei verschiedene, aber einander ergänzende Sorten von Handlungsnormen *nebeneinander* treten. Dementsprechend muß der Autonomiebegriff so abstrakt gefaßt werden, daß er mit Bezug auf die eine oder andere Sorte von Handlungsnormen eine jeweils spezifische Gestalt annehmen kann – nämlich einerseits als Moralprinzip, andererseits als Demokratieprinzip. Wenn man auf diese Weise eine moraltheoretische Engführung des Autonomiebegriffs vermeidet, verliert das Kantische Rechtsprinzip seine vermittelnde Funktion; stattdessen dient es zur Klärung der Aspekte, unter denen sich juridische Regeln von moralischen unterscheiden. Auch die Menschenrechte, die der demokratischen Selbstbestimmungspraxis der Bürger eingeschrieben sind, müssen dann, ungeachtet ihres moralischen Gehalts, von vornherein als Rechte im juridischen Sinne begriffen werden.

In seiner »Einleitung in die Metaphysik der Sitten« verfährt Kant anders. Er geht vom Grundbegriff des moralischen Freiheitsgesetzes aus und gewinnt daraus die juridischen Gesetze durch *Einschränkung*. Die Moraltheorie liefert die Oberbegriffe: Wille und Willkür, Handlung und Triebfeder, Pflicht und Neigung, Gesetz und Gesetzgebung dienen zunächst zur Bestimmung des moralischen Urteilens und Handelns. In der Rechtslehre erfahren diese moralischen Grundbegriffe Einschränkungen in drei Dimensionen. Nach Kant bezieht sich der Begriff des Rechts nicht primär auf den freien Willen, sondern auf die *Willkür* der Adressaten, er erstreckt sich ferner auf das *äußere Verhältnis* einer Person gegen eine andere und ist schließlich mit jener *Zwangsbefugnis* ausgestattet, die der eine gegenüber dem anderen im Falle eines Übergriffs auszuüben berechtigt ist. Das Rechtsprinzip schränkt unter diesen drei Gesichtspunkten das Moralprinzip ein. Auf diese Weise eingeschränkt, *spiegeln* sich in der juridischen Gesetzgebung die moralische, in der Legalität die Moralität, in den Rechtspflichten die Tugendpflichten usw.

Dieser Konstruktion liegt die platonische Vorstellung zugrunde, daß die Rechtsordnung die intelligible Ordnung eines »Reichs der Zwecke« in der phänomenalen Welt zugleich abbildet und konkretisiert. Auch unabhängig von Kants metaphysischen Hintergrundannahmen lebt in der Verdoppelung von Recht überhaupt in natürliches und positives Recht ein platonisches Erbe fort, nämlich die Intuition, daß die ideale Gemeinschaft der moralisch zurechnungsfähigen Subjekte – die unbegrenzte Kommunikationsgemeinschaft von Josiah Royce bis Apel[30] – über das Medium des Rechts in die Grenzen der historischen Zeit und des sozialen Raums eintritt und als Rechtsgemeinschaft eine konkrete, raumzeitlich lokalisierte Gestalt gewinnt. Diese Intuition ist nicht in jeder Hinsicht falsch, denn eine Rechtsordnung kann nur legitim sein, wenn sie moralischen Grundsätzen nicht widerspricht. Dem positiven Recht bleibt, über die Legitimitätskomponente der Rechtsgeltung, ein Bezug zur Moral eingeschrieben. Aber dieser Moralbezug darf uns nicht dazu verleiten, die Moral dem Recht im Sinne einer Normenhierarchie überzuordnen. Die Vorstellung der Legeshierarchie gehört der Welt des vormodernen Rechts an. Die autonome Moral und das auf Begründung angewiesene positive Recht stehen vielmehr in einem *Ergänzungsverhältnis*.

Soziologisch betrachtet, haben sich beide gleichzeitig aus jenem gesamtgesellschaftlichen Ethos ausdifferenziert, worin traditionales Recht und Gesetzesethik noch miteinander verschränkt waren. Mit der Erschütterung der sakralen Grundlagen dieses Gewebes aus Recht, Moral und Sittlichkeit setzen Differenzierungsprozesse ein. Auf der Ebene des kulturellen Wissens trennen sich, wie wir gesehen haben, juristische von moralischen und ethischen Fragen. Auf der institutionellen Ebene trennt sich das positive Recht von den zu bloßen Konventionen entwerteten Sitten und Gewohnheiten. Moralische und juristische Fragen beziehen sich gewiß auf dieselben Probleme: wie interpersonale Beziehungen legitim geordnet und Handlungen über gerechtfertigte Normen miteinander koordiniert, wie Handlungskonflikte vor dem Hintergrund intersubjektiv anerkannter normativer Grundsätze und Regeln konsensuell gelöst werden können. Aber sie beziehen sich auf dieselben Probleme in je verschiedener Weise. Trotz des gemeinsamen Bezugspunktes unterscheiden sich Moral und Recht prima facie dadurch, daß die posttraditionale Moral nur eine Form des kulturellen Wissens darstellt, während das Recht zugleich auf der institutionellen Ebene Verbindlichkeit gewinnt. Das Recht ist nicht nur Symbolsystem, sondern auch Handlungssystem.

Die empirisch informierte Auffassung, daß Rechtsordnungen eine

30 J. Royce, The Spirit of Modern Philosophy, Boston 1892.

autonom gewordene Moral gleichursprünglich ergänzen, verträgt sich nicht länger mit der platonisierenden Vorstellung einer Art von Abbildrelation zwischen Recht und Moral – so als würde dieselbe geometrische Figur nur auf eine andere Darstellungsebene projiziert. Deshalb dürfen wir Grundrechte, die in der positiven Gestalt von Verfassungsnormen auftreten, nicht als bloße Abbildungen moralischer Rechte verstehen, und die politische Autonomie nicht als bloßes Abbild der moralischen. Allgemeine Handlungsnormen *verzweigen* sich vielmehr in moralische und juridische Regeln. Unter normativen Gesichtspunkten entspricht dem die Annahme, daß die moralische und die staatsbürgerliche Autonomie gleichursprünglich sind und mit Hilfe eines sparsamen Diskursprinzips erklärt werden können, das lediglich den Sinn postkonventioneller Begründungsforderungen zum Ausdruck bringt. Dieses Prinzip hat, wie das postkonventionelle Begründungsniveau selber, auf dem sich die substantielle Sittlichkeit in ihre Bestandteile auflöst, gewiß einen normativen Gehalt, weil es den Sinn der Unparteilichkeit praktischer Urteile expliziert. Es liegt aber auf einer Abstraktionsebene, die trotz dieses normativen Gehaltes gegenüber Moral und Recht *noch neutral* ist; es bezieht sich nämlich auf Handlungsnormen überhaupt:

D: Gültig sind genau die Handlungsnormen, denen alle möglicherweise Betroffenen als Teilnehmer an rationalen Diskursen zustimmen könnten.

Diese Formulierung enthält erläuterungsbedürftige Grundbegriffe. Das Prädikat »gültig« bezieht sich auf Handlungsnormen und entsprechende allgemeine normative Aussagen überhaupt; es drückt einen unspezifischen Sinn von normativer Gültigkeit aus, der gegenüber der Unterscheidung zwischen Moralität und Legitimität noch indifferent ist. »Handlungsnormen« verstehe ich als zeitlich, sozial und sachlich generalisierte Verhaltenserwartungen. »Betroffen« nenne ich jeden, der von den voraussichtlich eintretenden Folgen einer durch Normen geregelten allgemeinen Praxis in seinen Interessen berührt wird. Und »rationaler Diskurs« soll *jeder* Versuch der Verständigung über problematische Geltungsansprüche heißen, sofern er unter Kommunikationsbedingungen stattfindet, die innerhalb eines durch illokutionäre Verpflichtungen konstituierten öffentlichen Raums das freie Prozessieren von Themen und Beiträgen, Informationen und Gründen ermöglichen. Indirekt bezieht sich der Ausdruck auch auf Verhandlungen, soweit diese durch diskursiv begründete Verfahren reguliert sind.

Für die hinreichend abstrakte Fassung von ›D‹ ist es freilich wichtig, daß die Art der Themen und Beiträge und die Sorte von Gründen, die jeweils »zählen«, nicht a fortiori eingeschränkt wird. Das Moralprinzip ergibt sich nämlich erst aus einer Spezifizierung des allgemeinen Diskursprinzips für solche Handlungsnormen, die *allein* unter dem Gesichtspunkt gleichmäßiger Interessenberücksichtigung gerechtfertigt werden können. Das Demokratieprinzip ergibt sich aus einer entsprechenden Spezifizierung für solche Handlungsnormen, die in Rechtsform auftreten und mit Hilfe pragmatischer, ethisch-politischer und moralischer Gründe – und nicht allein aus moralischen Gründen – gerechtfertigt werden können. Im Vorgriff auf Analysen des folgenden Kapitels möchte ich zur Erläuterung nur bemerken, daß sich die Art der Gründe aus der Logik der jeweiligen Fragestellung ergibt. Bei moralischen Fragestellungen bildet die Menschheit bzw. eine unterstellte Republik von Weltbürgern das Bezugssystem für die Begründung von Regelungen, die im gleichmäßigen Interesse aller liegen. Die ausschlaggebenden Gründe müssen im Prinzip von jedermann akzeptiert werden können. Bei ethisch-politischen Fragestellungen bildet die Lebensform »je unseres« politischen Gemeinwesens das Bezugssystem für die Begründung von Regelungen, die als Ausdruck eines bewußten kollektiven Selbstverständnisses gelten. Die ausschlaggebenden Gründe müssen im Prinzip von allen Angehörigen, die »unsere« Traditionen und starken Wertungen teilen, akzeptiert werden können. Interessengegensätze bedürfen eines rationalen Ausgleichs zwischen konkurrierenden Werteinstellungen und Interessenlagen. Dabei bildet die Gesamtheit der unmittelbar beteiligten sozialen oder subkulturellen Gruppen das Bezugssystem für die Aushandlung von Kompromissen. Diese müssen, soweit sie unter fairen Verhandlungsbedingungen zustandekommen, im Prinzip von allen Parteien, gegebenenfalls auch aus je verschiedenen Gründen, akzeptiert werden können.

In meinen bisher veröffentlichten Untersuchungen zur Diskursethik habe ich zwischen Diskurs- und Moralprinzip nicht hinreichend differenziert. Das Diskursprinzip erklärt nur den Gesichtspunkt, unter dem Handlungsnormen überhaupt *unparteilich begründet* werden können, wobei ich davon ausgehe, daß das Prinzip selber in den symmetrischen Anerkennungsverhältnissen kommunikativ strukturierter Lebensformen fundiert ist. Die Einführung eines Diskursprinzips setzt bereits voraus, daß praktische Fragen überhaupt unparteilich beurteilt und rational entschieden werden können. Diese Voraussetzung ist nicht trivial; ihre Begründung bleibt einer argumentationstheoretischen Untersuchung vorbehalten, auf die ich im nächsten Kapitel provisorisch zurückkommen werde. Sie führt, je nach der Logik der Fragestellung und der entsprechenden Sorte von Gründen, zur Unterscheidung zwischen verschiedenen Diskurstypen (und verfahrensregulierten Verhandlungen). Und zwar muß für jeden Typ gezeigt werden, nach welchen Regeln pragmatische, ethische und moralische Fragen beantwortet werden können.[31] Diese Argumentationsregeln operationalisieren sozusagen das Diskursprinzip. In moralischen Begründungsdiskursen nimmt dann das Diskursprinzip die Form eines Universalisierungsgrundsatzes an. Insofern erfüllt das Moralprinzip die Rolle einer Argumentationsregel. Es kann formalpragmatisch aus allgemeinen Voraussetzungen der Argumentation – als der Reflexionsform kommunikativen Handelns – begründet werden.[32] Das muß ich hier auf sich beruhen lassen. Das Moralprinzip wird in Anwendungsdiskursen durch einen Grundsatz der Angemessenheit ergänzt. Das wird uns im Hinblick auf juristische Anwendungsdiskurse noch beschäftigen.[33] In unserem Zusammenhang sind aber zunächst die Aspekte wichtig, unter denen sich das Demokratievom Moralprinzip unterscheiden läßt.

31 J. Habermas, Zum pragmatischen, ethischen und moralischen Gebrauch der praktischen Vernunft, in: ders. (1991a), 100-118.

32 Vgl. W. Rehg, Discourse and the Moral Point of View: Deriving a Dialogical Principle of Universalization, Inquiry 34, 1991, 27-48; ders., Insight and Solidarity, The Idea of a Discourse Ethics, Diss. phil., Northwestern University, Evanston 1991.

33 K. Günther, Der Sinn für Angemessenheit, Frankfurt/Main 1988; Habermas (1991a), 137-142. Siehe unten Kap. V, 264ff.

Dabei ist Vorsicht geboten. Denn an dieser Wegkreuzung darf man nicht der Suggestion eines eingefleischten Vorurteils erliegen, wonach sich Moral nur auf persönlich zu verantwortende soziale Beziehungen, Recht und politische Gerechtigkeit auf institutionell vermittelte Interaktionsbereiche erstreckten.[34] Das diskurstheoretisch begriffene Moralprinzip überschreitet schon die historisch zufälligen und je nach Sozialstruktur anders verlaufenden Grenzen zwischen privaten und öffentlichen Lebensbereichen; es macht bereits mit dem universalistischen Geltungssinn moralischer Regeln ernst, indem es fordert, die ideale Rollenübernahme, die nach Kant von jedem einzeln und privatim vorgenommen wird, in eine öffentliche, von allen gemeinsam durchgeführte Praxis zu überführen. Im übrigen ist eine regionale Aufteilung der Zuständigkeiten von Moral und Recht nach privaten und öffentlichen Handlungsbereichen schon deshalb kontraintuitiv, weil sich die Willensbildung des politischen Gesetzgebers auch auf die moralischen Aspekte der regelungsbedürftigen Materien erstreckt. In komplexen Gesellschaften erlangt die Moral ja erst dadurch, daß sie in den Rechtskode übersetzt wird, über den Nahbereich hinaus Effektivität.

Um trennscharfe Kriterien für die Unterscheidung zwischen Demokratie- und Moralprinzip zu gewinnen, gehe ich von dem Umstand aus, daß das Demokratieprinzip ein Verfahren legitimer Rechtsetzung festlegen soll. Es besagt nämlich, daß nur die juridischen Gesetze legitime Geltung beanspruchen dürfen, die in einem ihrerseits rechtlich verfaßten diskursiven Rechtsetzungsprozeß die Zustimmung aller Rechtsgenossen finden können. Das Demokratieprinzip erklärt, mit anderen Worten, den performativen Sinn der Selbstbestimmungspraxis von Rechtsgenossen, die einander als freie und gleiche Mitglieder einer freiwillig eingegangenen Assoziation anerkennen. Deshalb liegt das Demokratieprinzip auf einer *anderen Ebene* als das Moralprinzip.

Während dieses als Argumentationsregel für die rationale Entschei-

---

34 In diesem Sinne stellt A. Wellmer, Ethik und Dialog, Frankfurt/Main 1986, dem privatim anzuwendenden Moralprinzip ein Gerechtigkeitsprinzip gegenüber, das die gemeinsame politische Willensbildung regelt. O. Höffe (1987, 41) möchte auf ähnliche Weise den moralischen Standpunkt vom Standpunkt der politischen Gerechtigkeit unterscheiden.

dung moralischer Fragen fungiert, setzt das Demokratieprinzip die Möglichkeit der rationalen Entscheidung praktischer Fragen schon voraus, und zwar die Möglichkeit *aller* in Diskursen (und verfahrensregulierten Verhandlungen) zu leistenden Begründungen, denen sich die Legitimität von Gesetzen verdankt. Das Demokratieprinzip gibt deshalb keine Antwort auf die – im vorhinein argumentationstheoretisch zu klärende – Frage, ob und wie politische Angelegenheiten überhaupt diskursiv bearbeitet werden können. Unter der Voraussetzung, daß eine vernünftige politische Meinungs- und Willensbildung möglich ist, sagt das Demokratieprinzip nur, wie diese institutionalisiert werden kann – nämlich durch ein System von Rechten, welches jedermann die gleiche Teilnahme an einem solchen, zugleich in seinen Kommunikationsvoraussetzungen gewährleisteten Prozeß der Rechtsetzung sichert. Während das Moralprinzip auf der Ebene der *internen* Verfassung eines bestimmten Argumentationsspiels operiert, bezieht sich das Demokratieprinzip auf die Ebene der *äußeren*, d. h. handlungswirksamen Institutionalisierung der gleichberechtigten Teilnahme an einer diskursiven Meinungs- und Willensbildung, die sich in ihrerseits rechtlich gewährleisteten Kommunikationsformen vollzieht.

Die Differenz der Bezugsebenen ist der eine Gesichtspunkt, unter dem sich das Demokratie- vom Moralprinzip unterscheiden läßt. Der andere ist die Differenz zwischen Rechtsnormen und den übrigen Handlungsnormen. Während sich das Moralprinzip auf alle Handlungsnormen erstreckt, die allein mit Hilfe moralischer Gründe gerechtfertigt werden können, ist das Demokratieprinzip auf Rechtsnormen zugeschnitten. Diese Regeln stammen nicht aus dem Fundus einfacher, mehr oder weniger naturwüchsiger Interaktionen, die gleichsam vorgefunden werden. Die Rechtsform, in die diese Normen gekleidet sind, hat sich im Verlaufe der sozialen Evolution erst herausgebildet. Gegenüber naturwüchsigen Interaktionsregeln, die allein unter dem moralischen Gesichtspunkt beurteilt werden können, haben Rechtsnormen einen künstlichen Charakter – sie bilden eine intentional erzeugte und reflexive, nämlich auf sich selbst anwendbare Schicht von Handlungsnormen. Deshalb muß das Demokratieprinzip nicht nur ein Verfahren legitimer Rechtsetzung festlegen, sondern *die Erzeugung des Rechtsme-*

diums selber steuern. Aus der Sicht des Diskursprinzips muß begründet werden, welchen Bedingungen Rechte überhaupt genügen müssen, wenn sie sich für die Konstituierung einer Rechtsgemeinschaft und als Medium der Selbstorganisation dieser Gemeinschaft eignen sollen. Deshalb muß mit dem System der Rechte zugleich die *Sprache* geschaffen werden, in der sich eine Gemeinschaft als eine freiwillige Assoziation freier und gleicher *Rechts*genossen verstehen kann.

Den beiden Aspekten, unter denen wir das Demokratie- vom Moralprinzip unterschieden haben, entsprechen also zwei Aufgaben, die das gesuchte System von Rechten lösen soll. Es soll nicht nur eine vernünftige politische Willensbildung institutionalisieren, sondern auch das Medium selbst gewährleisten, in dem diese als der gemeinsame Wille frei assoziierter Rechtsgenossen ihren Ausdruck finden kann. Um diese zweite Aufgabe zu spezifizieren, müssen wir die Formbestimmungen juridischer Handlungsregeln präzisieren.

(2) Die Formbestimmungen des Rechts will ich im folgenden anhand des komplementären Verhältnisses von Recht und Moral erläutern. Diese Erläuterung ist Bestandteil einer *funktionalen* Erklärung, nicht etwa eine normative Begründung des Rechts. Denn die Rechtsform ist überhaupt kein Prinzip, das sich, sei es epistemisch oder normativ »begründen« ließe. Kant hatte, wie erwähnt, schon die Legalität oder Rechtsförmigkeit von Handlungsweisen durch drei Abstraktionen gekennzeichnet, die sich auf die Adressaten, nicht die Urheber des Rechts beziehen. Das Recht abstrahiert erstens von der Fähigkeit der Adressaten, ihren Willen aus freien Stücken zu binden, und rechnet mit deren *Willkür*. Das Recht abstrahiert ferner von der lebensweltlichen Komplexität der jeweils berührten Handlungspläne und beschränkt sich auf das *äußere Verhältnis* der interaktiven Einwirkung von sozialtypisch bestimmten Aktoren aufeinander. Das Recht abstrahiert schließlich, wie wir gesehen haben, von der *Art der Motivation* und begnügt sich mit dem Effekt der wie immer zustandekommenden Regelkonformität des Handelns.

Den rechtsförmig derart restringierten Handlungsweisen entspricht ein spezifisch eingeschränkter Status der Rechtssubjekte selber. Moralnormen regeln interpersonale Beziehungen und Konflikte zwischen natürlichen Personen, die einander gleichzeitig als Angehörige einer konkreten Gemeinschaft und als unvertretbare Individuen anerkennen.[35] Sie richten sich an Personen, die durch ihre Lebensgeschichte individuiert sind. Rechtsnormen regeln hingegen interpersonale Beziehungen und Konflikte zwischen Aktoren, die sich als Genossen einer abstrakten, nämlich durch Rechtsnormen selbst erst erzeugten Gemeinschaft anerkennen. Auch sie richten sich an einzelne, aber an solche Subjekte, die nicht mehr durch ihre lebensgeschichtlich ausgebildete personale Identität, sondern durch die Fähigkeit individuiert sind, die Stellung von sozialtypischen Mitgliedern einer rechtlich konstituierten Gemeinschaft einzunehmen. Aus der Adressatenperspektive wird also in einem Rechtsverhältnis abstrahiert von der Fähigkeit einer Person, ihren Willen durch normative Einsichten selber zu binden; ihr wird zunächst nur die Fähigkeit, zweckrationale Entscheidungen zu treffen, d.h. Willkürfreiheit zugemutet.[35a] Aus dieser Reduktion des freien Willens einer moralisch (und ethisch) zurechnungsfähigen Person auf die Willkür eines durch je eigene Präferenzen bestimmten Rechtssubjekts ergeben sich die weiteren Aspekte der Legalität. Nur Materien, die sich auf äußere Verhältnisse erstrecken, können überhaupt rechtlich reguliert werden. Denn regelkonformes Verhalten muß nötigenfalls erzwungen werden. Daraus erklärt sich wiederum ein Vereinzelungseffekt der Rechtsform, der freilich die intersubjektiven Grundlagen von Recht als solchem nicht dementiert.

Auch wenn sich Kants Begriff der Legalität insoweit als nützlicher Leitfaden für die Analyse der Formbestimmungen des Rechts er-

35 L. Wingert, Gemeinsinn und Moral, Frankfurt/Main 1993.

35a Diese Abstraktion hat eine freiheitssichernde Bedeutung; der Status der Rechtsperson schützt die Sphäre, in der sich eine konkrete, zugleich moralisch verantwortliche und ethisch ihr Leben führende Person frei entfalten kann. Die Reduktion der Rechtsperson auf einen durch Willkürfreiheit individuierten Träger subjektiver Rechte gewinnt freilich selbst einen moralischen und einen ethischen Sinn insofern, als die rechtliche Gewährleistung subjektiver Freiheiten eine Sphäre für bewußte und autonome Lebensführung sichert. Das Recht legt sich als eine »schützende Maske« (H. Arendt) vor die Physiognomie der lebensgeschichtlich individuierten Person, die gewissenhaft handeln und authentisch leben möchte; dazu R. Forst, Kontexte der Gerechtigkeit, Frankfurt/Main 1994.

weist, dürfen wir die Aspekte der Legalität nicht als Einschränkungen der Moral verstehen; ich möchte sie vielmehr aus dem soziologisch nahegelegten Ergänzungsverhältnis von Moral und Recht verständlich machen: die Konstituierung der Rechtsform wird nötig, um die Defizite auszugleichen, die mit dem Zerfall der traditionalen Sittlichkeit entstehen. Denn die autonome, allein auf Vernunftgründe gestützte Moral kommt nur noch für richtige Urteile auf. Mit dem Übergang zum postkonventionellen Begründungsniveau löst sich das moralische Bewußtsein von der traditional eingewöhnten Praxis ab, während sich das gesamtgesellschaftliche Ethos zur bloßen Konvention, zu Gewohnheit und Gewohnheitsrecht zurückbildet.

Eine Vernunftmoral verhält sich grundsätzlich kritisch zu allen naturwüchsigen, von Haus aus selbstverständlichen, institutionell auf Dauer gestellten, über Sozialisationsmuster motivational verankerten Handlungsorientierungen. Sobald eine Handlungsalternative mit ihrem normativen Hintergrund dem prüfenden Blick einer solchen Moral ausgesetzt wird, gerät sie in den Sog der Problematisierung. Die Vernunftmoral ist auf Fragen der Gerechtigkeit spezialisiert und betrachtet grundsätzlich *alles* im scharfen, aber engen Lichtkegel der Universalisierbarkeit. Sie hat ihr Telos in der unparteilichen Beurteilung von moralisch relevanten Handlungskonflikten, ermöglicht also ein Wissen, das zwar der Orientierung im Handeln dienen soll, aber zum richtigen Handeln nicht auch schon *disponiert*. Die zum Wissen sublimierte Vernunftmoral ist, wie alles Wissen, auf der kulturellen Ebene repäsentiert; sie existiert zunächst nur im Modus des Bedeutungsgehalts kultureller Symbole, die verstanden und interpretiert, überliefert und kritisch fortgebildet werden können. Natürlich bezieht sich auch die kulturell freischwebende Moral auf *mögliche* Handlungen; aber mit den Motiven, die den moralischen Urteilen Schubkraft für die Praxis verleihen, und mit den Institutionen, die dafür sorgen, daß berechtigte moralische Erwartungen tatsächlich erfüllt werden, unterhält sie sozusagen von sich aus keinen Kontakt mehr. Der Handlungsbezug einer solchen, ins kulturelle System zurückgezogenen Moral bleibt solange virtuell, wie er nicht durch die motivierten Handelnden *selbst* aktualisiert wird. Diese müssen dazu disponiert sein, gewissenhaft zu handeln. Eine Vernunftmoral ist deshalb auf entgegenkommende Sozialisationsprozesse angewiesen, die korrespondierende Gewissensinstanzen, nämlich die ihr entsprechenden Formationen des Über-Ichs hervorbringen. Über die schwache Motivationskraft guter Gründe hinaus erlangt sie Handlungswirksamkeit einzig über die internalisierende Verankerung moralischer Grundsätze im Persönlichkeitssystem.

Der Transfer vom Wissen zum Handeln bleibt ungewiß – wegen der Anfälligkeit einer riskanten, über hohe Abstraktionen laufenden Selbststeuerung des moralisch handelnden Subjekts, überhaupt wegen der Unwahrscheinlichkeit von Sozialisationsprozessen, die derart anspruchsvolle Kompetenzen fördern. Eine Moral, die auf das entgegenkommende Substrat geeigneter Persönlichkeitsstrukturen angewiesen bleibt, bliebe in ihrer Wirksamkeit beschränkt, wenn sie die Motive der Handelnden nicht auch noch auf einem *anderen* Wege als dem der Internalisierung erreichen könnte, eben auf dem Wege der Institutionalisierung eines Rechtssystems, das die Vernunftmoral handlungswirksam *ergänzt*. Das Recht ist beides zugleich: Wissenssystem und Handlungssystem; es läßt sich ebensosehr als ein Text von Normsätzen und -interpretationen wie als Institution, d. h als ein Komplex von Handlungsregulativen verstehen. Weil Motive und Wertorientierungen im Recht als Handlungssystem miteinander verschränkt sind, kommt den Rechtssätzen die unmittelbare Handlungswirksamkeit zu, die moralischen Urteilen als solchen fehlt. Auf der anderen Seite unterscheiden sich Rechtsinstitutionen von naturwüchsigen institutionellen Ordnungen durch ihre vergleichsweise hohe Rationalität; denn in ihnen gewinnt ein dogmatisch durchgestaltetes und mit einer prinzipiengeleiteten Moral verknüpftes Wissenssystem feste Gestalt. Weil das Recht in dieser Weise auf den Ebenen von Kultur und Gesellschaft gleichzeitig etabliert ist, kann es die Schwächen einer primär als Wissen gegenwärtigen Vernunftmoral *ausgleichen*.

Die moralisch urteilende und handelnde Person muß sich dieses Wissen selbständig aneignen, verarbeiten und in die Praxis umsetzen. Sie steht unter unerhörten (a) kognitiven, (b) motivationalen und (c) organisatorischen Anforderungen, von denen sie als Rechtsperson *entlastet* wird.

(a) Die Vernunftmoral gibt nur noch ein Verfahren zur unparteilichen Beurteilung strittiger Fragen an. Sie kann keinen Pflichtenkatalog, nicht einmal eine Reihe hierarchisch geordneter Normen auszeichnen, sondern mutet den Subjekten zu, sich ein eigenes Urteil zu bilden. Deren in moralischen Diskursen entfesselte kommunikative Freiheit führt zudem nur zu falliblen Einsichten im Streit der Interpretationen. Es sind nicht einmal in erster Linie die Probleme der Begründung von Normen, die schwer zu bearbeiten sind. Denn strittig sind ja normalerweise nicht die Grundsätze selbst, die gleichen Respekt für jeden, distributive Gerechtigkeit, Benevolenz gegenüber Hilfsbedürftigen, Loyalität, Aufrichtigkeit usw. zur Pflicht machen. Vielmehr wirft die Abstraktheit dieser hoch verallgemeinerten Normen Anwendungsprobleme auf, sobald ein drängender Konflikt den Nahbereich eingespielter, in gewohnte Kontexte eingelassener Interaktionen überschreitet. Die Entscheidung eines solchen konkreten, aber schwer überschaubaren Falles verlangt komplexe Operationen. Einerseits müssen die relevanten Merkmale der Situation im Lichte konkurrierender, aber noch unbestimmter Normkandidaten entdeckt und beschrieben, andererseits muß die im Lichte einer möglichst vollständigen Situationsbeschreibung jeweils angemessene Norm ausgewählt, interpretiert und angewendet werden. Begründungs- und Anwendungsprobleme überfordern bei komplexen Fragen oft die analytische Kapazität des Einzelnen. Diese *kognitive Unbestimmtheit* wird durch die Faktizität der Rechtsetzung absorbiert. Der politische Gesetzgeber beschließt, welche Normen als Recht gelten, und die Gerichte schlichten den Interpretationsstreit über die Anwendung gültiger, aber auslegungsbedürftiger Normen für alle Seiten zugleich einsichtig und definitiv. Das Rechtssystem entzieht den Rechtspersonen in ihrer Adressatenrolle die Definitionsmacht für die Kriterien der Beurteilung von Recht und Unrecht. Unter dem Gesichtspunkt der Komplementarität von Recht und Moral bedeuten das parlamentarische Gesetzgebungsverfahren, die gerichtlich institutionalisierte Entscheidungspraxis und die professionelle Arbeit einer Rechtsdogmatik, die Regeln präzisiert und Entscheidungen systematisiert, für den Einzelnen eine Entlastung von den kognitiven Bürden der eigenen moralischen Urteilsbildung.

(b) Die Vernunftmoral belastet aber den Einzelnen nicht nur mit dem Problem der Entscheidung von Handlungskonflikten, sondern mit Erwartungen an seine Willensstärke. Zum einen soll er in Konfliktsituationen bereit sein, überhaupt nach einer konsensuellen Lösung zu suchen, d. h. in Diskurse einzutreten oder solche advokatorisch durchzuspielen. Zum anderen soll er die Kraft aufbringen, nach moralischen Einsichten, gegebenenfalls auch gegen eigene Interessen, zu handeln, also Pflicht und Neigung in Einklang zu bringen. Der Aktor soll sich als den Urheber mit sich als dem Adressaten von Geboten in Übereinstimmung bringen. Zur kognitiven Unbestimmtheit des prinzipiengeleiteten Urteils kommt die *motivationale Ungewißheit* über das von erkannten Prinzipien geleitete Handeln hinzu. Diese wird durch die Faktizität der Rechtsdurchsetzung absorbiert. Eine Vernunftmoral ist in dem Maße, wie sie in den Motiven und Einstellungen ihrer Adressaten nicht hinreichend verankert ist, auf ein Recht angewiesen, das normenkonformes Verhalten bei Freistellung der Motive und Einstellungen erzwingt. Das zwingende Recht belegt normative Erwartungen derart mit Sanktionsdrohungen, daß sich die Adressaten auf folgenorientierte Klugheitserwägungen beschränken dürfen.

Zudem ergibt sich aus dem Problem der Willensschwäche das Folgeproblem der *Zumutbarkeit*. Nach Maßgabe einer Vernunftmoral prüfen ja die Einzelnen die Gültigkeit von Normen unter der Voraussetzung, daß diese faktisch von jedermann befolgt werden. Wenn aber genau diejenigen Normen gültig sein sollen, die unter der Bedingung einer Praxis *allgemeiner* Normbefolgung die rational motivierte Zustimmung aller Betroffenen verdienen, ist niemandem *zuzumuten*, sich an gültige Normen zu halten, sofern nicht die genannte Bedingung erfüllt ist. Jeder muß von allen die Befolgung gültiger Normen erwarten dürfen. Gültige Normen sind nur dann zumutbar, wenn sie gegen abweichendes Verhalten faktisch durchgesetzt werden können.

(c) Ein drittes Problem, nämlich das der *Zurechenbarkeit von Verpflichtungen*, ergibt sich aus dem universalistischen Charakter der Vernunftmoral, insbesondere im Hinblick auf positive Pflichten, die oft – und je komplexer eine Gesellschaft wird, um so häufiger – kooperative Anstrengungen oder Organisationsleistungen erfordern. Die unmißverständliche Pflicht beispielsweise, auch den anonymen Nächsten vor dem Hungertod zu bewahren, kontrastiert augenfällig mit der Tatsache, daß Millionen Bewohner der Ersten Welt Hunderttausende in den Armutsregionen der Dritten Welt verenden lassen. Bereits die karitative Hilfe kann nur über organisierte Bahnen geleitet werden; die Umleitung von Nahrung und Medikamenten, Bekleidung und Infrastrukturen übersteigt bei weitem Initiative und Handlungsspielraum von Individuen. Eine strukturelle Verbesserung würde sogar, wie viele Studien zeigen, eine neue Weltwirtschaftsordnung erfordern. Ähnliche Probleme, die nur von Institutionen bewältigt werden können, stellen sich natürlich in der eigenen Region, sogar in der Nachbarschaft. Je mehr sich das moralische Bewußtsein auf universalistische Wertorientierungen einstellt, um so größer werden die Diskrepanzen zwischen unbestrittenen moralischen Forderungen einerseits, organisatorischen Zwängen und Änderungswiderständen andererseits. So finden jene moralischen Forderungen, die nur über anonyme Handlungsketten und Organisationsleistungen erfüllt werden können, eindeutige Adressaten erst innerhalb eines Systems von Regeln, die auf sich selber angewendet werden können. Nur das Recht ist *von Haus aus* reflexiv; es enthält sekundäre Regeln, die der Erzeugung von primären Regeln der Verhaltenssteuerung dienen. Es kann Kompetenzen festlegen und Organisationen gründen, kurz ein System von Zurechnungen herstellen, das sich nicht nur auf natürliche Rechtspersonen, sondern auf fingierte Rechtssubjekte wie Körperschaften und Anstalten bezieht.

Diese Frage der moralischen Arbeitsteilung[36] signalisiert auf ähnliche Weise wie die Probleme der Zumutbarkeit, der Willensschwäche und der Entscheidbarkeit Grenzen einer postkonventionellen Moral, die eine Ergänzung durch Recht funktional begründen. Ein weiteres Problem ergibt sich daraus, daß das postkonventionelle Begründungsniveau der Vernunftmoral den anderen, bisher traditional beglaubigten Institutionen die Grundlage ihrer Legitimität entzieht. Sobald die anspruchsvolleren moralischen Maßstäbe nicht mehr naiv eingewöhnt werden können, setzt ein Problematisie-

36 H. Shue, Mediating Duties, Ethics 98, 1988, 687-704.

rungsschub ein und bringt die entwerteten Institutionen unter Rechtfertigungsdruck. Aber die Moral, die die Gesichtspunkte zur ernüchternden Beurteilung der bestehenden Institutionen liefert, bietet selbst keine *operative* Handhabe für deren Rekonstruktion. Dafür steht das positive Recht als ein Handlungssystem, das an die Stelle anderer Institutionen treten kann, in Reserve.

Das Recht empfiehlt sich freilich nicht nur für die Rekonstruktion der wegen Legitimationsentzuges baufällig gewordenen Komplexe naturwüchsiger Institutionen. Im Zuge der gesellschaftlichen Modernisierung entsteht ein Organisationsbedarf *neuer* Art, der nur konstruktiv bewältigt werden kann. Herkömmliche Interaktionsbereiche wie Familie oder Schule werden in ihrem institutionellen Substrat rechtlich überformt, formal organisierte Handlungssysteme wie Märkte, Unternehmen und Verwaltungen durch rechtliche Konstituierung erst *geschaffen*. Die über Geld gesteuerte kapitalistische Wirtschaft oder die kompetenzförmig organisierte staatliche Bürokratie entstehen erst im Medium ihrer rechtlichen Institutionalisierung.

Die spezifischen Leistungen des Rechtskodes, mit dem ein wachsender Regelungs- und Organisationsbedarf immer komplexer werdender Gesellschaften beantwortet werden muß, lassen sich freilich nicht allein, wie die bisher betrachteten Probleme nahelegen, aus dem Kompensationsbedarf der Moral erklären. Die wirklichen Proportionen erkennt man erst, wenn man auch umgekehrt die Moral aus dem Blickwinkel des Rechtssystems betrachtet. Eine Vernunftmoral, die allein über Sozialisationsprozesse und das Bewußtsein der Individuen Wirksamkeit erlangte, bliebe auf einen engen Handlungsradius beschränkt. Die Moral kann aber über ein Rechtssystem, mit dem sie intern verknüpft bleibt, auf *alle* Handlungsbereiche ausstrahlen, sogar auf jene systemisch verselbständigten Bereiche mediengesteuerter Interaktionen, die die Akteure von allen moralischen Zumutungen, außer der einzigen eines generalisierten Rechtsgehorsams, entlasten. In weniger komplexen Verhältnissen kommt dem Ethos einer Lebensform dadurch sozialintegrative Kraft zu, daß in dieser integralen Sittlichkeit alle Komponenten der Lebenswelt miteinander verklammert, die konkreten Pflichten auf die Institutionen abgestimmt und in den Motiven verwurzelt sind. Wie sich moralische Gehalte unter Bedingungen hoher Komplexität über die Kanäle rechtlicher Regelungen gesellschaftsweit verbreiten können, werden wir freilich erst beurteilen können, wenn uns das Rechtssystem im ganzen vor Augen steht.

III.

Wir können nun die verschiedenen Argumentationsfäden zum Knoten schürzen, um ein System der Rechte zu begründen, das die private und öffentliche Autonomie der Bürger *gleichgewichtig* zur Geltung bringt. Dieses System soll genau die Grundrechte enthalten, die sich Bürger gegenseitig einräumen müssen, wenn sie ihr Zusammenleben mit Mitteln des positiven Rechts legitim regeln wollen. Wie im klassischen Vernunftrecht sollen diese Rechte zunächst aus der Perspektive eines Unbeteiligten eingeführt werden. Dazu haben wir eine Reihe von vorbereitenden Schritten unternommen. Wir sind von der Dogmengeschichte des subjektiven Rechts ausgegangen, um das Paradox der Entstehung von Legitimität aus Legalität deutlich zu machen; wir haben weiterhin eine diskurstheoretische Lesart des Autonomiebegriffs entwickelt, die den internen Zusammenhang von Menschenrechten und Volkssouveränität erkennen läßt. Schließlich haben wir das komplementäre Verhältnis von Recht und Moral untersucht, um die Formbestimmungen zu klären, durch die sich Rechtsnormen von allgemeinen Handlungsnormen unterscheiden. Interessanterweise ergibt sich bereits aus dieser Rechtsform selbst die ausgezeichnete Stellung, die subjektive Rechte in modernen Rechtsordnungen einnehmen.

Wenn man Recht allgemein als erwartungsstabilisierende Ergänzung zur Moral einführt, sind die Faktizität von Rechtsetzung und Rechtdurchsetzung (wie auch die konstruktive Selbstanwendung des Rechts) konstitutiv für eine bestimmte Sorte von moralentlasteten Interaktionen. Das Rechtsmedium als solches setzt Rechte voraus, die den Status von Rechtspersonen als Trägern von Rechten überhaupt definieren. Diese Rechte sind auf die Willkürfreiheit von typisierten und vereinzelten Aktoren zugeschnitten, d. h. auf subjektive Handlungsfreiheiten, die konditional eingeräumt werden.

Der eine Aspekt, die Entbindung der interessegeleiteten Willkür erfolgsorientiert eingestellter Aktoren von den verpflichtenden Kontexten verständigungsorientierten Handelns, ist nur die Kehrseite des anderen Aspekts, nämlich der Handlungskoordinierung über zwingende Gesetze, die die Optionsspielräume von außen begrenzen. Daraus erklärt sich der fundamentale Stellenwert von Rechten, die individuell zurechenbare subjektive Freiheiten zugleich sichern und miteinander kompatibel machen.

Sie gewährleisten eine private Autonomie, die auch als Befreiung von den Verpflichtungen kommunikativer Freiheit beschrieben werden kann. Ich verstehe mit Klaus Günther »kommunikative Freiheit« als die im verständigungsorientierten Handeln wechselseitig vorausgesetzte Möglichkeit, zu den Äußerungen eines Gegenübers und zu den damit erhobenen, auf intersubjektive Anerkennung angewiesenen Geltungsansprüchen Stellung zu nehmen.[37] Damit sind Verpflichtungen verbunden, von denen die rechtlich geschützten subjektiven Freiheiten *entbinden*. Kommunikative Freiheit besteht nur zwischen Aktoren, die sich in performativer Einstellung miteinander über etwas verständigen wollen und voneinander Stellungnahmen zu reziprok erhobenen Geltungssprüchen erwarten. Diese Abhängigkeit der kommunikativen Freiheit von einer intersubjektiven Beziehung erklärt, warum diese Freiheit mit illokutionären Verpflichtungen verknüpft ist. Einer erhält nur die Möglichkeit, zu einem kritisierbaren Geltungsanspruch mit Ja oder Nein Stellung zu nehmen, wenn der andere bereit ist, einen mit Sprechakten erhobenen Anspruch erforderlichenfalls zu begründen. Weil sich kommunikativ handelnde Subjekte darauf einlassen, die Koordination ihrer Handlungspläne von einem Einverständnis abhängig zu machen, das sich auf die gegenseitigen Stellungnahmen zu und die intersubjektive Anerkennung von Geltungsansprüchen stützt, zählen allein die Gründe, die von den beteiligten Parteien *gemeinsam* akzeptiert werden können. Es sind jeweils *dieselben* Gründe, die für die kommunikativ Handelnden eine rational motivierende Kraft haben. Für einen Aktor, der seine Entscheidungen

37 K. Günther, Die Freiheit der Stellungnahme als politisches Grundrecht, in: P. Koller u. a. (Hg.), Theoretische Grundlagen der Rechtspolitik, Archiv für Rechts- und Sozialphilosophie (ARSP), Beiheft 51, 1991, 58 ff.

kraft subjektiver Freiheit faßt, spielt es hingegen keine Rolle, ob die Gründe, die *für ihn* den Ausschlag geben, auch von anderen akzeptiert werden könnten. Deshalb läßt sich die private Autonomie eines Rechtssubjekts wesentlich als die negative Freiheit verstehen, sich aus dem öffentlichen Raum gegenseitiger illokutionärer Verpflichtungen auf eine Position wechselseitiger Beobachtung und reziproker Einwirkung zurückzuziehen. Die private Autonomie reicht so weit, wie das Rechtssubjekt *nicht* Rede und Antwort stehen, für seine Handlungspläne *keine* öffentlich akzeptablen Gründe angeben muß. Subjektive Handlungsfreiheiten berechtigen zum *Ausstieg* aus dem kommunikativen Handeln und zur Verweigerung illokutionärer Verpflichtungen; sie begründen eine Privatheit, die von der Bürde der gegenseitig zugestandenen und zugemuteten kommunikativen Freiheit befreit.

Das Kantische Rechtsprinzip, das ein Recht auf subjektive Handlungsfreiheiten statuiert, läßt sich dann so verstehen, daß ein Rechtskode in Gestalt subjektiver Rechte konstituiert werden soll, welche die Rechtssubjekte gegen die Zumutungen kommunikativer Freiheit immunisieren. Allerdings fordert das Rechtsprinzip nicht nur das Recht auf subjektive Freiheiten überhaupt, sondern auf *gleiche* subjektive Freiheiten. Die Freiheit eines *jeden* soll mit der gleichen Freiheit *aller* nach einem allgemeinen Gesetz zusammen bestehen können. Erst damit kommt der Legitimationsanspruch des positiven Rechts ins Spiel, den wir unter dem Aspekt der Formbestimmungen des Rechts noch vernachlässigen konnten. In der Kantischen Formulierung des Rechtsprinzips trägt das »allgemeine Gesetz« die Last der Legitimation. Dabei steht immer schon der Kategorische Imperativ im Hintergrund: die Form des allgemeinen Gesetzes legitimiert die Verteilung subjektiver Handlungsfreiheiten, weil sich in ihr ein erfolgreich bestandener Verallgemeinerungstest der gesetzesprüfenden Vernunft ausdrückt. Daraus ergibt sich bei Kant eine Unterordnung des Rechts unter die Moral, die mit der Vorstellung einer *im Medium des Rechts selbst* verwirklichten Autonomie unvereinbar ist.

Die Idee der Selbstgesetzgebung *von Bürgern* fordert nämlich, daß sich diejenigen, die als Adressaten dem Recht unterworfen sind, zugleich als Autoren des Rechts verstehen können. Und dieser Idee können wir nicht schon damit genügen, daß wir das Recht auf gleiche subjektive Handlungsfreiheiten als ein moralisch begründetes, vom politischen Gesetzgeber nur noch zu positivierendes Recht begreifen. Als moralisch urteilende Personen können wir uns gewiß von der Gültigkeit des ursprünglichen Menschenrechts überzeugen, sofern wir über einen Begriff der Legalität bereits verfügen. Aber *als* moralische Gesetzgeber sind wir nicht identisch mit den Rechtssubjekten, denen dieses Recht als Adressaten *verliehen* wird. Selbst wenn jedes Rechtssubjekt in der Rolle einer moralischen Person einsieht, daß es sich bestimmte juridische Gesetze selber hätte geben können, beseitigt diese nachträglich und jeweils privatim vorgenommene moralische Ratifikation keineswegs den Paternalismus einer »Herrschaft der Gesetze«, der politisch heteronome Rechtssubjekte insgesamt unterworfen bleiben. Nur die *politisch autonome* Rechtsetzung ermöglicht auch den Adressaten des Rechts ein richtiges Verständnis der Rechtsordnung im ganzen. Denn legitimes Recht ist nur mit einem Modus von Rechtszwang vereinbar, der die rationalen Motive für Rechtsgehorsam nicht zerstört. Das zwingende Recht darf seine Adressaten nicht dazu *nötigen*, es muß ihnen freistellen, von Fall zu Fall auf die Ausübung ihrer kommunikativen Freiheit und auf die Stellungnahme zum Legitimitätsanspruch des Rechts zu verzichten, d.h. im Einzelfall die performative Einstellung zum Recht zugunsten der objektivierenden Einstellung eines nutzenkalkulierenden und willkürlich entscheidenden Aktors aufzugeben. Rechtsnormen müssen aus Einsicht befolgt werden *können*.

Die Idee der Selbstgesetzgebung von Bürgern darf also nicht auf die *moralische* Selbstgesetzgebung *einzelner* Personen zurückgeführt werden. Autonomie muß allgemeiner und neutraler begriffen werden. Deshalb habe ich ein Diskursprinzip eingeführt, das gegenüber Moral und Recht zunächst indifferent ist. Das Diskursprinzip soll erst auf dem Wege der rechtsförmigen Institutionalisierung die Gestalt eines Demokratieprinzips annehmen, welches dann seinerseits dem Prozeß der Rechtsetzung legitimitätserzeugende Kraft verleiht. Der entscheidende Gedanke ist, daß sich das Demokratieprinzip der Verschränkung von Diskursprinzip und Rechtsform verdankt. Diese Verschränkung verstehe ich als eine *logische Ge-*

nese von Rechten, die sich schrittweise rekonstruieren läßt. Sie beginnt mit der Anwendung des Diskursprinzips auf das – für die Rechtsform als solche konstitutive – Recht auf subjektive Handlungsfreiheiten überhaupt und endet mit der rechtlichen Institutionalisierung von Bedingungen für eine diskursive Ausübung der politischen Autonomie, mit der rückwirkend die zunächst abstrakt gesetzte private Autonomie rechtlich ausgestaltet werden kann. Daher kann das Demokratieprinzip nur als Kern eines *Systems* von Rechten in Erscheinung treten. Die logische Genese dieser Rechte bildet einen Kreisprozeß, in dem sich der Kode des Rechts und der Mechanismus für die Erzeugung legitimen Rechts, also das Demokratieprinzip, *gleichursprünglich* konstituieren.

Der Gang der Darstellung verläuft vom Abstrakten zum Konkreten, wobei die Konkretion dadurch zustandekommt, daß die zunächst von außen herangetragene Perspektive der Darstellung vom dargestellten System der Rechte internalisiert wird. Nun soll dieses System genau die Rechte enthalten, die Bürger einander zuerkennen müssen, wenn sie ihr Zusammenleben mit Mitteln des positiven Rechts legitim regeln wollen. Die Bedeutung der Ausdrücke »positives Recht« und »legitime Regelung« ist inzwischen geklärt. Mit dem Begriff der Rechtsform, die die sozialen Verhaltenserwartungen in der angegebenen Weise stabilisiert, und dem Diskursprinzip, in dessen Licht die Legitimität von Handlungsnormen überhaupt geprüft werden kann, verfügen wir über die Mittel, die ausreichen, um jene Kategorien von Rechten in abstracto einzuführen, die den Rechtskode selber hervorbringen, indem sie den Status von Rechtspersonen festlegen:

(1) Grundrechte, die sich aus der politisch autonomen Ausgestaltung des *Rechts auf das größtmögliche Maß gleicher subjektiver Handlungsfreiheiten* ergeben.

Diese Rechte fordern als notwendige Korrelate:

(2) Grundrechte, die sich aus der politisch autonomen Ausgestaltung des *Status eines Mitgliedes* in einer freiwilligen Assoziation von Rechtsgenossen ergeben;

(3)   Grundrechte, die sich unmittelbar aus der *Einklagbarkeit* von Rechten und der politisch autonomen Ausgestaltung des individuellen *Rechtsschutzes* ergeben.

Diese drei Kategorien von Rechten ergeben sich schon aus der Anwendung des Diskursprinzips auf das Rechtsmedium als solches, d. h. auf die Bedingungen der Rechtsförmigkeit einer horizontalen Vergesellschaftung überhaupt. Sie dürfen noch nicht im Sinne von liberalen Abwehrrechten verstanden werden, da sie *vor* jeder objektiv-rechtlichen Organisation einer Staatsgewalt, gegen deren Übergriffe Bürger sich schützen müßten, nur die Beziehungen der frei assoziierten Bürger untereinander regeln. Und zwar gewährleisten diese Grundrechte insofern nur die *private* Autonomie von Rechtssubjekten, als diese sich zunächst gegenseitig in ihrer Rolle als *Adressaten* von Gesetzen anerkennen und damit einen Status einräumen, aufgrund dessen sie Rechte beanspruchen und gegeneinander geltend machen können. Erst im nächsten Schritt erwerben die Rechtssubjekte auch die Rolle von *Autoren* ihrer Rechtsordnung, und zwar durch:

(4)   Grundrechte auf die chancengleiche Teilnahme an Prozessen der Meinungs- und Willensbildung, worin Bürger ihre *politische Autonomie* ausüben und wodurch sie legitimes Recht setzen.

Diese Kategorie von Rechten findet reflexiv Anwendung auf die verfassungsrechtliche Interpretation und weitere politische Ausgestaltung der unter (1) bis (4) genannten Grundrechte. Die politischen Rechte begründen nämlich den Status freier und gleicher Staatsbürger, der insofern selbstbezüglich ist, als er es den Bürgern ermöglicht, ihre materiale Rechtsstellung mit dem Ziel der Interpretation und Ausgestaltung privater und öffentlicher Autonomie zu verändern. Mit dem Blick auf dieses Ziel *implizieren* die bisher genannten Rechte schließlich:

(5)   Grundrechte auf die Gewährung von Lebensbedingungen, die in dem Maße sozial, technisch und ökologisch gesichert sind,

wie dies für eine chancengleiche Nutzung der (1) bis (4) genannten bürgerlichen Rechte unter gegebenen Verhältnissen jeweils notwendig ist.

Im folgenden beschränke ich mich auf einige Kommentare zu den vier absolut begründeten Freiheits- und Teilnahmerechten, da ich auf die zuletzt angeführten, nur relativ begründeten Teilhaberechte im letzten Kapitel zurückkomme. Das vorgeschlagene diskurstheoretische Verständnis der Grundrechte soll den internen Zusammenhang zwischen Menschenrechten und Volkssouveränität klären und das Paradox der Entstehung von Legitimität aus Legalität auflösen.

ad (1) Handlungsnormen, die in Rechtsform auftreten, berechtigen Aktoren zur Wahrnehmung subjektiver Handlungsfreiheiten. Die Frage, welche dieser Gesetze legitim sind, läßt sich nicht allein im Hinblick auf die *Form* subjektiver Rechte beantworten. Erst mit Hilfe des Diskursprinzips zeigt sich, daß *jedermann* ein Recht auf das größtmögliche Maß *gleicher* subjektiver Handlungsfreiheiten zusteht. Nur diejenigen Regelungen sind legitim, die dieser Bedingung der Kompatibilität der Rechte eines jeden mit den gleichen Rechten aller genügen. Kants Rechtsprinzip deckt sich mit diesem allgemeinen Recht auf gleiche Freiheiten; es besagt ja nur soviel, daß ein Rechtskode in Gestalt *legitim verteilter* subjektiver Rechte eingerichtet werden soll, die den Schutz der privaten Autonomie von Rechtssubjekten gewährleisten. Mit diesen Rechten allein ist freilich der Rechtskode noch nicht vollständig institutionalisiert. Dieser muß nämlich innerhalb einer bestimmten Rechtsgemeinschaft Anwendung finden und Rechte festlegen, die einer gegen den anderen einklagen kann.

ad (2) Rechtsregeln normieren nicht wie Regeln der Moral mögliche Interaktionen zwischen sprach- und handlungsfähigen Subjekten *überhaupt*, sondern die Interaktionszusammenhänge einer konkreten Gesellschaft. Das folgt schon aus dem Begriff der Positivität des Rechts, d. h. aus der Faktizität der Rechtsetzung und der Rechtdurchsetzung. Rechtsnormen gehen zurück auf die Beschlüsse eines historischen Gesetzgebers, beziehen sich auf ein geographisch abgegrenztes Rechtsgebiet und auf ein sozial abgrenzbares Kollektiv von Rechtsgenossen, mithin auf einen speziellen Geltungsbereich. Diese Einschränkungen in der historischen Zeit und im sozialen Raum ergeben sich bereits aus dem Umstand, daß die Rechtssubjekte ihre Zwangsbefugnisse an eine Instanz abtreten werden, die die Mittel legitimen Zwangs monopolisiert und gegebenenfalls für sie einsetzt. Denn jedes Gewaltmonopol auf Erden ist, was sogar für eine Weltregierung gelten würde, eine endliche Größe – sie bleibt gegenüber der Zukunft und dem Weltraum provinziell. Die Einrichtung eines Rechtskodes verlangt daher Rechte, die die Zugehörigkeit zu einer *bestimmten* Assoziation von Rechtsgenossen regeln und somit die Differenzierung zwischen Mitgliedern und Nicht-Mitgliedern, Bürgern und Fremden erlaubt. In staatlich organisierten Gemeinschaften erhalten sie die Form von Staatsangehörigkeitsrechten. Die äußeren Aspekte der Staatsangehörigkeit, die sich auf die völkerrechtliche Anerkennung des jeweiligen Staates stützen, sollen uns hier nicht interessieren. Nach innen bildet der Mitgliedschaftsstatus die Grundlage für die Zuschreibung der materialen Rechtsstellungen, die insgesamt den Status eines Bürgers im Sinne der Staatsbürgerschaft ausmachen. Aus der Anwendung des Diskursprinzips ergibt sich, daß jeder vor der einseitigen Aberkennung der Angehörigkeitsrechte geschützt sein, aber das Recht haben muß, auf den Status eines Angehörigen zu verzichten. Das Recht auf Auswanderung impliziert, daß die Mitgliedschaft auf einem (mindestens unterstellten) Akt der Einwilligung von seiten des Angehörigen beruhen muß. Zugleich erfordert Immigration, also die Erweiterung der Rechtsgemeinschaft um Fremde, die Angehörigkeitsrechte erwerben möchten, eine Regelung, die im gleichmäßigen Interesse von Mitgliedern wie Anwärtern liegt.

ad (3) Die rechtliche Institutionalisierung des Rechtskodes erfordert schließlich die Garantie der Rechtswege, auf denen jede Person, die sich in ihren Rechten beeinträchtigt fühlt, ihre Ansprüche geltend machen kann. Aus dem zwingenden Charakter des Rechts ergibt sich das Erfordernis, daß das geltende Recht in Konfliktfällen in einem besonderen Verfahren verbindlich interpretiert und angewendet wird. Rechtspersonen können die mit ihren Rechten verknüpften Zwangsbefugnisse nur dann in der Gestalt von Klagebefugnissen mobilisieren, wenn sie freien Zugang zu unabhängigen und effektiv arbeitenden Gerichten haben, die Streitfälle im Rahmen der Gesetze unparteilich und autoritativ entscheiden. Im Lichte des Diskursprinzips lassen sich dann Justizgrundrechte begründen, die allen Personen den gleichen Rechtsschutz, einen gleichen Anspruch auf rechtliches Gehör, Rechtsanwendungsgleichheit, also Gleichbehandlung vor dem Gesetz, usw. sichern.

Zusammenfassend ist festzustellen, daß das Recht auf gleiche subjektive Handlungsfreiheiten mit den Korrelaten der Mitgliedschaftsrechte und der Rechtsweggarantien den Rechtskode als solchen etablieren. Mit einem Satz: Es gibt kein legitimes Recht ohne diese Rechte. Bei dieser rechtlichen Institutionalisierung des Rechtsmediums handelt es sich freilich noch nicht um die bekannten liberalen Grundrechte. Abgesehen davon, daß von einer organisierten Staatsgewalt, gegen die sich solche Abwehrrechte richten müßten, auf dieser Stufe noch nicht die Rede sein kann, bleiben die dem Rechtskode selbst eingeschriebenen Grundrechte sozusagen *ungesättigt*. Sie müssen von einem politischen Gesetzgeber je nach Umständen *interpretiert* und *ausgestaltet* werden. Der Rechtskode kann nicht in abstracto, sondern nur in der Weise eingerichtet werden, daß die Bürger, die ihr Zusammenleben mit Hilfe des positiven Rechts legitim regeln wollen, einander *bestimmte* Rechte zusprechen. Andererseits erfüllen diese Einzelrechte nur dann die Funktion der Einrichtung eines Rechtskodes, wenn sie sich als Explikation der genannten Rechtskategorien verstehen lassen. Die klassischen liberalen Grundrechte auf die Würde des Menschen, auf Freiheit, Leben und körperliche Unversehrtheit der Person, auf Freizügigkeit, Freiheit der Berufswahl, Eigentum, Unverletzbarkeit der Wohnung usw. sind in diesem Sinne Interpretationen und Ausgestaltungen des allgemeinen Freiheitsrechts im Sinne eines Rechts auf gleiche subjektive Freiheiten. In ähnlicher Weise bedeuten Auslieferungsverbot, Asylrecht, überhaupt der materiale Pflichtenstatus, der Leistungsstatus, die Staatsbürgerschaft usw. eine Konkretisierung des allgemeinen Status eines Mitglieds in einer freiwilligen Assoziation von Rechtsgenossen. Und die Rechtsweggarantien werden durch Verfahrensgarantien und Rechtsgrundsätze (wie das Rückwirkungsverbot, das Verbot der mehrmaligen Bestrafung derselben Tat, das Verbot von Ausnahmegerichten sowie die Garantie

der sachlichen und persönlichen Unabhängigkeit des Richters usw.)
interpretiert.

Festzuhalten sind *beide* Aspekte: Auf der einen Seite sind die ersten
drei Kategorien von Rechten ungesättigte Platzhalter für die Spezifizierung einzelner Grundrechte, also eher Rechtsprinzipien, an denen sich der Verfassungsgesetzgeber orientiert. Andererseits muß
dieser sich, unbeschadet seiner Souveränität, an den genannten
Prinzipien orientieren, sofern er sich überhaupt des Rechtsmediums bedient. Denn in diesen Prinzipien bringt sich der von
Hobbes und Rousseau betonte rationalisierende Sinn der Rechtsform als solcher zur Geltung.

ad (4) In der Genese der Rechte haben wir freilich bisher das Diskursprinzip nur aus der Sicht eines Theoretikers an die Rechtsform
gleichsam von außen herangetragen. Der Theoretiker *sagt* den Bürgern, welche Rechte sie, wenn sie ihr Zusammenleben mit Mitteln
des positiven Rechts legitim regeln wollen, gegenseitig zuerkennen
müßten. Das erklärt die abstrakte Natur der erörterten Rechtskategorien. Nun müssen wir den Perspektivenwechsel vornehmen, der
nötig ist, wenn die Bürger das Diskursprinzip in eigener Regie sollen anwenden können. Denn *als* Rechtssubjekte erlangen sie Autonomie erst dadurch, daß sie sich zugleich als Autoren der Rechte
verstehen und betätigen, denen sie sich als Adressaten unterwerfen
wollen. Als *Rechts*subjekten steht ihnen freilich die Wahl des Mediums, in dem sie ihre Autonomie verwirklichen können, nicht
mehr frei. Sie können nicht mehr darüber disponieren, welcher
Sprache sie sich bedienen wollen. Der Rechtskode ist Rechtssubjekten vielmehr als die einzige Sprache, in der sie ihre Autonomie ausdrücken können, vorgegeben. Die Idee der Selbstgesetzgebung
muß sich im Medium des Rechts selbst Geltung verschaffen. Deshalb müssen die Bedingungen, unter denen die Bürger im Lichte des
Diskursprinzips beurteilen können, ob das Recht, das sie setzen,
legitimes Recht ist, ihrerseits rechtlich garantiert werden. Dem dienen die politischen Grundrechte auf Teilnahme an den Meinungs-
und Willensbildungsprozessen des Gesetzgebers.

Nach diesem Perspektivenwechsel können wir nicht mehr aus *unserer Sicht* gleiche Kommunikations- und Teilnahmerechte begründen. Nun sind es die Bürger selbst, die überlegen und – in der Rolle

eines Verfassungsgesetzgebers – entscheiden, wie die Rechte beschaffen sein müssen, die dem Diskursprinzip die rechtliche Gestalt eines Demokratieprinzips geben. Gemäß dem Diskursprinzip dürfen genau die Normen Geltung beanspruchen, die die Zustimmung aller potentiell Betroffenen finden könnten, sofern diese überhaupt an rationalen Diskursen teilnehmen. Die gesuchten politischen Rechte müssen daher die Teilnahme an allen gesetzgebungsrelevanten Beratungs- und Entscheidungsprozessen in der Weise gewährleisten, daß darin die kommunikative Freiheit eines jeden, zu kritisierbaren Geltungsansprüchen Stellung zu nehmen, gleichmäßig zum Zuge kommen kann. Der gleichmäßigen Verrechtlichung des politischen Gebrauchs kommunikativer Freiheiten entspricht die Einrichtung einer politischen Meinungs- und Willensbildung, in der das Diskursprinzip zur Anwendung gelangt. In der gleichen Art, wie die kommunikative Freiheit vor aller Institutionalisierung auf Bedingungen eines verständigungsorientierten Sprachgebrauchs bezogen ist, so sind die Berechtigungen zum *öffentlichen Gebrauch* der kommunikativen Freiheit auf rechtlich gesicherte Kommunikationsformen und Verfahren diskursiver Beratungs- und Entscheidungsprozesse angewiesen. Diese müssen gewährleisten, daß alle form- und verfahrensgerecht erzielten Ergebnisse die Vermutung der Legitimität für sich haben. Gleiche politische Grundrechte für jedermann ergeben sich also aus einer symmetrischen Verrechtlichung der kommunikativen Freiheit aller Rechtsgenossen; und diese *erfordert* wiederum Formen diskursiver Meinungs- und Willensbildung, die eine Ausübung der politischen Autonomie in Wahrnehmung der staatsbürgerlichen Rechte ermöglicht.

Wenn man das System der Rechte auf diese Weise einführt, wird die Zusammengehörigkeit von Volkssouveränität und Menschenrechten, also die Gleichursprünglichkeit von politischer und privater Autonomie verständlich. Weder ist der Spielraum der politischen Autonomie der Bürger durch natürliche oder moralische Rechte, die nur darauf warten, in Kraft gesetzt zu werden, eingeschränkt, noch wird die private Autonomie des Einzelnen für Zwecke einer souveränen Gesetzgebung bloß instrumentalisiert. Der Selbstbestimmungspraxis der Bürger ist nichts vorgegeben außer dem Diskursprinzip, das in Bedingungen kommunikativer Vergesellschaftung überhaupt angelegt ist, auf der einen und dem Rechtsmedium auf der anderen Seite. Das Rechtsmedium muß in Anspruch genommen werden, wenn das Diskursprinzip mit Hilfe gleicher Kommunikations- und Teilnahmerechte als Demokratieprinzip im Gesetzgebungsverfahren implementiert werden soll. Allerdings impliziert die Einrichtung des Rechtskodes als solchen bereits Freiheitsrechte, die den Status von Rechtspersonen erzeugen und deren Integrität gewährleisten. Aber diese Rechte sind notwendige Bedingungen, die die Ausübung politischer Autonomie erst *ermöglichen*; als ermöglichende Bedingungen können sie die Souveränität des Gesetzgebers, obwohl sie diesem nicht zur Disposition stehen, nicht *einschränken*. Ermöglichende Bedingungen erlegen dem, was sie konstituieren, keine Beschränkungen auf.

Weder das Diskursprinzip noch die Rechtsförmigkeit interaktiver Beziehungen reichen, je für sich genommen, für die Begründung irgendeines Rechtes aus. Das Diskursprinzip kann über das Rechtsmedium die Gestalt eines Demokratieprinzips nur annehmen, indem sich beide miteinander verschränken und zu einem System der Rechte *ausbilden*, das private und öffentliche Autonomie in ein Verhältnis wechselseitiger Voraussetzung bringt. Umgekehrt bedeutet jede Ausübung politischer Autonomie zugleich eine Interpretation und Ausgestaltung dieser im Prinzip ungesättigten Rechte durch einen historischen Gesetzgeber. Das gilt auch für die politischen Grundrechte, die dafür in Anspruch genommen werden. Der Grundsatz, daß alle Staatsgewalt vom Volke ausgeht, muß je nach Umständen in der Form von Meinungs- und Informationsfreiheiten, von Versammlungs- und Assoziationsfreiheiten, von Glaubens-, Gewissens- und Bekenntnisfreiheiten, von Berechtigungen zur Teilnahme an politischen Wahlen und Abstimmungen, zur Betätigung in politischen Parteien oder Bürgerbewegungen usw. *spezifiziert* werden. In den verfassunggebenden Akten einer rechtsverbindlichen Auslegung des Systems der Rechte machen die Bürger einen originären Gebrauch von einer politischen Autonomie, die sich damit auf eine performativ selbstbezügliche Weise konstituiert. Deshalb lassen sich die Grundrechtsabschnitte der historischen Verfassungen als kontextabhängige Lesarten *desselben* Systems der Rechte verstehen.

Dieses System der Rechte ist aber dem Verfassungsgesetzgeber nicht als Naturrecht vorgegeben. Erst in einer bestimmten verfassunggebenden Interpretation kommen diese Rechte überhaupt zu Bewußtsein. Und zwar explizieren die Bürger mit einer aus der Sicht ihrer Situation gefundenen Lesart des Systems der Rechte lediglich den Sinn eben des Unternehmens, auf das sie sich schon eingelassen haben, sobald sie sich entschließen, ihr Zusammenleben durch Recht legitim zu regeln. Ein solches Unternehmen setzt allein ein intuitives Verständnis des Diskursprinzips und den Begriff der Rechtsform voraus. Deshalb meint die Rede von »dem« System der Rechte bestenfalls das, worin die verschiedenen Explikationen des jeweiligen Selbstverständnisses einer solchen Praxis übereinstimmen. Ex post enthüllt sich auch »unsere« theoretische Einführung von Grundrechten in abstracto als ein Kunstgriff. Niemand kann sich den Zugriff auf ein System der Rechte im Singular unabhängig von den Auslegungen zutrauen, die er historisch schon vorfindet. »Das« System der Rechte gibt es nicht in transzendentaler Reinheit. Aber nach mehr als zweihundert Jahren europäischer Verfassungsrechtsentwicklung stehen uns genügend Modelle vor Augen; sie können eine verallgemeinernde Rekonstruktion jenes Verständnisses anleiten, das die intersubjektive Praxis einer mit Mitteln des positiven Rechts vorgenommenen Selbstgesetzgebung notwendigerweise anleitet. Der Charakter von Verfassungsgründungen, die oft den Erfolg politischer Revolutionen besiegeln, suggeriert das täuschende Bild einer »Feststellung« statischer, der Zeit entrissener und der historischen Veränderung standhaltender Normen. Der rechtstechnische Vorrang der Verfassung vor den einfachen Gesetzen gehört zur Systematik rechtsstaatlicher Prinzipien; aber er bedeutet nur eine *relative* Fixierung des Gehaltes der Verfassungsnormen. Wie wir noch sehen werden, ist jede Verfassung ein Projekt, das nur im Modus einer fortgesetzten, auf allen Ebenen der Rechtsetzung kontinuierlich vorangetriebenen Verfassungsinterpretation *Bestand* haben kann.

Indem das System der Rechte gleichwertig private und öffentliche Autonomie sichert, operationalisiert es jene Spannung zwischen Faktizität und Geltung, die wir zunächst als Spannung zwischen der Positivität und der Legitimität des Rechts kennengelernt hatten.

Beide Momente verbinden sich in der gegenseitigen Durchdringung von Rechtsform und Diskursprinzip, auch in dem Januskopf, den das Recht seinen Adressaten auf der einen und seinen Autoren auf der anderen Seite zuwendet. Auf der einen Seite entfesselt das System der Rechte die interessegeleitete Willkür erfolgsorientiert handelnder Einzelsubjekte in den Bahnen von zwingenden Gesetzen, die gleiche subjektive Handlungsfreiheiten kompatibel machen; auf der anderen Seite mobilisiert und vereinigt es die kommunikativen Freiheiten präsumptiv gemeinwohlorientierter Bürger in der Praxis der Gesetzgebung. Hier bricht die Spannung von Faktizität und Geltung erneut auf; ja, sie konzentriert sich in dem auf den ersten Blick paradoxen Umstand, daß die politischen Grundrechte den öffentlichen Gebrauch kommunikativer Freiheiten *in der Form* subjektiver Rechte institutionalisieren müssen. Der Rechtskode läßt keine andere Wahl; die Kommunikations- und Teilnahmerechte müssen in einer Sprache formuliert werden, die den autonomen Rechtssubjekten freistellt, ob und gegebenenfalls wie sie davon Gebrauch machen wollen. Es wird der Willkür der Adressaten anheimgestellt, ob sie als Autoren ihren freien Willen betätigen, einen Perspektivenwechsel von der erfolgsorientierten Wahrnehmung je eigener Interessen zur Verständigung über allgemein zustimmungsfähige Normen vornehmen und von ihrer kommunikativen Freiheit einen öffentlichen Gebrauch machen wollen oder nicht.

Diese Differenz verlieren wir aus dem Blick, wenn wir uns auf die semantische Analyse von Rechten beschränken. Wenn einer Person ein Recht zusteht, dann hat sie einen entsprechenden Anspruch auf x und kann diesen gegenüber anderen Personen geltend machen. Auf dieser analytischen Ebene lassen sich negative von positiven Rechten unterscheiden, aber das Spezifische der Rechtsform ist damit noch nicht berührt.[38] Erst auf der pragmatischen Ebene kommen die Aspekte der Legalität in den Blick, die wir im Anschluß an Kants Stichworte der Willkürfreiheit, des äußeren Verhältnisses und der Zwangsbefugnis analysiert haben. Unter diesen Aspekten gibt sich der zweideutige Adressatenbezug der subjektiven Rechte zum öffentlichen Gebrauch kommunikativer

---

38 Zur semantischen Analyse von Rechtsbegriffen vgl. H. J. Koch, Die juristische Methode im Staatsrecht, Frankfurt/Main 1977, 29 ff.

Freiheiten zu erkennen: diese Berechtigungen müssen *auch* at face value genommen, d. h. als die Einräumung subjektiver Handlungsfreiheiten verstanden werden *dürfen*. Anders als die Moral kann das Recht nicht zu einer verständigungsorientierten Inanspruchnahme subjektiver Rechte *verpflichten*, auch wenn die politischen Bürgerrechte genau diese Art des öffentlichen Gebrauchs *ansinnen*. Allerdings hat noch das Faktum dieser Zweideutigkeit einen guten normativen Sinn.[39]

Als Paradox erscheint die Entstehung von Legitimität aus Legalität freilich nur unter der Prämisse, daß das Rechtssystem vorgestellt werden muß als ein rekursiv in sich zurücklaufender und *sich selbst* legitimierender Kreisprozeß. Dem widerspricht schon die Evidenz, daß rechtliche Institutionen der Freiheit ohne die Initiativen einer an Freiheit *gewöhnten* Bevölkerung zerfallen. Deren Spontaneität läßt sich eben durch Recht nicht erzwingen; sie regeneriert sich aus freiheitlichen Traditionen und erhält sich in Assoziationsverhältnissen einer liberalen politischen Kultur. Rechtliche Regelungen können allerdings Vorkehrungen dafür treffen, daß die Kosten der angesonnenen staatsbürgerlichen Tugenden gering bleiben können und nur in kleiner Münze erhoben werden müssen. Das diskurstheoretische Verständnis des Systems der Rechte lenkt den Blick nach beiden Seiten. Einerseits verlagert sich die Bürde der Legitimation der Rechtsetzung von den Staatsbürgerqualifikationen auf die rechtlich institutionalisierten Verfahren diskursiver Meinungs- und Willensbildung. Andererseits bedeutet die Verrechtlichung der kommunikativen Freiheit auch, daß sich das Recht Quellen der Legitimation erschließen muß, über die es nicht verfügen kann.

---

39 Das ist trotz problematischer Konsequenzen der richtige Kern der Argumentation von A. Wellmer, Models of Freedom in the Modern World, The Philosophical Forum XXI, 1989/90, 227-252.

IV. Zur Rekonstruktion des Rechts (2):
Die Prinzipien des Rechtsstaats

Die Rekonstruktion des Rechts hat den Stellenwert einer Bedeutungsexplikation. Mit dem System der Rechte haben wir uns der Präsuppositionen vergewissert, von denen die Mitglieder einer modernen Rechtsgemeinschaft ausgehen müssen, wenn sie ihre Rechtsordnung, ohne sich dabei auf Gründe religiöser oder metaphysischer Art stützen zu dürfen, sollen für legitim halten können. Aber die Legitimität von Rechten und die Legitimation von Rechtsetzungsprozessen ist eine Frage, die Legitimität einer Herrschaftsordnung und die Legitimation der Ausübung politischer Herrschaft eine andere. Die im Gedankenexperiment nachkonstruierten Grundrechte sind für jede Assoziation freier und gleicher Rechtsgenossen konstitutiv; in diesen Rechten spiegelt sich die horizontale Vergesellschaftung der Bürger gleichsam in statu nascendi. Aber der selbstbezügliche Akt der rechtlichen Institutionalisierung staatsbürgerlicher Autonomie ist in wesentlichen Hinsichten unvollständig; er kann sich nicht selber stabilisieren. Der Augenblick der gegenseitigen Zuerkennung von Rechten bleibt ein metaphorisches Ereignis; er kann vielleicht erinnert und ritualisiert, jedoch nicht ohne die Errichtung oder die funktionale Indienstnahme einer staatlichen Gewalt auf Dauer gestellt werden. Wenn die im System der Rechte vollzogene Verschränkung von privater und öffentlicher Autonomie verstetigt werden soll, darf sich der Prozeß der Verrechtlichung nicht auf die subjektiven Handlungsfreiheiten der Privatleute und die kommunikativen Freiheiten der Staatsbürger beschränken. Er muß sich sogleich auf jene, mit dem Rechtsmedium *bereits vorausgesetzte* politische Macht erstrecken, der sowohl die Rechtsetzung wie die Rechtsdurchsetzung ihre faktische Verbindlichkeit verdanken. Aus der gleichursprünglichen Konstituierung und begrifflichen Verschränkung von Recht und politischer Macht ergibt sich ein weitergehender Legitimationsbedarf, nämlich die Notwendigkeit, die staatliche Sanktions-, Organisations- und Exekutivgewalt selber rechtlich zu kanalisieren. Das ist die Idee des Rechtsstaates (I). Diese Idee möchte ich anhand der Bedingungen klären, die für die

Erzeugung kommunikativer Macht (II) und für eine an kommuni-kative Macht gebundene Verwendung administrativer Macht erfüllt sein müssen (III).

I.

(1) Das Recht stellt sich, solange wir es unter dem Aspekte der ihm eigenen Funktion der Erwartungsstabilisierung betrachten, als ein System von Rechten dar. Diese subjektiven Rechte können freilich nur von Organisationen in Kraft gesetzt und durchgesetzt werden, die kollektiv bindende Entscheidungen fällen. Diese Entscheidungen verdanken umgekehrt ihre kollektive Verbindlichkeit der Rechtsform, in die sie gekleidet sind. Dieser *interne Zusammenhang des Rechts mit politischer Macht* spiegelt sich in den objektiv-rechtlichen Implikationen des subjektiven Rechts, auf die wir schon gestoßen sind.

Das Recht auf gleiche subjektive Handlungsfreiheiten konkretisiert sich in Grundrechten, die als positive Rechte mit Sanktionsdrohungen bewehrt sind und gegen Normverletzungen oder widerstrebende Interessen geltend gemacht werden können. Insofern setzen sie die Sanktionsgewalt einer Organisation voraus, die über Mittel legitimer Gewaltanwendung verfügt, um Rechtsnormen Nachachtung zu verschaffen. Das betrifft den Aspekt, unter dem der Staat gleichsam zur »Deckung« seiner Befehlsmacht eine kasernierte Gewalt in Reserve hält.

Das Recht auf gleiche Mitgliedschaftsrechte in einer freiwilligen Assoziation von Rechtsgenossen setzt ein in Raum und Zeit abgegrenztes Kollektiv voraus, mit dem sich die Angehörigen identifizieren und dem sie ihre Handlungen als Teile desselben Interaktionszusammenhangs zurechnen können. Ein solches Kollektiv kann sich nur als Rechtsgemeinschaft konstituieren, wenn es über eine zentrale Instanz verfügt, die für das Ganze zu handeln befugt ist. Das betrifft den Aspekt der Selbstbehauptung, unter dem der Staat seine Fähigkeit zur Organisation und Selbstorganisation einsetzt, um die Identität des rechtlich organisierten Zusammenlebens nach außen und nach innen aufrechtzuerhalten.

Das Recht auf individuellen Rechtsschutz konkretisiert sich in Grundrechten, die Ansprüche auf eine unabhängige und unparteilich urteilende Justiz begründen. Insofern setzen diese die Einrichtung eines staatlich organisierten Gerichtswesens voraus, das für die autoritative Entscheidung von Streitfällen die Sanktionsgewalt, für Zwecke der Wahrung und Fortbildung des Rechts die Organisationskapazität des Staates in Anspruch nimmt.

Das Recht auf politisch-autonome Rechtsetzung konkretisiert sich schließlich in Grundrechten, die gleiche Ansprüche auf die Teilnahme an demokratischen Gesetzgebungsprozessen begründen. Diese müssen selbst mit Hilfe staatlich organisierter Macht eingerichtet werden. Darüber hinaus ist die als Legislative eingerichtete politische Willensbildung auf eine Exekutivgewalt angewiesen, die beschlossene Programme ausführen und implementieren kann. Das betrifft den zentralen Aspekt, unter dem sich der Staat zu einer Anstalt für die bürokratische Ausübung legaler Herrschaft ausdifferenziert. Die Staatsmacht gewinnt eine feste institutionelle Gestalt erst in der Ämterorganisation öffentlicher Verwaltungen. Umfang und Gewicht des Staatsapparates hängen davon ab, in welchem Maße die Gesellschaft das Rechtsmedium in Anspruch nimmt, um auf ihre Reproduktionsprozesse mit Willen und Bewußtsein einzuwirken. Diese Dynamik der Selbsteinwirkung wird durch Teilhaberechte beschleunigt, die Ansprüche auf die Erfüllung sozialer, kultureller und ökologischer Voraussetzungen für eine chancengleiche Nutzung privater Freiheits- und politischer Teilnahmerechte begründen.

Kurzum, der Staat wird als Sanktions-, Organisations- und Exekutivgewalt nötig, weil Rechte durchgesetzt werden müssen, weil die Rechtsgemeinschaft einer identitätsstabilisierenden Kraft ebenso wie einer organisierten Rechtsprechung bedarf, und weil aus der politischen Willensbildung Programme hervorgehen, die implementiert werden müssen. Dies sind freilich nicht nur funktional notwendige Ergänzungen zum System der Rechte, sondern objektiv-rechtliche *Implikationen*, die in den subjektiven Rechten in nuce enthalten sind. Denn die staatlich organisierte Macht tritt nicht gleichsam von außen neben das Recht, sondern wird von diesem *vorausgesetzt*, und sie etabliert sich selber in Formen des

Rechts. Die politische Macht kann sich nur über einen Rechtskode entfalten, der in der Gestalt von Grundrechten institutionalisiert worden ist. Deshalb hat der deutsche Konstitutionalismus mit seiner Rechtsstaatsidee zunächst einen kurzschlüssigen Zusammenhang zwischen Freiheitsrechten und organisierter Staatsgewalt herstellen können.[1] Der Rechtsstaat sollte die private Autonomie und die rechtliche Gleichheit der Bürger gewährleisten. Demgegenüber macht die diskurstheoretische Begründung des Systems der Rechte den internen Zusammenhang zwischen privater und öffentlicher Autonomie klar. Seinen vollen normativen Sinn erhält das Recht nicht per se durch seine *Form*, auch nicht durch einen a priori gegebenen moralischen *Inhalt*, sondern durch ein *Verfahren* der Rechtsetzung, das Legitimität erzeugt. Insofern bietet der materielle Gesetzesbegriff der *alt*liberalen Staatsrechtslehre von Mohl, Rotteck, Welcker und anderen einen besseren Schlüssel zur demokratischen Idee des Rechtsstaates. Unter »Gesetz« verstanden diese Autoren eine allgemeine und abstrakte Regel, die unter Zustimmung der Volksrepräsentation in einem durch Diskussion und Öffentlichkeit gekennzeichneten Verfahren zustandekommt. Die Idee des Rechtsstaates verlangt, daß sich die kollektiv bindenden Entscheidungen der organisierten Staatsgewalt, die das Recht für die Erfüllung seiner eigenen Funktionen in Anspruch nehmen muß, nicht nur in die Form des Rechts kleiden, sondern am legitim gesetzten Recht ihrerseits legitimieren. Nicht die Rechtsform als solche legitimiert die Ausübung politischer Herrschaft, sondern allein die Bindung ans *legitim gesetzte* Recht. Und auf dem posttraditionalen Rechtfertigungsniveau gilt nur das Recht als legitim, das in einer diskursiven Meinungs- und Willensbildung von allen Rechtsgenossen rational akzeptiert werden könnte.

Das hat allerdings für die staatsbürgerliche Ausübung politischer Autonomie auch umgekehrt eine Inkorporierung in den Staat zur Folge – die Gesetzgebung konstituiert sich als eine Gewalt *im* Staat. Mit dem Übergang von der horizontalen Vergesellschaftung der

---

1 E. W. Böckenförde, Entstehung und Wandel des Rechtsstaatsbegriffs, in: ders., Recht, Staat, Freiheit, Frankfurt/Main 1991, 143-169; I. Maus, Entwicklung und Funktionswandel der Theorie des bürgerlichen Rechtsstaats, in: dies., Rechtstheorie und Politische Theorie im Industriekapitalismus, München 1986, 11-82.

Bürger, die sich gegenseitig Rechte zuerkennen, zur vertikal vergesellschaftenden Organisationsform des Staates wird die Selbstbestimmungspraxis der Bürger institutionalisiert – als informelle Meinungsbildung in der politischen Öffentlichkeit, als politische Beteiligung innerhalb und außerhalb der Parteien, als Teilnahme an allgemeinen Wahlen, an der Beratung und Beschlußfassung parlamentarischer Körperschaften usw. Eine mit den subjektiven Freiheiten intern verschränkte Volkssouveränität verschränkt sich nochmals mit der staatlich organisierten Macht, und zwar in der Weise, daß der Grundsatz »Alle Staatsgewalt geht vom Volke aus« über die Kommunikationsvoraussetzungen und Verfahren einer institutionell ausdifferenzierten Meinungs- und Willensbildung verwirklicht wird. Im diskurstheoretisch begriffenen Rechtsstaat verkörpert sich die Volkssouveränität nicht mehr in einer anschaulich identifizierbaren Versammlung autonomer Bürger. Sie zieht sich in die gleichsam subjektlosen Kommunikationskreisläufe von Foren und Körperschaften zurück. Nur in dieser anonymen Form kann ihre kommunikativ verflüssigte Macht die administrative Macht des Staatsapparates an den Willen der Staatsbürger binden. Im demokratischen Rechtsstaat differenziert sich, wie wir sehen werden, die politische Macht in kommunikative und administrative Macht aus. Weil sich die Volkssouveränität nicht mehr in einem Kollektiv, nicht mehr in der physisch greifbaren Präsenz der vereinigten Bürger oder ihrer versammelten Repräsentanten zusammenzieht, sondern in der Zirkulation vernünftig strukturierter Beratungen und Entscheidungen zur Geltung kommt, kann der Satz, daß es im Rechtsstaat keinen Souverän geben kann, einen unverfänglichen Sinn erhalten.[2] Aber diese Deutung muß dahingehend präzisiert werden, daß sie die Volkssouveränität nicht ihres radikal-demokratischen Gehaltes beraubt.

Wenn wir im folgenden den internen Zusammenhang von Recht und politischer Macht rekonstruieren, müssen wir von vornherein ein Mißverständnis vermeiden. Bei dieser Untersuchung geht es nicht um das Gefälle zwischen Norm und Wirklichkeit, also um Macht als eine soziale Faktizität, vor der sich Ideen blamieren kön-

2 M. Kriele, Einführung in die Staatslehre, Opladen 1981, 224 ff.

nen. Der Blick richtet sich vielmehr nach wie vor auf eine dem Recht *innewohnende* Spannung von Faktizität und Geltung. Diese hatte sich zunächst in der Dimension der Rechtsgeltung – als die Spannung zwischen der Positivität und der Legitimität des Rechts – und innerhalb des Systems der Rechte – als die zwischen privater und öffentlicher Autonomie – dargestellt. Mit der Idee des Rechtsstaats erweitert sich die Perspektive. Von den Rechten gehen wir zu einer rechtsförmig organisierten Herrschaft über, deren Ausübung an legitimes Recht gebunden sein soll. Mit der reflexiven Anwendung des Rechts auf die von ihm stillschweigend vorausgesetzte politische Macht verschiebt sich allerdings die Spannung zwischen Faktizität und Geltung in eine andere Dimension: sie kehrt in der rechtsstaatlich verfaßten politischen Macht selber wieder. Politische Herrschaft stützt sich auf ein Drohpotential, das von kasernierten Gewaltmitteln gedeckt ist; gleichzeitig läßt sie sich aber durch legitimes Recht *autorisieren*. Wie in der Rechtsgeltung, so verbinden sich auch in der kollektiven Verbindlichkeit politischer Entscheidungen beide Momente, Zwang und normativer Geltungsanspruch – nun aber seitenverkehrt. Während das Recht, ungeachtet seiner Positivität, von Haus aus normative Geltung beansprucht, steht die Macht, ungeachtet ihrer Autorisierung, als Mittel für die Erreichung kollektiver Ziele einem politischen Willen zur Disposition. Deshalb fungiert das Recht, wenn man es empirisch betrachtet, oft nur als die Form, deren sich die politische Macht *bedient*. Allein *diese*, normativ gesehen: verkehrte Faktizität einer dem Recht externen, das Recht instrumentalisierenden und insofern illegitimen Macht ist vorerst nicht unser Thema. Der begrifflichen Analyse erschließt sich nur jene Spannung zwischen Faktizität und Geltung, mit der die politische Macht als solche aufgeladen ist, weil sie in einem internen Zusammenhang mit dem Recht steht, an dem sie sich legitimieren muß. Dieses konzeptuelle Verhältnis darf nicht mit jenem Gegensatz von Norm und Wirklichkeit verwechselt werden, der erst, wie wir in Kapitel VIII sehen werden, einer empirischen Analyse zugänglich ist.

(2). Der Komplex von Recht und politischer Macht kennzeichnet den Übergang von verwandtschaftlich organisierten zu jenen frühen, bereits staatlich organisierten Gesellschaften, aus denen die al-

ten Reiche mit ihren Hochkulturen ihrerseits hervorgegangen sind. Die Verschränkung von Recht und politischer Macht wird *als solche* freilich erst in den Übergangsgesellschaften der frühen Neuzeit zum Problem. Erst seit Machiavelli wird eine aus den Kontexten geheiligter Überlieferungen heraustretende Staatsmacht naturalistisch begriffen und als ein Potential betrachtet, das von den Machthabern unter strategischen Gesichtspunkten kalkuliert und zweckrational eingesetzt werden kann. Die Evidenzen dieser neuen administrativen, im gewaltmonopolisierenden Staat konzentrierten Macht drängen den Theoretikern des Vernunftrechts die Konzepte auf, mit denen sie das Zusammenspiel des staatlich sanktionierten Rechts mit der rechtsförmig organisierten Macht erklären wollen. Hobbes rechnet einerseits mit der *Regelstruktur* von Vertragsbeziehungen und Gesetzen, andererseits mit der faktischen *Befehlsgewalt* eines Souveräns, dessen Wille jeden anderen Willen auf Erden bezwingen kann. Auf der Grundlage eines Herrschaftsvertrages konstituiert sich dann eine Staatsgewalt dadurch, daß der souveräne Wille Gesetzgebungsfunktionen übernimmt und seine imperativen Äußerungen in die Form des Rechts kleidet. Die durch Gesetze kanalisierte Willensmacht des Herrn bleibt aber wesentlich die substantielle Gewalt eines auf nackte Dezision gegründeten Willens. Dieser fügt sich der zur Gesetzesform abstrahierten Vernunft nur, um sich ihrer zu bedienen. Die Faktizität einer naturwüchsigen Befehlsgewalt trifft in dieser Konstruktion *unvermittelt* auf die Regelstruktur von Gesetzen, die den Untertanen subjektive Handlungsfreiheiten einräumen. Die Spuren dieses Antagonismus werden selbst von Kant und Rousseau nicht ganz getilgt, obwohl bei ihnen die Vernunft der zur Autonomie aufgewerteten Regelstruktur (von Gesetz und demokratischem Verfahren) die souveränen Beschlüsse des vereinigten Volkes lenken soll. Kants Reformvorstellungen verraten noch den Hobbistischen Respekt vor der Naturtatsache der politischen Gewalt, dem undurchdringlich dezisionistischen Kern der Politik, an dem sich Recht und Moral brechen.[3]
Die subjektphilosophischen Grundbegriffe des Vernunftrechts verstellen nach wie vor den soziologischen Blick auf die sozialintegra-

3 C. Langer, Reform nach Prinzipien. Zur politischen Theorie Immanuel Kants, Stuttgart 1986.

tive Kraft jenes naturwüchsigen Substrats *vorstaatlicher* Gesellschaften, an das sich der Komplex von Recht und politischer Macht tatsächlich längst hatte *anschließen* können. Die erst in der Moderne sich aufdrängenden Phänomene – die Zusammenballung administrativer Macht, die Positivierung des Rechts und die Entstehung legaler Herrschaft – verdecken jene Ausgangsbedingungen, unter denen die Staatsgewalt in den Formen traditionaler Herrschaft zunächst entstanden war. Die auf Prestige gestützte *soziale Macht* von Häuptlingen, Priestern, Angehörigen privilegierter Familien usw. hatte in Stammesgesellschaften zusammen mit *anerkannten Handlungsnormen*, die ihre verpflichtende Kraft mythischen Mächten, also einem sakralen Hintergrundkonsens verdanken, bereits ein Syndrom gebildet, das schon unterhalb der evolutionären Schwelle staatlich organisierter Macht Institutionen der Streitschlichtung und der kollektiven Willensbildung ermöglichte. Der staatliche Komplex von Recht und Politik kann sich deshalb auf einer archaischen Grundlage sozialer Integration erheben, die in den vernunftrechtlichen Konstruktionen des Naturzustandes nicht berücksichtigt worden ist. Für die Genese von Recht und Politik wähle ich freilich die Darstellungsform eines abstrakten Modells, das im Interesse der begrifflichen Rekonstruktion aus einer unübersichtlichen Fülle des anthropologischen Materials nur einzelne relevante Aspekte hervorhebt.

(a) Zunächst konstruiere ich je zwei Typen der Streitschlichtung und der kollektiven Willensbildung, die weder staatlich sanktioniertes Recht noch rechtsförmige politische Macht in Anspruch nehmen, aber die Grundlage bilden, auf der sich Recht und politische Macht wechselseitig konstituieren können.

Mit Parsons gehe ich davon aus, daß soziale, in Raum und Zeit vernetzte Interaktionen unter Bedingungen doppelter Kontingenz stehen.[4] Die Aktoren erwarten voneinander, daß sie prinzipiell so und auch anders entscheiden können. Deshalb muß sich jede soziale Ordnung mit einigermaßen stabilen Verhaltensmustern auf Mechanismen der Handlungskoordinierung stützen – in der Regel auf Einfluß und Verständigung. Kommt die Koordination nicht zu-

4 T. Parsons, R. F. Bales, E. Shils, Working Papers in the Theory of Action, New York 1953, 63 ff.

stande, ergeben sich anomische Handlungssequenzen, die von den Beteiligten selbst als Problem erfahren werden. Koordinationsprobleme dieser Art treten in zwei typischen Ausprägungen auf. Entweder geht es um die Regelung eines durch unvereinbare individuelle Handlungsorientierungen hervorgerufenen Konflikts oder um die Wahl und kooperative Verwirklichung kollektiver Ziele (Regelung interpersoneller Konflikte versus Verfolgung kollektiver Ziele und Programme).[5] Im einfachsten Fall streiten sich mehrere Aktoren um dasselbe Gut und wollen diesen Konflikt einvernehmlich beilegen; oder eine Gruppe von Aktoren begegnet einer Herausforderung, die sie kooperativ bewältigen möchte. Dort stehen die Beteiligten vor der Frage: »Nach welchen Regeln sollen wir zusammenleben?«, im anderen Fall vor der Frage: »Welche Ziele wollen wir auf welchem Wege erreichen?« Die Streitschlichtung bezieht sich auf die Stabilisierung von Verhaltenserwartungen im Konfliktfall, die kollektive Willensbildung auf die Wahl und effektive Verwirklichung konsenfähiger Ziele. Parsons spricht von pattern-maintenance und goal-attainment.[6]

Einfache Interaktionen streuen über ein Kontinuum, das auf beiden Seiten durch die reinen Typen wertorientierten und interessengeleiteten Handelns begrenzt wird. Eine interpersonelle Handlungskoordinierung gelingt im einen Fall über Wertekonsens, im anderen über Interessenausgleich. Diese Motive bilden meistens eine Gemengelage; je nach Relevanz und Thematisierung des einen oder des anderen Aspekts müssen aber die Aktoren selbst verschiedene Einstellungen einnehmen – die performative Einstellung eines verständigungsorientiert Handelnden oder die objektivierende Einstellung eines Aktors, der sich im Lichte eigener Präferenzen an Handlungskonsequenzen orientiert.

Je nach Aktorperspektive werden nun die Probleme der Handlungskoordinierung in verschiedener Weise wahrgenommen. Unter Bedingungen wertorientierten Handelns suchen die Aktoren nach, oder berufen sich auf Konsens; unter Bedingungen interessengeleiteten Handelns streben sie nach Interessenausgleich oder

5 Th. Raiser, Rechtssoziologie, Frankfurt/Main 1987, 275 ff. und 292 ff.; dazu auch H. Popitz, Die normative Konstruktion von Gesellschaft, Tübingen 1980.
6 T. Parsons, E. Shils, Toward a General Theory of Action, New York 1951.

Kompromiß. Die *Verständigung*spraxis unterscheidet sich von der *Verhandlung*spraxis durch ihre Zielsetzung: die angestrebte Einigung wird im einen Fall als Konsens, im anderen als Vereinbarung verstanden. Dort wird an die Berücksichtigung von Normen und Werten, hier an die Beurteilung von Interessenlagen appelliert.

Elementare Typen der Streitschlichtung
und der kollektiven Willensbildung

Probleme: / Handlungskoordinierung über:	Regelung interpersoneller Konflikte	Verfolgung kollektiver Ziele: Zielsetzung	Implementierung
Wertorientierung	Konsens	Entscheidung durch Autorität	Befehlsgewalt mit organisierter Arbeitsteilung
Interessenlage	Schlichtung	Kompromißbildung	

»Konsens« und »Schlichtung« sind die Stichworte für zwei Typen der Streitschlichtung. Unter Bedingungen normengeleiteten Handelns besteht die Aussicht, einen Konflikt dadurch beizulegen, daß sich die Parteien auf der Grundlage eines bestehenden Wertekonsenses vergewissern, was man im strittigen Fall tun *soll*. Der Struktur dieser Lösung entspricht die Inanspruchnahme von moralischen Autoritäten (z. B. Priestern) und entsprechenden Entscheidungsverfahren (z. B. Orakeln). Unter Bedingungen interessengeleiteten Handelns besteht die Aussicht, einen Konflikt dadurch beizulegen, daß die Parteien auf der Grundlage ihrer faktischen Machtpositionen und entsprechender Drohpotentiale zu einem Ausgleich ihrer Interessen gelangen, normalerweise in der Form von Entschädigungen für entstandene Nachteile. Der Struktur dieser Lösung entspricht die Inanspruchnahme eines Vermittlers, der Verhandlungen in Gang bringt und fördert, aber keine verbindlichen Entscheidungen treffen kann, weil er nicht *über* den Parteien steht.[7] »Autorität« und »Kompromiß« sind auf der anderen Seite die Stichworte für zwei Prinzipien der Willensbildung, in deren Licht ein Dissens über Zielsetzungen aufgelöst werden kann. Entweder genießen einzelne Personen oder Familien ein hinreichendes Prestige, um geteilte Wertüberzeugungen autoritativ auszulegen; oder die streitenden Parteien gelangen, wiederum auf der Grundlage ihrer faktischen Macht, zu einem erträglichen Kompromiß. Das Stichwort »Befehlsgewalt mit Organisation« soll daran erinnern, daß die kooperative Verwirklichung von Zielen eine organisierte Arbeitsteilung auf Kommando nötig macht.

Es ist kein Zufall, daß sich die vier abgeleiteten Problemlösungsstrategien anhand von stammesgesellschaftlichen Institutionen der Streitschlichtung und der kollektiven Willensbildung illustrieren ließen. Diese rechtsanthropologischen Tatsachen brauchen uns hier nicht zu interessieren.[8] Für die weiteren Überlegungen ist allein wichtig, daß sich die Techniken der »Schlichtung« und der »Kompromißbildung« auf soziale Machtpositionen stützen, die sich über das Prestigegefälle zwischen hierarchisch geschichteten Familienverbänden und über die Ausdifferenzierung von Ältesten-, Priester- und Führungsrollen (in Kriegs- oder Friedenszeiten) herausgebildet haben. Diese soziale Macht verteilt sich nach einem Statussystem, das ein in religiösen Weltbildern und magischen Praktiken verankertes Normengefüge darstellt. Nur die beiden anderen Techniken, die Streitschlichtung durch Konsens und eine autoritativ gelenkte kollektive Willensbildung, stützen sich *unmittelbar* auf einen normativen Komplex, in dem sich Sitte, Moral und Recht noch symbiotisch miteinander verschränken.

Von diesen Annahmen ausgehend, läßt sich die *gleichursprüngliche Konstitution von staatlichem Recht* und *politischer Macht* nach einem zweistufigen Modell vorstellen. Die erste Stufe ist durch die Position eines königlichen Richters, der Funktionen der Streitschlichtung monopolisiert, gekennzeichnet, die zweite Stufe durch die rechtliche Institutionalisierung eines Herrschaftsstabes, der

7 Raiser (1987), 301 ff.
8 Wesel (1985); L. Posposil, Anthropologie des Rechts, München 1982.

kollektive Willensbildung in der organisierten Form politischer Herrschaft ermöglicht.[9]

(b) Ein Führer, der zunächst nur über Ansehen und faktisch anerkannte soziale Macht verfügt, kann die bis dahin zerstreuten Funktionen der Streitschlichtung an sich ziehen, indem er die Verwaltung der Heilsgüter übernimmt und sich zum ausschließlichen Interpreten der als geheiligt anerkannten und moralisch verpflichtenden Normen der Gemeinschaft macht. Da das sakrale Recht eine Gerechtigkeitsressource darstellt, aus der sich Macht legitimieren kann, wächst dem Status dieses Richterkönigs *normative Autorität* zu: das vorstaatliche, mit Sitte und Moral verschränkte sakrale Recht autorisiert die Stellung seines berufenen Interpreten. Die faktische Macht, die den Statusinhaber zu dieser Stellung zunächst qualifiziert hatte, verwandelt sich dadurch in legitimierte Macht. Diese Umformung von sozialer Macht in politische kann sich allerdings nicht ohne einen gleichzeitigen Formwandel des sakralen Rechts vollziehen. Die Praxis der Streitschlichtung wird nämlich in der Hand eines derart autorisierten Machthabers auf Normen umgestellt, die über eine bloß moralische Verbindlichkeit hinaus die *affirmative Geltung* eines *faktisch durchgesetzten* Rechts gewinnen. Die naturwüchsige soziale Macht des Richterkönigs war durch eine Gewaltressource gedeckt, der nun die Rechtsprechung Sanktionsdrohungen entlehnen kann: die vorstaatliche Macht affirmiert das herkömmliche, aus sakraler Autorität allein lebende Recht und transformiert es in ein vom Herrscher sanktioniertes und damit bindendes Recht. Diese beiden *simultan* verlaufenden Vorgänge sind rückgekoppelt: die Autorisierung von Macht durch sakrales Recht und die Sanktionierung von Recht durch soziale Macht vollziehen sich uno acto. So entstehen politische Macht und staatlich sanktioniertes Recht als die beiden Komponenten, aus denen sich die rechtsförmig organisierte staatliche Gewalt zusammensetzt.

9 Zum folgenden vgl. K. Eder, Die Entstehung staatlich organisierter Gesellschaften, Frankfurt/Main 1976; J. Habermas, Zur Rekonstruktion des Historischen Materialismus, Frankfurt/Main 1976, 173 ff.

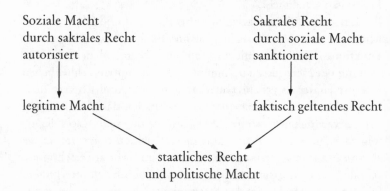

Soziale Macht
durch sakrales Recht
autorisiert

Sakrales Recht
durch soziale Macht
sanktioniert

legitime Macht

faktisch geltendes Recht

staatliches Recht
und politische Macht

Auf der zweiten Stufe unseres Modells verbinden sich die gleichursprünglichen Komponenten von staatlichem Recht und politischer
Macht in der Institutionalisierung von Ämtern, die eine organisierte
Form der Ausübung politischer Herrschaft, kurz: staatlich organisierte Herrschaft ermöglichen. Jetzt legitimiert das Recht nicht nur
die politische Macht, sondern die Macht kann sich des Rechts als
eines Organisationsmittels bedienen. Die normative Autorität der
Staatsgewalt gewinnt kraft dieser instrumentellen Funktion des
Rechts die Kompetenz, rechtsverbindliche Entscheidungen zu treffen. Auf dieser Stufe erst können wir von staatlich organisierter
Herrschaft im strikten Sinne sprechen. Diese ist durch die Funktion
gekennzeichnet, kollektive Ziele durch bindende Entscheidungen
zu verwirklichen. Auf der anderen Seite sichert ein staatlich organisierter Strafvollzug den Akten der Rechtsprechung den zwingenden
Charakter. Gerichte verwandeln sich erst kraft dieser instrumentellen Funktion der Macht in Organe eines Staates. Diesem wiederum
verdankt das Recht seine Funktion, zeitlich, sozial und sachlich generalisierte Verhaltenserwartungen zu stabilisieren. Von den Funktionen, die Recht und Macht *füreinander* erfüllen, unterscheiden
wir also die *Eigenfunktionen*, die Recht und Macht als Kodes für die
Gesellschaft im ganzen erfüllen.[10]
Recht dient, sobald es der politischen Herrschaft Rechtsform ver-

10 Zu Parsons' Theorie der Kommunikationsmedien vgl. J. Habermas (1981),
Bd. 2, 384ff.

leiht, der Konstituierung eines binären Machtkodes. Wer über Macht verfügt, kann anderen Befehle geben. Insofern fungiert Recht als Organisationsmittel der Staatsgewalt. Umgekehrt dient Macht, soweit sie richterlichen Entscheidungen Nachachtung verschafft, zur Konstitutierung eines binären Rechtskodes. Die Gerichte entscheiden darüber, was recht und was unrecht ist. Insofern dient Macht der staatlichen Institutionalisierung des Rechts.

Der funktionale Zusammenhang von Rechts- und Machtkode

Funktionen: / Kode:	Eigenfunktion	Funktion füreinander
Macht	Verwirklichung kollektiver Ziele	staatl. Institutionalisierung des Rechts
Recht	Stabilisierung von Verhaltenserwartungen	Organisationsmittel politischer Herrschaft

Erst in der Moderne kann sich die politische Herrschaft in Formen des positiven Rechts zur legalen Herrschaft entwickeln. Der Beitrag, den die politische Macht für die Eigenfunktion des Rechts, also die Stabilisierung von Verhaltenserwartungen leistet, besteht nun in der Herstellung einer *Rechtssicherheit*, die es den Adressaten des Rechts ermöglicht, die Folgen eigenen und fremden Verhaltens zu kalkulieren. Unter diesem Gesichtspunkt müssen Rechtsnormen die Gestalt verständlicher, widerspruchsfreier und präziser, in der Regel schriftlich formulierter Bestimmungen annehmen; sie müssen allen Adressaten bekanntgemacht werden, also öffentlich sein; sie dürfen nicht rückwirkend Geltung beanspruchen; und sie müssen den jeweiligen Tatbestand in der Weise generell regeln und mit Rechtsfolgen verknüpfen, daß sie auf alle Personen und alle vergleichbaren Fälle in gleicher Weise angewendet werden können.[11] Dem entspricht eine Kodifizierung, die den Rechtsregeln einen hohen Grad der Konsistenz und der begrifflichen Explikation ver-

---

11 Darin sieht Lon Fuller die dem positiven Recht innewohnende Moralität begründet: L. Fuller, The Morality of Law, Chicago 1969; dazu: R. G. Summers, Lon Fuller, Stanford 1984.

leiht. Das ist die Aufgabe einer Jurisprudenz, die den Rechtskorpus wissenschaftlich bearbeitet und einer dogmatischen Durchgestaltung und Systematisierung unterzieht.

Der Beitrag, den andererseits das Recht für die Eigenfunktion der staatlich organisierten Macht leistet, zeigt sich insbesondere an der Ausbildung sekundärer Regeln im Sinne von H. L. A. Hart. Dabei handelt es sich sowohl um Kompetenznormen, die staatliche Institutionen mit Befugnissen ausstatten oder allererst konstituieren, wie auch um Organisationsnormen, die Verfahren festlegen, nach denen Gesetzesprogramme zustandekommen und in Verwaltung oder Justiz bearbeitet werden. Das Recht erschöpft sich keineswegs in verhaltenssteuernden Normen, sondern dient der Organisation und der Steuerung staatlicher Macht. Es funktioniert im Sinne konstitutiver Regeln, die nicht nur die private und öffentliche Autonomie der Bürger gewährleisten, sondern staatliche Institutionen, Verfahren und Kompetenzen erzeugen.

(3) Diese Analyse der Beziehungen zwischen Rechts- und Machtkode könnte allerdings das irreführende Bild eines gleichgewichtigen und *selbstgenügsamen* Austauschs zwischen Recht und politischer Macht suggerieren. Aus der Sicht einer funktionalistisch beschränkten Analyse geht tatsächlich das Recht in seinem Beitrag zur Konstituierung des Machtkodes und in der Erfüllung seiner eigenen Funktion auf. Zwischen positivem Recht und politischer Macht scheint sich ein Kreisprozeß einspielen zu können, der sich selber stabilisiert. Tatsächlich hat aber die frühneuzeitliche Profanisierung der Macht alsbald den Umstand zu Bewußtsein gebracht, daß die Rechtsform als solche zu Legitimation der Herrschaftsausübung nicht ausreicht. Gewiß verdankt die politische Macht ihre normative Autorität allein jener Fusion mit Recht, die ich im Modell dargestellt habe. Diese Rekonstruktion zeigt jedoch auch, daß das Recht nur solange legitimierende Kraft behält, wie es als eine Ressource von Gerechtigkeit fungieren kann. Wie die politische Macht kasernierte Zwangsmittel als Gewaltressource bereithält, so muß auch das Recht als Ressource von Gerechtigkeit präsent *bleiben*. Diese Quelle versiegt aber, wenn das Recht der Staatsraison beliebig zur Disposition gestellt wird.

Im Europa des 17. und 18. Jahrhunderts, als die Positivierung des

Rechtssystems schon in vollem Gange ist, sehen sich die Theoretiker des Vernunftrechts mit dem Typus, den Max Weber als legale Herrschaft beschrieben hat, konfrontiert. Die Idee des Rechtsstaates hatte in dieser Situation den machtkritischen Sinn, den Widerspruch aufzudecken, der in den etablierten Rechtsordnungen selbst angelegt ist: eine normativ ungerechtfertigte Privilegierung der durchsetzungsfähigsten Interessen *kann* in den Formen legaler Herrschaft kaschiert werden. In dieser Hinsicht denunziert das Vernunftrecht den Widerspruch zwischen dem Recht als Organisationsform *jeder* staatlich organisierten Herrschaft, die sich faktisch behaupten kann, und dem Recht als Legitimitätsbedingung *derjenigen* Herrschaftsordnung, die sich auf die Autorität gerechtfertigter Gesetze beruft. In traditionalen Gesellschaften konnte zwischen dem tatsächlich etablierten und dem als legitim beanspruchten Recht ein plausibler Zusammenhang hergestellt werden, solange die Bedingungen des folgenden Szenarios im großen und ganzen erfüllt waren.

Vor dem Hintergrund anerkannter religiöser Weltbilder hatte das Recht zunächst eine sakrale Grundlage besessen; dieses in der Regel von Theologenjuristen verwaltete und interpretierte Recht wurde als reifizierter Bestandteil einer göttlichen Heilsordnung oder einer natürlichen Weltordnung weithin akzeptiert und blieb als solches menschlicher Verfügungsgewalt entzogen. Auch der Inhaber politischer Herrschaftspositionen war in seiner Eigenschaft als oberster Gerichtsherr diesem Naturrecht subordiniert. Das vom Herrscher bürokratisch gesetzte, im vormodernen Sinne ›positive‹ Recht stützte seine Autorität auf die (über die richterliche Kompetenz vermittelte) Legitimität des Herrschers, auf dessen Interpretation einer vorgegebenen Rechtsordnung oder auf Gewohnheit, wobei das Gewohnheitsrecht wiederum durch die Autorität der Überlieferung gesichert war. Sobald aber, mit dem Übergang zur Moderne, das verbindliche religiöse Weltbild in subjektive Glaubensmächte zerfiel und das Recht seine metaphysische Dignität und Unverfügbarkeit verlor, veränderte sich diese Konstellation von Grund auf.

Ein konventionalisiertes Recht trennte sich von der postkonventionellen Vernunftmoral und wurde abhängig von den Beschlüssen eines politischen Gesetzgebers, der sowohl die Justiz wie die Verwaltung programmieren konnte, ohne selbst an andere Normen als die der »natürlichen Vernunft« gebunden zu sein. Im Kreislauf zwischen instrumentell verstandener Macht und instrumentalisiertem Recht öffnete sich damit eine Legitimationslücke, die das Vernunftrecht mit seinem Rückgriff auf praktische Vernunft schließen wollte, ja schließen mußte. Denn die Konstitutionsbedingungen jenes evolutionär folgenreichen Komplexes von Recht und Politik, der den Übergang zu staatlich organisierten Gesellschaften ermöglicht hatte, wurden in dem Maße verletzt, wie sich die politische Macht nicht mehr an einem *von sich aus* legitimen Recht legitimieren konnte. Die Vernunft sollte die versiegende sakrale Gerechtigkeitsressource ersetzen. Auch das Vernunftrecht blieb freilich weitgehend im dogmatischen Bann der überlieferten Konstruktion einer aus überpositivem Recht autorisierten Herrschaftsmacht befangen; es hat die Vorstellung eines ursprünglichen Antagonismus von Recht und Macht nicht überwunden. Nachdem das Gewölbe des sakralen Rechts eingestürzt war und die beiden Säulen des politisch gesatzten Rechts und der instrumentell verwendbaren Macht als Ruinen zurückgelassen hatte, sollte für das sakrale, sich selbst autorisierende Recht allein aus Vernunft ein Substitut gefunden werden, das einem als Machthaber vorgestellten politischen Gesetzgeber die wahre Autorität zurückgeben könnte.

Eine ganz andere Perspektive öffnet sich mit dem diskurstheoretischen Begriff von politischer Autonomie, der erklärt, warum für die Erzeugung legitimen Rechts die kommunikativen Freiheiten der Bürger mobilisiert werden müssen. Diese Erklärung macht die Gesetzgebung von der Generierung eines anderen Typus von Macht abhängig – nämlich von jener *kommunikativen Macht*, von der Hannah Arendt sagt, daß sie niemand eigentlich »besitzen« könne: »Macht entsteht zwischen Menschen, wenn sie zusammen handeln, und sie verschwindet, sobald sie sich wieder zerstreuen.«[12] Nach diesem Modell entspringen Recht und kommunikative Macht gleichursprünglich der »Meinung, auf die sich viele öffentlich geei-

12 H. Arendt, Vita Activa, Stuttgart 1960, 194; vgl. zum folgenden J. Habermas, H. Arendts Begriff der Macht, in: ders., Philosophisch-politische Profile, 1981, 228-248.

nigt haben.«[13] Die diskursethische Lesart von politischer Autonomie macht eine Differenzierung im Begriff der politischen Macht nötig. Der rechtsförmig konstituierten Macht der staatlichen Administration muß, wenn die Gerechtigkeitsressource, aus der sich das Recht selbst legitimiert, nicht versiegen soll, eine rechtsetzende kommunikative Macht zugrundeliegen. Dieser von Hannah Arendt dogmatisch eingeführte Begriff bedarf freilich einer klärenden Analyse.

Bisher haben wir den öffentlichen Gebrauch entfesselter kommunikativer Freiheiten nur unter dem *kognitiven* Aspekt der Ermöglichung rationaler Meinungs- und Willensbildung betrachtet: das freie Prozessieren von einschlägigen Themen und Beiträgen, Informationen und Gründen soll für verfahrensgerecht zustandegekommene Resultate die Vermutung der Rationalität begründen. Aber die diskursiv herbeigeführten und intersubjektiv geteilten Überzeugungen haben zugleich eine *motivierende* Kraft. Auch wenn diese nicht weiter reicht als die schwach motivierende Kraft guter Gründe, erscheint unter diesem Aspekt der öffentliche Gebrauch kommunikativer Freiheiten als Generator von Machtpotentialen. Das läßt sich am Modell der Ja/Nein-Stellungnahmen zu einem einfachen Sprechaktangebot illustrieren. Die *gemeinsame Überzeugung*, die durch die intersubjektive Anerkennung eines mit einem Sprechakt erhobenen Geltungsanspruchs zwischen Sprecher und Hörer produziert oder auch nur bekräftigt wird, bedeutet die stillschweigende Akzeptanz von handlungsrelevanten Verpflichtungen; insofern schafft sie eine neue soziale Tatsache. Indem nun die kommunikativen Freiheiten der Bürger für die Erzeugung legitimen Rechts mobilisiert werden, verdichten sich solche illokutionären Verpflichtungen zu einem Potential, mit dem die Inhaber administrativer Machtpositionen rechnen müssen.

Das Grundphänomen der Macht ist für Hannah Arendt nicht wie für Max Weber die Chance, innerhalb einer sozialen Beziehung den eigenen Willen gegen Widerstrebende durchzusetzen, sondern das Potential eines in zwangloser Kommunikation gebildeten *gemeinsamen Willens*. Sie konfrontiert die »Macht« der »Gewalt«, d.h. die

13 H. Arendt, Über die Revolution, München 1965, 96.

konsenserzielende Kraft einer auf Verständigung gerichteten Kommunikation der Fähigkeit zur Instrumentalisierung eines fremden Willens für eigene Zwecke: »Macht entspringt der menschlichen Fähigkeit, nicht nur zu handeln oder etwas zu tun, sondern sich mit anderen zusammenzuschließen und im Einvernehmen mit ihnen zu handeln.«[14] Eine solche kommunikative Macht kann sich nur in nicht-deformierten Öffentlichkeiten bilden und aus Strukturen der unversehrten Intersubjektivität einer nicht-verzerrten Kommunikation hervorgehen. Sie entsteht an Orten einer Meinungs- und Willensbildung, die mit der entfesselten kommunikativen Freiheit eines jeden, »von seiner Vernunft in allen Stücken öffentlich Gebrauch zu machen«, die Produktivkraft der »erweiterten Denkungsart« zur Geltung bringt. Diese ist nämlich dadurch ausgezeichnet, »daß man sein Urteil an anderer, nicht sowohl wirkliche, als vielmehr bloß mögliche Urteile hält, und sich in die Stelle jedes anderen versetzt«.[15]

H. Arendt begreift die politische Macht weder als ein Potential für die Durchsetzung eigener Interessen oder die Verwirklichung kollektiver Ziele noch als die administrative Macht, kollektiv bindende Entscheidungen zu treffen, sondern als eine *autorisierende* Kraft, die sich in der Schaffung legitimen Rechts und in der Gründung von Institutionen äußert. Sie manifestiert sich in Ordnungen, die die politische Freiheit schützen, im Widerstand gegen Repressionen, die die politische Freiheit von außen oder innen bedrohen, vor allem in jenen freiheitsstiftenden Akten, »die neue Institutionen und Gesetze ins Leben rufen«.[16] Am reinsten tritt sie in jenen Augenblicken hervor, wenn Revolutionäre die Macht ergreifen, die auf der Straße liegt; wenn eine zum passiven Widerstand entschlossene Bevölkerung fremden Panzern mit bloßen Händen entgegentritt; wenn überzeugte Minderheiten bestehenden Gesetzen die Legitimität bestreiten und zivilen Ungehorsam üben; wenn in Protestbe-

14 H. Arendt, Macht und Gewalt, München 1970, 45.
15 Mit Bezugnahme auf Kants »Kritik der Urteilskraft«, § 40, B 158, erklärt H. Arendt den internen Zusammenhang von Macht, kommunikativer Freiheit, Diskurs und Unparteilichkeit in: dies., Das Urteilen, Texte zu Kants Politischer Philosophie, München 1982, 17-103.
16 Arendt (1970), 42.

wegungen die »pure Lust am Handeln« durchbricht. Es ist immer wieder dasselbe Phänomen der *Verschwisterung der kommunikativen Macht mit der Erzeugung legitimen Rechts*, das H. Arendt in den verschiedenen historischen Ereignissen aufspürt und für das ihr die verfassungsgebende Kraft der Amerikanischen Revolution als Vorbild dient.

Die grundbegriffliche Kontrastierung von »Macht« und »Gewalt« rückt, anders als in den Konstruktionen des Vernunftrechts, die Macht auf die Seite des Rechts. In der Tradition des Vernunftrechts sollte der Übergang vom Natur- zum Gesellschaftszustand dadurch gekennzeichnet sein, daß die vertragschließenden Parteien auf die Freiheiten verzichten, die in der physischen Kraft jedes einzelnen wurzeln. Sie treten ihre unbeschränkten Handlungsfreiheiten an eine Staatsgewalt ab, welche die zerstreuten anarchischen Gewaltpotentiale einsammelt und für die disziplinierende Durchsetzung gesetzlich beschränkter subjektiver Freiheiten einsetzt. Hier dient das aus dem Gewaltverzicht entstehende Recht der Kanalisierung einer mit Macht gleichgesetzten Gewalt. Arendts Differenzierung zwischen Macht und Gewalt hebt diesen Gegensatz auf. Das Recht verbindet sich *von Haus aus* mit einer kommunikativen Macht, die legitimes Recht erzeugt. Damit entfällt die klassische Aufgabe, für die versiegende Gerechtigkeitsressource des sich selbst legitimierenden Naturrechts einen Ersatz zu finden – einen Ersatz, aus dem die bloß faktische Gewalt die Autorität einer herrschenden, mit legitimer Macht ausgestatteten Gewalt beziehen könnte. H. Arendt muß statt dessen erklären, wie die vereinigten Bürger, indem sie kommunikative Macht bilden, legitimes Recht setzen, und wie sie diese Praxis, eben die Ausübung ihrer politischen Autonomie, ihrerseits rechtlich sichern. Die konzeptuelle Verschwisterung von Rechtsetzung und Machtbildung macht rückblickend noch einmal deutlich, warum das System der Rechte, das auf diese Frage die Antwort gibt, sogleich *als* positives Recht in Erscheinung treten muß und keine der Willensbildung der Bürger vorgeordnete moralische oder naturrechtliche Geltung für sich reklamieren darf.

Mit dem Begriff der kommunikativen Macht erfassen wir freilich nur die *Entstehung* politischer Macht, nicht die administrative Verwendung der bereits konstituierten Macht, also den Prozeß der

Machtausübung. Ebensowenig erklärt dieser Begriff den Kampf um Positionen, die zur Verfügung über administrative Macht berechtigen. Arendt betont, daß sowohl die Verwendung von, wie die Konkurrenz um Erwerb und Erhaltung von Macht auf die kommunikative Bildung und Erneuerung dieser Macht angewiesen sind. Gegen die soziologischen Theorien, die sich auf Phänomene der *Machtallokation* und der *Machtkonkurrenz* beschränken, wendet sie zu Recht ein, daß keine politische Herrschaft die Ressourcen ihrer Macht nach Belieben erweitern kann. Kommunikativ erzeugte Macht ist ein knappes Gut, um das Organisationen wetteifern und mit dem Amtsinhaber wirtschaften, das aber keiner von ihnen produzieren kann: »Was einen politischen Körper zusammenhält, ist sein jeweiliges Machtpotential, und woran politische Gemeinschaften zugrundegehen, ist Machtverlust und schließlich Ohnmacht. Der Vorgang selbst ist ungreifbar, weil das Machtpotential, im Unterschied zu den Mitteln der Gewalt, die aufgespeichert werden können, um dann im Notfall intakt eingesetzt zu werden, überhaupt nur in dem Maße existiert, als es realisiert wird ... Mit realisierter Macht haben wir es immer dann zu tun, wenn Worte und Taten untrennbar miteinander verflochten erscheinen, also Worte nicht leer und Taten nicht gewalttätig stumm sind ...«[17] Nun mag sich auch an der Übereinstimmung von Worten und Taten die Legitimität einer Herrschaft bemessen, aber diese erklärt noch nicht den anderen Aggregatzustand, in den die kommunikative Macht überführt werden muß, bevor sie in Gestalt administrativer Macht jene Sanktions-, Organisations- und Exekutivfunktionen übernehmen kann, auf die, wie gezeigt, das System der Rechte angewiesen ist und die es voraussetzt.

Mit dem Begriff der kommunikativen Macht wird eine Differenzierung im Begriff der politischen Macht fällig. Politik kann nicht als ganze mit der Praxis derer zusammenfallen, die miteinander reden, um politisch autonom zu handeln. Die Ausübung politischer Autonomie bedeutet die diskursive Bildung eines gemeinsamen Willens, noch nicht die Implementierung der aus ihm hervorgehenden Gesetze. Der Begriff des Politischen erstreckt sich zu Recht *auch* auf

17 Arendt (1960), 193 f.

die Verwendung administrativer Macht im und auf die Konkurrenz um den Zugang zum politischen System. Die Konstituierung eines Machtkodes bedeutet, daß ein administratives System über Befugnisse zu kollektiv bindenden Entscheidungen gesteuert wird. Deshalb schlage ich vor, das Recht als das Medium zu betrachten, über das sich kommunikative Macht in administrative umsetzt. Denn die Verwandlung von kommunikativer Macht in administrative hat den Sinn einer *Ermächtigung* im Rahmen gesetzlicher Lizenzen. Die Idee des Rechtsstaates läßt sich dann allgemein als die Forderung interpretieren, das über den Machtkode gesteuerte administrative System an die rechtsetzende kommunikative Macht zu binden und von den Einwirkungen sozialer Macht, also der faktischen Durchsetzungskraft privilegierter Interessen, freizuhalten. Die administrative Macht soll sich nicht *selbst* reproduzieren, sondern allein aus der Umwandlung kommunikativer Macht regenerieren dürfen. Letztlich ist es dieser Transfer, den der Rechtsstaat regulieren soll, ohne allerdings den Machtkode selbst anzutasten und damit in die Logik der Selbststeuerung des administrativen Systems einzugreifen. Soziologisch gesehen, beleuchtet die Idee des Rechtsstaates nur den politischen Aspekt der Herstellung einer Balance zwischen den drei Gewalten der gesamtgesellschaftlichen Integration: Geld, administrativer Macht und Solidarität.

Bevor ich auf die Prinzipien des Rechtsstaates eingehen kann, muß ich die Bedingungen angeben, unter denen sich kommunikative Macht bilden kann. Dabei werde ich von der Logik der Fragestellungen ausgehen, die die Struktur der Meinungs- und Willensbildung eines demokratischen Gesetzgebers bestimmt.

II.

(1) Die politischen Teilnahmerechte verweisen auf die rechtliche Institutionalisierung einer öffentlichen Meinungs- und Willensbildung, die in Beschlüssen über Politiken und Gesetzen terminiert. Sie soll sich in Kommunikationsformen vollziehen, die das Diskursprinzip, wie wir jetzt sehen, in doppelter Hinsicht zur Geltung bringen. Dieses hat zunächst den *kognitiven Sinn*, Beiträge und

Themen, Gründe und Informationen so zu filtern, daß die erzielten Resultate die Vermutung rationaler Akzeptabilität für sich haben; das demokratische Verfahren soll die Legitimität des Rechts begründen. Der diskursive Charakter der Meinungs- und Willensbildung in der politischen Öffentlichkeit und in parlamentarischen Körperschaften hat aber auch den *praktischen Sinn*, Verständigungsverhältnisse herzustellen, welche im Sinne von H. Arendt »gewaltlos« sind und die Produktivkraft kommunikativer Freiheit entfesseln. Nur aus Strukturen unversehrter Intersubjektivität kann die kommunikative Macht gemeinsamer Überzeugungen hervorgehen. Diese *Verschränkung von diskursiver Rechtsetzung und kommunikativer Machtbildung* erklärt sich letztlich daraus, daß Gründe im kommunikativen Handeln eben auch Motive bilden. Erforderlich wird diese Verschränkung vor allem aber deshalb, weil konkrete Gemeinschaften, die ihr Zusammenleben mit Mitteln des Rechts regeln wollen, die Fragen der Normierung von Verhaltenserwartungen nicht im selben Maße von Fragen der kollektiven Zielsetzung trennen können, wie das in der idealisierten Gemeinschaft moralisch verantwortlicher Personen möglich wäre. Politische Fragen unterscheiden sich von moralischen.

Anders als die Moral regelt das Recht nicht Interaktionszusammenhänge *überhaupt*, sondern dient als Medium für die Selbstorganisation von Rechtsgemeinschaften, die sich unter bestimmten historischen Bedingungen in ihrer sozialen Umwelt behaupten. Damit wandern konkrete Inhalte und teleologische Gesichtspunkte ins Recht ein. Während moralische Regeln mit dem, was im gleichmäßigen Interesse *aller* liegt, einen schlechthin allgemeinen Willen ausdrücken, bringen juridische Regeln auch den partikularen Willen der Angehörigen einer bestimmten Rechtsgemeinschaft zum Ausdruck. Und während der moralisch freie Wille gewissermaßen virtuell bleibt, weil er nur besagt, was von jedermann rationalerweise akzeptiert werden könnte, ist der politische Wille einer Rechtsgemeinschaft, der gewiß mit moralischen Einsichten in Einklang stehen soll, auch Ausdruck einer intersubjektiv geteilten Lebensform, von gegebenen Interessenlagen und pragmatisch gewählten Zwecken. Es ergibt sich aus der Natur politischer Fragestellungen, daß sich im Medium des Rechts die Normierung von Verhaltensweisen gleichsam für kollektive Zielsetzungen öffnet. Damit erweitert sich das Spektrum der Gründe, die für die politische Willensbildung relevant sind – zu den moralischen treten ethische und pragmatische Gründe hinzu. Dadurch verschieben sich die Gewichte von der Meinungs- zur Willensbildung.

Je konkreter die regelungsbedürftige Materie und je konkreter der Zuschnitt des Rechts, um so mehr drückt sich in der Akzeptabilität der begründeten Normen *auch* das Selbstverständnis einer historischen Lebensform, der Ausgleich zwischen konkurrierenden Gruppeninteressen und eine empirisch informierte Wahl zwischen alternativen Zielen aus. Die teleologischen Gesichtspunkte, die mit diesen volitiven Bestandteilen in die Rechtsinhalte Eingang finden, verstärken sich in dem Maße, wie eine Gesellschaft die Verfolgung kollektiver Ziele im Staat konzentriert; denn im selben Maße muß die Gesetzgebung die erweiterten Funktionsbereiche und die wachsenden Organisationsleistungen des Staates programmieren. Selbst im *liberalistischen Modell*, worin die Verfolgung kollektiver Ziele generell von der (auf die Durchsetzung subjektiver Rechte beschränkten) Staatsgewalt auf Marktmechanismen und freiwillige Assoziationen verschoben wird,[18] kann das Recht von den teleologischen Gesichtspunkten der Steuergesetzgebung und der militärischen Sicherung nicht freigehalten werden. Andererseits darf die Berücksichtigung kollektiver Ziele die Rechtsform – und damit die Eigenfunktion des Rechts – nicht zerstören; sie darf Recht nicht in Politik aufgehen lassen. Sonst müßte die im modernen Recht rein ausgeprägte Spannung zwischen Faktizität und Geltung verschwinden. Legitimität würde an die Positivität einer nachgeahmt-substantiellen Sittlichkeit assimiliert, wenn das Recht – wie im *institutionalistischen Modell* – auf die Artikulation vorgegebener »konkreter Ordnungen« verpflichtet würde.[19] Gleichwohl betrifft der im Vergleich zu moralischen Regeln konkretere Zuschnitt des

---

18 F. A. von Hayek, Die Verfassung der Freiheit, Tübingen 1971.
19 Zum anthropologischen Ansatz in der Rechtssoziologie vgl. H. Schelsky, Die Soziologen und das Recht, Opladen 1980; zum konkreten Ordnungsdenken in der Jurisprudenz C. Schmitt, Über drei Arten des rechtswissenschaftlichen Denkens, Hamburg 1934. Zu Schmitt vgl. I. Maus, Bürgerliche Rechtstheorie und Faschismus, München 1980.

Rechts sowohl den Inhalt (a) wie den Geltungssinn rechtlicher Normen (b) und den Modus der Gesetzgebung (c).

(a) Deontologische Ansätze der Moraltheorie entziehen moralische Gebote a limine einer teleologischen Deutung. Sie bestehen mit Recht darauf, daß der Sinn des moralischen Sollens mißverstanden wäre, wenn man darin nur den Ausdruck für den erstrebenswerten Charakter bestimmter Güter sehen wollte. Wir »sollen« moralischen Geboten folgen, weil wir diese als richtig erkennen, und nicht, weil wir uns davon die Realisierung bestimmter Zwecke versprechen – und wären es auch die Zwecke des höchsten persönlichen Glücks oder der kollektiven Wohlfahrt. Gerechtigkeitsfragen betreffen die in interpersonellen Konflikten strittigen Ansprüche. Diese können wir im Lichte gültiger Normen unparteilich beurteilen. Die Normen selbst müssen wiederum einem Verallgemeinerungstest standhalten, der prüft, was gleichermaßen gut ist für alle. Wie »wahr« ein Prädikat für die Gültigkeit von assertorischen Sätzen ist, so ist »gerecht« ein Prädikat für die Gültigkeit jener allgemeinen normativen Sätze, die moralische Gebote zum Ausdruck bringen. Deshalb ist Gerechtigkeit kein Wert unter anderen Werten. Werte konkurrieren stets mit anderen Werten. Sie sagen, welche Güter bestimmte Personen oder Kollektive unter bestimmten Umständen erstreben oder vorziehen. Nur aus deren Perspektive können Werte vorübergehend in eine transitive Ordnung gebracht werden. Während also Werte relative Geltung beanspruchen, stellt die Gerechtigkeit einen absoluten Geltungsanspruch: moralische Gebote beanspruchen Geltung für alle und jeden. Auch moralische Normen verkörpern Werte oder Interessen, aber nur solche, die in Anbetracht der jeweiligen Materie verallgemeinerungsfähig sind. Dieser Universalitätsanspruch schließt aus, daß moralische Gebote teleologisch, nämlich im Hinblick auf die *relative* Vorzugswürdigkeit bestimmter Werte oder Interessen gedeutet werden.

Nun kommt aber bei der Begründung und Anwendung von Rechtsnormen eine solche Bezugnahme auf kollektive Ziele und Güter ins Spiel; Rechtsnormen liegen nicht auf der gleichen Abstraktionshöhe wie Moralnormen.[20] Sie sagen im allgemeinen nicht, was

---

20 R. Dworkin, Principle, Policy, Procedure, in: ders., A Matter of Principle, Cambridge, Mass. 1985, 72-103.

gleichermaßen gut ist für alle Menschen; sie regulieren den Lebenszusammenhang der Bürger einer konkreten Rechtsgemeinschaft. Dabei geht es nicht allein um die Regelung typisch wiederkehrender Handlungskonflikte unter Gesichtspunkten der Gerechtigkeit. Der Regelungsbedarf erschöpft sich nicht in Problemlagen, die einen moralischen Gebrauch der praktischen Vernunft erfordern. Das Medium Recht wird eben auch für Problemlagen in Anspruch genommen, die die kooperative Verfolgung kollektiver Ziele und die Sicherung kollektiver Güter verlangen. Die Begründungs- und Anwendungsdiskurse müssen sich deshalb auch für den *pragmatischen* und vor allem für einen *ethisch-politischen Gebrauch der praktischen Vernunft* öffnen. Sobald eine vernünftige kollektive Willensbildung auf konkrete Rechtsprogramme abzielt, muß sie die Grenzen von Gerechtigkeitsdiskursen überschreiten und Probleme von Selbstverständigung und Interessenausgleich einbeziehen.

Diese Erweiterung des Begründungsspektrums beeinträchtigt freilich nicht die strukturelle Ähnlichkeit, die das System der Rechte zwischen Moral und Recht überhaupt herstellt. Auch die einfache Gesetzgebung muß als Konkretisierung des zur Verfassung ausgestalteten Systems der Rechte verstanden werden. Beide, sowohl moralische Regeln wie juridische Gesetze, sind in mindestens zweifacher Hinsicht »allgemein«. Zunächst insofern, als sie sich an unbestimmt viele Adressaten richten, also keine Ausnahmen zulassen und in der Anwendung Privilegierungen oder Diskriminierungen ausschließen. Das betrifft die Rechtsanwendungsgleichheit. Während sich Moralnormen an jedermann richten, sind Rechtsnormen allerdings nur an die Mitglieder der Rechtsgemeinschaft adressiert. Das gibt aber der *inhaltlichen* »Allgemeinheit« von Gesetzen noch nicht per se einen anderen Sinn. Idealerweise regeln auch juridische Gesetze eine Materie im gleichmäßigen Interesse aller Betroffenen und bringen insoweit verallgemeinerungsfähige Interessen zum Ausdruck. Dennoch bedeutet die gleichmäßige Berücksichtigung aller Interessen im Recht etwas anderes als in der Moral.

Rechtsinhaltsgleichheit geht nicht in Gerechtigkeit auf, weil die Materien, die durch Gesetz geregelt werden, oft nicht den Grad von Abstraktion erlauben, der nur noch moralische Gerechtigkeitsfragen übrig läßt. Rechtsmaterien berühren kollektive Ziele und Güter in der Weise, daß damit Fragen der konkreten Lebensform, wenn nicht gar der gemeinsamen Identität aufkommen. Dann muß aber nicht nur geklärt werden, was gleichermaßen gut ist für alle, sondern auch: wer die Beteiligten jeweils sind und wie sie leben möchten. Angesichts der Ziele, die sie im Lichte starker Wertungen wählen, stellt sich ihnen zudem die Frage, wie sie diese am besten erreichen können. Der Bereich der Gerechtigkeitsfragen erweitert sich also um Probleme der Selbstverständigung und um Fragen der rationalen Mittelwahl – und natürlich um Probleme des Ausgleichs zwischen Interessen, die eine Verallgemeinerung nicht zulassen, sondern Kompromisse nötig machen. Erst wenn ein Gesetz einen vernünftigen Konsens im Hinblick auf *alle* diese Problemsorten zum Ausdruck bringt, ist es inhaltlich allgemein im Sinne einer materiellen Gleichbehandlung.

Rechtsinhaltsgleichheit bildet den normativen Maßstab für gute Gesetze, soweit diese nicht nur unter dem Gesichtspunkt der Rechtssicherheit »als Mittel zur möglichst zuverlässigen und detailgenauen Steuerung gesellschaftlicher Handlungsabläufe« eingesetzt, sondern unter dem Gesichtspunkt der vernünftigen Gestaltung einer intersubjektiv geteilten Lebensform »als rechtliche Handlungsform zur Umsetzung demokratischer politischer Willensentscheidungen« wie auch »als ein durch die beiden erstgenannten Funktionen gestütztes Mittel zur Sicherung individueller Freiheits- und Dispositionsspielräume« beschlossen werden.[21] Wenn sich aber die Rechtsinhaltsgleichheit an einem derart komplexen Satz von Kriterien bemißt, deckt sich auch der Sinn der Sollgeltung von juridischen Gesetzen nicht mit dem Sinn der Richtigkeit moralischer Regeln, der sich allein an Kriterien der Gerechtigkeit bemißt.

(b) In der Dimension der Rechtsgeltung verbindet sich, weil Rechtsnormen durchgesetzt werden, ohnehin das Moment der Gültigkeit oder der rationalen Akzeptabilität mit dem der sozialen Geltung oder der Akzeptanz. Die Rechtsgeltung hat den illokutionären Sinn einer Deklaration: die staatliche Autorität erklärt, daß eine inkraftgesetzte Norm hinreichend gerechtfertigt worden ist

21 E. Denninger, Verfassung und Gesetz, in: Kritische Vierteljahresschrift für Gesetzgebung und Rechtswissenschaft, 1986, 300f.

und faktisch akzeptiert wird. In unserem Zusammenhang geht es jedoch allein um eine Differenzierung des Sinnes der Gültigkeit oder der Legitimität des Rechts.

Nach diskursethischer Lesart können Moralnormen mit einem rein kognitiven Geltungsanspruch auftreten, weil mit dem Universalisierungsgrundsatz eine Argumentationsregel zur Verfügung steht, die die rationale Entscheidung moralisch-praktischer Fragen möglich macht. Auch Rechtsnormen erheben, ungeachtet ihres beschränkten Geltungsbereichs, den Anspruch, mit Moralnormen *übereinzustimmen*, also nicht gegen sie zu verstoßen. Aber moralische Gründe haben hier keine *ausreichende* Selektivität. Rechtsnormen sind gültig, auch wenn sie nicht nur mit moralischen, sondern auch mit pragmatischen und ethisch-politischen Gründen gerechtfertigt werden können und gegebenenfalls das Ergebnis eines fairen Kompromisses darstellen. Bei der Begründung von Rechtsnormen muß von praktischer Vernunft auf ganzer Breite Gebrauch gemacht werden. Diese *weiteren* Gründe haben jedoch eine vom Kontext abhängige, eben relative Geltung. Ein kollektives Selbstverständnis kann nur innerhalb des Horizonts einer vorgefundenen Lebensform authentisch sein; die Wahl von Strategien kann nur im Hinblick auf gesetzte Zwecke rational sein; ein Kompromiß kann nur mit Bezug auf gegebene Interessenlagen fair sein. Die entsprechenden Gründe gelten relativ auf die geschichtliche und kulturell ausgeprägte Identität der Rechtsgemeinschaft, relativ auf die Wertorientierungen, die Ziele und Interessenlagen ihrer Mitglieder. Auch wenn man davon ausgeht, daß sich Einstellungen und Motive im Verlaufe einer vernünftigen kollektiven Willensbildung in Abhängigkeit von Argumenten ändern, läßt sich die Faktizität der bestehenden Kontexte nicht ausschalten; sonst würden ethische und pragmatische Diskurse wie auch Kompromisse gegenstandslos. Wegen dieses Bezuges auf das *faktische Willenssubstrat* einer Rechtsgemeinschaft geht ein volitives Moment in den Sinn der Gültigkeit (und nicht erst der sozialen Verbindlichkeit) von Rechtsnormen ein. Der Ausdruck »Legitimität« für die Gültigkeitskomponente der Rechtsgeltung benennt den in der Dimension der Sollgeltung auftretenden Unterschied zur »Moralität«. Gültige moralische Normen sind »richtig« im diskurstheoretisch erläuterten Sinne von gerecht. Gültige Rechtsnormen stehen zwar mit moralischen Normen in Einklang; sie sind aber »legitim« in dem Sinne, daß sie darüber hinaus ein authentisches Selbstverständnis der Rechtsgemeinschaft, die faire Berücksichtigung der in ihr verteilten Werte und Interessen sowie die zweckrationale Wahl von Strategien und Mitteln zum Ausdruck bringen.

(c) Das teleologische Element schlägt sich nicht nur im Inhalt sowie im Sinn der Geltung von Gesetzen nieder, sondern auch in den Kontingenzen des Gesetzgebungsprozesses. Moralnormen, die ein vernunftgemäßes Zusammenleben unter sprach- und handlungsfähigen Subjekten überhaupt regeln, werden gewiß nicht nur »entdeckt«, sondern zugleich konstruiert.[22] Aber in Rechtsnormen, mit deren Hilfe wir eine konkrete Lebensform vernünftig gestalten, tritt das Moment der Konstruktion stärker hervor. Je mehr die Normen auf bestimmte Lebensformen und Lebensumstände abzielen, umso weniger fällt das passive Moment der Einsicht gegenüber dem aktiven von Entwurf und Gestaltung ins Gewicht. Die Gründe, die moralische Regeln rechtfertigen, führen zu einem rational motivierten *Einverständnis*; die Begründung von Rechtsnormen dient einer rational motivierten *Vereinbarung*. Im einen Fall überzeugen wir uns davon, welche Pflichten wir *haben*, im anderen, welche Verbindlichkeiten wir eingehen oder *übernehmen sollten*. Rawls trifft in diesem Zusammenhang die Unterscheidung zwischen natürlichen Pflichten und Verbindlichkeiten, die wir freiwillig eingehen (natural duties vs. obligations). Verbindlichkeiten »entstehen durch freiwillige Akte ... Des weiteren ist (ihr) Inhalt stets durch Institutionen oder Gebräuche festgelegt, deren Regeln angeben, was man zu tun hat.« Demgegenüber zeichnen sich natürliche Pflichten »dadurch aus, daß sie zwischen Menschen unabhängig von ihren institutionellen Beziehungen gelten; sie gelten zwischen allen als gleichen moralischen Subjekten.«[23]

Die Idee der Selbstgesetzgebung, die für den Einzelwillen moralische Autonomie bedeutet, nimmt für die kollektive Willensbildung nicht nur dadurch die Bedeutung politischer Autonomie an, daß das

22 J. Rawls, Kantian Constructivism in Moral Theory, Journal of Philosophy, 1980, 515-572; dazu J. Habermas (1991a), 127 ff.
23 J. Rawls (1975), 136.

Diskursprinzip auf eine andere Sorte von Handlungsnormen Anwendung findet und mit dem System der Rechte selber rechtliche Gestalt annimmt. Nicht allein die Rechtsform unterscheidet die politische von der moralischen Selbstgesetzgebung, sondern die Kontingenz der Lebensform, der Ziele und Interessenlagen, die vorgängig die Identität des sich selbst bestimmenden Willens festlegen. Während der moralisch gute Wille in praktischer Vernunft gleichsam aufgeht, behält auch der vernünftig begründete politische Wille Kontingenz in dem Maße, wie die Gründe selbst nur relativ auf zufällige Kontexte gelten. Und aus diesem Grunde äußert sich die Gemeinsamkeit der vom politischen Gesetzgeber diskursiv erzielten Überzeugungen in der Gestalt kommunikativer Macht.

(2) Das vergleichsweise stärkere Gewicht des volitiven Moments im Rechtsetzungsprozeß erklärt sich aus der Logik nicht-moralischer Fragestellungen und der Kontextabhängigkeit nicht-moralischer Gründe, die in die Meinungs- und Willensbildung des politischen Gesetzgebers eingehen. Wenn wir nun die Kommunikationsformen herausfinden wollen, die den diskursiven Charakter einer Selbstbestimmungspraxis gewährleisten, müssen wir uns auf die kognitive Seite konzentrieren und die einschlägigen Fragestellungen identifizieren, die in Gesetzgebungsprozessen bearbeitet werden.

M. Kriele sieht die Fruchtbarkeit der Diskurstheorie darin, »daß sie bewußt macht, was in jedem Diskurs schon vorausgesetzt ist, nämlich die Möglichkeit der Vernunft, die von der Einhaltung der Regeln des Diskurses abhängt. Diese Bewußtmachung hat auch eine politische Funktion: sie verteidigt die Staatsform der Diskussion – also den demokratischen Verfassungsstaat – gegen politische Theorien, die ihre philosophische Grundlage prinzipiell in Frage stellen.«[24] Kriele meint, »daß nur unter der Voraussetzung dieses Gedankens politisches und juristisches Argumentieren sinnvoll« ist, auch wenn die idealisierenden Voraussetzungen von Argumentation überhaupt »in der politischen Praxis nicht herstellbar sind.«[25] Mit dieser Einschränkung erinnert Kriele daran, daß die Logik des Diskurses mit den rechtsstaatlich institutionalisierten Verfahren nicht auf kurzschlüssige Weise zusammengeführt werden darf.

24 M. Kriele, Recht und praktische Vernunft, Göttingen 1979, 31.
25 Kriele (1979), 30.

Eine *unvermittelte* Anwendung der Diskursethik oder eines ungeklärten Diskursbegriffs auf den demokratischen Prozeß führt zu Ungereimtheiten; diese bieten dann Skeptikern Vorwände, um den Entwurf einer Diskurstheorie des Rechts und der Politik schon im Ansatz zu diskreditieren.[26] Daher sind Differenzierungen nötig.

Das Diskursprinzip macht allgemein die Gültigkeit jeder Art Handlungsnormen abhängig von der Zustimmung derer, die als Betroffene »an rationalen Diskursen« teilnehmen. Soweit das Diskursprinzip auf Verhaltensnormen angewendet wird, die bei unbeschränktem Adressatenkreis einfache Interaktionen regeln, kommen Fragen auf, denen ein bestimmter Diskurstyp, nämlich die Form moralischer Argumentation entspricht. Wenn das Diskursprinzip auf Handlungsnormen, die in Rechtsform auftreten können, Anwendung findet, kommen politische Fragestellungen verschiedener Art ins Spiel. Der Logik dieser Fragestellungen entsprechen verschiedene Diskurstypen und Verhandlungsformen.

Ein Kollektiv wird mit der Frage »Was sollen wir tun?« konfrontiert, wenn sich ihm bestimmte Probleme aufdrängen, die kooperativ bewältigt, oder wenn Handlungskonflikte eintreten, die konsensuell gelöst werden müssen. Der rationale Umgang mit diesen Fragen erfordert eine Meinungs- und Willensbildung, die zu begründeten Beschlüssen über die Verfolgung kollektiver Ziele und über die normative Regelung des Zusammenlebens führt. Im einen Fall versteht sich das Kollektiv als ein zu zielgerichtetem Handeln fähiges Quasi-Subjekt, im anderen Fall als eine Gemeinschaft von Individuen, die sich darüber verständigen, welches Verhalten sie legitimerweise voneinander erwarten können. Sobald nun der Rechts- und der Machtkode eingerichtet sind, nehmen Beratungen und Entscheidungen die differenzierte Gestalt einer *politischen* Meinungs- und Willensbildung an. Einerseits trennt sich das beratende und beschlußfassende Kollektiv von jenen Teilen oder Instanzen, die für es handeln, d.h. beschlossene Programme anwenden und ausführen können. Andererseits verwandelt sich das Kollektiv der Gesellschaftsmitglieder in eines von Rechtsgenossen, die als

26 H. Scheit, Wahrheit - Demokratie - Diskurs, Freiburg 1987, 370ff.

Staatsbürger ihre Autonomie innerhalb eines interpretationsbedürftigen und auszugestaltenden Systems von Rechten ausüben. Das Recht verleiht nicht nur den konfliktregelnden Normen eine bestimmte Form; es erlegt auch der Verwirklichung kollektiver Ziele bestimmte Beschränkungen auf. Die in die Sprache des Rechts übersetzten Programme haben entweder selbst Gesetzesform (gegebenenfalls auch die Form von Maßnahme-, Einzelfall-, Steuerungs- oder Lenkungsgesetzen), oder sie schließen sich an das geltende Recht an. In den Beratungen über Politiken und Gesetze differenziert sich die Grundfrage »Was sollen wir tun?« je nach der Art der regelungsbedürftigen Materie. Der Ausdruck »sollen« behält einen unspezifischen Sinn, solange nicht das einschlägige Problem bestimmt ist und der Aspekt, unter dem es gelöst werden kann. Diese Aspekte will ich am Leitfaden pragmatischer, ethischer und moralischer Fragestellungen spezifizieren. Die Beteiligten machen unter den Aspekten des Zweckmäßigen, des Guten und des Gerechten von der praktischen Vernunft jeweils einen anderen Gebrauch. Dem entsprechen verschiedene Diskurstypen, die ich hier nur in groben Zügen skizzieren kann.[27]

Pragmatische Fragen stellen sich aus der Perspektive eines Handelnden, der bei gegebenen Zielen und Präferenzen geeignete Mittel für die Realisierung seiner Ziele sucht. Auch die Ziele selbst können problematisch werden. Dann geht es nicht mehr nur um eine zweckrationale Mittelwahl, sondern um die rationale Abwägung von Zielen im Lichte akzeptierter Werte. Der Wille des Aktors ist auch jetzt noch durch Interessen oder Wertorientierungen festgelegt und nur im Hinblick auf Alternativen der Mittelwahl bzw. Zielsetzung für weitere Bestimmungen offen. Für die begründete Wahl von Techniken oder Handlungsstrategien sind Vergleiche und Abwägungen am Platz, die der Aktor, gestützt auf Beobachtungen und Prognosen, unter Gesichtspunkten der Effizienz oder anderer Entscheidungsregeln vornehmen kann. Die wertorientierte Abwägung von Zielen und die zweckrationale Abwägung von Mitteln führt zu hypothetischen Empfehlungen, die Ursachen und Wirkungen nach Wertpräferenzen und Zwecksetzungen in Rela-

27 Zum folgenden vgl. J. Habermas, Vom pragmatischen, ethischen und moralischen Gebrauch der praktischen Vernunft, in: ders. (1991a), 100-118.

tion setzen. Diese Handlungsanweisungen haben die semantische Form bedingter Imperative. Sie entlehnen ihre Gültigkeit letztlich dem empirischen Wissen, das sie aufnehmen. Begründet werden sie in *pragmatischen Diskursen*. Darin geben Argumente den Ausschlag, die empirisches Wissen auf gegebene Präferenzen und gesetzte Zwecke beziehen und die Folgen alternativer Entscheidungen (die in der Regel unter Ungewißheit zustandekommen) nach zugrundegelegten Maximen beurteilen.

Sobald freilich die orientierenden Werte selber problematisch werden, weist die Frage »Was sollen wir tun?« über den Horizont der Zweckrationalität hinaus. Widerstreitende Präferenzen bringen manchmal Interessengegensätze zum Ausdruck, die auf der Ebene von Diskursen nicht entschärft werden können. Aber manchmal sind umstrittene Interessenlagen und Wertorientierungen so sehr mit der intersubjektiv geteilten Lebensform einer Gemeinschaft verwoben, daß gravierende Wertentscheidungen ein ungeklärtes kollektives Selbstverständnis berühren. *Ethisch-politische Fragen* stellen sich aus der Perspektive von Angehörigen, die sich in lebenswichtigen Fragen darüber klar werden wollen, welche Lebensform sie teilen, auf welche Ideale hin sie ihr gemeinsames Leben entwerfen sollten. Die im Singular gestellte ethisch-existentielle Frage, wer ich bin und sein möchte, welche Lebensweise gut für mich ist, wiederholt sich im Plural – und verändert dadurch ihren Sinn.[28] Die Identität einer Gruppe bezieht sich auf die Situationen, in denen die Angehörigen emphatisch »Wir« sagen können; sie ist keine Ich-Identität im Großformat, sondern bildet deren Ergänzung. Wie wir uns die Traditionen und Lebensformen, in die wir hineingeboren werden, zu eigen machen, indem wir sie selektiv fortbilden, entscheidet darüber, als wen wir uns in diesen kulturellen Überlieferungen wiedererkennen – wer wir als Bürger sind und sein möchten. Gravierende Wertentscheidungen ergeben sich aus und verändern sich mit dem politisch-kulturellen Selbstverständnis einer historischen Gemeinschaft. Aufklärung über dieses Selbstverständnis leistet eine Hermeneutik, die je eigene Überlieferungen kritisch aneignet und damit der intersubjektiven Vergewis-

28 R. Beiner, Political Judgement, London 1983; E. Vollrath, Die Rekonstruktion der politischen Urteilskraft, Stuttgart 1977.

serung von authentischen Lebensorientierungen und Wertüberzeugungen dient.[29]

Ethische Fragen werden mit klinischen Ratschlägen beantwortet, die sich auf eine Rekonstruktion der bewußtgemachten und zugleich kritisch, also sondierend angeeigneten Lebensform stützen. Sie verbinden die deskriptive Komponente der Beschreibung identitätsprägender Überlieferungen mit der normativen des Entwurfs einer exemplarischen Lebensweise, die sich aus Stellungnahmen zu dieser Genese rechtfertigt. Der imperativische Sinn dieser Ratschläge läßt sich als ein Sollen verstehen, das nicht von subjektiven Zwecken oder Präferenzen abhängt, sondern besagt, welche Handlungsweisen auf lange Sicht und im ganzen »gut für uns« sind. Begründet werden solche Ratschläge in *ethischen Diskursen*. Darin geben Argumente den Ausschlag, die sich auf eine Explikation des Selbstverständnisses unserer historisch überlieferten Lebensform stützen und in diesem Kontext Wertentscheidungen an dem *für uns* absoluten Ziel einer authentischen Lebensführung bemessen.

Bisher haben wir Prozesse einer vernünftigen politischen Willensbildung unter zwei Aspekten betrachtet. Die Beratungen dienen zum einen der Präzisierung und Abwägung von kollektiven Zielen sowie der Konstruktion und Auswahl von Handlungsstrategien, die sich zur Erreichung dieser Ziele eignen, während zum anderen der Horizont von Wertorientierungen, in dem sich diese Aufgaben der Zielsetzung und der Zielverwirklichung stellen, auf dem Wege einer traditionsaneignenden Selbstverständigung seinerseits in den Prozeß vernünftiger Willensbildung einbezogen werden kann. In pragmatischen Diskursen prüfen wir die Zweckmäßigkeit von Handlungsstrategien unter der Voraussetzung, daß wir wissen, was wir wollen. In ethisch-politischen Diskursen vergewissern wir uns einer Konfiguration von Werten unter der Voraussetzung, daß wir noch nicht wissen, was wir *eigentlich* wollen. In Diskursen dieser Art lassen sich Programme insoweit begründen, wie sie zweckmäßig und, im ganzen gesehen, gut für uns sind. Eine hinreichende

---

29 Gadamers philosophische Hermeneutik klärt die Logik solcher Selbstverständigungsprozesse: ders., Wahrheit und Methode, Tübingen 1960; noch stärker auf ethisch-politische Fragen zugeschnitten ist die Analyse von A. MacIntyre, Whose Justice? Which Rationality?, Notre Dame, Ind. 1988.

Begründung muß aber noch einen weiteren Aspekt berücksichtigen – den der Gerechtigkeit. Ob wir ein Programm wollen und akzeptieren sollen, hängt auch davon ab, ob die entsprechende Praxis *gleichermaßen* gut ist *für alle*. Damit verschiebt sich der Sinn der Frage »Was sollen wir tun?« ein weiteres Mal.

Bei *moralischen Fragen* tritt der teleologische Gesichtspunkt, unter dem wir Probleme durch zielgerichtete Kooperation bewältigen, ganz hinter dem normativen Gesichtspunkt zurück, unter dem wir prüfen, wie sich unser Zusammenleben im gleichmäßigen Interesse aller regeln läßt. Eine Norm ist nur dann gerecht, wenn alle wollen können, daß sie in vergleichbaren Situationen von jedermann befolgt wird. Moralische Gebote haben die semantische Form von kategorischen oder unbedingten Imperativen. Der imperativische Sinn dieser Gebote läßt sich als ein Sollen verstehen, das weder von subjektiven Zwecken und Präferenzen, noch von dem für uns absoluten Ziel einer guten oder nicht-verfehlten Lebensweise abhängig ist. Was man tun »soll«, hat hier den Sinn, daß die entsprechende Praxis gerecht ist. Begründet werden solche Pflichten in *moralischen Diskursen*. Darin geben Argumente den Ausschlag, die dafür sprechen, daß die in strittigen Normen verkörperten Interessen schlechthin verallgemeinerungsfähig sind. Im moralischen Diskurs erweitert sich die ethnozentrische Perspektive eines bestimmten Kollektivs zur umfassenden Perspektive einer entschränkten Kommunikationsgemeinschaft, deren Mitglieder sich alle in die Situation und in das Welt- und Selbstverständnis eines jeden hineinversetzen und gemeinsam eine ideale Rollenübernahme (im Sinne von G. H. Mead) praktizieren.

Der Grundsatz der Universalisierung nötigt die Diskursteilnehmer dazu, strittige Normen anhand *vorhersehbar typischer* Einzelfälle daraufhin zu prüfen, ob sie die überlegte Zustimmung aller Betroffenen finden könnten. Moralische Regeln bestehen diesen Test nur in einer allgemeinen, vollständig dekontextualisierten Fassung; sie können deshalb *umstandslos* allein auf jene Standardsituationen Anwendung finden, die in ihrer Wenn-Komponente von vornherein berücksichtigt worden sind. Da aber in *Begründungsdiskursen* nicht schon ex ante alle möglichen Konstellationen künftiger Einzelfälle berücksichtigt werden können, erfordert die Normanwendung eine argumentative Klärung aus eigenem Recht. In solchen *Anwendungsdiskursen* wird die Unparteilichkeit des Urteils nicht wiederum durch einen Universalisierungsgrundsatz, sondern durch ein Prinzip der Angemessenheit zur Geltung gebracht. Auf diesen Vorschlag von Klaus Günther werde ich im Zusammenhang mit der Analyse der richterlichen Entscheidungspraxis zurückkommen.

(3) Nun verschränkt sich in der diskursiv strukturierten Meinungs- und Willensbildung eines politischen Gesetzgebers die Rechtsetzung mit der Bildung kommunikativer Macht. Diese Verbindung können wir uns anhand eines argumentationslogisch angelegten Prozeßmodells klarmachen, das von pragmatischen Fragestellungen ausgeht, über die Verzweigung in Kompromißbildung und ethische Diskurse zur Klärung moralischer Fragen fortschreitet und mit einer juristischen Normenkontrolle endet. In dieser Reihenfolge verändert sich die Konstellation von Vernunft und Willen. Mit der Verschiebung des illokutionären Sinnes von »Sollen« verändert sich, auf dem Weg von technischen oder strategischen Empfehlungen über klinische Ratschläge zu moralischen Geboten, auch das Konzept des Willens, an den sich diese Imperative jeweils richten.

Das an gegebenen Zwecken und Werten relativierte Sollen pragmatischer Empfehlungen ist an die *Willkür* von Aktoren gerichtet, die kluge Entscheidungen auf der Grundlage hypothetisch vorausgesetzter Interessenlagen und Wertorientierungen treffen. Diese selbst bleiben pragmatischen Diskursen, in denen die rationale Wahl zwischen möglichen Handlungsalternativen begründet wird, äußerlich. Die Gültigkeit pragmatischer Empfehlungen ist deshalb unabhängig davon, ob die Handlungsanweisungen tatsächlich adoptiert und befolgt werden. Es besteht keine *diskursinterne* Beziehung zwischen Vernunft und Willen, zwischen der praktischen Überlegung und der Akzeptanz der Ergebnisse.

Das am Telos je unseres guten Lebens relativierte Sollen klinischer Ratschläge ist adressiert an die *Entschlußkraft* eines Kollektivs, das sich einer authentischen Lebensweise vergewissern will. In solchen Selbstverständigungsprozessen überschneiden sich die Rollen der Diskursteilnehmer und der Angehörigen einer historischen Gemeinschaft. Hier lassen sich Genesis und Geltung nicht mehr wie bei zweckrational entworfenen Handlungsstrategien trennen. Einsichten, die in ethisch-politischen Diskursen gefördert werden, verändern zusammen mit dem hermeneutisch geklärten Selbstverständnis einer Gruppe auch deren Identität; mit der Begründung gravierender Wertentscheidungen werden Entschlüsse durch Einsichten induziert, denn hier begegnen sich die Argumente mit dem Streben nach einer authentischen Lebensweise. Andererseits drückt sich in solchen hermeneutisch aufgeklärten Entschlüssen auch die Affirmation einer Lebensform im Lichte kritisch angeeigneter Traditionen aus. Vernunft und Wille bestimmen sich in ethischen Diskursen gegenseitig; diese bleiben nämlich in den Kontext, der in ihnen zum Thema wird, eingebettet. Die Argumentationsteilnehmer können sich in der hermeneutischen Selbstverständigung nicht aus der Lebensform herausdrehen, in der sie sich faktisch vorfinden.

Demgegenüber verlangt der Eintritt in moralische Diskurse das Zurücktreten von allen kontingenterweise bestehenden normativen Kontexten. Sie stehen unter Kommunikationsvoraussetzungen, die den Bruch mit lebensweltlichen Selbstverständlichkeiten, insbesondere eine hypothetische Einstellung gegenüber den jeweils thematisierten Handlungsnormen und ihren Geltungsansprüchen erfordern. Das kategorische Sollen moralischer Gebote ist an den autonomen *Willen* von Aktoren gerichtet, die sich rational, durch Einsicht in das, was alle wollen könnten, bestimmen lassen. Anders als Willkür und Entschlußkraft ist dieser Wille von den heteronomen Zügen zufälliger Interessen und Wertorientierungen, besonderer kultureller Lebensformen und identitätsprägender Traditionen befreit. Nach dem Kantischen Sprachgebrauch ist der autonome Wille *ganz* von praktischer Vernunft durchdrungen. Wir können auch sagen, daß der autonome Wille der Vernunft internalisiert wird. Der autonome Wille bezahlt freilich für seine Rationalität mit dem Preis, daß er sich in der sozialen Welt, worin gehandelt wird, allein mit der schwachen Kraft der rationalen Motive, von denen er sich bestimmen läßt, durchsetzen kann. Dieses Motivationsdefizit wird freilich in den Beratungen des politischen Gesetzgebers durch rechtliche Institutionalisierung ausgeglichen.

Je nach den pragmatischen, ethischen und moralischen Aspekten einer regelungsbedürftigen Materie wechseln also die Konstellationen von Vernunft und Wille. Aus diesen Konstellationen erklärt sich das Problem, von dem die diskursive Bildung eines gemeinsamen politischen Willens ausgeht. Nehmen wir einfachheitshalber an, daß sich politische Fragen zunächst in der pragmatischen Form einer wertorientierten Wahl kollektiver Ziele und einer zweckrationalen Abwägung von Strategien stellen, die der politische Gesetzgeber verabschieden will. Wir lassen unser Prozeßmodell beginnen mit der pragmatischen Begründung allgemeiner Programme, die auf Anwendung und Ausführung angewiesen bleiben. Die Begründung hängt in erster Linie von einer richtigen Situationsdeutung und von der angemessenen Beschreibung des anstehenden Problems ab, vom Zufluß relevanter und zuverlässiger Informationen, von der richtigen, erforderlichenfalls auch theoretisch angeleiteten Verarbeitung dieser Informationen usw. In diesem *ersten Stadium* der Meinungs- und Willensbildung wird ein gewisses Expertenwissen benötigt, das natürlich fallibel und selten wertneutral, also unumstritten ist. Schon bei der politischen Bewertung von Expertisen und Gegenexpertisen kommen Gesichtspunkte ins Spiel, die von Präferenzen abhängen. In diesen Präferenzen drücken sich Interessenlagen und Wertorientierungen aus, die im *zweiten Stadium* offen miteinander in Konkurrenz treten; dann soll nämlich auf der Grundlage konsentierter Beschreibungen, Prognosen und Handlungsalternativen zwischen verschiedenen Vorschlägen zur Bewältigung des anstehenden Problems eine Entscheidung getroffen werden. In diesem Stadium stehen die problematischen Wertorientierungen selbst zur Diskussion, was einen Wechsel der Diskursebene nötig macht. Pragmatische Diskurse erstrecken sich nur auf die Konstruktion und Folgenabschätzung möglicher Programme, nicht auf die vernünftige Formierung des Willens, der einen Vorschlag nur adoptieren kann, wenn er sich die darin hypothetisch vorausgesetzten Ziele und Werte *zu eigen macht.*

Im idealen Fall, und davon gehen wir in unserem Modell aus, wird über die Ebene entschieden, auf der die Kontroverse mit Gründen *fortgesetzt* werden soll. Wie entschieden wird, hängt von dem Aspekt ab, unter dem die regelungsbedürftige Materie selbst einer weiteren Klärung zugänglich ist. Es stellen sich *drei Alternativen.*

Wenn es sich unmittelbar um eine moralisch relevante Fragestellung handelt – denken wir an Fragen des Strafrechts wie Abtreibung oder Verjährungstatbestände, des Strafprozeßrechts wie das Verbot bestimmter Beweiserhebungsmethoden oder an Fragen der Sozialpolitik, des Steuerrechts, der Organisation des Schul- oder Gesundheitssystems, die die Distribution des gesellschaftlichen Reichtums, der Lebens- und Überlebenschancen überhaupt betreffen –, dann sind Diskurse am Platze, die die strittigen Interessen und Wertorientierungen im Rahmen des verfassungsrechtlich interpretierten und ausgestalteten Systems der Rechte einem Verallgemeinerungstest unterziehen. Wenn es sich hingegen um eine ethisch relevante Fragestellung handelt – denken wir an ökologische Fragen des Umwelt- und des Tierschutzes, der Verkehrsplanung und des Städtebaus oder an Fragen der Immigrationspolitik, des Schutzes kultureller und ethnischer Minderheiten, allgemein an Fragen der politischen Kultur –, dann sind Diskurse am Platz, die durch die strittigen Interessen und Wertorientierungen hindurchgreifen und auf dem Wege eines Selbstverständigungsprozesses tieferliegende Übereinstimmungen in einer gemeinsamen Lebensform reflexiv zu Bewußtsein bringen.

In komplexen Gesellschaften wird aber selbst unter idealen Bedingungen oft weder die eine noch die andere Alternative offenstehen, nämlich immer dann, wenn sich herausstellt, daß alle vorgeschlagenen Regelungen vielfältige Interessen auf je verschiedene Weisen berühren, ohne daß sich ein verallgemeinerbares Interesse oder der eindeutige Vorrang eines bestimmten Wertes begründen ließen. In diesen Fällen bleibt die Alternative von Verhandlungen, die freilich die Kooperationsbereitschaft erfolgsorientiert handelnder Parteien erfordern.[30] Naturwüchsige oder nicht-regulierte *Verhandlungen* zielen auf Kompromisse, die für die Beteiligten unter drei Bedingungen akzeptabel sind. Solche Kompromisse sehen ein Arrangement vor, das (a) für alle vorteilhafter ist als gar kein Arrangement, das (b) Trittbrettfahrer, die sich der Kooperation entziehen, und (c) Ausgebeutete, die in die Kooperation mehr hereinstecken als sie aus

---

30 J. Elster (The Cement of Society, Cambridge, 1989, 50) definiert den Anlaß für Verhandlungen wie folgt: »Bargaining occurs when there are several cooperative arrangements and the parties have conflicting preferences over them.«

ihr gewinnen, ausschließt. Verhandlungsprozesse sind auf Situationen zugeschnitten, in denen soziale Machtverhältnisse nicht, wie es in rationalen Diskursen vorausgesetzt wird, neutralisiert werden können. Die in solchen Verhandlungen erzielten Kompromisse enthalten eine Vereinbarung, die entgegengesetzte Interessen zum Ausgleich bringt. Während sich ein rational motiviertes Einverständnis auf Gründe stützt, die alle Parteien *in derselben Weise* überzeugen, kann ein Kompromiß von verschiedenen Parteien aus jeweils *verschiedenen* Gründen akzeptiert werden. Die diskursive Kette einer rationalen Willensbildung müßte freilich mit dem Glied eines solchen Kompromisses reißen, wenn das Diskursprinzip in Verhandlungen nicht auf indirekte Weise doch noch zur Geltung gebracht werden könnte.

Auf direkte Weise, also innerhalb der Verhandlungen selber, ist das nicht möglich, weil die Parteien mit Drohungen und Versprechungen eine Verhandlungsmacht in die Interaktion einführen, die die gemeinsam verwendete Sprache ihrer illokutionären Bindungsenergien berauben und den Sprachgebrauch auf die strategische Erzielung perlokutionärer Effekte beschränken kann: »To bargain is to engage in communication for the purpose of *forcing* or *inducing* the opponent to accept one's claim. To achieve this end, bargainers rely on threats and promises that will have to be executed outside the assembly itself. Bargaining power does not derive from the ›power of the better argument‹, but from material ressources, manpower and the like. Statements asserted in a process of bargaining are made with the claim to being credible, in the sense that bargainers must try *to make* their opponents *believe*, that the threats and promises would actually be carried out.«[31] Das Diskursprinzip, das einen zwanglosen Konsens sichern soll, kann deshalb nur indirekt zur Geltung gebracht werden, nämlich durch Verfahren, die die Verhandlungen unter Fairness-Gesichtspunkten *regulieren*. So etwa soll die nicht-neutralisierbare Verhandlungsmacht durch eine Gleichverteilung zwischen den Parteien immerhin diszipliniert werden. Soweit das Aushandeln von Kompromissen nach Verfahren abläuft, die allen Interessenten gleiche Chancen der Teilnahme

31 J. Elster, Arguing and Bargaining, Manuskript 1991, 3.

an den Verhandlungen sichern und während der Verhandlungen gleiche Chancen gegenseitiger Einflußnahme aufeinander einräumen, damit auch generell gleiche Chancen für die Durchsetzung aller berührten Interessen schaffen, besteht die begründete Vermutung, daß die erzielten Vereinbarungen fair sind.

Solche Verfahren definieren die gleichmäßige Berücksichtigung der Interessen jedes Beteiligten als ein Problem der verfahrensgerechten *Vereinbarung* zwischen Machthabern, nicht als Problem der Verständigung zwischen Diskursteilnehmern, die von ihrer kommunikativen Freiheit, zu kritisierbaren Geltungsansprüchen Stellung zu nehmen, Gebrauch machen, um sich gegenseitig von der Richtigkeit ihrer Argumente zu *überzeugen*. Normativ betrachtet, steht aber eine faire Kompromißbildung nicht auf eigenen Beinen. Die Verfahrensbedingungen, unter denen faktisch erzielte Kompromisse auch die Vermutung der Fairness für sich haben, müssen nämlich in moralischen Diskursen gerechtfertigt werden. Zudem sind Verhandlungen erst dann zulässig und erforderlich, wenn partikulare, also keine verallgemeinerungsfähigen Interessen im Spiel sind, was wiederum nur in moralischen Diskursen geprüft werden kann.[32] Faire Verhandlungen zerstören also das Diskursprinzip nicht, sie setzen es vielmehr voraus.

Weil die Kompromißbildung moralische Diskurse nicht ersetzen kann, läßt sich die politische Willensbildung nicht auf Kompromißbildung reduzieren. Mutatis mutandis gilt das auch für ethisch-politische Diskurse. Denn deren Ergebnisse müssen mit moralischen Grundsätzen wenigstens kompatibel sein. Ein fundamentalistisches Selbstverständnis würde beispielsweise Wertentscheidungen privilegieren, in deren Licht nicht-egalitäre Regelungen bevorzugt werden. Allein unter Bedingungen nachmetaphysischen Denkens führen ethisch-politische Diskurse zu Regelungen, die per se im gleichmäßigen Interesse aller Angehörigen liegen. So bietet erst die Vereinbarkeit aller diskursiv erzielten oder ausgehandelten Programme mit dem, was auch moralisch gerechtfertigt werden kann, eine Garantie für die durchgängige Berücksichtigung des Dis-

32 J. Habermas, Legitimationsprobleme im Spätkapitalismus, Frankfurt/Main 1973, 153 ff.; ders., Die Utopie des guten Herrschers, in: ders., Kleine politische Schriften I-IV, Frankfurt/Main 1981, 44 ff.

kursprinzips. Die vernünftige politische Willensbildung stellt sich im Prozeßmodell als ein Netz von Diskursen und Verhandlungen dar, die auf vielen Pfaden miteinander rückgekoppelt sein können. *Mindestens* finden aber Transfers auf den folgenden Pfaden statt:

Ein Prozeßmodell der vernünftigen politischen Willensbildung

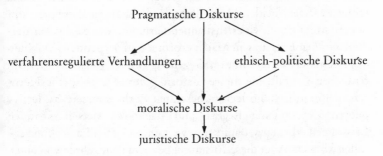

Die politische Willensbildung terminiert in Beschlüssen über Politiken und Gesetze, die in der Sprache des Rechts formuliert sein müssen. Das macht am Ende eine Normenkontrolle erforderlich, wobei geprüft wird, ob sich die neuen Programme in das bestehende Rechtssystem einfügen. Der politische Gesetzgeber darf nämlich seine Rechtsetzungsbefugnisse nur für die Begründung von Gesetzesprogrammen benutzen, die mit dem System der Rechte, sofern sie es nicht unmittelbar interpretieren und ausgestalten, vereinbar sind und an den Korpus geltender Gesetze Anschluß finden. Unter diesem *juristischen Aspekt* müssen alle Beschlüsse einer Kohärenzprüfung unterzogen werden. Denn die Einheitlichkeit des Rechts muß schon aus Gründen der Rechtssicherheit gewahrt bleiben. Wie wir noch sehen werden, kann im eingerichteten Rechtsstaat darüber hinaus die Normenkontrolle des Gesetzgebers der Revision durch ein Gericht unterworfen werden, das die Verfassungskonformität verabschiedeter Gesetze kontrolliert.[33]

33 Dieser Umstand erinnert daran, daß sich die moralischen und ethischen Diskurse, die formelle Bestandteile der politischen Willensbildung sind, von moralischen und ethischen Alltagsdiskursen nicht nur durch die Art ihrer rechtsförmigen Institutionalisierung unterscheiden. Die auf dem Gesetzgebungswege in die Begründung von Rechtsnormen einfließenden moralischen und ethischen Ge-

III.

(1) Nach diesen vorbereitenden Überlegungen können wir die verschiedenen Stränge der Argumentation zusammenführen, um die Prinzipien für eine rechtsstaatliche Organisation der öffentlichen Gewalt unter diskurstheoretischen Gesichtspunkten zu begründen. Die wechselseitige Konstituierung von Recht und politischer Macht stiftet zwischen beiden Momenten einen Zusammenhang, der die latente Möglichkeit einer Instrumentalisierung des Rechts für den strategischen Einsatz von Macht eröffnet und perpetuiert. Die Idee des Rechtsstaates verlangt im Gegenzug eine Organisation der öffentlichen Gewalt, die die rechtsförmig verfaßte politische Herrschaft nötigt, sich am legitim gesetzten Recht ihrerseits zu legitimieren. Zwar müssen Rechts- und Machtkode stets füreinander Leistungen erbringen, damit sie jeweils ihre eigenen Funktionen erfüllen können. Aber diese Austauschbeziehungen zehren von einer legitimen Rechtsetzung, die, wie wir gesehen haben, mit der Bildung kommunikativer Macht verschwistert ist. Damit differenziert sich der Begriff der politischen Macht. Im System der öffentlichen Verwaltung konzentriert sich eine Macht, die sich immer von

sichtspunkte kommen im Legitimitätsanspruch des Rechts zur Geltung, aber sie sprengen nicht die Form des Rechts. Die rechtsförmig kanalisierten Ergebnisse der moralischen und ethischen Beratungen des Gesetzgebers haben im Vergleich mit analogen Ergebnissen moralischer und ethischer Alltagsdiskurse einen veränderten, und zwar *spezifisch eingeschränkten* Sinn. Das liegt bei ethischen Diskursen auf der Hand, die, wenn sie aus der Perspektive der ersten Person Singular geführt werden, auf die existentielle Frage je meiner authentischen Lebensführung zugeschnitten sind. Diese klinischen Ratschläge sind an natürliche Personen, nicht an Rechtssubjekte adressiert. Auch die Alltagsdiskurse, die aus der Wir-Perspektive, sei es einer bestimmten historischen oder einer unbegrenzten Kommunikationsgemeinschaft geführt werden, führen zu Empfehlungen oder Geboten, die sich an natürliche, im Kontext je ihrer Lebensgeschichte individuierte Personen richten. Hingegen richten sich verhaltensnormierende Gesetze an sozial typisierte Rechtspersonen, die allein durch ihre Willkürfreiheit individuiert sind. Wie wir uns bei der Analyse der Rechtsform klargemacht haben, erstrecken sich Rechtsverhältnisse auf die »äußeren Aspekte« regelungsbedürftiger Materien. Daraus erklärt sich beispielsweise die Differenz zwischen dem 5. Gebot des Dekalogs und entsprechenden strafrechtlichen Bestimmungen über Tötungsdelikte, obwohl sich beide Regelungen in ihren *moralischen Gehalten* weitgehend decken können.

neuem aus kommunikativer Macht regenerieren muß. Deshalb ist das Recht nicht nur konstitutiv für den Machtkode, der die Verwaltungsprozesse steuert. Es bildet zugleich das Medium für die Umwandlung von kommunikativer Macht in administrative. Die Idee des Rechtsstaates läßt sich deshalb anhand der Prinzipien entfalten, nach denen legitimes Recht aus kommunikativer Macht hervorgebracht und diese wiederum über legitim gesetztes Recht in administrative Macht umgesetzt wird.

Da sich die diskursiv strukturierte Meinungs- und Willensbildung des politischen Gesetzgebers in Kommunikationsformen vollziehen soll, in denen die Frage »Was sollen wir tun?« unter verschiedenen Aspekten vernünftig beantwortet werden kann, entwickele ich die Prinzipien des Rechtsstaates aus der Perspektive der rechtlichen Institutionalisierung jenes Netzes von Diskursen und Verhandlungen, das ich soeben in einem Prozeßmodell vereinfachend dargestellt habe.

Im *Prinzip der Volkssouveränität*, wonach alle Staatsgewalt vom Volke ausgeht, trifft sich das subjektive Recht auf die chancengleiche Teilnahme an der demokratischen Willensbildung mit der objektiv-rechtlichen Ermöglichung einer institutionalisierten Praxis staatsbürgerlicher Selbstbestimmung. Dieses Prinzip bildet das Scharnier zwischen dem System der Rechte und dem Aufbau eines demokratischen Rechtsstaates. Aus der diskurstheoretischen Deutung des Prinzips der Volkssouveränität (a) ergeben sich das Prinzip des umfassenden individuellen Rechtsschutzes, der durch eine unabhängige Justiz gewährleistet wird (b), die Prinzipien der Gesetzmäßigkeit der Verwaltung und der gerichtlichen sowie parlamentarischen Verwaltungskontrolle (c) sowie das Prinzip der Trennung von Staat und Gesellschaft, das verhindern soll, daß soziale Macht ungefiltert, also ohne durch die Schleusen der kommunikativen Machtbildung hindurchzugehen, in administrative Macht umgesetzt wird (d).

ad (a) In seiner diskurstheoretischen Lesart besagt das Prinzip der Volkssouveränität, daß sich alle politische Macht aus der kommunikativen Macht der Staatsbürger herleitet. Die Ausübung politischer Herrschaft richtet sich nach und legitimiert sich an den Gesetzen, die sich die Staatsbürger in einer diskursiv strukturierten

Meinungs- und Willensbildung selber geben. Diese Praxis verdankt, wenn man sie als problemlösenden Prozeß betrachtet, ihre legitimierende Kraft einem *demokratischen Verfahren*, das eine vernünftige Behandlung politischer Fragen gewährleisten soll. Die rationale Akzeptabilität der verfahrenskonform erzielten Ergebnisse erklärt sich aus der Institutionalisierung vernetzter Kommunikationsformen, die idealerweise sicherstellen, daß alle relevanten Fragen, Themen und Beiträge zur Sprache kommen und auf der Grundlage der bestmöglichen Informationen und Gründe in Diskursen und Verhandlungen verarbeitet werden. Es ist diese rechtliche Institutionalisierung bestimmter Verfahren und Kommunikationsbedingungen, die eine effektive Inanspruchnahme gleicher kommunikativer Freiheiten möglich macht und zugleich zum pragmatischen, ethischen und moralischen Gebrauch der praktischen Vernunft bzw. zum fairen Ausgleich von Interessen *anhält*.

Das Prinzip der Volkssouveränität kann auch unmittelbar unter dem Machtaspekt betrachtet werden. Dann verlangt es die Übertragung der Gesetzgebungskompetenz an die Gesamtheit von Staatsbürgern, die allein aus ihrer Mitte die kommunikative Macht gemeinsamer Überzeugungen generieren können. Nun erfordert die begründete und verbindliche Entscheidung über Politiken und Gesetze einerseits Beratung und Beschlußfassung face to face. Andererseits können sich nicht alle Staatsbürger, auf der Ebene direkter und einfacher Interaktionen, zu einer solchen gemeinsam ausgeübten Praxis »vereinigen«. Einen Ausweg bietet das *parlamentarische Prinzip* der Einrichtung deliberierender und beschlußfassender Vertretungskörperschaften. Zusammensetzung und Arbeitsweise dieser parlamentarischen Körperschaften müssen wiederum unter Gesichtspunkten geregelt werden, die sich aus der Logik der Aufgabenstellungen ergeben. Deshalb werfen der Wahlmodus, der Status der Abgeordneten (Immunität, freies vs. gebundenes Mandat, Fraktionsbildung), der Entscheidungsmodus in den Körperschaften (*Mehrheitsprinzip*, wiederholte Lesungen), sogar die Arbeitsorganisation (Ausschußbildung) Fragen von prinzipieller Bedeutung auf. Diese Verfahrensfragen müssen im Lichte des Diskursprinzips so geregelt werden, daß die notwendigen Kommunikationsvoraussetzungen für pragmatische, ethische und moralische Diskurse einerseits, die Bedingungen für faire Verhandlungen andererseits hinreichend erfüllt werden können.

Aus der Logik der Diskurse ergibt sich weiterhin der Grundsatz des *politischen Pluralismus* und die Notwendigkeit, die parlamentarische Meinungs- und Willensbildung unter Mitwirkung der politischen Parteien durch eine allen Staatsbürgern offenstehende informelle Meinungsbildung in der politischen Öffentlichkeit zu ergänzen. Nach Kant haben vor allem John Stuart Mill und John Dewey das Prinzip der Publizität und die Rolle, die eine informierte öffentliche Meinung für die Kontrolle des Parlaments haben sollte, analysiert.[34] Erst das *Prinzip der Gewährleistung autonomer Öffentlichkeiten* und der *Grundsatz der Parteienkonkurrenz* erschöpfen, zusammen mit dem parlamentarischen Prinzip, den Gehalt des Prinzips der Volkssouveränität. Es verlangt eine diskursive Strukturierung öffentlicher Arenen, in denen sich anonym verzahnte Kommunikationskreisläufe von der konkreten Ebene einfacher Interaktionen ablösen. Eine informelle Meinungsbildung, die die politische Willensbildung vorbereitet und beeinflußt, ist von den Institutionalisierungszwängen einer auf Beschlußfassung programmierten Beratung unter Anwesenden entlastet. Diese Arenen müssen zwar im Hinblick auf den Spielraum, den sie dem freien Prozessieren von Meinungen, Geltungsansprüchen und Stellungnahmen gewähren sollen, grundrechtlich geschützt, sie können aber nicht im ganzen wie Körperschaften organisiert werden.

ad (b) Die politischen Kommunikationen der Staatsbürger erstrekken sich zwar auf alle Angelegenheiten, die öffentliches Interesse finden, aber sie münden schließlich in die Beschlüsse legislativer Körperschaften ein. Die politische Willensbildung zielt auf Gesetzgebung ab, weil zum einen das System der Rechte, die sich die Bürger gegenseitig zuerkannt haben, zunächst nur durch Gesetze interpretiert und ausgestaltet, weil zum anderen die organisierte Staatsgewalt, die als Teil für das Ganze handeln muß, nur über Gesetze programmiert und gelenkt werden kann. Die Gesetzgebungskompetenz, die grundsätzlich den Staatsbürgern in ihrer Gesamtheit zu-

---

34 Zu J. St. Mill vgl. J. Hellesnes, Toleranz und Dissens, Zeitschrift für Philosophie 40 (1992), 245-255; zu J. Dewey jetzt: R. B. Westbrook, J. Dewey and American Democracy, Ithaca 1991.

steht, wird von parlamentarischen Körperschaften wahrgenommen, die Gesetze nach einem demokratischen Verfahren *begründen*. Gesetze bilden die Grundlage für individuelle Rechtsansprüche; diese ergeben sich aus der *Anwendung*, sei es von selbstexekutiven oder auf dem Verwaltungswege implementierten Gesetzen auf Einzelfälle. Aus der Einklagbarkeit dieser Ansprüche folgt die Garantie der Rechtswege und das *Prinzip der Gewährleistung eines umfassenden individuellen Rechtsschutzes*.

Freilich versteht sich die Aufteilung der Kompetenzen von Gesetzgebung und Rechtsanwendung auf zwei verschiedene, institutionell und personell voneinander unabhängige Staatsgewalten nicht von selber. Das klassische Athen bietet nur eines von vielen Beispielen dafür, daß sich Volksversammlungen oder Parlamente auch Rechtsprechungsfunktionen vorbehalten. Gewiß liegt aus pragmatischen Gründen eine Trennung der rechtsprechenden von der legislativen Gewalt nahe, sobald die dogmatische Durchgestaltung des Rechts und die Verwissenschaftlichung der Jurisprudenz eine weitgehende Professionalisierung der richterlichen Entscheidungspraxis nach sich ziehen. Aber normativ und rechtssystematisch sind andere Gründe ausschlaggebend. Zum einen spiegelt sich der argumentationslogische Unterschied zwischen Normenbegründung und Normanwendung in den Kommunikationsformen von Begründungs- und Anwendungsdiskursen wider, die in verschiedener Weise rechtlich institutionalisiert werden müssen. In juristischen Anwendungsdiskursen muß entschieden werden, welche der als gültig vorausgesetzten Normen einer gegebenen, in allen relevanten Merkmalen möglichst vollständig beschriebenen Situation angemessen ist. Dieser Diskurstyp verlangt eine Rollenkonstellation, in der die Parteien (und gegebenenfalls staatliche Ermittlungsbehörden) einem Richter als dem unparteilich urteilenden Repräsentanten der Rechtsgemeinschaft alle strittigen Aspekte eines Falls vortragen können, ferner eine Kompetenzverteilung, wonach das Gericht sein Urteil vor einer im Prinzip unbegrenzten Rechtsöffentlichkeit begründen muß. Demgegenüber gibt es in Begründungsdiskursen grundsätzlich nur Beteiligte. Zum anderen nimmt die Justiz für die Durchsetzung ihrer Entscheidungen – und den Rechtsvollzug – die Repressionsmittel des Staatsapparats in Anspruch und verfügt insofern selbst über administrative Macht. Aus diesem Grunde muß die Justiz von der Gesetzgebung getrennt und an einer Selbstprogrammierung gehindert werden. So erklärt sich das *Prinzip der Bindung der Justiz ans geltende Recht.*

Im übrigen ergeben sich aus dem Prinzip des Rechtsschutzes in Verbindung mit den Justizgrundrechten alle weiteren Prinzipien für die Aufgabenspezifizierung, die Arbeitsweise und die Statussicherung einer unabhängigen Justiz, die das Recht so anwenden soll, daß zugleich Rechtssicherheit und die rationale Akzeptabilität der richterlichen Entscheidungen gewährleistet ist.[35]

ad (c) Erst das *Prinzip der Gesetzmäßigkeit der Verwaltung* macht den zentralen Sinn der Gewaltenteilung deutlich.[35a] Jenseits einer funktionalen Differenzierung, die sich aus der argumentationslogischen Arbeitsteilung zwischen Normenbegründung und Normanwendung erklärt, hat die institutionelle Differenzierung, die sich in der Konstituierung getrennter Staatsgewalten ausdrückt, den Zweck, die Verwendung administrativer Macht in der Weise an demokratisch gesatztes Recht zu binden, daß sich administrative Macht allein aus der von den Staatsbürgern gemeinsam erzeugten kommunikativen Macht regeneriert. Unter diesem Machtaspekt haben wir schon die Gesetzesbindung einer Justiz betrachtet, die sich der Leistungen der Exekutive bedienen muß. Unter demselben Aspekt stellt sich aber vor allem das Verhältnis der legislativen Gewalt zu einer Exekutive dar, die unter dem *Vorbehalt des Gesetzes* steht. Der Gesetzesvorbehalt hat zur Folge, daß Verordnungen, Satzungen, Vorschriften und Maßnahmen, die einem Gesetz widersprechen, nichtig sind. Der *Vorrang des* im demokratischen Verfahren legitimierten *Gesetzes* bedeutet kognitiv, daß die Verwaltung keinen eigenen Zugriff auf die Prämissen hat, die ihren Entscheidungen zugrundeliegen. Praktisch bedeutet er, daß die administrative Macht in Prozesse der Rechtsetzung (und der Rechtsprechung) nicht intervenieren darf.

---

35 E. Denninger, Staatsrecht, Hamburg 1973, Bd. 1, 101 ff.; K. Hesse, Grundzüge des Verfassungsrechts der Bundesrepublik Deutschland, Heidelberg 1990, 76 ff. und 213 ff.; Kriele (1975), 104 ff.

35a E. Schmidt-Assmann, Der Rechtsstaat, in: Handbuch des Staatsrechts, hg. v. J. Isensee und P. Kirchhoff, Bd. I, Heidelberg 1987, § 24, 987-1043.

Die Inanspruchnahme administrativer Macht durch Gesetzgeber und Justiz ist nur insoweit unbedenklich, wie diese Macht die Institutionalisierung entsprechender Diskurse möglich macht. Soweit administrative Macht für die Einrichtung und Organisation von Rechtsetzung und -anwendung konsumiert wird, operiert sie in der Art von *Ermöglichungsbedingungen.* Wenn umgekehrt die Verwaltung andere als administrative Funktionen an sich zieht, werden Prozesse der Gesetzgebung und der Rechtsprechung *beschränkenden* Bedingungen unterworfen. Solche Interventionen verletzen die Kommunikationsvoraussetzungen legislativer und juristischer Diskurse und stören die argumentationsgesteuerten Verständigungsprozesse, die die rationale Akzeptabilität von Gesetzen und richterlichen Entscheidungen allein begründen können. Die Ermächtigung der Exekutive zum Erlaß von Rechtsverordnungen bedarf deshalb der speziellen verwaltungsrechtlichen Normierung. So bringt insbesondere das Verwaltungsrecht das *Prinzip des innerstaatlichen Willkürverbots* zur Geltung.[36]

Die Konstituierung einer vollziehenden Gewalt hat im übrigen zur Folge, daß die aus dem Recht auf gleiche subjektive Handlungsfreiheiten resultierenden Freiheitsrechte den *zusätzlichen* Sinn von liberalen *Abwehrrechten* privatautonomer Rechtssubjekte gegenüber dem Staatsapparat erhalten. Die Rechte, die sich die Bürger zunächst nur in der horizontalen Dimension der Bürger-Bürger-Interaktionen gegenseitig zuerkennen, müssen sich nun, nachdem sich eine Exekutivgewalt konstituiert hat, auch auf die vertikale Dimension der Beziehungen der Bürger zum Staat erstrecken. Diese im engeren Sinne »liberalen« Grundrechte bilden, historisch betrachtet, sogar den Kern der Menschenrechtserklärungen. Aus ihnen ist das – zunächst vernunftrechtlich begründete – System der Rechte hervorgegangen.[37] In die gleiche Richtung weist der Ausbau der parlamentarischen Verwaltungskontrolle und vor allem das System von *Verwaltungsgerichten;* beide ergänzen die ex-ante-Kontrolle des Gesetzgebers durch eine ex-post-Kontrolle. Grundsätzlich kann jeder erlassene oder versagte Verwaltungsakt zum Gegenstand einer

36 Ph. Kunig, Das Rechtsstaatsprinzip, Tübingen 1986, 312 ff.
37 Vgl. die klassischen Beiträge in: R. Schnur (Hg.), Zur Geschichte der Erklärung der Menschenrechte, Darmstadt 1964.

Anfechtungs- oder Verpflichtungsklage gemacht werden. Darüber hinaus eröffnet die Verfassungsgerichtsbarkeit einzelnen Rechtssubjekten (gegebenenfalls auch Verbänden), die sich in ihren Grundrechten durch Eingriffe der Exekutive (oder von seiten Dritter) beeinträchtigt fühlen, den Weg der Verfassungsbeschwerde.

ad (d) Das *Prinzip der Trennung von Staat und Gesellschaft* ist in der Tradition des deutschen Staatsrechts konkretistisch im Sinne eines liberalen Rechtsstaats interpretiert worden. Allgemein besagt das Prinzip aber die rechtliche Garantie einer gesellschaftlichen Autonomie, die jedem auch gleiche Chancen einräumt, als Staatsbürger von seinen politischen Teilnahme- und Kommunikationsrechten Gebrauch zu machen. Diesem Grundsatz entspricht keineswegs nur das Modell des bürgerlichen Rechtsstaates, der sich auf die Gewährleistung äußerer und innerer Sicherheit beschränkt und alle übrigen Funktionen einer von staatlichen Regulierungen weitgehend freigesetzten, sich selbst steuernden Wirtschaftsgesellschaft in der Erwartung überläßt, daß sich gerechte Lebensverhältnisse über die privatrechtlich gesicherte Autonomie der Einzelnen aus dem freien Spiel ihrer subjektiven Zwecksetzungen und Präferenzentscheidungen spontan herstellen.[38]

Das Prinzip der Trennung von Staat und Gesellschaft fordert in seiner abstrakten Fassung eine Zivilgesellschaft, also Assoziationsverhältnisse und eine politische Kultur, die von Klassenstrukturen hinreichend entkoppelt sind. Auf das in dieser Hinsicht problematische Verhältnis von sozialer Macht und Demokratie komme ich noch zurück. Die Zivilgesellschaft muß die Ungleichverteilung sozialer Machtpositionen und der aus ihnen resultierenden Machtpotentiale abfedern und neutralisieren, damit soziale Macht nur so weit zum Zuge kommt, wie sie die Ausübung staatsbürgerlicher Autonomie *ermöglicht* und nicht *beschränkt*. Ich verwende den Ausdruck »soziale Macht« als Maß für die Möglichkeit eines Aktors, in sozialen Beziehungen eigene Interessen auch gegen das Widerstreben anderer durchzusetzen. Die soziale Macht kann, wenn auch in anderer Weise

38 D. Grimm, Recht und Staat der bürgerlichen Gesellschaft, Frankfurt/Main 1987; E. W. Böckenförde (Hg.), Staat und Gesellschaft, Darmstadt 1976; D. Suhr, Staat – Gesellschaft – Verfassung, Der Staat 17 (1978), 369ff.; E. W. Böckenförde, Recht, Staat, Freiheit, Frankfurt/Main 1991.

als die administrative, die Bildung kommunikativer Macht sowohl ermöglichen wie beschränken. Im einen Fall bedeutet Verfügung über soziale Macht, daß notwendige materielle Bedingungen für eine autonome Wahrnehmung formal gleicher Handlungs- oder Kommunikationsfreiheiten erfüllt sind. In politischen Verhandlungen müssen beispielsweise die beteiligten Parteien ihren Drohungen oder Versprechungen durch soziale Macht Glaubwürdigkeit verschaffen können. Im anderen Fall eröffnet die Verfügung über soziale Macht die Chance einer Einflußnahme auf den politischen Prozeß, die über den Spielraum staatsbürgerlicher Gleichheitsrechte hinaus eigenen Interessen Vorrang verschafft. Auf diese intervenierende Weise können beispielsweise Unternehmen, Organisationen und Verbände ihre soziale Macht in politische umwandeln, sei es direkt durch Einwirkung auf die Administration oder mittelbar durch steuernde Eingriffe in die politische Öffentlichkeit.[39] Organisatorisch findet das Prinzip, daß ein unmittelbarer Durchgriff sozialer Macht auf administrative Macht blockiert werden soll, seinen Ausdruck im Grundsatz der demokratischen Verantwortlichkeit von Inhabern politischer Ämter gegenüber Wählern und Parlamenten. Abgeordnete müssen sich periodisch Neuwahlen stellen; der Verantwortlichkeit der Regierung und der einzelnen Minister für ihre eigenen Entscheidungen und die ihrer weisungsabhängigen Behörden entsprechen die Kontroll- und Abberufungsrechte der Volksvertretung.

Die Idee, daß sich die Staatsgewalt als pouvoir neutre über die gesellschaftlichen Kräfte erheben könne, war immer schon Ideologie.[40] Aber auch ein aus der Zivilgesellschaft *hervorgehender* politischer Prozeß muß gegenüber sozialstrukturell verankerten Machtpotentialen (Macht der Verbände, Modus der Parteienfinanzierung) das Maß an Autonomie gewinnen, das nötig ist, um das administrative System davor zu bewahren, sei es in der Rolle der Exekutivge-

---

39 Vgl. mein Vorwort zu: J. Habermas, Strukturwandel der Öffentlichkeit, Frankfurt/Main 1990, 11-50.

40 Insbesondere eine in der Schule Carl Schmitts verbreitete Ideologie, vgl. beispielsweise: W. Weber, Spannungen und Kräfte im westdeutschen Verfassungssystem, Stuttgart 1951; E. Forsthoff, Der Staat der Industriegesellschaft, München 1971.

walt oder als Sanktionsmacht, zu einer Partei unter anderen Parteien herabzusinken. So besteht beispielsweise die Gefahr, daß der Staat als Teilnehmer an korporatistischen Arrangements den Anspruch preisgibt, mit dem Vollzug legitim gesatzten Rechts politische Gerechtigkeit zu verwirklichen. Auch angesichts neuerer Tendenzen im Strafrecht (wie bargaining im Strafverfahren)[41] behält das Prinzip der Trennung von Staat und Gesellschaft eine unverminderte Aktualität.

Die (a-d) entwickelten Prinzipien des Rechtsstaats fügen sich zu einer Architektonik zusammen, der eine einzige Idee zugrundeliegt: die Organisation des Rechtsstaates soll letztlich der politisch autonomen Selbstorganisation einer Gemeinschaft dienen, die sich mit dem System der Rechte als eine Assoziation freier und gleicher Rechtsgenossen konstituiert hat. Die Institutionen des Rechtsstaates sollen eine effektive Ausübung der politischen Autonomie gesellschaftlich autonomer Staatsbürger sichern, und zwar in der Weise, daß zum einen die kommunikative Macht eines vernünftig gebildeten Willens entstehen und in Gesetzesprogrammen verbindlichen Ausdruck finden kann, und daß zum anderen diese kommunikative Macht über die vernünftige Anwendung und administrative Implementierung von Gesetzesprogrammen gesellschaftsweit zirkulieren und – über die Stabilisierung von Erwartungen wie durch die Verwirklichung kollektiver Ziele – sozialintegrative Kraft entfalten kann. Mit der Organisation des Rechtsstaates wird das System der Rechte zu einer Verfassungsordnung ausdifferenziert, in der das Rechtsmedium als verstärkender Transformator der schwachen sozialintegrativen Stromstöße einer kommunikativ strukturierten Lebenswelt wirksam werden kann. Zwei Aspekte möchte ich hervorheben: auf der einen Seite institutionalisiert der Rechtsstaat den öffentlichen Gebrauch kommunikativer Freiheiten (2), auf der anderen Seite reguliert er die Umsetzung kommunikativer in administrative Macht (3).

(2) Je nach Fragestellung erfüllen Diskurstypen und Verhandlungen verschiedene argumentationslogische Rollen für eine vernünftige

---

41 Zur Ersetzung staatlicher Strafverfolgung durch private Abmachungen vgl. W. Naucke, Versuch über den aktuellen Stil des Rechts, Schriften der H. Ehlers-Akademie 19, 1986.

politische Willensbildung. Sie realisieren sich in entsprechenden Kommunikationsformen; und diese müssen wiederum rechtlich institutionalisiert werden, wenn der Anspruch der Staatsbürger auf Ausübung ihrer politischen Teilnahmerechte gewährleistet werden soll. Der Begriff der Institutionalisierung bezieht sich unmittelbar auf normativ erwartetes Verhalten, so daß Mitglieder eines sozialen Kollektivs wissen, welches Verhalten sie wann und bei welchen Gelegenheiten voneinander fordern dürfen. Aber auch Verfahren, die festlegen, nach welchen Regeln eine Kooperation ablaufen soll, um bestimmte Aufgaben zu bewältigen, lassen sich institutionalisieren. Verfahrensnormen regeln beispielsweise den Abschluß von Verträgen, die Gründung eines Vereins oder die Beschlußfassung in Selbstverwaltungskörperschaften. Auch parlamentarische Beratungen oder Tarifauseinandersetzungen werden mit Hilfe verfahrensrechtlicher Normen eingerichtet.

Verhandlungen zeichnen sich durch eine besondere Kommunikationsform aus. Aber hier entspricht der äußeren Form der Kommunikation keine innere Form der Argumentation. Die Verfahren, die die Fairneß möglicher Kompromisse sichern sollen, regeln unter anderem die Teilnahmeberechtigung, die Wahl der Delegierten und damit die Zusammensetzung der Delegationen; gegebenenfalls erstrecken sie sich auf Materien wie Verhandlungsführung, Turnus und Verhandlungsdauer, auf die Art der Themen und Beiträge, die Zulässigkeit von Sanktionen usw. Diese und ähnliche Fragen werden unter dem Gesichtspunkt geregelt, daß alle einschlägigen Interessen gleichmäßig berücksichtigt werden können und alle Parteien mit gleicher Macht ausgestattet sind, wobei der Austausch von Argumenten auf die möglichst rationale Verfolgung je eigener Präferenzen zugeschnitten ist. Kompromißverfahren sollen der Gefahr vorbeugen, daß asymmetrische Machtstrukturen und ungleich verteilte Drohpotentiale den Ausgang der Verhandlungen präjudizieren. Eine weitere Gefahr besteht darin, daß Kompromißverfahren auf moralische oder ethische Fragen Anwendung finden, so daß diese unbemerkt oder stillschweigend zu strategischen Fragen *umdefiniert* werden. So schwierig die Institutionalisierung von Verhandlungssystemen dieser Art sein mag, stets beziehen sich Kompromißverfahren auf die Regelung strategischer Interaktionen.

Davon unterscheiden sich die Verfahrenstypen, die – wie beispielsweise das Gerichtsverfahren – Diskurse regeln. Hier trifft das juristische Verfahren auf ein »Verfahren« ganz anderer Art, nämlich auf Argumentationsprozesse, die einer eigenen Logik gehorchen. Am Modell des Gerichtsverfahrens werden wir noch im einzelnen zu klären haben, wie Prozeßordnungen juristische Anwendungsdiskurse ermöglichen und institutionalisieren, ohne die Argumentation als solche normieren zu können. Sie definieren, schützen und strukturieren die Spielräume, in denen Argumentationen stattfinden sollen. Die richterliche Entscheidungspraxis bietet aufgrund ihrer vergleichsweise hohen Rationalität den am besten durchanalysierten Fall eines Ineinandergreifens von zwei Typen von Verfahren – eben für eine Verschränkung des institutionalisierenden Rechtsverfahrens mit einem Argumentationsprozeß, der sich in seiner *Binnen*struktur rechtlicher Institutionalisierung entzieht. An dieser Verfahrensverschränkung zeigt sich, daß sich das Universum des Rechts gleichsam von innen für Argumentationen öffnen kann, über die pragmatische, ethische und moralische Gründe in die Sprache des Rechts Eingang finden, ohne einerseits das Argumentationsspiel zu sistieren oder andererseits den Rechtskode zu sprengen. Die *Einbettung von Diskursen in Rechtsverfahren* läßt zwar deren innere Logik unangetastet, aber die verfahrensförmige Institutionalisierung unterwirft die Diskurse bestimmten zeitlichen, sozialen und sachlichen Beschränkungen. Verfahrensnormen regeln beispielsweise die Teilnahme an, die Rollenverteilung in, auch das Themenspektrum und den Ablauf von argumentativ gesteuerten Meinungs- und Willensbildungsprozessen. Auf diese Weise werden die Mittel des Rechts reflexiv eingesetzt, damit rechtsetzende und rechtsanwendende Diskurse an bestimmten Orten zu bestimmten Zeiten sozial erwartet werden können.

Wegen ihres idealisierenden Gehaltes sind die allgemeinen Kommunikationsvoraussetzungen von Argumentationen nur annähernd zu erfüllen. Ohne ein verfahrensunabhängiges Kriterium könnte zudem nur aus der Perspektive der Teilnehmer selbst beurteilt werden, ob die anspruchsvollen Kommunikationsvoraussetzungen jeweils in hinreichendem Maße erfüllt sind. Schon aus diesem Grunde bleibt die Möglichkeit der Revision einstweilen begründeter Auffassungen im Lichte neu auftauchender Informationen und Gründe offen. Diesen Fallibilismus gleicht das Rechtsverfahren aus, indem es fristgerechte, unzweideutige und bindende Entscheidungen garantiert. Beim Rechtsverfahren kann nämlich aus der Perspektive eines Beobachters kontrolliert werden, ob die Verfahrensnormen eingehalten worden sind. So tritt die dem Rechtskode entlehnte soziale Verbindlichkeit eines verfahrensgerecht erzielten Resultates an die Stelle einer nur immanent, d.h. durch die Form der Argumentation gesicherten Verfahrensrationalität. Die rechtliche Institutionalisierung hat auch den Sinn, den Diskursen und ihrer unvollständigen Verfahrensrationalität eine, wie Rawls sagt, quasi-reine Verfahrensgerechtigkeit aufzupfropfen. Auf diesem Wege wird die Logik der Argumentation nicht stillgestellt, aber für die Produktion rechtskräftiger Entscheidungen in Dienst genommen.

Die *Mehrheitsregel*, nach der in kollegial zusammengesetzten Gerichtshöfen, in Parlamenten oder Selbstverwaltungsorganen Sachfragen entschieden werden, ist ein gutes Beispiel für einen wichtigen Aspekt einer verfahrensrechtlichen Regelung von Beratungsprozessen. Die Mehrheitsregel behält eine interne Beziehung zur Wahrheitssuche dadurch, daß die mit Majorität getroffene Entscheidung nur eine Zäsur in einer fortlaufenden Diskussion bildet und gleichsam das interimistische Ergebnis einer diskursiven Meinungsbildung festhält. Dann muß die Mehrheitsentscheidung freilich unter der Prämisse zustandekommen, daß die Streitgegenstände in qualifizierter Weise, eben unter den Kommunikationsvoraussetzungen eines entsprechenden Diskurses erörtert worden sind. Nur dann kann nämlich ihr Inhalt als das rational motivierte, aber fehlbare Ergebnis einer Argumentation betrachtet werden, die im Hinblick auf institutionelle Entscheidungszwänge abgebrochen worden ist – und im Prinzip wieder aufgenommen werden kann. Die Bedenken gegen Majoritätsentscheidungen, die unumkehrbare Konsequenzen haben, stützen sich auf die Interpretation, daß die unterlegene Minderheit ihr Einverständnis zur Ermächtigung der Majorität nur unter dem Vorbehalt gibt, daß sie selbst die Chance behält, in Zukunft mit den besseren Argumenten die Mehrheit zu gewinnen und die getroffene Entscheidung zu revidieren. So hat beispielsweise das Votum einer abweichenden Minderheit, das der Begründung eines letztinstanzlichen Gerichtsurteils beigefügt wird, den Sinn, Argumente festzuhalten, die in ähnlichen Fällen die Mehrheit eines künftigen Richterkollegiums überzeugen könnten.[42] Allerdings ziehen Mehrheitsentscheidungen in diskursiv bearbeiteten Sachfragen (wenn auch nicht ohne weiteres in Personalfragen) ihre legitimierende Kraft keineswegs per se aus der Änderbarkeit der Mehrheitsverhältnisse;[43] diese ist allerdings eine notwendige Bedingung dafür, daß die Mehrheitsregel einem Argumentationsprozeß, der die Vermutung der Richtigkeit fallibler Entscheidungen begründen soll, seine legitimierende Kraft nicht nimmt. Je nach Materie ist es im übrigen angebracht, die Mehrheit zu qualifizieren. Generell sind Mehrheitsentscheidungen durch einen grundrechtlichen Minderheitenschutz eingeschränkt; denn in Ausübung ihrer politischen Autonomie dürfen die Staatsbürger gegen das System der Rechte, das diese Autonomie erst konstituiert, nicht verstoßen.[44] Eine andere Rolle spielt die Mehrheitsregel bei Kompromissen; in Verhandlungen liefern Abstimmungsergebnisse Indikatoren für eine gegebene Machtverteilung.[45]

Das *demokratische Verfahren*, das die für eine vernünftige politische Willensbildung notwendigen Kommunikationsformen institutionalisiert, muß gleichzeitig verschiedenen Kommunikationsbedingungen Rechnung tragen. Die Gesetzgebung vollzieht sich in einem komplexen Netz von Verständigungsprozessen und Verhandlungspraktiken. Dabei lassen sich pragmatische und juristische Diskurse – am Ein- und Ausgang unseres Prozeßmodells[46] – noch am ehesten als eine Sache von Experten verstehen. Wenn wir von der

---

42 B. Guggenberger, C. Offe (Hg.), An den Grenzen der Mehrheitsdemokratie, Opladen 1984.

43 Ch. Glusy, Das Mehrheitsprinzip im demokratischen Staat, in: Guggenberger, Offe (1984), 61-82.

44 G. Frankenberg, U. Rödel, Von der Volkssouveränität zum Minderheitenschutz, Frankfurt/Main 1981.

45 H.J. Varain, Die Bedeutung des Mehrheitsprinzips, in: Guggenberger, Offe (1984), 56: »Viele dieser Mehrheiten sind nur Bündnisse auf Zeit ... Aber allen steht die Möglichkeit des Lösens und Verbindens zu neuen Mehrheiten offen. So ist in der Mehrheitsentscheidung eine anschmiegsame Form des Willensausdrucks gefunden.«

46 Siehe oben S. 207.

Organisation des Zuflusses und der Verarbeitung dieser Informationen absehen, sind vor allem der faire Ausgleich von Interessen, die ethische Selbstverständigung und die moralische Begründung von Regelungen für den vernünftigen Charakter parlamentarischer Beratungen relevant. Die politische Meinungs- und Willensbildung muß, hinausgehend über die pragmatische Frage, was wir im Hinblick auf konkrete Aufgaben *tun können*, in erster Linie drei Fragen klären: die der Kompromißbildung zugrundeliegende Frage, wie wir konkurrierende Präferenzen *in Einklang bringen können*, die ethisch-politische Frage, wer wir sind und wer wir ernstlich *sein wollen* und die moralisch-praktische Frage, wie wir gerechterweise *handeln sollen*. In interessenabwägenden Verhandlungen kann sich ein *aggregierter* Gesamtwille, in hermeneutischen Selbstverständigungsdiskursen ein *authentischer* Gesamtwille, in moralischen Begründungs- und Anwendungsdiskursen ein *autonomer* Gesamtwille bilden. In diesen Verhandlungen und Diskursen geben jeweils andere Sorten von Argumenten den Ausschlag. Dem entsprechen verschiedene Kommunikationsformen, in denen sich die Argumentation jeweils vollzieht. Auf den ersten Blick weisen alle diese Kommunikationsformen ähnliche, nämlich egalitäre Oberflächenstrukturen auf. Erst eine differenzierte Betrachtung läßt Tiefenstrukturen erkennen, die die Erfüllung je verschiedener Bedingungen fordern. Das zeigt sich an den Konsequenzen, die die einzelnen Kommunikationsformen für das Verständnis des *Repräsentativsystems* und allgemein für das Verhältnis von Parlament und öffentlicher Meinung haben.

Die Abgeordneten werden normalerweise in freien, gleichen und geheimen Wahlen bestimmt. Dieses Verfahren hat einen unmittelbar einleuchtenden Sinn für die Delegation von Vertretern, denen ein Mandat zum *Aushandeln von Kompromissen* übertragen wird. Denn die Teilnahme an einer fair geregelten Verhandlungspraxis erfordert die gleichmäßige Repräsentation aller Betroffenen; sie soll sicherstellen, daß alle einschlägigen Interessen und Wertorientierungen im Verhandlungsprozeß mit gleichem Gewicht zur Geltung gebracht werden können. Während beispielsweise für Tarifauseinandersetzungen das Mandat eng umschrieben ist, bleibt das Mandat von Volksvertretern selbst dann ziemlich unbestimmt, wenn wir die parlamentarischen Verhandlungen ausschließlich unter dem Aspekt des Ausgleichs von Interessen betrachten; denn allgemeine politische Wahlen, aus denen Volksvertretungen hervorgehen, bewirken eine breite Interessenbündelung oder Wertgeneralisierung. Solange wir Politik im Ausgleich der aktuellen, von gewählten Mandataren vertretenen Interessen aufgehen lassen, verliert die klassische Diskussion über gebundenes und ungebundenes Mandat bzw. über die Erfassung eines hypothetischen oder empirischen Volkswillens ihren Bezugspunkt.

Eine Differenz zwischen dem empirischen und dem hypothetischen Volkswillen kann sich erst auftun, wenn die in den politischen Prozeß eingehenden Präferenzen nicht als etwas bloß Gegebenes betrachtet werden, sondern als Eingaben, die dem Austausch von Argumenten zugänglich sind und diskursiv verändert werden können.[47] Erst mit einer der politischen Meinungs- und Willensbildung innewohnenden Logik kommt ein Vernunftmoment ins Spiel, das den Sinn der Repräsentation verändert. Wenn Abgeordnete als Teilnehmer an repräsentativ oder stellvertretend geführten Diskursen gewählt werden, hat die Wahl zunächst nicht die Bedeutung einer Delegation von Willensmacht. Die soziale Begrenzung repräsentativer Körperschaften steht dann in einer eigentümlichen Spannung zu dem freien Zugang, den die repräsentativ geführten Diskurse aufgrund ihrer Kommunikationsvoraussetzungen eigentlich fordern müßten.

Ethisch-politische Diskurse müssen Kommunikationsbedingungen für eine hermeneutische Selbstverständigung von Kollektiven erfüllen. Sie sollen ein authentisches Selbstverständnis ermöglichen und zur Kritik oder Bekräftigung eines Identitätsentwurfes führen. Der Konsens, in den eine gelingende kollektive Selbstvergewisserung einmündet, ist weder, wie ein ausgehandelter Kompromiß, Ausdruck einer Vereinbarung, noch, wie das diskursiv erzielte Einverständnis über Tatsachen- oder Gerechtigkeitsfragen, ausschließlich rational motivierte Überzeugung. In ihm drückt sich beides zugleich aus: Selbsterkenntnis und der Entschluß zu einer Lebens-

---

47 E. Fraenkel, Die repräsentative und plebiszitäre Komponente im demokratischen Verfassungsstaat, in: ders., Deutschland und die westlichen Demokratien, Frankfurt/Main 1991, 153-203.

form. Dafür müssen Bedingungen einer systematisch unverzerrten Kommunikation erfüllt sein, die die Beteiligten gegen Repressionen schützt, ohne sie aus ihren genuinen Erfahrungs- und Interessenzusammenhängen herauszureißen. Selbstverständigungsdiskurse erfordern den angstfreien, reflexiven und lernbereiten Umgang mit den eigenen identitätsbildenden kulturellen Überlieferungen. In unserem Zusammenhang ist insbesondere wichtig, daß es in Prozessen der Selbstvergewisserung keine Unbeteiligten geben kann; im Prinzip lassen sich die Ja-/Nein-Stellungnahmen nicht an andere delegieren. *Alle* Angehörigen müssen, wenn auch nicht notwendig in gleicher Weise, am Diskurs teilnehmen können. Grundsätzlich muß jeder die gleichen Chancen erhalten, zu allen relevanten Äußerungen mit Ja oder Nein Stellung zu nehmen. Deshalb dürfen diese Diskurse, die aus technischen Gründen repräsentativ geführt werden müssen, nicht nach dem Stellvertretermodell gedeutet werden; sie bilden nur den organisierten Mittelpunkt oder Fokus des gesellschaftsweiten Kommunikationskreislaufs einer im ganzen nicht-organisierbaren Öffentlichkeit. Repräsentativ geführte Diskurse können dieser Bedingung einer gleichmäßigen Teilnahme aller Angehörigen nur genügen, wenn sie durchlässig, sensibel und aufnahmefähig bleiben für die Anregungen, die Themen und Beiträge, Informationen und Gründe, die ihnen aus einer ihrerseits diskursiv strukturierten, also machtverdünnten, basisnahen, pluralistischen Öffentlichkeit zufließen.

Ähnliche Konsequenzen ergeben sich aus den Kommunikationsvoraussetzungen *moralischer Diskurse*, unter denen jeder Beteiligte die Perspektiven aller übrigen einnehmen kann. Wer an moralischen Argumentationen teilnimmt, muß davon ausgehen können, daß die pragmatischen Voraussetzungen für eine öffentliche, allgemein zugängliche, von äußerer und innerer Gewalt freie Verständigungspraxis, die einzig die rational motivierende Kraft des besseren Arguments zum Zuge kommen lassen, in hinreichendem Maße erfüllt sind. Die Unwahrscheinlichkeit dieser Kommunikationsform macht die advokatorische Durchführung moralischer Begründungsdiskurse zum Regelfall. Das bedeutet aber keine Entlastung für die Zusammensetzung und den Charakter der Körperschaften, mit denen repräsentativ geführte Begründungsdiskurse eingerichtet werden. Repräsentanz kann hier nur heißen, daß mit der Wahl der Abgeordneten für ein möglichst breites Spektrum der zu erwartenden Deutungsperspektiven unter Einbeziehung des Selbst- und Weltverständnisses marginaler Gruppen gesorgt wird. Anders als im Fall ethisch-politischer Fragen ist bei moralischen Erörterungen der Kreis der möglicherweise Betroffenen nicht einmal auf Angehörige des eigenen Kollektivs beschränkt. Der moralische Gesichtspunkt, unter dem Politiken und Gesetze einem sensiblen Verallgemeinerungstest ausgesetzt werden, verlangt erst recht eine vorbehaltlose Öffnung der institutionalisierten Beratungen für den Informationszufluß, den Problemdruck und das Anregungspotential der nichtorganisierten öffentlichen Meinung. Zugleich transzendiert der moralische Gesichtspunkt die Grenzen jeder konkreten Rechtsgemeinschaft und schafft Distanz gegenüber dem Ethnozentrismus der nächsten Umgebung.

Der politische Ausgleich von Interessen erfordert die Wahl von Delegierten, die mit Aufgaben der Kompromißbildung beauftragt werden; der Wahlmodus muß für eine faire Vertretung und Aggregierung von gegebenen Interessenlagen und Präferenzen sorgen. Kollektive Selbstverständigung und moralische Begründung verlangen demgegenüber die Wahl von Teilnehmern an repräsentativ geführten Diskursen; der Wahlmodus muß eine über Personalentscheidungen vermittelte Inklusion aller jeweils relevanten Deutungsperspektiven sicherstellen. Zudem ergeben sich aus der Logik von Selbstverständigungs- und Gerechtigkeitsdiskursen zwingende normative Gründe für eine Öffnung der institutionalisierten, aber unter Publizitätsvorschriften porös bleibenden politischen Meinungs- und Willensbildung gegenüber den informellen Kreisläufen der allgemeinen politischen Kommunikation. Im Rahmen einer Diskussion der Rechtsstaatsprinzipien geht es dabei um die verfassungsrechtliche Bedeutung eines *normativen Begriffs von Öffentlichkeit*.[48] Die politische Willensbildung, die in Formen einer legislativen Staatsgewalt organisiert ist, würde die zivilgesellschaftliche Basis ihres eigenen vernünftigen Funktionierens zerstören, wenn sie die spontanen Quellen der autonomen Öffentlichkeiten ver-

48 J. Habermas, Volkssouveränität als Verfahren. Ein normativer Begriff der Öffentlichkeit, siehe unten S. 600-631.

stopfte oder sich gegen den Zufluß von Themen, Beiträgen, Informationen und Gründen abkapselte, die in einer egalitär strukturierten vorstaatlichen Sphäre frei flottieren. Die parlamentarischen Körperschaften sollen unter den Parametern einer in gewisser Weise subjektlosen öffentlichen Meinung arbeiten, die sich freilich nicht in einem Vakuum, sondern vor dem Hintergrund einer liberalen politischen Kultur bilden kann. Wenn das System der Rechte die Bedingungen expliziert, unter denen sich Bürger zu einer Assoziation freier und gleicher Rechtsgenossen vereinigen können, dann kommt in der politischen Kultur einer Bevölkerung zum Ausdruck, wie sie das System der Rechte im geschichtlichen Kontext ihres Lebenszusammenhangs intuitiv versteht. Die Prinzipien des Rechtsstaates können nur zur treibenden Kraft für das dynamisch verstandene Projekt der Verwirklichung einer Assoziation von Freien und Gleichen werden, wenn sie im Kontext der Geschichte einer Nation von Staatsbürgern so situiert werden, daß sie mit deren Motiven und Gesinnungen eine Verbindung eingehen.[49]

In diesem Kommunikationsmodell stellt sich das *Verhältnis von Parlament und Öffentlichkeit* anders dar als aus der klassischen Sicht des repäsentativen oder des plebiszitären Verständnisses von Demokratie. Nach dem Grundsatz »Stat pro ratione voluntas« geht die *plebiszitäre Theorie* von der voluntaristischen Annahme aus, daß es einen hypothetischen Volkswillen gibt, der das jeweilige Allgemeininteresse zum Ausdruck bringt, daß dieser aber unter Bedingungen demokratischer Selbstbestimmung mit dem empirischen Volkswillen weitgehend konvergiert. Demgegenüber geht die *Repräsentationstheorie* in Umkehrung des Hobbes'schen Diktums »Auctoritas non veritas facit legem« von der rationalistischen Annahme aus, daß das hypothetische Gemeinwohl allein auf der vom empirischen Volkswillen abgehobenen Ebene der Vertretungskörperschaften deliberativ ermittelt werden kann. Beide Auffassungen hat C. Schmitt in seiner idealtypischen Rekonstruktion des bürgerlichen Parlamentarismus auf eigenartige Weise integriert. Er

49 Ch. Taylor, The Liberal-Communitarian Debate, in: N. Rosenblum (Hg.), Liberalism and the Moral Life, Cambridge, Mass. 1989, 176ff. Zur »Nation von Staatsbürgern« vgl. J. Habermas, Staatsbürgerschaft und nationale Identität, siehe unten S. 600-632.

begreift die plebiszitäre Kraft eines als homogen unterstellten empirischen Volkswillens als die Wurzel, aus der die diskursive Meinungs- und Willensbildung des Parlaments hervorsprießt: »Das Parlament des bürgerlichen Rechtsstaates ist ... der Platz, an welchem eine öffentliche Diskussion der politischen Meinungen stattfindet. Mehrheit und Minderheit, Regierungspartei und Opposition suchen durch Erörterung von Argument und Gegenargument den richtigen Beschluß. Solange das Parlament die nationale Bildung und Vernunft repräsentiert und sich in ihm die gesamte Intelligenz des Volkes vereinigt, kann eine echte Diskussion entstehen, d. h. in öffentlicher Rede und Gegenrede der echte Gesamtwille des Volkes als eine ›volonté générale‹ zustandekommen. Das Volk selbst kann nicht diskutieren ..., es kann nur akklamieren, wählen und zu den ihm vorgelegten Fragen Ja oder Nein sagen.« Daraus soll sich der Grundgedanke des Parlamentarismus ergeben: »Das Parlament repräsentiert die ganze Nation als solche und erläßt in dieser Eigenschaft in öffentlicher Diskussion und öffentlicher Beschlußfassung Gesetze, d. h. vernünftige, gerechte, generelle Normen, welche das gesamte staatliche Leben bestimmen und regeln.«[50]

Merkwürdigerweise stützt sich C. Schmitt an dieser Stelle auf ein bekanntes Wort von Marx, das seiner eigenen These widerspricht. Denn Marx weiß natürlich, daß der frühe Liberalismus die öffentliche Diskussion keineswegs für die parlamentarischen Körperschaften *reservieren* wollte: »Das parlamentarische Regime lebt von der Diskussion, wie soll es die Diskussion verbieten? ... Der Rednerkampf auf der Tribüne ruft den Kampf der Pressbengel hervor, der debattierende Klub im Parlament ergänzt sich notwendig durch debattierende Klubs in den Salons und in den Kneipen ... Das parlamentarische Regime überläßt alles der Entscheidung der Majoritäten, wie sollen die Majoritäten jenseits des Parlaments nicht entscheiden wollen? Wenn Ihr auf den Gipfeln des Staates die Geige streicht, was anders ist zu erwarten, als daß sie drunten tanzen?«[51] Deshalb kann E. Fraenkel gegen C. Schmitt nicht nur mit empirischen Argumenten, sondern schon im Rahmen einer liberalen

50 C. Schmitt, Verfassungslehre, Berlin 1928, 315 f.
51 K. Marx, Der 18. Brumaire des Louis Napoleon, Berlin 1953, 61.

Theorie des rechtsstaatlich verfaßten politischen Prozesses betonen, daß sich die diskursive Meinungs- und Willensbildung keineswegs auf die Parlamente beschränkt. Vielmehr sind die Kommunikationskreisläufe auf den verschiedenen Ebenen der politischen Öffentlichkeit, der politischen Parteien und Vereinigungen, der parlamentarischen Körperschaften und der Regierung miteinander verzahnt und beeinflussen sich gegenseitig.[52]

Dieser Gedanke läßt sich freilich erst in einem Kommunikationsmodell entfalten, das sich von konkretistischen Vorstellungen einer Repräsentation des Volkes als einer Entität löst. Es versteht vielmehr die Verkoppelung der institutionalisierten Meinungs- und Willensbildung mit der informellen Meinungsbildung in kulturell mobilisierten Öffentlichkeiten *strukturalistisch*. Diese Verkoppelung wird weder durch die Homogenität des Volkes und die Identität des Volkswillens ermöglicht, noch durch die Identität einer Vernunft, der die Fähigkeit zugeschrieben wird, ein zugrundeliegendes homogenes Allgemeininteresse nur *aufzufinden*.[53] Die diskurstheoretische Auffassung steht zu den klassischen Auffassungen quer. Wenn sich die kommunikativ verflüssigte Souveränität der Staatsbürger in der Macht öffentlicher Diskurse zur Geltung bringt, die autonomen Öffentlichkeiten entspringen, aber in Beschlüssen *demokratisch verfahrender* und *politisch verantwortlicher* Gesetzgebungskörperschaften Gestalt annehmen, wird der Pluralismus der Überzeugungen und Interessen nicht unterdrückt, sondern entfesselt und in revidierbaren Mehrheitsentscheidungen wie in Kompromissen anerkannt. Die Einheit einer vollständig prozeduralisierten Vernunft zieht sich dann nämlich in die diskursive Struktur öffentlicher Kommunikationen zurück. Sie gesteht keinem Konsens Zwanglosigkeit und damit legitimierende Kraft zu, der sich nicht unter fallibilistischem Vorbehalt und auf der Grundlage anarchisch

52 E. Fraenkel, Parlament und öffentliche Meinung, in: Fraenkel (1991), 209: »Die Theorie der ›virtual representation‹ und die Utopie der ›volonté générale‹ sind gleich weit entfernt von der modernen Idee einer Interdependenz von Parlament und öffentlicher Meinung als zwar eigenständiger, aber dennoch unlösbar verbundener Komponenten ...«

53 Vgl. meine Kritik an C. Schmitt, Die geistesgeschichtliche Lage des heutigen Parlamentarismus, Berlin 1926, in: J. Habermas, Die Schrecken der Autonomie, in: ders., Eine Art Schadensabwicklung, Frankfurt/Main 1987, 101-114.

entfesselter kommunikativer Freiheiten einspielt. Im Taumel dieser Freiheit gibt es keine Fixpunkte mehr außer dem des demokratischen Verfahrens selber – eines Verfahrens, dessen Sinn schon im System der Rechte beschlossen ist.

(3) Die klassische Gewaltenteilung wird mit einer Differenzierung der Staatsfunktionen erklärt: während die Legislative allgemeine Programme begründet und verabschiedet und die Justiz auf dieser gesetzlichen Grundlage Handlungskonflikte löst, ist die Verwaltung für die Implementierung von Gesetzen zuständig, die nicht selbstexekutiv sind, sondern der Ausführung bedürfen. Die Justiz bearbeitet das geltende Recht als Recht, nämlich unter dem normativen Gesichtspunkt der Stabilisierung von Verhaltenserwartungen, indem sie im Einzelfall autoritativ entscheidet, was jeweils recht und unrecht ist. Der administrative Vollzug verarbeitet den teleologischen Gehalt des geltenden Rechts, soweit dieses Politiken in Gesetzesform bringt und die administrative Verwirklichung kollektiver Ziele steuert. Unter Gesichtspunkten der argumentationslogischen Arbeitsteilung dienen juristische Diskurse der Anwendung von Normen, während die Rationalität der Verwaltungstätigkeit durch pragmatische Diskurse gesichert wird.

Diese sind auf die Wahl der Technologien und der Strategien zugeschnitten, die unter gegebenen Umständen (unter Berücksichtigung beschränkter Ressourcen, Fristen, Akzeptanzwiderstände und anderer Restriktionen) geeignet sind, die legislativ vorgegebenen Werte und Ziele zu verwirklichen: »Administration is the process of realizing stated values in a world of contingent facts. The legitimating ideals of administration are accuracy and efficiency. Administrators are to discover and undertake those actions that will be instrumental to the achievement of specified ends, without, of course, forgetting that no particular goal or end exhausts the collective demand for a good life. Administrators are to do the job assigned in a cost-effective fashion. Because values are specified, administration is oriented toward facts – some concrete or historical ›What is the world like?‹, some probabilistic ›What actions in that world will cause it to conform to the goals that have been stated?‹. Answering these sorts of questions implies an investigative turn of mind. Doing so efficiently generally requires division of labor and hierarchical control – in short, bureaucracy ... It surely makes a difference to the maintenance of the possibility of liberal autonomy and to democratic participation that officials have discretion bounded by stated and general policies, structured by hierarchical authority, exercized in a procedurally regular fashion, and reviewed for rough conformity to some paradigm of instrumental rationality.«[54] Aus der argumentationslogisch begründeten funktionalen Gewaltenteilung ergibt sich für die Administration eine Aufgabenbestimmung, für die weder die gesetzesvorbereitende Ministerialbürokratie noch die Selbstverwaltungskörperschaften des deutschen Gemeinderechts, sondern der Typus der »ausschließlich sach- und mittelbezogenen« Verwaltung der mittleren Instanzenebene exemplarisch ist. Nun ist die professionelle Erfüllung dieser Funktion eine wichtige Legitimationskomponente der Verwaltung im demokratischen Rechtsstaat. Aber darin erschöpft sich deren Legitimation nicht.

Denn unter machttheoretischen Gesichtspunkten erklärt sich die Logik der Gewaltenteilung erst daraus, daß die funktionale Trennung zugleich den Vorrang der demokratischen Gesetzgebung und die Rückbindung der administrativen Macht an die kommunikative sichert. Die politisch autonomen Bürger können sich nur dann als Autoren des Rechts verstehen, dem sie als private Subjekte unterworfen sind, wenn das Recht, das sie legitim setzen, die *Richtung* des politischen Machtkreislaufs bestimmt. Dem dient beispielsweise auf Regierungsebene die Ermächtigung des aus allgemeinen Wahlen hervorgehenden Führungspersonals durch die Wahlbürger; dem dient aber vor allem das Prinzip der Gesetzmäßigkeit einer Verwaltung, die zudem parlamentarischer und gerichtlicher Kontrolle unterliegen soll. Die Kontrolle bezieht sich auf zwei Aspekte der Verwaltungstätigkeit, einerseits auf den professionellen Charakter des Gesetzesvollzugs, andererseits auf die Einhaltung der normativen Zuständigkeiten, die die Gesetzmäßigkeit des Vollzugs und damit den Gesetzesvorbehalt für administrative Eingriffe garantiert. Die Rationalität einer fachlich kompetenten Aufgabenerfüllung durch Experten schützt nicht vor einer *paternalistischen*

54 J. L. Mashaw, Due Process in the Administrative State, New Haven 1985, 230.

Selbstermächtigung und Selbstprogrammierung der ausführenden Organe.[55] Die Logik der Gewaltenteilung verlangt vielmehr, daß die Administration zu einer möglichst professionellen Erfüllung ihrer Aufgaben nur unter Prämissen ermächtigt wird, die ihrer Verfügung entzogen bleiben: die Exekutive soll auf die *Verwendung* administrativer Macht im Rahmen der Gesetze beschränkt werden.

Diese Gesetzesbindung der Administration darf nicht mit einem machteinschränkenden Mechanismus anderer Art verwechselt werden. Die regionale und funktionale Aufteilung administrativer Macht in einer föderativ strukturierten Verwaltung oder die Untergliederung der Exekutive in Sonder- und Universalverwaltungen folgen dem Muster von »checks and balances« – der Machtverteilung innerhalb einer bereits vollzogenen funktionalen Gewaltenteilung. Mit der Logik der Gewaltenteilung ist diese *Verteilung* administrativer Macht nur indirekt, nämlich insofern verknüpft, als die innere Dezentralisierung des Verwaltungsapparates Verzögerungs-, Blockierungs- und Mäßigungseffekte hat, die die Verwaltung insgesamt gegenüber externen Kontrollen öffnen.

Wenn das Recht normativ Quelle der Legitimation und nicht bloß faktisch Mittel der Organisation von Herrschaft sein soll, muß die administrative Macht an kommunikativ erzeugte Macht rückgebunden bleiben. Diese Rückkoppelung der zielverwirklichenden administrativen Macht mit der Recht erzeugenden kommunikativen Macht kann sich über eine funktionale Gewaltenteilung vollziehen, weil die Aufgabe des demokratischen Rechtsstaats darin besteht, politische Macht nicht nur gleichgewichtig zu verteilen, sondern durch Rationalisierung ihrer Gewaltförmigkeit zu entkleiden. Die rechtliche Zähmung naturwüchsiger politischer Gewalt darf nicht als Disziplinierung einer in ihrer Substanz unbeherrschbar kontingenten Willensmacht begriffen werden. Sie löst vielmehr diese Sub-

---

55 Zu diesem expertokratischen Verwaltungsmodell vgl. Mashaw (1985), 19: »By virtue of constant exposure to a single type of problem, as well as by selection of personnel with specialized training the administrative agency could bring to bear an expertise that generalist courts and generalist legislatures could rarely hope to match. Although the agency may not have the requisite scientific knowledge or technical expertise to effect final solutions at the inception of it's operations, the expertise model of administration imagines that over time experience and research will produce increasingly sound administrative judgements.«

stanz auf und überführt sie in eine »Herrschaft der Gesetze«, in der sich allein die politisch autonome Selbstorganisation der Rechtsgemeinschaft ausdrückt. Die Pointe des Vernunftrechts, das mit Rousseaus und Kants Idee der Selbstbestimmung operiert, ist eine Vereinigung von praktischer Vernunft und souveränem Willen, die der politischen Herrschaft alles bloß Naturwüchsige abstreift, indem sie die Ausübung politischer Herrschaft auf die Ausübung der politischen Autonomie der Staatsbürger zurückführt.

Aus diesem Grund bildet in den vernunftrechtlichen Konstruktionen des bürgerlichen Rechtsstaates der *Gesetzesbegriff* das tragende Element. Wenn das Gesetz als generelle Norm verstanden wird, dem die Zustimmung der Volksrepräsentation in einem durch Diskussion und Öffentlichkeit gekennzeichneten Verfahren Geltung verschafft, vereinigen sich in ihm beide Momente – die Macht eines intersubjektiv gebildeten Willens mit der Vernunft des legitimierenden Verfahrens. Das demokratische Gesetz ist dann gekennzeichnet durch »die Kombination der inhaltlichen Beliebigkeit von Rechtsentscheidungen mit der Nicht-Beliebigkeit ihrer prozeduralen Voraussetzungen«.[56] Die demokratische Genese und nicht apriorische Rechtsprinzipien, denen das Gesetz zu entsprechen hätte, sichert dem Gesetz Gerechtigkeit: »Die Gerechtigkeit des Gesetzes ist durch das besondere Verfahren seines Zustandekommens garantiert.«[57] Der Vorrang der Verfassung vor der Gesetzgebung ist damit durchaus vereinbar; denn eine Verfassung, die das System der Rechte interpretiert und ausgestaltet, enthält »nichts anderes als die Prinzipien und Bedingungen des unaufhebbaren Gesetzgebungsprozesses.«[58]

Allerdings stützt sich die liberale Gewaltenteilungslehre auf eine einengende Interpretation dieses Gesetzesbegriffs. Sie kennzeichnet das Gesetz semantisch durch die Form abstrakt-allgemeiner

---

56 I. Maus, Zur Theorie der Institutionalisierung bei Kant, in: G. Göhler u. a. (Hg.), Politische Institutionen im gesellschaftlichen Umbruch, Opladen 1990, 358 ff., hier 372.

57 Maus (1978), 15.

58 Maus (1990), 374 f. Zum Übergang vom materialen zum prozeduralen Naturrecht bei Kant vgl. auch: I. Maus, Zur Aufklärung der Demokratietheorie, Frankfurt/Main 1992, 148 ff.

Normsätze und sieht das Prinzip der Gesetzmäßigkeit der Verwaltung dann als erfüllt an, wenn sich der administrative Vollzug streng auf eine den Umständen entsprechende Konkretisierung des allgemeinen Normgehalts beschränkt. Nach dieser Lesart verdankt das Gesetz seine Legitimität nicht dem demokratischen Verfahren, sondern seiner grammatischen Form. Die semantische Verkürzung legt eine subsumtionslogische Deutung der Gewaltenteilung nahe. Demnach würden sich die Verfassungsbindung der Legislative und die Gesetzesbindung der Exekutive an der umfangslogischen Unterordnung der spezielleren unter die jeweils allgemeineren Norminhalte bemessen: Maßnahmen, Satzungen und Verordnungen müssen sich dem Gesetz so subsumieren lassen wie einfache Gesetze der Verfassungsnorm. Die Logik der Gewaltenteilung ließe sich so anhand von Inklusionsbeziehungen operationalisieren. Diese ebenso sparsame wie elegante Erklärung hat bis heute ihre Suggestionskraft behalten, aber Einwände auf den Plan gerufen, die sich weniger gegen die Logik der Gewaltenteilung als gegen deren *liberale Lesart* richten.

Denn das klassische Gewaltenteilungsschema kann immer weniger aufrechterhalten werden, je mehr Gesetze die Form von Konditionalprogrammen verlieren und die Gestalt von Zweckprogrammen annehmen. Auch diese materialisierten Gesetze treten in der Regel als allgemeine Normen auf, die ohne Eigennamen formuliert und an unbestimmt viele Adressaten gerichtet sind. Sie enthalten jedoch Generalklauseln und unbestimmte Rechtsbegriffe oder konkrete, maßnahmenanaloge Zielsetzungen, die der Administration einen weiten Ermessensspielraum belassen. Infolge der Entwicklung zum staatlichen Interventionismus sind immer weitere Rechtsbereiche materialisiert worden mit dem Ergebnis, daß sich eine planende, leistende und gestaltende Administration immer weniger auf die technische, von normativen Fragen entlastete Implementation allgemeiner und hinreichend bestimmter Normen beschränken kann. Diese für die Bundesrepublik gut belegte und oft diskutierte Entwicklung[59] gilt ebenso für die USA und andere vergleichbare Länder: »When Congress requires the newer administrative agen-

59 I. Maus, Verrechtlichung, Entrechtlichung und der Funktionswandel von Institutionen, in: dies. (1986), 277-331.

cies, under statutes such as the Water Quality Act, the Airs Quality Act, the Consumer Product Safety Act, the Occupational Safety and Health Act, the Motor Vehicle Safety Act, or the Toxic Safety Act, to make trade-offs between the need for public health or safety and the need for employment, product diversity, and a vibrant economy, it seems clear that administrators must make value choices that outrun any definition of technical or professional competence. Administrative discretion to choose among competing social values thus undermines the ... transmission belt ... model of administrative legitimacy.«[60]

Diese Art von Einwänden macht freilich nur deutlich, daß das Prinzip der Gesetzmäßigkeit der Verwaltung im Transmissionsriemen-Modell des Vollzuges allgemeiner Gesetze nicht abstrakt genug gefaßt wird, und zwar in doppelter Hinsicht. Die Prinzipien des Rechtsstaates müssen zum einen unabhängig von irgendeiner historischen Rechtsordnung und irgendeiner *konkreten Form der Institutionalisierung* eingeführt werden. Auf dieser Ebene der Analyse, auf der ich mich bisher bewege, ist nur von notwendigen Institutionalisierungen *überhaupt* die Rede, nicht aber von der Verwirklichung der Prinzipien in gegebenen politischen Institutionen. Die Konstituierung verschiedener Staatsgewalten und die abstrakte Trennung ihrer Funktionen bedeutet noch keineswegs die Ausdifferenzierung ebenso vieler Organisationen. So bestand etwa eine Reaktion auf den erweiterten Ermessensspielraum sozialstaatlicher Bürokratien darin, neue Beteiligungsformen und Diskursstrukturen in den Entscheidungsablauf der Verwaltung selbst einzubauen, um die Gefahr einer unzulässigen Selbstprogrammierung abzuwenden. Die betroffenen Klienten erhielten gegenüber der Behörde neue prozedurale Rechte: »Rather than imposing new decisional criteria or priorities on administrators, courts required that decisions be taken only after listening to the views or evidence presented by interests that traditionally had not been presented in the administrative process. All of these techniques tended to broaden, intensify or redefine the participation of affected parties in the administrative process.«[61] Gewiß hat die Einführung gerichtsförmiger Anhö-

60 Mashaw (1985), 22.
61 Mashaw (1985), 26f.

rungsverfahren und anderer Partizipationsformen in den Verwaltungsprozeß neue Gefahren heraufbeschworen, die Mashaw unter den Stichworten ›overintrusion‹ und ›underprotection‹ erörtert. Aber auch diese Kritik stützt sich auf normative Maßstäbe, die der Logik der Gewaltenteilung entlehnt sind.

Die Prinzipien müssen allerdings abstrakt genug formuliert werden, und zwar nicht nur unabhängig von den wechselnden Formen ihrer Institutionalisierung. Auch der semantische Begriff der allgemeinen Norm, an dem die Logik der Gewaltenteilung festgemacht wurde, präjudiziert noch zuviel. Die Scharnierfunktion, die das Gesetz in der Konstruktion des gewaltenteilenden Rechtsstaates erfüllt, läßt sich unter semantischen Gesichtspunkten allein nicht hinreichend erklären. Der Blick muß sich vielmehr auf die Diskurse und Verhandlungen richten, in denen sich der Wille des Gesetzgebers formt, und auf das Potential von Gründen, an denen sich Gesetze legitimieren. Aus diskurstheoretischer Sicht lassen sich die Funktionen von Gesetzgebung, Justiz und Verwaltung nach Kommunikationsformen und entsprechenden Potentialen von Gründen differenzieren. Gesetze regulieren die Umwandlung von kommunikativer Macht in administrative, indem sie nach einem demokratischen Verfahren zustandekommen, einen von unparteilich urteilenden Gerichten garantierten Rechtsschutz begründen und der implementierenden Verwaltung die Sorte von normativen Gründen *entziehen*, die die legislativen Beschlüsse und die richterlichen Entscheidungen tragen. Diese normativen Gründe gehören einem Universum an, innerhalb dessen sich Legislative und Rechtsprechung die Arbeit der Normenbegründung und der Normanwendung teilen. Eine auf pragmatische Diskurse beschränkte Administration darf *in diesem* Universum nichts mit eigenen Beiträgen bewegen; zugleich bezieht sie aus ihm die normativen Prämissen, die sie den eigenen, empirisch informierten und zweckrationalen Entscheidungen zugrundelegen muß.

Argumentationslogisch betrachtet, ergibt sich die Kompetenztrennung zwischen gesetzgebenden, gesetzesanwendenden und gesetzesvollziehenden Instanzen aus der *Verteilung von Zugriffsmöglichkeiten auf verschiedene Sorten von Gründen* und aus der Zuordnung entsprechender Kommunikationsformen, die die Art des Umgangs mit diesen Gründen festlegen. Uneingeschränkten Zugriff auf normative und pragmatische Gründe, einschließlich der durch faire Verhandlungsergebnisse konstituierten, hat allein der politische Gesetzgeber, dies allerdings nur im Rahmen eines auf die Normenbegründungsperspektive festgelegten demokratischen Verfahrens. Die Justiz kann über die in den Gesetzesnormen gebündelten Gründe nicht beliebig verfügen; dieselben Gründe spielen aber eine andere Rolle, wenn sie in einem auf konsistente Entscheidungen angelegten juristischen Anwendungsdiskurs und mit dem Blick auf die Kohärenz des Rechtssystems im ganzen verwendet werden. Im Unterschied zu Legislative und Rechtsprechung ist schließlich der Verwaltung der konstruktive und rekonstruktive Umgang mit normativen Gründen verwehrt. Die eingegebenen Normen binden die Verfolgung kollektiver Ziele an gesetzte Prämissen und begrenzen die Verwaltungstätigkeit auf den Horizont der Zweckrationalität. Sie ermächtigen die Behörden zur Wahl von Technologien und Handlungsstrategien nur unter dem Vorbehalt, daß sie nicht – wie Privatrechtssubjekte – eigenen Interessenlagen oder Präferenzen folgen.

Die Rede von »Gesetzgeber«, »Justiz« und »Verwaltung« suggeriert ein zu konkretes, durch bestimmte Formen der Institutionalisierung voreingenommenes Verständnis, das die Abstraktionsebene verfehlt, auf der wir die diskurstheoretische Bestimmung der *Funktionen* von Gesetzgebung, Anwendung und Vollzug skizziert haben. Erst unter den abstrakten Gesichtspunkten der Verfügung über verschiedene Sorten von Gründen und der Zuordnung entsprechender Kommunikationsformen lassen sich die konkreten Formen der Institutionalisierung von Grundsätzen, die sich aus der Logik der Gewaltenteilung ergeben, beurteilen. In dem Maße, wie beispielsweise die Implementation von Zweckprogrammen die Verwaltung mit der organisatorischen Wahrnehmung von Aufgaben belastet, die mindestens implizit rechtsfortbildenden und gesetzesanwendenden Charakter haben, reicht die Legitimationsgrundlage der traditionellen Verwaltungsstrukturen nicht mehr aus. Die Logik der Gewaltenteilung muß dann in veränderten Strukturen verwirklicht werden – etwa durch die Einrichtung von entsprechenden Beteiligungs- und Kommunikationsformen oder durch die Einführung von gerichtsförmigen und parlamentarischen Verfahren, von Verfahren der Kompromißbildung usw.[62] Darauf werde ich im letzten Kapitel näher eingehen.

62 Die lineare Zuordnung von Prinzipien des Rechtsstaates zu korrespondierenden Formen ihrer organisatorischen Realisierung verbietet sich schon angesichts eines Gebildes wie der kommunalen Selbstverwaltung. Diese läßt sich bekanntlich nicht in das klassische Gewaltenteilungsschema pressen. Die Einbeziehung der kommunalen Selbstverwaltung in die allgemeine Staatsverwaltung ergibt sich unter juristischen Gesichtspunkten nur daraus, »daß das Kommunalrecht in seinem Kern Organisationsrecht ist und so in enger Wechselwirkung mit dem Landesorganisationsrecht steht« (D. Czybulka, Die Legitimation der öffentlichen Verwaltung, Heidelberg 1989, 195). Aber unter funktionalen Gesichtspunkten betrachtet, ermöglicht die Dezentralisierung umfassender Befugnisse auf dieser basisnahen Entscheidungsebene eine organisatorische Verflechtung von Staatsfunktionen, die mit der Logik der Gewaltenteilung durchaus in Einklang steht. Zwar verfügen die Gemeinden nicht über eine Gesetzgebungskompetenz, aber über Satzungsautonomie. Die Legitimation durch allgemeine, personenbezogene Wahlen, die parlamentarische Form der Willensbildung, die ehrenamtliche Beteiligung von Laien usw. ermöglichen den Gemeindebürgern einen vergleichsweise starken Einfluß auf die Programme und den Ablauf einer Universalverwaltung, der über andere Modelle der Verwaltungsbeteiligung (oder »organisierten Betroffenenteilnahme«) hinausgeht. Um so schwieriger ist das Prinzip der Trennung von Staat und Gesellschaft durchzusetzen. Diese Organisation bleibt anfällig für den informell ausgeübten Druck sozial mächtiger Personen oder Gruppen. Das Beispiel der kommunalen Selbstverwaltung soll lediglich daran erinnern, daß sich die Prinzipien des Rechtsstaates nicht unmittelbar auf die organisatorische Ebene der politischen Institutionen oder gar auf die Ebene des politischen Prozesses abbilden lassen. Keineswegs alle Phänomene, die gegen das klassische Gewaltenteilungsschema sprechen, stützen Einwände gegen die Logik der Gewaltenteilung selber.

V. Unbestimmtheit des Rechts und Rationalität der Rechtsprechung

Wir haben das System der Rechte und die Prinzipien des Rechtsstaates im Anschluß an Problemstellungen des Vernunftrechts eingeführt. Der Perspektivenwechsel von vertragstheoretischen Ansätzen zur Diskurstheorie, den wir dabei vorgenommen haben,
bedeutet noch keine Veränderung der Abstraktionsebene. Die gele-
gentlichen illustrativen Hinweise auf das Rechtssystem in der Bundesrepublik oder in den USA haben freilich daran erinnert, daß sich
Rechtsstaatsprinzipien und Grundrechte wohl in abstracto bestimmen, aber nur in historischen Verfassungen und politischen Systemen auffinden lassen. Sie werden interpretiert und verkörpert in
konkreten Rechtsordnungen – auf der Ebene des kulturellen Symbolismus im Verfassungsrecht, auf der Ebene des Handlungssystems in der Verfassungswirklichkeit der politischen Institutionen
und Prozesse. Das sind Gegenstände des international vergleichenden Staatsrechts und der Politikwissenschaft; sie bilden nicht unser
Thema, aber berühren es indirekt. Konkrete Rechtsordnungen repräsentieren nicht nur verschiedene Varianten der Verwirklichung
derselben Rechte und Prinzipien; in ihnen spiegeln sich auch verschiedene Rechtsparadigmen. Darunter verstehe ich die exemplarischen Auffassungen einer Rechtsgemeinschaft hinsichtlich der
Frage, wie das System der Rechte und die Prinzipien des Rechtsstaates im *wahrgenommenen* Kontext der jeweils gegebenen Gesellschaft verwirklicht werden können.

Ein *Rechtsparadigma* erklärt mit Hilfe eines Modells der zeitgenössischen Gesellschaft, auf welche Weise Rechtsstaatsprinzipien und
Grundrechte begriffen und gehandhabt werden müssen, damit sie
ihnen normativ zugeschriebenen Funktionen im gegebenen Kontext erfüllen können. Ein »Sozialmodell des Rechts« (Wieacker)
stellt so etwas wie die implizite Gesellschaftstheorie des Rechtssystems dar, also das Bild, das dieses sich von seiner sozialen Umwelt
macht. Das Rechtsparadigma besagt dann, wie im Rahmen eines
solchen Modells die Grundrechte und die Prinzipien des Rechtsstaats zu verstehen sind und wie sie realisiert werden können. Die

beiden in der modernen Rechtsgeschichte folgenreichsten, auch heute noch miteinander konkurrierenden Rechtsparadigmen sind die des bürgerlichen Formalrechts und des sozialstaatlich materialisierten Rechts. Mit der diskurstheoretischen Deutung von Recht und Politik verfolge ich die Absicht, einem dritten Rechtsparadigma, das die beiden anderen in sich aufhebt, schärfere Konturen zu geben. Ich gehe davon aus, daß den Rechtssystemen, die am Ende des 20. Jahrhunderts in den sozialstaatlichen Massendemokratien entstanden sind, ein prozeduralistisches Rechtsverständnis angemessen ist. Bevor ich auf die Paradigmendiskussion eingehe, möchte ich in den beiden folgenden Kapiteln den Ansatz, den ich mit einer diskurstheoretischen Einführung des Systems der Rechte und der Rechtsstaatsprinzipien aus rechtsphilosophischer Sicht vorbereitet habe, unter rechtstheoretischen Gesichtspunkten, also im Hinblick auf das Rechtssystem *im engeren Sinne* plausibel machen.

Für moderne Rechtssysteme empfiehlt sich eine doppelte Abgrenzung. Dem Recht als Handlungssystem können wir die Gesamtheit der durch Rechtsnormen geregelten Interaktionen zuordnen. In diesem *weiteren Sinne* definiert beispielsweise Luhmann Recht als das soziale Teilsystem, das auf die Stabilisierung von Verhaltenserwartungen spezialisiert ist. Es besteht aus allen sozialen Kommunikationen, die mit Bezugnahme auf Recht formuliert sind.[1] Davon läßt sich das Rechtssystem *im engeren Sinne* unterscheiden. Zu diesem gehören alle Interaktionen, die nicht nur an Recht orientiert, sondern auch darauf abgestellt sind, neues Recht zu produzieren und als Recht zu reproduzieren. Zur Institutionalisierung des Rechtssystems in diesem Sinne bedarf es der Selbstanwendung des Rechts in Gestalt sekundärer Regeln, die Kompetenzen der Setzung, Anwendung und Implementierung von Recht konstituieren und übertragen. Nach diesen Funktionen unterscheiden sich die staatlichen »Gewalten« der Gesetzgebung, Justiz und Verwaltung.

Empirisch betrachtet sind freilich an dieser Produktion und Reproduktion von Recht in Gesellschaften unseres Typs verschiedene Institutionen beteiligt, die jeweils mehrere Funktionen gleichzeitig

1 Luhmann, Ausdifferenzierung (1981), 35 ff.

erfüllen. Im demokratischen Rechtsstaat gilt die politische Gesetzgebung als die zentrale Funktion. Daran sind heute nicht nur
Parteien, Wählerschaft, parlamentarische Körperschaften und Regierung beteiligt, sondern auch die rechtsfortbildende Entscheidungspraxis der Gerichte und der Verwaltungen, soweit diese sich
selbst programmieren. Die Funktion der Anwendung von Gesetzen wird nicht nur von Instanzen der Rechtsprechung im Horizont
der Rechtsdogmatik und der Rechtsöffentlichkeit wahrgenommen,
sondern implizit auch von Verwaltungen. Die Funktion des Vollzugs der Gesetze wird von Regierung und Verwaltung, indirekt
auch von Gerichten ausgeübt. Ein Teil dieser Rechtsfunktionen
wird von staatlichen Organen an halböffentliche oder private Körperschaften delegiert.

Zum Rechtssystem im weiteren Sinne rechne ich die rechtlich nor-
mierten Handlungssysteme, innerhalb deren sich ein durch reflexives Recht konstituierter Kernbereich der privatautonomen Erzeugung von Rechtsakten gegen die durch materiale Rechtsnormen
gesteuerten Handlungsabläufe abhebt. Im übrigen besteht eine
Schichtung zwischen den formal organisierten, rechtsförmig konstituierten, und jenen rechtlich bloß überformten Interaktionsbe-
reichen, die primär durch außerrechtliche Institutionen geregelt
sind. In formal organisierten Bereichen wie der Ökonomie oder
dem Staatsapparat sind alle Interaktionen von Recht geleitet und,
auch aus der Aktorperspektive, auf Recht bezogen, während in Bereichen wie Familie oder Schule das Recht erst im Konfliktfall aus
seiner Hintergrundpräsenz hervortritt und den Aktoren zu Bewußtsein kommt.[2]

Diese Hinweise sollen für eine grobe Lokalisierung des Rechtssystems im engeren Sinne genügen. Auf dieser Ebene der Analyse
muß sich eine Diskurstheorie des Rechts zunächst einmal bewähren. Anders als philosophische Theorien der Gerechtigkeit bewegt
sich die *Rechtstheorie* innerhalb der Grenzen konkreter Rechtsordnungen. Ihre Daten bezieht sie aus dem geltenden Recht, von Gesetzen und Präzedenzfällen, dogmatischen Lehren, politischen
Kontexten der Gesetzgebung, historischen Rechtsquellen usw. An-

2 Vor dem Konfliktausbruch fehlt ihnen ein im Hinblick auf den Schutz eigener
Interessen geschärftes »Rechtsbewußtsein«.

ders als die Philosophie kann die Rechtstheorie vor allem jene Aspekte nicht vernachlässigen, die sich aus dem internen Zusammenhang von Recht und politischer Macht ergeben, in erster Linie die Frage der rechtlichen Lizensierung des staatlichen Einsatzes legitimer Gewalt.[3] Auf der anderen Seite teilt die Rechtstheorie mit der Rechtsdogmatik die Privilegierung der Richterperspektive. Das erklärt sich aus dem funktionalen Stellenwert der Rechtsprechung innerhalb des engeren Rechtssystems. Weil alle Rechtskommunikationen auf einklagbare Ansprüche verweisen, bildet das Gerichtsverfahren den Fluchtpunkt für die Analyse des Rechtssystems. Die Wahl dieser Untersuchungsperspektive bedeutet nur eine *methodische* Festlegung, keine Einschränkung der Analyse auf das Gebiet der Rechtsprechung. Die Rechtstheorie erstreckt sich inhaltlich ebenso auf Gesetzgebung und Administration, also auf alle mit der Erzeugung und Reproduktion des Rechts reflexiv befaßten Teilsysteme, wie auch auf das Rechtssystem im weiteren Sinne. Von der Rechtsdogmatik unterscheidet sie sich durch den Anspruch, eine Theorie der Rechtsordnung im ganzen zu leisten. Dabei berücksichtigt sie die Perspektiven der anderen Teilnehmer, indem sie die Rollen des politischen Gesetzgebers, der Verwaltung und der Rechtsgenossen (sowohl als Klienten wie als Staatsbürger) in die allerdings festgehaltene eigene Erklärungsperspektive, d. h. die des juristischen Experten einbezieht.[4] Wie sich an Ronald Dworkins Konzept des Rechts als eines die Integrität der Gesellschaft insgesamt sichernden Mediums zeigen wird, kommt auf diese Weise auch noch das kollektive Selbstverständnis der Rechtsgenossen in den Blick. Gleichwohl bleibt die Rechtstheorie in erster Linie *Theorie der Rechtsprechung* und des juristischen Diskurses.

Die dem Recht immanente Spannung zwischen Faktizität und Geltung manifestiert sich innerhalb der Rechtsprechung als Spannung

3 Unter diesem Gesichtspunkt trifft R. Dworkin die Unterscheidung zwischen »law« und »justice«, Gesetzesrecht und Gerechtigkeit: »Justice is a matter of the correct or best theory of moral and political rights ... Law is a matter of which supposed rights supply a justification for using or withholding the collective force of the state because they are included in or implied by actual political decisions of the past.« (R. Dworkin, Law's Empire, Cambridge, Mass. 1986, 97).

4 Vgl. R. Dreier, Was ist und wozu Allgemeine Rechtstheorie?, Tübingen 1975; N. MacCormick, Legal Reasoning and Legal Theory, Oxford 1978.

zwischen dem Prinzip der Rechtssicherheit und dem Anspruch, richtige Entscheidungen zu fällen. Ich werde zunächst vier exemplarische Rechtsauffassungen diskutieren, die für das Rationalitätsproblem der Rechtsprechung verschiedene Lösungen vorsehen (I). Besonderes Interesse verdient der Vorschlag von Ronald Dworkin, der die Rationalitätsunterstellungen der richterlichen Entscheidungspraxis auf die Ebene einer rationalen Rekonstruktion des geltenden Rechts projiziert. An die von ihm postulierte Theorie stellt er ideale Anforderungen, die eine lebhafte Diskussion ausgelöst haben (II). Die Einwände von F. Michelman gegen Dworkins solipsistischen Ansatz bahnen den Weg zu einer intersubjektivistisch angelegten Theorie des juristischen Diskurses. Die in diesem Zusammenhang vertretene These, daß der juristische Diskurs als Sonderfall des moralischen (Anwendungs-) Diskurses zu begreifen sei, wird allerdings dem komplexen Verhältnis von Justiz und Gesetzgebung nicht gerecht (III).

I.

(1) Eine Theorie der Gerechtigkeit, die unvermittelt normativ ansetzt und beim Versuch, Prinzipien einer wohlgeordneten Gesellschaft zu rechtfertigen, jenseits bestehender Institutionen und Überlieferungen operiert, muß sich dem Problem stellen, wie sich die Idee mit der Wirklichkeit ins Benehmen setzen kann. Was sich hier der fertig ausgebildeten Theorie als Folgeproblem aufdrängt, bildet für eine Rechtstheorie, die innerhalb der Sphäre des geltenden Rechts operiert, das Ausgangsproblem. Wir haben gesehen, auf welche Weise die Spannung zwischen Faktizität und Geltung in die Kategorie des Rechts selber einzieht und in den beiden Dimensionen der Rechtsgeltung zum Vorschein kommt. Das geltende Recht garantiert einerseits die Durchsetzung staatlich sanktionierter Verhaltenserwartungen und damit Rechtssicherheit; andererseits versprechen die rationalen Verfahren der Rechtssetzung und Rechtsanwendung die Legitimität der in dieser Weise stabilisierten Verhaltenserwartungen – die Normen *verdienen* Rechtsgehorsam und sollen jederzeit auch aus Achtung vor dem Gesetz befolgt

werden können. Auf der Ebene der richterlichen Entscheidungspraxis müssen beide Garantien gleichzeitig eingelöst werden. Es genügt nicht, daß konfligierende Ansprüche in Rechtsansprüche transformiert und auf dem Wege der Klage vor Gericht überhaupt verbindlich entschieden werden. Die gefällten Urteile müssen, um die sozialintegrative Funktion der Rechtsordnung und den Legitimitätsanspruch des Rechts zu erfüllen, gleichzeitig den Bedingungen *konsistenten Entscheidens* und *rationaler Akzeptabilität* genügen. Da beide nicht ohne weiteres in Einklang stehen, müssen zwei Kriteriensätze in der richterlichen Entscheidungspraxis in Einklang gebracht werden.

Einerseits verlangt das Prinzip der Rechtssicherheit Entscheidungen, die im Rahmen der bestehenden Rechtsordnung konsistent getroffen werden. Dabei ist das geltende Recht das Produkt eines unübersichtlichen Geflechts vergangener Entscheidungen des Gesetzgebers und der Justiz oder gewohnheitsrechtlicher Überlieferungen. Diese institutionelle Geschichte des Rechts bildet den Hintergrund jeder gegenwärtigen Entscheidungspraxis. In der Positivität des Rechts spiegeln sich auch die Kontingenzen dieses Entstehungszusammenhangs. Andererseits fordert der Legitimitätsanspruch der Rechtsordnung Entscheidungen, die nicht nur mit der Behandlung analoger Fälle in der Vergangenheit und mit dem geltenden Regelsystem übereinstimmen, sondern auch in der Sache vernünftig begründet sein sollen, damit sie von den Rechtsgenossen als rationale Entscheidungen akzeptiert werden können. Die Urteile von Richtern, die einen aktuellen Fall eben auch im Horizont einer gegenwärtigen Zukunft entscheiden, beanspruchen Gültigkeit im Lichte legitimer Regeln und Grundsätze. Insoweit müssen sich die Begründungen von den Kontingenzen des Entstehungszusammenhangs emanzipieren. Dieser Perspektivenwechsel von der Geschichte zur Systematik vollzieht sich explizit beim Übergang von der internen Rechtfertigung eines Urteils, die sich auf vorgegebene Prämissen stützt, zur externen Rechtfertigung der Prämissen selber.[5] Ebenso wie die Gesetze sind auch die gerichtlichen Entscheidungen »Geschöpfe sowohl der Geschichte als auch der Mo-

5 J. Wroblewski, Legal Syllogism and Rationality of Judicial Decision, Rechtstheorie 5, 1974.

ral: was ein Individuum in der bürgerlichen Gesellschaft zu haben berechtigt ist, hängt sowohl von der Praxis als auch von der Gerechtigkeit ihrer politischen Institutionen ab.«[6]

Das Rationalitätsproblem der Rechtsprechung besteht also darin, wie die Anwendung eines kontingent entstandenen Rechts intern konsistent vorgenommen und extern rational begründet werden kann, um gleichzeitig *Rechtssicherheit* und *Richtigkeit* zu garantieren. Wenn man davon ausgeht, daß die Option des Naturrechts, das geltende Recht überpositiven Maßstäben schlicht unterzuordnen, nicht mehr offensteht, bieten sich für die Behandlung dieser zentralen rechtstheoretischen Frage zunächst die drei bekannten Alternativen an, nämlich die Antworten (a) der juristischen Hermeneutik, (b) des Realismus und (c) des Rechtspositivismus.

(a) Die juristische Hermeneutik hat das Verdienst, gegen das konventionelle Modell der Rechtsentscheidung als einer Subsumtion des Falles unter eine zugehörige Regel die Aristotelische Einsicht wieder zur Geltung gebracht zu haben, daß keine Regel ihre eigene Anwendung regeln kann.[7] Ein regelkonformer Sachverhalt konstituiert sich erst dadurch, daß er in Begriffen einer auf ihn angewendeten Norm beschrieben wird, während die Bedeutung der Norm eben dadurch, daß diese auf einen regelspezifischen Sachverhalt Anwendung findet, konkretisiert wird. Eine Norm »erfaßt« eine komplexe lebensweltliche Situation immer nur selektiv unter den durch sie vorgegebenen Relevanzgesichtspunkten, während der durch sie konstituierte Sachverhalt den vagen Bedeutungsgehalt einer allgemeinen Norm niemals erschöpft, sondern seinerseits selektiv zur Geltung bringt. Diese zirkuläre Beschreibung bezeichnet ein methodologisches Problem, das jede Rechtstheorie aufklären muß.

Die Hermeneutik schlägt dafür ein Prozeßmodell der Auslegung vor. Die Interpretation beginnt mit einem evaluativ geprägten Vorverständnis, das zwischen Norm und Sachverhalt eine vorgängige Relation herstellt und den Horizont für weitere Relationierungen öffnet. Das zunächst diffuse Vorverständnis wird in dem Maße präzisiert, wie sich unter seiner Anleitung Norm und Sachverhalt

---

6 R. Dworkin, Bürgerrechte ernstgenommen, Frankfurt/Main 1984, 153.
7 H. G. Gadamer, Wahrheit und Methode, Tübingen 1960.

wechselseitig konkretisieren bzw. konstituieren.[8] Die Hermeneutik bezieht innerhalb der Rechtstheorie dadurch eine eigene Position, daß sie das Rationalitätsproblem der Rechtsprechung durch
die kontextualistische Einbettung der Vernunft in den geschichtlichen Überlieferungszusammenhang löst. Demnach ist das Vorverständnis des Richters durch die Topoi eines sittlichen Traditionszusammenhangs geprägt. Es steuert die Relationierungen zwischen
Normen und Sachverhalten im Lichte historisch bewährter Prinzipien. Die Rationalität einer Entscheidung soll sich letztlich an
»Standards der noch nicht zu Normen verdichteten Sitten«, an den
»der lex vorauseilenden jurisprudentiellen Weisheiten« bemessen.[9]
Die zur Rechtstheorie entfaltete Hermeneutik hält am Legitimitätsanspruch der richterlichen Entscheidung fest. Die Unbestimmtheit
eines zirkulären Verstehensprozesses kann mit Bezugnahme auf
Prinzipien schrittweise reduziert werden. Aber diese Prinzipien
können sich nur aus der Wirkungsgeschichte derjenigen Rechts-
und Lebensform legitimieren, in der sich der Richter selbst kontingenterweise vorfindet.

(b) Der Rekurs auf ein herrschendes, durch Interpretation fortge-
bildetes Ethos bietet freilich in einer pluralistischen Gesellschaft,
in der verschiedene Glaubensmächte und Interessenlagen miteinander konkurrieren, keine überzeugende Grundlage für die Gültigkeit juristischer Entscheidungen. Was dem einen als ein historisch bewährter Topos gilt, ist für den anderen Ideologie oder
schieres Vorurteil. Die realistischen Rechtsschulen reagieren auf
diesen Tatbestand. Sie bestreiten nicht den deskriptiven Wert der
hermeneutischen Methodologie, gelangen aber zu einer anderen
Bewertung jenes Vorverständnisses, das den Auslegungsprozeß
steuert. In den Selektionsleistungen der richterlichen Entscheidungspraxis kommen außerrechtliche Determinanten zur Geltung,
die nur durch empirische Analysen aufgeklärt werden können.
Diese externen Faktoren erklären, wie die Richter ihren Entschei-

8 W. Hassemer, Juristische Hermeneutik, ARSP 72, 1986, 195 ff.; vgl. auch U. Neumann, Juristische Argumentationslehre, Darmstadt 1986, 54 ff.
9 J. Esser, Grundsatz und Norm in der richterlichen Fortbildung des Privatrechts,
Tübingen 1964, 182; ders., Vorverständnis und Methodenwahl in der Rechtsfindung, Kronberg 1972.

dungsspielraum ausfüllen; sie gestatten es, richterliche Entscheidungen historisch, psychologisch oder soziologisch *vorauszusagen*. Die rechtsskeptischen Folgen dieses Ansatzes liegen auf der Hand. In dem Maße, wie sich der Ausgang eines Gerichtsverfahrens aus Interessenlage, Sozialisationsprozeß, Schichtzugehörigkeit, politischer Einstellung und Persönlichkeitsstruktur der Richter oder aus ideologischen Traditionen, Machtkonstellationen, wirtschaftlichen und anderen Faktoren innerhalb und außerhalb des Rechtssystems erklären läßt, ist die Entscheidungspraxis nicht mehr intern, durch die Selektivität von Verfahren, Fall und Rechtsgrundlage bestimmt. Die bereits aus der Sicht der Juristischen Hermeneutik aufgeweichte, nämlich durch Traditionseinbettung relativierte Eigenlogik des Rechts verschwindet nun vollständig unter einer »realistischen« Beschreibung des Rechtsanwendungsprozesses.

Aus der Sicht von Legal Realism, Freirechtsschule und Interessenjurisprudenz[10] läßt sich anhand struktureller Merkmale zwischen Recht und Politik keine klare Unterscheidung mehr treffen. Wenn aber juristische Entscheidungsprozesse ähnlich wie politische Machtprozesse beschrieben werden können, verliert das Postulat, Rechtssicherheit durch konsistente Entscheidungen auf der Grundlage eines Systems hinreichend bestimmter Normen zu sichern, seinen Sinn. Die Rechtsproduktion der Vergangenheit verliert ihre Herrschaft über aktuelle Entscheidungen, weil diese weitgehend im Ermessen des Richters liegen. Der Legitimitätsanspruch des Rechts kann allenfalls dadurch seinen Sinn wahren, daß der Richter seine Entscheidungen wie ein Politiker zukunftsorientiert aufgrund von Wertorientierungen trifft, die er für vernünftig hält. Das Recht gilt dann als ein Instrument der Verhaltenskontrolle, das für vernünftige, d. h. utilitaristisch oder wohlfahrtsökonomisch begründete politische Ziele eingesetzt werden kann.[11] Die realistischen Schulen haben die idealistische Vorstellung der Verfahrensbeteiligten, daß alle (oder die meisten) Fälle auf der Grundlage geltenden Rechts zugleich konsistent und richtig entschieden werden können, aus der

10 G. Ellscheid, W. Hassemer (Hg.), Interessenjurisprudenz, Darmstadt 1974.
11 Zum amerikanischen Rechtsrealismus vgl. R. S. Sumners, Instrumentalism and American Legal Theory, Ithaca 1982.

Beobachterperspektive einer ernüchternden Kritik unterzogen. Andererseits kann die richterliche Entscheidungspraxis ohne idealisierende Unterstellungen kaum operieren. Die unverhohlene Revokation der Rechtssicherheitsgarantie bedeutet, daß die Rechtsprechung letztlich darauf verzichten muß, die Funktion des Rechts, Verhaltenserwartungen zu stabilisieren, überhaupt zu erfüllen. Die Realisten können nicht erklären, wie die Funktionsfähigkeit des Rechtssystems mit einem radikal rechtsskeptischen Bewußtsein der beteiligten Experten vereinbar ist.

(c) Der Rechtspositivismus will demgegenüber der Funktion der Erwartungsstabilisierung Rechnung tragen, ohne andererseits die Legitimität der Rechtsentscheidung auf die anfechtbare Autorität sittlicher Überlieferungen stützen zu müssen. Im Gegensatz zu den realistischen Schulen arbeiten Theoretiker wie Hans Kelsen und H. L. A. Hart den normativen Eigensinn der Rechtssätze und den systematischen Aufbau eines Regelsystems heraus, das die Konsistenz regelgebundener Entscheidungen ermöglichen und das Recht von der Politik weitgehend unabhängig machen soll. Im Gegensatz zu den Hermeneutikern betonen sie die Geschlossenheit und Autonomie eines Rechtssystems, das gegenüber außerrechtlichen Prinzipien undurchlässig ist. Das Rationalitätsproblem wird damit zugunsten des Vorrangs einer eng gefaßten und von allen überpositiven Geltungsgrundlagen gereinigten institutionellen Geschichte entschieden. Eine Grund- oder Erkenntnisregel, nach der entschieden werden kann, welche Normen jeweils zum geltenden Recht gehören, ermöglicht eindeutige Zuordnungen.

Wenn wir ein solches *autonomes* Rechtssystem voraussetzen, das zudem in primäre, verhaltensbestimmende, und sekundäre, nämlich selbstbezüglich normproduzierende Regeln differenziert ist, bemißt sich die Gültigkeit von Rechtsvorschriften allein an der Einhaltung der rechtlich vorgeschriebenen Prozeduren der Rechtsetzung. Diese Legitimation durch die Legalität des Rechtsetzungsverfahrens privilegiert die Herkunft, nämlich den korrekten Vorgang der Positivierung oder Beschlußfassung, vor der rationalen Begründung des Inhalts einer Norm: Regeln sind gültig, weil sie von den zuständigen Institutionen regelrecht erlassen werden. Die Legitimation der Rechtsordnung im ganzen verlagert sich auf den

Anfang, d. h. auf eine Grund- oder Erkenntnisregel, die alles legitimiert, ohne selbst einer rationalen Rechtfertigung fähig zu sein; sie muß als Teil einer historischen Lebensform faktisch eingewöhnt, also gewohnheitsmäßig akzeptiert sein. Hart macht das mit Hilfe von Wittgensteins Konzept des Sprachspiels plausibel. Wie die Grammatik eines Sprachspiels, so wurzelt auch die Erkenntnisregel in einer Praxis, die von außen als Faktum beschrieben, aber von den Beteiligten selbst als kulturelle Selbstverständlichkeit »angenommen und als gültig unterstellt wird.«[12]

Die Bindung der Geltung des Rechts an seine Genese erlaubt nur eine asymmetrische Lösung des Rationalitätsproblems. Die Vernunft oder die Moral werden der Geschichte gewissermaßen untergeordnet. Deshalb läuft die positivistische Deutung der richterlichen Entscheidungspraxis darauf hinaus, daß die Garantie der Rechtssicherheit die Richtigkeitsgarantie überschattet. Der Vorrang der Rechtssicherheit zeigt sich daran, wie der Positivismus mit »schwierigen Fällen« (hard cases) umgeht. An solchen Fällen zeigt sich besonders deutlich das hermeneutische Grundproblem, wie die Angemessenheit unvermeidlicher Selektionsentscheidungen zu rechtfertigen sei. Der Positivismus spielt dieses Problem herunter und analysiert dessen Folgen als Symptome einer unvermeidlichen Vagheit umgangssprachlicher Formulierungen. Hart führt die Interpretationsbedürftigkeit der Rechtsnormen auf die grundsätzlich offene Struktur natürlicher Sprachen zurück und gelangt zu einer dezisionistischen Schlußfolgerung. Soweit das geltende Recht zur genauen Bestimmung eines Sachverhalts nicht ausreicht, muß der Richter eben nach eigenem Ermessen entscheiden. Der Richter füllt seinen Ermessensspielraum durch juristisch nicht begründbare Präferenzen aus und orientiert seine Entscheidungen gegebenenfalls an moralischen Maßstäben, die durch die Autorität des Rechts nicht mehr gedeckt sind.

(2) Ronald Dworkins Theorie der Rechte läßt sich als der Versuch

---

12 H. L. A. Hart, Der Begriff des Rechts, Frankfurt/Main 1973, 155: »Die Erkenntnisregel (existiert) nur als komplexe, aber normalerweise koordinierte Praxis der Gerichte, Beamten und Privatpersonen, wenn sie mit Hilfe gewisser Kriterien identifizieren, was Recht ist. Die Existenz der Erkenntnisregel liegt in dieser Art von Faktizität.«

verstehen, die Mängel der realistischen, positivistischen und hermeneutischen Lösungsvorschläge zu vermeiden und mit der Annahme
deontologisch konzipierter Rechte zu erklären, wie die richterliche
Entscheidungspraxis den Forderungen der Rechtssicherheit und
der rationalen Akzeptabilität gleichzeitig genügen kann. Gegen den
Realismus hält Dworkin sowohl an der Notwendigkeit wie an der
Möglichkeit regelgebundener konsistenter Entscheidungen fest, die
ein hinreichendes Maß an Rechtssicherheit garantieren. Gegen den
Positivismus behauptet er die Notwendigkeit und Möglichkeit von
»einzig richtigen« Entscheidungen, die im Lichte anerkannter Prinzipien inhaltlich (und nicht nur formal durch Verfahren) legitimiert
sind. Die hermeneutische Bezugnahme auf ein durch Prinzipien
bestimmtes Vorverständnis soll aber den Richter nicht an die Wirkungsgeschichte normativ gehaltvoller autoritativer Überlieferungen ausliefern; dieser Rekurs verpflichtet ihn vielmehr zu einer kritischen Aneignung einer institutionellen Geschichte des Rechts, in
der die praktische Vernunft ihre Spuren hinterlassen hat. Gerichte
entscheiden darüber, wem welche »politischen« Rechte zustehen;
darunter versteht Dworkin Rechte, die zugleich positive Geltung
genießen und unter Gesichtspunkten der Gerechtigkeit Anerkennung verdienen.

Die These, daß es solche Rechte »gibt«, rechnet mit einer historisch
verkörperten, gleichsam durch die Geschichte hindurchreichenden
praktischen Vernunft. Diese kommt im moralischen Gesichtspunkt
zur Geltung und artikuliert sich in einer Grundnorm, die gleiche
Rücksichtnahme auf und Achtung für jedermann fordert. Dworkins Grundnorm deckt sich mit Kants Rechtsprinzip und Rawls'
erstem Gerechtigkeitsgrundsatz, wonach jedem ein Recht auf gleiche subjektive Handlungsfreiheiten zusteht. Gegen Rawls wendet
Dworkin freilich ein, daß sich die Parteien im Urzustand nur darum
auf diesen Grundsatz einigen können, weil jenes Grundrecht auf
gleiche Rücksicht und Achtung bereits die Zulassung der Parteien
zum Urzustand regelt, also zu den Bedingungen rationaler Vereinbarungen überhaupt gehört. Bei Dworkin genießt die Grundnorm
den nicht weiter begründeten Status eines »Naturrechts ...«, das
alle Männer und Frauen besitzen, ... einfach deswegen, weil sie
menschliche Wesen sind, die die Fähigkeit haben, Pläne zu ent-

werfen und Gerechtigkeit zu üben«.[13] Unter Vermeidung natur-
rechtlicher Konnotationen läßt sich das auch als eine Erläuterung
des deontologischen Sinnes von Grundrechten überhaupt verstehen. Dieser Geltungssinn teilt sich den institutionell verbindlichen,
oder »politischen« Rechten mit und verleiht individuellen Rechts-
ansprüchen ein Moment von Unbedingtheit. Subjektive Rechte
versteht Dworkin nämlich als »Trümpfe« in einem Spiel, in dem
Individuen ihre berechtigten Ansprüche gegen die Übervorteilung
durch kollektive Zielsetzungen verteidigen: »Es folgt aus der Definition eines Rechtes, daß es nicht von allen gesellschaftlichen Zielen
ausgestochen werden kann. Wir können der Einfachheit halber
festsetzen, daß wir kein politisches Ziel als ein Recht bezeichnen,
wenn es nicht ein bestimmtes Schwellengewicht gegenüber kollektiven Zielen im allgemeinen hat.«[14] Keineswegs alle subjektiven
Rechte gelten absolut, aber jedes Recht erlegt dem Kosten-Nutzen-
Kalkül bei der Verwirklichung kollektiver Ziele Schranken auf, die
sich letztlich aus dem Prinzip der gleichen Achtung für jedermann
rechtfertigen.

Dworkins Theorie der Rechte beruht auf der Prämisse, daß in der
Rechtsprechung moralische Gesichtspunkte eine Rolle spielen, weil
das positive Recht unvermeidlicherweise moralische Gehalte assimiliert hat. Für eine Diskurstheorie des Rechts, die davon ausgeht,
daß auch moralische Gründe über das demokratische Verfahren der
Gesetzgebung – und die Fairneßbedingungen der Kompromißbildung – ins Recht eingehen, bedeutet diese Prämisse keine Über-
raschung.[14a] Sie bedarf gleichwohl der Erläuterung, weil moralische
Gehalte, indem sie in den Rechtskode *übersetzt* werden, eine
rechtsformspezifische Veränderung ihrer Bedeutung erfahren.

Exkurs über moralische Gehalte des Rechts: Die juristische Bedeutung moralischer Gehalte und die Variationsbreite ihrer spezifischen
Gewichte treten am deutlichsten im Bereich primärer, verhaltens-
normierender Regeln zutage. Wenn wir einem Klassifikationsvor-

13 Dworkin (1984), 300.
14 Dworkin (1984), 162.
14a R. Alexy, Zur Kritik des Rechtspositivismus, in: R. Dreier (Hg.), Rechtsposi-
     vismus und Wertbezug des Rechts, Stuttgart 1990, 9-26; dagegen N. Hoerster,
     Verteidigung des Rechtspositivismus, Frankfurt/Main 1989.

schlag von B. Peters folgen und diese nicht-prozeduralen Regeln in repressive bzw. restitutive Gebote und Verbote einerseits, in »Preise« und Transfers andererseits einteilen,[15] sieht man, daß die moralischen Gehalte über ein breites Spektrum variieren. Sie verdünnen sich bis zu einem Minimum, das darin besteht, daß für Rechtsnormen generell, und zwar unabhängig vom Norminhalt, Rechtsgehorsam erwartet wird. Ein Anzeichen für das relative Gewicht des moralischen Gehalts ist die Stärke der Reaktionen der Rechtsgenossen auf Gesetzesverstöße – sowohl die informellen Mißbilligungen oder Vorwürfe von seiten der Rechtsgenossen wie auch die gerichtlich verhängten Sanktionen. Die Kategorisierung der Strafen (vom Verbrechen bis zur bloßen Ordnungswidrigkeit) läßt sich ebenso wie die Einteilung in strafrechtliche und zivilrechtliche Tatbestände (welche Entschädigungsansprüche begründen) als rechtsdogmatische Gewichtung des moralischen Gehalts verstehen. Die elementaren Tatbestände des Strafrechts wie Mord und Totschlag, Körperverletzung, Freiheitsberaubung, Diebstahl usw. gelten als moralisch verwerflich, während die Verurteilung zur Restitution eines verursachten Schadens normalerweise die Mißbilligung der Tat, aber nicht Verachtung des Täters nach sich zieht. Anders verhält es sich mit den Reaktionen auf verhaltensabhängig zugeteilte Prämien oder Kosten wie Subventionen, Gebühren, differenzierte Steuern usw. oder mit den Reaktionen auf Einkommenstransfers und Leistungen, die verhaltensunabhängig nach sozialstaatlichen Kriterien gewährt werden. Das Recht, in das Politiken der Umsteuerung und der Ressourcenverlagerung, der Umverteilung und der Bereitstellung kollektiver Güter eingekleidet werden, richtet sich in moralisch neutraler Weise an Adressaten, denen in erster Linie eine Orientierung an Kosten-Nutzen-Kalkülen oder einfach »Bedarf« unterstellt wird. Fehlschläge der vom Gesetzgeber intendierten Verhaltenskontrolle sind nicht »vorwerfbar«. Das bedeutet, daß der Geltungssinn von Rechtsnormen, die »Preise« oder Transfers beinhalten, in gewisser Weise entmoralisiert ist. Allerdings sind solche Rechtsnormen nicht notwendigerweise oder auch nur normalerweise ohne moralischen Gehalt – nämlich deshalb

15 Peters (1991), 278 f.

nicht, weil sie Bestandteile von moralisch gerechtfertigten Gesetzesprogrammen sind. Die moralischen Maßstäbe, die dem Gesetzgeber zur Beurteilung entsprechender Politiken dienen, imprä-
gnieren den Inhalt des Rechts, in dessen Formen diese Politiken
ausgeführt werden. So können Zielsetzungsargumente, die Dworkin von Prinzipienargumenten unterscheidet, durchaus moralische
Relevanz haben.

Eine Zwischenstellung zwischen moralisch aufgeladenen und weitgehend entmoralisierten Regeln nehmen intermediäre Verfahrensnormen ein, die halböffentliche Organe wie Kammern, Universitäten, Berufsverbände usw. mit bestimmten Kompetenzen ausstatten.
Für die Ausübung dieser Kompetenzen (z. B. Arbeitskämpfe zu
führen, Kompromisse auszuhandeln, Organisationsregeln festzu-
setzen usw.) bestehen Verfahren und Formvorschriften, die sich
gelegentlich auch auf moralisch relevantes Verhalten wie Informa-
tions- und Sorgfaltspflichten, Ausschluß unzulässiger Kampfmittel
usw. erstrecken. Sogar im Privatrecht spielen »Treu und Glauben«
oder die Haftung für nicht-intendierte rechtsverletzende Handlungsfolgen eine Rolle. Interessanterweise können solche Form-
und Verfahrensvorschriften die moralische Substanz dessen, was
Durkheim an den nicht-kontraktuellen Grundlagen des Vertrags
exemplifiziert hat, nicht vollständig explizieren und in die Rechtsform einholen. Das betrifft vor allem das moralische Urteilsvermö-
gen, das die Kompetenz zur Erzeugung und Anwendung von
Rechtsnormen wenn nicht anleiten, so doch wenigstens begleiten
soll. Diese Interpretation mag für Ermächtigungsnormen im Kernbereich des Privatrechts problematisch sein. Eine gewisse Plausibilität gewinnt sie aber im Hinblick auf die Bereiche, wo staatliche
Kompetenzen der Rechtsetzung und der Organisation an Träger
delegiert werden, die, wie etwa die Tarifvertragsparteien oder die
nach dem Betriebsverfassungsrecht gewählten Mitglieder des Auf-
sichtsrats, »Private« nur noch dem Namen nach sind.

Natürlich hat die Moral in der Rolle eines *Maßstabes für richtiges
Recht* ihren primären Sitz in der politischen Willensbildung des Gesetzgebers und in der politischen Kommunikation der Öffentlichkeit. Auch die erwähnten Beispiele für Moral *im Recht* besagen
nicht mehr, als daß moralische Gehalte in den Rechtskode übersetzt

und mit einem anderen Geltungsmodus ausgestattet werden. Eine Überlappung der Inhalte ändert nämlich nichts an jener Differenzierung zwischen Recht und Moral, die auf dem postkonventionellen Begründungsniveau und unter den Bedingungen des modernen Weltanschauungspluralismus unwiderruflich eingetreten ist. Solange die *Differenz der Sprachen* aufrechterhalten bleibt, bedeutet das Einwandern moralischer Gehalte ins Recht keine *unmittelbare* Moralisierung des Rechts. Wenn Dworkin von Prinzipienargumenten spricht, die für die externe Rechtfertigung richterlicher Entscheidungen herangezogen werden, hat er in den meisten Fällen ohnehin Rechtsgrundsätze im Auge, die sich aus der Anwendung des Diskursprinzips auf den Rechtskode ergeben. Das System der Rechte und die Prinzipien des Rechtsstaates sind gewiß der praktischen Vernunft geschuldet, aber zunächst der speziellen Gestalt, die diese im Demokratieprinzip annnimmt. Der moralische Gehalt von Grundrechten und Prinzipien des Rechtsstaates erklärt sich auch daraus, daß sich die Grundnormen von Recht und Moral, denen dasselbe Diskursprinzip zugrundeliegt, *inhaltlich* überschneiden.

(3) Wie immer auch Dworkin selbst das Verhältnis von Recht und Moral begreift, seine Theorie der Rechte verlangt ein deontologisches Verständnis juristischer Geltungsansprüche. Damit durchbricht er den Zirkel, in dem sich die juristische Hermeneutik mit ihrem Rückgriff auf historisch bewährte Topoi eines überlieferten Ethos verfängt. Dworkin gibt dem hermeneutischen Ansatz eine konstruktivistische Wendung. Aus einer Kritik am Rechtspositivismus, insbesondere an dessen Neutralitätsthese (a) und an der Annahme eines autonom-geschlossenen Rechtssystems (b), entwickelt er seine methodischen Vorstellungen von konstruktiver Interpretation (c).

(a) Zunächst bestreitet Dworkin die Annahme einer Legitimation des Rechts durch die bloße Legalität des Verfahrens der Rechtsetzung. Der juristische Diskurs ist nur in dem Sinn von Moral und Politik unabhängig, daß auch moralische Grundsätze und politische Zielsetzungen in die neutrale Sprache des Rechts übersetzt und an den Rechtskode angeschlossen werden müssen. Hinter dieser Einheitlichkeit des Kodes verbirgt sich aber ein komplexer Geltungssinn des legitimen Rechts, der erklärt, warum bei Grundsatz-entscheidungen Gründe extralegaler Herkunft, also Überlegungen pragmatischer, ethischer und moralischer Art zum Rechtsdiskurs zugelassen und in rechtliche Argumente einbezogen werden.

Anhand bekannter Präzedenzfälle aus dem angelsächsischen, vor-wiegend amerikanischen Recht, analysiert Dworkin, wie die Rich-ter unbestimmte Rechtslagen durch die systematische Bezugnahme auf den Hintergrund politischer Zielsetzungen und moralischer Grundsätze bewältigen. Sie gelangen mit der juristischen Verarbei-tung von Zielsetzungs- und Grundsatzargumenten zu wohlbegrün-deten Entscheidungen. Solche externen Rechtfertigungen sind möglich, weil das geltende Recht selber schon teleologische Gehalte und moralische Grundsätze inkorporiert, vor allem die Entschei-dungsgründe des politischen Gesetzgebers assimiliert hat. Diese können gleichsam in den Grundsatzentscheidungen der obersten Gerichte wieder zutage treten. Allerdings genießen Prinzipienargu-mente in der richterlichen Entscheidungspraxis Vorrang vor Ziel-setzungsargumenten: Zielsetzungsargumente haben ihren genuinen Ort im Gesetzgebungsprozeß, und über ihn gelangen sie in den ju-ristischen Diskurs. Die Rechtsprechung ist auf die Anwendung er-wartungsstabilisierender Rechtsnormen zugeschnitten; legislative Zielsetzungen berücksichtigt sie im Lichte von Prinzipien, denn »Prinzipienargumente rechtfertigen eine politische Entscheidung dadurch, daß sie zeigen, daß die Entscheidung ein bestimmtes Recht eines Individuums oder einer Gruppe achtet oder sichert.«[16] Natürlich sind auch politische Zielsetzungen in der Regel bereits durch Prinzipien und Rechte begründet; aber nur die am System der Rechte orientierten Grundsatzargumente können den internen Zu-sammenhang der Einzelfallentscheidung mit der normativen Sub-stanz der Rechtsordnung im ganzen wahren.

(b) Im weiteren erklärt Dworkin mit Hilfe der Unterscheidung von »Regel« und »Prinzip« die Unzulänglichkeit derjenigen Rechts-konzeption, die Hart seiner Autonomiethese zugrundelegt. Regeln sind konkrete, bereits anwendungsspezifisch bestimmte Normen wie etwa Formvorschriften für die Abfassung von Testamenten,

16 Dworkin (1984), 146.

während Prinzipien allgemeine und stets interpretationsbedürftige Rechtsgrundsätze (wie Menschenwürde, Gleichbehandlung usw.) darstellen. Sowohl Regeln (Normen) wie Grundsätze (Prinzipien) sind Gebote (Verbote, Erlaubnisse), deren Sollgeltung den Charakter einer Verpflichtung zum Ausdruck bringt. Die Unterscheidung zwischen diesen Regeltypen darf nicht mit der zwischen Normen und Zielsetzungen verwechselt werden. Prinzipien haben ebensowenig wie Regeln eine teleologische Struktur. Sie dürfen nicht – wie es die »Güterabwägung« in den üblichen Methodenlehren nahelegt – als Optimierungsgebote verstanden werden, weil damit ihr deontologischer Geltungssinn verloren ginge.[17] Regeln und Prinzipien dienen gleichermaßen als Argumente in der Begründung von Entscheidungen, allerdings haben sie einen verschiedenen argumentationslogischen Stellenwert. Denn Regeln weisen stets eine Wenn-Komponente auf, die situationstypische Anwendungsbedingungen spezifiziert, während Prinzipien entweder mit unspezifischem Geltungsanspruch auftreten oder in ihrem Anwendungsbereich nur durch sehr allgemeine, jedenfalls interpretationsbedürftige Bedingungen eingeschränkt sind. Daraus erklärt sich der charakteristische Unterschied im Kollisionsverhalten von Regeln und Prinzipien, den Dworkin hervorhebt. Ein Konflikt zwischen Regeln kann nur dadurch gelöst werden, daß entweder eine Ausnahmeklausel eingeführt oder eine der konfligierenden Regeln für ungültig erklärt wird. Eine solche Alles-oder-Nichts Entscheidung ist beim Konflikt zwischen Grundsätzen nicht nötig. Gewiß genießt das jeweils einschlägige Prinzip Vorrang, aber dadurch verlieren die *zurücktretenden* Prinzipien nicht ihre Geltung. Je nach entscheidungsbedürftigem Fall geht ein Prinzip anderen Prinzipien vor. Zwischen Prinzipien stellt sich von Fall zu Fall eine andere transitive Ordnung her, ohne daß davon ihre Geltung berührt würde.

Der Positivismus gelangt nun zu einer falschen Autonomiethese, weil er das Recht als ein geschlossenes System anwendungsspezifischer Regeln begreift, die im Kollisionsfall eine im Ermessen des Richters liegende Alles-oder-Nichts Entscheidung nötig machen.

17 Vgl. R. Alexy, Theorie der Grundrechte, Baden-Baden 1985 und Frankfurt/Main 1986, 75 ff. Zur Kritik K. Günther, Der Sinn für Angemessenheit, Frankfurt/Main 1988, 268 ff.

Allein die *eindimensionale* Vorstellung des Rechts als eines prinzipienlosen Regelsystems nötigt zu der Konsequenz, daß Regelkollisionen eine Unbestimmtheit der Rechtslage herbeiführen, die nur noch dezisionistisch beseitigt werden kann. Sobald Prinzipien – und die höherstufige Rechtfertigung von Normanwendungen im Lichte von Prinzipien – zugestanden und als *normale* Bestandteile des juristischen Diskurses anerkannt werden, verschwinden beide Aspekte: die Geschlossenheit des Regelsystems und die Unlösbarkeit von Regelkonflikten.

(c) Mit der Analyse der Rolle, die Prinzipien- und Zielsetzungsargumente in der richterlichen Entscheidungspraxis spielen, und mit der Aufdeckung einer Schicht höherstufiger Normen im Rechtssystem selber erfaßt Dworkin jenes posttraditionale Begründungsniveau, auf welches das positiv gewordene Recht angewiesen ist. Nachdem sich das moderne Recht von sakralen Grundlagen emanzipiert und aus religiös-metaphysischen Einbettungskontexten gelöst hat, wird es nicht, wie der Positivismus annimmt, schlechthin kontingent. Es steht auch nicht, wie der Realismus annimmt, als ein Medium ohne eigene innere Struktur den Zielsetzungen der politischen Herrschaft zur Disposition. Das Moment Unverfügbarkeit, das sich im deontologischen Geltungssinn der Rechte behauptet, verweist vielmehr auf die Dimension einer vernünftigen, an Prinzipien orientierten Ermittlung »einzig richtiger« Entscheidungen. Da diese Prinzipien nicht wiederum, wie die juristische Hermeneutik annimmt, nur als historisch bewährte Topoi dem Überlieferungszusammenhang einer ethischen Gemeinschaft entnommen werden können, bedarf die Auslegungspraxis eines Bezugspunktes, der über eingelebte Rechtstraditionen hinausweist. Diesen Bezugspunkt der praktischen Vernunft erklärt Dworkin *methodisch* anhand des Verfahrens konstruktiver Interpretation, *inhaltlich* mit dem Postulat einer Rechtstheorie, die das jeweils geltende Recht rational rekonstruiert und auf den Begriff bringt.

Wie in der Wissenschaftsgeschichte, so lassen sich auch in der institutionellen Geschichte eines Rechtssystems die intern zugänglichen von den äußeren Aspekten unterscheiden. Aus der Innenperspektive fällt von nachvollziehbaren Problemstellungen ein kritisches Licht auf die historisch vorgefundenen Argumentationen; dabei lassen sich die unfruchtbaren von den produktiven Versuchen, die Sackgassen und Irrtümer von den Lernprozessen und den einstweiligen Lösungen im Lichte zeitgenössischer Evidenzen unterscheiden. Je nach dem zugrundegelegten Paradigma erschließen sich freilich aus der Retrospektive andere Linien der Rekonstruktion. Die Wahl des Paradigmas ist jedoch nicht beliebig, sondern abhängig von einer hermeneutischen Ausgangssituation, die uns nicht zur Disposition steht. Das paradigmatische Vorverständnis ist nicht unkorrigierbar; im Auslegungsprozeß selbst wird es geprüft und modifiziert. Auch am Ende behält allerdings die der Rekonstruktion zugrundegelegte Konzeption, sei es der Wissenschaft oder des Rechts, eine gewisse präjudizierende Kraft; sie ist nicht neutral. Deshalb muß sie als das Modell, das die Sache der Wissenschaft oder des Rechts am besten trifft, theoretisch gerechtfertigt werden.

Genau diesen Sinn hat Dworkins Modell eines aus Regeln und Prinzipien bestehenden positiven Rechts, das über eine diskursive Rechtsprechung die Integrität von Anerkennungsverhältnissen sichert, die jedem Rechtsgenossen gleiche Rücksicht und Achtung gewährleisten. Mit einem Verweis auf meine Kritik an Gadamer[18] kennzeichnet Dworkin sein kritisch-hermeneutisches Vorgehen als eine »konstruktive Interpretation«, die die Rationalität des Verstehensprozesses durch die Bezugnahme auf ein Paradigma oder einen »Zweck« explizit macht: »Constructive interpretation is a matter of imposing purpose on an object or practice in order to make of it the best possible example of the form or genre to which it is taken to belong ... We would then say, that all interpretation strives to make an object the best it can be, as an instance of some assumed enterprise, and that interpretation takes different forms in different contexts only because different enterprises engage different standards of value or success.«[19] Mit Hilfe eines solchen Verfahrens konstruktiver Interpretation[20] soll jeder Richter grundsätzlich in je-

---

18 Habermas (1981), Bd. 1, 188-196; vgl. auch: J. Habermas, Zur Logik der Sozialwissenschaften, Frankfurt/Main 1982, 271 ff.

19 R. Dworkin, Law's Empire (1986), 52 f.; dort auch Fußnote 2, 419 f.

20 Zu den wenigen Arbeiten, die Dworkins Interpretationskonzept mit der europäischen Diskussion, insbesondere mit Auffassungen von Gadamer, Derrida und mir, in Beziehung setzen, gehören D. C. Hoy, Interpreting the Law: Hermeneu-

dem Fall zu einer ideal gültigen Entscheidung gelangen können, indem er die vermeintliche »Unbestimmtheit des Rechts« dadurch kompensiert, daß er seine Begründung auf eine »Theorie« stützt. Diese Theorie soll die jeweils gegebene Rechtsordnung rational in der Weise rekonstruieren, daß das geltende Recht aus einer geordneten Menge von Prinzipien gerechtfertigt und damit als eine mehr oder weniger exemplarische Verkörperung von Recht überhaupt ausgewiesen werden kann.[21]

II.

(1) Dworkin erwartet die Lösung des Problems, wie die richterliche Entscheidungspraxis gleichzeitig dem Prinzip der Rechtssicherheit und dem Legitimitätsanspruch des Rechts genügen kann, von einer anspruchsvollen Theorie, die es insbesondere in schwierigen Fällen erlaubt, die einzelne Entscheidung aus dem kohärenten Zusammenhang des rational rekonstruierten geltenden Rechts zu begründen. Kohärenz ist ein Maß für die Gültigkeit einer Aussage, das schwächer ist als die durch logische Ableitung gesicherte analytische Wahrheit, aber stärker als das Kriterium der Widerspruchsfreiheit. Kohärenz zwischen Aussagen wird durch substantielle Argumente (im Sinne Toulmins) hergestellt, also durch Gründe, die die pragmatische Eigenschaft aufweisen, unter Argumentationsteilnehmern ein rational motiviertes Einverständnis herbeizuführen.[22]

Im juristischen Diskurs spielen typischerweise normative Argumente eine Rolle, die bei Regelkollisionen im Lichte von Prinzipien die Wahl der jeweils angemessenen Norm rechtfertigen. Dworkin interessiert sich für diese Prinzipien auch deshalb, weil sie einen

tical and Poststructuralist Perspectives, Southern California Law Review 58, 1985, 135-176; ders., Dworkin's Constructive Optimism vs. Deconstructive Legal Nihilism, Law and Philosophy 6, 1987, 321-356.

21 Dworkin (1984), 122; vgl. ders., A Matter of Principle, Cambridge, Mass. 1985, Part Two.

22 St. Toulmin, Der Gebrauch von Argumenten, Kronberg 1975; St. Toulmin, R. Rieke, A. Janik, An Introduction to Reasoning, New York 1979.

erkennbaren deontologischen Gehalt besitzen, der sie der Kontingenz beliebiger Setzungen oder Derogationen entzieht. Wo beispielsweise Grundrechte und Prinzipien des Rechtsstaats interpretiert und ausgestaltet werden oder andere moralische Gehalte in das positive Recht einwandern und damit »von den offiziellen Erlassen rechtlicher Institutionen Unterstützung erhalten«, darf eine Veränderung solcher Rechtsvorschriften nicht deren normativen Gehalt berühren. Es ist »kaum sinnvoll, davon zu reden, daß Prinzipien dieser Art ›verworfen‹ oder ›aufgehoben‹ werden.«[23] Zwar dürfen Prinzipien nicht zu so etwas wie moralischen Tatsachen ontologisiert werden; sie haben aber dank ihrer deontologischen Rechtfertigungskraft einen argumentationslogischen Stellenwert, der erklärt, warum die im juristischen Diskurs verfügbaren Begründungsressourcen ausreichen, um über interne Rechtfertigungen hinauszugehen und die Prämissen selber zu begründen.[24]

Nach Dworkin stellen nun Rechtsprinzipien und die ihrerseits mit solchen Prinzipien in Einklang stehenden politischen Zielsetzungen des Gesetzgebers die argumentativen Mittel bereit, um die Masse des geltenden Rechts so lange zu rekonstruieren, bis es als normativ gerechtfertigt gelten darf. Dworkin fordert die Konstruktion einer Rechts-, nicht einer Gerechtigkeitstheorie. Die Aufgabe besteht nicht in der philosophischen Konstruktion einer aus Gerechtigkeitsprinzipien begründeten Gesellschaftsordnung, sondern im *Auffinden* gültiger Prinzipien und Zielsetzungen, aus denen eine *konkrete* Rechtsordnung in ihren wesentlichen Elementen so gerechtfertigt werden kann, daß sich ihr alle Einzelfallentscheidungen als kohärente Bestandteile einfügen. Dieser idealen Aufgabe ist, wie Dworkin weiß, nur ein Richter gewachsen, dessen intellektuelle Fähigkeiten sich mit den physischen Kräften eines Herkules messen könnten. Der »Richter Herkules« verfügt über zwei Bestandteile

23 Dworkin (1984), 82.
24 »I mean only to suppose that a particular social institution like slavery might be unjust, not because people think it unjust, or have conventions according to which it is unjust ... but just because slavery is unjust. If there are such moral facts, then a proposition of law might rationally be supposed to be true even if lawyers continue to disagree about the proposition after all hard facts are known or stipulated« (R. Dworkin (1985), 138).

eines idealen Wissens: er kennt alle gültigen Prinzipien und Zielsetzungen, die zur Rechtfertigung nötig sind; zugleich hat er einen vollständigen Überblick über das dichte Gewebe der durch argumentative Fäden verknüpften Elemente des geltenden Rechts, das er vorfindet. Beide Bestandteile ziehen der Theoriekonstruktion Grenzen. Der Spielraum, den Herkules mit seiner übermenschlichen Argumentationsfähigkeit ausfüllt, ist einerseits definiert durch die Möglichkeit, die Rangordnungen der Prinzipien und Zielsetzungen zu variieren, und andererseits durch die Notwendigkeit, die Masse des positiven Rechts kritisch zu sichten und »Fehler« zu korrigieren. Herkules soll ja diejenige kohärente Menge von Prinzipien entdecken, die die institutionelle Geschichte eines angetroffenen Rechtssystems »so rechtfertigt, wie die Fairneß es erfordert«.

Aber nur ein gerechtes Rechtssystem, das das Ergebnis eines kontinuierlichen Lernprozesses wäre, ließe sich auf diese Weise vollständig rechtfertigen: »Herkules muß daher auf jeden Fall seine Theorie so ausdehnen, ... daß eine Rechtfertigung der institutionellen Geschichte einen bestimmten Teil dieser Geschichte als auf Irrtümern beruhend erweisen kann.«[25] Andererseits darf Herkules die Rolle des Theoretikers, der geltendes Recht *re*konstruiert, nicht mit der eines *kon*struierenden Gesetzgebers gleichsetzen. Aber nicht alle Elemente einer Rechtsordnung haben denselben Grad von Verbindlichkeit; einer sondierenden und korrigierenden Bewertung sind sie in verschiedenem Maße zugänglich. Vom Verfassungsrahmen über verfassungsrechtliche Einzelnormen, einfache Gesetze und Gewohnheitsrechte bis zu Grundsatzentscheidungen, Kommentaren und anderen Rechtsquellen wächst die Kontingenz der Entstehungszusammenhänge und damit der Spielraum für eine retrospektiv veränderte Einschätzung. Einleuchtend diskutiert Dworkin die Gesichtspunkte, unter denen beispielsweise Präzedenzfälle für gegenwärtige Entscheidungen verschiedene Gewichte erhalten, so daß Herkules »einen bestimmten Teil der institutionellen Geschichte außer Betracht lassen kann.«[26] Eine derart rekonstruktiv verfahrende Rechtstheorie soll hinreichend selektiv sein, um jeweils genau eine richtige Entscheidung zuzulassen, die besagt,

25 Dworkin (1984), 206.
26 Dworkin (1984), 203.

welche Ansprüche eine Partei im Rahmen der bestehenden Rechtsordnung geltend machen darf, und das heißt: welche Rechte ihr objektiv zustehen. Die Theorie des Richters Herkules versöhnt die rational rekonstruierten Entscheidungen der Vergangenheit mit dem Anspruch auf rationale Akzeptabilität in der Gegenwart, versöhnt Geschichte mit Gerechtigkeit. Sie löst die »Spannung zwischen richterlicher Originalität und institutioneller Geschichte auf... Richter müssen neue Urteile über die Parteien fällen, die vor ihnen erscheinen, aber diese politischen Rechte stehen politischen Entscheidungen der Vergangenheit nicht entgegen, sondern spiegeln sie wider.«[27]

(2) Auf dem Postulat einer solchen Rechtstheorie, die die Positivität der Rechtsordnung mit der Legitimität einklagbarer Ansprüche in Einklang bringen und damit jene in der Rechtsgeltung selbst aufgebrochene Spannung zwischen Faktizität und Geltung verarbeiten soll, liegt der lange Schatten starker Idealisierungen. Die Theorie erfordert als Autor einen Herkules; diese ironische Zuschreibung macht kein Hehl aus den idealen Anforderungen, denen die Theorie genügen soll. Dworkins Vorschlag hat denn auch eine verzweigte Kontroverse ausgelöst. Diese kreist um die Frage, ob wir die idealen Anforderungen als Ausdruck einer regulativen Idee verstehen können, an der sich Richter orientieren müssen, wenn sie dem jeder modernen Rechtsprechung eingeschriebenen Telos gerecht werden wollen – oder ob sie den richterlichen Entscheidungsprozeß an einem falschen Ideal messen.

(a) Das sogenannte Critical Legal Studies Movement (CLS) nimmt Fragestellungen des Legal Realism auf, spielt aber die rechtskritischen Untersuchungen nicht den sozialwissenschaftlichen Beobachtern zu, sondern führt diese wie Dworkin aus der Teilnehmerperspektive des Richters selber durch.[28] Die Realisten hatten drei

27 Dworkin (1984), 153.
28 R.M. Unger, The Critical Legal Studies Movement, Cambridge, Mass. 1986; D.M. Trubek, J.P. Esser, Critical Empiricism and American Critical Legal Studies, in: Chr. Joerges, D.M. Trubek (Hg.), Critical Legal Thought: An American-German Debate, Baden-Baden, 1989; G. Minda, The Jurisprudential Movements of the 1980s, Ohio State Law Journal 50, 1989, 599-662; J. Boyle, The Politics of Reason: Critical Legal Theory and Local Social Thought, Pennsylvania Law Review 133, 1985, 685-780.

Dogmen der Rechtstheorie erschüttert: die Annahme, daß Rechte existieren; die Annahme, daß aktuelle Fälle in Übereinstimmung mit dem geltenden Recht konsistent entschieden werden können; und damit auch die zentrale Annahme, daß Gerichtsurteile in der Regel rational, also hinreichend durch gesetzliche Vorgaben, Präjudizien, herrschende Lehre usw. determiniert sind. Dworkins Rechtstheorie gibt diesen drei Annahmen eine weniger angreifbare konstruktivistische Lesart. Der deontologische Sinn unverfügbarer Rechte manifestiert sich darin, daß sie gegenüber politischen Zielsetzungen und kollektiven Gütern »Schwellengewichte« bilden. Sie lassen sich nur in rechtstheoretisch angeleiteten Argumentationen herauspräparieren. Dabei können sich einige Elemente des geltenden Rechts, insbesondere höchstrichterliche Entscheidungen der Vergangenheit, retrospektiv als Irrtümer erweisen. Nur ein aus Prinzipien gerechtfertigtes positives Recht erlaubt »einzig richtige« Entscheidungen. Aus der Sicht von CLS ist es freilich dieser Rekurs auf einen theoretischen Hintergrund, der den erneuerten Rationalismus heute erst recht realistischen Einwänden aussetzt.

Da Richter als Wesen aus Fleisch und Blut hinter der Idealfigur eines Herkules weit zurückstehen, kommt die Empfehlung, sich in der täglichen Arbeit an ihr zu orientieren, in Wahrheit nur dem Wunsch nach einer Bestätigung der ohnehin durch Interessenlage, politische Einstellung, ideologische Befangenheit oder andere externe Faktoren bestimmten Entscheidungspraxis entgegen. Richter wählen Prinzipien und Zielsetzungen und konstruieren daraus eigene Rechtstheorien, um mit ihrer Hilfe Entscheidungen zu »rationalisieren«, d. h. die Vorurteile zu kaschieren, mit denen sie die objektive Unbestimmtheit des Rechts kompensieren.[29]

Darauf könnte Dworkin mit der Explikation einer mehr oder weniger im Hintergrund gelassenen Prämisse antworten. Soweit die Kritiker anhand überzeugender Fallstudien tatsächlich nachweisen können, daß sich Gerichtsentscheidungen eher aufgrund extralegaler Faktoren als aus der Rechtslage erklären lassen, sprechen die Tatsachen gegen die bestehende Praxis. Die interne Unbestimmt-

---

29 A. Altman, Legal Realism, Critical Legal Studies, and Dworkin, Philosophy and Public Affairs 15, 1986, 202-235.

heit des Rechts ergibt sich aber nicht, wie die Kritiker meinen, aus der Struktur des Rechts selbst, sondern einerseits aus dem Versagen der Richter, die bestmögliche Theorie zu entwickeln, andererseits aus der institutionellen Geschichte einer Rechtsordnung, die sich in mehr oder weniger großem Umfang einer rationalen Rekonstruktion entzieht. Die konstruktive Interpretation kann nur in dem Maße zum Erfolg führen, wie sich in der Geschichte, aus der eine konkrete Rechtsordnung hervorgegangen ist, ein wie auch immer fragmentarisches Stück »existierender Vernunft« sedimentiert. Als Amerikaner hat Dworkin eine kontinuierliche Verfassungsentwicklung von mehr als zwei Jahrhunderten im Rücken; als Liberaler neigt er zu einer eher optimistischen Einschätzung und entdeckt in der amerikanischen Rechtsentwicklung überwiegend Lernprozesse. Wer dieses Vertrauen nicht teilt oder in anderen politischen und rechtsgeschichtlichen Kontexten steht, braucht jedoch der in Herkules verkörperten regulativen Idee solange nicht abzuschwören, wie sich im geltenden Recht überhaupt historische Anhaltspunkte für eine rationale Rekonstruktion finden.

Mit dem Begriff der »Integrität« versucht Dworkin zu erklären, daß *alle* modernen Rechtsordnungen auf die Idee des Rechtsstaates verweisen und der kritischen Hermeneutik einen unverrückbaren Bezugspunkt auch dort sichern, wo die praktische Vernunft in der institutionellen Geschichte eher schwache Spuren hinterlassen hat. Mit dem Grundsatz der »Integrität« kennzeichnet Dworkin das politische Ideal einer Gemeinschaft, in der sich die assoziierten Rechtsgenossen gegenseitig als Freie und Gleiche anerkennen. Es ist ein Prinzip, das die Staatsbürger ebenso wie die Organe der Gesetzgebung und der Rechtsprechung darauf verpflichtet, die Grundnorm der gleichen Rücksichtnahme auf sowie der gleichen Achtung für jedermann in den Praktiken und Einrichtungen der Gesellschaft zu verwirklichen: »It insists that people are members of a genuine political community only when they accept that their fates are linked in the following strong way: they accept that they are governed by common principles, not just by rules hammered out in political compromise«[30] Wenn sich eine politische Gemein-

30 Dworkin (1986), 211.

schaft als solche konstituiert, bedeutet der verfassungsgebende Akt der Gründung, daß die Bürger sich ein System von Rechten zuerkennen, welches ihnen private und öffentliche Autonomie sichert. Zugleich muten sie sich gegenseitig die gemeinsame Teilnahme an einem politischen Prozeß zu, den Dworkin so beschreibt: »it is a theater of debate about which principles the community should accept as a system.« In den idealen Anforderungen an eine theoretisch angeleitete Rechtsprechung spiegelt sich eine regulative Idee, die der Richter in der Verfassung des Landes (oder ihren Äquivalenten) antrifft: »An association of principle is not automatically a just community; its conception of equal concern may be defective or it may violate rights of its citizens or citizens of other nations ... But the model of principle satisfies the conditions of a true community better than any other model of community that is possible for people who disagree about justice and fairness to adopt.«[31]

Mit dieser Antwort auf eine erste Runde der Kritik werden die in Herkules' Theorie eingebauten Idealisierungen aus einer regulativen Idee hergeleitet, die nicht unmittelbar auf das von der Rechtsprechung zu lösende Rationalitätsproblem zugeschnitten ist, sondern aus einem der Verfassungswirklichkeit eingeschriebenen normativen Selbstverständnis rechtsstaatlicher Ordnungen hervorgeht. Die Verpflichtung des Richters, den einzelnen Fall im Lichte einer Theorie zu entscheiden, die das geltende Recht als ganzes aus Prinzipien rechtfertigt, ist Reflex einer *vorgängigen*, durch den Gründungsakt der Verfassung bezeugten Verpflichtung der Bürger, die Integrität ihres Zusammenlebens dadurch zu wahren, daß sie sich an Prinzipien der Gerechtigkeit orientieren und einander als Mitglieder einer Assoziation von Freien und Gleichen achten. Allerdings könnte dieses politische Ideal selbst eine falsche Idealisierung zum Ausdruck bringen. Die Verfassungspraxis könnte sich darin auf eine folgenreiche Weise über sich selbst täuschen und die Institutionen mit Aufgaben belasten, die gar nicht zu lösen sind.

(b) In der nächsten Runde versuchen die Kritiker den Nachweis zu erbringen, daß Dworkin seinem Herkules ein *undurchführbares* Programm zumutet. In einer bekannten Fallstudie möchte bei-

---

31 Dworkin (1986), 213f.

spielsweise Duncan Kennedy zeigen, daß die amerikanische Entwicklung des Privatrechts und der Privatrechtsjudikatur um zwei unvereinbare Prinzipien kreist. Auf der einen Seite kommt der Grundsatz der individuellen Vertragsautonomie und damit die liberale Gesellschaftsvision einer geregelten Konkurrenz zweckrational handelnder Privatleute zur Geltung, auf der anderen Seite der Grundsatz des Vertrauensschutzes in einer reziprok verpflichtenden Vertragsbeziehung und damit die konträre Vision einer auf gegenseitiger Rücksichtnahme und Solidarität beruhenden Assoziation.[32] Protagonisten des CLS verallgemeinern das Ergebnis dieser und ähnlicher Untersuchungen zu der These, daß das geltende Recht überhaupt von *gegensätzlichen* Prinzipien und Zielsetzungen durchzogen sei; somit sei jeder Versuch einer rationalen Rekonstruktion zum Scheitern verurteilt: »Letzten Endes besagt die radikale Unbestimmtheitsthese, daß Recht als Regelsystem eine Struktur hat, von der es keine wie auch immer idealisierte Entscheidungspraxis geben kann, die Gleichbehandlung und das heißt: Gerechtigkeit garantiert.«[33]

Auf diesen Einwand geht Dworkin nur mit der kursorischen Bemerkung ein, daß die Kritiker den entscheidenden Unterschied zwischen im Einzelfall kollidierenden und einander widersprechenden Prinzipien vernachlässigen; sonst müßten sie bemerken, daß die theoretische Anstrengung von Herkules erst an dem Punkt einsetzt, wo die Kritiker ihre vorschnell verallgemeinerten historischen Untersuchungen mit regelskeptischen Schlußfolgerungen beenden.[34] Klaus Günther hat diesen Hinweis präzisiert, indem er sich auf die argumentationslogische Unterscheidung zwischen Begründungs- und Anwendungsdiskursen stützt.

Wenn man davon ausgeht, daß in den Fällen, die für die heutige Rechtsprechung typisch sind, nicht nur anwendungsspezifische Regeln, sondern Prinzipien ins Spiel kommen, ist leicht zu zeigen, warum Kollisionen mit großer Wahrscheinlichkeit auftreten – und

---

32 D. Kennedy, Form and Substance in Private Law Adjucation, Harvard Law Review 89, 1976, 168 ff.

33 G. Frankenberg, Der Ernst im Recht, Kritische Justiz 20, 1987, 304, dort auch weitere Literatur.

34 Dworkin (1986), 271-275.

gleichwohl keine tieferliegende Inkohärenz des Rechtssystems selbst verraten. Bis auf diejenigen Normen, die in ihrer Wenn-Komponente die Anwendungsbedingungen so weit spezifizieren, daß sie nur auf wenige hochtypisierte und wohlumschriebene Standardsituationen Anwendung finden dürfen (und ohne hermeneutische Schwierigkeiten Anwendung finden können), sind *alle* geltenden Normen sozusagen *von Haus aus* unbestimmt. Ausnahmen bilden eben die Normen, die Dworkin »Regeln« nennt und die in Kollisionsfällen eine Alles-oder-Nichts-Entscheidung erfordern. Die Kohärenz eines Rechtssystems ist in der Tat gefährdet, wenn konfligierende Regeln *dieser* Art für denselben Anwendungsfall kontradiktorische, aber gleichermaßen Geltung beanspruchende Vorschriften vorsehen. Alle übrigen Normen – und das gilt nicht nur für Grundrechte und Prinzipien des Rechtsstaates, in deren Licht das Rechtssystem im ganzen gerechtfertigt werden kann – bleiben hinsichtlich ihrer Situationsbezüge unbestimmt und bedürfen *zusätzlicher* Relationierungen im Einzelfall. Sie sind nur prima facie anwendbar, so daß in einem Anwendungsdiskurs, und erst hier, geprüft werden muß, ob sie auf eine konkrete, im Begründungsprozeß noch nicht vorhergesehene Situation Anwendung finden können – oder ob sie, unbeschadet ihrer Gültigkeit, hinter einer anderen, nämlich der »angemessenen« Norm zurücktreten müssen. Erst wenn sich herausstellt, daß eine gültige Norm im entscheidungsbedürftigen Fall die einzig angemessene Norm ist, begründet sie ein singuläres Urteil, das richtig zu sein beanspruchen darf. Daß eine Norm prima facie gilt, bedeutet nur, daß sie unparteilich *begründet* worden ist; erst ihre unparteiliche *Anwendung* führt zur gültigen Entscheidung eines Falles. Die Gültigkeit der Norm verbürgt noch keine Gerechtigkeit im Einzelfall.

Die unparteiliche Anwendung einer Norm schließt die Lücke, die bei ihrer unparteilichen Begründung, normalerweise wegen der Unvorhersehbarkeit künftiger Situationen, offen bleiben mußte.[35]

35 K. Günther, Ein normativer Begriff der Kohärenz. Für eine Theorie der juristischen Argumentation, Rechtstheorie 20, 1989, 168: »Daß wir nicht jede einzelne Anwendungssituation berücksichtigen, wenn wir eine Norm als ›gültig‹ anerkennen, läßt sich bereits an unserem umgangssprachlichen Gebrauch dieses Prädikats klarmachen. Wir sprechen es auch solchen Normen zu, von denen wir

In Anwendungsdiskursen geht es nicht um die Geltung, sondern um den *angemessenen Situationsbezug* einer Norm. Da jede Norm nur bestimmte Aspekte eines lebensweltlich situierten Einzelfalls erfaßt, muß geprüft werden, welche Sachverhaltsbeschreibungen für die Situationsdeutung eines strittigen Falles signifikant sind, und welche der prima facie gültigen Normen der in möglichst allen signifikanten Sachverhaltsmerkmalen erfaßten Situation angemessen ist: »Dabei ist es müßig zu fragen, ob die Diskursteilnehmer zuerst über eine vollständige Situationsbeschreibung verfügen und dann über die Menge aller prima facie anwendbaren Normen, oder ob sich die Situationsbeschreibung überhaupt nur im Lichte eines Vorverständnisses von möglicherweise anwendbaren Normen zeigt ... Mit welchen Normen eine prima facie anwendbare Norm in einer Anwendungssituation kollidieren kann, wissen die Teilnehmer erst, wenn sie alle relevanten Merkmale einer Situationsbeschreibung auf anwendbare Normen bezogen haben.«[36] Der hermeneutische Vorgang der Normanwendung läßt sich als Verschränkung von Situationsbeschreibung und Konkretisierung der allgemeinen Norm begreifen; letztlich entscheidet die Bedeutungsäquivalenz zwischen der Sachverhaltsbeschreibung, die Bestandteil der Situationsdeutung ist, und der Sachverhaltsbeschreibung, die die deskriptive Komponente, also die Anwendungsbedingung der Norm festlegt. K. Günther bringt diesen komplexen Zusammenhang auf die übersichtliche Formel, daß sich die Rechtfertigung eines singulären Urteils auf die Menge aller einschlägigen normativen Gründe stützen muß, die aufgrund einer vollständigen Situationsdeutung jeweils relevant sind.[37]

wissen, daß sie in einigen Situationen mit anderen verallgemeinerbaren Interessen kollidieren können. So wissen wir zum Beispiel (und könnten dies auch in einem Diskurs über die Geltung der betreffenden Norm ohne weiteres voraussehen), daß die Norm ›Versprechen soll man halten‹ in einigen Situationen mit der Norm ›Hilf Deinem Nächsten, wenn er in Not geraten ist‹ kollidieren wird ... Trotz der absehbaren Möglichkeit ihrer Kollision halten wir beide Gebote nicht für ungültig und würden es merkwürdig finden, wenn ein Diskurs über die Gültigkeit einer der beiden Normen wegen dieser Kollisionsmöglichkeit zu dem entgegengesetzten Ergebnis führte.« Vgl. auch J. Habermas (1991a), 137ff.

36 Günther (1989), 175.
37 K. Günther, Universalistische Normbegründung und Normanwendung, in: M.

Es wäre also eine Verwechslung der »Geltung« einer Norm, die unter dem Begründungsaspekt gerechtfertigt ist, mit der »Angemessenheit« einer Norm, die unter dem Anwendungsaspekt geprüft wird, wenn man von der »Kollision« der im Auslegungsprozeß abgewogenen Normen auf einen »Widerspruch« im Normensystem selbst schließen würde. Aus der argumentationslogisch erklärbaren Unbestimmtheit gültiger Normen ergibt sich vielmehr der gute methodologische Sinn eines Wettstreits von Normen, die prima facie für die Anwendung auf einen gegebenen Fall kandidieren: »Die Normenkollision läßt sich nicht als ein Konflikt von Geltungsansprüchen rekonstruieren, weil die kollidierenden Normen oder die konkurrierenden Bedeutungsvarianten erst in einer konkreten Situation in bestimmte Relation zueinander treten. Ein Begründungsdiskurs muß gerade von dieser Eigenschaft der Situationsabhängigkeit des Kollisionsproblems abstrahieren ... Welche anderen Normen oder Bedeutungsvarianten möglicherweise anwendbar sind, wissen wir erst in der jeweiligen Situation.«[38]

(c) Mit Günthers elegantem Vorschlag verschiebt sich allerdings der Sinn der idealiter gerechtfertigten Kohärenz des Rechtssystems. Zwar hat die postulierte Rechtstheorie nach wie vor die Aufgabe, das geltende Recht rational so zu rekonstruieren, daß dieses für jede neue Anwendungssituation genau eine richtige Entscheidung zuläßt. Aber nun enthält die Theorie lediglich Angaben für eine *flexible* Menge von Prinzipien und Zielsetzungen, die erst im jeweiligen Anwendungsdiskurs fallbezogen in eine transitive Ordnung gebracht wird. Die Relationen der gültigen Normen *verändern* sich in Abhängigkeit von der jeweils relevanten Merkmalskonstellation eines entscheidungsbedürftigen Falles. Auf diese Weise reflektiert sich die Unbestimmtheit, die die gültige, aber nur prima facie anwendbare Norm der Arbeitsteilung zwischen Begründung und Anwendung verdankt, in den Freiheitsgraden einer mobilen Menge von Prinzipien, die erst mit dem eindeutig festgestellten Situationsbezug der jeweils angemessenen Norm in ein bestimmtes Gefüge von Relationen zueinander treten können: »Wenn jede gültige

Herberger u. a. (Hg.), Generalisierung und Individualisierung im Rechtsdenken, ARSP, Beiheft 45, 1991.
38 K. Günther, Der Sinn für Angemessenheit, Frankfurt/Main 1988, 300.

Norm auf eine kohärente Ergänzung durch alle anderen in einer Situation anwendbaren Normen angewiesen ist, ändert sich ihre Bedeutung in jeder Situation. Auf diese Weise sind wir von der *Geschichte* abhängig, da diese uns erst die unvorhersehbaren Situationen produziert, die uns zu einer jeweils *anderen* Interpretation der Menge aller gültigen Normen zwingt.«[39]

Offenbar kann die Kohärenztheorie des Rechts die Unbestimmtheit, die angeblich aus der widersprüchlichen Struktur des geltenden Rechts folgen sollte, nur um den Preis des Unbestimmtwerdens der Theorie selber vermeiden. Kann aber eine solche Theorie eine Entscheidungspraxis anleiten, die Rechtssicherheit garantieren soll? Schon gegen Dworkins Fassung der Kohärenztheorie ist der Einwand erhoben worden, daß eine rationale Rekonstruktion vergangener Entscheidungen von Fall zu Fall eine Revision vergangener Entscheidungen verlangt, was auf eine retroaktive Auslegung des geltenden Rechts hinausliefe. Dieses »ripple effect argument«[40] trifft erst recht auf Günthers Deutung der Dworkinschen Kohärenztheorie, nämlich auf die »Wellenbewegung« zu, in die das Regelsystem von Fall zu Fall durch jede weitere kohärente Interpretation versetzt wird. Die überraschenden Aspekte jedes neu auftretenden Falles scheinen nun die Theorie selbst in den Strudel der Geschichte zu ziehen. Das Bedenken liegt auf der Hand: der politische Gesetzgeber muß auf geschichtliche Prozesse anpassungsfähig reagieren, obwohl das Recht dazu da ist, Dämme stabiler Verhaltenserwartungen gegen den geschichtlichen Variationsdruck zu errichten.

Eine erste Antwort auf diesen Einwand könnte darin bestehen, das Konzept der Rechtssicherheit zu problematisieren. Ein Rechtssystem, das nicht nur, wie es dem positivistischen Bild entspricht, aus »Regeln«, also aus Normen mit a fortiori eingebauten Anwendungsprozeduren besteht, kann nicht denselben Grad der Voraussagbarkeit von gerichtlichen Entscheidungen gewährleisten, den Konditionalprogramme ermöglichen. Das klassische Rechtssicher-

39 Günther (1989), 182.
40 K.J. Kress, Legal Reasoning and Coherence Theories: Dworkins Rights Thesis, Retroactivity, and the Linear Order of Decisions, University of California Law Review 72, 1984, 369-402.

heitskonzept, dessen rationale Implikationen beispielsweise Lon Fuller analysiert hat,[41] verlangt eine Regelstruktur, der ein komplexes und selbstbezügliches, aus Regeln, Prinzipien und Zielsetzungen konstruiertes Rechtssystem nicht mehr genügen kann. Rechtssicherheit, die auf der Kenntnis eindeutig konditionierter Verhaltenserwartungen beruht, stellt deshalb selbst ein Prinzip dar, das in casu gegen andere Prinzipien abgewogen werden muß. Die postulierte Rechtstheorie ermöglicht im Austausch dafür »einzig richtige« Entscheidungen, die Rechtssicherheit *auf einer anderen Ebene* garantieren. Die Verfahrensrechte gewährleisten jeder Rechtsperson den Anspruch auf ein faires Verfahren, das keine Ergebnissicherheit, aber eine diskursive Klärung der einschlägigen Tatsachen- und Rechtsfragen garantiert; so können die Betroffenen damit rechnen, daß im Verfahren nicht beliebige, sondern nur relevante Gründe für die richterliche Entscheidung den Ausschlag geben. Wenn wir das geltende Recht als ideal kohärentes Normensystem betrachten, kann diese *verfahrensabhängige Rechtssicherheit* die Erwartung einer auf ihre Integrität bedachten, an Prinzipien ausgerichteten Rechtsgemeinschaft erfüllen, so daß jedem die Rechte gewährleistet werden, die ihm zustehen.

Eine weitergehende Antwort auf das Problem der Retroaktivität enthält der folgende Vorschlag.[42] Wenn die Entscheidung eines Falls im Lichte einer vorrangigen Norm bedeutet, daß ein System gültiger Normen unter Berücksichtigung aller relevanten Umstände optimal ausgeschöpft wird; und wenn dieses System in ständiger Bewegung ist, weil sich die Vorrangrelationen mit jeder neu auftretenden Situation ändern können: dann wird die Orientierung an einem derart anspruchsvollen Ideal in der Regel auch eine professionalisierte Rechtsprechung überfordern. Deshalb wird die Komplexität dieser Aufgabe tatsächlich durch das jeweils herrschende *paradigmatische Rechtsverständnis* reduziert. An die Stelle des Ide-

---

41 R. S. Sumners, Lon Fuller, Standford 1984, 27 ff. und 36 ff.

42 Ich sehe in diesem Zusammenhang ab von institutionellen Vorschlägen, wonach z. B. das Rückwirkungsverbot im Strafrecht auf *benachteiligende* Veränderungen der Rechtsprechung ausgedehnt würde. Vgl. U. Neumann, Rückwirkungsverbot bei belastenden Rechtsprechungsänderungen der Strafgerichte?, in: Zeitschrift für die gesamte Staatswissenschaft 103 (1991), 331-356.

als treten Paradigmen, »in denen Normen, die wir hier und jetzt für gültig halten, in eine transitive Ordnung gebracht worden sind. Da eine solche Ordnung nicht ohne Beziehung auf mögliche Anwendungssituationen konstruierbar ist, enthalten diese Paradigmen generalisierte Beschreibungen von Situationen einer bestimmten Art. Üblicherweise greifen wir auf solche mehr oder weniger stark systematisierten Ordnungen zurück, wenn wir typische und erwartbare Kollisionsfälle lösen. Sie formieren einen Hintergrundkontext, in den unsere jeweiligen Situationseinschätzungen und die entsprechenden moralischen prima-facie-Urteile eingebettet sind. Zusammen mit anderem kulturellem Orientierungswissen gehören diese Paradigmen zu der Lebensform, in der wir uns jeweils befinden.«[43] Historische Beispiele solcher Rechtsideologien sind die Sozialmodelle des bürgerlichen Formalrechts und des sozialstaatlich materialisierten Rechts, die sich im einen Fall um die subjektiven Rechte des privaten Marktteilnehmers, im anderen Fall um die sozialen Leistungsansprüche von Klienten wohlfahrtsstaatlicher Behörden kristallisieren. Solche Paradigmen entlasten Herkules von der überkomplexen Aufgabe, eine ungeordnete Menge von nur prima facie anwendbaren Prinzipien bloßen Auges und unvermittelt mit den relevanten Merkmalen einer möglichst vollständig erfaßten Situation in Beziehung zu setzen. Dann wird auch für die Parteien der Ausgang eines Verfahrens in dem Maße prognostizierbar, wie das einschlägige Paradigma ein Hintergrundverständnis bestimmt, das die juristischen Experten mit allen übrigen Rechtsgenossen *teilen*.

Allerdings steigert ironischerweise genau das Element die Rechtssicherheit, welches einerseits die idealen Anforderungen an die Rechtstheorie mildert, andererseits aber für Ideologienbildung am ehesten anfällig ist. Paradigmen verfestigen sich zu Ideologien in dem Maße, wie sie sich systematisch gegen neue Situationsdeutungen und andere, im Lichte neuer historischer Erfahrungen fällige Interpretationen von Rechten und Prinzipien abschließen. Beispiele werden uns noch beschäftigen. »Geschlossene« Paradigmen, die sich über professionelle und gerichtlich institutionalisierte Deu-

---

43 Günther (1989), 182, dazu: J. Habermas, Der Philosoph als wahrer Rechtslehrer: Rudolf Wiethölter, Kritische Justiz 22, 1989, 138-156.

tungsmonopole selber stabilisieren und nur noch intern, nach eigenen Maßstäben revidiert werden können, setzen sich zudem einem methodischen Einwand aus, mit dem die realistische Rechtsskepsis erneut zum Zuge kommt: im Gegensatz zur geforderten idealen Kohärenz des geltenden Rechts bleiben kohärente Fallinterpretationen innerhalb eines *fixen* Rechtsparadigmas grundsätzlich unterdeterminiert; denn sie konkurrieren mit ebenso kohärenten Interpretationen desselben Falls in alternativen Rechtsparadigmen. Schon aus diesem Grunde muß ein *prozeduralistisches Rechtsverständnis* eine Ebene auszeichnen, auf der sich die reflexiv gewordenen Rechtsparadigmen *füreinander* öffnen und an einer jeweils mobilisierten Vielfalt verschiedener Situationsdeutungen *bewähren* können. Darauf komme ich im letzten Kapitel zurück.

III.

(1) Die bisher erörterten Einwände gegen Sinn und Durchführbarkeit einer idealen Rechtstheorie, die die bestmögliche richterliche Interpretation der Rechte und Pflichten, der institutionellen Geschichte und der politischen Struktur einer rechtsstaatlich konstituierten Gemeinschaft ermöglichen soll, sind von der Prämisse ausgegangen, daß diese Theorie einen einzelnen Autor hat – den jeweiligen Richter, der sich Herkules zum Vorbild gewählt hat. Schon die Antworten, die Dworkin seinen Kritikern gegeben hat oder geben könnte, wecken erste Zweifel an der Haltbarkeit dieses *monologischen* Ansatzes. Denn der Gesichtspunkt der Integrität, unter dem der Richter das geltende Recht rational rekonstruiert, ist Ausdruck einer rechtsstaatlichen Idee, die die Rechtsprechung zusammen mit dem politischen Gesetzgeber dem Gründungsakt der Verfassung und der Praxis der am Verfassungsprozeß beteiligten Staatsbürger *bloß entlehnt*. Dworkin pendelt hin und her zwischen der Perspektive der Staatsbürger, aus der sich die richterlichen Pflichten legitimieren, und der Perspektive eines Richters, der ein Erkenntnisprivileg beansprucht und sich am Ende nur auf sich selbst verlassen muß, wenn seine eigene Interpretation von allen übrigen Interpretationen abweichen sollte: »We want our officials to treat us

as tied together in an association of principle, and we want this for reasons that do not depend on any identity of conviction among these officials ... Our reasons endure when judges disagree, at least in detail, because each judge still confirms and reinforces the principled character of our association by striving, in spite of the disagreement, *to reach his own* opion.«[44] Diese Aussagen setzen voraus, daß der Richter sowohl aufgrund seiner professionellen Kenntnisse und Fertigkeiten wie dank seiner persönlichen Tugenden in ausgezeichneter Weise qualifiziert ist, *stellvertretend* für die Staatsbürger die Integrität der Rechtsgemeinschaft zu sichern. Noch dadurch, daß jeder einzelne Richter subjektiv davon überzeugt ist, aufgrund seiner Theorie zur »einzig richtigen« Entscheidung zu gelangen, soll die Praxis der Rechtsprechung die autonome Vergesellschaftung prinzipienorientierter Bürgern sichern: »The judge represents integrity – self-government – to the community, not of it ...«[45]

Gerade der Gesichtspunkt der Integrität müßte aber Herkules aus der Einsamkeit einer monologisch vorgenommenen Theoriekonstruktion befreien. Wie Parsons begreift nämlich auch Dworkin das Recht als Mittel der sozialen Integration, und zwar als ein Medium, das das Selbstverständnis einer solidarischen Gemeinschaft, obgleich in hoch abstrahierter Form, aufrechtzuerhalten gestattet. Jene Verhältnisse reziproker Anerkennung, die sich in konkreten Lebensformen über kommunikatives Handeln herstellen, lassen sich in komplexen Gesellschaften nur über das Recht abstrakt verallgemeinern: »I argued that a community of principles, which take integrity to be central to politics ... assimilates political obligations to the general class of associative obligations ... A general commitment to integrity expresses a concern by each for all ...«[46] Als Mechanismus für die Erweiterung konkreter Anerkennungsverhältnisse zur rechtsförmig abstrahierten Beziehung gegenseitiger Anerkennung dient aber die Reflexionsform kommunikativen Handelns, nämlich die Argumentationspraxis, die jedem Teilnehmer

44 Dworkin (1986), 264 (Hervorhebung von mir).
45 F. Michelman, The Supreme Court 1985 Term, Foreword: Traces of Self-Government, Harvard Law Review 100, 1986, 72 f.
46 Dworkin (1986), 216.

abverlangt, die Perspektiven aller anderen einzunehmen. Diesen prozeduralen Kern des Prinzips der rechtlich gesicherten Integrität erkennt Dworkin selbst, wenn er das gleiche Recht auf subjektive Handlungsfreiheiten in dem Recht auf gleiche kommunikative Freiheiten fundiert sieht.[47] Das legt die Konsequenz nahe, die idealen Anforderungen an die Rechtstheorie im politischen Ideal einer »offenen Gesellschaft der Verfassungsinterpreten«[48] zu verankern statt im Persönlichkeitsideal eines Richters, der sich durch Tugend und privilegierten Zugang zur Wahrheit auszeichnet.

Der monologische Ansatz wird erst recht unhaltbar, wenn man mit Günther komplexitätsreduzierende Rechtsparadigmen für nötig hält. Denn das paradigmatische Vorverständnis von Recht überhaupt kann die Unbestimmtheit des theoretisch angeleiteten Entscheidungsprozesses nur eingrenzen und ein hinreichendes Maß an Rechtssicherheit garantieren, wenn es von *allen* Rechtsgenossen intersubjektiv geteilt wird und ein für die Identität der Rechtsgemeinschaft konstitutives Selbstverständnis ausdrückt. Mutatis mutandis gilt das auch für ein prozeduralistisches Rechtsverständnis, das von vornherein mit einer diskursiv geregelten Konkurrenz zwischen verschiedenen Paradigmen rechnet. Aus diesem Grunde bedarf es einer kooperativen Anstrengung, um den Ideologieverdacht zu entkräften, unter dem ein solches Hintergrundverständnis steht. Der einzelne Richter muß seine konstruktive Interpretation grundsätzlich als ein gemeinsames Unternehmen konzipieren, das von der öffentlichen Kommunikation der Staatsbürger getragen wird. In diesem Sinne kritisiert F. Michelman Dworkins monologische Konzeption des richterlichen Entscheidungsprozesses: »What is lacking is dialogue. Hercules ... is a loner. He is much too heroic. His narrative constructions are monologous. He converses with no one, except through books. He has no encounters. He meets no otherness. Nothing shakes him up. No interlocutor violates the inevitable insularity of his experience and outlook. Hercules is just a man, after all. No one man or woman could be that. Dworkin has produced an apotheosis of appelate judging without attention to

47 Dworkin (1984), 440; vgl. auch Günther (1988), 351 ff.
48 Siehe den gleichnamigen Aufsatz in: P. Häberle, Die Verfassung des Pluralismus, Frankfurt/Main 1980, 79-105.

what seems the most universal and striking institutional characteristic of the appelate bench, its plurality.«[49]

Diese Bemerkung enthält schon einen Hinweis auf den nächstliegenden Ausweg aus dem Dilemma, einerseits der Fallibilität anspruchsvoller Theoriekonstruktionen Rechnung tragen zu müssen, ohne andererseits den professionellen Charakter des richterlichen Entscheidungsprozesses außer Acht lassen zu dürfen. Herkules könnte sich als Teil der Interpretationsgemeinschaft von juristischen Experten begreifen und müßte seine Interpretationen von den in der Profession anerkannten Standards der Auslegungspraxis leiten lassen: »He is disciplined by a set of rules that specify the relevance and weight to be assigned to the material (e. g. words, history, intention, consequence), as well as by those that define basic concepts and that establish the procedural circumstances under which the interpretation must occur.«[50] Bei diesem Vorschlag hat Owen Fiss vor allem jene Verfahrensprinzipien und Auslegungsmaximen im Sinne, die für die Rolle und Praxis einer unparteilichen Rechtsprechung konstitutiv sind und die Unabhängigkeit der Justiz, die Einschränkung des subjektiven Ermessens, die Achtung vor der Integrität der streitenden Parteien, die schriftliche Begründung und Ausfertigung des Urteils, dessen Neutralität usw. sichern sollen. Die *in der Profession bewährten Standards* sollen die intersubjektive Nachprüfbarkeit und Objektivität des Urteils garantieren.

Der Status dieser Regeln ist freilich nicht unproblematisch. Einerseits dienen sie der prozeduralen Rechtfertigung der richterlichen Entscheidungspraxis und begründen insofern die Gültigkeit juristischer Urteile, andererseits wird die Gültigkeit der Verfahrensprinzipien und Auslegungsmaximen selbst mit dem Hinweis auf bewährte Praktiken und Überlieferungen einer allerdings auf Rationalität und rechtsstaatliche Prinzipien verpflichteten Expertenkultur ausgewiesen: »Legal interpretations are constrained by rules that derive their authority from an interpretative community that is itself held together by the commitment to the rule of law.«[51] Aus der

---

49 Michelman (1986), 76; vgl. K. Günther, Hero-Politics in Modern Legal Times, Institute for Legal Studies, Madison Law School, Series 4, Madison, Wi. 1990.
50 O. Fiss, Objectivity and Interpretation, Stanford Law Review 34, 1982, 739-763.
51 Fiss (1982), 762.

Beobachterperspektive haben solche Standards aber nur den Status eines berufsethischen Regelsystems, das sich selber legitimiert. Schon innerhalb derselben Rechtskultur liegen verschiedene Subkulturen im Streit um die Wahl der richtigen Standards. Aus der Binnenperspektive reicht die faktische Selbstlegitimation eines keineswegs homogenen Berufsstandes ohnehin nicht aus, um die geltungsbegründenden prozeduralen Grundsätze ihrerseits als gültig zu akzeptieren. Verfahrensprinzipien, die die Gültigkeit der Ergebnisse einer verfahrensgerechten Entscheidungspraxis sichern, bedürfen einer internen Begründung. Ebensowenig genügt der Rekurs auf die verfahrensrechtlich positivierten Regelungen; denn die Rationalität, die den verfahrensrechtlichen Vorschriften zweifellos innewohnt, ist Bestandteil des interpretationsbedürftigen geltenden Rechts, dessen objektive Auslegung gerade in Frage steht. Aus diesem Zirkel führt nur eine Rekonstruktion der Auslegungspraxis heraus, die rechtstheoretisch und nicht rechtsdogmatisch verfährt. Die Kritik an Dworkins solipsistischer Rechtstheorie muß auf *derselben* Ebene ansetzen und in Gestalt einer *Theorie der juristischen Argumentation* die Verfahrensprinzipien begründen, auf die nunmehr die Bürde der bisher an Herkules gerichteten idealen Anforderungen übergeht.

(2) Eine Argumentationstheorie, die sich dieser Aufgabe annimmt, kann sich nicht auf den logisch-semantischen Zugang zum juristischen Diskurs beschränken.[52] Auf diesem Wege lassen sich zwar die Regeln logischen Schließens, semantische Regeln und die Argumentationsregeln klären. Soweit es sich bei letzteren um die von Toulmin untersuchten Regeln für argumentativ nichttriviale Übergänge handelt, legen diese aber schon eine pragmatische Auffassung nahe.[53] Argumente sind Gründe, die einen mit konstativen oder regulativen Sprechakten erhobenen Geltungsanspruch unter Diskursbedingungen einlösen und damit Argumentationsteilnehmer rational dazu bewegen, entsprechende deskriptive oder normative Aussagen als gültig zu akzeptieren. Eine Argumentationstheorie,

52 A.J. Arnaud, R. Hilpinen, J. Wróblewski (Hg.), Juristische Logik und Irrationalität im Recht, Beiheft 8, Rechtstheorie, 1985.
53 St. Toulmin (1958); ders., R. Rieke, A.Janik, An Introduction to Reasoning, New York 1976.

die die Rolle und den Aufbau von Argumenten klärt, betrachtet das Argumentationspiel allein unter dem Produktaspekt und bietet bestenfalls den Ausgangspunkt für eine Begründung der Argumentationsschritte, die über eine interne Rechtfertigung juristischer Urteile hinausgehen. Dworkin hat für die externe Rechtfertigung der Entscheidungsprämissen eine umfassende Theorie gefordert, die, wie wir gesehen haben, die solipsistischen Anstrengungen des einzelnen Richters überfordert. Deshalb stellt sich nun die Frage, ob sich die idealen Anforderungen an die postulierte Theorie nicht in ideale Anforderungen an ein *kooperatives Verfahren der Theoriebildung*, d. h. einen juristischen Diskurs übersetzen lassen, der dem regulativen Ideal der einzig richtigen Entscheidung und der Fallibilität der tatsächlichen Entscheidungspraxis gleichermaßen Rechnung trägt. Dieses Problem wird zwar nicht gelöst, aber immerhin ernstgenommen von einer Diskurstheorie des Rechts, die die rationale Akzeptabilität von richterlichen Urteilen nicht nur von der Qualität der Argumente, sondern von der Struktur des Argumentationsprozesses abhängig macht. Sie stützt sich auf einen starken Begriff der Verfahrensrationalität, wonach die Eigenschaften, die für die Gültigkeit eines Urteils konstitutiv sind, nicht nur in der logisch-semantischen Dimension des Aufbaus von Argumenten und der Aussagenverknüpfung, sondern auch in der pragmatischen Dimension des Begründungsprozesses selbst gesucht werden.

Die Richtigkeit normativer Urteile kann ohnehin nicht im Sinne einer Korrespondenztheorie der Wahrheit erklärt werden; denn Rechte sind eine soziale Konstruktion, die nicht zu Tatsachen hypostasiert werden dürfen. »Richtigkeit« bedeutet rationale, durch gute Gründe gestützte Akzeptabilität. Die Gültigkeit eines Urteils ist gewiß dadurch definiert, daß seine Geltungsbedingungen erfüllt sind. Ob sie erfüllt sind, läßt sich aber nicht im direkten Durchgriff auf empirische Evidenzen oder auf Tatsachen, die in idealer Anschauung gegeben sind, sondern allein diskursiv klären – eben auf dem Wege einer argumentativ *durchgeführten* Begründung. Nun können substantielle Gründe niemals in dem Sinne »zwingend« sein wie eine logische Folgerungsbeziehung (die nicht ausreicht, weil sie den Gehalt von Prämissen lediglich expliziert) oder wie eine schlagende Evidenz (die jenseits singulärer Wahrnehmungsurteile nicht, und auch dort nicht fraglos, zur Verfügung steht). Deshalb gibt es für die Kette möglicher substantieller Gründe kein »natürliches« Ende; es kann nicht a fortiori ausgeschlossen werden, daß neue Informationen und bessere Gründe vorgebracht werden. Faktisch beenden wir, unter günstigen Bedingungen, eine Argumentation erst dann, wenn sich die Gründe im Horizont bisher unproblematisch gebliebener Hintergrundannahmen zu einem kohärenten Ganzen soweit verdichten, daß über die Akzeptabilität des strittigen Geltungsanspruchs ein zwangloses Einverständnis zustandekommt. Diesem Rest von Faktizität trägt der Ausdruck des »rational motivierten« Einverständnisses Rechnung: Gründen schreiben wir die Kraft zu, Argumentationsteilnehmer in einem nicht-psychologischen Sinne zu affirmativen Stellungnahmen zu »bewegen«. Um auch noch das verbleibende Moment von Faktizität zu tilgen, müßte die Kette der Gründe zu einem nicht nur faktischen Abschluß gebracht werden. Ein interner Abschluß ist aber nur durch Idealisierung zu erreichen, sei es dadurch, daß sich die Kette von Argumenten durch eine Theorie, worin die Gründe systematisch ineinandergreifen und sich gegenseitig stützen, zum Kreise schließt – das sollte einst der Systembegriff der Metaphysik leisten; oder dadurch, daß sich die Kette von Argumenten wie eine gerade Linie einem idealen Grenzwert nähert – jenem Fluchtpunkt, den Peirce als ›final opinion‹ bestimmt hatte.[54]

Da das absolutistische Ideal der geschlossenen Theorie unter Bedingungen nachmetaphysischen Denkens nicht mehr plausibel zu machen ist, kann die regulative Idee der »einzig richtigen« Entscheidung nicht mit Hilfe einer noch so starken Theorie erläutert werden. Auch die Herkules zugeschriebene Rechtstheorie müßte eine *vorläufig* konstruierte Ordnung von *einstweilen* kohärenten Gründen bleiben, die sich der fortdauernden Kritik ausgesetzt sieht. Die Idee eines unendlichen Argumentationsprozesses, der einem Limes zustrebt, erfordert andererseits die Spezifizierung von Bedingungen, unter denen er, wenigstens in the long run, gerichtet verläuft und den kumulativen Fortschritt eines Lernprozesses er-

54 K.O. Apel, Der Denkweg von Ch.S. Peirce, Frankfurt/Main 1975, 118ff.; ders., Sprache und Bedeutung, Wahrheit und normative Gültigkeit, Archivo di Filosofia 55, 1987, 51-88.

möglicht. Diese pragmatischen Verfahrensbedingungen stellen idealerweise sicher, daß alle zu einer Zeit themenspezifisch verfügbaren relevanten Gründe und Informationen vollständig zum Zuge kommen, d. h. die ihnen inhärente Kraft rationaler Motivation entfalten können. Der Begriff des Arguments ist von Haus aus pragmatischer Natur: was ein »guter Grund« ist, zeigt sich erst an der Rolle, die er innerhalb eines Argumentationsspiels hat, d. h. an dem Beitrag, den er nach den Regeln dieses Spiels für die Entscheidung der Frage leistet, ob ein strittiger Geltungsanspruch akzeptiert werden darf oder nicht. Der Begriff einer auf die pragmatische Dimension des geregelten Wettstreits von Argumenten ausgedehnten Verfahrensrationalität erlaubt es dann, die semantischen Eigenschaften von Gründen durch die indirekt geltungskonstitutiven Eigenschaften eines Arrangements zu *ergänzen*, in dem sich das von guten Gründen mitgeführte Potential rationaler Motivation erst aktualisiert. Die Rationalitätslücke zwischen der bloß plausibilisierenden Kraft eines einzelnen substantiellen Grundes und der im Prinzip stets unvollständigen Folge von Argumenten einerseits, der Unbedingtheit des Anspruchs auf die »einzig richtige« Entscheidung andererseits, wird durch das *argumentative Verfahren* der kooperativen Wahrheitssuche idealiter geschlossen.[55]

Wenn wir einander von etwas überzeugen wollen, verlassen wir uns intuitiv immer schon auf eine Praxis, worin wir eine hinreichende Annäherung an die idealen Bedingungen einer gegen Repression und Ungleichheit in besonderer Weise immunisierten Sprechsituation unterstellen – eine Sprechsituation, in der Proponenten und Opponenten einen problematisch gewordenen Geltungsanspruch thematisieren und, von Handlungs- und Erfahrungsdruck entlastet, in hypothetischer Einstellung mit Gründen und nur mit Gründen prüfen, ob der vom Proponenten verteidigte Anspruch zurecht besteht. Die grundlegende Intuition, die wir mit dieser Argumentationspraxis verbinden, ist durch die Absicht gekennzeichnet, in einem zwanglosen, aber geregelten Wettbewerb um die besseren Argumente auf der Grundlage der besten Informationen und Gründe für eine strittige Äußerung die Zustimmung eines universa-

[55] Vgl. meinen Exkurs zur Argumentationstheorie in: Habermas (1981), Bd. 1, 44-71.

len Auditoriums zu gewinnen. Es ist leicht zu sehen, warum das Diskursprinzip für die Begründung von Normen und Wertentscheidungen diese Art von Praxis fordert. Ob Normen und Werte die rational motivierte Zustimmung aller Betroffenen finden könnten, läßt sich nämlich nur aus einer intersubjektiv erweiterten Perspektive der ersten Person Plural beurteilen, die die Perspektiven des Welt- und Selbstverständnisses aller Teilnehmer zwanglos und unverkürzt in sich aufnimmt. Für eine solche gemeinsam praktizierte und verallgemeinerte ideale Rollenübernahme empfiehlt sich die Argumentationspraxis. Als Reflexionsform kommunikativen Handelns zeichnet sie sich gleichsam sozialontologisch durch eine vollständige Reversibilität aller Teilnehmerperspektiven aus, die die höherstufige Intersubjektivität des beratenden Kollektivs *entschränkt*. Dadurch sublimiert sich Hegels konkret Allgemeines zu einer von allem Substantiellen gereinigten Kommunikations*struktur*.

Auf andere Weise als Begründungsdiskurse berühren Fragen der Normanwendung das Welt- und Selbstverständnis der Beteiligten. In Anwendungsdiskursen beziehen sich die bereits als gültig unterstellten Normen nach wie vor auf die Interessen aller möglicherweise Betroffenen; aber bei der Frage, welche Norm einem gegebenen Fall angemessen ist, treten diese Bezüge hinter den Interessen der unmittelbar beteiligten Parteien zurück. Stattdessen treten Situationsdeutungen in den Vordergrund, die vom differentiellen Selbst- und Weltverständnis von Tätern und Betroffenen abhängen. Aus diesen verschiedenen Situationsdeutungen muß eine normativ bereits imprägnierte Sachverhaltsbeschreibung hervorgehen, die von den bestehenden Differenzen der Wahrnehmung nicht einfach abstrahiert. Wiederum geht es um eine nicht-mediatisierende Verschränkung von Deutungsperspektiven. In Anwendungsdiskursen müssen freilich die partikularen Teilnehmerperspektiven gleichzeitig den Anschluß an jene allgemeine Perspektivenstruktur wahren, die in Begründungsdiskursen hinter den als gültig unterstellten Normen gestanden hatte. Deshalb sind Einzelfallinterpretationen, die im Lichte eines kohärenten Normensystems vorgenommen werden, auf die Kommunikationsform eines Diskurses angewiesen, der sozialontologisch so verfaßt ist, daß sich die Perspektiven der Beteiligten und die Perspektiven der durch einen unparteilichen

Richter vertretenen unbeteiligten Rechtsgenossen ineinander transformieren lassen. Dieser Umstand erklärt auch, warum sich der Kohärenzbegriff, der für konstruktive Interpretationen in Anspruch genommen wird, rein semantischen Kennzeichnungen entzieht und auf pragmatische Voraussetzungen der Argumentation verweist.

(3) In der einschlägigen Literatur zeichnen sich zwei komplementäre Wege ab. Der eine steigt von konkreten Fragen der juristischen Entscheidungsbegründung zu einer Theorie juristischer Diskurse auf; darauf kann ich hier nicht näher eingehen.[56] Der andere Weg führt von oben nach unten. Robert Alexy beginnt mit einer Analyse der Verfahrensbedingungen rationaler Diskurse überhaupt. Die »Vernunftregeln« bringen die Idealisierungen zur Geltung, die in der zeitlichen, sozialen und sachlichen Dimension vorgenommen werden müssen – unendliche Zeit, unbegrenzte Teilnehmerschaft

56 Aulis Aarnio begreift zunächst Legitimität, die eine der beiden Dimensionen der Rechtsgeltung, als rationale Akzeptabilität (The Rational as Reasonable, Dordrecht 1987, 43 ff.); er diskutiert sodann verschiedene Sorten von Rechtsnormen und bringt diese Kategorien des geltenden Rechts (61 ff. und 78 ff.) in eine Rangordnung: sie sind die »sources of information«. Dann behandelt Aarnio die Diskursregeln, nach denen sich die Interpretation zu richten hat; sie bilden die »sources of rationality«. Wie Dworkin legt er das Hauptgewicht auf die externe Rechtfertigung der Entscheidungsprämissen, für die substantielle Gründe erforderlich sind: Prinzipien und Zielsetzungen (rightness reasons vs. goal reasons). Für die Begründung dieser Prinzipien fordert Aarnio aber nicht wie Dworkin die Konstruktion einer umfassenden Theorie, sondern nur Kohärenz unter Bedingungen eines rationalen Diskurses: »Justification procedure is essentially a dialoge. It is a succession of questions and answers on the basis of which different pro and contra arguments will be presented. The addressee can rationally accept the interpretation only if the justification results in a coherent cluster of statements and if this cluster fulfills (certain) criteria (vor allem Kriterien der Bindung ans geltende Recht). This is so, because the standards of legal reasoning alone do not guarantee the coherence of the justificatory material. All reasons must also be used in a rational way« (Aarnio (1987), 187). Gute Gründe entfalten ihre rational motivierende Kraft erst auf einem Forum, das allen relevanten Stimmen Gehör verschafft. Dieses Forum beschreibt Aarnio mit Hilfe des Perelmanschen Begriffs des »idealen Auditoriums«. Für den juristischen Diskurs genügt freilich ein partikulares, auf die Grenzen der Rechtsgemeinschaft eingeschränktes ideales Auditorium. Dieses besteht aus rationalen Personen, die sich in ihren Ja-/Nein-Stellungnahmen vom zwanglosen Zwang des besseren Arguments bestimmen lassen – dies aber nur innerhalb des Kontextes einer vorgängig geteilten konkreten Lebensform.

und vollkommene Zwanglosigkeit. Im rationalen Diskurs unterstellen wir Kommunikationsbedingungen, die erstens einem rational unmotivierten Abbruch der Argumentation vorbeugen, die zweitens über den universellen und gleichberechtigten Zugang zur sowie über die chancengleiche und symmetrische Teilnahme an der Argumentation sowohl die Freiheit der Themenwahl wie auch die Inklusion der besten Informationen und Gründe sichern, und die drittens jeden auf den Verständigungsprozeß von außen einwirkenden oder aus ihm selbst hervorgehenden Zwang, außer dem des besseren Arguments, ausschließen und damit alle Motive außer dem der kooperativen Wahrheitssuche neutralisieren.[57] Für moralisch-praktische Diskurse führt Alexy als Begründungsregel eine Version des Kantischen Verallgemeinerungsprinzips ein. Von diesem Universalisierungsgrundsatz läßt sich zeigen, daß er in den idealisierenden Voraussetzungen von Argumentation überhaupt fundiert ist.[58] Wer ernsthaft an einer Argumentationspraxis teilnehmen will, muß sich auf pragmatische Voraussetzungen einlassen, die ihn zu einer idealen Rollenübernahme, also dazu nötigen, alle Beiträge auch aus der Perspektive eines jeden anderen potentiellen Teilnehmers zu interpretieren und zu bewerten. Damit wird Dworkins Grundnorm der gleichen Rücksicht und Achtung diskursethisch gleichsam eingeholt.

Wenn man mit Dworkin ein deontologisches Rechtsverständnis teilt und den argumentationstheoretischen Überlegungen von Autoren wie Aarnio, Alexy und Günther folgt, wird man zwei Thesen zustimmen. Zum einen kann sich der juristische Diskurs nicht selbstgenügsam in einem hermetisch abgeschlossenen Universum des geltenden Rechts bewegen, sondern muß sich gegenüber Argumenten anderer Herkunft, insbesondere gegenüber den im Gesetzgebungsprozeß zur Geltung gebrachten und im Legitimitätsanspruch von Rechtsnormen gebündelten pragmatischen, ethischen

57 R. Alexy, Theorie der juristischen Argumentation, Frankfurt/Main 1978, 3. Aufl. 1990, mit Bezugnahme auf J. Habermas, Wahrheitstheorien (1972), in: ders., Vorstudien und Ergänzungen zur Theorie des kommunikativen Handelns, Frankfurt/Main 1984, 127-183.
58 J. Habermas, Diskursethik – Notizen zu einem Begründungsprogramm, in: ders. (1983), 53-126.

und moralischen Gründen offenhalten. Zum anderen bemißt sich die Richtigkeit juristischer Entscheidungen letztlich an der Erfüllung von Kommunikationsbedingungen der Argumentation, die eine unparteiliche Urteilsbildung ermöglichen. Nun liegt es nahe, die Diskurstheorie des Rechts nach dem Modell der besser untersuchten Diskursethik auszurichten. Aus dem heuristischen Vorrang moralisch-praktischer Diskurse, selbst aus der Forderung, daß Rechtsregeln moralischen Normen nicht widersprechen dürfen, ergibt sich aber nicht ohne weiteres, daß juristische Diskurse als Teilmenge moralischer Argumentationen begriffen werden dürfen. Gegen diese von Alexy (zunächst unspezifisch im Hinblick auf Begründungs- und Anwendungdiskurse[59]) vertretene »Sonderfallthese« sind eine Reihe von Einwänden erhoben worden.

(a) Die spezifischen Einschränkungen, unter denen das forensische Handeln der Parteien vor Gericht steht, scheinen es nicht zu erlauben, das Prozeßgeschehen überhaupt am Maßstab des rationalen Diskurses zu messen. Die Parteien sind nicht zu kooperativer Wahrheitssuche verpflichtet, sie können ihr Interesse an einem günstigen Ausgang des Verfahrens auch durch »das strategisch geschickte Vorschieben konsensfähiger Argumente verfolgen.«[60] Dem läßt sich plausibel entgegenhalten, daß alle Prozeßbeteiligten, von welchen Motiven sie auch immer geleitet sind, Beiträge zu einem Diskurs liefern, der *aus der Perspektive des Richters* der unparteilichen Urteilsfindung dient. Allein diese Perspektive ist aber für die Entscheidungsbegründung konstitutiv.[61]

(b) Problematischer ist die Unbestimmtheit des Diskursverfahrens; die Verfahrensbedingungen für Argumentationen überhaupt sind nicht hinreichend selektiv, um einzig richtige Entscheidungen zu erzwingen.[62] Soweit sich dieser Einwand auf die Diskurstheorie

---

59 Alexy unterscheidet zwar in seinem ergänzenden Nachwort den Aspekt der Vernünftigkeit des geltenden Rechts vom Aspekt der richtigen Anwendung der als begründet unterstellten Normen, fährt dann aber fort: »In dem mit gerichtlichen Entscheidungen erhobenen Anspruch auf Richtigkeit sind beide Aspekte enthalten.« Alexy (1990), 433.

60 Neumann (1986), 85.

61 Alexy, Antwort auf einige Kritiker, in: Alexy (1990).

62 A. Kaufmann, Theorie der Gerechtigkeit, Frankfurt/Main 1984, 35 ff.; ders., Recht und Rationalität, in: Festschrift W. Maihofer, Frankfurt/Main 1986;

im allgemeinen bezieht, soll er hier außer Betracht bleiben.[63] Ich beschränke mich auf die Kritik an der Unbestimmtheit juristischer Diskurse. Alexy charakterisiert diese als die Teilmenge der moralisch-praktischen Diskurse, die ans geltende Recht gebunden sind. Entsprechend ergänzt er die allgemeinen Diskursregeln durch spezielle Regeln und Argumentformen, die im wesentlichen den Kanon der eingespielten juristischen Auslegungspraxis aufnehmen. Um die Unbestimmtheitsthese zu entkräften, müßte Alexy zeigen, daß diese aus der Praxis aufgelesenen und in der Methodenlehre systematisierten Verfahrensprinzipien und Auslegungsmaximen die allgemeinen Verfahrensbedingungen moralisch-praktischer Diskurse im Hinblick auf die Bindung ans geltende Recht lediglich spezifizieren. Dieser Forderung ist mit einem kurzen Hinweis auf strukturelle Ähnlichkeiten der für beide Diskursformen jeweils angeführten Regeln und Argumentformen allerdings nicht Genüge getan.[64]

(c) Alexy ist sich darüber im klaren, daß diskursiv begründete juristische Entscheidungen nicht im selben Sinne »richtig« sein können wie gültige moralische Urteile: »Die Vernünftigkeit der juristischen Argumentation ist stets in dem Umfang, wie sie durch die Gesetze determiniert wird, relativ auf die Vernünftigkeit der Gesetzgebung. Eine unbeschränkte Vernünftigkeit des juristischen Entscheidens würde die Vernünftigkeit der Gesetzgebung voraussetzen.«[65] Soweit diese Voraussetzung nicht erfüllt ist, hat der auch von Alexy angenommene Einklang des Rechts mit der Moral die unangenehme Konsequenz, die Richtigkeit einer juristischen Entscheidung nicht nur zu relativieren, sondern als solche in Frage zu stellen. Geltungsansprüche sind binär kodiert und lassen ein Mehr oder Weniger nicht zu: »Denn die Vernünftigkeit einer Argumentation relativ zu einem unvernünftigen Gesetz ist nicht ein Weniger, sondern etwas

ders., Rechtsphilosophie in der Nach-Neuzeit, Heidelberg 1990, 28 ff. und 35 ff.; vgl. auch die Referate von O. Weinberger und R. Alexy, in: W. Maihofer, G. Sprenger (Hg.), Praktische Vernunft und Theorien der Gerechtigkeit, Vorträge des 15. JVR-Weltkongresses in Göttingen, Bd. 1, Stuttgart 1993.

63 Vgl. Alexy, Probleme und Diskurstheorie, Zeitschrift für philosophische Forschung 43, 1989, 81-93; Habermas (1991a), 159-166.

64 Alexy (1990), 352 f.

65 Alexy (1990), 351.

qualitativ anderes als die materielle Vernünftigkeit einer nach den Regeln des rationalen praktischen Diskurses gefundenen Entscheidung«.[66] Um diesem Einwand zu entgehen, muß man sich mit Dworkin der Aufgabe einer rationalen Rekonstruktion des geltenden Rechts stellen. Eine juristische Einzelfallentscheidung kann nur richtig sein, wenn sie sich einem kohärenten Rechtssystem einfügt.

(d) K. Günther nimmt diesen normativen Begriff der Kohärenz auf. Er unterscheidet innerhalb des moralisch-praktischen Diskurses, wie gezeigt, zwischen den Aspekten der Begründung und der Anwendung und begreift die juristische Argumentation als Sonderfall des moralischen Anwendungsdiskurses. Dadurch wird der juristische Diskurs von Begründungsfragen entlastet. Das »einzig angemessene« Urteil entlehnt seine Richtigkeit der *vorausgesetzten* Gültigkeit der vom politischen Gesetzgeber beschlossenen Normen. Allerdings können sich die Richter einer rekonstruktiven Beurteilung der als gültig vorgegebenen Normen nicht entziehen, weil sie Normenkollisionen nur unter der Annahme lösen können, »daß alle gültigen Normen letztlich ein ideales kohärentes System bilden, das für jede Anwendungssituation genau eine richtige Antwort zuläßt.«[67] Diese kontrafaktische Annahme behält ihren heuristischen Wert nur so lange, wie ihr in der Welt des geltenden Rechts ein Stück existierender Vernunft entgegenkommt. Wäre nun die Vernunft, die unter dieser Voraussetzung in der politischen Gesetzgebung demokratischer Rechtsstaaten – wie fragmentarisch auch immer – schon am Werke sein müßte, mit Kants *moralisch* gesetzgebender Vernunft *identisch*, dürften wir wohl kaum auf die rationale Rekonstruierbarkeit der geltenden, mit Kontingenzen durchsetzten Rechtsordnung vertrauen. Aber die politische Gesetzgebung stützt sich nicht nur, und nicht einmal in erster Linie auf *moralische* Gründe, sondern auch auf Gründe anderer Art.

Die Legitimität von Rechtsnormen bemißt sich, wenn wir eine prozedurale Theorie zugrundelegen, an der Vernünftigkeit des demokratischen Verfahrens politischer Gesetzgebung. Dieses Verfahren ist, wie gezeigt, komplexer als das der moralischen Argumentation,

66 Neumann (1986), 90.
67 Günther (1989), 182.

weil sich die Legitimität der Gesetze nicht nur an der Richtigkeit moralischer Urteile bemißt, sondern unter anderem auch an der Verfügbarkeit, Triftigkeit, Relevanz und Auswahl von Informationen, an der Fruchtbarkeit der Informationsverarbeitung, an der Angemessenheit von Situationsdeutungen und Problemstellungen, an der Rationalität von Wahlentscheidungen, der Authentizität starker Wertungen, vor allem an der Fairneß von erzielten Kompromissen usw. Wohl lassen sich juristische Diskurse am Vorbild moralischer Anwendungsdiskurse untersuchen, denn in beiden Fällen geht es um die Logik der Anwendung von Normen. Aber die komplexere Geltungsdimension von Rechtsnormen verbietet es, die Richtigkeit juristischer Entscheidungen an die Gültigkeit moralischer Urteile anzugleichen und insofern den juristischen Diskurs als Sonderfall von moralischen (Anwendungs-)Diskursen zu begreifen. Jene praktisch bewährten juristischen Verfahrensprinzipien und Auslegungsmaximen, die in der Methodenlehre kanonisiert sind, werden sich erst befriedigend in eine Diskurstheorie einholen lassen, wenn man das Netzwerk von Argumentationen, Verhandlungen und politischen Kommunikationen, in dem sich der Gesetzgebungsprozeß vollzieht, besser als bisher durchanalysiert hat.[68]

(4) Die in der einen oder anderen Version vertretene Sonderfallthese ist unter heuristischen Gesichtspunkten plausibel, sie suggeriert aber eine irreführende, weil von Konnotationen des Naturrechts noch nicht gänzlich befreite Subordinierung des Rechts unter die Moral. Die These erledigt sich, sobald man mit jener parallelen Ausdifferenzierung von Recht und Moral ernst macht, die auf dem postkonventionellen Begründungsniveau eintritt. Dann muß das Diskursprinzip, wie wir gesehen haben, eine hinreichend abstrakte Fassung erhalten, während sich Moral- und Demokratieprinzip unter anderem aus dessen Spezifizierung im Hinblick auf verschiedene Sorten von Handlungsnormen ergeben. Diese regulieren im einen

---

68 Insofern ist Alexy (1990), 352 zuzustimmen: »Um zu einer Theorie des juristischen Diskurses zu gelangen, die auch diese Bedingung (der Vernünftigkeit der Gesetzgebung) umfaßt, wäre die Theorie des allgemeinen rationalen praktischen Diskurses zu einer Theorie der Gesetzgebung und diese zu einer normativen Theorie der Gesellschaft zu erweitern.«

Fall informelle und einfache Interaktionen unter anwesenden Individuen, im anderen Falle Interaktionsverhältnisse zwischen Rechtspersonen, die sich als Träger von Rechten verstehen. Dementsprechend verzweigen sich die vom Diskursprinzip vorausgesetzten rationalen Diskurse einerseits in moralische Argumentationen, andererseits in politische und juristische Diskurse, die rechtsförmig institutionalisiert sind und moralische Fragen nur im Hinblick auf Rechtsnormen einschließen. Das System der Rechte, das gleichzeitig die private und öffentliche Autonomie von Rechtsgenossen sichert, wird im demokratischen Gesetzgebungsverfahren und in Verfahren der unparteilichen Rechtsanwendung interpretiert und ausgestaltet. Mit dieser begriffsstrategischen Weichenstellung sind zwei Konsequenzen verbunden.

Es wird erstens vermieden, daß die Diskurse, die auf die Begründung und Anwendung von Gesetzen spezialisiert sind, nachträglich als spezielle Fälle moralischer Begründungs- und Anwendungsdiskurse eingeführt werden müssen. Juristische Diskurse brauchen nicht mehr auf dem Wege einer umfangslogischen Einschränkung von moralischen Inhalten abgegrenzt zu werden. Sie bilden keine speziellen Fälle von moralischen Argumentationen, die sich aufgrund ihrer Bindung ans geltende Recht auf eine Teilmenge des moralisch Gebotenen oder Zulässigen beschränken. Sie sind vielmehr *von Haus aus* auf das demokratisch gesatzte Recht bezogen und, soweit es sich nicht um die Reflexionsarbeit der Rechtsdogmatik handelt, selber rechtlich institutionalisiert. Damit wird zweitens deutlich, daß sich juristische Diskurse auf Rechtsnormen nicht nur beziehen, sondern mit ihren Kommunikationsformen selber ins Rechtssystem *eingelassen* sind. Denn wie die demokratischen Verfahren auf der Seite der Gesetzgebung, so sollen auch die Gerichtsverfahrensordnungen auf der Seite der Rechtsanwendung die Fallibilität und Entscheidungsungewißheit kompensieren, die sich daraus ergeben, daß die anspruchsvollen Kommunikationsvoraussetzungen rationaler Diskurse nur annäherungsweise erfüllt werden können.

Die Spannung zwischen der Legitimität und der Positivität des Rechts wird in der Rechtsprechung *inhaltlich* als ein Problem des gleichzeitig richtigen und konsistenten Entscheidens bewältigt.

Dieselbe Spannung erneuert sich aber auf der pragmatischen Ebene der richterlichen Entscheidungspraxis selber, weil die idealen Anforderungen an das Argumentationsverfahren mit den durch den faktischen Regelungsbedarf auferlegten Restriktionen in Einklang gebracht werden müssen. Wiederum muß das Recht in der Form von Organisationsnormen auf sich selber angewendet werden, um nicht nur überhaupt Kompetenzen der Rechtsprechung zu schaffen, sondern um juristische Diskurse als Bestandteile von Gerichtsprozessen einzurichten. Die Gerichtsverfahrensordnungen institutionalisieren die richterliche Entscheidungspraxis in der Weise, daß sich Urteil und Urteilsbegründung als Ergebnis eines Argumentationsspiels verstehen lassen, welches in besonderer Weise programmiert ist. Wiederum verschränken sich rechtliche mit argumentativen Verfahren, wobei die prozeßrechtliche Einrichtung juristischer Diskurse nicht in das Innere ihrer Argumentationslogik eingreifen darf. Das Verfahrensrecht regelt nicht die normativ-rechtliche Argumentation als solche, aber es sichert in zeitlicher, sozialer und sachlicher Hinsicht den institutionellen Rahmen für *freigesetzte* Kommunikationsabläufe, die der Logik von Anwendungsdiskursen gehorchen. Das möchte ich mit Bezugnahme auf das deutsche Zivil- und Strafprozeßrecht kurz erläutern.[69]

Zunächst zu den zeitlichen und sozialen Beschränkungen des Prozeßablaufes. Obwohl es keine gesetzlich festgelegte Höchstdauer für Verfahren gibt, sorgen verschiedene Fristen (insbesondere im Instanzenzug der Berufungs- und Revisionsgerichte) dafür, daß strittige Fragen nicht-dilatorisch behandelt und rechtskräftig entschieden werden. Weiterhin stellt die Verteilung der sozialen Rollen im Verfahren eine Symmetrie zwischen Anklagebehörde und Verteidigung (im Strafprozeß) oder zwischen Kläger und Beklagtem (im Zivilprozeß) her. Dabei kann das Gericht die Rolle des unparteilichen Dritten während der Verhandlungsführung in verschiedener Weise – aktiv beweiserhebend oder neutral beobachtend – wahrnehmen. Während der Beweisaufnahme sind die Beweislasten für die Verfahrensbeteiligten mehr oder weniger eindeutig geregelt. Das Beweisverfahren selbst ist – stärker im Zivil- als im Straf-

---

69 Ich danke Klaus Günther für die folgenden Hinweise.

prozeß – agonal angelegt als Wettbewerb zwischen Parteien, die ihre eigenen Interessen verfolgen. Obwohl im Strafprozeß das Gericht »zur Erforschung der Wahrheit die Beweisaufnahme von Amts wegen auf alle Tatsachen und Beweismittel zu erstrecken (hat), die für die Entscheidung von Bedeutung sind« (§ 244 Abs. 2 StPO), sind die Rollen der Verfahrensbeteiligung so definiert, daß die Beweisaufnahme nicht im Sinne einer kooperativen Wahrheitssuche durchgängig diskursiv strukturiert ist. Ähnlich wie im angelsächsischen Jury-Verfahren sind aber auch die strategischen Handlungsspielräume so organisiert, daß möglichst alle für die Konstitution des Sachverhalts relevanten Tatsachen zur Sprache kommen. Diese legt das Gericht der ihm vorbehaltenen Beweiswürdigung und rechtlichen Beurteilung zugrunde.

Die Pointe des ganzen Verfahrens zeigt sich unter dem Aspekt der sachlichen Beschränkungen, denen der Prozeßablauf unterliegt. Diese dienen nämlich der institutionellen Ausgrenzung eines internen Raumes für das freie Prozessieren von Gründen in Anwendungsdiskursen. Die Verfahren, die bis zur Eröffnung eines Hauptverfahrens eingehalten werden müssen, definieren den Streitgegenstand, damit sich das Verfahren auf klar abgegrenzte Fälle konzentrieren kann. Unter der methodischen Voraussetzung einer Trennung zwischen Tat- und Rechtsfragen dient die als Interaktion unter Anwesenden inszenierte Beweisaufnahme der Feststellung von Tatsachen und der Sicherung von Beweismitteln. Trotz der zirkulären Beziehung zwischen Rechtsnormen und Sachverhalten, Auslegungsvarianten und Tatsachenbezügen bleibt die rechtliche Würdigung weitgehend unthematisch im Hintergrund. Interessanterweise nimmt anschließend das Gericht in beiden Prozeßarten die Beweiswürdigung und die rechtliche Beurteilung »intern«, also nicht in einem gesonderten Verfahren vor. Der juristische Diskurs, in dem die »bewiesenen« oder »für wahr erachteten« Tatbestände normativ beurteilt werden, wird vom Verfahrensrecht unter sachlichen Aspekten nur insofern erfaßt, als das Gericht sein Urteil vor den Verfahrensbeteiligten und der Öffentlichkeit »darlegen« und »begründen« muß. Die Begründung besteht aus dem Tatbestand und den Entscheidungsgründen: »In den eigentlichen Entscheidungsgründen gibt das Gericht eine kurze Zusammenfassung der

Erwägungen, auf denen die Entscheidung in tatsächlicher und rechtlicher Hinsicht beruht (§ 313 Abs. 3). Hier findet sich neben Rechtsausführungen auch die Beweiswürdigung.«[70] Die Verfahrensordnungen normieren also weder die zulässigen Gründe noch den Fortgang der Argumentation; sie sichern aber Spielräume für juristische Diskurse, die nur im Ergebnis zum Gegenstand des Verfahrens gemacht werden. Das Ergebnis kann im Instanzenweg einer Nachprüfung unterzogen werden.

Die institutionalisierte Selbstreflexion des Rechts dient dem individuellen Rechtsschutz unter dem doppelten Gesichtspunkt der Einzelfallgerechtigkeit sowie der Einheitlichkeit von Rechtsanwendung und Rechtsfortbildung: »Der *Zweck der Rechtsmittel* besteht zunächst darin, im Interesse der Parteien *durch die Überprüfung der erlassenen Entscheidungen richtige und deshalb gerechte Entscheidungen zu bekommen.* Die bloße Möglichkeit der Überprüfung zwingt außerdem die Gerichte zu einer *sorgfältigen Begründung.* Der Zweck der Rechtsmittel erschöpft sich darin aber nicht. Es besteht vielmehr auch ein *Allgemeininteresse* an einem wirksamen Rechtsmittelsystem. Das Verbot der Selbsthilfe läßt sich nur dann wirksam realisieren, wenn die Parteien gewisse Garantien haben, eine richtige Entscheidung zu erhalten. Außerdem führt der Instanzenzug mit seiner *Konzentrierung der Rechtsprechung* bei höheren und schließlich nur noch einem höchsten Gericht zu der dringend notwendigen *Rechtsvereinheitlichung* und *Rechtsfortbildung.* Dieses öffentliche Interesse spielt bei den einzelnen Rechtsmitteln nicht dieselbe Rolle. Es ist bei der Revision weitaus stärker ausgeprägt als bei der Berufung.«[71] Das öffentliche Interesse an der Rechtsvereinheitlichung hebt einen prägnanten Zug an der Logik der Rechtsprechung hervor: Das Gericht muß jeden einzelnen Fall unter Wahrung der Kohärenz der Rechtsordnung im ganzen entscheiden.

Zusammenfassend läßt sich feststellen, daß die Prozeßordnungen die auf den Tathergang konzentrierte Beweisaufnahme verhältnismäßig strikt regeln und dabei den Parteien einen begrenzt strategischen Umgang mit dem Recht einräumen, während sich der juristi-

70 P. Arens, Zivilprozeßrecht, 4. Aufl., München 1988, 219 Randnr. 338.
71 Arens (1988), 346f. Randnr. 381.

sche Diskurs des Gerichts in einem verfahrensrechtlichen Vakuum abspielt, so daß die Herstellung des Urteils dem professionellen Können der Richter allein überlassen bleibt: »Über das Ergebnis der Beweisaufnahme entscheidet das Gericht nach seiner freien, aus dem Inbegriff der Verhandlung geschöpften Überzeugung« (§ 261 StPO). Der juristische Diskurs soll, indem er aus dem eigentlichen Verfahren herausverlagert wird, externen Einflußnahmen entzogen werden.

VI. Justiz und Gesetzgebung:
Zur Rolle und Legitimität
der Verfassungsrechtsprechung

Am Leitfaden der Dworkinschen Rechtstheorie haben wir zunächst das Rationalitätsproblem einer Rechtsprechung behandelt, deren Entscheidungen gleichzeitig Kriterien der Rechtssicherheit und der rationalen Akzeptabilität genügen sollen. Dworkins Vorschläge für eine theoriegeleitete konstruktive Interpretation des geltenden Rechts ließen sich in einer proceduralistischen Lesart verteidigen, welche die idealisierenden Anforderungen an die Theoriebildung in den idealisierenden Gehalt notwendiger pragmatischer Voraussetzungen des juristischen Diskurses verlegt. Offengeblieben ist die Frage, wie eine derart konstruktiv verfahrende Auslegungspraxis innerhalb der Grenzen der rechtsstaatlichen Gewaltenteilung operieren kann, ohne daß die Justiz auf gesetzgeberische Kompetenzen übergreift (und damit auch die strikte Gesetzesbindung der Verwaltung untergräbt).

Weil die richterliche Entscheidungspraxis an Recht und Gesetz gebunden ist, ist die Rationalität der Rechtsprechung auf die Legitimität des geltenden Rechts angewiesen. Diese hängt wiederum von der Rationalität eines Gesetzgebungsprozesses ab, der unter Bedingungen rechtsstaatlicher Gewaltenteilung den Organen der Rechtsanwendung nicht zur Disposition steht. Nun bilden politischer Diskurs und Gesetzgebungspraxis unter verfassungsrechtlichen Gesichtspunkten ein wichtiges Thema der Rechtsdogmatik; aber der auf juristische Diskurse zugeschnittenen Rechtstheorie erschließen sich beide zunächst aus der Perspektive der Rechtsprechung. Wenn wir das problematische Verhältnis von Justiz und Gesetzgebung aus der – weiterhin festgehaltenen – Perspektive der Rechtstheorie untersuchen wollen, bietet sich deshalb die Verfassungsgerichtsbarkeit als institutionell greifbarer methodischer Bezugspunkt an. Die Existenz von Verfassungsgerichten versteht sich nicht von selbst. Derartige Institutionen fehlen in vielen rechtsstaatlichen Ordnungen. Und dort, wo sie – wie in der Bundesrepublik und den USA, den beiden

Ländern, auf die ich mich beschränke – bestehen, sind ihre Stellung im Kompetenzgefüge der Verfassungsordnung und die Legitimität ihrer Entscheidungen umstritten. Die scharfsinnigen Kontroversen selbst sind ein Indiz für einen Klärungsbedarf, der durch die *institutionelle* Bündelung verfassungstheoretisch gut zu unterscheidender *Funktionen* mindestens veranlaßt ist.

In der Diskussion verbinden sich im übrigen verschiedene Aspekte, von denen ich insbesondere drei hervorheben möchte. Die Kritik an der Verfassungsrechtsprechung wird zwar stets im Hinblick auf die Kompetenzverteilung zwischen demokratischem Gesetzgeber und Justiz geführt; sie ist insofern immer ein Streit um das Prinzip der Gewaltenteilung. Aber dieses Problem stellt sich unter verschiedenen Aspekten in jeweils anderer Weise. Ich beziehe mich auf drei Diskurse, von denen der erste in den Paradigmenstreit einführt, den ich im letzten Kapitel wieder aufnehmen werde, während der zweite Diskurs die methodologischen Erörterungen des vorangehenden Kapitels fortsetzt und der dritte Diskurs die im folgenden Kapitel unter demokratietheoretischen Gesichtspunkten fortgeführte Auseinandersetzung über ein diskurstheoretisches Verständnis des politischen Prozesses vorbereitet.

Unter dem ersten Aspekt stützt sich die – insbesondere in der Bundesrepublik vorgetragene – Kritik an der Entscheidungspraxis des Verfassungsgerichts auf eine spezielle, nämlich liberale Lesart des klassischen Gewaltenteilungsschemas. Sie erklärt die faktisch unvermeidliche, aber normativ bedenkliche Funktionserweiterung der Justiz, die das Verfassungsgericht mit Aufgaben einer konkurrierenden Gesetzgebung belaste, aus der Entwicklung des liberalen Rechtsstaats zum Interventions- und Wohlfahrtsstaat (I). Unter dem zweiten Aspekt wird die Debatte über die Unbestimmtheit des Rechts im Hinblick auf die Wertejudikatur des Bundesverfassungsgerichts fortgesetzt. Die Kritik richtet sich gegen ein vom Gericht ausgebildetes methodologisches Selbstverständnis, das die Orientierung an Prinzipien mit der Abwägung von Gütern gleichsetzt (II). Unter dem dritten Aspekt wird, insbesondere in den USA, die Rolle des Verfassungsgerichts darin gesehen, das demokratische Verfahren der Gesetzgebung zu schützen; dabei geht es um die Erneuerung eines republikanischen, also nicht-instrumentellen Verständnisses des politischen Prozesses im ganzen (III).

I.

(1) Verfassungsgerichte erfüllen normalerweise mehrere Funktionen gleichzeitig. Obwohl die verschiedenen Kompetenzen in der Aufgabe konvergieren, Interpretationsfragen der Verfassung autoritativ zu entscheiden und insoweit auch die Kohärenz der Rechtsordnung zu wahren, ist die Bündelung dieser Kompetenzen im Rahmen einer Institution unter verfassungstheoretischen Gesichtspunkten nicht ohne weiteres zwingend. Am Beispiel des Bundesverfassungsgerichts lassen sich drei Kompetenzbereiche unterscheiden: die Organstreitigkeiten (einschließlich der Streitigkeiten zwischen Bund und Ländern), die Kontrolle der Verfassungsmäßigkeit von Rechtsnormen (wobei uns im folgenden vor allem Gesetze interessieren werden) und Verfassungsbeschwerden. Die Zuständigkeit für Verfassungsbeschwerden und für die konkrete Normenkontrolle (also für Fälle, in denen die Instanzgerichte ein Verfahren aussetzen, um aus konkretem Anlaß die Entscheidung über die Verfassungsmäßigkeit einer anzuwendenden Norm einzuholen) ist unter Gesichtspunkten der Gewaltenteilung am wenigsten problematisch. Hier fungiert das Verfassungsgericht im Sinne der Rechtsvereinheitlichung. Unbeschadet seiner Befugnis, auch in diesen Verfahrensarten Gesetze für wichtig zu erklären, bildet es jedenfalls im hierarchisch aufgebauten System der Rechtsprechung zusammen mit den obersten Bundesgerichten so etwas wie die reflexive Spitze, die Aufgaben der Selbstkontrolle übernimmt. In ähnlicher Weise steht der Regierung als der Spitze der Exekutive die Aufgabe der Selbstkontrolle der Verwaltung zu. Die verfassungsgerichtliche Entscheidung von Organstreitigkeiten im weiteren Sinne mag problematischer sein. Diese Kompetenz berührt die Trennung der Staatsfunktionen, rechtfertigt sich aber plausibel aus dem verfassungstechnischen Bedürfnis, Konflikte zwischen den auf ein Zusammenwirken angewiesenen staatlichen Organen überhaupt beizulegen. Dabei kann letztlich die Logik der

Gewaltenteilung durch die Praxis eines Gerichts, dem die Zwangsmittel fehlen, um seine Entscheidungen gegen eine Weigerung von Parlament und Regierung durchzusetzen, nicht verletzt werden. Die Konkurrenz des Verfassungsgerichts mit dem demokratisch legitimierten Gesetzgeber spitzt sich erst im Bereich der abstrakten Normenkontrolle zu. Dabei wird die Frage, ob ein vom Parlament beschlossenes Gesetz verfassungskonform ist und einer konsequenten Ausgestaltung des Systems der Rechte mindestens nicht widerspricht, einer gerichtlichen Nachprüfung unterzogen. Bis zur Verabschiedung ist dies eine Frage, die das Parlament entscheiden muß. Es ist immerhin einer Überlegung wert, ob nicht auch die Nachprüfung dieser parlamentarischen Entscheidung in der Form einer gerichtsförmig organisierten Selbstkontrolle des Gesetzgebers durchgeführt und beispielsweise in einem (auch) mit juristischen Experten besetzten Parlamentsausschuß institutionalisiert werden könnte. Eine solche Internalisierung der Selbstreflexion eigener Entscheidungen hätte den Vorzug, den Gesetzgeber zu veranlassen, sich während seiner Beratungen von Anbeginn den normativen Gehalt von Verfassungsprinzipien gegenwärtig zu halten. Dieser geht verloren, wenn etwa im Gedränge des parlamentarischen Betriebs moralische und ethische Fragen in verhandelbare, d. h. kompromißfähige Fragen *umdefiniert* werden. In dieser Hinsicht könnte vielleicht die institutionelle Ausdifferenzierung eines selbstbezüglichen Normenkontrollverfahrens, das in der Zuständigkeit des Parlamentes bliebe, zur Steigerung der Rationalität des Gesetzgebungsprozesses beitragen. Sie empfiehlt sich sogar, wenn man im Sinne unserer Analyse davon ausgeht, daß die Gewaltenteilung in erster Linie darauf angelegt ist, daß sich die Administration gegenüber der kommunikativ erzeugten Macht nicht verselbständigt.

Aus diskurstheoretischer Sicht verlangt die Logik der Gewaltenteilung eine Asymmetrie in der Verschränkung der Staatsgewalten: die Exekutive, der die Verfügung über die normativen Gründe von Gesetzgebung und Justiz verwehrt bleiben soll, unterliegt in ihrer Tätigkeit sowohl der parlamentarischen wie der gerichtlichen Kontrolle, während eine Umkehrung des Verhältnisses, eine Supervision der beiden anderen Gewalten durch die Exekutive, ausgeschlossen ist. Wer wie seinerzeit C. Schmitt den Reichspräsidenten, also die Spitze der Exekutive, anstelle eines Verfassungsgerichts zum »Hüter der Verfassung« bestellen möchte, verkehrt deshalb den Sinn der Gewaltenteilung im demokratischen Rechtsstaat in sein Gegenteil.[1] Die argumentationstheoretisch begründete Logik der Gewaltenteilung legt es nahe, die Gesetzgebung in gleicher Weise wie die Justiz *selbstreflexiv* auszugestalten und mit der Kompetenz zur Selbstkontrolle ihrer eigenen Tätigkeit auszustatten. Der Gesetzgeber verfügt ohnehin nicht über die Kompetenz nachzuprüfen, ob die Gerichte sich beim Geschäft der Rechtsanwendung genau der normativen Gründe bedienen, die in die präsumtiv vernünftige Begründung eines Gesetzes Eingang gefunden haben. Auf der anderen Seite gehört das, was abstrakte Normenkontrolle heißt, unbestritten zu den Funktionen des Gesetzgebers. Es ist deshalb nicht ganz abwegig, diese Funktion auch in zweiter Instanz einer Selbstkontrolle des Gesetzgebers vorzubehalten, die zu einem gerichtsförmigen Verfahren ausgestaltet werden könnte. Die Übertragung dieser Kompetenz auf ein Verfassungsgericht bedarf zumindest einer komplexen Begründung. Denn »der grundrechtliche Diskurs (ist) nicht an die Entscheidungen, die im Gesetzgebungsverfahren getroffen werden, gebunden, sondern diesem vorgeordnet. Dies bedeutet, daß in ihm der für die allgemeine juristische Argumentation wichtigste Bindungsfaktor, das zumeist relativ konkrete einfache Gesetz, entfällt. An dessen Stelle treten die sehr abstrakten, offenen und ideologieträchtigen Grundrechtsbestimmungen«.[2] Alexy bezieht den »grundrechtlichen Diskurs« auf alle Bereiche der Verfassungsrechtsprechung. Eine explizite, wenn auch nur punktuelle Entbindung von der Gültigkeit rechtskräftiger Gesetze liegt am deutlichsten im Falle der abstrakten Normenkontrolle vor.

In seiner Kontroverse mit C. Schmitt hatte sich H. Kelsen entschie-

---

1 C. Schmitt, Der Hüter der Verfassung, Tübingen 1931. In seiner scharfsinnigen Kritik hat H. Kelsen gezeigt, daß sich dieser Vorschlag konsequent aus C. Schmitts »Wendung zum totalen Staat« erklärt: H. Kelsen, Wer soll der Hüter der Verfassung sein?, in: Die Justiz VI, 1931, 576-628.
2 R. Alexy, Theorie der Grundrechte, Baden-Baden 1985, 501.

den für die Institutionalisierung eines Verfassungsgerichts ausgesprochen, und dies nicht nur mit – für die damalige Situation einleuchtenden – politischen, sondern auch mit rechtstheoretischen Gründen. C. Schmitt hatte bezweifelt, daß die abstrakte Normenkontrolle eine Frage der Normanwendung und damit eine genuine Operation der richterlichen Entscheidungspraxis sei, weil nur »generelle Regeln miteinander verglichen, aber nicht untereinander subsumiert oder aufeinander angewandt« werden. Es fehle das Verhältnis von Norm und Tatbestand.[3] Dem konnte Kelsen nur entgegnen, daß nicht der Inhalt eines problematischen Gesetzes Gegenstand der Kontrolle sei, sondern die Verfassungsmäßigkeit seines Zustandekommens: »Der Tatbestand, der bei den Entscheidungen über die Verfassungsmäßigkeit eines Gesetzes unter die Verfassungsnorm zu subsumieren ist, ist nicht die Norm ..., sondern die Erzeugung der Norm.«[4] Dieses Argument würde freilich erst dann stechen, wenn man der Normenkontrolle insgesamt eine, wie wir noch sehen werden, prozeduralistische Lesart geben könnte. Das durchschlagende Argument liegt denn auch auf der rechtspolitischen Ebene: »Da gerade in den wichtigsten Fällen von Verfassungsverletzung Parlament und Regierung Streitparteien sind, empfiehlt es sich zur Entscheidung des Streites eine dritte Instanz zu berufen, die außerhalb dieses Gegensatzes steht und selbst in keiner Weise an der Ausübung der Macht beteiligt ist, die die Verfassung im wesentlichen zwischen Parlament und Regierung aufteilt. Daß diese Instanz dadurch selbst eine gewisse Macht erhält, ist unvermeidlich. Aber es ist ein gewaltiger Unterschied, ob man einem Organ keine andere als diese Macht verleiht, die in der Funktion der Verfassungskontrolle liegt, oder ob man die Macht eines der beiden Hauptmachtträger durch die Übertragung der Verfassungskontrolle noch verstärkt.«[5]

Wie immer man zur Frage der *angemessenen Institutionalisierung* dieser, die Tätigkeit der Legislative unmittelbar betreffenden Verfassungsinterpretation steht, jedenfalls dient die Konkretisierung des Verfassungsrechts durch eine letztinstanzlich entscheidende

3 Schmitt (1931), 42.
4 Kelsen (1931), 590.
5 Kelsen (1931), 609.

Verfassungsgerichtsbarkeit der Rechtsklarheit und der Wahrung einer kohärenten Rechtsordnung.

In einen grundrechtlichen Diskurs tritt das Verfassungsgericht – und treten andere Gerichte – auch dann ein, wenn es sich nicht um die nachträgliche Kontrolle bereits verabschiedeter Parlamentsgesetze, sondern um die Anwendung geltenden Rechts handelt. Ob nun im Einzelfall mehrere Grundrechte miteinander, oder ob einfache Gesetze im Lichte eines Grundrechts mit anderen Grundrechten kollidieren, in sehr vielen Fällen und auf allen Ebenen der Rechtsprechung kommen Prinzipien ins Spiel, die eine im Sinne Dworkins konstruktive Interpretation des Einzelfalls erforderlich machen. Allerdings hat es das Verfassungsgericht nur mit Kollisionsfällen zu tun; seine Entscheidungen haben fast immer den Charakter von Grundsatzentscheidungen. Deshalb kumuliert und verschärft sich in der Verfassungsgerichtsbarkeit – wie tendenziell auch an anderen Obergerichten – jene Problematik der »Unbestimmtheit des Rechts«, die wir schon erörtert haben. Das Bundesverfassungsgericht hat diese Problematik (in einem Beschluß vom 14. Februar 1973) mit Bezugnahme auf GG Art. 20 Abs. 3 offensiv behandelt: »Das Recht ist nicht mit der Gesamtheit der geschriebenen Gesetze identisch. Gegenüber den positiven Satzungen der Staatsgewalt kann unter Umständen ein Mehr an Recht bestehen, das seine Quelle in der verfassungsmäßigen Rechtsordnung als einem Sinnganzem besitzt und dem geschriebenen Gesetz gegenüber als Korrektiv zu wirken vermag; es zu finden und in seinen Entscheidungen zu verwirklichen, ist Aufgabe der Rechtsprechung.«[6] Immerhin soll die richtige Interpretation »gefunden«, nämlich in »rationaler Argumentation«, wie es weiterhin heißt, erarbeitet werden. Andere Formulierungen, die dem Verfassungsgericht die Funktion der Rechtsfortbildung durch »schöpferische Rechtsfindung« zuschreiben, deuten allerdings auf ein problematisches Selbstverständnis des Gerichts hin. Dem begegnet K. Hesse mit dem kühlen, gemäß den Überlegungen des vorigen Kapitels gerechtfertigten Hinweis: »Gewiß enthalten die Entscheidungen der Verfassungsgerichtsbarkeit ein Moment schöpferischer Gestaltung.

6 BVerGE 34, 269, S. 304.

Aber *alle* Interpretation trägt schöpferischen Charakter. Sie bleibt auch dann *Interpretation*, wenn sie der Antwort auf Fragen des Verfassungsrechts dient und wenn sie Normen von der Weite und Offenheit zum Gegenstand hat, wie sie dem Verfassungsrecht eigentümlich sind. Die Konkretisierung solcher Normen mag größere Schwierigkeiten bereiten als die von stärker detaillierenden Vorschriften; doch ändert dies nichts daran, daß es sich in beiden Fällen um strukturell gleichartige Vorgänge handelt.«[7] Aus dieser Sicht *müssen* die weitgehenden Kompetenzen des Bundesverfassungsgerichts die Logik der Gewaltenteilung nicht gefährden.

(2) Die Kritiker stützen sich auch nicht in erster Linie auf methodologische Erwägungen, sondern nehmen eine historische Perspektive ein, um aus der Entwicklung des Rechtssystems im ganzen eine rechtsstaatlich bedenkliche Verschiebung der Gewichte zwischen Parlamenten und Verfassungsgerichten festzustellen. Autoren wie E. W. Böckenförde, E. Denninger und D. Grimm[8] kontrastieren den Verfassungszustand einer politischen Gesamtrechtsordnung, die nicht mehr nur umfassenden individuellen Rechtsschutz gewährleistet, sondern für die soziale Wohlfahrt und Sicherheit der Bürger sorgt und daher eine Art Ausfallbürgschaft für gesellschaftsbedingte Statusminderungen und Risiken übernimmt, mit einem idealtypisch beschriebenen Ausgangszustand einer Trennung von Staat und Gesellschaft. Gemäß diesem liberalen Gesellschaftsmodell sollte die Verfassung einst die staatsfreie Sphäre einer Wirtschaftsgesellschaft, in der die Einzelnen privatautonom ihr Glück suchen und ihre eigenen Interessen verfolgen, von der staatlichen Sphäre der Gemeinwohlverfolgung trennen – »jedenfalls gehörte es nicht zur Funktion der Verfassung, Individualwohl- und Gemeinwohlsphäre unter einer übergreifenden inhaltlichen Idee zu konzertieren«.[9] Aufgaben und Ziele des Staates blieben der Politik überlassen; nach liberalem Verständnis waren sie kein Gegenstand

---

7 Hesse (1990), 219.

8 E. W. Böckenförde (1991); E. Denninger, Der gebändigte Leviathan, Baden-Baden 1990; D. Grimm, Die Zukunft der Verfassung, Frankfurt/Main 1991.

9 E. Denninger, Verfassungsrechtliche Schlüsselbegriffe, in: Denninger (1990), 159.

der verfassungsrechtlichen Normierung. Dem entspricht das Verständnis der Grundrechte als staatsbezogener Abwehrrechte. Da sie nur Unterlassungsansprüche der Bürger gegen den Staat begründen, gelten sie »unmittelbar«. Das bedeutet eine relativ klare Konditionierung der Rechtsprechung. Auch der Gesetzgeber schaffte eine übersichtliche Rechtslage. Er konnte sich nämlich darauf beschränken, die öffentliche Ordnung zu garantieren, Mißbräuchen der Wirtschaftsfreiheit vorzubeugen sowie Eingriffsmöglichkeiten und Gestaltungsspielräume der staatlichen Verwaltung präzise durch allgemeine und abstrakte Gesetze einzugrenzen.

Im liberalen Modell ergibt sich aus der strikten Gesetzesbindung von Justiz und Verwaltung das klassische Gewaltenteilungsschema, das die Willkür der absolutistischen Staatsgewalt rechtsstaatlich disziplinieren sollte. Die Verteilung der Kompetenzen zwischen den Staatsgewalten läßt sich auf die Zeitachsen kollektiver Entscheidungen abbilden: Die richterliche Entscheidungspraxis wird als vergangenheitsorientiertes Handeln begriffen, das an die zum geltenden Recht geronnenen Entscheidungen des politischen Gesetzgebers fixiert ist, während der Gesetzgeber zukunftsorientierte Entscheidungen trifft, die künftiges Handeln binden, und die Verwaltung aktuelle, in der Gegenwart anstehende Probleme bewältigt. Dieses Modell steht unter der Prämisse, daß die Verfassung des demokratischen Rechtsstaates primär Gefahren abwehren soll, die in der Staat-Bürger-Dimension, also in den Beziehungen zwischen dem gewaltmonopolisierenden Verwaltungsapparat und den entwaffneten Privatleuten auftreten können. Hingegen haben die horizontalen Beziehungen zwischen den Privatleuten, erst recht die intersubjektiven Beziehungen, die die gemeinsame Praxis der Staatsbürger konstituieren, keine strukturbildende Kraft für das liberale Gewaltenteilungsschema. Dazu paßt im weiteren eine positivistische Vorstellung vom Recht als einem rekursiv geschlossenen Regelsystem.

Wenn man dieses Modell zugrundelegt, kann die materialisierte Rechtsordnung des Sozialstaats, die nicht nur, und nicht einmal in erster Linie, aus klar geschnittenen Konditionalprogrammen besteht, sondern politische Zielsetzungen enthält und in der Rechtsanwendung auf eine Begründung aus Prinzipien angelegt ist, als eine Erschütterung, ja als Korruption der Verfassungsarchitektonik erscheinen. Gemessen an der positivistischen Trennungsthese, zieht die Materialisierung des Rechts eine »Remoralisierung« nach sich, die in dem Maße, wie sich die juristische Argumentation gegenüber moralischen Grundsatz- und politischen Zielsetzungsargumenten öffnet, die lineare Bindung der Justiz an die Vorgaben des politischen Gesetzgebers *lockert*. Die Grundsatznormen, die nun die Rechtsordnung durchdringen, verlangen eine kontextsensitive, auf das Regelsystem im ganzen bezogene konstruktive Deutung des Einzelfalls. Die »Situativität« einer auf das Ganze der Verfassung gerichteten Normanwendung mag in den nicht-formalisierten Handlungsbereichen die Freiheit und Verantwortlichkeit der kommunikativ handelnden Subjekte stärken; aber innerhalb des Rechtssystems bedeutet sie einen Machtzuwachs für die Justiz und eine Erweiterung des richterlichen Entscheidungsspielraums, die das Normengefüge des klassischen Rechtsstaates auf Kosten der Autonomie der Bürger aus dem Gleichgewicht zu bringen droht.[10] Mit der Orientierung an Grundsatznormen muß nämlich die Rechtsprechung ihren eigentlich auf die institutionelle Geschichte der Rechtsordnung gerichteten Blick vornehmlich Problemen der Gegenwart und der Zukunft zuwenden. Einerseits, so befürchtet auch Ingeborg Maus, greift die Justiz in Gesetzgebungskompetenzen ein, für die sie keine demokratische Legitimation besitzt; andererseits fördert und bestätigt sie eine flexible Rechtsstruktur, die der Autonomie der Staatsapparate entgegenkommt – so daß die demokratische Legitimation des Rechts auch von dieser Seite ausgehöhlt wird.

Aus den Entscheidungen des Bundesverfassungsgerichts haben aufmerksame Kritiker wie Böckenförde, Denninger und Maus eine implizite Grundrechtsdogmatik entziffert, die der Tatsache Rechnung trägt, daß das System der Rechte nicht länger auf der angenommenen Basis einer freigesetzten, über privatautonome Einzelentscheidungen spontan sich selbst reproduzierenden Wirtschaftsgesellschaft gewährleistet werden kann, sondern über die gewährenden Leistungen eines reflexiv steuernden, Infrastrukturen bereitstellenden und Risiken abwehrenden, regulierenden, ermöglichenden und

---

10 I. Maus, Die Trennung von Recht und Moral als Begrenzung des Rechts, Rechtstheorie 20, 1989, 191-210.

kompensierenden Staates verwirklicht werden muß. Vor allem darf sich in komplexen Gesellschaften mit horizontal ausdifferenzierten und vernetzten Teilsystemen die Schutzwirkung der Grundrechte nicht mehr nur auf die administrative Macht beziehen, sondern allgemein auf die soziale Macht überlegener Organisationen. Zudem kann die Schutzwirkung nicht mehr nur negativ als Abwehr von Eingriffen verstanden werden, sie begründet auch Ansprüche auf positive Gewährungen. In seinen Entscheidungen qualifiziert das Bundesverfassungsgericht die Grundrechte deshalb als *Prinzipien einer Gesamtrechtsordnung*, deren normativer Gehalt das Regelsystem im ganzen strukturiert. Im Anschluß daran beschäftigt sich die deutsche Grundrechtsdogmatik vor allem mit der »Wechselwirkung« zwischen den nur noch in ihrem »Wesensgehalt« unantastbaren Grundrechten und den einfachen Gesetzen; mit den »immanenten Grundrechtsschranken«, die sich auch für die absolut geltenden subjektiv-öffentlichen Rechte ergeben; mit der »Ausstrahlung« der Grundrechte auf alle Rechtsgebiete und der »Drittwirkung« für die horizontalen Pflichten und Rechte der Privatpersonen gegeneinander; mit den Handlungsaufträgen, Schutz- und Vorsorgepflichten des Staates, die sich aus dem objektivrechtlichen Charakter der Grundrechte als elementarer Ordnungsprinzipien herleiten lassen; schließlich mit dem »dynamischen Grundrechtsschutz« und der prozessualen Verknüpfung des subjektiv-rechtlichen mit dem objektiv-rechtlichen Grundrechtsgehalt.

Auf die verzweigte Diskussion kann ich hier nicht eingehen.[11] Unbestritten ist aber der Wandel in der Konzeptualisierung der Grundrechte, der sich in der Verfassungsrechtsprechung spiegelt – ein Wandel von freiheitsgewährenden, die Gesetzmäßigkeit der

11 Hans Huber, Die Bedeutung der Grundrechte für die sozialen Beziehungen unter den Rechtsgenossen (1955), in: ders., Rechtstheorie, Verfassungsrecht, Völkerrecht, Bern 1971, 157 ff.; P. Häberle, Grundrechte im Leistungsstaat, in: Veröffentlichungen der Vereinigung der Deutschen Staatsrechtslehrer (VVDStRL) 30, 1972, 43-131; ders., (Hg.), Verfassungsgerichtsbarkeit, Darmstadt 1976; E. W. Böckenförde, Grundrechtstheorie und Grundrechtsinterpretation, in: Neue Juristische Wochenschrift 1974, 1529 ff.; H. Ridder, Die soziale Ordnung des Grundgesetzes, Opladen 1975; U. K. Preuss, Die Internalisierung des Subjekts, Frankfurt/Main 1979.

Eingriffsverwaltung garantierenden Abwehrrechten zu tragenden Prinzipien einer Rechtsordnung, die den Gehalt subjektiver Freiheitsrechte auf eine grundbegrifflich ungeklärte Weise in den objektiv-rechtlichen Gehalt von strukturbildenden und durchgreifenden Grundsatznormen aufnehmen. Diesem Wandel entsprechen unter methodologischen Gesichtspunkten »verfassungsrechtliche Schlüsselbegriffe« (Denninger) wie das Prinzip der Verhältnismäßigkeit, der Vorbehalt des Möglichen, die Begrenzung unmittelbar geltender Grundrechte durch Grundrechte Dritter, der Grundrechtsschutz durch Organisation und Verfahren usw. Sie dienen im Kollisionsfall dazu, verschiedene Normen mit dem Blick auf die »Einheitlichkeit der Verfassung« zu relationieren: »Mit der fall- und problembezogenen Entwicklung der relationalen Schlüsselbegriffe hat das Bundesverfassungsgericht die – innerhalb zu bestimmender Grenzen – ›offene‹ Struktur der Verfassung des Grundgesetzes anerkannt und unterstrichen.«[12] Man kann diese aus der Entscheidungspraxis selbst erwachsenen Schlüsselbegriffe zum Teil als Verfahrensgrundsätze verstehen, in denen sich die Operationen jener von Dworkin geforderten konstruktiven Interpretation des Einzelfalls aus dem Ganzen einer rational rekonstruierten Rechtsordnung spiegeln. Trotz herber Kritik im einzelnen gelangt Denninger denn auch zu einer im ganzen anerkennenden Bewertung: »Mit der Entwicklung der ›Schlüsselbegriffe‹ hat sich das Bundesverfassungsgericht neben den ›klassischen‹ Rechtsfiguren der geschriebenen Verfassung ein hochempfindliches Instrumentarium geschaffen, dessen begriffliche Struktur und Komplexionsgrad der Struktur der gestellten Probleme, insbesondere jener, die die Vermittlung zwischen Mikroebene (individueller Handlungsebene) und Makroebene (Systemebene) erfordern, angemessen erscheint ... Es ist gerade die relationale Struktur, welche die Schlüsselbegriffe befähigt, verfassungsrechtliche Probleme auf einer Ebene zu formulieren, welche einseitig rechtsbewahr-staatliche oder einseitig sozialstaatlich-planerische Fixierungen zu vermeiden erlaubt. Auf dieser Ebene kann es gelingen, den *verwaltungs*rechtlich ›leistenden‹ und ›umverteilenden‹ Sozialstaat und den Besitz-

12 Denninger (1990), 176.

stände garantierenden Rechtsstaat in übergreifenden *verfassungs-rechtlichen* Kategorien zu verbinden.«[13]

(3) Zu einem ganz anderen Urteil über die ähnlich beschriebene und diagnostizierte Rechtsprechung des Bundesverfassungsgerichts gelangt Böckenförde. Während Denninger anhand einzelner Entscheidungen des Gerichts eine *Tendenz* feststellt, die den bedenklichen Übergang von der legalen Herrschaft liberalen Zuschnitts zu einer »Herrschaft aufgrund richterlich sanktionierter Legitimität« anzeigen könnte, erblickt Böckenförde darin ein unvermeidliches *Dilemma*. Er meint, daß der Übergang vom parlamentarischen Gesetzgebungs- zum verfassungsgerichtlichen Juridiktionsstaat unaufhaltsam sei, wenn es nicht doch noch gelingen sollte, ein liberales Rechtsverständnis zu restaurieren. Dabei hat »Jurisdictio« den vormodernen Sinn einer auf überpositives Recht gestützten Gewalt, die dem politischen Herrscher in seiner Eigenschaft als oberstem Gerichtsherrn zustand, also der rechtsstaatlichen Disjunktion zwischen Rechtsetzung und Rechtsanwendung *vorauslag*: »Im Zeichen der objektiv-rechtlichen Grundsatzwirkung der Grundrechte kommt es – typologisch betrachtet – zu einer Nebenordnung und Annäherung von parlamentarischer und verfassungsgerichtlicher Rechtsbildung. Die erstere wird von originärer Rechtsetzung zur Konkretisierung herabgestuft, die letztere von interpretativer Rechtsanwendung zu rechtsschöpferischer Konkretisierung heraufgestuft ... Der vordem qualitative Unterschied zwischen Gesetzgebung und Rechtsprechung ebnet sich insoweit ein. Beide betreiben Rechtsbildung in Form der Konkretisierung und konkurrieren darin. In diesem Konkurrenzverhältnis hat der Gesetzgeber die Vorhand, das Verfassungsgericht aber den Vorrang... Die Frage, die sich daran knüpft, ist die der demokratischen Legitimation des Verfassungsgerichts.«[14] Böckenförde ist der Überzeugung, daß die Prinzipien des Rechtsstaates nur vereinbar sind mit einem liberalen Verständnis der Grundrechte als unmittelbar geltender subjektiver Handlungsfreiheiten privater Rechtspersonen gegenüber dem Staat, weil andernfalls die funktionale Tren-

13 Denninger (1990), 174 f.
14 E. W. Böckenförde, Grundrechte als Grundsatznormen, in: Böckenförde (1991), 189 ff.

nung der Justiz von der Gesetzgebung und damit die demokratische Substanz des Rechtsstaates nicht zu bewahren sei: »Wer die maßgebliche Funktion des vom Volk gewählten Parlaments für die Rechtsbildung festhalten, einen fortschreitenden Umbau des Verfassungsgefüges zugunsten eines verfassungsgerichtlichen Jurisdiktionsstaats vermeiden will, muß auch daran festhalten, daß die – gerichtlich einforderbaren – Grundrechte ›nur‹ subjektive Freiheitsrechte gegenüber der staatlichen Gewalt und nicht zugleich (verbindliche) objektive Grundsatznormen für alle Bereiche des Rechts sind.«[15]

Diese Alternative stellt sich freilich als ein unausweichliches Dilemma nur dann, wenn man das liberale Modell der Trennung von Staat und Gesellschaft normativ auszeichnet. Damit wird freilich dessen Stellenwert in der verfassungsrechtlichen Diskussion verkannt. Das liberale Rechtsparadigma ist ja nicht eine vereinfachende *Beschreibung* eines historischen Ausgangszustandes, die wir at face value nehmen dürften; es besagt vielmehr, wie die Prinzipien des Rechtsstaates unter hypothetisch *angenommenen* Bedingungen einer liberalen Wirtschaftsgesellschaft verwirklicht werden könnten. Dieses Modell steht und fällt mit gesellschaftstheoretischen Annahmen der klassischen Politischen Ökonomie, die bereits durch die Marxsche Kritik erschüttert worden sind und auf die entwickelten postindustriellen Gesellschaften des westlichen Typs nicht mehr zutreffen. Mit anderen Worten, die Prinzipien des Rechtsstaats dürfen nicht mit *einer* ihrer kontextgebundenen historischen Lesarten verwechselt werden. Böckenförde selbst bemerkt diese Differenz, wenn er die Interpretation von Grundrechten als staatsbezogenen Abwehrrechten mit dem Kantischen Rechtsbegriff vergleicht. Was Kant zufolge die Kompatibilität der Freiheit eines jeden mit den gleichen subjektiven Freiheiten aller sichern sollte, wird im liberalen Rechtsparadigma zur Gewährleistung privater Autonomie gegenüber dem Staat *verkürzt*: »Nicht die Freiheit des einen mit der des anderen generell, sondern nur die des einzelnen

---

15 Böckenförde (1991), 194. Zu einer ähnlichen neoformalistischen Schlußfolgerung gelangen auch »linke« Kritiker des Bundesverfassungsgerichts; vgl. dazu D. Grimm, Reformalisierung des Rechtsstaats? Juristische Schulung, H. 10, 1980, 704-709.

Bürgers mit der des Staates wird in ihnen (den als Abwehrrechten interpretierten Grundrechten) nach einem allgemeinen Gesetz der Freiheit für vereinbar gehalten.«[16] Gemessen an Kants Rechtsprinzip, bringt erst der sozialstaatliche Paradigmenwechsel jene objektivrechtlichen Gehalte subjektiver Freiheitsrechte wieder zur Geltung, die im System der Rechte *immer schon* enthalten waren. Mit ihm wandelt sich nämlich der »gerichtlich gewährte Grundrechtsschutz zunehmend zur Aufgabe, kollidierende Freiheitssphären und Freiheitsansprüche Privater gegeneinander abzugrenzen und zu koordinieren«.[17]

Im Lichte eines diskurstheoretischen Verständnisses der Rechte sieht man den derivativen Charakter der staatsbezogenen Abwehrrechte: erst mit der Konstituierung einer Staatsgewalt wird das Recht auf gleiche subjektive Freiheiten *auch* auf das Verhältnis der zunächst horizontal vergesellschafteten Rechtsgenossen zur staatlichen Exekutive *übertragen*. Rechte, die aus dem politisch autonomen Zusammenschluß freiwillig assoziierter Rechtsgenossen hervorgehen, haben zunächst nur den intersubjektiven Sinn, symmetrische Verhältnisse wechselseitiger Anerkennung zu etablieren. Indem sich die Individuen diese Rechte gegenseitig zuerkennen, erwerben sie die Stellung von zugleich freien und gleichen Rechtssubjekten. Dieser ursprünglich intersubjektive Sinn differenziert sich nach subjektiv-rechtlichen und objektiv-rechtlichen Gehalten erst im Hinblick auf das Problem der Verrechtlichung der politischen Macht (die allerdings für die Konstituierung des Rechtskodes stillschweigend vorausgesetzt wird). Die *Ausblendung* der objektivrechtlichen Gehalte aus einem Teil der Grundrechte geht aber erst auf ein bestimmtes paradigmatisches Verständnis von Recht überhaupt zurück. Dieses erklärt sich wiederum aus der gesellschaftstheoretisch vermittelten Wahrnehmung einer bestimmten historischen Situation, in der sich das liberale Bürgertum aus seiner Interessenlage darüber klarwerden mußte, wie die Prinzipien des Rechtsstaates verwirklicht werden können. Für dieses Problem war seinerzeit das liberale Rechtsparadigma eine wirkungsgeschichtlich überaus erfolgreiche Lösung; dasselbe Problem verlangt heute, un-

16 Böckenförde (1991), 189.
17 Denninger (1990), 148.

ter den auch von Böckenförde registrierten veränderten historischen Umständen, eine *andere* Antwort.

Freilich kann auch das sozialstaatliche Rechtsparadigma, das sich
inzwischen etabliert hat, nicht mehr ganz überzeugen. Die Schwierigkeiten dieses neuen Paradigmas, die Böckenförde scharfsinnig
analysiert, sind jedoch kein hinreichender Grund für eine Restauration des alten.[18] In den USA werden die Probleme, die sich aus den
sozialstaatlichen Programmen der New-Deal-Ära und aus der
sprunghaften Ausdehnung sozialstaatlicher Ansprüche während
der, von der Vision der »Great Society« bestimmten, 60er und 70er
Jahre für die Justiz ergeben haben, unbefangener wahrgenommen.
Diese »rights revolution« wird als Herausforderung begriffen, die
Prinzipien des Rechtsstaats im Lichte neuer historischer Erfahrungen neu zu interpretieren. So zieht beispielsweise C. R. Sunstein aus
den teilweise kontraproduktiven Folgen der sozialstaatlichen Programme nur die Lehre, daß sich ein neuer Konsens darüber einspielen muß, wie die amerikanischen Verfassungsprinzipien unter
Bedingungen des »regulatorischen« Staates verwirklicht werden
können.

Als Ergebnis einer Analyse der Rechtsprechung des Supreme Court
schlägt er eine Reihe von »Hintergrundnormen« vor, die die paradigmatische Lesart der rechtsstaatlichen Prinzipien verändern sollen: »Where there is ambiguity, courts should construe regulatory
statutes so that (1) politically unaccountable actors are prohibited
from deciding important issues; (2) collective action problems do
not subvert statutory programs; (3) various regulatory statutes are,
to the extent possible, coordinated into a coherent whole; (4) obso-
lete statutes are kept consistent with changing developments of law,
policy, and fact; (5) procedural qualifications of substantive rights
are kept narrow; (6) the complex systemic effect of regulation are
taken into account; and, most generally, (7) irrationality and injustice, measured against the statute's own purposes, are avoi-
ded...«[19] Sunsteins Vorschlag, der zu Denningers Explikation
verfassungsrechtlicher Schlüsselbegriffe Parallelen aufweist, inter-

18 E. W. Böckenförde, Die sozialen Grundrechte im Verfassungsgefüge, in:
   Böckenförde (1991), 146-158.
19 C. R. Sunstein, After the Rights Revolution, Cambridge, Mass. 1990, 170f.

essiert mich an dieser Stelle aus zwei Gründen. Zum einen ist er ein exemplarischer Beitrag zur Paradigmendiskussion, welcher den ursprünglichen, und zwar radikaldemokratischen Sinn des Systems der Rechte nicht aus den Augen verliert: »Notwithstanding their number and variety, the principles are united by certain general goals. These include, above all, the effort to promote deliberation in government, to furnish surrogates for it, when it is absent, to limit factionalism and self-interested representation, and to help bring about political equality.«[20] Zum anderen bezeugt der Vorschlag ein Bewußtsein von der Differenz zwischen den Prinzipien des Rechtsstaates und ihren paradigmatischen Lesarten. Die Versuchung, zum liberalen Grundrechtsverständnis zurückzukehren,[21] erklärt sich auch aus einer Vernachlässigung dieser Differenz.

Das liberale Rechtsparadigma hat bis ins erste Drittel des 20. Jahrhunderts einen unter juristischen Experten weit verbreiteten Hintergrundkonsens ausgedrückt und damit für die Rechtsanwendung einen Kontext *unbefragter* Auslegungsmaximen bereitgestellt. Dieser Umstand erklärt die Suggestion, daß das Recht seinerzeit ohne Rekurs auf auslegungsbedürftige Prinzipien und umstrittene »Schlüsselbegriffe« hätte angewendet werden können. Tatsächlich ist jede Rechtsordnung, die sich aus Prinzipien rechtfertigt, auf eine konstruktive Interpretation und damit auf das angewiesen, was Sunstein »Hintergrundnormen« nennt. Jede Grundsatzentscheidung geht über eine Interpretation des Gesetzestextes hinaus und bedarf insofern einer externen Rechtfertigung: »Statutory text is the starting point, but it becomes intelligible only because of the context and background norms that give it content. Usually, the context is unproblematic, and the norms are so widely shared and uncontroversial that the text alone *appears* to be a sufficient base of interpretation. In many cases, however, the text, in conjunction with such norms, will produce ambiguity, overinclusiveness, or underinclusiveness; in such cases courts must look elsewhere. Contextual considerations of various sorts – including the legislative history, the statutory purpose, and the practical reasonableness of

20 Sunstein (1990), 171.
21 Vgl. D. Grimm, Rückkehr zum liberalen Grundrechtsverständnis?, in: Grimm (1991), 221-240.

one view or another – can in these circumstances provide considerable help. But the history might itself be ambiguous – or be the work of an unrepresentative, self-interested group – and the problem of characterizing purpose in a multinumber body will, in many cases, lead to the familiar problems of ambiguity, gaps, overinclusiveness, and underinclusiveness. In such cases, courts often must resort to conspicuous or contestable background norms.«[22]
Diese Überlegung läßt freilich die Frage offen, ob der unvermeidliche Rekurs auf solche Hintergrundnormen dem Verfassungsgericht nicht doch die Tür für eine politisch inspirierte »Rechtsschöpfung« öffnet, die nach der Logik der Gewaltenteilung dem demokratischen Gesetzgeber vorbehalten bleiben muß.

II.

(1) Die Bedenken gegen die Legitimität der Rechtsprechung des Bundesverfassungsgerichts stützen sich nicht nur auf eine Betrachtung des Paradigmenwechsels, sondern verbinden sich mit methodologischen Annahmen. Anders als in den USA kann sich die Kritik in der Bundesrepublik auf eine vom Gericht selbst entwickelte »Wertordnungslehre« beziehen, also auf ein methodologisches Selbstverständnis der Richter, das für die Entscheidung wichtiger Präzedenzfälle problematische Folgen gehabt hat. Die berechtigte Kritik an der »Wertejudikatur« richtet sich allerdings oft *unvermittelt* gegen die rechtsstaatlich bedenklichen Konsequenzen, ohne deutlich zu machen, daß es sich zunächst nur um Folgen einer falschen Selbstinterpretation handelt. Sie verliert dabei die Alternative eines richtigen Verständnisses konstruktiver Interpretation, wonach Rechte nicht an Werte assimiliert werden dürfen, aus dem Blick.
Das Bundesverfassungsgericht versteht das Grundgesetz der Bundesrepublik Deutschland nicht so sehr als ein durch Prinzipien strukturiertes Regelsystem, sondern vielmehr im Anschluß an materiale Wertethiken (wie die von Max Scheler oder Nicolai Hart-

22 Sunstein (1990), 157.

mann) als eine »konkrete Wertordnung«. In Übereinstimmung mit Wortlaut und Tenor wichtiger Urteilsbegründungen des Bundesverfassungsgerichts begreift auch Böckenförde Prinzipien als Werte: »objektive Grundsatznormen« sollen auf »Wertentscheidungen« beruhen. Wie I. Maus[23] schließt auch er sich dem Vorschlag von R. Alexy an, die derart in Werte transformierten Grundsätze als Optimierungsgebote aufzufassen, deren Intensität offen bleibt. Diese Deutung kommt der unter Juristen üblichen, aber laxen Rede von einer »Güterabwägung« entgegen. Wenn Prinzipien einen Wert setzen, der optimal verwirklicht werden soll, und wenn das Maß der Erfüllung dieses Optimierungsgebots der Norm selbst nicht zu entnehmen ist, macht die Anwendung solcher Prinzipien im Rahmen des faktisch Möglichen eine zielorientierte Gewichtung erforderlich. Da kein Wert von Haus aus einen unbedingten Vorrang vor anderen Werten beanspruchen kann, verwandelt sich mit dieser Gewichtungsoperation die Auslegung des geltenden Rechts in das Geschäft einer fallbezogenen konkretisierenden *Werteverwirklichung*: »Konkretisierung ist die schöpferische Ausfüllung von etwas nur der Richtung oder dem Prinzip nach Festgelegtem, das im übrigen offen ist und allererst der gestaltenden Ver-bestimmung zu einer vollziehbaren Norm bedarf. Hans Huber hat schon früh darauf hingewiesen, daß die Konkretisierungsbedürftigkeit der – als Grundsatznormen verstandenen – Grundrechte, die aus ihrer allseitigen Geltung, Weite und Unbestimmtheit folge, nicht mit Interpretationsbedürftigkeit verwechselt werden dürfe ... Der Klarheit halber sei hinzugefügt, daß diese fallbezogene Gesetzgebung, da sie als Verfassungsinterpretation auftritt, Verfassungsrang hat und insofern Verfassungsgesetzgebung darstellt.«[24] Böckenförde nimmt also das methodologische Selbstverständnis des Bundesverfassungsgerichts beim Wort und kritisiert es mit Carl Schmitts These von der »Tyrannei der Werte«, ohne zu sehen, daß die Prämisse einer Angleichung von Rechtsprinzipien an Werte das eigentliche Problem ist.

Prinzipien oder höherstufige Normen, in deren Licht andere Normen gerechtfertigt werden können, haben einen deontologischen,

23 Maus (1989), 199.
24 Böckenförde (1991), 186 f.

Werte hingegen einen teleologischen Sinn. Gültige Normen verpflichten ihre Adressaten ausnahmslos und gleichermaßen zu einem Verhalten, das generalisierte Verhaltenserwartungen erfüllt, während Werte als intersubjektiv geteilte Präferenzen zu verstehen sind. Werte drücken die Vorzugswürdigkeit von Gütern aus, die in bestimmten Kollektiven als erstrebenswert gelten und durch zielgerichtetes Handeln erworben oder realisiert werden können. Normen treten mit einem binären Geltungsanspruch auf und sind entweder gültig oder ungültig; zu normativen Sätzen können wir, ähnlich wie zu assertorischen Sätzen, nur mit »Ja« oder »Nein« Stellung nehmen – oder uns des Urteils enthalten. Demgegenüber legen Werte Vorzugsrelationen fest, die besagen, daß bestimmte Güter attraktiver sind als andere; deshalb können wir evaluativen Sätzen mehr oder weniger zustimmen. Die Sollgeltung von Normen hat den absoluten Sinn einer unbedingten und universellen Verpflichtung: das Gesollte beansprucht, gleichermaßen gut für alle zu sein. Die Attraktivität von Werten hat den relativen Sinn einer in Kulturen und Lebensformen eingespielten oder adoptierten Einschätzung von Gütern: gravierende Wertentscheidungen oder Präferenzen höherer Ordnung sagen, was aufs Ganze gesehen gut für uns (oder für mich) ist. Verschiedene Normen dürfen, wenn sie für denselben Kreis von Adressaten Geltung beanspruchen, einander nicht widersprechen; sie müssen in einem kohärenten Zusammenhang stehen, d. h. ein System bilden. Verschiedene Werte konkurrieren um Vorrang; soweit sie innerhalb einer Kultur oder Lebensform intersubjektive Anerkennung finden, bilden sie flexible und spannungsreiche Konfigurationen.

Normen und Werte unterscheiden sich also erstens durch ihre Bezüge zu obligatorischem bzw. teleologischem Handeln; zweitens durch die binäre bzw. graduelle Kodierung ihres Geltungsanspruchs; drittens durch ihre absolute bzw. relative Verbindlichkeit und viertens durch die Kriterien, denen der Zusammenhang von Norm- bzw. Wertsystemen genügen muß. Weil sich Normen und Werte in diesen logischen Eigenschaften unterscheiden, ergeben sich folgenreiche Differenzen auch für ihre Anwendung.

Ob ich im Einzelfall mein Handeln durch Normen oder durch Werte bestimmen lasse, hat eine jeweils andere Art von Handlungsorientierung zur Folge. Die Frage, was ich in einer gegebenen Situation tun soll, wird in beiden Fällen anders gestellt und beantwortet. Im Lichte von Normen läßt sich entscheiden, was zu tun geboten ist, im Horizont von Werten, welches Verhalten sich empfiehlt. Das Anwendungsproblem erfordert natürlich in beiden Fällen die Selektion der richtigen Handlung; aber »richtig« ist, wenn wir von einem System gültiger Normen ausgehen, die Handlung, die gleichermaßen gut ist *für alle*; mit Bezug auf eine für unsere Kultur oder Lebensform typische Wertekonstellation ist hingegen »richtig« dasjenige Verhalten, das im ganzen und auf lange Sicht gut ist *für uns*. Bei Rechtsprinzipien oder Rechtsgütern wird diese Differenz oft übersehen, weil positiviertes Recht immer nur für ein bestimmtes Rechtsgebiet und einen entsprechend definierten Kreis von Adressaten gilt. Unbeschadet dieser faktischen Begrenzung des Geltungsbereichs gewinnen aber Grundrechte einen verschiedenen Sinn je nachdem, ob sie im Sinne Dworkins als deontologische Rechtsprinzipien oder im Sinne Alexys als optimierbare Rechtsgüter begriffen werden. Als Normen regeln sie eine Materie im gleichmäßigen Interesse aller; als Werte bilden sie in der Konfiguration mit anderen Werten eine symbolische Ordnung, in der sich Identität und Lebensform einer partikularen Rechtsgemeinschaft ausdrücken. Gewiß wandern auch teleologische Gehalte ins Recht ein; aber das durch ein System der Rechte definierte Recht domestiziert gleichsam die Zielsetzungen und Wertorientierungen des Gesetzgebers durch den strikten *Vorrang* normativer Gesichtspunkte. Wer die Verfassung in einer konkreten Wertordnung aufgehen lassen möchte, verkennt deren spezifisch rechtlichen Charakter; als Rechtsnormen sind nämlich die Grundrechte, wie moralische Regeln, nach dem Modell verpflichtender Handlungsnormen geformt – und nicht nach dem attraktiver Güter.

Begriffsanalytisch betrachtet, wird die terminologische Unterscheidung zwischen Normen und Werten *nur* in solchen Theorien gegenstandslos, die für die höchsten Werte oder Güter universale Geltung beanspruchen – wie in den klassischen Versionen der Güterethik. Diese ontologischen Ansätze vergegenständlichen Güter und Werte zu ansichseienden Entitäten; unter Bedingungen nachmetaphysischen Denkens dürften sie kaum noch zu verteidigen sein. In zeitgenössischen Theorien dieser Art nehmen die vermeintlich universalen Werte oder Güter eine derart abstrakte Form an, daß darin unschwer deontologische Prinzipien wie Menschenwürde, Solidarität, Selbstverwirklichung und Autonomie wiederzuerkennen sind.[25] Die begriffliche Transformation von Grundrechten in Grundwerte bedeutet eine teleologische Maskierung von Rechten, die den Umstand verschleiert, daß Normen und Werte in Begründungszusammenhängen *verschiedene argumentationslogische Rollen* übernehmen. Nachmetaphysische Werttheorien berücksichtigen deshalb die Partikularität von Werten, die Flexibilität der zwischen Werten herzustellenden Rangordnungen und die bloß lokale Geltung von Wertekonfigurationen. Sie führen Werte entweder auf Traditionen und eingewöhnte kulturelle Wertorientierungen oder, wenn sie den subjektiven und bewußten Charakter der Wahl von Werten betonen wollen, auf existentielle Entscheidungen über Metapräferenzen und »higher order volitions« zurück.[26]

In der parallellaufenden Diskussion der amerikanischen Verfassungsrechtler wird klarer als in der deutschen Debatte zwischen Ansätzen unterschieden, die die Grundrechte einerseits als Rechtsprinzipien, andererseits als Wertorientierungen begreifen. So markiert beispielsweise P. Brest in einem Überblicksartikel deutlich den Gegensatz zwischen den »Rights Theories« und Ansätzen des »Moral Conventionalism«.[27] Ebenso unterscheidet J. H. Ely in seiner Auseinandersetzung mit einer Moral und Recht verschränkenden Verfassungsrechtsprechung zwischen dem deontologischen, auf überpositive Rechte, Vernunft und neutrale Verfahrensgrundsätze rekurrierenden Grundrechtsverständnis auf der einen, und der werttheoretischen Auffassung, die auf Tradition und eingewöhnten Konsens Bezug nimmt, auf der anderen Seite.[28]

25 Ch. Taylor, Sources of the Self, Cambridge, Mass. 1989; vgl. meine Kritik in: Habermas (1991a), 176-185.
26 H. Frankfurt, Freedom of the Will and the Concept of the Person, in: ders., The Importance of what we know about, Cambridge, Mass. 1988, 11-25.
27 P. Brest, The Fundamental Rights Controversy, Yale Law Journal 90, 1981, 1063-1109.
28 J. H. Ely, Democracy and Distrust. A Theory of Judicial Review, Cambridge, Mass. 1980.

Eine neoaristotelische Variante der Wertordnungslehre vertritt in den USA beispielsweise Michael J. Perry. Er begreift den Verfassungstext als Gründungsurkunde und Ausdruck des ethischen Selbstverständnisses einer historischen Gemeinschaft und streift damit dem moralischen Konventionalismus, der die Grundwerte der Verfassung im jeweils dominierenden Wertekonsens der Bevölkerungsmehrheit verwurzelt sieht, die empiristischen Züge ab. Die Verfassung stiftet wie ein heiliger Text neue Ideen, in deren Licht die Gemeinschaft ihre tieferen Aspirationen und ihre wahren Interessen zu erkennen vermag: »On this view, our political life includes ongoing moral discourse with one another in an effort to achieve ever more insightful answers to the question of what are our real interests, as opposed to our actual preferences and thus what sort of persons with what projects, goals, ideals ought we to be ... Deliberative politics is an essential instrument of selfknowledge.«[29] Der ethisch-politische Selbstverständigungsdiskurs der Bürger findet seine konzentrierte Ausprägung in einer wertorientierten Verfassungsrechtsprechung, die sich den originären Sinn der Verfassung hermeneutisch aneignet, indem sie ihn gegenüber wechselnden historischen Herausforderungen schöpferisch aktualisiert. Noch prononcierter als hierzulande die im Gefolge Gadamers auftretende juristische Hermeneutik sieht Perry den Verfassungsrichter in der Rolle eines prophetischen Lehrers, der mit seiner Interpretation des göttlichen Wortes der Gründerväter die Kontinuität einer für das Gemeindeleben konstitutiven Überlieferung sichert. Dabei darf er sich weder auf den strikten Wortlaut fixieren, noch von majoritären Überzeugungen abhängig machen: »To ›interpret‹ some provision of the Constitution is, in the main, to ascertain the aspirational meaning and then to bring that meaning to bear – that is to answer the question ... what that aspiration means for the conflict at hand, and what that aspiration, if accepted, requires the court to do.«[30]

Eine solche *Wertejudikatur* wirft in der Tat das Legitimitätsproblem auf, das Maus und Böckenförde im Hinblick auf die Entscheidungspraxis des Bundesverfassungsgerichts analysieren. Sie macht nämlich jene Art von implizit rechtsetzender Normenkonkretisie-

29 M.J. Perry, Morality, Politics and Law, Oxford 1988, 152ff.
30 Perry (1988), 135f.

rung nötig, die die Verfassungsrechtsprechung in den Stand einer konkurrierenden Gesetzgebung versetzt. Perry zieht forsch diese Konsequenz aus der Umdeutung der Grundrechte von deontologischen Rechtsgrundsätzen in teleologische Rechtsgüter, die eine objektive Wertordnung bilden und die Justiz wie den Gesetzgeber gleichermaßen an die substantielle Sittlichkeit einer bestimmten Lebensform binden: »Judicial review is a deliberately countermajoritarian institution.«[31]

Das Verfassungsgericht verwandelt sich dadurch, daß es sich von der Idee der Verwirklichung verfassungsrechtlich vorgegebener materialer Werte leiten läßt, in eine autoritäre Instanz. Wenn im Kollisionsfall *alle* Gründe den Charakter von Zielsetzungsargumenten annehmen können, fällt nämlich jene Brandmauer, die mit einem deontologischen Verständnis von Rechtsnormen und -grundsätzen in den juristischen Diskurs eingezogen wird.

Sobald individuelle Rechte in Güter und Werte transformiert werden, müssen sie im Einzelfall auf gleicher Ebene um den Vorrang konkurrieren. Von Haus aus ist nämlich ein Wert so partikular wie jeder andere, während Normen ihre Gültigkeit einem Verallgemeinerungstest verdanken. In Denningers Worten: »Werte können nur wiederum durch Werte relativiert werden; der Vorgang des Vorziehens oder Nachsetzens von Werten entzieht sich aber logischer Begriffsanstrengung.«[32] Auch aus diesem Grunde begreift Dworkin Rechte als »Trümpfe«, die im juristischen Diskurs gegen Zielsetzungsargumente ausgespielt werden können. Gewiß, nicht jedes Recht kann sich im konkreten Begründungszusammenhang einer Einzelfallentscheidung gegen jedes kollektive Gut durchsetzen, aber nur dann nicht, wenn der Vorrang eines kollektiven Ziels seinerseits im Lichte von Prinzipien gerechtfertigt werden kann. Weil Normen und Grundsätze aufgrund ihres deontologischen Geltungssinnes *allgemeine Verbindlichkeit* und nicht nur eine *spezielle Vorzugswürdigkeit* beanspruchen können, besitzen sie eine größere Rechtfertigungskraft als Werte; Werte müssen von Fall zu Fall mit anderen Werten in eine transitive Ordnung gebracht werden. Weil dafür rationale Maßstäbe fehlen, vollzieht sich die Abwägung ent-

31 Perry (1988), 149.
32 Denninger (1990), 147.

weder willkürlich oder unreflektiert nach eingewöhnten Standards und Rangordnungen.[33]

In dem Maße, wie ein Verfassungsgericht die Wertordnungslehre adoptiert und seiner Entscheidungspraxis zugrundelegt, wächst die Gefahr irrationaler Urteile, weil damit funktionalistische auf Kosten normativer Argumente die Oberhand gewinnen. Die »Funktionsfähigkeit« der Bundeswehr oder der Rechtspflege, der bereichsspezifische »Friede«, die »Sicherheit des Staates als verfaßter Friedens- und Ordnungsmacht«, bundesfreundliches Verhalten oder »Bundestreue« – diese und ähnliche »Prinzipien« bilden gewiß Gesichtspunkte, unter denen Argumente im Falle von Normenkollisionen in einen juristischen Diskurs eingeführt werden können; aber diese Argumente »zählen« nur soviel, wie die Rechtsprinzipien, in deren Licht sich solche Ziele und Güter ihrerseits rechtfertigen lassen. *Letztlich* sind es nur Rechte, die im Argumentationsspiel stechen dürfen. Diese Schwelle wird durch die kontraintuitive Gleichsetzung von Rechtsprinzipien mit Gütern, Zielen und Werten eingeebnet: »Verfassungsrechtliche Freiheitsgarantien finden sich in diesem Fall in Konkurrenz mit ›Prinzipien‹, die nicht nur ihrem Inhalt, sondern auch ihrer ganzen Struktur nach gegensätzlich sind, wie die Funktionstüchtigkeit der Strafrechtspflege, die Funktionsfähigkeit der Bundeswehr oder die Funktionsfähigkeit der Unternehmen und der Gesamtwirtschaft ... Diese (wie die anderen) kollektiven Güter transformiert das Bundesverfassungsgericht zu unmittelbaren Verfassungsaufträgen, die der Gesetzgeber unter jeweils situativ zu bestimmenden Kosten für die Freiheitsrechte auszuführen gezwungen ist.«[34]

Sobald hingegen Grundrechte in ihrem deontologischen Sinn ernstgenommen werden, bleiben sie einer solchen Kosten-Nutzen-Analyse entzogen. Das gilt auch für »offene« Normen, die nicht wie Konditionalprogramme auf leicht zu identifizierende Standardfälle bezogen, sondern anwendungsunbestimmt formuliert sind und in einem methodisch unbedenklichen Sinne der »Konkretisierung«

---

33 Da für sog. Rechtsgüter eindeutig anwendbare Maßeinheiten fehlen, hilft auch das von Alexy (1985, 143-153) vorgeschlagene ökonomistische Begründungsmodell der Abwägung nicht weiter. Vgl. Günther (1988), 268 ff.

34 Maus (1989), 197 f.

bedürfen. Diese Normen finden eben im Anwendungsdiskurs ihre eindeutige Bestimmung. Im Falle einer Kollision mit anderen Rechtsvorschriften bedarf es keiner Entscheidung darüber, in welchem Maße konkurrierende Werte jeweils erfüllt werden. Wie gezeigt, besteht die Aufgabe vielmehr darin, unter den prima facie anwendbaren Normen diejenige zu finden, die am besten zu der unter allen relevanten Gesichtspunkten möglichst erschöpfend beschriebenen Anwendungssituation paßt. Dabei muß sich zwischen der einschlägigen Norm und den – unbeschadet ihrer weiteren Gültigkeit – zurücktretenden Normen ein sinnvoller Zusammenhang derart herstellen, daß davon die Kohärenz des Regelsystems im ganzen unberührt bleibt. Die einschlägigen und die zurücktretenden Normen verhalten sich zueinander nicht wie konkurrierende Werte, die als Optimierungsgebote in jeweils verschiedenem Maße »erfüllt« werden, sondern wie »angemessene« und »unangemessene« Normen. Dabei bedeutet Angemessenheit soviel wie die Gültigkeit eines aus einer gültigen Norm abgeleiteten singulären Urteils, durch das die zugrundeliegende Norm erst »gesättigt« wird.

Eine an Prinzipien orientierte Rechtsprechung hat darüber zu befinden, welcher Anspruch und welche Handlung in einem gegebenen Konflikt rechtens ist – und nicht über die Ausbalancierung von Gütern und über die Relationierung von Werten. Gewiß, gültige Normen bilden ein flexibles Beziehungsgefüge, in dem sich die Relationen von Fall zu Fall verschieben können; aber *diese* Verschiebung steht unter dem Vorbehalt der Kohärenz, der sicherstellt, daß sich alle Normen zu einem in sich stimmigen System zusammenfügen, welches seiner Idee nach für jeden Fall genau eine richtige Lösung zuläßt. Die Rechtsgeltung des Urteils hat den deontologischen Sinn eines Gebots, nicht den teleologischen Sinn des im Horizont unserer Wünsche unter gegebenen Umständen Erreichbaren. Das für uns jeweils Beste deckt sich nicht eo ipso mit dem für alle gleichermaßen Guten.

(2) Im Hinblick auf das Legitimitätsproblem der Verfassungsgerichtsbarkeit ergeben sich aus dieser methodologischen Überlegung kritische Konsequenzen für ein falsches Selbstverständnis und dessen praktische Folgen, aber nicht für die Möglichkeit einer rationalen Entscheidung von Verfassungsbeschwerden überhaupt. Denn

die Interpretation von Rechtsprinzipien unterscheidet sich nicht grundsätzlich von der Interpretation einfacher Normen (soweit deren Anwendung nicht konditional auf festumrissene Situationen vorprogrammiert ist). Im Anwendungsprozeß brauchen hier sowenig wie dort Rationalitätslücken zu entstehen. Die komplexen Schritte einer konstruktiven Interpretation lassen sich gewiß nicht verfahrensrechtlich normieren; sie unterliegen aber der Kontrolle der Verfahrensrationalität eines rechtlich institutionalisierten Anwendungsdiskurses. Jedenfalls ist die vom Einzelfall ausgehende Verfassungsrechtsprechung auf die *Anwendung* als gültig vorausgesetzter (Verfassungs-)Normen *beschränkt*; deshalb bietet die Unterscheidung zwischen Normanwendungs- und Normenbegründungsdiskursen immerhin ein argumentationslogisches Abgrenzungskriterium von Aufgaben, die Justiz und Gesetzgebung jeweils legitimerweise leisten können.

Eine von Prinzipien geleitete Rechtsprechung muß nicht per se jene hierarchisch gestufte Entscheidungsstruktur verletzen, die sicherstellen soll, daß dem *jeweiligen* Entscheidungsverfahren die maßgeblich legitimierenden Gründe durch Beschlüsse einer höherrangigen Kompetenzstufe *vorgegeben* sind. Ingeborg Maus sieht die Logik der Gewaltenteilung in der vorsorglichen Unterbrechung des Kreislaufs eines sonst selbstreferentiell geschlossenen Legitimationsprozesses: »Auf keiner Stufe des Entscheidungsprozesses kann die politische Macht sich einfach an dem Recht legitimieren, das sie selbst gesetzt hat. Der Gesetzgeber legitimiert sich zugleich durch die Beachtung der prozeduralen Vorgaben der Verfassung wie durch den ihm vorausliegenden aktuellen Volkswillen, nicht aber an einfachen Gesetzen, die er selbst setzt. Erst die rechtsanwendenden Instanzen legitimieren sich am einfachen Recht, das sie aber deshalb nicht selbst setzen dürfen. Diese Struktur gewährleistet zugleich eine abgestufte Unkenntnis konkreter Entscheidungsadressaten im rechtsstaatlichen Instanzenzug ...«[35] Der Umstand, daß das Verfassungsgericht ebenso wie der politische Gesetzgeber an »die prozeduralen Vorgaben der Verfassung« gebunden ist, bedeutet keine konkurrierende Gleichstellung der Justiz mit dem Ge-

---

35 Maus (1989), 208.

setzgeber. Dem Verfassungsgericht sind die der Verfassung zu entnehmenden legitimierenden Gründe aus der Perspektive der Rechtsanwendung vorgegeben – und nicht aus der Perspektive eines Gesetzgebers, der das System der Rechte, indem er seine Politiken verfolgt, interpretiert und *ausgestaltet*. Das Gericht schnürt das Bündel von Gründen, mit denen der Gesetzgeber seine Beschlüsse legitimiert, wieder auf, um sie für eine kohärente, mit geltenden Rechtsprinzipien zusammenstimmende Entscheidung des Einzelfalls zu mobilisieren; aber es darf über diese Gründe nicht derart disponieren, daß sie einer gerichtsunmittelbaren Interpretation und Ausgestaltung des Systems der Rechte und damit einer impliziten Gesetzgebung dienen.

Sobald eine Norm eine solche kohärente, also verfassungskonforme Anwendung nicht erlaubt, stellt sich allerdings die Frage der abstrakten Normenkontrolle, die grundsätzlich aus der Perspektive des Gesetzgebers vorgenommen werden muß. Solange diese Normenkontrolle im Rahmen des richterlichen Prüfungsrechts ausgeübt wird und nur zur Verwerfung von Normen, nicht aber zu Aufträgen an den Gesetzgeber führt, mögen pragmatische und rechtspolitische Gründe für die in der Bundesrepublik und den USA bestehende institutionelle Verteilung der Kompetenzen sprechen. Es stellt sich dann die weitere Frage, ob die parlamentarische Bestellung bzw. Bestätigung der Verfassungsrichter hinreicht, um dem Erfordernis einer demokratischen Legitimation der gerichtlichen Wahrnehmung einer Funktion zu genügen, die nach der Architektonik der Verfassung und der Logik der Gewaltenteilung als eine Delegation der Selbstkontrolle des Gesetzgebers an das Verfassungsgericht begriffen werden muß.

Wie immer man aber Fragen der *richtigen Institutionalisierung* der Gewaltenteilung beurteilt, eine Rückkehr zur liberalen Staatsauffassung, derzufolge »Grundrechte nur subjektive Freiheitsrechte gegenüber der staatlichen Gewalt und nicht zugleich verbindliche objektive Grundsatznormen für alle Bereiche des Rechts sind«,[36] ist weder nötig, noch möglich. Der amerikanischen Verfassungsdiskussion ist der Gegensatz von subjektivem und objektivem Recht

36 Böckenförde (1991), 194.

ohnehin fremd. Wenn man unter Bedingungen des inzwischen eingespielten sozialstaatlichen Kompromisses nicht nur am Rechtsstaat, sondern am demokratischen Rechtsstaat und damit an der Idee der Selbstorganisation der Rechtsgemeinschaft festhalten will, läßt sich die Verfassung nicht länger als eine »Rahmenordnung« verstehen, die primär das Verhältnis des Staates zu den Bürgern reguliert. Wirtschaftliche und soziale Gewalt bedürfen der rechtsstaatlichen Disziplinierung nicht weniger als die administrative Macht. Andererseits darf die Verfassung unter Bedingungen des kulturellen und gesellschaftlichen Pluralismus auch nicht als eine konkrete Gesamtrechtsordnung begriffen werden, die der Gesellschaft a priori eine bestimmte Lebensform überstülpt. Vielmehr legt die Verfassung politische Verfahren fest, nach denen die Staatsbürger in Wahrnehmung ihres Selbstbestimmungsrechts kooperativ und mit Aussicht auf Erfolg das Projekt verfolgen können, gerechte (und das heißt: jeweils gerechtere) Lebensverhältnisse herzustellen. Allein die *Verfahrensbedingungen der demokratischen Genese von Gesetzen* sichert die Legitimität des gesatzten Rechts. Von diesem demokratischen Hintergrundverständnis ausgehend, läßt sich auch den Kompetenzen des Verfassungsgerichts ein Sinn geben, der der rechtsstaatlichen Intention der Gewaltenteilung entspricht: das Verfassungsgericht soll eben jenes System der Rechte hüten, welches die private und öffentliche Autonomie der Staatsbürger ermöglicht. Das klassische Schema von Trennung und Interdependenz der Staatsgewalten entspricht dieser Intention nicht mehr, weil sich die Funktion der Grundrechte nicht mehr auf die ins liberale Rechtsparadigma eingebauten gesellschaftstheoretischen Annahmen stützen, also darin erschöpfen kann, die von Haus aus privatautonomen Bürger vor Übergriffen des Staatsapparates zu schützen. Die private Autonomie ist auch durch wirtschaftliche und soziale Machtpositionen gefährdet und ihrerseits davon abhängig, in welcher Weise und in welchem Maße die Bürger die Kommunikations- und Teilnahmerechte demokratischer Staatsbürger effektiv wahrnehmen können. Deshalb muß das Verfassungsgericht die Inhalte strittiger Normen vor allem im Zusammenhang mit den Kommunikationsvoraussetzungen und Verfahrensbedingungen des demokratischen Gesetzgebungsprozesses überprüfen. Ein solches

prozeduralistisches Verfassungsverständnis gibt dem Legitimitätsproblem der Verfassungsgerichtsbarkeit eine demokratietheoretische Wendung. In dieser Hinsicht ist die amerikanische Diskussion
aufschlußreicher als die deutsche.

Die einschlägige Konzeption, die J. H. Ely entwickelt hat, soll freilich in einer gerichtsskeptischen Lesart die Rechtsprechung von der
Orientierung an Rechtsgrundsätzen moralischer oder ethischer
Herkunft überhaupt entlasten. Ely geht davon aus, daß die amerikanische Verfassung in erster Linie Organisations- und Verfahrens-
probleme regelt und nicht auf die Auszeichnung und Implementierung von Grundwerten zugeschnitten ist. Nach seiner Auffassung
machen nicht materielle, sondern formale Regelungen (wie equal
protection oder due process) die Substanz der Verfassung aus: »Our
Constitution has always been substantially concerned with preserving liberty ... The principle answers to that are by a quite extensive
set of procedural protections, and by a still more elaborate scheme
designed to ensure that in the making of substantive choices the
decision process will be open to all on something approaching an
equal basis, with the decision makers held to a duty to take into
account the interests of all those their decisions affect.«[37] Wenn der
Supreme Court über die Einhaltung der Verfassung wachen soll,
muß er deshalb *in erster Linie* auf die Verfahren und Organisationsnormen achten, von denen die Legitimationswirksamkeit des demokratischen Prozesses abhängt. Das Gericht muß dafür sorgen,
daß die »Kanäle« für jenen inklusiven Meinungs- und Willensbildungsprozeß, über den eine demokratische Rechtsgemeinschaft
sich selbst organisiert, intakt bleiben: »unblocking stoppages in the
democratic process is what judicial review ought preeminently to be
about.«[38]

Aus dieser Perspektive gewinnen die Kommunikations- und Teilhaberechte, die für die demokratische Willensbildung konstitutiv
sind, eine privilegierte Stellung. Gesetze, die den Verdacht auf sich
ziehen, daß sie beispielsweise ethnische oder religiöse Minderheiten, soziale Randgruppen, Behinderte, Homosexuelle, Alte, Junge
usw. diskriminieren, verstoßen nicht nur *inhaltlich* gegen den

37 Ely (1980), 100.
38 Ely (1980), 117.

Grundsatz der Gleichbehandlung. Die implizit ungleichen Klassifikationen von gleich zu behandelnden Gruppen begreift Ely unter prozeduralem Aspekt vielmehr als Ergebnis eines *in den demokratischen Verfahrensbedingungen* gestörten politischen Prozesses. Deshalb soll sich die abstrakte Normenkontrolle in erster Linie auf die Bedingungen der demokratischen Genese der Gesetze beziehen, angefangen von den Kommunikationsstrukturen einer massenmedial vermachteten Öffentlichkeit, über die tatsächlichen Chancen, abweichende Stimmen zu Gehör zu bringen und formal gleiche Teilnahmerechte effektiv in Anspruch zu nehmen, bis hin zu der gleichmäßigen Repräsentation aller jeweils relevanten Gruppen, Interessenlagen und Wertorientierungen auf der Ebene der parlamentarischen Körperschaften und der Bandbreite der Themen, Gründe und Probleme, der Werte und Interessen, die in die parlamentarischen Beratungen Eingang finden und in der Begründung der beschlossenen Normen berücksichtigt werden. Ely gibt dem liberalen Mißtrauen gegen tyrannische Mehrheiten eine überraschende prozedurale Wendung. Er interessiert sich für die faktischen Einschränkungen des formal zugelassenen Pluralismus und benützt die klassische Vorstellung der virtuellen Repräsentation, um eine chancengleiche Teilnahme für die technisch vertretenen, aber tatsächlich ausgeschlossenen oder behinderten Minoritäten einzuklagen. Die *Überprüfung der Normgenese* soll sich auf die Gewaltenteilung zwischen Exekutive und Gesetzgebung erstrecken, und zwar nicht nur auf die Implementierung von Gesetzesprogrammen durch die Verwaltung, sondern auch auf die unzulässige Passivität eines Gesetzgebers, der seine Kompetenzen nicht ausschöpft und an die Verwaltung delegiert: »Courts thus should ensure not only that administrators follow those legislative policy directions that do exist – but also that such directions are given.«[39]

Ely möchte mit diesem prozeduralistischen Verfassungsverständnis »judicial self-restraint« begründen. Nach seiner Auffassung kann das Verfassungsgericht seine Unparteilichkeit nur bewahren, wenn es der Versuchung widersteht, seinen Interpretationsspielraum mit moralischen Werturteilen zu füllen. Elys Skepsis richtet sich glei-

39 Ely (1980), 133.

chermaßen gegen eine Wertejudikatur wie gegen eine prinzipien-
orientierte Auslegung im Sinne von Dworkins konstruktiver Interpretation. Das ist insofern nicht konsequent, als Ely für seine eigene
Theorie die Geltung von Prinzipien voraussetzen und dem Gericht
eine Orientierung an Verfahrensprinzipien empfehlen muß, die
durchaus einen normativen Gehalt haben. Der Begriff des demokratischen Verfahrens selbst stützt sich auf ein Gerechtigkeitsprinzip im Sinne der gleichen Achtung für alle: »The argument is that
the basic justice of decision-making institutions must be assessed in
terms of whether all affected are treated comfortably with what philosophers call moral universalizability or reciprocity.«[40] Daraus
folgt aber keineswegs, daß die Prinzipien, die die Legitimationskraft der Organisation und des Verfahrens demokratischer Willensbildung begründen, wegen ihrer prozeduralen Natur nicht informativ genug seien und durch eine substantielle Theorie der Rechte
ergänzt werden müßten.[41] Ebensowenig sind damit *andere* Gründe
für eine gerichtsskeptische Einstellung entfallen.

Elys Skepsis richtet sich mit Recht gegen ein *paternalistisches Verständnis* der Verfassungsgerichtsbarkeit, das sich aus einem unter
Juristen weitverbreiteten Mißtrauen gegen die Irrationalität eines
von Machtkämpfen und emotionalisierten Mehrheitsmeinungen
abhängigen Gesetzgebers nährt. Nach dieser Auffassung würde
sich eine rechtsschöpferische Jurisdiktion des Verfassungsgerichts
sowohl aus dessen Distanz zur Politik wie aus der überlegenen Rationalität seiner professionellen Diskurse rechtfertigen: »The methods of reasoning of other branches of government are neither
structured by requirements of an articulate consistence in the elabo-
ration of underlying principles nor secured by institutional independence in their impartial exercise.«[42] Tatsächlich können juristische Diskurse eine vergleichsweise hohe Rationalitätsvermutung
für sich in Anspruch nehmen, weil Anwendungsdiskurse auf Fra-

40 D. A. J. Richards, Moral Philosophy and the Search for Fundamental Values in
   Constitutional Law, Ohio State Law Journal 42, 1981, 336; vgl. auch P. Brest
   (1981), 1092 ff.
41 L. H. Tribe, The Puzzling Persistence of Process-Based Constitutional Theories,
   Yale Law Journal 89, 1980, 1063-1080.
42 Richards (1981), 336; vgl. auch Brest (1981), 1105 ff.

gen der Normanwendung spezialisiert sind und daher im überschaubaren Rahmen der klassischen Rollenverteilung zwischen Parteien und unparteilichem Dritten institutionalisiert werden. Aus demselben Grunde können sie aber politische Diskurse, die auf die Begründung von Normen und Zielsetzungen zugeschnitten sind und die Inklusion aller Betroffenen verlangen, nicht *substituieren*. Um so mehr bedarf die dem politischen Prozeß innewohnende Rationalität der Klärung. Das tragende Konzept einer Verfahrensgerechtigkeit der politischen Meinungs- und Willensbildung verlangt eine Demokratietheorie, die bei Ely im Hintergrund bleibt und, soweit sie erkennbar ist, eher konventionelle Züge trägt.

III.

In den Vereinigten Staaten führen die Verfassungsjuristen ihren Streit um die Legitimität der Verfassungsrechtsprechung stärker unter politologischen als unter rechtsmethodologischen Gesichtspunkten. Im Diskurs über die Arbeitsteilung zwischen Verfassungsgericht und demokratischem Gesetzgeber scheiden sich die Geister vor allem an der Einschätzung des legislativen Prozesses und der Frage, welches Maß an Rationalität die Verfassung diesem Prozeß zumutet, mehr noch: worin diese Rationalität überhaupt bestehen kann und soll. Diese Frage wird innerhalb der Rechttheorie zwar vor dem Hintergrund empirischer Annahmen, aber unter dem normativen Aspekt behandelt, wie in der amerikanischen Verfassungstradition das strittige Verhältnis der beiden Gewalten betrachtet worden ist.

Im Hinblick auf die Aufgabe der abstrakten Normenkontrolle geht Frank I. Michelman ebenso wie Ely von der Prämisse aus, daß sich das Verfassungsgericht nur auf eine derivierte, vom Selbstbestimmungsrecht des Volkes abgeleitete Autorität berufen kann, wenn es in die politische Gesetzgebung eingreift und parlamentarisch verabschiedete Normen aufhebt. Dabei soll es nur auf Gründe rekurrieren dürfen, die im Rahmen eines prozeduralen Verfassungsverständnisses einen Appell an die Volkssouveränität – als den Ursprung aller Rechtsetzungsbefugnisse – rechtfertigen: »If republican constitutional possibility depends on the genesis of law in the people's on-going normative contention it follows that constitutional adjucators serve that possibility by assisting in the maintenance of jurisgenerative popular engagement. Republican constitutional jurisprudence will to that extent be of that type, that Lawrence Tribe calls (and critizes as) ›process-based‹, recalling Ely's ... juristification of judicial review as ›representation reinforcing‹.«[43] Allerdings verrät der emphatische Gebrauch des Adjektivs »republikanisch« eine Abgrenzung gegenüber Elys Verständnis von Demokratie. Michelman stützt sich auf jene Tradition der Aristotelischen »Politik«, die über die römische Philosophie und das Staatsdenken der italienischen Renaissance[44] nicht nur bei Rousseau eine moderne naturrechtliche Fassung erhalten hat, sondern über den Gegenspieler von Hobbes, James Harrington, als eine Alternative zum Lockeschen Liberalismus auch in die amerikanische Verfassungsdiskussion eingegangen ist und das Demokratieverständnis der Gründungsväter inspiriert hat.[45] J. G. A. Pocock stilisiert diesen Strang des republikanischen Denkens zu einem staatsbürgerlichen Humanismus, der sich nicht, wie das moderne Naturrecht, eines juristischen Vokabulars bedient, sondern der Sprache der klassischen Ethik und Politik.[46]

Während die Begriffe des römischen Rechts in der Moderne dazu dienen, die *negativen Freiheiten* der Bürger zu definieren, um das Eigentum und den Wirtschaftsverkehr der Privatleute gegen Eingriffe einer administrativ ausgeübten politischen Herrschaft zu sichern, von der sie ausgeschlossen waren, bewahrt die Sprache von Ethik und Rhetorik das Bild einer politischen Praxis, worin sich die *positiven Freiheiten* gleichberechtigt partizipierender Staatsbürger verwirklichen.[47] Der republikanische Begriff der »Politik« bezieht

---

43 Michelman, Law's Republic (1988), 1525.

44 J. G. A. Pocock, The Machiavellian Moment: Florentine Political Thought and the Atlantic Republican Tradition, Princeton 1975.

45 P. W. Kahn, Reason and Will in the Origins of American Constitutionalism, Yale Law Journal 98, 1989, 449-517.

46 J. G. A. Pocock, Virtues, Rights, and Manners, Political Theory 9, 1981, 353-368.

47 Zu den Begriffen ›positiver‹ und ›negativer‹ Freiheit vgl. Ch. Taylor, Was ist menschliches Handeln?, in: ders., Negative Freiheit? Frankfurt/Main 1988, 9 ff.

sich nicht auf die staatlich garantierten Rechte privater Bürger auf Leben, Freiheit und Eigentum, sondern in erster Linie auf die Selbstbestimmungspraxis gemeinwohlorientierter Staatsbürger, die sich als freie und gleiche Angehörige einer kooperierenden und sich selbst verwaltenden Gemeinschaft verstehen. Recht und Gesetz sind sekundär gegenüber dem *sittlichen* Lebenszusammenhang einer Polis, in der sich die Tugend der aktiven Teilnahme an den öffentlichen Angelegenheiten entfalten und stabilisieren kann. Erst in dieser staatsbürgerlichen Praxis kann der Mensch das Telos seiner Gattung verwirklichen.[48] Michelman versucht nun, in den Debatten der amerikanischen Verfassungsväter, im Verfassungstext selbst[49] und in der aktuellen Verfassungsrechtsprechung[50] Spuren dieses Republikanismus zu entziffern, um daraus einen normativen gehaltvollen Begriff des politischen Prozesses und seiner *Verfahrensbedingungen* zu entwickeln. Er stilisiert den Gegensatz zwischen dem »republikanischen« und dem sogenannten »liberalen« Paradigma und kennzeichnet damit zwei Traditionen der Verfassungsinterpretation, aber auch zwei Tendenzen, die in der Verfassungswirklichkeit miteinander konkurrieren.

Die entscheidende Differenz besteht im Verständnis der Rolle des demokratischen Prozesses. Nach »liberaler« Auffassung – ich werde dieser vereinfachenden, aber in der amerikanischen Diskussion eingespielten Terminologie folgen – erfüllt er die Aufgabe, den Staat im Interesse der Gesellschaft zu programmieren, wobei der Staat als Apparat der öffentlichen Verwaltung, die Gesellschaft als System des marktwirtschaftlich strukturierten Verkehrs der Privatleute und ihrer gesellschaftlichen Arbeit vorgestellt werden. Dabei hat die Politik (im Sinne der politischen Willensbildung der Bürger) die Funktion der Bündelung und Durchsetzung gesellschaftlicher Privatinteressen gegenüber einem Staatsapparat, der auf die administrative Verwendung politischer Macht für kollektive Ziele spezialisiert ist. Nach republikanischer Auffassung geht aber die Politik

48 J. Ritter, Metaphysik und Politik, Frankfurt/Main 1969.
49 F. I. Michelman, The Supreme Court 1985 Term, Foreword, Harvard Law Review 100, 1986, 4-77.
50 F. I. Michelman, Conceptions of Democracy in American Constitutional Argument: Voting Rights, Florida Law Review 41, 1989, 443-490.

nicht in einer solchen Vermittlungsfunktion auf; sie ist vielmehr für den Vergesellschaftungsprozeß im ganzen konstitutiv. »Politik« wird als Reflexionsform eines sittlichen Lebenszusammenhangs begriffen – als das Medium, in dem sich die Angehörigen mehr oder weniger naturwüchsiger Solidargemeinschaften ihrer Angewiesenheit aufeinander inne werden und als Staatsbürger die vorgefundenen Verhältnisse reziproker Anerkennung mit Willen und Bewußtsein zu einer Assoziation freier und gleicher Rechtsgenossen fortbilden und ausgestalten. Damit erfährt die liberale Architektonik von Staat und Gesellschaft eine wichtige Veränderung: neben die hierarchische Regelungsinstanz der staatlichen Hoheitsgewalt und die dezentralisierte Regelungsinstanz des Marktes, also neben administrative Macht und individuelles Eigeninteresse treten *Solidarität* und Gemeinwohlorientierung als eine *dritte Quelle* der gesellschaftlichen Integration. Diese horizontale, auf Verständigung oder kommunikativ erzielten Konsens angelegte politische Willensbildung soll sogar, genetisch wie normativ betrachtet, Vorrang genießen. Für die Praxis staatsbürgerlicher Selbstbestimmung wird eine autonome, von öffentlicher Administration und marktvermitteltem Privatverkehr unabhängige *zivilgesellschaftliche Basis* angenommen, die die politische Kommunikation davor bewahrt, vom Staatsapparat aufgesogen oder an die Struktur des Marktes assimiliert zu werden. In der republikanischen Konzeption gewinnen die politische Öffentlichkeit und, als deren Unterbau, die Zivilgesellschaft eine strategische Bedeutung; sie sollen der Verständigungspraxis der Staatsbürger ihre Integrationskraft und Autonomie sichern.[51] Der Entkoppelung der politischen Kommunikation von der Wirtschaftsgesellschaft entspricht, nach unserer Terminologie, eine Rückkoppelung der administrativen Macht an die aus der politischen Meinungs- und Willensbildung hervorgehende kommunikative Macht. Aus den konkurrierenden Ansätzen ergeben sich für die Einschätzung des politischen Prozesses die folgenden Konsequenzen.

(a) Zunächst unterscheiden sich die *Konzepte des Staatsbürgers*. Der liberalen Auffassung zufolge bestimmt sich der Status der Bür-

---

51 Vgl. H. Arendt, Über die Revolution, München 1965; dies., Macht und Gewalt, München 1970.

ger primär nach Maßgabe der negativen Rechte, die sie gegenüber Staat und anderen Bürgern haben. Als Träger dieser Rechte genießen sie den Schutz des Staates, solange sie ihre privaten Interessen innerhalb der durch die Gesetze gezogenen Grenzen verfolgen – auch den Schutz gegen staatliche Interventionen, die über den gesetzlichen Eingriffsvorbehalt hinausgehen. Die politischen Rechte haben nicht nur dieselbe Struktur, sondern auch denselben Sinn wie die subjektiven Privatrechte, die einen Optionsspielraum gewähren, innerhalb dessen die Rechtspersonen von äußeren Zwängen freigesetzt sind. Sie geben den Staatsbürgern die Möglichkeit, ihre privaten Interessen so zur Geltung zu bringen, daß diese sich am Ende über Stimmabgabe, Zusammensetzung parlamentarischer Körperschaften und Regierungsbildung mit anderen Privatinteressen zu einem auf die Administration einwirkenden politischen Willen aggregieren. Auf diese Weise können die Bürger in ihrer Rolle als Staatsbürger kontrollieren, ob die Staatsgewalt im Interesse der Bürger als Privatleute ausgeübt wird.[52] Nach republikanischer Auffassung bestimmt sich der Status der Bürger nicht nach dem Muster negativer Freiheiten, die diese *wie* Privatleute in Anspruch nehmen können. Die Staatsbürgerrechte, in erster Linie die politischen Teilnahme- und Kommunikationsrechte, sind vielmehr positive Freiheiten. Sie garantieren nicht die Freiheit von äußerem Zwang, sondern die Möglichkeit der Teilnahme an einer gemeinsamen Praxis, durch deren Ausübung die Bürger sich erst zu dem machen können, was sie sein wollen – zu politisch autonomen Urhebern einer Ge-

52 F. I. Michelman, Political Truth and the Rule of Law, Tel Aviv University Studies in Law 8, 1988, 283: »The political society envisioned by bumper-sticker republicans is the society of private right bearers, an association whose first principle is the protection of lives, liberties and estates of its individual members. In that society, the state is justified by the protection it gives to those pre-political interests; the purpose of the constitution is to ensure that the state apparatus, the government, provides such protection for the people at large rather than serves the special interests of the governors or their patrons; the function of citizenship is to operate the constitution and thereby motivate the governors to act according to that protective purpose; and the value to you of your political franchise – your right to vote and speak, to have your views heard and counted – is the handle it gives you on influencing the system so that it will adequately heed and protect your particular, pre-political rights and other interests.«

meinschaft von Freien und Gleichen. Insofern dient der politische Prozeß nicht nur der Kontrolle der Staatstätigkeit durch Bürger, die in Ausübung ihrer privaten Rechte und vorpolitischen Freiheiten eine vorgängige gesellschaftliche Autonomie schon erworben haben. Ebensowenig erfüllt er eine Scharnierfunktion zwischen Staat und Gesellschaft, denn die administrative Gewalt ist überhaupt keine autochthone Gewalt, nichts Gegebenes. Diese geht vielmehr aus der in der Selbstbestimmungspraxis der Staatsbürger kommunikativ erzeugten Macht hervor und legitimiert sich daran, daß sie durch die Institutionalisierung der öffentlichen Freiheit diese Praxis schützt.[53] Die Existenzberechtigung des Staates liegt nicht primär im Schutz gleicher subjektiver Rechte, sondern in der Gewährleistung eines inklusiven Meinungs- und Willensbildungsprozesses, worin sich freie und gleiche Bürger darüber verständigen, welche Ziele und Normen im gemeinsamen Interesse aller liegen. Damit wird dem republikanischen Staatsbürger mehr zugemutet als die Orientierung am jeweils eigenen Interesse.

(b) In der Polemik gegen den klassischen Begriff der Rechtsperson als des Trägers subjektiver Privatrechte verrät sich eine Kontroverse um den *Begriff des Rechts* selber. Während nach liberaler Auffassung der Sinn einer Rechtsordnung darin besteht, daß sie im Einzelfall festzustellen erlaubt, welchen Individuen welche Rechte zustehen, verdanken sich diese subjektiven Rechte nach republikanischer Auffassung einer objektiven Rechtsordnung, welche die Integrität eines gleichberechtigten, autonomen und auf gegenseitiger Achtung beruhenden Zusammenlebens zugleich ermöglicht und garantiert. Im einen Fall wird die Rechtsordnung ausgehend von subjektiven Rechten konstruiert, im anderen Fall wird ihrem objektivrechtlichen Gehalt ein Primat eingeräumt. Durch diese dichotomisierende Begriffsbildung fällt der intersubjektive Gehalt eines

53 Michelman, Truth (1988), 284: »In civic constitutional vision, political society is primarily the society not of rightbearers but of citizens, an association whose first principle is the creation and provision of a public realm within which a people, together, argue and reason about the right terms of social coexistence, terms that they will set together and which they understand as their common good ... Hence the state is justified by its purpose of establishing and ordering the public sphere within which persons can achieve freedom in the sense of self-government by the exercise of reason in public dialogue.«

diskurstheoretisch begriffenen Systems von Rechten hindurch, das sich die Bürger gegenseitig einräumen. Dabei gründet die reziproke Beachtung von Rechten und Pflichten in symmetrischen Anerkennungsverhältnissen. Allerdings kommt der Republikanismus diesem Rechtskonzept, das der Integrität des Einzelnen und seinen subjektiven Freiheiten gleiches Gewicht beimißt wie der Integrität der Gemeinschaft, in der sich die Einzelnen zugleich als Individuen und als Mitglieder erst wechselseitig anerkennen können, immerhin entgegen. Er bindet die Legitimität der Gesetze an das demokratische Verfahren ihrer Genese und wahrt so den internen Zusammenhang zwischen der Selbstbestimmungspraxis des Volkes und der unpersönlichen Herrschaft der Gesetze: »For republicans rights ultimately are nothing but determinations of the prevailing political will, while for liberals some rights are always grounded in a ›higher law‹ of transpolitical reason or revelation ... In a republican view, a community's objective, the common good, substantially consists in the success of its political endeavor to define, establish, effectuate and sustain the set of rights (less tendentiously laws) best suited to the conditions and mores of that community, whereas in a contrasting liberal view the higher-law rights provide the transcendental structures and the curbs on power required so that pluralistic pursuit of diverse and conflicting interests may proceed as satisfactorily as possible.«[54]

Das als positive Freiheit interpretierte Wahlrecht wird zum Paradigma von Rechten überhaupt, nicht nur weil es für die politische Selbstbestimmung konstitutiv ist, sondern weil an seiner Struktur abzulesen ist, wie die Inklusion in eine Gemeinschaft von Gleichberechtigten mit der individuellen Berechtigung zu autonomen Beiträgen und eigenen Stellungnahmen zusammenhängt: »The claim is, that we all take an interest in each other's enfranchisment, because (i) our choice lies between hanging together and hanging separately; (ii) hanging together depends on reciprocal assurance to all of having one's vital interests heeded by the others; and (iii) in the deeply pluralized conditions of contemporary American society, such assurances are attainable ... only by maintaining at least the

54 Michelman, Conceptions of Democracy (1989), 446f.

semblance of a politics in which everyone is conceded a voice.«[55]
Diese Struktur teilt sich über den Gesetzgebungsprozeß, den die
politischen Rechte konstituieren, *allen* Rechten mit. Auch die pri-
vatrechtliche Ermächtigung zur Verfolgung privater, frei gewählter
Ziele verpflichtet gleichzeitig zur Einhaltung der im gleichmäßigen
Interesse aller konsentierten Grenzen strategischen Handelns.

(c) Die verschiedenen Konzeptualisierungen der Staatsbürgerrolle
und des Rechts sind Ausdruck eines tiefer reichenden Dissenses
über die *Natur des politischen Prozesses*. Nach liberaler Auffassung
ist die Politik wesentlich ein Kampf um Positionen, die Verfügung
über administrative Macht einräumen. Der politische Meinungs-
und Willensbildungsprozeß in Öffentlichkeit und Parlament ist
durch die Konkurrenz strategisch handelnder kollektiver Aktoren
um den Erhalt oder den Erwerb von Machtpositionen bestimmt.
Der Erfolg bemißt sich an der nach Wählerstimmen quantifizierten
Zustimmung der Bürger zu Personen und Programmen. In ihrem
Votum bringen die Wähler ihre Präferenzen zum Ausdruck. Ihre
Wahlentscheidungen haben dieselbe Struktur wie die Wahlakte er-
folgsorientierter Marktteilnehmer. Sie lizensieren den Zugriff auf
Machtpositionen, um die sich die politischen Parteien in der gleichen erfolgsorientierten Einstellung streiten. Der Stimmen-Input
und der Macht-Output entspricht demselben Muster strategischen
Handelns: »By contrast with deliberation, strategic interaction
aims at coordination rather than cooperation. In the last analysis, it
asks people to consider no one's interest but their own. Its medium
is bargain, not argument. Its tools of persuasion are not claims and
reasons but conditional offers of service and forbearance. Whether
formally embodied in a vote or in contract, or just informally carried out in social behaviors, a strategic outcome represents not a
collective judgement of reason but a vector sum in a field of
forces.«[56]

Nach republikanischer Auffassung gehorcht die politische Mei-
nungs- und Willensbildung in Öffentlichkeit und Parlament nicht

---

55 Michelman, Conceptions of Democracy (1989), 484.
56 F.I. Michelman, Conceptions of Democracy in American Constitutional Argument: The Case of Pornography Regulation, Tennessee Law Review 56, 1989,
   293.

den Strukturen von Marktprozessen, sondern den eigensinnigen Strukturen einer verständigungsorientierten öffentlichen Kommunikation. Für Politik im Sinne einer Praxis staatsbürgerlicher Selbstbestimmung ist das Paradigma nicht der Markt, sondern das Gespräch: »A dialogic conception envisions – or perhaps one ought to say it idealizes – politics as a normative activity. It imagines politics as contestation over questions of value and not simply questions of preference. It envisions politics as a process of reason not just of will, of persuasion not just of power, directed toward agreement regarding a good or just, or at any rate acceptable, way to order those aspects of life that involve people's social relations and social natures.«[57] Aus dieser Sicht besteht zwischen der kommunikativen Macht, die in Gestalt von diskursiv gebildeten Mehrheitsmeinungen aus der politischen Kommunikation hervorgeht, und der administrativen Macht, über die der Staatsapparat verfügt, ein struktureller Unterschied. Auch die Parteien, die um den Zugang zu staatlichen Machtpositionen kämpfen, müssen sich auf den deliberativen Stil und den Eigensinn politischer Diskurse einlassen: »Deliberation ... refers to a certain attitude toward social cooperation, namely, that of openness to persuasion by reasons referring to the claims of others as well as one's own. The deliberative medium is a good faith exchange of views – including participant's reports of their own understanding of their respective vital interests – ... in which a vote, if any vote is taken, represents a pooling of judgements.«[58] Darum hat der in der politischen Arena ausgetragene Meinungsstreit legitimierende Kraft nicht nur im Sinne einer Autorisierung des Zugriffs auf Machtpositionen; vielmehr hat der kontinuierlich geführte politische Diskurs auch für die Art der Ausübung politischer Herrschaft bindende Kraft. Die administrative Macht kann nur auf der Grundlage der Politiken und in den Grenzen der Gesetze verwendet werden, die aus dem demokratischen Prozeß hervorgehen.

(d) Aus dem republikanischen Verständnis von Politik ergibt sich schließlich eine Präzisierung der *Verfahrensbedingungen*, die der institutionalisierten Meinungs- und Willensbildung ihre legitimie-

---

57 F. I. Michelman, Bringing the Law to Life, Cornell Law Review 74, 1989, 257.
58 Michelman, Pornography (1989), 293.

rende Kraft verleihen. Es sind genau die Bedingungen, unter denen der politische Prozeß die Vermutung für sich hat, vernünftige Resultate zu erzeugen. Ein Wettbewerb um Macht, der nach dem Modell der Marktkonkurrenz vorgestellt wird, ist bestimmt von der rationalen Wahl optimaler Strategien. Mit einem unauflösbaren Pluralismus von vorpolitischen Werten und Interessen, die im politischen Prozeß bestenfalls gleichgewichtig *aggregiert* werden, verliert die Politik den Bezug zum ethischen und moralischen Gebrauch der Vernunft. Dieser liberalen Vernunftskepsis steht das republikanische Vertrauen in die Kraft politischer Diskurse gegenüber. Diese sollen die Bedürfnisinterpretationen und Wertorientierungen, damit auch das vorpolitische Selbst- und Weltverständnis selber zum Thema machen und *einsichtig* verändern können. Unter Diskursbedingungen, die jeden dazu anhalten, auch die Perspektive der übrigen Angehörigen oder gar aller anderen einzunehmen, ist eine rational motivierte Änderung der Anfangstellungnahmen möglich. Als Teilnehmer eines solchen diskursiven Meinungs- und Willensbildungsprozesses nehmen die Staatsbürger ihr Recht auf politische Selbstbestimmung wahr: »Given plurality, a political process can validate a societal norm as self given law only if (i) participation in the process results in some shift or adjustment in relevant understandings on the part of some (or all) participants, and (ii) there exists a set of prescriptive social and procedural conditions such that one's undergoing under those conditions, such a dialogic modulation of one's understandings is not considered or experienced as coercive, or invasive, or otherwise a violation of on's identity or freedom, and (iii) those conditions actually prevailed in the process supposed to be jurisgenerative.«[59]

(2) Wenn wir mit einem »republikanisch« geschärften Sinn für die deliberative Komponente des Gesetzgebungsprozesses zur Frage der Legitimität der Verfassungsrechtsprechung zurückkehren, können wir Ely's prozeduralistischen Vorschlag spezifischer fassen. Das republikanische Verständnis von Politik erinnert an den internen Zusammenhang des Systems der Rechte mit der politischen Autonomie der Staatsbürger. Aus dieser Perspektive muß

59 Michelman, Law's Republic (1988), 1526f.

das Verfassungsgericht im Rahmen seiner Kompetenzen darauf hinwirken, daß sich der Prozeß der Rechtsetzung unter den Legitimität stiftenden Bedingungen *deliberativer Politik* vollzieht. Diese wiederum ist an die anspruchsvollen Kommunikationsvoraussetzungen politischer Arenen gebunden, die sich nicht mit dem Umfang der in parlamentarischen Körperschaften institutionalisierten Willensbildung decken, sondern ebenso auf die politische Öffentlichkeit wie auf deren kulturellen Kontext und deren soziale Basis erstrecken. Eine deliberative Selbstbestimmungspraxis kann sich nur im Zusammenspiel der verfahrensrechtlich institutionalisierten, auf Entscheidungen programmierten Willensbildung parlamentarischer Körperschaften einerseits, mit der politischen Meinungsbildung in den informellen Kreisläufen der politischen Kommunikation andererseits entfalten. Relevante Anstöße, Themen und Beiträge, Probleme und Vorschläge kommen eher von den *Rändern* als aus der etablierten Mitte des Meinungsspektrums. »So the suggestion is that the pursuit of political freedom through law depends on ›our‹ (the Supreme Court's) constant reach for inclusion of the other, of the hitherto excluded – which in practice means bringing to legal-doctrinal presence the hitherto absent voices of emergently self-conscious social groups.«[60]

---

60 Michelman, Law's Republic (1988), 1529; er fährt (ebd. 1531) fort: »The full lesson of the civil rights movement will escape whoever focusses too sharply on the country's most visible, formal legislative assemblies – Congress, state legislatures, the councils of major cities – as exclusive, or even primary arenas of jurisgenerative politics and political freedom. I do not mean that those arenas are dispensable or unimportant. Rather I mean the obvious point that much of the country's normatively consequential dialogue occurs outside the major formal channels of electoral and legislative politics, and that in modern society those formal channels cannot possibly provide for most citizens much direct experience of self-revisionary, dialogic engagement. Much, perhaps most, of that experience must occur in various arenas of what we know as public life in the broad sense, some nominally political, some not: in the encounters and conflicts, interactions and debates that arise in and around town meetings and local government agencies; civic and voluntary associations; social and recreational clubs; schools public and private; managements, directorates and leadership groups of organizations of all kind; work places and shop floors; public events and street life; and so on ... Understanding of the social world that are contested and shaped in the daily encounters and transactions of civil society at large are of course conveyed

Der deliberative Modus der Gesetzgebung und die Bindung der Administration an die gesetzlichen Vorgaben werden ebenso durch verselbständigte Bürokratien wie durch den privilegierten Einfluß privater gesellschaftlicher Macht bedroht. Aber in den USA gilt, seit der berühmten Diskussion zwischen Federalists und Antifederalists, der Einfluß von *Interessengruppen*, die ihre privaten Ziele über den Staatsapparat auf Kosten allgemeiner Interessen durchsetzen, als das eigentliche Problem. In dieser klassischen Frontstellung gegen die Tyrannei gesellschaftlicher Mächte, die gegen das Prinzip der Trennung von Staat und Gesellschaft verstoßen, begreift auch der erneuerte Republikanismus die Rolle des Verfassungsgerichts als die eines Hüters deliberativer Demokratie: »The American constitutional regime is built on hostility to measures that impose burdens or grant benefits merely because of the political power of private groups; some public value is required for governmental action. This norm ... suggests, for example, that statutes that embody mere interest-group deals should be narrowly construed. It also suggests that courts should develop interpretive strategies to promote deliberation in government – by, for example, remanding issues involving constitutionally sensitive interests or groups for reconsideration by the legislature or by regulatory agencies when deliberation appears to have been absent.«[61]

C.R. Sunstein diskutiert einige der Konsequenzen, die sich aus dieser Wächterrolle für deliberative Politik ergeben. Er geht von Normenkontrollverfahren aus, in denen der Supreme Court Gesetze wegen »diskriminierender Klassifikationen« mit der Begründung zurückgewiesen hat, daß der Gesetzgeber eine »vernünftige Analyse« der regelungsbedürftigen Materie versäumt habe. Sunstein verallgemeinert diese Fälle zu einem »reasoned analysis requirement«, das auf den diskursiven Modus des Gesetzgebungsprozesses abstellt: »What emerges is a jurisprudence that inspects legislation to determine whether representatives have attempted to act delib-

to our representative arenas ... (They) are, then, to be counted among the sources and channels of republican self-government and jurisgenerative politics.«
61 Sunstein (1990), 164.

eratively.«[62] Maßstab der Beurteilung ist der diskursive Charakter der Meinungs- und Willensbildung, insbesondere die Frage, ob öffentlich vertretbare Gründe oder private Interessen, die im Rahmen parlamentarischer Verhandlungen nicht deklariert werden können, für den legislativen Beschluß den Ausschlag gegeben haben: »One of the distinctive features of this approach is that the outcome of the legislative process becomes secondary. What is important is whether it is deliberation – undistorted by private power – that gave rise to that outcome.«[63] Das hat den Vorzug, daß sich das Gericht, dem die rechtfertigenden politischen Gründe nicht zur Disposition stehen, nicht auf hypothetisch zugeschriebene Gründe beziehen muß, sondern auf faktisch vorgebrachte Gründe stützen kann. Dem Einwand, daß objektive Gründe zur Rechtfertigung eines Gesetzes auch dann ausreichen, wenn die Beschlüsse des Gesetzgebers tatsächlich durch illegitimen Druck bestimmt seien, begegnet Sunstein mit einer einleuchtenden Überlegung. Für die Bürger selbst macht es einen normativ relevanten Unterschied, ob die legitimen Ziele, deretwegen sie gegebenenfalls Nachteile in Kauf nehmen müssen, nur als eine Nebenfolge anders motivierter Programme abfallen, oder ob sie, als das *Ergebnis* eines Legitimität begründenden deliberativen Prozesses, die Gesetzgebung bestimmen.

Eine weniger eindeutige Konsequenz ergibt sich aus dem republikanischen Verständnis von Politik für die Frage, wie offensiv das Verfassungsgericht in die legislativen Befugnisse eingreifen darf. Nach Sunsteins Beobachtungen bringt der Supreme Court das »reasoned analysis requirement« gegenüber strittigen Maßnahmen der Administration strenger zur Geltung als gegenüber Beschlüssen der Legislative. Diese Zurückhaltung ist begründet, wenn sich die Rationalitätskontrolle nicht auf den Modus von Begründungsprozessen, sondern auf substantielle Gründe bezieht, die als rhetorischer Vorwand entlarvt werden. Das Gericht darf sich gegenüber dem politischen Gesetzgeber nicht die Rolle eines Ideologiekritikers anmaßen; es ist demselben Ideologieverdacht ausgesetzt und kann für sich keinen neutralen Ort außerhalb des politischen Prozesses bean-

---

62 C.R. Sunstein, Interest Groups in American Public Law, Stanford Law Review 38, 1985, 59.
63 Sunstein (1985), 58.

spruchen. Interessanterweise macht sich aber der Republikanismus nicht, wie es seine radikaldemokratische Inspiration vielleicht erwarten ließe, zum Anwalt des judicial self-restraint. Er ist vielmehr Fürsprecher eines verfassungsgerichtlichen Aktivismus, weil die Verfassungsrechtsprechung das Gefälle kompensieren soll, das zwischen dem republikanischen Ideal und der Verfassungswirklichkeit besteht. Solange die deliberative Politik aus dem Geiste der Aristotelischen Politik erneuert wird, bleibt dieses Konzept auf die Tugenden des gemeinwohlorientierten Staatsbürgers angewiesen. Und diese Tugendzumutung rückt den demokratischen Prozeß, wie er sich in den sozialstaatlichen Massendemokratien tatsächlich abspielt, ins fahle Licht einer instrumentalistisch entstellten, einer »gefallenen« Politik.

In einem anderen, jedoch analogen Zusammenhang reagiert Bruce Ackerman auf diese externe Spannung zwischen Faktizität und Geltung, indem er den Supreme Court als Vermittler zwischen Ideal und Wirklichkeit einsetzt. Er macht den interessanten Vorschlag, das Auf und Ab politischer Innovationen nach dem Kuhnschen Ablaufmodell der Wissenschaftsentwicklung zu begreifen. Wie der »normale« Wissenschaftsbetrieb nur in seltenen Augenblicken von »Revolutionen«, mit denen neue Paradigmen zum Durchbruch gelangen, unterbrochen wird, so auch der normale Gang des bürokratisch verselbständigten politischen Betriebs, der der liberalen Beschreibung eines strategisch geführten, vom Eigeninteresse gesteuerten Machtkampfs entspricht. Nur wenn die Geschichte heißläuft, in »Momenten einer verfassungspolitischen Erregung«, tritt »das Volk« aus der Normalität seines staatsbürgerlichen Privatismus heraus, eignet sich die ihm bürokratisch entfremdete Politik an und verschafft – wie in der Ära des New Deal – zukunftsweisenden Innovationen vorübergehend eine unvorhergesehene Legitimationsbasis.[64] Diese vitalistische Lesart demokratischer Selbstbestimmung bringt den während der langen Latenzzeiten schlummernden Volkswillen in einen Gegensatz zur institutionalisierten Gesetzgebung der von ihm gewählten Repräsentanten. Während

64 B. Ackerman, The Storrs Lectures; Discovering the Constitution, Yale Law Review 93, 1984, 1013-1072. Vgl. auch: ders., We the People, Cambridge, Mass. 1991.

jener Intervalle sollen die Richter des Bundesverfassungsgerichts als die Hüter einer aktuell stillgestellten, in den Routinen des parlamentarischen Geschäfts erstarrten Selbstbestimmungspraxis die Selbstbestimmungsrechte des Volkes *vikarisch* wahrnehmen: »The Court at last appears not as the representative of the People's declared will but as representation and trace of the People's absent self-government.«[65] Als republikanischer Statthalter der positiven Freiheiten, die die Staatsbürger selbst, als *nominierte* Träger dieser Freiheiten, nicht ausüben können, fällt damit das Verfassungsgericht genau in die paternalistische Rolle zurück, die Ely mit seinem prozeduralistischen Verfassungsverständnis bekämpft. Aber auch Michelman, der einen verfassungsgerichtlichen Paternalismus scheut, überbrückt die Kluft zwischen Idee und Wirklichkeit auf ähnliche Weise: »The Court helps protect the republican state – that is, the citizens politically engaged – from lapsing into a politics of self-denial. It challenges the people's self-enclosing tendency to assume their own moral completion as they now are and thus to deny to themselves the plurality on which their capacity for transformative self-renewal depends.«[66]

Es ist die *exzeptionalistische Beschreibung* der politischen Praxis, wie sie eigentlich sein sollte, die die Notwendigkeit eines pädagogischen Statthalters suggeriert; dieser wird ja nur solange für eine Regentschaft gebraucht, wie der Souverän lieber ins Private ausweicht, statt den ihm angestammten Platz, die politische Öffentlichkeit, einzunehmen und angemessen auszufüllen. Die republikanische Tradition legt einen solchen Exzeptionalismus nahe, weil sie die politische Praxis der Bürger an das Ethos einer von Haus aus integrierten Gemeinschaft bindet. Die richtige Politik kann nur von tugendhaften Bürgern gemacht werden. Diese *Tugendzumutung* führte schon bei Rousseau zur Abspaltung des gemeinwohlorientierten Staatsbürgers vom ethisch überforderten Privatmann; die Einmütigkeit des politischen Gesetzgebers sollte vorgängig durch einen sittlichen Konsens der Gemüter gesichert sein: »For Rousseau, the basis for legitimacy lies not in the free individual capable of making up his mind by weighing reasons, but rather in the individ-

65 Michelman, Foreword (1986), 65.
66 Michelman, Law's Republic (1988), 1532.

ual whose will is already entirely determined, one who has made his choice.«[67]

Demgegenüber beharrt eine diskurstheoretische Deutung darauf, daß die demokratische Willensbildung ihre legitimierende Kraft nicht vorgängig aus der Konvergenz eingelebter sittlicher Überzeugungen zieht, sondern aus Kommunikationsvoraussetzungen und Verfahren, die im Prozeß der Beratung die besseren Argumente zum Zuge kommen lassen. Die Diskurstheorie bricht mit einer ethischen Konzeption von staatsbürgerlicher Autonomie; deshalb braucht sie den Modus deliberativer Politik nicht einem Ausnahmezustand vorzubehalten. Und ein Verfassungsgericht, das sich von einem prozeduralistischen Verfassungsverständnis leiten läßt, braucht seinen Legitimationskredit nicht zu überziehen und kann sich innerhalb der – argumentationslogisch deutlich bestimmten – Kompetenzen der Rechtsanwendung bewegen, wenn der demokratische Prozeß, den es hüten soll, nicht als Ausnahmezustand beschrieben wird.

Die exzeptionellen Züge des normativ ausgezeichneten demokratischen Prozesses erklären sich daraus, daß Michelman wie andere »Kommunitaristen« Staatsbürgerschaft oder citizenship nicht *rechtlich*, sondern *ethisch* versteht. Nach dieser klassischen Auffassung[68] suchen die Bürger in der politischen Öffentlichkeit vereint nach dem, was für sie als Kollektiv jeweils das Beste ist. Das Streben nach dem kollektiv Guten übersetzt Michelman, einer romantischen Wendung folgend, in die hermeneutische Aneignung »konstitutiver Überlieferungen«. Allein die askriptive Zugehörigkeit zu einer intersubjektiv geteilten Lebensform und das Bewußtmachen eines vorgängigen Traditionszusammenhanges sollen erklären, warum die Bürger über die Lösung anstehender Probleme – und über Maßstäbe für das, was jeweils als »beste« Lösung gelten darf – einen Konsens überhaupt erzielen können: »Persuasive arguments and discussions seem inconceivable without conscious reference by those involved to their mutual and reciprocal awareness of being co-

---

67 B. Manin, On Legitimacy and Political Deliberation, Political Theory 15, 1987, 347; vgl. meine Rousseau-Kritik in: J. Habermas, Strukturwandel der Öffentlichkeit (1962), 1990, §12; siehe auch Vorwort S. 38.
68 J. Habermas, Staatsbürgerschaft und nationale Identität, unten S. 632 ff.

participants not just of this one debate, but in a more encompassing common life, bearing the imprint of a common past, within and from which the arguments and claims arise and draw their meaning.«[69] Freilich verträgt sich die substantielle Sittlichkeit eines als unproblematisch unterstellten Hintergrundkonsenses schlecht mit Bedingungen des kulturellen und gesellschaftlichen Pluralismus, durch den sich moderne Gesellschaften auszeichnen.

(3) Die Diskussion über Aktivismus oder Selbstbescheidung des Verfassungsgerichts läßt sich nicht in abstracto führen. Wenn man die Verfassung als Interpretation und Ausgestaltung eines Systems von Rechten versteht, das den internen Zusammenhang von privater und öffentlicher Autonomie zur Geltung bringt, kann eine offensive Verfassungsrechtsprechung in Fällen, wo es um die Durchsetzung des demokratischen Verfahrens und der deliberativen Form politischer Meinungs- und Willensbildung geht, nicht schaden, sie ist sogar normativ gefordert. Allerdings müssen wir den Begriff der deliberativen Politik von überanstrengenden Konnotationen befreien, die das Verfassungsgericht permanent unter Zugzwang setzen müßten. Es darf nicht die Rolle eines Regenten übernehmen, der an die Stelle des unmündigen Thronfolgers tritt. Unter den kritischen Augen einer politisierten Rechtsöffentlichkeit – der zur »Gemeinschaft der Verfassungsinterpreten« erwachsenen Staatsbürgerschaft[70] – kann das Verfassungsgericht bestenfalls die Rolle eines Tutors ausfüllen. Die von hochgemuten Staatsrechtlern vorgenommene Idealisierung dieser Rolle legt sich nur dann nahe, wenn man für einen idealistisch überhöhten politischen Prozeß einen Treuhänder sucht. Diese Idealisierung wiederum folgt aus einer *ethischen Engführung politischer Diskurse*, die mit dem Begriff deliberativer Politik keineswegs notwendigerweise verknüpft ist. Sie ist weder unter argumentationslogischen Gesichtspunkten stichhaltig, noch um der Verteidigung eines intersubjektivistischen Ansatzes willen erforderlich.

69 Michelman, Law's Republic (1988), 1513.
70 In der Bundesrepublik findet das republikanische Rechtsdenken der Kommunitaristen eine gewisse Parallele im Grundrechtsverständnis von P. Häberle, Verfassung als öffentlicher Prozeß, Frankfurt/Main 1978; vgl. auch A. Blankenagel, Tradition und Verfassung, Baden-Baden 1987.

Nach Auffassung der Kommunitaristen besteht zwischen dem Diskursbegriff der Demokratie und der Bezugnahme auf eine konkrete, sittlich integrierte Gemeinschaft ein notwendiger Zusammenhang. Denn anders sei nicht zu erklären, wie eine Gemeinwohlorientierung der Staatsbürger überhaupt möglich ist.[71] Der Einzelne, so lautet das Argument, kann sich nur in einer mit anderen gemeinsam ausgeübten Praxis seiner Zugehörigkeit zu einer kollektiven Lebensform und damit einer vorgängigen, nicht zur Disposition stehenden sozialen Bindung bewußt werden: »Actual participation in political action, deliberation and conflict may make us aware of our more remote and indirect connections with others, the longrange and large scale significance of what we want and are doing.«[72] Nur im öffentlichen Austausch mit Anderen, die ihre Identität denselben Überlieferungen und ähnlichen Bildungspro-

71 Diesen Gemeinschaftsbezug halten die Kommunitaristen weiterhin für nötig, um den Sinn politischer Pflichten zu erklären. Weil die Einhaltung einer über aktuelle Interessen hinausreichenden Verpflichtung nach dem Modell eines vereinbarten Tausches von Gütern – von natürlicher Freiheit gegen Schutz und Sicherheit – nicht begründet werden kann, ersetzen sie das Vertragsmodell durch den ursprünglichen Akt wechselseitiger *Versprechungen*. Die demokratische Wahl soll sich als das aktuelle Gegenstück zu einem Gründungsversprechen begreifen lassen; mit diesem Akt erneuern und bekräftigen die Nachgeborenen die für das politische Gemeinwesen konstitutive Selbstverpflichtung der Gründergeneration: »Citizens collectively must create their political obligation and political authority through participatory voting in a democratic community.« Da aber ein Versprechen eine interpersonale Beziehung zwischen bestimmten Individuen herstellt, verlangt diese Erklärung die Bezugnahme auf ein Netz solcher Beziehungen, wie es sich in einer konkreten Gemeinschaft herstellt (C. Pateman, The Problem of Political Obligation, Oxford 1979, 174). Abgesehen davon, daß auf diese Weise Verpflichtungen gegenüber *anderen* politischen Gemeinschaften nicht gerechtfertigt werden können, setzt freilich das Modell das, was es zu erklären beansprucht, stillschweigend schon voraus – eben den verpflichtenden Sinn geltender Normen. Das kann man sich am Sprechakt des Versprechens klarmachen. Das Versprechen entlehnt den entscheidenden normativen Gehalt seines illokutionären Sinnes der Autonomie des Sprechers, der schon wissen muß, was es heißt, den eigenen Willen zu *binden*. Diese Art der Autonomie setzt aber voraus, daß das Subjekt sein Handeln überhaupt an normativen Erwartungen orientieren, also aus Pflicht handeln kann. Ob einseitiges oder reziprokes Versprechen, ein solcher Akt erzeugt Pflichten eines *bestimmten* Inhalts, nicht aber den Geltungssinn von Verpflichtungen *als solchen*.

72 H. Pitkin, Justice. On Relating Private and Public, Political Theory 9, 1981, 344.

zessen verdanken, kann sich nach dieser Auffassung der Einzelne über Gemeinsamkeiten und Differenzen, also darüber klar werden, wer er ist und sein möchte. In dieser kollektiven Selbstverständigung bringt sich auch ein Motiv zur Überwindung von Egozentrik und Selbstinteresse zur Geltung, nämlich die Erfahrung, daß die Exklusion und Unterdrückung einiger die Entfremdung aller zur Folge hat – die Erfahrung einer »Kausalität des Schicksals«, die jedem die Isolierung vom unentrinnbar gemeinsamen Kommunikationszusammenhang als Leiden fühlbar macht. Deshalb gelten aus kommunitaristischer Sicht nur diejenigen Diskurse in einem genuinen Sinne als politische Diskurse, die mit dem Ziel kollektiver Selbstverständigung geführt werden.

Diese und ähnliche Gründe schießen in der verfassungsethischen Deutung des politischen Diskurses zusammen. Wie schon Perry, so begreift auch Michelman genuine Politik als eine Besinnung auf den exzeptionellen Akt der Verfassungsgründung – und als die affirmierende Wiederholung dieses Gründungsaktes. Diese rettende Anamnese macht die Bezugnahme auf die sittlichen Grundlagen der je eigenen, historisch gewordenen Gemeinschaft erforderlich: »The first requirement is ... that it makes sense of the centrality and constancy in American constitutional practice of the remembrance of its origins of public acts of deliberate creation; for that remembrance both deeply reflects and deeply informs the American understanding of what it means for a people to be both self-governing and under law.«[73] Damit erhebt Michelman jene Form der symbolischen Politik, wie sie sich etwa in den Feiern zum Bicentennial der Unabhängigkeitserklärung ausgedrückt hat, zum Modell von Politik überhaupt und nimmt das Gefälle in Kauf, das zwischen diesen für die politische Integration einer Staatsbürgernation lebenswichtigen zeremoniellen Akten und den Geschäften des politischen Alltags besteht. Die Spannung zwischen Faktizität und Geltung, die doch innerhalb des Rechtsmediums selbst als solche stabilisiert werden sollte, bricht dann erneut auf zwischen dem Ideal einer sittlichen Republik und der schnöden Verfassungswirklichkeit. Allein die Form einer ethischen-politischen Argumentation bildet dann

---

73 Michelman, Law's Republic (1988), 1508.

noch die schmale Brücke zwischen der originären und der »gefallenen« Politik. Wo sich die politische Willensbildung als ethischer
Diskurs darstellt, muß der politische Diskurs *stets* mit dem Ziel geführt werden, herauszufinden, was für die Staatsbürger als Angehörige einer konkreten Gemeinschaft im Horizont ihrer Lebensform
und ihres Traditionszusammenhangs jeweils das Beste ist. R. Beiner
bringt diese Angleichung politischer Urteile an die ethische Selbstverständigung auf den Punkt: »All political judgments are – implic-
itly at least – judgments about the form of collective life that is
desirable for us to pursue within a given context of possibilities. The
commonality of the judging subjects is internal to, or constitutive
of, the judgment, not merely contingent or external to it ... This
follows from the object of deliberation, which is directed to the very
form of our relating together ... I can express this no better than by
saying that what is at issue here is not ›what should I do?‹ or ›how
should I conduct myself?‹ but ›how are we to *be* together, and what
is to be the institutional setting for that being-together?‹«[74]

Diese Assimilation der politischen Meinungs- und Willensbildung
an ethisch-politische Selbstverständigung verträgt sich allerdings
schlecht mit der Funktion des Gesetzgebungsprozesses, in den sie
einmündet. In Gesetze gehen gewiß auch teleologische Gehalte ein,
aber diese erschöpfen sich nicht in kollektiven Zielsetzungen. Ihrer
Struktur nach sind Gesetze durch die Frage bestimmt, nach welchen Normen die Bürger ihr Zusammenleben regeln wollen. Zwar
bilden Selbstverständigungskurse, in denen sich die Beteiligten darüber klar werden möchten, wie sie sich als Angehörige einer bestimmten Nation, als Mitglieder einer Kommune oder eines Staates,
als Bewohner einer Region usw. verstehen, welche Traditionen sie
fortsetzen, wie sie miteinander, mit Minoritäten, mit Randgruppen
umgehen, kurz: in welcher Art von Gesellschaft sie leben wollen,
auch einen wichtigen Bestandteil von Politik. Aber diese Fragen
sind, wie wir gesehen haben, moralischen Fragen untergeordnet
und stehen im Zusammenhang mit pragmatischen Fragen. *Vorrang*
hat die Frage, wie eine Materie im gleichmäßigen Interesse aller geregelt werden kann. Die Normsetzung steht primär unter dem Ge-

---

74 R. Beiner, Political Judgment, Chicago 1983, 138.

sichtspunkt der Gerechtigkeit und bemißt sich an Prinzipien, die besagen, was gleichermaßen gut ist für alle. Anders als ethische Fragen sind Gerechtigkeitsfragen nicht von Haus aus auf ein bestimmtes Kollektiv und dessen Lebensform bezogen. Das politisch gesatzte Recht einer konkreten Rechtsgemeinschaft muß, wenn es legitim sein soll, mindestens in Einklang stehen mit moralischen Grundsätzen, die auch über die Rechtsgemeinschaft hinaus allgemeine Geltung beanspruchen.

Den breitesten Raum nehmen ohnehin Kompromisse ein. Unter Bedingungen des kulturellen und gesellschaftlichen Pluralismus stehen hinter politisch relevanten Zielen oft Interessen und Wertorientierungen, die keineswegs für die Identität des Gemeinwesens insgesamt, also für das Ganze einer intersubjektiv geteilten Lebensform konstitutiv sind. Diese Interessen und Wertorientierungen, die ohne Aussicht auf Konsens miteinander in Konflikt liegen, bedürfen eines Ausgleichs, der durch ethische Diskurse nicht zu erreichen ist – auch wenn die Resultate unter dem Vorbehalt stehen, die konsentierten Grundwerte einer Kultur nicht verletzen zu dürfen. Dieser Interessenausgleich vollzieht sich, wie gezeigt, als Kompromißbildung zwischen Parteien, die sich auf Macht- und Sanktionspotentiale stützen. Verhandlungen dieser Art setzen gewiß Kooperationsbereitschaft, also den Willen voraus, unter Beachtung von Spielregeln zu Resultaten zu gelangen, die für alle Parteien, wenn auch aus verschiedenen Gründen, akzeptabel sind. Aber eine solche Kompromißbildung vollzieht sich eben nicht in den Formen eines rationalen, Macht neutralisierenden, strategisches Handeln ausschließenden Diskurses.

Wofür der deliberative Modus der Gesetzgebungspraxis sorgen soll, ist nicht *nur* die ethische Validität der Gesetze. Vielmehr läßt sich der komplexe Geltungsanspruch von Rechtsnormen als der Anspruch verstehen, auf der einen Seite die strategisch behaupteten Teilinteressen gemeinwohlverträglich zu berücksichtigen, auf der anderen Seite universalistische Gerechtigkeitsgrundsätze in den Horizont einer bestimmten, durch partikulare Wertkonstellationen geprägten Lebensform einzuholen. Indem diese Grundsätze einer gewissermaßen ortlosen, alle konkreten Lebensformen übergreifenden Moral für eine bestimmte Rechtsgemeinschaft Verbindlichkeit gewinnen, erhalten sie einen Sitz auch in jenen abstrakten Handlungsbereichen, die über die informellen Kontexte verständigungsorientierten Handelns allein nicht mehr hinreichend integriert werden können. Gegenüber der ethischen Engführung politischer Diskurse gewinnt der Begriff der deliberativen Politik erst dann einen empirischen Bezug, wenn wir der *Vielfalt* der Kommunikationsformen, der Argumente und der verfahrensrechtlichen Institutionalisierungen Rechnung tragen.

Wir haben gesehen, wie sich in der Rechtsprechung unter Anwendungsaspekten das Bündel jener verschiedenartigen Argumente wieder öffnet, die in den Rechtsetzungsprozeß eingegangen sind und den Legitimitätsansprüchen des geltenden Rechts eine rationale Grundlage verschafft haben. In juristischen Diskursen kommen neben den rechtsimmanenten Gründen auch moralische und ethische, empirische und pragmatische Gründe zum Zuge. Wenn man die demokratische Genese des Rechts vom anderen Ende der Rechtsanwendung aus betrachtet, zeigen sich erneut die verschiedenen Aspekte, unter denen sich das Syndrom der deliberativen Politik auflösen, klären und differenzieren läßt. In der legislativen Politik sind Informationszufuhr und zweckrationale Mittelwahl mit Interessenausgleich und Kompromißbildung, ethischer Selbstverständigung und Präferenzbildung, moralischer Begründung und rechtlicher Kohärenzprüfung verflochten. Dabei *verschränken* sich auf rationale Weise jene beiden Politiktypen, die Michelman polarisierend gegenübergestellt hatte. Anders als Michelman rekonstruiert deshalb Sunstein aus den Anfängen der amerikanischen Verfassungstradition nicht zwei verschiedene Stränge, die einen Gegensatz zwischen dem republikanischen und dem liberalen Verständnis von Politik belegen, sondern ein integriertes Konzept, das er »Madisonian Republicanism« nennt.

Dieses Konzept ist stark genug, um den deliberativen Modus des Gesetzgebungsprozesses als notwendige Bedingung legitimer Rechtsetzung zu begründen, aber schwach genug, um den Anschluß an empirische Theorien nicht zu verlieren: »There are numerous theories about legislative decisionmaking. One theory suggests that a considerable amount of legislative behavior can be explained if one assumes that members of Congress seek single-mindedly the goal of reelection. Another approach indicates that three primary considerations – achieving influence within the legislature, promoting public policy, and obtaining reelection – have more explanatory power than any single-factored approach. In the economic literature, there have been efforts to explain legislative behavior solely by reference to constituent pressures. Such interpretations have been attacked as too reductionist. – What emerges is a continuum. At one pole are cases in which interest-group pressures are largely determinative and statutory enactments can be regarded as ›deals‹ among contending interests. At the other pole lie cases where legislators engage in deliberation in which interestgroups, conventionally defined, play little or no role. At various points along the continuum a great range of legislative decisions exist where the outcomes are dependent on an amalgam of pressure, deliberation and other factors. No simple test can distinguish cases falling at different points on the continuum.«[75] Sunstein zeichnet ein realistisches, aber zu flächiges Bild von der legislativen Politik. Obwohl es keinen »einfachen Test« gibt, läßt sich unter diskurstheoretischen Gesichtspunkten das empirische Kontinuum immerhin so weit aufbrechen, daß wir die beobachtbaren Kommunikationsflüsse nach den verschiedenen Fragestellungen analysieren und nach entsprechenden Kommunikationsformen rekonstruieren können. Auf der Oberfläche lassen sich die tiefengrammatischen Unterschiede zwischen dem pragmatischen, ethischen und moralischen Gebrauch der Vernunft nicht ohne weiteres erkennen; das heißt jedoch nicht, daß sich die Formen der Politik, die Michelman idealtypisch gegenüberstellt, *ununterscheidbar* durchdringen. Die mit diskurstheoretischen Mitteln vorgenommene Rekonstruktion eines gegebenen Kommunikationsabschnittes erlaubt zudem, die Abweichungen festzustellen, die auf öffentlich nicht vertretbare Einwirkungen sozialer und administrativer Macht zurückgehen.

Die fällige Differenzierung zwischen Politik und Ethik, die der Republikanismus nicht scharf genug vornimmt, bringt das intersubjektivistische Verständnis von Recht und Politik keineswegs in

75 Sunstein (1985), 48 f.

Gefahr. Gewiß, die deliberative Politik bleibt nur insoweit, wie sie sich als ein ethischer Diskurs im großen abspielt, mit dem gegebenen Überlieferungskontext einer bestimmten historischen Gemeinschaft intern verzahnt. Nur als ethische Selbstverständigung bringt die Politik jenes Band substantieller Sittlichkeit zu Bewußtsein, das die Bürger im diskursiven Streit a fortiori zusammenhält. Soweit sich politische Diskurse auf Verhandlungen einerseits, auf die moralische Verallgemeinerung von Interessen andererseits erstrecken, kann das demokratische Verfahren seine legitimierende Kraft aber nicht mehr aus dem *vorgängigen* Einverständnis einer präsupponierten sittlichen Gemeinschaft ziehen, sondern nur noch aus sich selber. Die Konsequenzen, die sich daraus ergeben, stellen die kommunitaristische Lesart der republikanischen Tradition in Frage, ohne deren intersubjektivistischen Kern zu berühren. Michelman befürchtet, daß der normative Sinn einer legislativen Politik, die mit ihrem Gemeinschaftsbezug die Möglichkeit des Rekurses auf gemeinsame Traditionen verliert, nur noch durch die Bezugnahme auf eine transzendente Vernunftautorität gerettet werden kann.[76] Tatsächlich setzt jedoch ein konsequent proceduralistisches Verfassungsverständnis auf den intrinsisch vernünftigen Charakter jener Verfahrensbedingungen, die für den demokratischen Prozeß im ganzen die Vermutung begründen, vernünftige Ergebnisse zu ermöglichen. Die Vernunft verkörpert sich dann allein in den formalpragmatischen Ermöglichungsbedingungen für eine deliberative Politik und braucht dieser nicht als eine fremde, jenseits der politischen Kommunikation angesiedelte Autorität gegenüberzutreten.

In einem abstrakter angelegten Diskursmodell bleibt die Einbindung des Einzelnen in die Intersubjektivität einer vorgängigen *Struktur* möglicher Verständigung erhalten. Zugleich entbindet die Bezugnahme auf eine virtuelle, über die Traditionsgestalt jeder partikularen Gemeinschaft hinausweisende Kommunikationsgemeinschaft, die in idealer Weise inklusiv ist, die Ja-/Nein-Stellungnahmen der Beteiligten von der präjudizierenden Gewalt der bloß konventionell einsozialisierten Sprachspiele und Lebensformen.

76 Michelman, Pornography (1989), 291 f.

Damit geht in das diskurstheoretische Verständnis deliberativer Politik allerdings ein *transzendierendes* Moment ein, das wiederum empirische Bedenken auf den Plan ruft: »The first criticism«, so wendet Sunstein gegen sich selber ein, »would suggest that it is utopian to believe that representatives can be forced into the Madisonian model.«[77] Aus dem normativ gerichteten Blickwinkel der Rechtstheorie kann er den Einwand entkräften. Aber erst aus dem veränderten Blickwinkel der Demokratietheorie können die empirisch motivierten Bedenken gegen einen diskurstheoretisch eingeführten Begriff deliberativer Politik ihre ganze Kraft entfalten.

77 Sunstein (1985), 76.

VII. Deliberative Politik – ein Verfahrensbegriff der Demokratie

Die Frage nach den Bedingungen einer legitimationswirksamen Genese des Rechts hat aus dem breiten Spektrum politischer Prozesse den Ausschnitt der legislativen Politik ins Blickfeld gerückt. Aus dem Blickwinkel der Rechtstheorie habe ich diese als einen Prozeß beschrieben, der nach Argumentationsformen differenziert ist und Verhandlungen einschließt. In den anspruchsvollen Verfahrensbedingungen und Kommunikationsvoraussetzungen, auf die eine legitime Rechtsetzung angewiesen ist, hat die normensetzende und -prüfende Vernunft eine prozedurale Gestalt angenommen. Vorderhand ist unklar, wie dieses mit Idealisierungen befrachtete Verfahrenskonzept an empirische Untersuchungen Anschluß finden kann, welche die Politik in erster Linie als eine Arena von Machtprozessen begreifen und unter Gesichtspunkten interessengeleiteter strategischer Auseinandersetzungen oder systemischer Steuerungsleistungen analysieren. Diese Frage möchte ich nicht im Sinne einer *Gegenüberstellung* von Ideal und Wirklichkeit verstehen; denn der zunächst rekonstruktiv zur Geltung gebrachte normative Gehalt ist teilweise der sozialen Faktizität beobachtbarer politischer Prozesse selber eingeschrieben. Eine rekonstruktiv verfahrende Soziologie der Demokratie muß deshalb ihre Grundbegriffe so wählen, daß sie die in den politischen Praktiken, wie verzerrt auch immer, bereits verkörperten Partikel und Bruchstücke einer »existierenden Vernunft« identifizieren kann. Dieser Ansatz braucht keine geschichtsphilosophische Rückendeckung; er steht nur unter der Prämisse, daß sich die Operationsweise eines rechtsstaatlich verfaßten politischen Systems ohne Bezugnahme auf die Geltungsdimension des Rechts, und auf die legitimierende Kraft der demokratischen Genese des Rechts, auch empirisch nicht angemessen beschreiben läßt.

Bisher sind wir aus rechtstheoretischer Sicht einer Spannung zwischen Faktizität und Geltung nachgegangen, die dem Recht selbst innewohnt. Im folgenden wird das *externe* Verhältnis von Faktizität und Geltung zum Thema, nämlich jene Spannung, die zwischen dem diskurstheoretisch erklärten normativen Selbstverständnis des Rechtsstaates und der sozialen Faktizität der – mehr oder weniger in rechtsstaatlichen Formen ablaufenden – politischen Prozesse besteht. Damit kehren wir zur gesellschaftstheoretischen Betrachtungsweise der ersten beiden Kapitel zurück. Bereits aus der rechtstheoretischen Binnenperspektive war zu sehen, daß das System der Rechte sowohl in der Gestalt von historischen Verfassungen interpretiert und ausgestaltet wie auch in institutionellen Ordnungen implementiert werden muß. Diese beiden Ebenen einer komparativen Verfassungslehre und einer politikwissenschaftlichen Institutionenanalyse werde ich überspringen und statt dessen von den normativ gehaltvollen Demokratiemodellen Übergänge zu sozialwissenschaftlichen Demokratietheorien suchen. Prozesse der Erzeugung, der Allokation und der Verwendung politischer Macht haben uns bisher unter Gesichtspunkten der rechtsstaatlichen Organisation beschäftigt. Dabei ging es um normative Regelungen des Verhältnisses von kommunikativer zu administrativer und sozialer Macht. Die politische Soziologie betrachtet dieselben Phänomene aus einer anderen Perspektive.

Bevor ich im nächsten Kapitel auf die »realistischen« Demokratietheorien eingehe, möchte ich den nötigen Perspektivenwechsel schrittweise vorbereiten. Zunächst wende ich mich gegen ein empiristisch ermäßigtes Demokratiekonzept, welches Macht und Recht um ihre demokratische Legitimität verkürzt (I). Im Anschluß an einen Vergleich normativ gehaltvoller Demokratiemodelle entwickele ich sodann einen Verfahrensbegriff des demokratischen Prozesses, der sich nicht mehr mit dem ganzheitlichen Konzept einer im Staat zentrierten Gesellschaft verträgt und gegenüber konkurrierenden Lebensentwürfen Neutralität beansprucht (II). Schließlich verfolge ich Robert Dahls Versuch einer soziologischen Übersetzung und empirischen Überprüfung des prozeduralistischen Verständnisses von Demokratie mit dem Ziel, zu klären, was es überhaupt heißt, die Idee der Selbstorganisation frei assoziierter Rechtsgenossen mit der Realität hochkomplexer Gesellschaften zu »konfrontieren« (III).

Ich gehe davon aus, daß der konstitutive Zusammenhang zwischen Macht und Recht über die konzeptuell unvermeidlichen pragmatischen Voraussetzungen der legitimen Rechtsetzung und über die Institutionalisierung einer entsprechenden Selbstbestimmungspraxis der Bürger empirische Relevanz gewinnt. Diese Annahme könnte eine tendenziöse Weichenstellung bedeuten, weil sie eine empiristische Begriffsstrategie von vornherein ausschließt. Diese tilgt nämlich aus dem Konzept der Macht genau jene normative Autorität, die der Macht durch ihre interne Verbindung mit legitimem Recht zuwächst. Empiristische Machttheorien, ob sie nun system- oder handlungstheoretisch angelegt sind, ignorieren nicht die normative Imprägnierung der rechtsförmig verfaßten politischen Macht, reduzieren diese aber auf soziale Macht. Nach einer Lesart drückt sich »soziale Macht« in der Durchsetzungskraft überlegener Interessen aus, die mehr oder weniger rational verfolgt werden können; »politische Macht« kann dann als eine auf Dauer gestellte und abstrahierte Form sozialer Macht konzipiert werden, die Zugriffe auf »administrative Macht«, d.h. auf kompetenzförmig organisierte Ämter lizensiert. Aus der empiristischen Beobachterperspektive fällt der Legitimitätsanspruch des Rechts, der sich über die Rechtsform der politischen Macht mitteilt, ebenso wie der Legitimationsbedarf, der nur mit Rekurs auf bestimmte Geltungsmaßstäbe erfüllt werden kann, unter *andere* Beschreibungen als aus der Perspektive der Teilnehmer: die Bedingungen der Akzeptabilität von Recht und politischer Herrschaft verwandeln sich in Akzeptanzbedingungen, und aus Legitimitätsbedingungen werden Bedingungen für die Stabilität eines durchschnittlich verbreiteten Glaubens an die Legitimität der Herrschaft. Eine mit diesen (oder ähnlichen) begrifflichen Mitteln durchgeführte Analyse kann das normative Selbstverständnis des demokratischen Rechtsstaates, wie wir noch sehen werden, durchaus einer erhellenden Kritik unterziehen.[1]

Ein Unternehmen ganz anderer Art ist aber eine in normativer Ab-

---

1 Vgl. unten Kap. VIII, S. 401 ff.

sicht durchgeführte Demokratietheorie, die sich von den Sozialwissenschaften den objektivierenden Blick und die empiristischen Grundbegriffe bloß *ausleiht*. Sie will nämlich den Nachweis führen, daß sich die demokratischen Praktiken aus der Sicht der Beteiligten selbst unter einer empiristischen Beschreibung legitimieren lassen. Eine solche Theorie will erklären, warum Eliten und Staatsbürger auch unter der Prämisse, daß sich mit den normativen Geltungsansprüchen von Politik und Recht kein kognitiver Sinn verbindet, aus jeweils eigenem Interesse gute Gründe haben könnten, den normativ angesonnenen Beitrag zum Legitimationsspiel liberaler Massendemokratien zu leisten. Wenn sich ein solches Demokratiemodell begründen ließe, wäre die Frage nach dem externen Verhältnis von Faktizität und Geltung auf elegante Weise gegenstandslos geworden; man brauchte den normativen Gehalt des Rechtsstaats nicht mehr at face value zu nehmen.

Ich werde zunächst (1) Werner Beckers Vorschlag zu einer empiristischen Begründung demokratischer Spielregeln auf seine Konsistenz prüfen. Das unbefriedigende Ergebnis nötigt uns, (2) zu den drei normativ gehaltvollen Demokratiemodellen zurückzukehren, die wir schon kennengelernt haben.

(1) Becker bedient sich empiristischer Bausteine für eine normative, d.h. zu Zwecken der Rechtfertigung entworfene Demokratietheorie. Wie sich Macht überhaupt in der empirischen Überlegenheit des stärkeren Interesses oder Willens äußert, so die staatliche Macht in der Stabilität der von ihr aufrechterhaltenen Ordnung. Legitimität gilt als Maß für Stabilität. Denn objektiv bemißt sich die Legitimität des Staates an der faktischen Anerkennung von seiten der Herrschaftsunterworfenen. Sie kann von bloßer Duldung bis zu freier Zustimmung reichen. Dabei beanspruchen die subjektiven Gründe für eine legitimationswirksame Zustimmung Geltung innerhalb des jeweils akzeptierten »weltanschaulichen Rahmens«; sie entziehen sich aber objektiver Beurteilung. Die eine Legitimation ist so gut wie die andere, wenn sie nur hinreichend zur Stabilisierung der Herrschaft beiträgt. Demnach muß auch eine Diktatur so lange als legitim gelten, wie ein sozial anerkannter Legitimationsrahmen die Stabilität des Staates ermöglicht. Unter machttheoretischen Gesichtspunkten ist die Qualität der Gründe ohne empirische

Bedeutung: »Es ist eine Täuschung von Liberalen und Demokraten zu glauben, Diktaturen vermöchten nur unter dem ›Schutz der Bajonette‹ zu überleben.«[2]

Den Begriff der Demokratie führt Becker sodann über die Spielregeln für allgemeine und gleiche Wahlen, Parteienkonkurrenz und Mehrheitsherrschaft ein. Vor dem Hintergrund eines empiristischen Verständnisses von gesellschaftlichen Normen, wonach die »Geltung« von Normen nur deren stabilitätswirksame Sanktionierung bedeutet, kann die Theorie ihre Aufgabe freilich nicht in einer *normativen* Rechtfertigung dieses Arrangements sehen. Ihr Beweisziel erschöpft sich vielmehr in dem Nachweis, daß die Beteiligten auch unter einer empiristischen Selbstbeschreibung gute Gründe dafür haben können, an den etablierten Spielregeln einer Massendemokratie festzuhalten. Das gilt zunächst für die Einhaltung dieser Normen durch die machthabenden Parteien: »Die Partei, die an der Macht ist, versucht niemals, die politische Tätigkeit der Bürger oder Parteien zu beschränken, solange diese nicht den Versuch unternehmen, die Regierung mit Gewalt zu stürzen.« Dem entspricht das Stillhalten der Unterlegenen: »Die Parteien, die die Wahl verloren haben, versuchen niemals, die Siegerpartei mit Gewalt oder irgendeinem anderen ungesetzlichen Mittel an der Amtsübernahme zu hindern.«[3] Unter diesen Bedingungen ist ein friedlicher Machtwechsel gesichert.

Beckers Begründung läßt sich als eine Sequenz von drei Doppelschritten rekonstruieren, wobei der erste Teilschritt jeweils in einer objektiven Erklärung, der zweite in dem Versuch besteht, die aus der Beobachterperspektive vorgenommene Erklärung in eine wahlrationale Erklärung *für die Teilnehmer selbst* zu übersetzen. Die Argumentation hätte ihr Ziel an jenem Indifferenzpunkt erreicht, wo die objektive Erklärung auch aus der Teilnehmerperspektive als eine hinreichende Erklärung akzeptiert werden kann.

(a) Die Regeln einer Konkurrenzdemokratie, die ihre Legitimität aus einem in freien, gleichen und geheimen Wahlen erzielten Mehrheitsvotum bezieht, gewinnen Plausibilität aus einem spezifisch modernen Welt- und Selbstverständnis. Dieses gründet in einem

2 W. Becker, Die Freiheit, die wir meinen, München 1982, 61.
3 Becker (1982), 68.

»ethischen Subjektivismus«, der einerseits das jüdisch-christliche Verständnis der Gleichheit eines jeden Einzelnen vor Gott säkularisiert und von der grundsätzlichen Gleichheit aller Individuen ausgeht, der aber andererseits den transzendenten Ursprung verpflichtender Gebote durch einen immanenten Geltungssinn ersetzt, d.h. die Geltung von Normen allein im Willen der Subjekte selbst verankert sieht. In empiristischer Lesart bedeutet das moderne Freiheitsverständnis unter anderem, daß »die Gültigkeit der ... Normen, die der einzelne Mensch akzeptiert, von ihm selber durch seine freie Zustimmung erzeugt« wird.[4] Die Individuen selbst sind es, die normative Geltung willentlich, durch einen Akt freier Zustimmung produzieren. Diesem voluntaristischen Geltungsverständnis entspricht ein positivistisches Rechtsverständnis: als Recht gilt alles und nur das, was ein regelrecht gewählter politischer Gesetzgeber als Recht setzt. Im Sinne des kritischen Rationalismus ist diese Überzeugung nicht in irgendeinem Sinne rational gerechtfertigt, sondern Ausdruck einer Entscheidung oder einer kulturellen Prägung, die sich faktisch durchgesetzt hat.[5]

Wenn sich nun die Betroffenen diese Erklärung aus der Perspektive von Teilnehmern zu eigen machen wollen, geraten sie zwar in Versuchung, für den ethischen Subjektivismus nach Begründungen zu suchen – sei es in überpositiven Menschenrechten oder mit Hilfe eines deontologisch erläuterten moralischen Gesichtspunktes, worunter nur gültig ist, was *alle* wollen könnten. Aber mit solchen rationalistischen Ausflüchten, so belehrt uns der Empirismus, würden sie sich der spezifischen Einsicht in die unaufhebbare Kontingenz dessen, was sie normativ für gültig halten, entziehen. Allerdings macht gerade dieses Kontingenzbewußtsein die angebotene objektive Erklärung für sie, die Teilnehmer am demokratischen Prozeß, unbefriedigend. Sie brauchen mindestens eine zweckrationale Erklärung dafür, warum die mit Mehrheit durchgesetzten Normen von der jeweils überstimmten Minderheit als gültig akzeptiert werden sollten.

(b) Unter Voraussetzung eines voluntaristischen Begriffs von normativer Geltung kann der Geltungsanspruch von Mehrheitsent-

4 Becker (1982), 38.
5 Becker (1982), 58.

scheidungen nicht mit Berufung auf Gemeinwohl, kollektive Nutzenerwartung oder praktische Vernunft begründet werden; denn dafür bedürfte es objektiver Maßstäbe. Becker erklärt die Akzeptanz der Mehrheitsregel mit der Idee des gezähmten Machtkampfes. Wenn nach den Voraussetzungen des ethischen Subjektivismus jeder über gleiche Macht verfügt, sind Stimmenmehrheiten immerhin ein eindrucksvoller numerischer Ausdruck überlegener Stärke: »Sieht man die Sache so, dann lebt diese Rechtfertigung der demokratischen Verfahren von ... der Drohung der Mehrheit, das Abkommen über den Gewaltverzicht aufzukündigen, wenn es nicht nach ihrem Willen geht ... Demokratie heißt danach nichts anderes, als daß ein Teil des Volkes auf Zeit den anderen beherrscht.«[6] Wenn man den sozialpsychologischen Einschüchterungseffekt einer Drohung von seiten der numerisch und mindestens symbolisch stärkeren Partei vor dem Hintergrund der latenten Gefahr eines Bürgerkriegs betrachtet, scheint sich die zeitlich begrenzte Mehrheitsherrschaft auch für die Minderheit als eine »akzeptable Lösung der Machtfrage« zu empfehlen.

Diese Hobbesianische Interpretation der Mehrheitsregel kann auch aus der Perspektive der Teilnehmer eine gewisse Plausibilität gewinnen, wenn für alle die Domestizierung gewaltsamer Auseinandersetzungen ein vorrangiges Ziel ist. Dennoch bleibt die Erklärung für die Teilnehmer am demokratischen Prozeß selbst unbefriedigend, solange unklar bleibt, wie Minderheiten vor einer, sei's auch friedlichen Tyrannei der Mehrheit geschützt werden können. Zudem muß garantiert sein, daß sich die streitenden Parteien tatsächlich der Mehrheitsregel unterwerfen.

(c) Für den Schutz von Minderheiten rekurriert Becker auf die klassischen Grundfreiheiten. Mehrheiten für solche Garantien von Minderheiteninteressen erklären sich aus der Furcht der jeweiligen Majorität, selbst in die Minderheit zu geraten. Der Gefahr einer Verstetigung tyrannischer Mehrheiten muß schon deshalb vorgebeugt werden, weil die Mehrheit durch die Angst vor dem Verlust ihrer Macht und die Minderheit durch die Aussicht auf einen Machtwechsel dazu motiviert werden müssen, sich an die eta-

6 Becker (1982), 77.

blierten Spielregeln zu halten. Die Bedingungen für einen Wechsel zwischen Regierung und Opposition lassen sich nun dadurch erfüllen, daß die konkurrierenden Eliten die Wählerschaft unter ideologischen Gesichtspunkten in mehrere Lager spalten, um mit programmatischen Mitteln – in der Regel mit dem Versprechen sozialer Entschädigungen, die in bestimmter Weise interpretiert werden – Mehrheiten zu gewinnen. Die Legitimationsbeschaffung läuft auf ein Zusammenspiel von »ideologiepolitischen« mit »sozialpolitischen« Mitteln hinaus. Dieses Zusammenspiel erklärt sich unter anderem daraus, daß die Befriedigung gesellschaftlicher Interessen durch verteilungspolitische Maßnahmen letztlich nichts Objektives ist, sondern einer ideologisch überzeugenden Interpretation bedarf.

Allerdings ist diese objektive Erklärung von Minderheitenschutz und Machtwechsel ganz auf die Interessenlagen von Eliten zugeschnitten, denen es um Machterwerb und Machterhalt geht. Was für diese plausibel ist, muß aber den Staatsbürgern noch nicht einleuchten. Das Publikum der Staatsbürger dürfte sich kaum zur Teilnahme am demokratischen Prozeß, oder wenigstens zu dessen wohlwollender Duldung, bewegen lassen, solange es sich nur als ideologiepolitische Beute der konkurrierenden Parteien betrachten darf. Es will sich davon *überzeugen* können, daß die Regierungsübernahme der einen Partei bessere Politiken in Aussicht stellt als die einer anderen Partei – es muß überhaupt gute Gründe geben, eine Partei der anderen vorzuziehen. Damit ist schließlich der Punkt erreicht, an dem sich, was aus der Beobachterperspektive einleuchtet, nicht mehr in ein Argument übersetzen läßt, welches Teilnehmern in der nämlichen Weise einleuchtet. Ein solcher Versuch führt, unter beibehaltenen empiristischen Prämissen, zu Widersprüchen.

(d) Wie vorausgesetzt, fehlt aus der objektivierenden Sicht dem parteipolitischen Machtkampf eine Geltungsdimension. Becker wird nicht müde zu betonen, daß sich politische Argumente in ihrer öffentlichkeitswirksamen *rhetorischen* Funktion erschöpfen und nicht auf rationale Akzeptabilität angelegt sind: »In der Demokratie geht es nicht darum, die ›objektive Wahrheit‹ politischer Zielsetzungen zu ermitteln. Es kommt vielmehr darauf an, Bedingungen für die demokratische Akzeptanz derjenigen Zwecke herzustellen, die die Parteien verfolgen. Insofern haben politische Argumente ... mehr die Funktion von Werbeträgern oder von ›Waffen‹, die die körperliche Gewaltanwendung umgehen, als von Behauptungen, die sich als Beiträge zur Entwicklung ›wahrer‹ Theorien interpretieren lassen.«[7] Die normativ gehaltvollen, aber vagen Begriffe der politischen Auseinandersetzung haben eine emotive Bedeutung – sie sollen Massenbindungen schaffen; entsprechend hat die politische Rede »eine sozialpsychologische, keine kognitive Funktion«.[8]

Becker muß erklären, warum nicht nur die Eliten, sondern auch die Staatsbürger den emotiven Sinn einer pseudoargumentativen Werbung durchschauen – und gleichwohl akzeptieren. Die empiristische Selbstbeschreibung soll für ihre Teilnahmemotivation deshalb keine nachteiligen Folgen haben, weil aufgeklärte Staatsbürger den politischen Prozeß ohnehin nüchtern als Kompromißbildung einschätzen. Aber auch Kompromisse müssen begründet werden – und was begründet die Akzeptanz von Kompromissen? Einerseits fehlen alle normativen Maßstäbe, anhand derer sich die Fairneß von Kompromissen beurteilen ließe. Soziale Gerechtigkeit etwa wird in den Bereich werbewirksamer Rhetorik verwiesen: »In der politischen Realität liberaler Demokratien ist dies (soziale Gerechtigkeit) eine systematisch überflüssige Idee.«[9] Andererseits sollen die Beteiligten doch gute Gründe haben können, um Kompromisse einzugehen: »Unter Bedingungen des politischen und gesellschaftlichen Wettbewerbspluralismus beinhaltet ›soziale Gerechtigkeit‹ einfach einen fairen (!) Interessenausgleich gesellschaftlicher Grup-

---

7 Becker (1982), 101.
8 Becker (1982), 104; vgl. 155 f.: »Weltanschaulicher Pluralismus ist wünschenswert, weil es bei demokratischer Legitimation nicht um die theoretische, auf die Ermittlung der ›Wahrheit‹ bezogene Diskussion derartiger philosophischer oder religiöser Auffassungen geht, sondern allein um ihre Funktion als ideologiepolitische Mittel, durch ihre Verbreitung eine mehrheitsfähige Zustimmung zur staatlichen Garantie der Individualfreiheiten zu bewirken. Nicht erwünscht wären öffentlichkeitswirksame Diskussionen dieser unterschiedlichen bis entgegengesetzten weltanschaulichen und ethischen Ansätze, in denen man herauszubringen versuchte, welcher Ansatz ›richtig‹ und welcher ›falsch‹ ist.«
9 Becker (1982), 186 f.

pen.« Dieser Widerspruch entsteht nicht zufällig. Becker muß am Ende so etwas wie »Fairneß« als Bewertungsmaßstab für Kompromisse einschmuggeln, ohne ihn als solchen deklarieren zu dürfen: »Zum Regelsystem des Interessenausgleichs muß ›Waffengleichheit‹ gehören. Man benötigt jedoch keinen einheitlichen Maßstab für die Bewertung der Ergebnisse des Interessenausgleichs, wie es der Begriff ›soziale Gerechtigkeit‹ suggeriert.« Es ist ja richtig, daß die Verhandlungspartner einem vereinbarten Verhandlungsergebnis nicht aus *denselben* Gründen zustimmen müssen. Aber die parteilichen Klugheitserwägungen, die jede Seite aus ihrer Sicht anstellt, setzen stillschweigend die gemeinsame Anerkennung der normativen Gründe voraus, welche das Verfahren selbst als unparteilich rechtfertigen, indem sie erklären, warum verfahrenskonform zustandegekommene Ergebnisse als fair gelten dürfen.

Am Ende läßt sich also die Kluft zwischen dem, was aus der Perspektive des Beobachters behauptet, und dem, was aus der Perspektive von Teilnehmern akzeptiert werden kann, nicht durch zweckrationale Erwägungen allein überbrücken. Darin spiegelt sich der performative Selbstwiderspruch, in den sich eine normativ angelegte empiristische Demokratietheorie verstrickt – und den übrigens ihr Autor im Untertitel seines Buches schon signalisiert: die »Entscheidung für die Demokratie«, die das Buch nahelegt, darf unter dessen eigenen Prämissen nicht im Sinne einer *rational begründeten* Entscheidung verstanden werden. Wenn es sich aber um schiere Dezision handelt, fragt man sich, mit welcher Textsorte es der Leser zu tun hat. Dem Anschein nach handelt es sich um eine philosophische Theorie, die die Regeln der liberalen Demokratie erklärt und rechtfertigt. Nachdem man die Theorie zur Kenntnis genommen hat, weiß man aber, daß der Autor, wenn er sich selbst treu bleibt, seine Theorie bestenfalls als eine »weltanschauliche *Werbung* für das Rechtsstaatsverständnis des Liberalismus« verstehen darf.

(2) Rationale Staatsbürger, so können wir das Ergebnis unserer Analyse zusammenfassen, hätten unter einer empiristischen Selbstbeschreibung ihrer Praktiken keine hinreichenden Gründe für die Einhaltung demokratischer Spielregeln. Offensichtlich darf eine Theorie mit Rechtfertigungsabsicht den genuin normativen Sinn des intuitiven Verständnisses von Demokratie nicht unterschlagen.

Wenn sich aber die Frage nach dem Verhältnis von Norm und Wirklichkeit auf dem Wege empiristischer Umdefinitionen nicht umgehen läßt, müssen wir zu den bereits eingeführten normativ gehaltvollen Demokratiemodellen zurückkehren, um zu prüfen, ob deren implizite Gesellschaftskonzeptionen für eine sozialwissenschaftliche Betrachtung Anknüpfungspunkte bieten.

Nach dem Ergebnis unserer rechtstheoretischen Überlegungen bildet das Verfahren deliberativer Politik das Kernstück des demokratischen Prozesses. Diese Lesart der Demokratie hat Folgen für jenes Konzept einer im Staat zentrierten Gesellschaft, von dem die herkömmlichen Demokratiemodelle ausgehen. Unterschiede ergeben sich sowohl zur liberalen Konzeption des Staates als des Hüters einer Wirtschaftsgesellschaft wie zum republikanischen Konzept einer staatlich institutionalisierten sittlichen Gemeinschaft.[10]

Nach liberaler Auffassung vollzieht sich der demokratische Prozeß ausschließlich in der Form von Interessenkompromissen. Die Regeln der Kompromißbildung, die über das allgemeine und gleiche Wahlrecht, über die repräsentative Zusammensetzung der parlamentarischen Körperschaften, über den Entscheidungsmodus, die Geschäftsordnung usw. die Fairneß der Ergebnisse sichern sollen, werden letztlich aus liberalen Grundrechten begründet. Demgegenüber vollzieht sich nach republikanischer Auffassung die demokratische Willensbildung in der Form einer ethisch-politischen Selbstverständigung; dabei soll sich die Deliberation inhaltlich auf einen kulturell eingespielten Hintergrundkonsens der Bürger stützen können; dieses sozialintegrative Vorverständnis kann sich in der ritualisierten Erinnerung an den republikanischen Gründungsakt erneuern. Die Diskurstheorie nimmt Elemente von beiden Seiten auf und integriert sie im Begriff einer idealen Prozedur für Beratung und Beschlußfassung. Dieses demokratische Verfahren stellt einen internen Zusammenhang zwischen pragmatischen Überlegungen, Kompromissen, Selbstverständigungs- und Gerechtigkeitsdiskursen her und begründet die Vermutung, daß unter Bedin-

---

10 D. Held, Models of Democracy, Oxford 1987. Wenn wie schon im vorigen Kapitel von »liberaler« Staatskonzeption die Rede ist, gebrauche ich den Terminus in dem engen Sinne einer auf Locke zurückgehenden Tradition, in die sich »Liberale« vom Typus Dworkin oder Rawls nicht einordnen lassen.

gungen eines problembezogenen Informationszuflusses und sachgerechter Informationsverarbeitung vernünftige bzw. faire Ergebnisse erzielt werden. Nach dieser Vorstellung zieht sich die praktische Vernunft aus den universalen Menschenrechten oder aus der konkreten Sittlichkeit einer bestimmten Gemeinschaft in jene Diskursregeln und Argumentationsformen zurück, die ihren normativen Gehalt der Geltungsbasis verständigungsorientierten Handelns, letztlich der Struktur sprachlicher Kommunikation und der nichtsubstituierbaren Ordnung kommunikativer Vergesellschaftung entlehnen.

In unserem Zusammenhang ist nun von Interesse, daß mit diesen Beschreibungen des demokratischen Prozesses auch die Weichen für eine normative Konzeptualisierung von Staat und Gesellschaft gestellt werden. Vorausgesetzt wird lediglich eine öffentliche Administration von der Art jener »rationalen Staatsanstalt«, wie sie sich in der frühen Neuzeit mit dem europäischen Staatensystem herausgebildet und, in funktionaler Verschränkung mit einem kapitalistischen Wirtschaftssystem, entfaltet hat.

Nach republikanischer Auffassung bildet die politische Meinungs- und Willensbildung der Bürger das Medium, über das sich die Gesellschaft als ein politisch verfaßtes Ganzes konstituiert. Die Gesellschaft ist von Haus aus politische Gesellschaft – societas civilis; denn in der politischen Selbstbestimmungspraxis der Bürger wird das Gemeinwesen gleichsam seiner selbst bewußt und wirkt über den kollektiven Willen der Bürger auf sich selber ein. So wird Demokratie gleichbedeutend mit der politischen Selbstorganisation der Gesellschaft im ganzen. Daraus ergibt sich ein polemisch *gegen den Staatsapparat gerichtetes Politikverständnis.* An Hannah Arendts politischen Schriften kann man die Stoßrichtung der republikanischen Argumentation ablesen: gegen den staatsbürgerlichen Privatismus einer entpolitisierten Bevölkerung und gegen die Legitimationsbeschaffung durch verstaatlichte Parteien soll die politische Öffentlichkeit so weit revitalisiert werden, daß sich eine regenerierte Bürgerschaft in den Formen einer dezentralisierten Selbstverwaltung die bürokratisch verselbständigte Staatsgewalt (wieder) aneignen kann. Die Gesellschaft würde sich dadurch zur politischen Totalität erst ausbilden.

Die von dieser Seite polemisch registrierte Trennung des Staatsapparates von der Gesellschaft kann indessen nach liberaler Auffassung nicht beseitigt, sondern durch den demokratischen Prozeß nur überbrückt werden. Der geregelte Macht- und Interessenausgleich bedarf freilich der rechtsstaatlichen Kanalisierung. Die mit vergleichsweise schwachen normativen Erwartungen besetzte demokratische Willensbildung von selbstinteressierten Bürgern bildet nur ein Element innerhalb einer Verfassung, die die Staatsgewalt durch normative Vorkehrungen (wie Grundrechte, Gewaltenteilung, Gesetzesbindung usw.) disziplinieren und über den Wettbewerb zwischen politischen Parteien einerseits, Regierung und Opposition andererseits zur angemessenen Berücksichtigung gesellschaftlicher Interessen und Wertorientierungen bewegen soll. Dieses *staatszentrierte Verständnis von Politik* kann auf die unrealistische Annahme einer kollektiv handlungsfähigen Bürgerschaft verzichten. Es orientiert sich nicht am input einer vernünftigen politischen Willensbildung, sondern am output einer erfolgreichen Leistungsbilanz der Staatstätigkeit. Die Stoßrichtung der liberalen Argumentation zielt gegen das Störpotential einer Staatsmacht, die den spontanen gesellschaftlichen Verkehr der Privatleute behindert. Nicht die demokratische Selbstbestimmung deliberierender Bürger ist der Angelpunkt des liberalen Modells, sondern die rechtsstaatliche Normierung einer Wirtschaftsgesellschaft, die über die Befriedigung der Glückserwartungen produktiv tätiger Privatleute ein im Kern unpolitisch verstandenes Gemeinwohl gewährleisten soll.

Die Diskurstheorie, die mit dem demokratischen Prozeß stärkere normative Konnotationen verbindet als das liberale, aber schwächere als das republikanische Modell, nimmt wiederum von beiden Seiten Elemente auf und fügt sie auf neue Weise zusammen. In Übereinstimmung mit dem Republikanismus rückt sie den politischen Meinungs- und Willensbildungsprozeß in den Mittelpunkt, ohne jedoch die rechtsstaatliche Verfassung als etwas Sekundäres zu verstehen; vielmehr begreift sie, wie gezeigt, die Prinzipien des Rechtsstaates als konsequente Antwort auf die Frage, wie die anspruchsvollen Kommunikationsformen einer demokratischen Meinungs- und Willensbildung institutionalisiert werden können. Die

Diskurstheorie macht das Gedeihen deliberativer Politik nicht von einer kollektiv handlungsfähigen Bürgerschaft abhängig, sondern von der Institutionalisierung entsprechender Verfahren und Kommunikationsvoraussetzungen, sowie vom Zusammenspiel der institutionalisierten Beratungen mit informell gebildeten öffentlichen Meinungen. Die Proceduralisierung der Volkssouveränität und die Rückbindung des politischen Systems an die peripheren Netzwerke der politischen Öffentlichkeit gehen zusammen mit dem Bild einer dezentrierten Gesellschaft. Jedenfalls muß dieses Demokratiekonzept nicht länger mit dem Begriff eines im Staat zentrierten gesellschaftlichen Ganzen operieren, das als zielorientiert handelndes Subjekt im großen vorgestellt wird. Ebensowenig repräsentiert es das Ganze in einem System von Verfassungsnormen, die den Macht- und Interessenausgleich bewußtlos nach dem Modell des Marktverkehrs regeln. Die Diskurstheorie verabschiedet überhaupt die *bewußtseinsphilosophischen* Denkfiguren, die es nahelegen, entweder die Selbstbestimmungspraxis der Bürger einem gesamtgesellschaftlichen Subjekt zuzuschreiben oder die anonyme Herrschaft der Gesetze auf konkurrierende Einzelsubjekte zu beziehen. Dort wird die Bürgerschaft wie ein kollektiver Aktor betrachtet, der das Ganze reflektiert und für es handelt; hier fungieren die einzelnen Aktoren als abhängige Variable in Machtprozessen, die sich blind vollziehen, weil es jenseits individueller Wahlakte zwar aggregierte, aber keine bewußt vollzogenen kollektiven Entscheidungen geben kann.

Die Diskurstheorie rechnet mit der *höherstufigen Intersubjektivität* von Verständigungsprozessen, die sich über demokratische Verfahren oder im Kommunikationsnetz politischer Öffentlichkeiten vollziehen. Diese subjektlosen Kommunikationen, innerhalb und außerhalb des parlamentarischen Komplexes und ihrer auf Beschlußfassung programmierten Körperschaften, bilden Arenen, in denen eine mehr oder weniger rationale Meinungs- und Willensbildung über gesamtgesellschaftlich relevante und regelungsbedürftige Materien stattfinden kann. Der Kommunikationsfluß zwischen öffentlicher Meinungsbildung, institutionalisierten Wahlentscheidungen und legislativen Beschlüssen soll gewährleisten, daß der publizistisch erzeugte Einfluß und die kommunikativ erzeugte Macht über die Gesetzgebung in administrativ verwendbare Macht umgeformt werden. Wie im liberalen Modell wird die Grenze zwischen »Staat« und »Gesellschaft« respektiert; aber hier unterscheidet sich die Zivilgesellschaft, als die soziale Grundlage autonomer Öffentlichkeiten, ebensosehr vom ökonomischen Handlungssystem wie von der öffentlichen Administration. Aus diesem Demokratieverständnis ergibt sich normativ die Forderung nach einer Gewichtsverschiebung im Verhältnis jener drei Ressourcen Geld, administrative Macht und Solidarität, aus denen moderne Gesellschaften ihren Integrations- und Steuerungsbedarf befriedigen. Die normativen Implikationen liegen auf der Hand: Die sozialintegrative Kraft der Solidarität,[11] die nicht mehr aus Quellen des kommunikativen Handelns allein geschöpft werden kann, soll sich über weit ausgefächerte autonome Öffentlichkeiten und rechtsstaatlich institutionalisierte Verfahren der demokratischen Meinungs- und Willensbildung entfalten und über das Rechtsmedium auch gegen die beiden anderen Mechanismen gesellschaftlicher Integration, Geld und administrative Macht, behaupten können.

Diese Auffassung hat Konsequenzen für das Verständnis von Legitimation und Volkssouveränität. Nach liberaler Auffassung hat die demokratische Willensbildung ausschließlich die Funktion, die Ausübung politischer Macht zu *legitimieren*. Wahlergebnisse sind die Lizenz für eine Übernahme der Regierungsmacht, während die Regierung vor Öffentlichkeit und Parlament den Gebrauch dieser Macht rechtfertigen muß. Nach republikanischer Auffassung hat die demokratische Willensbildung die wesentlich stärkere Funktion, die Gesellschaft als ein politisches Gemeinwesen zu *konstituieren* und die Erinnerung an diesen Gründungsakt mit jeder Wahl lebendig zu erhalten. Die Regierung wird nicht nur über eine Wahl zwischen konkurrierenden Führungsmannschaften zur Ausübung eines weitgehend ungebundenen Mandats ermächtigt, sondern auch programmatisch auf die Durchführung bestimmter Politiken festgelegt. Eher Ausschuß als Staatsorgan, ist sie Teil einer sich selbst verwaltenden politischen Gemeinschaft, nicht die Spitze einer separaten Staatsgewalt. Mit der Diskurstheorie kommt noch-

11 »Solidarität« verwende ich hier wie in den ersten beiden Kapiteln nicht als normativen, sondern als gesellschaftstheoretischen Begriff.

mals eine andere Vorstellung ins Spiel: Verfahren und Kommunikationsvoraussetzungen der demokratischen Meinungs- und Willensbildung funktionieren als wichtigste Schleuse für die diskursive Rationalisierung der Entscheidungen einer an Recht und Gesetz gebundenen Regierung und Verwaltung. *Rationalisierung* bedeutet mehr als bloße Legitimation, aber weniger als Konstituierung der Macht. Die administrativ verfügbare Macht verändert ihren Aggregatszustand, solange sie mit einer demokratischen Meinungs- und Willensbildung rückgekoppelt bleibt, welche die Ausübung politischer Macht nicht nur nachträglich kontrolliert, sondern mehr oder weniger auch programmiert. Unbeschadet dessen kann nur das politische System »handeln«. Es ist ein auf kollektiv bindende Entscheidungen spezialisiertes Teilsystem, während die Kommunikationsstrukturen der Öffentlichkeit ein weitgespanntes Netz von Sensoren bildet, die auf den Druck gesamtgesellschaftlicher Problemlagen reagieren und einflußreiche Meinungen stimulieren. Die nach demokratischen Verfahren zu kommunikativer Macht verarbeitete öffentliche Meinung kann nicht selber »herrschen«, sondern nur den Gebrauch der administrativen Macht in bestimmte Richtungen lenken.

Der Begriff der *Volkssouveränität* verdankt sich der republikanischen Aneignung und Umwertung der frühneuzeitlichen, zunächst mit dem absolutistisch regierenden Herrscher verknüpften Vorstellung von Souveränität. Der Staat, der die Mittel legitimer Gewaltanwendung monopolisiert, wird als ein Machtkonzentrat vorgestellt, das alle übrigen Gewalten dieser Welt überwältigen kann. Rousseau hat diese auf Bodin zurückgehende Denkfigur auf den Willen des vereinigten Volkes übertragen, mit der klassischen Idee der Selbstherrschaft von Freien und Gleichen verschmolzen und im modernen Begriff der Autonomie aufgehoben. Trotz dieser normativen Sublimierung blieb der Souveränitätsbegriff an die Vorstellung einer Verkörperung im (zunächst auch physisch anwesenden) Volk gebunden. Nach republikanischer Auffassung ist das mindestens potentiell anwesende Volk der Träger einer Souveränität, die grundsätzlich nicht delegiert werden kann: in seiner Eigenschaft als Souverän kann sich das Volk nicht vertreten lassen. Die konstituierende Gewalt gründet in der Selbstbestimmungspraxis der Bürger, nicht ihrer Repräsentanten. Dem setzt der Liberalismus die realistischere Auffassung entgegen, daß im demokratischen Rechtsstaat die vom Volke ausgehende Staatsgewalt nur »in Wahlen und Abstimmungen und durch besondere Organe der Gesetzgebung, der vollziehenden Gewalt und der Rechtsprechung ausgeübt« wird (wie es beispielsweise in GG Art. 20, Abs. 2 heißt).

Diese beiden Auffassungen bilden freilich eine vollständige Alternative nur unter der fragwürdigen Prämisse eines Staats- und Gesellschaftskonzepts, das vom Ganzen und dessen Teilen ausgeht – wobei das Ganze entweder durch eine souveräne Bürgerschaft oder durch eine Verfassung konstituiert wird. Dem Diskursbegriff der Demokratie entspricht hingegen das Bild einer dezentrierten Gesellschaft, die allerdings mit der politischen Öffentlichkeit eine Arena für die Wahrnehmung, Identifizierung und Behandlung gesamtgesellschaftlicher Probleme ausdifferenziert. Wenn man die subjektphilosophische Begriffsbildung preisgibt, braucht die Souveränität weder konkretistisch im Volk konzentriert, noch in die Anonymität der verfassungsrechtlichen Kompetenzen verbannt zu werden. Das »Selbst« der sich selbst organisierenden Rechtsgemeinschaft verschwindet in den subjektlosen Kommunikationsformen, die den Fluß der diskursiven Meinungs- und Willensbildung so regulieren, daß ihre falliblen Ergebnisse die Vermutung der Vernünftigkeit für sich haben. Damit wird die Intuition, die sich mit der Idee der Volkssouveränität verbindet, nicht dementiert, jedoch intersubjektivistisch gedeutet.[12] Eine wenn auch anonym gewordene Volkssouveränität zieht sich in die demokratischen Verfahren und in die rechtliche Implementierung ihrer anspruchsvollen Kommunikationsvoraussetzungen nur zurück, um sich als kommunikativ erzeugte Macht zur Geltung zu bringen. Genau genommen entspringt diese den Interaktionen zwischen rechtsstaatlich institutionalisierter Willensbildung und kulturell mobilisierten Öffentlichkeiten, die ihrerseits in den Assoziationen einer von Staat und Ökonomie gleich weit entfernten Zivilgesellschaft eine Basis finden.

Die Idee der Volkssouveränität verweist in ihrer prozeduralisti-

---

12 Zum Begriff der Volkssouveränität vgl. Maus (1992), 176ff.

schen Lesart auf gesellschaftliche Rahmenbedingungen, die die Selbstorganisation einer Rechtsgemeinschaft ermöglichen, aber ihrerseits nicht ohne weiteres dem Willen der Staatsbürger zur Disposition stehen. Das normative Selbstverständnis deliberativer Politik fordert zwar *für die Rechtsgemeinschaft* einen diskursiven Vergesellschaftungsmodus; dieser erstreckt sich aber nicht auf das Ganze der Gesellschaft, in die das rechtsstaatlich verfaßte politische System *eingebettet* ist. Auch nach ihrem Selbstverständnis bleibt die deliberative Politik Bestandteil einer komplexen Gesellschaft, die sich als ganze der normativen Betrachtungsweise der Rechtstheorie entzieht. In dieser Hinsicht findet die diskurstheoretische Lesart von Demokratie Anschluß an eine sozialwissenschaftlich distanzierte Betrachtung, für die das politische System weder Spitze, noch Zentrum oder gar strukturprägendes Modell der Gesellschaft ist, sondern *ein* Handlungssystem neben anderen. Weil sie für die Lösung der integrationsgefährdenden Probleme der Gesellschaft eine Art Ausfallbürgschaft übernimmt, muß die Politik andererseits über das Medium des Rechts mit allen übrigen legitim geordneten Handlungsbereichen, wie immer diese auch strukturiert und gesteuert sind, kommunizieren können. Das politische System bleibt nicht nur in einem trivialen Sinne von anderen Systemleistungen – wie beispielsweise den fiskalischen Leistungen des ökonomischen Systems – abhängig; vielmehr steht die deliberative Politik, ob sie sich nun nach den formellen Verfahren der institutionalisierten Meinungs- und Willensbildung oder nur informell in den Netzwerken der politischen Öffentlichkeit vollzieht, in einem internen Zusammenhang mit den Kontexten einer entgegenkommenden, ihrerseits rationalisierten Lebenswelt. Gerade die deliberativ gefilterten politischen Kommunikationen sind auf Ressourcen der Lebenswelt – auf eine freiheitliche politische Kultur und eine aufgeklärte politische Sozialisation, vor allem auf die Initiativen meinungsbildender Assoziationen – angewiesen, die sich weitgehend spontan bilden und regenerieren, jedenfalls direkten Zugriffen des politischen Apparats nur schwer zugänglich sind.

II

Der Diskursbegriff der Demokratie, der sich von überlieferten Vorstellungen einer politisch konstituierten Gesellschaft gelöst hat, ist also nicht von vornherein inkompatibel mit Form und Operationsweise funktional differenzierter Gesellschaften. Andererseits bleibt der Zweifel, ob, und gegebenenfalls die Frage, wie der für eine Assoziation freier und gleicher Rechtsgenossen unterstellte Modus der diskursiven Vergesellschaftung, also die Selbstorganisation der Rechtsgemeinschaft, unter den Reproduktionsbedingungen einer komplexen Gesellschaft überhaupt möglich ist. Für eine soziologisch informierte Entscheidung dieser Frage ist es wichtig, den prozeduralen Kern der Demokratie auf der richtigen Ebene zu operationalisieren. Im demokratischen Verfahren tritt der ideale Gehalt der praktischen Vernunft in pragmatischer Gestalt auf; an den Formen seiner Institutionalisierung bemißt sich die Verwirklichung des Systems der Rechte. Die *soziologische Übersetzung* des proceduralistischen Verständnisses von Demokratie darf im Hinblick auf diesen normativen Gehalt des demokratischen Rechtsstaats weder zu hoch, noch zu tief ansetzen.

In der Einleitung zu seiner Demokratietheorie folgt N. Bobbio[13] einer Strategie der Deflationierung. Er registriert zunächst einige globale gesellschaftliche Veränderungen, die der Einlösung des Versprechens klassischer Konzeptionen entgegenlaufen: vor allem die Entstehung einer polyzentrischen Gesellschaft großer Organisationen, in der Einfluß und politische Macht auf kollektive Akteuren übergehen und immer weniger von assoziierten Einzelnen erworben und ausgeübt werden können; sodann die Vervielfältigung konkurrierender Gruppeninteressen, die eine unparteiliche Willensbildung erschwert; ferner das Wachstum staatlicher Bürokratien und öffentlicher Aufgaben, das eine Herrschaft der Experten fördert; schließlich die Entfremdung apathischer Massen von den Eliten, die sich gegenüber entmündigten Bürgern oligarchisch verselbständigen. Vor dem Hintergrund dieser skeptischen Feststellungen sieht sich Bobbio zu einer vorsichtigen Bestimmung der de-

13 N. Bobbio, The Future of Democracy, Cambridge 1987.

mokratischen Spielregeln veranlaßt: »My premise is that the only way a meaningful discussion of democracy, as distinct from all forms of autocratic government, is possible to consider it as characterized by a set of rules ... which establish *who* is authorized to take collective decisions and which *procedures* are to be applied.«[14] Demokratien erfüllen das notwendige »prozeduralistische Minimum« in dem Maße, wie sie (a) die politische Beteiligung einer möglichst großen Zahl interessierter Bürger, (b) die Mehrheitsregel für politische Entscheidungen, (c) die üblichen Kommunikationsrechte und damit die Auswahl zwischen verschiedenen Programmen und Führungsgruppen und (d) den Schutz der Privatsphäre gewährleisten.[15] Der Vorzug dieser minimalistischen Definition besteht in ihrem deskriptiven Charakter. Sie erfaßt den normativen Gehalt politischer Systeme von der Art, wie sie in den nationalstaatlich organisierten Gesellschaften des westlichen Typs bereits bestehen. Deshalb kann Bobbio zu dem Schluß gelangen: »The minimal content of the democratic state has not been impaired: guarantees of the basic liberties, the existence of competing parties, periodic elections with universal suffrage, decisions which are collective or the result of compromise ... or made on the basis of the majority principle, or in any event as the outcome of open debates between the different factions or allies of a government coalition.«[16]

Andererseits erschöpft diese Operationalisierung keineswegs den normativen Gehalt des demokratischen Verfahrens, wie er sich aus der rekonstruktiven Sicht der Rechtstheorie darstellt. Obwohl öffentliche Kontroversen zwischen mehreren Parteien als notwendige Bedingung für den demokratischen Entscheidungsmodus genannt werden, berührt die vorgeschlagene Definition nicht den Kern eines genuin prozeduralistischen Verständnisses von Demokratie. Dessen Pointe besteht nämlich darin, daß das demokratische Verfahren Diskurse und Verhandlungen mit Hilfe von Kommunikationsformen institutionalisiert, die für alle verfahrenskonform erzielten Ergebnisse die Vermutung der Vernünftigkeit begründen sollen. Nie-

---

14 Bobbio (1987), 24.
15 Bobbio (1987), 56: »Parallel to the need for self-rule there is the desire not to be ruled at all and to be left in peace.«
16 Bobbio (1987), 40.

mand hat diese Auffassung energischer herausgearbeitet als John Dewey: »Majority rule, just as majority rule, is as foolish as its critics charge it with being. But it never is *merely* majority rule ... The means by which a majority comes to be a majority is the more important thing: antecedent debates, modification of views to meet the opinions of minorities ... The essential need, in other words, is the improvement of the methods and conditions of debate, discussion and persuasion.«[17] Die deliberative Politik gewinnt ihre legitimierende Kraft aus der diskursiven Struktur einer Meinungs- und Willensbildung, die ihre sozialintegrative Funktion nur dank der Erwartung einer vernünftigen *Qualität* ihrer Ergebnisse erfüllen kann. Deshalb bildet das diskursive Niveau der öffentlichen Debatten die wichtigste Variable. Sie darf nicht im schwarzen Kasten einer Operationalisierung verschwinden, die sich mit grobmaschigen Indikatoren zufriedengibt. Bevor ich einen Vorschlag aufnehme, der diesen Aspekt berücksichtigt, möchte ich (1) das Konzept einer zweigleisigen deliberativen Politik entwickeln und es (2) gegen Einwände von kommunitaristischer und liberaler Seite verteidigen.

(1) Joshua Cohen erläutert den Begriff deliberativer Politik anhand einer »idealen Prozedur« der Beratung und Beschlußfassung, die sich so weit als möglich in den gesellschaftlichen Institutionen »spiegeln« soll. Cohen löst sich freilich noch nicht energisch genug von der Idee einer *im ganzen* deliberativ gesteuerten und insofern politisch konstituierten Gesellschaft: »The notion of a deliberative democracy is rooted in the intuitive ideal of a democratic association in which the justification of the terms and conditions of association proceeds through public argument and reasoning among equal citizens. Citizens in such an order share a commitment to the resolution of problems of collective choice through public reasoning and regard their basic institutions as legitimate as far as they establish the framework for free public deliberation.«[18] Demgegenüber möchte ich die im folgenden näher bestimmte Prozedur, aus der verfahrenskonform zustandegekommene Beschlüsse ihre Legi-

---

17 J. Dewey, The Public and its Problems, Chicago 1954, 207f.
18 J. Cohen, Deliberation and Democratic Legitimacy, in: A. Hamlin, B. Pettit (Hg.), The Good Polity, Oxford 1989, 17ff.

timität beziehen, als Kernstruktur eines ausdifferenzierten, rechtsstaatlich verfaßten politischen Systems verstehen, aber nicht als Modell für *alle* gesellschaftlichen (und nicht einmal für alle staatlichen) Institutionen. Wenn sich die deliberative Politik zu einer die gesellschaftliche Totalität prägenden Struktur aufspreizen sollte, müßte sich der erwartete diskursive Vergesellschaftungsmodus des *Rechtssystems* zu einer Selbstorganisation *der Gesellschaft* erweitern und deren Komplexität im ganzen durchdringen. Das ist schon deshalb nicht möglich, weil das demokratische Verfahren auf Einbettungskontexte, die es selbst nicht regeln kann, angewiesen ist.

Cohen charakterisiert jedoch das Verfahren selbst einleuchtend durch die folgenden *Postulate*:

(a) Die Beratungen vollziehen sich in argumentativer Form, also durch den geregelten Austausch von Informationen und Gründen zwischen Parteien, die Vorschläge einbringen und kritisch prüfen.[19]

(b) Die Beratungen sind inklusiv und öffentlich. Im Prinzip darf niemand ausgeschlossen werden; alle von den Beschlüssen möglicherweise Betroffenen haben gleiche Chancen des Zugangs und der Teilnahme. (c) Die Beratungen sind frei von externen Zwängen. Die Teilnehmer sind insofern souverän, als sie einzig an die Kommunikationsvoraussetzungen und Verfahrensregeln der Argumentation gebunden sind.[20] (d) Die Beratungen sind frei von internen Zwängen, die die Gleichstellung der Teilnehmer beeinträchtigen können. Jeder hat die gleichen Chancen, gehört zu werden, Themen einzubringen, Beiträge zu leisten, Vorschläge zu machen und zu kritisieren. Ja-/Nein-Stellungnahmen sind allein motiviert durch den zwanglosen Zwang des besseren Argumentes.[21]

Weitere Bedingungen spezifizieren das Verfahren im Hinblick auf den *politischen Charakter* der Beratungen:

19 »Deliberation is reasoned in that parties to it are required to state their reasons for advancing proposals, supporting them or criticizing them ... Reasons are offered with the aim of bringing others to accept the proposal, given their disparate ends and their commitment to settling the conditions of their association through free deliberation among equals.« Cohen (1989), 22.

20 »Their consideration of proposals is not constrained by the authority of prior norms or requirements.« (22).

21 »The participants are substantively equal in that the existing distribution of

(e) Beratungen zielen allgemein auf ein rational motiviertes Einverständnis und können im Prinzip unbegrenzt fortgesetzt oder jederzeit wieder aufgenommen werden. Politische Beratungen müssen aber mit Rücksicht auf Entscheidungszwänge durch Mehrheitsbeschluß beendet werden. Wegen ihres internen Zusammenhangs mit einer deliberativen Praxis begründet die Mehrheitsregel die Vermutung, daß die fallible Mehrheitsmeinung bis auf weiteres, nämlich bis die Minderheit die Mehrheit von der Richtigkeit ihrer Auffassungen überzeugt hat, als vernünftige Grundlage einer gemeinsamen Praxis gelten darf.[22] (f) Die politischen Beratungen erstrecken sich auf sämtliche Materien, die im gleichmäßigen Interesse aller geregelt werden können. Das bedeutet aber nicht, daß Themen und Gegenstände, die nach traditioneller Auffassung »privater« Natur sind, a fortiori der Diskussion entzogen werden dürften. Öffentlich relevant sind insbesondere Fragen der Ungleichverteilung jener Ressourcen, von denen die faktische Wahrnehmung gleicher Kommunikations- und Teilnahmerechte abhängt.[23] (g) Politische Beratungen erstrecken sich auch auf die Interpretation von Bedürfnissen und die Veränderung vorpolitischer Einstellungen und Präferenzen. Dabei stützt sich die konsenserzielende Kraft der Argumente keineswegs nur auf einen in gemeinsamen Traditionen und Lebensformen vorgängig ausgebildeten Wertekonsens.[24]

power and ressources does not shape their chances to contribute to deliberation, nor does that distribution play an authoritative role in their deliberation.« (23).

22 »Even under ideal conditions there is no promise that consensual reasons will be forthcoming. If they are not, then deliberation concludes with voting, subject to some form of majority rule. The fact that it may so conclude does not, however, eliminate the distinction between deliberative forms of collective choice and forms that aggregate by non-deliberative preferences.« (23).

23 »Inequalities of wealth, or the absence of institutional measures to redress the consequences of those inequalities, can serve to undermine the equality required in deliberative arenas themselves.« (27); vgl. auch J. Cohen, J. Rogers, On Democracy, New York 1983, Kap. 6, 146 ff.; W. E. Connolly, The Terms of Political Discourse, Lexington, Mass. 1974.

24 »The relevant conceptions of the common good are not comprised simply of interests and preferences that are antecedent to deliberation. Instead, the interests, aims and ideals that comprise the common good are those that survive deliberation, interests that, on public reflection, we think it legitimate to appeal to in making claims on public ressources.« (23).

Jede Assoziation, die ein solches Verfahren institutionalisiert, um die Bedingungen ihres Zusammenlebens demokratisch zu regeln, konstituiert sich damit als Bürgerschaft. Sie bildet eine partikulare, in Raum und Zeit abgegrenzte Rechtsgemeinschaft mit spezifischen Lebensformen und Überlieferungen. Aber diese unverwechselbare Identität kennzeichnet sie nicht *als* politische Gemeinschaft von Staatsbürgern. Den demokratischen Prozeß beherrschen nämlich *allgemeine* Prinzipien der Gerechtigkeit, die gleichermaßen für jede Bürgerschaft konstitutiv sind. Kurzum, die ideale Prozedur der Beratung und Beschlußfassung setzt als Träger eine Assoziation voraus, die sich dazu versteht, die Bedingungen ihres Zusammenlebens *unparteilich* zu regeln. Was Rechtsgenossen assoziiert, ist *letztlich* das linguistische Band, das jede Kommunikationsgemeinschaft zusammenhält.[25]

In diesem Bild deliberativer Politik fehlen nicht nur wichtige interne Differenzierungen (die ich in Kap. IV vorgenommen habe), sondern auch Aussagen zum Verhältnis zwischen den entscheidungsorientierten Beratungen, die durch *demokratische Verfahren* reguliert sind, und den informellen Meinungsbildungsprozessen in

25 Vgl. M. Walzers Behandlung von Integrationsproblemen, die in modernen Gesellschaften durch die wachsende Mobilität der Ehepartner, des Wohnortes, der sozialen Stellung und der politischen Loyalitäten hervorgerufen werden. Diese »vier Mobilitäten« lockern die askriptiven Bindungen an Familie, Lebensraum, soziale Herkunft und politische Tradition. Für die betroffenen Individuen bedeutet das eine zweideutige Freisetzung aus sozial integrierten, aber durch Abhängigkeiten geprägten, ebenso orientierenden und schützenden wie auch präjudizierenden und unterdrückenden Lebensverhältnissen. Diese Entbindung ist ambivalent, weil sie den Einzelnen in wachsende Optionsspielräume und damit in eine Freiheit entläßt, die ihn einerseits, als negative Freiheit, isoliert und zur zweckrationalen Wahrnehmung je eigener Interessen nötigt, die ihn aber andererseits, als positive Freiheit, auch instandsetzt, aus freien Stücken neue soziale Bindungen einzugehen, Überlieferungen kritisch anzueignen und eine eigene Identität bewußt zu entwerfen. Nach Walzers Auffassung bewahrt in letzter Instanz nur noch die sprachliche Struktur der Vergesellschaftung vor Desintegration: »Whatever the extent of the Four Mobilities, they do not seem to move us so far apart that we can no longer *talk* with one another ... Even political conflict in liberal societies rarely takes forms so extreme as to set its protagonists beyond negotiation and compromise, procedural justice and the very possibility of *speech*.« (The Communitarian Critique of Liberalism, Political Theory 18, 1990, 13 f.)

der Öffentlichkeit. Soweit sich diese Verfahren nicht – wie im Falle allgemeiner Wahlen – auf die Organisation von Abstimmungen beschränken, denen eine informelle Meinungsbildung *vorangeht*, regeln sie mindestens die Zusammensetzung und Arbeitsweise von Gremien, welche »zusammentreten«, um in »Versammlungen« eine Agenda zu »verhandeln« und gegebenenfalls Beschlüsse zu fassen. Bei der Einrichtung parlamentarischer Verfahren bilden Entscheidungskompetenzen (und zugerechnete politische Verantwortlichkeiten) den Bezugspunkt, unter dem sozial abgegrenzte und zeitlich limitierte Öffentlichkeiten konstituiert sowie Verhandlungen argumentativ gestaltet und sachlich spezifiziert werden. Demokratische Verfahren in derart »veranstalteten« Öffentlichkeiten strukturieren Meinungs- und Willensbildungsprozesse im Hinblick auf die kooperative Lösung praktischer Fragen – einschließlich des Aushandelns fairer Kompromisse. Der operative Sinn dieser Regelungen ist weniger die Entdeckung und Identifizierung als vielmehr die Bearbeitung von Problemen – weniger die Sensibilisierung für neue Problemstellungen als die Rechtfertigung der Problemwahl und der Entscheidung zwischen konkurrierenden Lösungsvorschlägen. Die Öffentlichkeiten parlamentarischer Körperschaften sind vorwiegend als *Rechtfertigungszusammenhang* strukturiert. Sie bleiben nicht nur auf die administrative Zuarbeit und Weiterverarbeitung angewiesen, sondern auch auf den *Entdeckungszusammenhang* einer nicht durch Verfahren regulierten Öffentlichkeit, die vom allgemeinen Publikum der Staatsbürger getragen wird.

Dieses »schwache« Publikum ist Träger der »öffentlichen Meinung«.[26] Die von Beschlüssen entkoppelte Meinungsbildung vollzieht sich in einem offenen und inklusiven Netzwerk von sich überlappenden subkulturellen Öffentlichkeiten mit fließenden zeitlichen, sozialen und sachlichen Grenzen. Die Strukturen einer solchen pluralistischen Öffentlichkeit bilden sich, innerhalb eines grundrechtlich garantierten Rahmens, mehr oder weniger spontan. Die prinzipiell unbegrenzten Kommunikationsströme fließen

---

26 Vgl. N. Fraser, Rethinking the Public Sphere, in: C. Calhoun, Habermas and the Public Sphere, Cambridge Mass. 1992, 134: »I shall call *weak* publics publics whose deliberative practice consists exclusively in opinion formation and does not also encompass decision making.«

durch die vereinsintern veranstalteten Öffentlichkeiten, die informelle Bestandteile der allgemeinen Öffentlichkeit bilden, hindurch.
Insgesamt bilden sie einen »wilden« Komplex, der sich nicht im
ganzen organisieren läßt. Wegen ihrer anarchischen Struktur ist die
allgemeine Öffentlichkeit einerseits den Repressions- und Aus-
schließungseffekten von ungleich verteilter sozialer Macht, struktureller Gewalt und systematisch verzerrter Kommunikation
schutzloser ausgesetzt als die organisierten Öffentlichkeiten des
parlamentarischen Komplexes. Andererseits hat sie den Vorzug eines Mediums *uneingeschränkter* Kommunikation, in dem neue
Problemlagen sensitiver wahrgenommen, Selbstverständigungsdiskurse breiter und expressiver geführt, kollektive Identitäten und
Bedürfnisinterpretationen ungezwungener artikuliert werden können als in den verfahrensregulierten Öffentlichkeiten. Die demokratisch verfaßte Meinungs- und Willensbildung ist auf die Zufuhr
von informellen öffentlichen Meinungen angewiesen, die sich idealerweise in Strukturen einer nicht-vermachteten politischen Öffentlichkeit bilden. Die Öffentlichkeit muß sich ihrerseits auf eine
gesellschaftliche Basis stützen können, in der die gleichen Staatsbürgerrechte soziale Wirksamkeit erlangt haben. Nur auf einer
Basis, die aus Klassenschranken hervorgetreten ist und die jahrtau-
sendealten Fesseln gesellschaftlicher Stratifikation und Ausbeutung
abgeworfen hat, kann sich das Potential eines freigesetzten kulturellen Pluralismus voll entfalten – ein Potential, das gewiß ebenso
reich ist an Konflikten wie an bedeutungsgenerierenden Lebensformen. Aber die kommunikative Bewältigung *dieser* Konflikte bildet
in einer säkularisierten Gesellschaft, die mit ihrer Komplexität auf
bewußte Weise umzugehen gelernt hat, einzige Quelle für eine Solidarität unter Fremden – unter Fremden, die auf Gewalt verzichten
und die sich, bei der kooperativen Regelung ihres Zusammenlebens, auch das Recht zugestehen, füreinander Fremde zu *bleiben*.

(2) *Exkurs zur Neutralität des Verfahrens.* Die deliberative Politik
zehrt also vom Zusammenspiel der demokratisch verfaßten Willensbildung mit einer informellen Meinungsbildung. Sie verläuft
nicht selbstgenügsam in Bahnen einer durch Verfahren geregelten
Beratung und Beschlußfassung. Diese Ergänzungsbedürftigkeit des

demokratischen Verfahrens müssen wir im Auge behalten, wenn wir nun die Einwände erörtern, die gegen die beanspruchte Neutralität von Spielregeln dieser Art grundsätzlich erhoben werden.[27] Die Einwände richten sich in erster Linie gegen einen Explikationsvorschlag von Bruce Ackerman, der das demokratische Verfahren an Formen eines Legitimationsdiskurses erläutert, worin ein Machthaber seine politischen Grundsatzentscheidungen gegen Opponenten rechtfertigen muß. Dieser Diskurs gehorcht Regeln, die eine unparteiliche und konsistente Beurteilung praktischer Fragen ermöglichen sollen.[28] Insbesondere muß sich der Machthaber, und das ist der Stein des Anstoßes, *neutral* verhalten gegenüber konkurrierenden und miteinander unverträglichen Konzeptionen des guten Lebens: »No reason is a good reason if it requires the power holder to assert: (a) that his conception of the good is better than asserted by any of his fellow citizens, or (b) that, regardless of his conception of the good, he is intrinsically superior to one or more of his fellow citizens.«[29] Neutralität bedeutet zunächst den argumentationslogisch begründeten *Vorrang* des Gerechten vor dem Guten, also das Zurücktreten von Fragen des guten Lebens hinter Fragen der Gerechtigkeit.

Würde aber Neutralität darüber hinaus die *Ausklammerung* ethischer Fragen aus dem politischen Diskurs überhaupt fordern, müßte dieser seine Kraft zur rationalen Veränderung von vorpolitischen Einstellungen, von Bedürfnisinterpretationen und Wertorientierungen einbüßen. Nach dieser Lesart von »conversational restraint« werden praktische Fragen, die *prima facie* strittig sind,

27 Vgl. die Beiträge zum »Symposion on Justice«, Ethics 93 (1983); ferner S. Benhabib, Liberal Dialogue vs. a Critical Theory of Discursive Legitimation, in: N. Rosenblum (Hg.), Liberalism and the Moral Life, Cambridge, Mass. 1989, 145 ff.; J. D. Moon, Constrained Discourse and Public Life, Political Theory 19, 1991, 202-229.

28 B. Ackerman, Social Justice in the Liberal State, New Haven 1980, 4: »Whenever anybody questions the legitimacy of anyone's power, the power holder must respond not by suppressing the questioner but by giving a reason that explains why he is more entitled to the source than the questioner is«; 7: »The reason advanced by a power wielder must not be inconsistent with the reasons he advances to justify his other claims to power.«

29 Ackerman (1980), 11.

einfach nicht weiter verfolgt.[30] Das läuft darauf hinaus, Fragen des Guten als »private« Angelegenheiten zu behandeln. Unter dieser Prämisse würde aber die Neutralität des Verfahrens nur durch Vermeidungsregeln oder »gag rules«[31] gesichert und bliebe abhängig von traditionellen Unterscheidungen zwischen dem Privaten und dem Öffentlichen, die ihrerseits der Diskussion entzogen sind. Eine derart rigide Beschränkung, die ethische Fragen a fortiori ausschließt, würde aber die Agenda mindestens implizit zugunsten eines traditionell eingespielten Hintergrundes präjudizieren. Wenn wir unsere Auffassungsunterschiede gar nicht erst zur Diskussion stellen, können wir die Möglichkeiten eines diskursiv erreichbaren Einverständnisses nicht *ausloten*. Infolgedessen schlägt Ch. Larmore eine andere Lesart vor: »In particular, the ideal of political neutrality does not deny that such discussion should encompass not only determining what are the probable consequences of alternative decisions and whether certain decisions can be neutrally justified, but also clarifying one's notion of the good life and trying to convince others of the superiority of various aspects of one's view of human flourishing. The ideal demands only that so long as some view about the good life remains disputed, no decision of the state can be justified on the basis of its supposed intrinsic superiority or inferiority.«[32] An diesem Knotenpunkt verzweigt sich die Diskussion, weil auch diese tolerante Fassung der Neutralitätsthese bestritten wird, und zwar aus entgegengesetzten Richtungen.

Von *kommunitaristischer Seite* stammt der radikale Einwand, daß sich Maßstäbe für eine unparteiliche Beurteilung praktischer Frager überhaupt nicht vom Kontext bestimmter Weltdeutungen und Lebensentwürfe trennen lassen: kein präsumtiv neutraler Grundsatz könne in Wahrheit jemals neutral sein. Jedes scheinbar neutrale Verfahren spiegele eine bestimmte, in Ackermans Fall eine liberale Konzeption des guten Lebens. Ein neutrales Verfahren dürfte auch

---

30 B. Ackerman, Why Dialogue?, Journal of Philosophy 86, 1989, 16: »We should simply say *nothing at all* about (any) disagreement and put the moral ideals that divide us off the conversational agenda.«

31 Vgl. St. Holmes, Gag Rules or the Politics of Omission, in: J. Elster, R. Slagstad (Hg.), Constitutionalism and Democracy, Cambridge 1988, 19-58.

32 Ch. Larmore, Patterns of Moral Complexity, Cambridge 1987, 47.

nicht implizit der Verwirklichung präferierter Werte oder der Realisierung von Zielen dienen, die sich beispielsweise aus der Sicht eines liberalen Staats- und Politikverständnisses als vorrangig erweisen; sonst würde es Bürger mit anderen Konzeptionen und Wertorientierungen benachteiligen. Dieser Einwand läßt sich entkräften, wenn es gelingt, das Neutralitätsprinzip als notwendigen Bestandteil einer alternativlosen oder *unausweichlichen* Praxis zu rechtfertigen. »Unausweichlich« ist eine Praxis, wenn sie lebenswichtige Funktionen erfüllt und durch keine andere Praxis ersetzt werden kann. Auf diese Art von Unausweichlichkeit spielt Ackerman mit seiner Frage an: »If we disdain the art of constrained conversation, how will we come to terms with each other? Is there (another) way beyond excommunication and brute suppression?«[33] Wenn wir uns mit Fragen der Konfliktregelung oder der Verfolgung kollektiver Ziele konfrontiert sehen und die Alternative gewaltsamer Auseinandersetzungen vermeiden wollen, *müssen* wir uns auf eine Praxis der Verständigung einlassen, deren Verfahren und Kommunikationsvoraussetzungen uns nicht zur Disposition stehen.

Das veranlaßt Ch. Larmore, das Neutralitätsprinzip auf eine allgemeine Regel des Argumentierens zurückzuführen: »The neutral justification of political neutrality is based upon what I believe is a universal norm of rational dialogue. When two people disagree about some specific point, but wish to continue talking about the more general problem they wish to solve, each should prescind from beliefs that the other rejects, (1) in order to construct an argument on the basis of his other beliefs that will convince the other of the truth of the disputed belief, or (2) in order to shift to another aspect of the problem, where the possibilities of agreement seem greater. In the face of disagreement, those who wish to continue the conversation should retreat to neutral ground, with the hope either of resolving the dispute or bypassing it.«[34] Der in »neutralen Dialogen« geforderte Übergang von der Feststellung eines ethischen Dis-

33 Ackerman, What is Neutral about Neutrality?, Ethics 93, 1983, 390.
34 Larmore (1987), 53; eine etwas veränderte Formulierung dieser »Norm des rationalen Diskurses« findet sich in: Ch. Larmore, Political Liberalism, Political Theory 18, 1990, 347.

senses zur höheren Abstraktionsebene des Gerechtigkeitsdiskurses, wo geprüft wird, was bei Anerkennung dieses Dissenses im gleichmäßigen Interesse aller Beteiligten liegt, stellt sich dann als spezieller Fall einer allgemeinen Argumentationsregel dar.[35]

Gegenüber diesem Vorschlag kann der kommunitaristische Einwand noch einmal radikalisiert werden. Selbst wenn sich das Neutralitätsprinzip auf eine allgemeine Argumentationsregel zurückführen ließe, müßte sich die Rekonstruktion solcher Regeln auf das intuitive Wissen einzelner Argumentationsteilnehmer, normalerweise auf unser eigenes stützen. Denn nur aus der Teilnehmerperspektive lassen sich die implizit immer schon gewußten Bedingungen für die diskursive Einlösung eines Geltungsanspruches reflexiv einholen. Dieses Vorgehen könnte aber zur Konsequenz haben, »that, when individuals' conceptions of the good life conflict, they often will also have somewhat different notions of the ideal conditions under which they believe they could justify their conception to others«.[36] Larmore vermutet eine gewisse Verflechtung des allgemeinen grammatischen Wissens mit einem partikularen sprachlichen Weltbild oder dem individuellen Selbst- und Weltverständnis. Auch wenn man das zugesteht, muß man aber schlimmstenfalls mit einer perspektivischen Verzerrung der *Explikation* unseres vorgängig erworbenen praktischen Wissens rechnen, nicht mit einer perspektivistischen Vervielfältigung dieses intuitiv immer schon verwendeten Wissens *selber*. Die stets fallible, gegebenenfalls falsche *Rekonstruktion* berührt nicht das immer schon *fungierende* Wissen.[37] Deshalb dürfen wir davon ausgehen, daß die Argumentationspraxis einen Fokus bildet, in dem sich die Verständigungsbemühungen von Argumentationsteilnehmern noch so verschiedener Herkunft jedenfalls intuitiv treffen. Denn Konzepte wie Wahrheit, Rationalität, Begründung oder Konsens spielen in allen Sprachen

---

35 Ich vernachlässige die einschlägige Diskussion über John Rawls' Konzept des »übergreifenden Konsenses«: J. Rawls, Die Idee des politischen Liberalismus, Frankfurt/Main 1992, 255-333; dazu J. Habermas (1991a), 204 ff.

36 Larmore (1987), 58.

37 Zum Verfahren der fallibilistischen Nachkonstruktion vortheoretischen Wissens J. Habermas, Was heißt Universalpragmatik?, in: ders., Vorstudien und Ergänzungen zur Theorie des kommunikativen Handelns, Frankfurt/Main 1984, 363 ff.

und in jeder Sprachgemeinschaft, obwohl sie verschieden interpretiert und nach verschiedenen Kriterien angewendet werden mögen, *dieselbe grammatische Rolle*.[38] Das gilt jedenfalls für moderne Gesellschaften, die sich mit positivem Recht, säkularisierter Politik und Vernunftmoral auf ein postkonventionelles Begründungsniveau umgestellt haben und ihren Mitgliedern eine reflexive Einstellung zu den jeweils eigenen kulturellen Überlieferungen zumuten.[39] Sobald freilich das praktizierte Wissen in explizites Wissen über Regeln und Voraussetzungen des rationalen Diskurses umgeformt, und sobald dieses Wissen wiederum in die Institutionalisierung von Beratungs- und Beschlußfassungsverfahren umgesetzt wird, können Interpretationsdifferenzen im Verlaufe dieses Explikationsprozesses ins Spiel kommen. Auch diese schlagen sich in den Unterschieden zwischen historischen Verfassungen nieder, die das System der Rechte auf verschiedene Weise interpretieren und ausgestalten.

Auch von *liberaler Seite* setzt sich die nicht-restriktive Lesart der Neutralitätsthese Einwänden aus. Die liberalen Einwände richten sich gegen die Öffnung des politischen Diskurses für beliebige Fragen und alle Argumente, die irgendeine Partei vorbringen möchte. Sie bestreiten die vor allem von Feministinnen vertretene These, daß *alle* Themen, die mindestens einer der Beteiligten für öffentlich relevant hält, auch öffentlich müssen zur Sprache kommen können. Diese Autorinnen befürchten nämlich, daß eine rigide Fassung des Neutralitätsprinzips genau die Angelegenheiten von der Agenda fernzuhalten erlaubt, die nach herkömmlichen Begriffen als »private« Angelegenheiten gelten. Beispiele liegen auf der Hand: »Until quite recently, feminists were in the minority in thinking that do-

---

38 J. Habermas (1988), 177ff.

39 Unter diesen Bedingungen verlieren auch religiöse oder metaphysische Weltanschauungen ihren fundamentalistischen Charakter; sie müssen sich ohne Preisgabe ihres Wahrheitsanspruchs auf die fallibilistischen Voraussetzungen des säkularisierten Denkens insofern einlassen, als sie den Umstand reflektieren, daß sie mit anderen Weltdeutungen innerhalb *desselben* Universums von Geltungsansprüchen konkurrieren. In diesem Zusammenhang spricht J. Rawls von »reasonable comprehensive doctrines«. Zu den kognitiven Aspekten der Unterscheidung zwischen Tradition und Moderne vgl. meine Auseinandersetzung mit A. MacIntyre in: J. Habermas (1991a), 209-218.

mestic violence against women was a matter of common concern and thus a legitimate topic of public discourse. The great majority of people considered this issue to be a private matter between what was assumed to be a fairly small number of heterosexual couples ... Then feminists formed a subaltern counterpublic from which we disseminated a view of domestic violence as a widespread systematic feature of male-dominated societies. Eventually, after sustained discursive contestation, we succeeded in *making* it a common concern.« Beispiele dieser Art veranlassen Nancy Fraser zu dem Schluß: »Only participants themselves can decide what is and what is not of common concern to them.«[40] Diese These hat das Bedenken auf den Plan gerufen, daß eine thematische *Entgrenzung der politischen Diskussion* den Rechtsschutz der Privatsphäre durchlöchern und die persönliche Integrität des Einzelnen gefährden müsse. So spricht beispielsweise J.D. Moon von einem »bias against privacy«. Die subjektiven Privatrechte schützen eine Sphäre, innerhalb derer die Privatleute von der Verpflichtung entbunden sind, für ihr Tun und Lassen öffentlich Rede und Antwort zu stehen. Wenn diese Sphäre nicht mehr *vorgängig* abgegrenzt wird, scheint sich das folgende Dilemma zu ergeben: »We appear to require unconstrained discourse in order to settle what the boundaries of the private should be, but such discourse itself violates those boundaries because it rests on a demand for unlimited self-disclosure.«[41] Das scheinbare Dilemma löst sich freilich auf, sobald wir die Konfusionen klären, die sich mit den Begriffspaaren »private vs. öffentliche« Angelegenheiten und »beschränkte vs. unbeschränkte« Diskurse verbinden.

Beschränkungen, denen öffentliche Diskurse durch *Verfahren* unterworfen sind, müssen wir von einer Beschränkung des *Themenbereichs* öffentlicher Diskurse unterscheiden. Die tolerante Fassung des Neutralitätsprinzips bedeutet, daß sich nicht nur die informelle, sondern auch eine durch Verfahren regulierte Meinungs- und Willensbildung auf ethisch relevante Fragen des guten Lebens, der kollektiven Identität und der Bedürfnisinterpretation soll erstrecken

---

40 Fraser (1992), 129; im gleichen Sinne auch S. Benhabib, Models of Public Space, in: dies., Situating the Self, Cambridge 1992, 89-120.
41 Moon (1991), 221.

können. Der politische Gesetzgeber, der beispielsweise den Tatbestand »Gewalt in der Ehe« regelt, wird entsprechende Themen und Beiträge in seine Debatten einbeziehen können, ohne dadurch die Unparteilichkeit des Gesetzgebungsverfahrens zu beeinträchtigen. Die öffentliche Thematisierung und Behandlung eines solchen Tatbestandes bedeutet noch keinen *Eingriff* in subjektive Rechte. Die Unterscheidung zwischen öffentlichen und privaten Angelegenheiten müssen wir nämlich wiederum unter zwei Aspekten – dem der Zugänglichkeit und der *Thematisierung* sowie dem der *Regelung von Kompetenzen* und Verantwortlichkeiten – vornehmen. Über etwas reden ist nicht dasselbe wie dem anderen in seine Angelegenheiten hineinreden. Gewiß muß der Intimbereich gegenüber Zudringlichkeiten und kritischen Blicken Fremder geschützt bleiben; aber nicht alles, was den Entscheidungen von Privatleuten vorbehalten ist, ist der öffentlichen Thematisierung entzogen und gegen Kritik geschützt. Vielmehr sollen alle Angelegenheiten, die einer politischen Regelung bedürfen, öffentlich diskutiert werden; aber nicht alles, was berechtigterweise Gegenstand einer öffentlichen Diskussion ist, wird auch einer politischen Regelung zugeführt. (Und nicht jede politische Regelung berührt private Zuständigkeiten.) Mit Hilfe dieser Unterscheidungen kann man sich leicht klarmachen, daß das liberale Bedenken gegen eine Entgrenzung des öffentlichen Themenspektrums, soweit nur die persönliche Integrität des Einzelnen gewahrt bleibt, hinfällig ist.

Das System der Rechte verlangt die gleichzeitige und komplementäre Verwirklichung von privater und staatsbürgerlicher Autonomie, die, normativ betrachtet, gleichursprünglich sind und sich wechselseitig voraussetzen, weil eine ohne die andere unvollständig bliebe. Aber wie im einzelnen private und öffentliche Kompetenzen und Verantwortlichkeiten aufgeteilt werden müssen, um die Bürgerrechte angemessen zu realisieren, hängt natürlich von den historischen Umständen und, wie wir noch sehen werden, von den – perzipierten – gesellschaftlichen Kontexten ab. Die Abgrenzung eines Bereichs privatautonomer Verfolgung eigener Interessen von der öffentlichen Sphäre der »Gemeinwohlverwirklichung« kann ebensowenig *ein für alle mal* vorgenommen werden wie die Abgrenzung des Intimbereichs innerhalb dieser privatrechtlich ausgegrenzten Sphäre. Diese Grenzziehungen, die, wie die Debatte über Pornographie zeigt, oft schwierig vorzunehmen sind, müssen Gegenstand der politischen Auseinandersetzung sein dürfen. Aber die *Thematisierung* dieser »Grenzfragen« bedeutet nicht schon einen Eingriff in bestehende *Kompetenzen* und Verantwortlichkeiten. Das wird insbesondere deutlich, wenn man die Abstufung der zweigleisig verlaufenden deliberativen Politik nach verfaßter und informeller Meinungs- und Willensbildung im Blick behält.

Weil die allgemeine Öffentlichkeit in dem Sinne »unbeschränkt« ist, daß ihre Kommunikationsströme nicht durch Verfahren reguliert sind, eignet sie sich vorzugsweise für den »Kampf um die Interpretation von Bedürfnissen«.[42] Ob es sich nun um den regelungsbedürftigen Tatbestand »Gewalt in der Ehe« handelt oder um den sozialstaatlichen Anspruch berufstätiger Mütter auf die Einrichtung von Tagesheimstätten für Kinder im Vorschulalter – im allgemeinen ist es ein weiter Weg, bis solche, zunächst als »privat« behandelten Angelegenheiten durch hartnäckig betriebene Inszenierungen in der Öffentlichkeit überhaupt den Status anerkannter politischer Themen gewinnen, und bis sich in den kontroversen Beiträgen zu solchen Themen die Bedürfnisse der Betroffenen – im Rahmen konkurrierender Welt- und Selbstdeutungen, verschiedener »Visionen des guten Lebens« – hinreichend artikulieren. Erst nach einem öffentlich ausgetragenen »Kampf um Anerkennung« können die umstrittenen Interessenlagen von den zuständigen politischen Instanzen aufgegriffen, auf parlamentarische Tagesordnungen gesetzt, diskutiert und gegebenenfalls zu Anträgen und bindenden Entscheidungen verarbeitet werden. Und erst die *Regelung* eines neuen strafrechtlichen Tatbestandes oder die *Durchführung* eines politischen Beschlusses über das Angebot einer ganztägigen Kinderbetreuung – sei es in privater oder öffentlicher Regie – greift in private Lebensbereiche ein und verändert formelle Verantwortlichkeiten oder bestehende Praktiken.

---

42 N. Fraser, Struggle over Needs, in: dies., Unruly Practices, Oxford 1991, 161-190.

III.

Nach diesem Exkurs über den Sinn, die Rolle und den Stellenwert demokratischer Verfahren sind wir besser gerüstet für die Frage, wo und wie diese Verfahren im Leben einer komplexen Gesellschaft ihren Sitz finden können. Für das prozeduralistische Verständnis des demokratischen Prozesses wählt Robert Dahl Indikatoren, die den normativen Gehalt demokratischer Verfahren besser ausschöpfen als der Operationalisierungsvorschlag von N. Bobbio. Ich werde (1) Dahls Ansatz darstellen, um eine Perspektive zu gewinnen, aus der (2) der kritische Sinn einer rekonstruktiv verfahrenden Soziologie der Demokratie geklärt werden kann.

(1) Zunächst befreit Dahl das intuitive Verständnis der demokratischen Selbstbestimmung von den substantialistischen Vorstellungen der auf Aristoteles zurückgehenden Tradition: »Our common good – the good and interests we share with others – rarely consists of specific objects, activities, and relations; ordinarily it consists of the practices, arrangements, institutions, and processes that, in traditionalist's term again, promote the well-being of ourselves and others – not, to be sure, of ›everybody‹ but of enough persons, to make the practices, arrangements etc. acceptable ... These would include the general features of the democratic process.«[43] Dahl operationalisiert dann ein Verfahren für bindende Entscheidungen, die im gleichmäßigen Interesse aller liegen, unter fünf Gesichtspunkten. Es soll gewährleisten: (a) die Inklusion aller Betroffenen, (b) gleich verteilte und wirksame Chancen der Teilnahme am politischen Prozeß, (c) gleiches Stimmrecht bei Entscheidungen, (d) das gleiche Recht zur Wahl der Themen, überhaupt zur Kontrolle der Tagesordnung und schließlich (e) eine Situation von der Art, daß alle Beteiligten im Lichte hinreichender Informationen und guter Gründe ein artikuliertes Verständnis der regelungsbedürftigen Materien und der strittigen Interessen ausbilden können.[44] Die letzte Forderung zielt auf das Informationsniveau und den diskursiven Charakter der Willensbildung: »Each citizen ought to have adequate and equal opportunities for discovering and validating the

43 R. A. Dahl, Democracy and its Critics, New Haven 1989, 307.
44 R. A. Dahl, A Preface to Economic Democracy, Oxford 1985, 59f.

choice on the matter to be decided that whould best serve the citizen's interests … Insofar as a citizen's good or interests require attention to a public good or general interest, then citizens ought to have the opportunity to acquire an understanding of these matters.«[45] Dem sollen insbesondere öffentliche Diskussionen und Aufklärungsprozesse dienen. Auch Dahl geht es um jene »Methoden und Bedingungen« der politischen Willensbildung, die Dewey für »*das* Problem der Öffentlichkeit« gehalten hatte.[46]

Die fünf genannten Kriterien werden bisher von keiner politischen Ordnung *hinreichend* erfüllt. Zwar nötigt die unvermeidliche gesellschaftliche Komplexität zu einer differenzierten Anwendung der Kriterien (u. a. zur Delegation von Entscheidungskompetenzen und zur Einrichtung modifizierter Entscheidungsverfahren, allgemein zur rechtlichen und organisatorischen Abarbeitung von Komplexität), aber diese steht einer »annähernden« Implementation des Verfahrens nicht grundsätzlich im Wege.[47] Deshalb lassen sich die bestehenden Konkurrenzdemokratien als Handlungssysteme begreifen, in denen das demokratische Verfahren nicht nur in der *nominellen* Form politischer Teilnahme- und Kommunikationsrechte, sondern, wie selektiv auch immer, in der Form von Praktiken *tatsächlich* implementiert worden ist. Dahl sieht diese »Polyarchien« durch eine Reihe von effektiven Rechten und Institutionen gekennzeichnet, die sich seit der amerikanischen und der französischen Revolution in einer wachsenden Zahl moderner Flächenstaaten schrittweise durchgesetzt haben. Nach Dahls Klassifikationen fallen um 1930 fünfzehn europäische und sechs außereuropäische Staaten unter diese Beschreibung; die Anzahl dieser politischen Systeme soll sich nach seiner Berechnung bis Ende der 70er Jahre ungefähr verdoppelt haben.

Im weiteren macht sich Dahl die Ergebnisse der verzweigten Modernisierungsforschung zunutze, um anhand des diachron angeordneten Samples den für eine Demokratisierung günstigen Kontext sogenannter »moderner, dynamischer, pluralistischer« Gesellschaften herauszupräparieren. Diese MDP-Gesellschaften weisen

45 R. A. Dahl, Democracy and its Critics, New Haven 1989, 112.
46 Dewey (1954), 208.
47 Dahl (1989), 115 ff.

die bekannten Merkmale auf: relativ hohes Pro-Kopf-Einkommen, langfristiges Wachstum des Sozialprodukts, eine marktwirtschaftliche Produktionsweise mit schrumpfenden primären und sekundären Sektoren, ein relativ hoher Grad der Verstädterung, hohes Bildungsniveau, sinkende Kindersterblichkeit, zunehmende durchschnittliche Lebenserwartung usw. Die statistischen Zusammenhänge dieser Indikatoren deutet Dahl unter dem Gesichtspunkt *günstiger sozialer Bedingungen* für eine rechtsstaatliche Zähmung sozialer Macht und staatlich monopolisierter Gewalt: »A MDP society disperses power, influence, authority and control away from any single center toward a variety of individuals, groups, associations and organizations. And it fosters attitudes and beliefs favourable to democratic ideas. Though these two features are independently generated, they also reinforce each other.«[48] Es ist also nicht die in funktional differenzierten Gesellschaften eintretende polyzentrische Machtverteilung allein, die eine Demokratisierung fördert; die Dezentrierung der Macht muß sich mit einer durch entsprechende Sozialisationsmuster gestützten liberalen politischen Kultur verbinden. Erst im Rahmen einer solchen politischen Kultur können nämlich die konfliktreichen subkulturellen Spannungen zwischen konkurrierenden Lebensformen, Identitäten und Weltbildern toleriert und gewaltlos ausgetragen werden.

Den wichtigsten *Engpaß* für Demokratisierungsfortschritte über das heute erreichte Niveau hinaus sieht Dahl in einer Abschottung des politischen Steuerungswissens, welche die Staatsbürger daran hindert, das politisch erforderliche Expertenwissen für die Bildung eigener Meinungen zu nutzen. Die Hauptgefahr bestehe in der technokratischen Variante eines durch Wissensmonopole begründeten Paternalismus. Der privilegierte Zugang zu den Quellen des relevanten Steuerungswissens ermögliche eine unauffällige Herrschaft über das mediatisierte, von diesen Quellen abgeschnittene, mit symbolischer Politik abgespeiste Staatsbürgerpublikum. Seine Hoffnungen setzt Dahl deshalb auf die technischen Möglichkeiten der Telekommunikation; unter dem Stichwort »minipopulus« unterbreitet er einen Vorschlag zur funktional spezifizierten und

48 Dahl (1989), 252; vgl. auch die Zusammenfassung 314.

gleichzeitig dezentralisierten Willensbildung durch repräsentativ ausgewählte und speziell informierte Versammlungen.[49] Der abstrakte und etwas utopisch anmutende Tenor dieser Empfehlung kontrastiert eigentümlich mit Intention und Anlage der Untersuchung.

Dahl hatte ja zeigen wollen, daß die Idee und das Verfahren einer deliberativen Politik nicht von außen an die Realität entwickelter Gesellschaften herangetragen werden müssen, weil sie in den Institutionen dieser Gesellschaften längst Fuß gefaßt haben. Dieses Ziel verfehlt er, weil er die normativen Argumente für die Rechtfertigung des demokratischen Verfahrens an die empirische Analyse seiner – wie immer auch unvollständigen – Implementierung nicht einleuchtend rückkoppelt. Einen Grund dafür sehe ich in der Art der soziologischen Analyse. Solange die Sozialstruktur allein mit Hilfe von klassifikatorischen Merkmalen wie der Verteilung von Einkommen, Schulbesuchen und Kühlschränken erfaßt wird, fehlt nämlich dieser Soziologie eine *Sprache* für die Art von Beschreibungen, unter denen günstige Konstellationen und entgegenkommende Trends als Anzeichen für Rationalisierungspotentiale begriffen werden könnten, die in der Gesellschaft selbst bereits wirksam sind und vom politischen System aufgenommen und entfaltet werden können. Die Diagnose, daß in komplexen Gesellschaften paternalistische Wissensmonopole eine weitere Demokratisierung behindern, eignet sich sogar als Brücke, um eine Verbindung zwischen der deliberativen Kernstruktur des rechtsstaatlich verfaßten politischen Systems auf der einen, tieferliegenden Prozessen der gesellschaftlichen Reproduktion auf der anderen Seite herzustellen.

Die Erzeugung legitimen Rechts durch deliberative Politik stellt, wie gezeigt, ein problemlösendes Verfahren dar, das Wissen benötigt und verarbeitet, um die Regelung von Konflikten und die Verfolgung kollektiver Ziele zu programmieren. Die Politik springt in Funktionslücken ein, die sich durch die Überlastung anderer gesellschaftlicher Integrationsmechanismen öffnen. Dabei bedient sie sich der Sprache des Rechts. Denn das Recht ist ein Medium, über das sich die aus einfachen Interaktionen und naturwüchsigen Soli-

49 Dahl (1989), 339f.

darverhältnissen bekannten Strukturen gegenseitiger Anerkennung in abstrakter, aber bindender Form auf die komplexen und zunehmend anonymen Handlungsbereiche einer funktional differenzierten Gesellschaft übertragen lassen. Intern ist das Recht allerdings so strukturiert, daß ein rechtsstaatlich verfaßtes politisches System die naturwüchsigen Integrationsleistungen, die sich unterhalb der Artikulationsschwelle des formalen Rechts vollziehen, nur auf *reflexiver Ebene fortsetzen* kann. Die politisch vollzogene Sozialintegration muß durch einen diskursiven Filter hindurch. Wo andere Regulatoren – wie beispielsweise die über eingewöhnte Werte, Normen und Verständigungsroutinen laufenden Koordinationsmuster – versagen, heben Politik und Recht diese naturwüchsigen Problemlösungsprozesse gleichsam über die Schwelle des Bewußtseins. Der politische Prozeß löst *dieselbe Art* von Problemen wie jene in ihren Problemlösungsfähigkeiten überforderten gesellschaftlichen Prozesse, die er substituiert. Das wird deutlich, wenn man einem Vorschlag von B. Peters folgt und die Bewertungsmaßstäbe für allgemeine Probleme der gesellschaftlichen Integration nach den Geltungsaspekten der Wahrheit, der normativen Richtigkeit und der Authentizität, d. h. nach Gesichtspunkten sortiert, unter denen sich schon die illokutionären Bindungskräfte des verständigungsorientierten Handelns voneinander unterscheiden.[50]

Im Hinblick auf die Integration einer Gesellschaft müssen die Handlungen von kollektiven oder einzelnen Akteuren zunächst derart koordiniert werden, daß sich ihre differentiellen Leistungen und Beiträge zu einem positiv bewerteten Ergebnis zusammenfügen. Diese Probleme einer *funktionalen Koordination* erfordern eine kognitive Orientierung an Ereignissen und Zuständen in der objektiven Welt. Die Ergebnisse werden nach Maßstäben technischer und ökonomischer Rationalität beurteilt. Dabei können die Erfolgsbedingungen aus der Sicht der beteiligten Akteure als Verwirklichung kollektiver Ziele oder aus der Perspektive eines Beobachters als Erhaltung eines gegebenen Systems bzw. als Abstimmung verschiedener Systeme aufeinander beschrieben werden. Der Begriff der funktionalen Koordination verallgemeinert das an-

50 B. Peters, Die Integration moderner Gesellschaften, Frankfurt/Main 1993, Kap. 2.

schauliche Modell arbeitsteiliger Kooperation. Er ist neutral gegenüber Unterschieden der Sozial- und Systemintegration. Die beiden weiteren Formen der Integration rechnen hingegen nur zur Sozialintegration.

Sie beziehen sich entweder auf die *moralische Regelung von Konflikten* oder auf die *ethische Sicherung von Identitäten* und *Lebensformen*. Probleme des Ausgleichs zwischen konfligierenden Ansprüchen erfordern eine normative Orientierung an Ordnungen der sozialen Welt. Probleme der expressiven Vergemeinschaftung (wie Peters im Anschluß an Parsons sagt) erfordern die Orientierung an Entwürfen des guten Lebens und die Interpretation von Bedürfnissen. Ergebnisse werden jeweils nach Maßstäben moralischer und ethischer Rationalität beurteilt. Diese liefern, zusammen mit Maßstäben der Effizienz und der Entscheidungsrationalität, einen Satz von Kriterien für die Beurteilung des Erfolgs gesellschaftlicher Integration überhaupt. Daraus leitet Peters einen komplexen Begriff der »sozialen Rationalität« ab, der es erlaubt, die als Problemlösungsprozesse begriffenen Reproduktionsleistungen einer Gesellschaft (oder eines ihrer Teilsysteme) als mehr oder weniger gelungen zu bewerten.[51] Für die Rationalität einer Lösung ist mithin die beobachtbare Stabilisierung einer Ordnung *kein* hinreichender Indikator.

Diesem Vorschlag zufolge sind Gesellschaften allgemein als problemlösende Systeme zu betrachten, wobei sich Erfolge oder Mißerfolge an Rationalitätskriterien bemessen. Wenn wir uns dieses (auf Karl Deutsch und andere Autoren zurückgehende) Konzept zu eigen machen, erkennen wir im diskursiven Vergesellschaftungsmodus der Rechtsgemeinschaft und im demokratischen Verfahren nur die reflexive Aufstufung und spezialisierte Ausformung einer *allgemeinen* Operationsweise gesellschaftlicher Systeme wieder. Das demokratische Verfahren macht die Erzeugung legitimen Rechts von einer präsumtiv vernünftigen Behandlung der Probleme abhängig, die in der Art ihrer Fragestellungen genau jenen, gleichsam unbewußt immer schon bearbeiteten Problemen entsprechen. Das Herzstück deliberativer Politik besteht nämlich aus einem

51 B. Peters, (1991), 204 ff.

Netzwerk von Diskursen und Verhandlungen, das die rationale Lösung pragmatischer, moralischer und ethischer Fragen ermöglichen soll – eben jene aufgestauten Probleme einer andernorts versagenden funktionalen, moralischen oder ethischen Integration der Gesellschaft.

Der Bedarf an funktionaler Koordination, der heute in komplexen Gesellschaften entsteht, läßt sich freilich nicht mehr nach dem überschaubaren Modell arbeitsteiliger Kooperation zwischen Einzelnen und Kollektiven decken, sondern nur noch über indirekte Steuerungsleistungen des administrativen Systems. Dahl hat nun die Gefahr erkannt, daß die im engeren Sinne »kognitiven« Steuerungsprobleme die anderen, nämlich moralischen und ethischen Probleme, an den Rand drängen und die Problemlösungsfähigkeit des demokratischen Verfahrens überfordern. Vielfältige Symptome für eine solche *kognitive Überforderung* der deliberativen Politik stützen die inzwischen verbreitete Annahme, daß eine nach demokratischen Verfahren ablaufende diskursive Meinungs- und Willensbildung zu wenig komplex ist, um das *operativ notwendige* Wissen aufnehmen und verarbeiten zu können. Das erforderliche Steuerungswissen scheint in die Kapillaren eines weitgehend horizontal vernetzten, osmotisch geöffneten, egalitär angelegten Kommunikationskreislaufs gar nicht mehr eindringen zu können. Über solchen Evidenzen darf aber der andere Umstand nicht vernachlässigt werden, daß sich die Abkoppelung der politischen Steuerung vom parlamentarischen Komplex und das Auswandern der einschlägigen Themen aus den öffentlichen Arenen *nicht widerstandslos* vollziehen. In wechselnden Konstellationen gelangt die »demokratische Frage« in der einen oder anderen Version immer wieder auf die Agenda. R. Dahl hätte sogar seine eigene Untersuchung als Ausdruck eines solchen Thematisierungsschubs begreifen können. Diese Gegentendenzen regen sich keineswegs zufällig, wenn man davon ausgeht, daß der Eigensinn des Rechtsmediums, mit dem die politische Macht intern zusammenhängt, zu der – auch empirisch wirksamen – Unterstellung einer demokratischen Genese des Rechts nötigt. Unter dieser Prämisse *bleibt* der Einsatz politischer Macht, auch für kognitiv noch so anspruchsvolle Steuerungsprozesse, Beschränkungen unterworfen, die per se aus der Rechtsförmigkeit kollektiv bindender Entscheidungen resultieren. In einem politischen System, das unter den Komplexitätsdruck der Gesellschaft gerät, äußern sich diese Beschränkungen in wachsenden kognitiven Dissonanzen zwischen den Geltungsunterstellungen des demokratischen Rechtsstaates und den faktischen Verlaufsformen des politischen Prozesses.

(2) Der erste, im Anschluß an Dahl unternommene Anlauf zur Analyse der Durchsetzung demokratischer Verfahren in modernen Gesellschaften führt zu einem zwiespältigen Ergebnis. Einerseits verliert die deliberative Politik viel von ihrem befremdlich-unrealistischen Aussehen, wenn man sie als einen reflexiv veranstalteten Lernprozeß betrachtet, der die latent ablaufenden gesellschaftlichen Integrationsprozesse *entlastet* und zugleich innerhalb eines Handlungssystems *fortsetzt*, das auf diese Entlastungsarbeit spezialisiert ist. Andererseits scheint sich in komplexen Gesellschaften die Schere zwischen Koordinationsbedarf und Integrationsleistung, die Politik und Recht doch schließen sollen, nur um so weiter zu öffnen, je mehr das administrative System Steuerungsaufgaben übernehmen muß, die den aufwendigen deliberativen Modus der Entscheidungsfindung überfordern. In dieser Überforderung macht sich der Realitätswiderstand komplexer Gesellschaften bemerkbar, mit dem diese den in den Institutionen des Rechtsstaates investierten Ansprüchen begegnen. Der demokratische Prozeß wird, wie die Entscheidungstheorie zeigt, »von innen« durch die Knappheit funktional notwendiger Ressourcen ausgezehrt; und »nach außen« prallt er, wie die Systemtheorie behauptet, an der Komplexität undurchsichtiger und schwer beeinflußbarer Funktionssysteme ab. In beiden Richtungen scheinen sich die Trägheitsmomente der Gesellschaft – das, was Sartre einmal das »Inerte« genannt hat – gegenüber dem deliberativen Modus einer bewußt und autonom vollzogenen Vergesellschaftung zu »verselbständigen«. Wenn aber komplexen Gesellschaften solche Tendenzen zur Verselbständigung *unvermeidlich* innewohnen sollten, liefe die Dahlsche Frage nach Bedingungen für eine *weitergehende* Demokratisierung der bestehenden politischen Systeme ins Leere. Angesichts dieses Dementis wäre die Unterscheidung zwischen »Demokratien« und bloßen »Polyarchien« bereits tendenziös.

Zunächst müssen wir klären, in welchem Sinne von einer »Verselbständigung« oder »Verdinglichung« der Gesellschaft die Rede sein kann. Diese Diagnose bezieht sich offensichtlich nicht auf den trivialen Widerstand alltäglicher Problemlagen und Defizite, auf deren Bewältigung das politische System schließlich spezialisiert ist. Aus der Perspektive der Beteiligten werden die normalen Trägheitsmomente als Unterschiede zwischen Norm und Wirklichkeit wahrgenommen, welche Anlaß geben, überhaupt praktische Fragen wahrzunehmen und zu bearbeiten. Eine Folie, von der sich eine *verselbständigte*, zur zweiten Natur geronnene Gesellschaft abheben könnte, kommt ebensowenig dadurch zustande, daß sich die assoziierten Staatsbürger in Ausübung ihrer Selbstbestimmungspraxis auf die anspruchsvollen Kommunikationsvoraussetzungen von Diskursen einlassen müssen. Wir würden den diskursiven Charakter der öffentlichen Meinungs- und Willensbildung mißverstehen, wenn wir glaubten, den idealen Gehalt allgemeiner Argumentationsvoraussetzungen zu einem Modell reiner kommunikativer Vergesellschaftung hypostasieren zu dürfen.[52]

Bereits in der Alltagspraxis bemißt sich die Verständigung zwischen kommunikativ handelnden Subjekten an Geltungsansprüchen, die – vor dem massiven Hintergrund einer intersubjektiv geteilten Lebenswelt – zu Ja- und Nein-Stellungnahmen herausfordern. Sie sind auf Kritik angelegt und halten, zugleich mit dem Dissensrisiko, auch die *Möglichkeit* einer diskursiven Einlösung präsent. In diesem Sinne *verweist* das kommunikative Handeln auf eine Argumentation, in der die Teilnehmer ihre Geltungsansprüche vor einem ideal erweiterten Auditorium rechtfertigen. Argumentationsteilnehmer gehen von der idealisierenden Unterstellung einer im sozialen Raum und in der historischen Zeit entgrenzten Kommunikationsgemeinschaft aus und müssen, nach einer Formulierung von K. O. Apel, »innerhalb« ihrer realen gesellschaftlichen Situation die Möglichkeit einer idealen Gemeinschaft voraussetzen: »Wer nämlich argumentiert, der setzt immer schon zwei Dinge gleichzeitig voraus: Erstens eine reale Kommunikationsgemeinschaft, deren Mitglied er selbst durch seinen Sozialisationsprozeß geworden ist,

52 Zum folgenden L. Wingert, Gemeinsinn und Moral, Frankfurt/Main 1993, zweiter und dritter Teil.

und zweitens eine ideale Kommunikationsgemeinschaft, die prinzipiell imstande sein würde, den Sinn seiner Argumente adäquat zu verstehen und ihre Wahrheit definitiv zu beurteilen.«[53] Diese Formulierung legt freilich das Mißverständnis nahe, als habe die »ideale Kommunikationsgemeinschaft« den Status eines in allgemeinen Argumentationsvoraussetzungen verwurzelten *Ideals*, das annäherungsweise verwirklicht werden könnte. Noch der äquivalente Begriff der »idealen Sprechsituation« verleitet, obwohl weniger mißverständlich, zu einer unzulässigen Hypostasierung des in die Geltungsbasis der Rede eingelassenen Systems von Geltungsansprüchen. Die kontrafaktischen Voraussetzungen, von denen Argumentationsteilnehmer ausgehen müssen, eröffnen zwar eine Perspektive, aus der sie die im Handeln und Erleben unentrinnbare Provinzialität ihrer raumzeitlichen Kontexte und die vor Ort eingespielten Praktiken der Rechtfertigung übersteigen, also dem Sinn *transzendierender* Geltungsansprüche gerecht werden können. Aber mit den transzendierenden Geltungsansprüchen versetzen sie sich nicht selbst ins transzendente Jenseits eines idealen Reiches intelligibler Wesen. Anders als beim Entwurf von Idealen, in deren Licht wir *Abweichungen* identifizieren können, kommt »ein Entsprechungsverhältnis oder ein Vergleich zwischen Idee und Realität bei den idealisierenden Unterstellungen, die wir immer schon vornehmen müssen, wenn wir uns überhaupt miteinander verständigen wollen, gar nicht ins Spiel.«[54]

Andererseits ist es legitim, eine solche Projektion für ein Gedankenexperiment zu nutzen.[55] Das essentialistische Mißverständnis kann zu einer methodischen Fiktion entschärft werden, um eine Folie zu gewinnen, auf der das Substrat *unvermeidlicher* gesellschaftlicher Komplexität sichtbar wird. In diesem unverfänglichen Sinne bietet sich die ideale Kommunikationsgemeinschaft als Mo-

53 K.-O. Apel, Das Apriori der Kommunikationsgemeinschaft, in: ders., Transformation der Philosophie, Frankfurt/Main 1973, Bd. II, 428.

54 H. Brunkhorst, Zur Dialektik von realer und idealer Kommunikationsgemeinschaft, Beitrag zum Apel-Kolloquium des Forums für Philosophie Bad Homburg, 1992, Manuskript, 5.

55 Ich lehne mich im folgenden eng an B. Peters, Die Integration moderner Gesellschaften, Frankfurt/Main 1993, Kapitel 5 und 6 an.

dell »reiner« kommunikativer Vergesellschaftung an. Dieser Gemeinschaft soll als Mechanismus der Selbstorganisation allein das Mittel diskursiver Verständigung zur Verfügung stehen. Auf diesem Wege soll sie alle Konflikte gewaltlos beilegen können. Die »hartnäckigen« Probleme der gesellschaftlichen Integration bearbeitet sie auf dem Wege expliziter Verständigung, letztlich diskursiv – aber noch ohne Zuhilfenahme von Politik und Recht.[56] Freilich darf auch dieses gedankenexperimentell eingeführte Modell nicht mißverstanden werden. Es bezieht sich auf konkrete, in Raum und Zeit lokalisierte und bereits differenzierte Gesellschaften. Es löst also die diskursiven Verständigungsprozesse nicht etwa von den Grundlagen kommunikativen Handelns ab, sondern rechnet mit deren Situierung in lebensweltlichen Kontexten. Kurzum, von der »Endlichkeit« kommunikativer Vergesellschaftung wird nicht abstrahiert. So dürfen die Bedingungen, die kommunikative Vergesellschaftung *ermöglichen*, nicht mit kontingent auferlegten *Beschränkungen* verwechselt werden. Damit wird der individualistische Fehlschluß vermieden, daß einer in den Einwirkungen des

56 Das bedeutet eine Alternative zum »Verfügungsmodell« reiner Vergesellschaftung. Bekanntlich hat Marx im »Kapital« den Begriff der intentionalen, also mit Willen und Bewußtsein vollzogenen Vergesellschaftung an einem Modell erläutert, das die privatrechtliche Figur der bürgerlichen Vereinigung – den »Verein freier Menschen« – mit dem produktionsgesellschaftlichen Archetyp der arbeitsteiligen Kooperationsgemeinschaft verbindet. Offenbar stellt er sich die Autonomie der sich selbst organisierenden Gesellschaft als Ausübung der bewußten Kontrolle oder planmäßigen Verwaltung des materiellen Produktionsprozesses vor: in Analogie zur Naturbeherrschung »verfügt« das gesellschaftliche Subjekt über seinen eigenen, zum Gegenstand gemachten Lebensprozeß. Mit diesem Verfügungsbegriff der Autonomie verschwindet aber der Kern des Problems gesellschaftlicher Selbstorganisation, nämlich die Konstituierung und Selbststabilisierung einer Gemeinschaft von Freien und Gleichen. Nicht die gemeinsame Kontrolle gesellschaftlicher Kooperation bildet den Kern der intentionalen Vergesellschaftung, sondern eine von der Zustimmung aller getragene normative Regelung des Zusammenlebens, die inklusive Beziehungen gegenseitiger symmetrischer Anerkennung (und damit die Integrität eines jeden Einzelnen) sichert. Nicht eine kommunikative Praxis bietet bei Marx den Leitfaden für das Verständnis gesellschaftlicher Selbstorganisation, sondern die Kontrolle oder Planung von theoretisch vergegenständlichten sozialen Prozessen. Vgl. meine Kritik an diesem Modell: J. Habermas, Dogmatismus, Vernunft und Entscheidung, in: ders. (1971), 307-335.

anderen nur die Schranken seiner subjektiven Freiheit erfährt. Legitim geregelte Einwirkungsmöglichkeiten, die auf unterstelltem Einverständnis beruhen, *autorisieren* vielmehr zur Wahrnehmung einer gesellschaftlich konstituierten Freiheit. Eingewöhnte, aber intersubjektiv anerkannte Normen machen sich, solange sie nur problematisiert werden *können*, nicht in der Weise von externen Zwängen bemerkbar. Das gleiche gilt für den Symbolismus der Sprache und der Kultur oder für die Grammatik der Lebensformen, in denen sich die vergesellschafteten Individuen vorfinden. Sie alle operieren in der Art von ermöglichenden Bedingungen. Die lebensweltlichen Kontexte beschränken gewiß den Handlungs- und Interpretationsspielraum der Aktoren, aber nur in der Weise, daß sie einen Horizont für *mögliche* Interaktionen und Deutungen eröffnen.

Sobald wir die intentionale Vergesellschaftung in der vorgeschlagenen Weise als kommunikativ vermittelt begreifen, rechnen wir nicht mehr mit körperlosen, intelligiblen, allwissenden, sozusagen kontextfrei agierenden Wesen, sondern mit endlichen, leibgebundenen, in konkreten Lebensformen sozialisierten, in der historischen Zeit und im sozialen Raum lokalisierten, in Netze kommunikativen Handelns verstrickten Aktoren, die, indem sie die jeweilige Situation fehlbar interpretieren, von den unverfügbaren Ressourcen ihrer Lebenswelt zehren müssen. Dabei wird die Kontingenz der vorgefundenen Traditionen und Lebensformen ebensowenig verleugnet wie der Pluralismus bestehender Subkulturen, Weltbilder und Interessenlagen. Andererseits sind die Aktoren an ihre Lebenswelt nicht nur *ausgeliefert*. Denn diese kann sich ihrerseits nur über kommunikatives Handeln, und das heißt über Verständigungsprozesse, die von den Ja/Nein-Stellungnahmen zu kritisierbaren Geltungsansprüchen abhängen, reproduzieren. Die *Sollbruchstelle dieses Nein-sagen-Könnens* besiegelt die endliche Freiheit derer, die immer dann, wenn nicht schiere Gewalt eingreifen soll, *überzeugt* werden müssen. Allerdings können Diskurse und Verhandlungen auch unter solchen idealen Bedingungen ihre problemlösende Kraft nur in dem Maße entfalten, wie die anfallenden Probleme im Licht reflexiv gewordener, posttraditionaler Überlieferungen sensibel wahrgenommen, adäquat beschrieben und produktiv beantwortet werden. Eine diskursive Verständigung garantiert zwar die vernünftige Behandlung von Themen, Gründen und Informationen; sie bleibt aber auf Kontexte einer lernfähigen Kultur und eines lernfähigen Personals angewiesen. In dieser Hinsicht können dogmatische Weltbilder und rigide Muster der Sozialisation für einen diskursiven Vergesellschaftungsmodus Sperren bilden.

Vor dem Hintergrund eines solchen *Modells reiner kommunikativer Vergesellschaftung* interessiert sich nun B. Peters für jene Trägheitsmomente, die der Komplexität von Meinungs- und Willensbildungsprozessen per se, und erst recht dann innewohnen, wenn sie Kommunikationsvoraussetzungen der Argumentation genügen sollen. Für diese Fragestellung bilden die Idealisierungen reiner kommunikativer Vergesellschaftung eine geeignete Folie, von der sich die *funktional notwendigen* Ressourcen für Verständigungsprozesse überhaupt abheben lassen. Denn das Modell stellt sozusagen die Informations- und Entscheidungskosten der Kommunikationsabläufe selber nicht in Rechnung. Es berücksichtigt nicht die begrenzten kognitiven Verarbeitungskapazitäten einfacher, horizontal vernetzter Kommunikationen; es abstrahiert insbesondere von der ungleichen Verteilung der Aufmerksamkeit, der Kompetenzen und des Wissens innerhalb eines Publikums. Es ignoriert auch Einstellungen und Motive, die die Verständigungsorientierung durchkreuzen, ist also blind für den Egozentrismus, die Willensschwäche, die Irrationalität und Selbsttäuschung der jeweils Beteiligten. Im Lichte dieser starken Idealisierung können vor allem Einsichten der System- und Entscheidungstheorie unschwer die Faktizität einer Welt sichtbar machen, die *anders* eingerichtet ist.

In der Welt, wie wir sie kennen, besetzen Kommunikationen und Entscheidungen trivialerweise eigene Raum- und Zeitabschnitte, verbrauchen eigene Energie, erfordern einen eigenen Aufwand an Organisationsleistungen usw. Die Auswahl von Themen und Beiträgen, die unter Zeitdruck zustande kommt, verursacht überdies Kosten in terms versäumter oder verzögerter Entscheidungen. Ferner ergibt sich aus der arbeitsteilig organisierten Wissensproduktion und Wissensdiffusion eine ungleiche Verteilung von Kompetenzen und Kenntnissen. In diese soziale Distribution des Wissens greifen zudem die Kommunikationsmedien mit ihrer eigenen Selektivität ein. Die Strukturen der Öffentlichkeit spiegeln unvermeidliche Asymmetrien der Verfügung über Informationen, d. h. ungleiche Chancen des Zugriffs auf die Erzeugung, Validierung, Steuerung und Präsentation der Botschaften. Zu diesen systemischen Beschränkungen kommt die zufällige Ungleichverteilung individueller Fähigkeiten hinzu. Die Ressourcen für eine Teilnahme an politischen Kommunikationen sind allgemein eng begrenzt, angefangen von der individuell verfügbaren Zeit und der episodischen Aufmerksamkeit für Themen mit eigensinnigen Karrieren, über die Bereitschaft und die Fähigkeit, zu diesen Themen eigene Beiträge zu leisten, bis hin zu den opportunistischen Einstellungen, Affekten, Vorurteilen usw., die eine rationale Willensbildung beeinträchtigen.

Diese wenigen Stichworte ließen sich anhand einer umfangreichen Literatur ausführlich belegen. Es fragt sich nur, was sie in unserem Zusammenhang *bedeuten*. Zunächst illustrieren sie Abweichungen vom Modell reiner kommunikativer Vergesellschaftung, die in Grad und Umfang gewiß nach Umständen variieren, aber ihrer Art nach auf *unvermeidliche* Trägheitsmomente aufmerksam machen – eben auf die Knappheit jener funktional notwendigen Ressourcen, von denen insbesondere deliberative Meinungs- und Willensbildungsprozesse in hohem Maße abhängen. Keine komplexe Gesellschaft wird, selbst unter günstigsten Bedingungen, je dem Modell reiner kommunikativer Vergesellschaftung entsprechen können. Aber dieses hat auch nur, was wir nicht vergessen sollten, den Sinn einer methodischen Fiktion, die die unvermeidlichen Trägheitsmomente gesellschaftlicher Komplexität, also die Rückseite kommunikativer Vergesellschaftung ans Licht bringen soll – eine Rückseite, die den Teilnehmern selbst im Schatten der idealisierenden Voraussetzungen kommunikativen Handelns weitgehend verborgen bleibt. Allein, seinen fiktiven Charakter schuldet das Modell dem Umstand, daß es mit einer Gesellschaft ohne Recht und Politik rechnet und die Idee der Selbstorganisation auf die Gesellschaft im ganzen projiziert. Mit dem Verfahrensbegriff der Demokratie nimmt jedoch diese Idee die Gestalt einer sich selbst organisierenden *Rechts*gemeinschaft an. Danach soll ja der diskursive Vergesellschaftungsmodus allein über das Medium des Rechts durchgesetzt werden. Und dem Recht sind jene Momente, von denen das Modell »reiner« Vergesellschaftung abstrahiert, bereits als solchem inkorporiert.

Das positive Recht dient *von Haus aus* der Reduktion gesellschaftlicher Komplexität. Das haben wir uns oben an den »Entidealisierungen« klargemacht, dank deren Rechtsregeln die kognitive Unbestimmtheit, die motivationale Unsicherheit und die beschränkte Koordinationskraft moralischer, überhaupt informeller Handlungsnormen ausgleichen kann. Das Ergänzungsverhältnis von Recht und Moral haben wir aus der Kompensation der Schwächen einer auf praktische Vernunft allein gestützten Handlungskoordinierung erklärt.[57] Unter diesem Gesichtspunkt lassen sich aber die Grundrechte und die Prinzipien des Rechtsstaates als ebenso viele Schritte zur Reduktion jener unvermeidlichen Komplexität verstehen, die im Gegenlicht des Modells reiner kommunikativer Vergesellschaftung erkennbar wird. Für die verfassungsrechtliche Konkretisierung dieser Grundsätze und für die Institutionalisierung der Verfahren deliberativer Politik (mit Mehrheitsregel, Repräsentationsorganen, der Übertragung von Entscheidungskompetenzen, der Verschränkung von Kontrollbefugnissen usw.) gilt das erst recht. Gewiß sind alle institutionellen bzw. organisatorischen Komplexe auch Einrichtungen zur Reduktion von Komplexität; aber in der Gestalt verfassungsrechtlicher Institutionen haben diese Mechanismen zugleich den reflexiven Sinn von *gegensteuernden Vorkehrungen* gegen eine gesellschaftliche Komplexität, die die normativ gehaltvollen Präsuppositionen einer rechtsstaatlichen Praxis *unterwandert*. Diese Art der komplexitätserhaltenden Gegensteuerung[58] ist bereits im Gegenspiel der informellen öffentlichen Meinung mit der institutionalisierten, durch Verfahren regulierten Meinungs- und Willensbildung am Werke. Die Kommunikationskreisläufe der politischen Öffentlichkeit sind dem

57 Vgl. oben Kap. III.
58 Dieses Konzept der Gegensteuerung entwickelt K. Lüderssen im Kontext des Strafrechts: Die Steuerungsfunktion des Gesetzes – Überformung oder Gegensteuerung zur Entwicklungstendenz einer Gesellschaft, in: K. Lüderssen, Genesis und Geltung im Recht, Frankfurt/Main 1992.

Selektionsdruck der gesellschaftlichen Trägheit in besonderem Maße ausgesetzt; der so generierte Einfluß kann sich aber in politische Macht nur umsetzen, wenn er durch die Schleusen des demokratischen Verfahrens und des rechtsstaatlich verfaßten politischen Systems überhaupt hindurchdringt.

Nun wäre es naiv zu übersehen, daß der rechtsstaatlich regulierte Machtkreislauf des politischen Systems seinerseits wiederum unter den Druck gesellschaftlicher Komplexität gerät. Aber der *Stellenwert* der Einwände, die aus system- und entscheidungstheoretischer Sicht gegen die Unterstellung eines diskursiven Vergesellschaftungsmodus der *Rechts*gemeinschaft erhoben werden, verändert sich, wenn man berücksichtigt, daß die Institutionen des Rechtsstaates, soziologisch gesehen, den Sinn einer *gegensteuernden* Komplexitätserhaltung haben. Dann stellt sich nämlich die Frage, wie weit die normative Gegensteuerung rechtsstaatlicher Institutionen jene kommunikativen, kognitiven und motivationalen Beschränkungen kompensieren kann, denen eine deliberative Politik und die Umsetzung von kommunikativer in administrative Macht unterliegen. Es stellt sich die Frage, wie weit die soziale Faktizität dieser unvermeidlichen Trägheitsmomente auch dann, wenn sie in der formellen Organisationsstruktur rechtsstaatlicher Verfassungen und Institutionen *schon berücksichtigt* ist, einen Kristallisationspunkt für *illegitime*, gegenüber dem demokratischen Prozeß verselbständigte Machtkomplexe bildet. Es stellt sich die Frage, in welchem Maße sich insbesondere die Macht, die sich in den gesellschaftlichen Funktionssystemen, in den großen Organisationen und staatlichen Verwaltungen konzentriert, unauffällig im systemischen Unterbau des normativ geregelten Machtkreislaufes einnistet – und wie wirksam der *inoffizielle* Kreislauf dieser nichtlegitimierten Macht in den rechtsstaatlich regulierten Machtkreislauf eingreift.

VIII. Zur Rolle von Zivilgesellschaft und politischer Öffentlichkeit

Die soziologische Beschäftigung mit Demokratie hat in der frühen Nachkriegszeit zu einer Pluralismustheorie geführt, die zwischen normativen Demokratiemodellen und sogenannten realistischen Ansätzen – der ökonomischen Theorie auf der einen, der Systemtheorie auf der anderen Seite – noch eine Brücke bildete. Wenn man die in den letzten Jahren zu beobachtende Wiederbelebung institutionalistischer Ansätze zunächst außer acht läßt,[1] drängt sich der Eindruck auf, als schmelze im Laufe der Theorieentwicklung der idealistische Gehalt normativer Theorien, von denen der Soziologie ohnehin nur das liberale, also das normativ anspruchsloseste Modell einen Anknüpfungspunkt geboten hatte, unter der Sonne sozialwissenschaftlicher Erkenntnisse dahin. Die soziologische Aufklärung scheint eine ernüchternde, wenn nicht gar zynische Betrachtung des politischen Prozesses nahezulegen. Sie lenkt die Aufmerksamkeit vor allem auf die Stellen, an denen normativ betrachtet, »illegitime« Macht in den rechtsstaatlich regulierten Machtkreislauf einbricht. Wenn man das administrative Handlungssystem oder den »Staatsapparat« als Bezugspunkt wählt, bilden politische Öffentlichkeit und parlamentarischer Komplex die input-Seite, von der her die soziale Macht organisierter Interessen in den Gesetzgebungsprozeß einfließt. An ihrer output-Seite stößt die Verwaltung wiederum auf den Widerstand der gesellschaftlichen Funktionssysteme und der großen Organisationen, die ihre Macht in den Implementationsprozeß einbringen. Diese Verselbständigung sozialer Macht gegenüber dem demokratischen Prozeß fördert ihrerseits die endogenen Tendenzen zu einer Verselbständi-

---

1 U. Bermbach, Politische Institutionen und gesellschaftlicher Wandel, in: H.H. Hartwich (Hg.), Macht und Ohnmacht politischer Institutionen, Opladen 1989, 57-71; ferner: J.G. March, J.P. Olsen, Rediscovering Institutions. The Organizational Basis of Politics, New York 1989; dies., The New Institutionalism: Organizational Factors of Political Life, in: American Political Science Review 77, 1984, 734-749; dies., Popular Souvereignty and the Search for Appropriate Institutions, Journal of Public Policy 6, 1984, 341-370.

gung des administrativen Machtkonzentrats. So schließt sich eine tendenziell verselbständigte administrative Macht mit einer auf der input- wie der output-Seite wirksamen sozialen Macht zu einem Gegenkreislauf zusammen, der den Kreislauf der durch kommunikative Macht gesteuerte demokratischen Entscheidungsprozesse durchkreuzt. Allerdings operieren die meisten Beschreibungen dieser gegenläufigen Bewegung mit empiristischen Machtbegriffen, die unsere, aus rekonstruktiver Sicht eingeführten Unterscheidungen nivellieren. Insbesondere muß der Begriff »kommunikative Macht« als ein tendenziöses Konstrukt erscheinen, wenn »Macht« entweder handlungstheoretisch als die Durchsetzungsfähigkeit von Aktoren gegenüber dem widerstrebenden Willen anderer begriffen oder systemtheoretisch aufgespalten wird in den Machtkode eines bestimmten, nämlich des politischen Handlungssystems einerseits, in allgemeine Organisationsmacht oder besser: die autopoietische Selbstorganisationsfähigkeit von Systemen andererseits. Ich möchte zeigen, daß sich der normative Defaitismus, in den die politische Soziologie auf beiden Linien einmündet, nicht nur ernüchternden Evidenzen, sondern auch falschen begriffsstrategischen Weichenstellungen verdankt. Mit diesen geht nämlich das Spezifische verloren, das die politische Macht ihrer rechtsförmigen Konstitution verdankt.

Nach einem globalen Überblick über die Theorieentwicklung gehe ich zunächst auf die Revisionen ein, die John Elster an der ökonomischen Theorie der Demokratie vorgenommen hat. Diese sprechen für die empirische Relevanz des Verfahrensbegriffs deliberativer Politik (I). Sodann diskutiere ich H. Willkes Versuch, die Integration einer angeblich in autopoietisch verselbständigte Funktionssysteme zerfallenden Gesellschaft steuerungstheoretisch zu erklären. Aus der Kritik an diesem Lösungsvorschlag entwickele ich, wiederum angeregt durch B. Peters, ein soziologisches Modell, das den Blick auf das empirische Gewicht des rechtsstaatlich vorgeschriebenen, insofern offiziellen Machtkreislaufes richtet (II). Dieses Gewicht hängt vor allem davon ab, ob die Zivilgesellschaft über resonanzfähige und autonome Öffentlichkeiten derart vitale Impulse entwickelt, daß von der Peripherie her Konflikte in das politische System hereingetragen werden können (III).

(1) Schon die *Pluralismustheorie* stützte sich auf einen empiristischen Machtbegriff. Für sie bildet nämlich ein instrumentalistisches Verständnis von Politik, wonach politische und administrative Macht nur andere Erscheinungsformen der sozialen Macht darstellen, die Brücke zwischen dem oben eingeführten liberalen Demokratiemodell und der wissenschaftlichen Empirie. Soziale Macht gilt als Maß für die Durchsetzungsfähigkeit organisierter Interessen. Sie setzt sich in aufsteigender Linie über Parteienkonkurrenz und allgemeine Wahlen in politische, und zwar auf Regierung und Opposition verteilte Macht um. Diese wird wiederum im Rahmen verfassungsmäßig verteilter Kompetenzen verwendet, um die aus dem kanalisierten gesellschaftlichen Kräftespiel hervorgehenden Politiken über Gesetzgebungsprozeß und Verwaltungsapparat in bindende Entscheidungen umzusetzen und zu implementieren. In absteigender Linie wird administrative Macht zudem für eine Einwirkung auf die parlamentarische Willensbildung und das Kräftespiel organisierter Interessen eingesetzt. Diese erhalten ihrerseits die Chance, auch unmittelbar auf die Politikformulierung und die Verwendung administrativer Macht Einfluß zu nehmen. Nach diesem Modell spielt sich ein Kreisprozeß ein, der die soziale Macht der Klienten mit dem politischen Machterwerb der Parteien, den Legitimationsprozeß mit den staatlichen Organisationsleistungen und Operationen, und diesen Implementationsprozeß wiederum mit den Ansprüchen der Klienten verbindet. Für die normative Bewertung des beschriebenen Prozesses ist die Annahme entscheidend, daß die soziale Macht unter den relevanten gesellschaftlichen Interessen mehr oder weniger gleich verteilt ist. Nur dann kann das gesellschaftliche Kräftegleichgewicht den Kreislauf der politischen Macht so in Gang halten, daß das politische System die eingegebenen Ansprüche möglichst effektiv verarbeitet und die gesellschaftlichen Interessen möglichst gleichmäßig befriedigt.

Die sozialwissenschaftliche Pluralismustheorie gewinnt durch eine einfache Substitution Anschluß an das normative Modell des Liberalismus: sie ersetzt nämlich die einzelnen Staatsbürger und deren individuelle Interessen durch Verbände und organisierte Interessen.[2] Sie geht davon aus, daß allen kollektiven Aktoren ungefähr gleiche Chancen der Einflußnahme auf die für sie relevanten Entscheidungsprozesse offenstehen, daß die Organisationsmitglieder die Politik der Verbände und Parteien bestimmen und daß diese wiederum über multiple Mitgliedschaften zu Kompromißbereitschaft und Interessenverflechtung gedrängt werden. Die Konkurrenzdemokratie bildet dann ein soziales Machtgleichgewicht auf der Ebene politischer Machtverteilung derart ab, daß die staatliche Politik ein breites Interessenspektrum gleichmäßig berücksichtigt.[3]

Nachdem diese Annahmen falsifiziert worden waren, ist der Pluralismusansatz im Sinne Schumpeters revidiert worden. Da sich die Mitgliedschaft der Interessengruppen tatsächlich sehr selektiv zusammensetzt, weitgehend inaktiv ist und wenig Einfluß auf die Verbandspolitik hat, wird nun angenommen, daß der Machtkampf im wesentlichen unter den Eliten ausgetragen wird. Auch die weitere Annahme, daß Inhaber politischer Machtpositionen von einer Vielzahl kollektiver Aktoren abhängig sind, die annähernd gleichgewichtig um politischen Einfluß konkurrieren, ließ sich nicht halten. So blieb eine von pluralistischen Zusatzannahmen gereinigte *Elitetheorie* übrig, die die Rolle des demokratischen Prozesses im wesentlichen auf die plebiszitäre Wahl zwischen konkurrierenden Führungsgarnituren,[4] also auf Führerauslese reduziert. Im Hinblick auf normative Erwartungen sollte die Theorie freilich immer noch erklären, wie »eine grundsätzlich von Eliten initiierte Politik auch die Interessen der Nichteliten befriedigen« kann.[5] Damit verschob sich ein Rest an normativen Erwartungen von der input- auf die output-Seite des administrativen Systems. Da die konkurrierenden Führungsgruppen in ihren Zielsetzungen durch das unspezifische und hoch aggregierte Vertrauen passiver Wählermassen nicht

---

2 Vgl. auch Bobbio (1987), 28.
3 F. Scharpf, Demokratietheorie zwischen Utopie und Anpassung, Konstanz 1970, 29 ff.
4 J. A. Schumpeter, Kapitalismus, Sozialismus und Demokratie, Bern 1950, 427 ff.; zur Kritik vgl. B. Bachrach, Die Theorie demokratischer Eliteherrschaft, Frankfurt/Main 1967.
5 Scharpf (1970), 39.

mehr festgelegt sind, kann nur noch die *Rationalität* der entscheidungsfähigen und innovationsbereiten Eliten selber eine gemeinwohlorientierte Erfüllung staatlicher Funktionen verbürgen. Daraus entsteht das Bild eines von der Gesellschaft relativ unabhängig operierenden Verwaltungssystems, das sich die erforderliche Massenloyalität *beschafft* und die politischen Zielfunktionen mehr oder weniger selber bestimmt. Aus normativer Sicht stellt sich dann das Problem, unter welchen Bedingungen der Staatsapparat, wenn es schon nicht durch die gesellschaftlichen Interessen gesteuert wird, wenigstens *für* diese Interessen hinreichende Sensibilität entwickelt. Das politische System muß selbst die Artikulation von öffentlich relevanten Bedürfnissen, latenten Konflikten, verdrängten Problemen, nicht-organisationsfähigen Interessen usw. übernehmen.

Seit den späten 6oer Jahren häuften sich allerdings Evidenzen für eine zurückhaltendere Einschätzung. Das administrative System scheint nur innerhalb eines extrem engen Handlungsspielraums operieren zu können; es scheint auf den eher reaktiven Bewegungsmodus einer weniger planenden als krisenvermeidenden Politik festgelegt zu sein. An der output-Seite stößt der »aktive Staat« schnell an Grenzen seiner Steuerungsfähigkeit, weil sich Funktionssysteme und große Organisationen eigensinnig dem Zugriff direkter Interventionen entziehen. An der input-Seite wird der Initiativspielraum von Regierung und Parteien zudem eingeschränkt durch die Unberechenbarkeit sei es aufgeklärter oder populistisch mobilisierbarer Wechselwähler, deren Parteibindungen sich immer weiter lockern. Etablierte Parteien müssen bei wachsender Politikverdrossenheit den Legitimationsentzug durch Proteststimmen und Nichtwähler fürchten. Sowohl Legitimations- wie Steuerungsdefizite setzen Prämien auf eine Art von Inkrementalismus, der von Quietismus kaum noch zu unterscheiden ist.

Damit war ein Punkt erreicht, an dem sich die Wege der Theorieentwicklung gabeln. Während die *Systemtheorie* die letzten Verbindungen zum normativen Ausgangsmodell kappt, sich im wesentlichen auf die Steuerungsprobleme eines für autonom erklärten politischen Systems beschränkt und die Probleme der alten Staatstheorie wieder aufnimmt, wendet sich die *ökonomische Theorie der*

Demokratie unter Voraussetzungen eines methodologischen Individualismus hauptsächlich dem Legitimationsprozeß zu. Aus systemtheoretischer Sicht bemißt sich die Operationsweise des politischen Systems an einer Rationalität selbstreflexiver Steuerung, die vom normativen Gehalt der Demokratie nicht mehr übrigläßt als die alternierende Machtverteilung auf Regierung und Opposition. Aus entscheidungstheoretischer Sicht geht dieser normative Gehalt im wahlrationalen Verhalten der am demokratischen Prozeß Beteiligten auf. Daß freilich beide Ansätze je auf ihre Weise die normative Abmagerungskur zu weit getrieben haben, zeigt sich inzwischen an theorieintern erzeugten Problemen, die zu aufschlußreichen, wenn auch nicht immer konsistent durchgeführten Revisionen geführt haben.

Die *ökonomische Theorie der Demokratie* hatte den Versuch unternommen, einige normative Intuitionen des Liberalismus mit dem Nachweis der Rationalität des Wähler- und Politikerverhaltens empirisch einzuholen.[6] Nach diesem Modell übersetzen die Wähler mit ihren Voten ein mehr oder weniger aufgeklärtes Selbstinteresse in Ansprüche gegenüber dem politischen System, während die Politiker, die Ämter erwerben oder behalten möchten, diese Stimmen gegen das Angebot bestimmter Politiken *tauschen.* Aus den Transaktionen zwischen rational entscheidenden Wählern und politischen Eliten ergeben sich Entscheidungen, die in dem Maße rational sind, wie sie die aggregierten und gleichmäßig gewichteten Einzelinteressen berücksichtigen. Im weiteren Verlauf hat die Diskussion über das sogenannte »Paradox des rationalen Wählers« eine gewisse Wende eingeleitet. Daß Bürger sich an einer Wahl überhaupt beteiligen, konnte unter der Prämisse ausschließlich selbstinteressierten Verhaltens nur mit einer Hypothese erklärt werden, die sich bald als falsch erwies: die Rate der Beteiligung variiert nicht mit der Erwartung der Wähler, gegebenenfalls mit der eigenen Stimme ein Kopf-an-Kopf-Rennen entscheiden zu können. Daraufhin hat man das egozentrische Entscheidungsmodell mit Hilfe des Begriffs der Metapräferenz erweitert und auf selbstbezogene, aber ethische Überlegungen ausgedehnt.[7] Am Ende sprachen aber empirische

6 A. Downs, An Economic Theory of Democracy, New York 1957.
7 A. Sen, Rational Fools, Philosophy and Public Affairs 6, 1977, 328 ff.

Evidenzen gegen alle Modelle, die von einer wie immer auch erweiterten egozentrischen Entscheidungsgrundlage ausgehen und die sozialen Kontexte der Veränderung von Interessen und Wertorientierungen vernachlässigen.[8] Jüngste Revisionen berücksichtigen beispielsweise die Filterwirkung von institutionellen Arrangements, die wie eine »Waschanlage« funktionieren und bevorzugt normative Gründe zum Zuge bringen. Auf diese Weise können institutionalisierte Verfahren »verantwortliches« politisches Handeln fördern: »Verantwortlich zu handeln bedeutet, daß der Handelnde seinen eigenen Handlungen gegenüber methodisch die Prüf-Perspektive zugleich des Experten, des generalisierten Anderen und des eigenen Selbst im futurum exactum einnimmt und auf diese Weise die Kriterien des Handelns sachlich, sozial und zeitlich validiert.«[9] Mit der Perspektive von G. H. Meads »generalisiertem Anderen« nähert sich C. Offe bereits dem Konzept einer Meinungs- und Willensbildung, das, wie ich noch zeigen werde, den Begriffsrahmen einer empiristischen Handlungstheorie sprengt.

Die *Systemtheorie* verläßt die Ebene individueller und kollektiver Handlungssubjekte und zieht aus der Verdichtung organisatorischer Komplexe entschlossen die Konsequenz, die Gesellschaft als ein Netz von autonomen Teilsystemen, die sich mit eigenen Semantiken gegeneinander abkapseln und Umwelten füreinander bilden, zu konzipieren. Für die Interaktion zwischen solchen Systemen sind nur noch deren eigene, intern festgelegte Operationsweisen ausschlaggebend, nicht mehr die Intentionen oder Interessen beteiligter Akteure.[10] Aus dieser begriffsstrategischen Entscheidung ergibt sich einerseits die Verabschiedung eines hierarchischen, im

8 J. Mansbridge, Self-Interest in Political Life, Political Theory 18, 1990, 132-153: »Rational choice models need now to expand the range of motives they take into account and the contexts in which they are deployed, asking specifically in what context a model premised on one kind of motivation best predicts the behavior of certain actors.« (145).

9 C. Offe, Bindung, Fessel, Bremse, in: A. Honneth et al. (Hg.), Zwischenbetrachtungen, Frankfurt/Main 1989, 758.

10 Zur Kritik vgl. F. W. Scharpf, Politische Steuerung und politische Institution, in: Hartwich (1989), 17-29, sowie die Auseinandersetzung zwischen F. W. Scharpf und N. Luhmann im Sonderheft »Staatstätigkeit« der Politischen Vierteljahresschrift, 19, 1988, 61-87, bzw. PVS, 30, 1989, 5-21.

Staat zentrierten Gesellschaftskonzepts. Auch das politische System, das auf die Erzeugung kollektiv bindender Entscheidungen spezialisiert ist, muß sich ohne privilegierte Zugriffsmöglichkeiten opportunistisch gegen alle übrigen Funktionssysteme (selbst gegenüber dem Rechtssystem) behaupten. Andererseits kommt das im liberalen Modell schon angelegte staatszentrierte Verständnis von Politik vollends zum Durchbruch. Die Systemtheorie schreibt nämlich die von der Parteienkonkurrenz beherrschte politische Meinungs- und Willensbildung einem Publikum von Staatsbürgern und Klienten zu, das, von seinen lebensweltlichen Wurzeln in Zivilgesellschaft, politischer Kultur und Sozialisation abgeschnitten, dem politischen System einverleibt ist. Darin bilden Regierung und Verwaltung nicht nur den Komplex mit höchster organisatorischer Verdichtung; sie setzen auch zum offiziellen Machtkreislauf einen Gegenkreislauf in Gang: die Verwaltung programmiert sich weitgehend selbst, indem sie über Regierungsvorlagen den Gesetzgebungsprozeß steuert, über verstaatlichte Parteien aus dem Staatsbürgerpublikum Massenloyalität herauspreßt und sich direkt mit ihren Klienten ins Benehmen setzt.[11] Mit zunehmender gesellschaftlicher Komplexität verschieben sich die Gewichte zugunsten dieses informellen Kreislaufs, so daß die Frage, »wie unter solchen Bedingungen politische Verantwortung überhaupt möglich ist«,[12] ihren Sinn verliert. Eine Systemtheorie, die aus ihren Grundbegriffen alles Normative verbannt hat, bleibt gegenüber den normativen Hemmschwellen des rechtsstaatlich regulierten Machtkreislaufes unsensibel. Sie beobachtet scharfsichtig, wie der demokratische Prozeß unter dem Druck funktionaler Imperative ausgehöhlt wird, und liefert damit Beiträge zu einer Demokratietheorie. Die Systemtheorie bietet aber keinen Rahmen für eine *eigene* Theorie der Demokratie, weil sie Politik und Recht auf verschiedene rekursiv

11 N. Luhmann, Politische Theorie im Wohlfahrtsstaat, München 1981, 46: »Die Verwaltung fertigt die Vorlagen für die Politik an und dominiert in Parlamentsausschüssen und ähnlichen Einrichtungen. Die Politik suggeriert mit Hilfe ihrer Parteiorganisationen dem Publikum, was es wählen soll und warum. Das Publikum wirkt einerseits auf den verschiedensten Kanälen, über Interessenorganisationen oder Tränen in den Amtsstuben, auf die Verwaltung ein.«

12 Luhmann (1981), 48.

geschlossene Funktionssysteme aufteilt und den politischen Prozeß wesentlich unter Gesichtspunkten der Selbststeuerung administrativer Macht analysiert.

Den »realistischen« Gewinn dieser selektiven Betrachtungsweise bezahlt die Systemtheorie allerdings mit einem beunruhigenden Folgeproblem. Nach ihrer Beschreibung erringen alle Funktionssysteme dadurch ihre Autonomie, daß sie eigene Kodes und eigene, füreinander nicht mehr übersetzbare Semantiken ausbilden. Damit büßen sie die Fähigkeit ein, direkt miteinander zu kommunizieren, so daß sie einander nur noch »beobachten« können. Dieser Autismus trifft in besonderer Weise das politische System, das sich, wie angenommen, seinerseits selbstreferentiell gegen seine Umwelten abschließt. Angesichts dieser autopoietischen Abkapselung ist kaum zu erklären, wie das politische System die Gesellschaft im ganzen sollte integrieren können, obwohl es doch auf Steuerungsleistungen spezialisiert ist, die die auseinanderdriftenden Funktionssysteme »umweltverträglich« aufeinander abstimmen und Störungen in diesen Systemen beheben sollen. Man sieht nicht, wie die Kluft zwischen der Autonomie der verschiedenen Funktionssysteme und der vom politischen System erwarteten Sicherung ihres Zusammenhangs überbrückt werden könnte: »Der Kern des Problems ist die Unwahrscheinlichkeit gelingender Kommunikation zwischen autonomen, selbstreferentiell operierenden Einheiten.«[13]

Die Theoriegeschichte der »realistischen« Ansätze führt einerseits zu einer ökonomischen Theorie der Demokratie, die uns über die instrumentellen Züge der demokratischen Willensbildung, andererseits zu einer Systemtheorie, die uns über deren Ohnmacht belehren will. Beide Ansätze operieren mit Machtbegriffen, die für die empirische Relevanz der rechtsstaatlichen Konstitution von Macht unempfindlich sind, weil sie den konstitutiven Zusammenhang von Recht und politischer Macht ausblenden. Dieses Defizit steht letztlich hinter den Fragen, an denen sich Jon Elster und Helmut Willke auf instruktive Weise abarbeiten. Elsters Revisionen führen zu einer unerwarteten Rehabilitierung des Begriffs deliberativer Politik.

13 H. Willke, Ironie des Staates, Frankfurt/Main 1992, 345.

(2) Die mit sozialwissenschaftlichen Erklärungsansprüchen auftretende Theorie rationaler Wahl kreist in gewisser Weise immer noch um das Hobbessche Problem. Sie kann nicht erklären, wie strategisch handelnde Aktoren allein aufgrund rationaler Entscheidungen ihre sozialen Beziehungen zu stabilisieren vermögen. Die scharfsinnige Selbstkritik braucht uns nicht im einzelnen zu beschäftigen.[14] Mich interessiert, wie J. Elster die Schwierigkeiten behandelt, die sich für diese Theorie bei ihrer Anwendung auf politische Prozesse ergeben. Unrealistisch sind in diesem Zusammenhang zunächst Modellannahmen, wonach Wahlmöglichkeiten und Präferenzen als etwas Gegebenes behandelt werden; beide ändern sich im politischen Prozeß selbst. Die individuell abgefragten Präferenzen spiegeln zudem keineswegs zuverlässig die Präferenzen, die die Befragten tatsächlich haben, wenn man darunter Präferenzen versteht, die sie nach Abwägung einschlägiger Informationen und Gründe äußern *würden*. Der politische Wandel von Werten und Einstellungen ist nämlich kein Prozeß blinder Anpassung, sondern eher das Ergebnis einer konstruktiven Meinungs- und Willensbildung. Das bezeichnet Elster als »autonome« Bildung von Präferenzen: »autonomy is for desires what judgement is for beliefs«.[15]

Unrealistisch ist aber vor allem die Annahme, daß alles soziale Verhalten als strategisches Handeln konzipiert und demnach so erklärt werden könne, als sei es das Ergebnis egozentrischer Nutzenkalküle. Die soziologische Erklärungskraft dieses Modells ist offensichtlich begrenzt: »While there is always a risk of self-serving behavior, the extent to which it is actually present varies widely. Much of the social choice and public choice literature with its assumption of universally opportunistic behavior, simply seems out of touch with the real world, in which there is a great deal of honesty and sense of duty. If people were always engaged in opportunistic beha-

14 Th. Schelling, Micromotives and Macrobehavior, New York 1978, 225 f.; H. Simon, Rational Decision Making in Business Organizations, in: Models of Bounded Rationality, Bd. 2, Cambridge, Mass. 1982, 486 f.

15 J. Elster, The Market and the Forum, in: J. Elster, A. Hylland (Hg.), Foundations of Social Choice Theory, Cambridge 1986, 109.

vior when they could get away with it, civilization as we know it would not exist.«[16]

Diese und ähnliche Erwägungen hatten Elster schon vor Jahren dazu bewogen, die Entscheidungsgrundlage für soziales Handeln um sozialethische Bindungen und moralische Gründe zu erweitern und den demokratischen Prozeß als einen Mechanismus zu beschreiben, der Präferenzen durch öffentliche Diskussionen verändert.[17] Vor allem kommt es ihm auf die Verfahrensaspekte einer solchen rationalen Willensbildung an.[18] Um diese Idee fruchtbar zu machen, mußte er das Modell rationaler Wahl zwei einschneidenden Revisionen unterziehen.

Zunächst erweitert Elster die Theorie um einen weiteren Handlungstypus. Neben das *strategische* oder zweckrationale, von je eigenen Präferenzen gesteuerte und (unter Bedingungen unvollständiger Information) folgenorientierte Handeln tritt das *normenregulierte* Handeln. Dieses bildet einen elementaren Handlungstypus, weil es nicht auf strategisches Handeln reduziert werden kann.[19] Gegen das Argument, daß Normen nur der nachträglichen Rechtfertigung opportunistischen Handelns dienten, macht Elster geltend, daß niemand mit Normen im Einzelfall strategisch umgehen könnte, wenn er nicht allgemein die intersubjektive Anerkennung von Normen unterstellen dürfte. Insofern genießt, logisch gesehen, die soziale Geltung von Normen Vorrang vor dem Gewinn, den eine vorgetäuschte Orientierung an solchen Normen verschafft. Ebensowenig überzeugt der weitere Einwand, daß normenkonformes Verhalten im Hinblick auf die Vermeidung verinnerlichter Sanktionen (wie Scham- und Schuldgefühlen) zweckrational sei. Denn der rationale Umgang mit den Konsequenzen eines Verhaltens, das nach Voraussetzung irrational ist, erklärt nicht, wie es zu diesem Verhalten (als dem Ergebnis der vorgängigen Internali-

---

16 J. Elster, The Possibility of Rational Politics, in: D. Held (Hg.), Political Theory Today, Oxford 1991, 120.

17 Elster (1986), 112.

18 Elster (1986), 117: »The mere decision to engage in rational discussion does not ensure that the transactions will in fact be conducted rationally, since much depends on the structure and framework of the proceedings.«

19 Zum folgenden vgl. J. Elster, The Cement of Society, Cambridge 1989, Ch. 3.

sierung einer Verhaltensnorm) überhaupt kommt: man kann sich zu einem irrationalen Verhalten nicht rational entschließen.

Diese Überlegungen zeigen andererseits, daß Elster den neuen Handlungstypus noch unter empiristischen Prämissen einführt. Seinem Vorschlag zufolge unterscheidet sich das normenregulierte Handeln vom strategischen nur durch das Fehlen einer Orientierung an erwarteten Handlungsfolgen. Es ist die Zweckrationalität, die der homo oeconomicus dem homo sociologicus voraus hat.[20] Normen und Wertorientierungen entziehen sich demnach rationalen Erwägungen, sie begründen kontrafaktisch durchgehaltene, gegen Lernen immune Verhaltenserwartungen. Infolgedessen entkleidet Elster *moralische* Normen entweder, im Sinne des Utilitarismus, ihres verpflichtenden Charakters und rechnet sie zu den Entscheidungsregeln zweckrationalen Handelns; oder er rechnet sie, im Sinne einer deontologischen Gesinnungsethik, zu den verpflichtenden Verhaltensnormen, entkleidet sie aber ihres vernünftigen Charakters.

Solange Normativität und Rationalität einander in dieser Weise ausschließen, können freilich rational motivierte Handlungskoordinierungen allein die Form einer Vereinbarung zwischen strategisch handelnden Aktoren annehmen. Rationale Einigung wird gleichbedeutend mit ›bargaining‹ – der Aushandlung von Kompromissen. Und zwar verbinden sich Normen mit solchen Verhandlungen, die die Kooperationsbereitschaft erfolgsorientiert eingestellter Aktoren erfordern, in der Art von empirischen Beschränkungen oder irrationalen Selbstbindungen. Dafür entwickelt Elster ein Parallellogramm der Kräfte, das normativ geregelte Verhandlungsprozesse als ein *Zusammenwirken* von rationalen Erfolgserwartungen mit hinterrücks steuernden sozialen Normen erklärt.[21]

---

20 »The former is supposed to be guided by instrumental rationality, while the behavior of the latter is dictated by social norms. The former is ›pulled‹ by the prospect of future rewards, whereas the latter is ›pushed‹ from behind by quasi-internal forces. The former adapts to changing circumstances ... The latter is ... sticking to the prescribed behavior even if new and apparently better options become available.« Elster (1989), 97.

21 Elster (1989), 231 ff.

Diese Art der Einführung von normativen Motiven des Handelns erweist sich jedoch als unzureichend, wenn erklärt werden soll, wie sich in der politischen Willensbildung die Präferenzen der Beteiligten auf rationale Weise verändern und wie sich auf rationale Weise neue Optionen erschließen können. Weil sich der politische Prozeß in einer geregelten Kompromißbildung, die auf glaubwürdigen Drohungen basiert, nicht erschöpft, führt Elster neben »Verhandlungen« als weiteren Mechanismus für die Lösung von Problemen kollektiven Handelns »Argumentationen« ein: »Rational argumentation on the one hand, threats and promises on the other, are the main vehicles by which the parties seek to reach agreement. The former is subject to criteria of validity, the latter to criteria of credibility.«[22] Mit Gültigkeitskriterien kommt eine neue Art der Kommunikation und der Handlungskoordinierung ins Spiel. Während die Parteien einem ausgehandelten Kompromiß aus je verschiedenen Gründen zustimmen können, muß sich das argumentativ herbeigeführte Einverständnis auf identische Gründe stützen, die die Parteien *in derselben Weise* überzeugen können. Die konsenserzielende Kraft solcher Gründe spiegelt sich in der Idee der Unparteilichkeit, von der sich praktische Diskurse leiten lassen.[23]

Dieser Schritt nötigt zu einer Revision der ersten Revision. Denn die Idee der unparteilichen Beurteilung von Interessenlagen und Handlungskonflikten zieht einen Teil jener Normen, die bisher als irrational galten, in den Sog der Argumentation hinein. Elster kann neben der reziproken Einflußnahme erfolgsorientiert handelnder Aktoren aufeinander die Kommunikation zwischen verständigungsorientiert handelnden Argumentationsteilnehmern als einen weiteren Mechanismus der Handlungskoordinierung nur dann zulassen, wenn er auch Normen und Wertorientierungen einen rationalen Kern zugesteht und den Begriff der Rationalität entsprechend erweitert. Dem dient der – nun in seinem Vernunftanspruch ernst-

---

22 J. Elster, Arguing and Bargaining in Two Constituent Assemblies, The Storr Lectures, Yale Law School, 1991, Manuskript, 37 f.
23 Zur kritischen Rezeption des Begriffs kommunikativen Handelns von seiten der Spieltheorie vgl. J. Johnson, Habermas on Strategic and Communicative Action, Political Theory 19, 1991, 181-201.

genommene – deontologische Gerechtigkeitsbegriff, mit dem sich legitime Rechte begründen lassen.[24] Aufgabe der Politik ist nicht nur die Beseitigung von ineffizienten und unökonomischen Regelungen, sondern auch die Herstellung und Garantie von Lebensverhältnissen, die im gleichmäßigen Interesse aller liegen.[25]

Mit diesen revidierten Grundbegriffen unternimmt Elster eine empirische Analyse der in den verfassunggebenden Versammlungen von Philadelphia (1776) und Paris (1789 bis 1791) geführten Diskussionen. Dabei geht er von der theoretisch motivierten Unterscheidung zwischen ›bargaining‹ und ›arguing‹ aus, wobei »Argumentationen« nach unserem Sprachgebrauch nicht nur Gerechtigkeitsargumente, sondern auch ethisch-politische, auf das »allgemeine Wohl« der Nation bezogene Argumente einschließen sollen. Auf dem Wege einer komparativen Analyse der beiden ersten modernen Verfassunggebungsprozesse prüft Elster sodann die Annahme, daß sich eine parlamentarische Meinungs- und Willensbildung dieser Art unter den empiristischen Prämissen eines ausschließlich machtgesteuerten Interessenausgleichs nicht zureichend erklären läßt. Darin verschränken sich vielmehr Diskurse und Verhandlungen; allerdings vollzieht sich die Kompromißbildung oft spontan und genügt insofern nicht den Fairness-Bedingungen regulierter Verhandlungen.[26] Nun gestatten Elsters Storr Lectures, je nachdem ob man sich auf den manifesten Inhalt oder auf die argumentationslogische Rolle der analysierten Redeausschnitte bezieht, eine doppelte Interpretation. Sie rekonstruieren unter inhaltlichen Aspekten ein Stück legal history mit dem Ergebnis, daß der »Wille des Verfassungsgesetzgebers« darin bestanden hat, ein System von Rechten in

24 »Given the fragility of instrumental thinking in politics, the chosen conception of justice cannot be a consequentialist one like utilitarianism. Rather, it must focus on the inherent rights of individuals to equal shares in decision-making and in social welfare.« Elster in: Held (1991), 116.

25 Elster in: Held (1991), 120.

26 Dem naheliegenden Einwand, daß das außergewöhnliche Design verfassunggebender Versammlungen im Sinne der Hypothese zu Buche schlägt, begegnet Elster mit dem Hinweis auf die ebenso ungewöhnlichen, durch Legitimationskrisen ausgelösten revolutionären Situationen, in denen Drohungen – von seiten der zum Auszug bereiten Südstaaten bzw. des zum Eingreifen bereiten Königs – eine eher polarisierende Wirkung haben mußten.

Kraft zu setzen, das in der jeweils wahrgenommenen Konstellation von Umständen die politische Autonomie der Staatsbürger durch die Institutionalisierung einer *unparteilichen* Meinungs- und Willensbildung gewährleisten sollte. In dieser Hinsicht leistet Elster (mindestens implizit) einen Beitrag zur verfassungshistorischen Überprüfung der diskurstheoretischen Lesart des Rechtsstaates.

Sein explizites Ziel ist jedoch eine rationale Rekonstruktion von Mustern der Argumentation, die zeigen soll, daß die Beschlüsse des politischen Gesetzgebers in gewissem Umfange rational – nämlich durch das Zusammenwirken einer geltungsbasierten Verständigung mit einer erfolgsorientierten Einflußnahme – motiviert waren.[27] Elster untersucht vor allem die Interaktion dieser beiden Mechanismen. Dabei stellt sich heraus, daß der aktuelle Verlauf der Debatten, wie zu erwarten, vom idealen Verfahren deliberativer Politik abweicht, aber zugleich von dessen Präsuppositionen steuerungswirksam affiziert wird. Die Kommunikationsvoraussetzungen für einen deliberativen Modus des Meinungsstreits sind in parlamentarischen Körperschaften immerhin so wirksam institutionalisiert, daß das demokratische Verfahren Argumente filtert und legitimitätserzeugende Gründe privilegiert zum Zuge kommen läßt.

Beispielsweise können nicht alle Interessen öffentlich vertreten werden. Deshalb übt schon die (von Kant hervorgehobene) Öffentlichkeit politischer Kommunikationen, in Verbindung mit der Erwartung, daß die Proponenten in ihren Äußerungen konsistent sind und ihre Vorschläge kohärent erklären, einen heilsamen prozeduralen Zwang aus. Unter dieser Bedingung nötigt etwa die Kaschierung öffentlich nicht-rechtfertigungsfähiger Interessen durch öffentlich nachgeschobene moralische oder ethische Gründe zu Selbstbindungen, die einen Proponenten entweder bei nächster Gelegenheit als inkonsistent entlarven oder, im Interesse der Aufrecht-

---

27 »The process of constitution-making can illuminate the two types of speech acts I shall refer to as *arguing* and *bargaining*. To understand constitutional proceedings, we can benefit from Jürgen Habermas no less than from Thomas Schelling ... Although my illustrations will be mainly taken from the two constituent assemblies, much of what I shall have to say applies more broadly, to ordinary legislatures, committees and similar bodies.« Elster (1991), 4.

erhaltung seiner Glaubwürdigkeit, zu einer entsprechenden Berücksichtigung der Interessen anderer veranlassen.[28]

Diese und ähnliche Überlegungen legen im übrigen die Konsequenz nahe, die Bedingungen für eine vernünftige politische Willensbildung nicht nur auf der individuellen Ebene von Motivationen und Entscheidungsgrundlagen einzelner Aktoren zu suchen, sondern auch auf der sozialen Ebene institutionalisierter Beratungs- und Beschlußprozesse. Diese können als Arrangements betrachtet werden, die sich auf die Präferenzen der Beteiligten auswirken; sie sortieren die Themen und Beiträge, Informationen und Gründe so, daß idealerweise nur die »gültigen« Eingaben den Filter fairer Verhandlungen und rationaler Diskurse passieren und für die Beschlußfassung ins Gewicht fallen. Damit ist ein Perspektivenwechsel von der Theorie rationaler Wahl zur Diskurstheorie vollzogen: »These institutions – gemeint ist die amerikanische Verfassung – were designed to play the role of ›concealed‹ or ›sedimented‹ virtue, which thus made the *actual practice* of these virtues, such as truthfulness, wisdom, reason, justice and all kinds of exceptional moral qualities, to some extent dispensable – on the part of both the rulers and the ruled.«[29] In dem Maße, wie die praktische Vernunft den Kommunikationsformen und institutionalisierten Verfahren selbst implantiert wird, braucht sie sich nicht ausschließlich oder auch nur vorwiegend in den Köpfen kollektiver oder einzelner Aktoren zu verkörpern. Elsters Untersuchung stützt die Annahme, daß das diskursive Niveau beobachtbarer politischer Kommunikationen ein

---

28 Elster (1991), 91 f.: »Impartiality is logically prior to the attempt to exploit it (or the need to respect it) for self-interested purposes. This is not to say, however, that impartial concerns are necessarily widespread. We know from other contexts that it may take only a tiny proportion of cooperators in a population to include everybody to behave *as if* they were cooperators. Similarly, a small group of impartially minded individuals might induce large numbers to mimic their impartiality out of self-interest ... Also, the norm against expression of selfinterest will be stronger in public settings than if the debates are conducted behind closed doors. A public setting will also encourage the use of precommitment through principle, with the larger audience serving as a resonance board for the claim and making it more difficult to back down.«

29 C. Offe, U.K. Preuß, Democratic Institutions and Moral Resources, in: Held (1991), 149.

Maßstab für die Wirksamkeit einer derart prozeduralisierten Vernunft ist. Die Ergebnisse deliberativer Politik lassen sich als kommunikativ erzeugte Macht verstehen, die einerseits zum sozialen Machtpotential glaubwürdig drohender Aktoren und andererseits zur administrativen Macht von Amtsinhabern in Konkurrenz tritt.

II.

Die Systemtheorie braucht diese Phänomene einer innerhalb des parlamentarischen Komplexes erzeugten kommunikativen Macht – und eines in der politischen Öffentlichkeit erworbenen Einflusses – nicht zu verleugnen; sie bringt aber die Phänomene unter Beschreibungen, die die Ohnmacht der kommunikativen Macht a fortiori entlarven. Aus dieser Sicht soll das politische System, nach der vollständigen Positivierung des Rechts, auf autonome Quellen des legitimen Rechts verzichten können. Wie andere Funktionssysteme hat sich auch die Politik mit eigenen Kodes zu einem rekursiv geschlossenen Kommunikationskreislauf verselbständigt. In Verbindung mit dem für die Sicherung von Legalität zuständigen Rechtssystem schöpft eine solche kontingent gewordene, von Fremdreferenz auf Selbstreferenz umgestellte Politik alles, was sie an Legitimation benötigt, aus sich selbst. Der Legitimationsbedarf läßt sich, ausgehend vom Komplex größter organisatorischer Verdichtung, über Verbindungslinien, die vom Gegenspiel zwischen Regierung und Opposition über den Wettstreit der Parteien ins unterkomplexe Netzwerk des Wählerpublikums reicht, paternalistisch decken. Dieses von Luhmann gezeichnete Bild der Selbstlegitimation einer im Staatsapparat verankerten Politik erhält freilich einen Riß, wenn heute der systemtheoretische Ansatz mit der Aufgabe konfrontiert wird, die »Staatstheorie zu denken in der Perspektive einer ethisch verantwortlichen und verantwortbaren Gesellschaft«.[30]
Ich werde (1) Willkes originellen Versuch, eine solche Staatstheorie zu entwickeln, einer immanent ansetzenden Kritik unterziehen, um daraus (2) ein Modell zu entwickeln, das sich für eine soziolo-

30 Willke (1992), 12.

gisch informierte Verwendung des Begriffs deliberativer Politik eignet.

(1) Hegel hatte in seiner Rechtsphilosophie (§§250-256) den Korporationen die wichtige Aufgabe zugeschrieben, die bürgerliche Gesellschaft mit den Organen des Staates zu vermitteln. H. Willke sieht sich im Lichte der Neokorporatismusdebatte veranlaßt, dem – um seine monarchische Spitze verkürzten – Hegelschen Ständestaat eine systemtheoretische Deutung zu geben. Die in den Grauzonen zwischen Staat und Gesellschaft entstandenen Konzertierten Aktionen, Runden Tische, Koordinationsgremien aller Schattierungen beschreibt er als symptomatische Verhandlungssysteme, die der Politik erlauben, in einer dezentrierten Gesellschaft die gesamtgesellschaftliche Einheit, die der Staat selbst nicht mehr repräsentieren kann, in der Rolle eines therapeutisch geschulten Supervisors zu wahren. Einerseits sieht Willke wie Luhmann ein politisches System, das zu einem unter anderen Teilsystemen geworden ist und keinen gesellschaftlichen Primat mehr beanspruchen kann, von der Funktion entlastet, die Gesellschaft im ganzen zu integrieren; andererseits führt er durch die Hintertür den Staat als Garanten einer ständegesellschaftlichen Integration wieder ein.

So überraschend die Antwort sein mag, so konsequent ergibt sich die Frage aus der autopoietischen Wende der Systemtheorie. Es liegt ja in der Logik der funktionalen Differenzierung einer Gesellschaft, daß die ausdifferenzierten Teilsysteme auf einem höheren Niveau der Gesellschaft im ganzen wieder integriert werden. Wenn die dezentrierte Gesellschaft ihre Einheit nicht mehr wahren könnte, würde sie vom Komplexitätszuwachs ihrer Teile nicht profitieren und fiele als ganze deren Differenzierungsgewinnen zum Opfer. Die auf Autopoiesis umgestellte Gesellschaft scheint tatsächlich in diese Sackgasse einzumünden; denn den letzten Schritt zur Autonomie vollziehen die Funktionssysteme über eigene Spezialsemantiken, die, bei allen Vorzügen, den Abbruch eines direkten Austausches von Informationen mit der Umwelt zur Folge haben. Fortan machen sich alle Funktionssysteme ihr eigenes Bild von der Gesellschaft. Sie beherrschen keine gemeinsame Sprache mehr, in der sich die Einheit der Gesellschaft für alle in *derselben* Weise repräsentieren ließe. Die kodeunspezifische Verständigung ist passé. Jedes System wird unsensibel für die Kosten, die es für andere Systeme erzeugt. Es gibt keinen Ort mehr, wo Probleme, die für die Reproduktion der Gesellschaft *im ganzen* relevant sind, wahrgenommen und bearbeitet werden könnten. Die Spezialsprachen laugen die Umgangssprache – so wie die Funktionssysteme die Lebenswelt – derart aus, daß weder die eine noch die andere einen Resonanzboden darstellt, der für die Thematisierung und Behandlung gesamtgesellschaftlicher Probleme hinreichend komplex wäre. Die politische Öffentlichkeit kann unter dieser Prämisse einen solchen Resonanzboden schon deshalb nicht bilden, weil sie zusammen mit dem Publikum der Staatsbürger an den Machtkode angeschlossen ist und mit symbolischer Politik abgespeist wird.

Andererseits bedeutet die Gefährdung der Integrationsfähigkeit insbesondere eine Herausforderung für Politik und Recht. Sie erneuert gewissermaßen einen Schock, den beide durch den Entzug religiöser Legitimität schon einmal erfahren haben. Die Frage, wie die vom Staat nicht mehr repräsentierbare Einheit der Gesellschaft organisiert werden kann, stellt sich jetzt allerdings nicht mehr *unmittelbar* als eine Legitimationsfrage. Der Maßstab der Legitimität gilt nämlich nur für politisch entscheidbare Fragen; auf *gesamtgesellschaftliche* Probleme läßt er sich nicht anwenden. Gleichwohl wird der Routinebetrieb der Legitimationsbeschaffung von Problemen gesamtgesellschaftlicher Irrationalität belastet, weil Recht und Politik für den Zusammenhalt des ganzen Systems eine Art Ausfallbürgschaft übernommen haben. Willke jedenfalls diagnostiziert die Wiederkehr einer Legitimationsproblematik, die durch die unzureichende Integration der Gesamtgesellschaft immerhin *induziert* wird, auch wenn sie sich an einer »Gesamtsystemrationalität« *bemißt*. Und diese soll eben durch politisch vermittelte Abstimmungsprozesse zwischen verschiedenen Funktionssystemen bewältigt werden können. Willkes neokorporatistische Vision »zielt auf die Gestaltung der Intersystembeziehungen autonomer, handlungsfähiger, interdependenter Teilsysteme, die sich nicht mehr dem Primat eines Teils fügen und die deshalb Gesamtsystemrationalität nicht aus der Geltung des Universalen herleiten, sondern aus der reflexiven Abstimmung des Partikularen«.[31] Nach seiner Diagnose befinden sich in den westlichen Gesellschaften die politischen Systeme bereits auf dem Wege zum Supervisionsstaat. Ich fasse die Beschreibung einer Gesellschaft, die durch einen intersystemischen Ausgleich dieser Art zugleich integriert und bevormundet würde, in drei Punkten zusammen:

(a) Der Supervisionsstaat sucht in nicht-hierarchischen Verhandlungssystemen eine Abstimmung mit gesellschaftlichen Funktionssystemen, die entweder in ihren eigenen Operationen und Leistungen gestört sind und einer »Entwicklungshilfe« bedürfen oder ihre Umwelt mit externalisierten Kosten belasten und zur »Rücksichtnahme« angehalten werden müssen. Selbstreferentielle Systeme sind jedoch in der Art, wie sie zu Strukturänderungen veranlaßt werden können, durch ihre eigenen Strukturen schon festgelegt. Deshalb muß der Supervisionsstaat eine aus der Wirtschaftsplanung bekannte »Optionenpolitik« betreiben, die über Verbotnormen und Anreize hinausgeht. Sie berücksichtigt den Operationsmodus und die Freiheitsgrade des zu steuernden Systems und nimmt durch geeignete Kontextveränderungen auf dessen Selbststeuerung Einfluß. Die oft untersuchten Planungsschwierigkeiten auf Politikfeldern wie der Gesundheits-, Technologie- oder Wissenschaftspolitik liefern plausible Belege für die Grenzen direkter staatlicher Interventionen; statt dessen gilt nun der Modus der Unternehmensberatung als beispielhaft für eine Strategie, die verschiedene operativ geschlossene Systeme in einen »produktiven und selbstbindenden Zusammenhang« verwickelt.

(b) Auch die systemsteuernde Politik muß sich der Sprache des Rechts bedienen, aber nicht mehr in der Form von Konditional- oder Zweckprogrammen, sondern als »reflexives« Recht.[32] Die Politik stellt den gesteuerten Systemen »Formen« für deren eigene Prioritätensetzung zur Verfügung, so daß die systemintern vorgegebenen Präferenzen eine andere Gewichtung erhalten. Sie sollen weiterhin ihre eigene Melodie spielen, aber in einem durch andere

31 Willke (1992), 205.
32 G. Teubner, Verrechtlichung – Begriffe, Merkmale, Grenzen, Auswege, in: F. Kübler (Hg.), Verrechtlichung von Wirtschaft, Arbeit und sozialer Solidarität, Baden-Baden 1984, 289-344.

418

Interpunktionen veränderten Rhythmus. Zu diesem Zweck soll das individualistisch konzipierte bürgerliche Recht auf kollektive Akteure übertragen und von Personenbezügen auf Systemrelationen umgestellt werden. Beispiele liefert der Rechtsschutz für die neuen Kollektivgüter der Risikogesellschaft – der Schutz vor Umweltzerstörung, vor atomarer Verseuchung oder letaler Veränderung des Erbguts, allgemein der Schutz vor unkontrollierten Nebenfolgen großtechnischer Anlagen, pharmazeutischer Erzeugnisse, wissenschaftlicher Experimente usw. Das Recht darf nicht in der Form von Auflagen autoritativ gesetzte Steuerungsziele implementieren, es soll vielmehr in der Gestalt von »Relationsprogrammen« das gefahrenerzeugende System selbst zu Umsteuerungen veranlassen und instandsetzen. In dieser Weise funktioniert das Recht als Katalysator für Selbständerungen.

(c) Obwohl sich die Integrationsleistungen von der Ebene der demokratischen Meinungs- und Willensbildung auf die Ebene intersystemischer Beziehungen verlagern, soll die von Personen auf Systeme umgestellte Demokratie in ihrem »Wesensgehalt« intakt bleiben. Nach wie vor spricht Willke von der »Einrichtung sozietaler Diskurse«, gar von der »Abstimmung autonomer Akteure durch rationale Diskurse«.[33] Denn die Abstimmungsprozesse vollziehen sich nach der Vorgabe von (demokratischen?) Verfahren, die die Kommunikationsbeziehungen zwischen den dezentralen Einheiten regeln: »Konsens ist erforderlich als Rahmenkonsens über Grundlagen und Grenzen von Dissens, damit Dissens, immer weiter getrieben, nicht zur Auflösung des Systems führt.«[34] Wenn Willke an dieser Stelle hinzufügt, »daß Konsens nur gebraucht wird als die immer wieder neu konstituierte imaginäre Linie, an der sogleich mit ihrer Festlegung Differenzen und Dissens sich festmachen können, um sie aufzulösen«, wird selbst das idealisierende Moment an Einverständnisgeltung in die systemtheoretische Beschreibung eingeholt. Diese Worte, welche die simulierende Darstellung dem intersubjektivistischen Vokabular einer anderen Theorietradition entlehnt, können freilich unter den veränderten Prämissen nur noch metaphorische Bedeutung haben.

33 Willke (1992), 202.
34 Willke (1992), 49.

Zum einen behandelt das »Gespräch« der Funktionssysteme, anders als die kommunikative Praxis der Bürger, nicht mehr Normen, Werte und Interessen; es ist vielmehr auf den kognitiven Zweck der reflexiven Steigerung systemischen Wissens eingeschränkt. Der Austausch der Experten, die sich gegenseitig über die Operationsweise ihrer jeweiligen Funktionsbereiche aufklären, soll die spezifische Blindheit selbstreferentieller Handlungssysteme überwinden. Er ähnelt, wie die aus der Management-Literatur herangezogenen Beispiele zeigen, eher einem Fortbildungskurs, worin der moderierende Schulungsleiter die aus verschiedenen Branchen herangezogenen Manager dazu anregt, sich als Berater für die Unternehmensprobleme der anderen Branchen zu betätigen. Zum anderen büßen die »Konferenzregeln«, nach denen sich das Gespräch vollzieht, den universalistischen Gehalt demokratischer Verfahrensregeln ein; der Kreis der jeweils »therapiebedürftigen« Funktionssystemen kann keine Repräsentativität beanspruchen.

Dieser interessante Vorschlag für die Lösung des theorieintern zugespitzten Problems der gesamtgesellschaftlichen Integration stößt auf Schwierigkeiten, die ich kommentieren möchte, weil sie das von der Systemtheorie verdrängte Legitimationsproblem ins rechte Licht rücken.

ad (a) In seiner klassischen Form hatte sich das Hobbessche Problem als die Frage gestellt, wie aus dem Zusammentreffen der egozentrischen Perspektiven selbstinteressiert handelnder Individuen eine Ordnung hervorgehen kann, welche die individuellen Aktoren zur Berücksichtigung der Interessen anderer anhält. Dieses Problem, an dem sich noch die Theorie rationaler Wahl abarbeitet, wiederholt sich für die Systemtheorie in anderer Form. Eine sich selbst stabilisierende Ordnung muß nun aus der kognitiven Abstimmung von Systemperspektiven erklärt werden. Die praktische Dimension von Handlungsregulierungen ist aus dem Ansatz der Systemtheorie verschwunden, so daß ein rational begründeter »Altruismus« für den Verkehr der Funktionssysteme untereinander seinen Sinn verliert. In der rein epistemischen Version stellt sich aber das Hobbessche Problem noch schärfer, weil die Egozentrik der aufeinandertreffenden Perspektiven nicht mehr nur durch eigene Präferenzen und Wertorientierungen, sondern durch eigene *Grammatiken der*

Weltdeutung bestimmt ist. Autopoietisch geschlossene Systeme teilen, anders als die Individuen im Naturzustand, keine gemeinsame Welt mehr. Insofern entspricht das Problem einer gelingenden Kommunikation zwischen autonomen und selbstbezüglich operierenden Einheiten mit je eigenen Weltperspektiven ziemlich genau dem aus der Phänomenologie bekannten Problem des Aufbaus einer intersubjektiv geteilten Welt aus den monadologischen Leistungen transzendentaler Subjekte. Sowenig wie Husserl (oder später Sartre) dieses Intersubjektivitätsproblem gelöst hat,[35] sowenig gelingt es der Systemtheorie, verständlich zu machen, wie autopoietisch geschlossene Systeme innerhalb des Bannkreises selbstreferentieller Steuerung für ein Überschreiten reiner Selbstreferenz und Autopoiesis reif gemacht werden könnten.[36]

Die Reflexionsspirale der gegenseitigen Beobachtung fremder Selbstbeobachtungen führt aus dem Zirkel von je eigener Fremd- und Selbstbeobachtung nicht heraus; sie durchdringt nicht das Dunkel wechselseitiger Intransparenz.[37] Um die Operationsweise und die Selbstreferenz eines anderen Systems »verstehen« und nicht nur »beobachten«, um sich davon nach eigenem Kode ein »Bild« anfertigen zu können, müßten die beteiligten Systeme über eine wenigstens partiell gemeinsame Sprache verfügen; aber die kann es nach Voraussetzung nicht geben: »Gelingende Kommunikation setzt voraus, daß die Teile wechselseitig füreinander relevante Informationen so präsentieren, daß sie ›gelesen‹, d.h. auch im Kontext anderer, fremder Leitkriterien verstanden werden können. Die Herausforderung ist, Kompatibilität zwischen unterschiedlichen ›Sprachspielen‹ herzustellen, wobei mit der ›Sprache‹ unterschiedliche Realitäten und Weltentwürfe verknüpft sind. *Auch für komplexe Gesellschaften gilt deshalb, daß die Tiefenstruktur ihrer Ordnung an die Grammatik verstehbarer Informationen gebunden ist.*«[38] Die »Transferenzregeln«, aus denen sich eine solche Grammatik zusammensetzt, werden nicht schon durch die grammati-

35 Vgl. meine zweite Gauss-Vorlesung, in: Habermas (1984), 35 ff.
36 Vgl. meinen Exkurs zu Luhmann in: J. Habermas, Der philosophische Diskurs der Moderne, Frankfurt/Main 1985, 420-446.
37 Willke (1992), 165 f.
38 Willke (1992), 345 f. (Hervorhebung von mir).

schen Regeln einer gesellschaftsweit zirkulierenden Umgangssprache vorgestreckt. Sie müssen vielmehr – nach dem Muster des
internationalen Privatrechts – als Kollisionsnormen, die aus der
Sicht eines jeden Systems Brücken der Verständigung mit anderen
Systemen herstellen, erst aufgebaut werden. Indem die beteiligten
Systeme solche Regeln je für sich erzeugen, haben sie aber ihren
semantischen Perspektivismus noch nicht überwunden, sondern allenfalls die Basis geschaffen für eine neue Entwicklungsstufe. Die
erforderliche *Perspektivenverschränkung* muß deshalb auf die
Emergenz eines neuen Regelsystems *warten*.

Willke muß am Ende die Bedingungen der Intersubjektivität möglicher Verständigung aus dem Hut der sozialen Evolution zaubern:
»Hier kommt eine neue Art von Regeln ins Spiel. Diese Regeln haben zum ersten Mal ihre Verankerung nicht mehr in Subsystemen,
sondern ergeben sich auf der Ebene des Systems aus dem aktiven
und absichtsvollen Zusammenspiel der Teile, die sich zu einem
emergenten Gesamtsystem verbinden wollen (!). Dieser Typus von
Regeln ist der Stoff, aus dem dezentrale Kontextsteuerung als Verfahren der politischen Supervision sich bilden kann.«[39] Aus dem
beobachtungsgeleiteten reziproken Abtasten von semantisch geschlossenen Systemen soll mithin eine Sprache *emergieren*, die genau das simuliert, was die Umgangssprache, aus der die Spezialsemantiken ursprünglich ausdifferenziert worden sind, immer schon
leistet. Willkes Hilfskonstruktion überzeugt um so weniger, als
schon das Recht mit seinen »Relationierungsprogrammen« an die
umgangssprachlichen Leistungen eines gesellschaftsweiten »Transfers verstehbarer Informationen« anschließen muß. Wenn man
Argumentationszusammenhängen der analytischen Sprachphiloso-
phie folgt, ist es ohnehin nicht überraschend, daß die Umgangssprache als »letzte Metasprache« fungiert. Sie bildet das offene
Medium einer gesellschaftsweit zirkulierenden Sprache, aus der in
alle und in die aus allen Spezialdiskursen übersetzt werden kann.

ad (b) Der Supervisionsstaat soll der »Gefahr einer Verabsolutie-
rung der Teilsystemrationalität auf Kosten der Rationalität des
Ganzen«[40] wehren. Mit dieser über das politische System hinaus-

39 Willke (1992), 346.
40 Willke (1992), 197.

greifenden Zielsetzung wird der intern ablaufende Legitimationsprozeß von Erfolgen einer Kontextsteuerung abhängig gemacht, die die Politik nicht mehr unter ihrer Kontrolle hat, sondern über korporative Verhandlungssysteme, d. h. über Einrichtungen der intersystemischen Abstimmung und Koordinierung abwickeln muß. Auch wenn es der Politik gelänge, die eigenen Kriterien der Legitimität um solche der Systemrationalität, an der sich eine systemsteuernde Rechtsetzung bemißt, ohne kognitive Dissonanzen zu *erweitern*, würde sich damit die Entscheidungsbasis so verschieben, daß das politische System nicht mehr alle legitimationsbedürftigen Entscheidungen *nur sich selbst* zuschreiben dürfte. Das bedeutet eine Unterbrechung des intern ablaufenden Prozesses der *Selbst*legitimation. Zwar vollzieht sich die Systemsteuerung nach wie vor in den Formen des Rechts. Aber mit der Delegation staatlicher Kompetenzen der Rechtsetzung an Verhandlungssysteme, in die die *Eigendynamik* anderer selbstbezüglich operierender Einheiten einfließt, gerät die Reproduktion von Recht und Politik ins Zwielicht einer zwischen staatlicher Administration und gesellschaftlichen Funktionssystemen geteilten »Doppelherrschaft«. Je mehr sich die öffentliche Verwaltung in »sozietale Diskurse« neuer Art verstrikken läßt, um so weniger kann sie der demokratisch-rechtsstaatlichen Form des offiziellen Machtkreislaufes genügen. Derselbe Neokorporatismus, der die Gefahren einer gesamtgesellschaftlichen Desintegration bewältigen und damit die von neuem aufbrechenden Legitimationsprobleme eindämmen soll, stört den in eigener Regie ablaufenden Prozeß der Selbstlegitimation. Dieser Einwand wäre nur dann hinfällig, wenn sich der vorgeschlagene Typenwechsel des Rechts demokratiekonform vollziehen könnte.

Je mehr kollektive Aktoren, gesellschaftliche Funktionssysteme und große Organisationen anstelle von Individuen handeln, um so deutlicher verschiebt sich die Basis für die Zurechnung von Handlungsfolgen – und um so weniger scheinen die schutzwürdigen Kollektivgüter der Risikogesellschaft durch subjektive Rechte gesichert werden zu können. Deshalb hält Willke die individualistische Verankerung des Rechts in einem System der Rechte für obsolet. Die geforderten Relationsprogramme stellen sich auf die Selbststeuerung von Systemen ein; sie beziehen sich nicht länger auf die private und öffentliche Autonomie vergesellschafteter Individuen. Gleichwohl soll mit einer solchen Umstrukturierung des Rechts die Idee des Verfassungsstaates keineswegs preisgegeben, sondern nur anders interpretiert werden. Unter dieser Prämisse würde eine Legalisierung der Verhandlungssysteme hinreichen, um auch deren Legitimität zu sichern: »Hochkomplexe Gesellschaften lassen sich als demokratische nur halten, wenn diese Idee (des Verfassungsstaates) auf die Gesellschaft insgesamt generalisiert wird und die spezifische Verfaßtheit der Gesellschaft es erlaubt und fördert, die Autonomie und Differenziertheit der Bürger ebenso zu garantieren wie die Autonomie und Differenziertheit ihrer Funktionssysteme. Letzteres ist *nicht nur* Selbstzweck zur Erhaltung des erreichten Grades funktionaler Differenzierung, sondern dient *darüber hinaus* der Generalisierung des grundrechtlichen Schutzes der Bürger.«[41]

Tatsächlich verrät diese Formulierung mehr als nur den Bruch mit einer historischen Lesart des demokratischen Rechtsstaates. Mit der »Idee einer gesellschaftsweit konsensuell institutionalisierten Verfassung«, die »von ihren Bürgern als natürlichen Personen auf ihre Organisationen, korporativen Akteure und Funktionssysteme« ausgeweitet wird,[42] tritt nämlich die systemtheoretische Adaption des Hegelschen Ständestaates an die Stelle des demokratischen Rechtsstaates und höhlt dessen Legitimationsgrundlage aus. Das zeigt sich schon an einfachen Beispielen. Die neokorporatistischen Verhandlungssysteme können das Komplexitätswachstum der Funktionssysteme nur aufeinander abstimmen, indem sie es zugleich stimulieren; indessen besteht zwischen diesem Komplexitätswachstum der »mitgestaltungsberechtigten« Korporationen und der Grundrechtsverwirklichung der Bürger keine prästabilierte Harmonie. Oft ist gewiß ein hohes Niveau der Systemdifferenzierung auch unter normativen Gesichtspunkten zu rechtfertigen; und solange die Komplexitätssteigerung von Staatsverwaltung und kapitalistischer Wirtschaft mit der zunehmenden Inklusion der Staats- und Wirtschaftsbürger parallel lief, konnte man, alles in allem, zwischen Prozessen, die sich unter funktionalen Gesichtspunkten als

41 Willke (1992), 358 (Hervorhebung von mir).
42 Willke (1992), 357.

Differenzierungsgewinne, unter normativen Gesichtspunkten als Fortschritte in der Realisierung gleicher Rechte darstellten, einen Gleichklang annehmen. Bei diesen parallelen Verläufen handelte es sich aber um kontingente, auch bisher keineswegs lineare Zusammenhänge. Zudem ist der Umstand, daß heute in den fragmentierten Gesellschaften der OECD-Welt Wohlstand und soziale Sicherheit einer Bevölkerungsmehrheit zunehmend mit der Segmentierung einer verwahrlosten und ohnmächtigen, in beinahe allen Dimensionen benachteiligten Unterklasse einhergehen, nur eines von vielen Indizien für *gegenläufige* Entwicklungen. Zwischen den neokorporatistisch ausgehandelten Politiken und dem grundrechtlichen Schutz schwach organisierter Bevölkerungsgruppen an der Peripherie der Gesellschaft treten Konflikte nicht nur als Folge einer Ungleichverteilung individueller Entschädigungen auf, sondern auch deshalb, weil verschiedene soziale Klassen vom Entzug kollektiver Güter selektiv betroffen werden.

Deshalb nimmt die Idee des Rechtsstaates Schaden, wenn die gesellschaftlichen Funktionssysteme verfassungsrechtlich aus ihrer instrumentellen Rolle entlassen werden und zum »Selbstzweck« avancieren. Dann müssen »Autonomie und Differenziertheit« der Bürger mit derjenigen der Systeme sogar innerhalb des »offiziellen« Machtkreislaufes um Rechtsschutz konkurrieren. Die rechtsstaatliche Verfaßtheit des politischen Systems wird nur gewahrt, wenn Behörden gegenüber korporierten Verhandlungspartnern die asymmetrische Stellung behaupten, die aus ihrer Verpflichtung resultiert, den im Gesetzesauftrag sedimentierten Willen der aktuell unbeteiligten Bürger zu vertreten. Auch in Abstimmungsprozessen darf das Band der Delegation von Entscheidungskompetenzen nicht reißen. Nur so bleibt die Verbindung mit dem Publikum der Staatsbürger gewahrt, die sowohl berechtigt wie *in der Lage* sind, die soziale Unverträglichkeit von Funktionssystemen wahrzunehmen, zu identifizieren und öffentlich zu thematisieren. Diese Systeme sollen doch in den korporatistischen Arrangements erst lernen, ihre spezifischen Blindheiten zu überwinden und sich als Teilsysteme in einem System zu beobachten. Deshalb sind sie darauf angewiesen, von den betroffenen Klienten in deren Rolle als Staatsbürger über ihre externen Kosten und die Folgen ihres internen Versagens belehrt zu werden. Wenn der Diskurs der Experten nicht mit der demokratischen Meinungs- und Willensbildung rückgekoppelt wird, setzt sich die Problemwahrnehmung der Experten gegen die Bürger durch. Jede Interpretationsdifferenz dieser Art muß aber aus der Sicht des Staatsbürgerpublikums als weitere Bestätigung für einen legitimitätsgefährdenden Systempaternalismus gelten.

ad (c) Die kognitivistisch-managerielle Engführung der neokorporatistischen Steuerungsdiskurse erklärt sich daraus, daß die Abstimmung zwischen Funktionssystemen ausschließlich Probleme funktionaler Koordinierung aufwirft. Hier soll das steuerungsrelevante Wissen verschiedener Expertengruppen zu Politiken verarbeitet und von systemtheoretisch aufgeklärten Juristen in entsprechende Rechtsprogramme umgesetzt werden. Diese Konzeption stützt sich auf die unrealistische Annahme, daß sich das professionell mobilisierte Wissen der Spezialisten von Werten und moralischen Gesichtspunkten isolieren ließe. Sobald Fachwissen zu politisch relevanten Steuerungsproblemen herangezogen wird, macht sich dessen unvermeidlich normative Imprägnierung bemerkbar und löst polarisierende Kontroversen unter den Fachleuten selbst aus. Politisch bearbeitete Fragen der funktionalen Koordination sind schon deshalb mit der moralischen und ethischen Dimension der gesellschaftlichen Integration *verschränkt*, weil die Folgen mangelnder Systemintegration erst vor dem lebensgeschichtlichen Hintergrund verletzter Interessen und bedrohter Identitäten als lösungsbedürftige Probleme erfahren werden. Daher ist es nicht nur unter legitimatorischen, sondern auch unter kognitiven Gesichtspunkten kontraproduktiv, wenn sich die Abstimmungsprozesse zwischen staatlichen und gesellschaftlichen Aktoren gegenüber der politischen Öffentlichkeit und der parlamentarischen Willensbildung verselbständigen. Unter beiden Gesichtspunkten empfiehlt es sich, daß die erweiterte Wissensbasis einer steuernden Verwaltung durch deliberative Politik, nämlich durch den öffentlich organisierten Meinungsstreit zwischen Experten und Gegenexperten geprägt und von der öffentlichen Meinung kontrolliert wird.

(2) Die (a) bis (c) analysierten Einwände, denen das Konzept einer »ständisch« verfaßten Gesellschaft autonomer Teilsysteme begeg-

net, weisen in dieselbe Richtung: die Integration einer hochkomplexen Gesellschaft läßt sich nicht systempaternalistisch, also an der kommunikativen Macht des Staatsbürgerpublikums vorbei, abwickeln. Semantisch geschlossene Systeme können nicht veranlaßt werden, aus eigener Kraft die gemeinsame Sprache zu erfinden, die für die Wahrnehmung und Artikulation gesamtgesellschaftlicher Relevanzen und Maßstäbe nötig ist. Dafür steht unterhalb der Differenzierungsschwelle der Spezialkodes eine gesellschaftsweit zirkulierende Umgangssprache zur Verfügung, die in den peripheren Netzwerken der politischen Öffentlichkeit und im parlamentarischen Komplex für die Behandlung gesamtgesellschaftlicher Probleme ohnehin beansprucht wird. Schon aus diesem Grunde können Politik und Recht nicht als autopoietisch geschlossene Systeme begriffen werden. Das rechtsstaatlich verfaßte politische System ist intern in Bereiche administrativer und kommunikativer Macht differenziert und bleibt zur Lebenswelt hin geöffnet. Denn die institutionalisierte Meinungs- und Willensbildung ist auf Zufuhren aus den informellen Kommunikationszusammenhängen der Öffentlichkeit, des Assoziationswesens und der Privatsphäre angewiesen. Mit anderen Worten, das politische Handlungssystem ist in lebensweltliche Kontexte eingebettet.

Parastaatliche Verhandlungssysteme ohne effektive Anbindung an den parlamentarischen Komplex und die Öffentlichkeit rufen Legitimationsprobleme hervor und sind, wegen ihrer Spezialisierung auf Fragen der funktionalen Koordinierung, dem anfallenden Problemdruck auch kognitiv nicht gewachsen. Die Konzentration auf Steuerungsprobleme verzerrt zudem die Gewichtung zwischen traditionellen und neuen Staatsaufgaben. Nach wie vor haben die (im spezifischen Sinne) sozialintegrativen Aufgaben (der Aufrechterhaltung von Ordnung, der Umverteilung und sozialen Sicherung, des Schutzes kollektiver Identitäten und gemeinsamer kultureller Überlieferungen) einen ebenbürtigen Platz auf der politischen Agenda. Durch eine Fixierung auf die hochorganisierten gesellschaftlichen Komplexe entsteht ein einseitiges Bild. Funktional differenzierte Gesellschaften erschöpfen sich keineswegs in einer Mannigfaltigkeit selbstreferentiell geschlossener Systeme. Dem Systemparadigma entsprechen die kapitalistische Wirtschaft und – mit

Abstand – die auf Planung und Daseinsvorsorge spezialisierte öffentliche Administration noch am ehesten. Viele hoch-organisierte Bereiche, beispielsweise das Erziehungs- und das Wissenschaftssystem, verdanken jedoch den Eigensinn, den sie direkten staatlichen Interventionen entgegensetzen, keineswegs einem eigenen Kode oder einem geldanalogen Steuerungsmedium, sondern der Logik ihrer speziellen Fragestellungen. Im übrigen bedeutet die »Konstitutionalisierung« von Handlungssystemen, auf die die staatliche »Kontextsteuerung« abzielt, in kommunikativ integrierten Bereichen wie der Familie oder der Schule etwas anderes als in systemisch integrierten Großorganisationen oder Netzwerken (wie z.B. Märkten). Im einen Fall *überformt* die rechtliche Verfassung die normativ geregelten Beziehungen bestehender Institutionen, im anderen Fall dient sie der funktionalen Koordinierung von rechtlich *erzeugten* sozialen Beziehungen. Schließlich haben partizipatorische Formen der Beteiligung, die eine implementierende Verwaltung an die Diskurse ihrer als Staatsbürger ernstgenommenen Klienten anbindet, einen anderen Sinn als neokorporatistische Verhandlungssysteme. Diese Differenzen dürfen nicht im Grau in Grau systemtheoretischer Beschreibungen verschwinden.

Wenn wir die am Ende des vorigen Kapitels aufgeworfenen Fragen beantworten wollen, müssen wir diesseits von System- und Entscheidungstheorie einen eigenen Weg suchen. Elsters rekonstruktive Analyse des Gesetzgebungsprozesses lenkt die Aufmerksamkeit auf die prozedurale Rationalität der verfahrensregulierten Meinungs- und Willensbildung; dieser Blick reicht jedoch nicht über die Erzeugung kommunikativer Macht hinaus. Aus einem systemtheoretisch erweiterten Blickwinkel konzentriert sich Willke auf die Überlastung des Staates mit Steuerungsproblemen, die nach seiner Analyse nur noch unter Umgehung der kommunikativen Macht gelöst werden können. Diese Diagnose verkennt aber die Leistungen, die eine multifunktionale Umgangssprache gerade aufgrund ihrer mangelnden Spezialisierung erbringen kann. Sie ist das Medium verständigungsorientierten Handelns, über das sich die Lebenswelt reproduziert; über das Medium der Umgangssprache verschränken sich auch die Komponenten der Lebenswelt miteinander. Handlungssysteme, die auf kulturelle Reproduktion

(Schule) oder Sozialisation (Familie) oder (wie das Recht) auf Sozialintegration in hohem Maße spezialisiert sind, operieren nicht trennscharf. Über den gemeinsamen Kode der Umgangssprache erfüllen sie gleichsam mitlaufend auch die jeweils anderen Funktionen und halten so einen Bezug zur Totalität der Lebenswelt aufrecht. Die privaten Kernbereiche der Lebenswelt, die durch Intimität, also Schutz vor Publizität, gekennzeichnet sind, strukturieren Begegnungen zwischen Verwandten, Freunden, Bekannten usw. und verzahnen, auf der Ebene dieser einfachen Interaktionen, die Lebensgeschichten der Angehörigen. Die Öffentlichkeit verhält sich komplementär zu dieser Privatsphäre, aus der sich das Publikum als Träger der Öffentlichkeit rekrutiert.

Die Lebenswelt bildet als ganze ein Netzwerk aus kommunikativen Handlungen. Unter dem Aspekt der Handlungskoordinierung besteht ihre *Gesellschafts*komponente aus der Gesamtheit legitim geordneter interpersonaler Beziehungen. Sie umfaßt auch Kollektive, Assoziationen und Organisationen, die auf bestimmte Funktionen spezialisiert sind. *Einige* dieser funktional spezialisierten Handlungssysteme verselbständigen sich gegenüber den sozial, also über Werte, Normen und Verständigung integrierten Handlungsbereichen und bilden – wie die Ökonomie mit Geld und die Administration mit Macht – eigene Kodes aus. Über die rechtliche Institutionalisierung der Steuerungsmedien bleiben diese Systeme aber in der Gesellschaftskomponente der Lebenswelt verankert. Die Sprache des Rechts bringt lebensweltliche Kommunikationen aus Öffentlichkeit und Privatsphäre in eine Form, in der diese Botschaften auch von den Spezialkodes der selbstgesteuerten Handlungssysteme aufgenommen werden können – und umgekehrt. Ohne diesen Transformator könnte die Umgangssprache nicht gesellschaftsweit zirkulieren.

Ich werde mich im folgenden eines von B. Peters entwickelten Modells bedienen, um der Frage nach der Durchsetzungsfähigkeit des rechtsstaatlich regulierten Machtkreislaufs eine präzise Form zu geben – und um eine tentative Antwort zu versuchen.[43] Nach diesem Vorschlag sind die Kommunikations- und Entscheidungsprozesse

43 Peters, Die Integration moderner Gesellschaften, Frankfurt/Main 1993, Kap. 9.2.

des rechtsstaatlich verfaßten politischen Systems auf der Achse Zentrum-Peripherie angeordnet, durch ein System von Schleusen strukturiert und durch zwei Arten der Problemverarbeitung gekennzeichnet. Der Kernbereich des politischen Systems bildet sich aus den bekannten institutionellen Komplexen der Verwaltung (einschließlich der Regierung), des Gerichtswesens und der demokratischen Meinungs- und Willensbildung (mit parlamentarischen Körperschaften, politischen Wahlen, Parteienkonkurrenz usw.). Dieses Zentrum, das sich durch formelle Entscheidungskompetenzen und tatsächliche Prärogativen vor einer verzweigten Peripherie auszeichnet, ist also in sich »polyarchisch« gegliedert. Innerhalb des Kernbereichs variiert allerdings die »Handlungsfähigkeit« mit der »Dichte« organisatorischer Komplexität. Der parlamentarische Komplex ist für die Wahrnehmung und Thematisierung gesellschaftlicher Probleme am weitesten geöffnet, bezahlt diese Sensibilität jedoch mit einer im Vergleich zum administrativen Komplex geringeren Problemverarbeitungskapazität. An den Rändern der Administration bildet sich eine Art *innere* Peripherie aus verschiedenen Institutionen, die mit Selbstverwaltungsrechten oder delegierten staatlichen Kontroll- und Hoheitsfunktionen anderer Art ausgestattet sind (Universitäten, Versicherungssysteme, Standesvertretungen, Kammern, Wohlfahrtsverbände, Stiftungen usw.). Der Kernbereich insgesamt hat eine *äußere* Peripherie, die sich, grob gesagt, in »Abnehmer« und »Zulieferer« verzweigt.

Auf der Seite der Implementation sind für verschiedene Politikfelder komplexe Netzwerkstrukturen zwischen öffentlichen Verwaltungen und privaten Organisationen, Spitzenverbänden, Interessengruppen usw. entstanden, die in regelungsbedürftigen, aber intransparenten gesellschaftlichen Bereichen Koordinationsfunktionen erfüllen. Von diesen Verhandlungssystemen sind zuliefernde Gruppen, Assoziationen und Verbände zu unterscheiden, die gegenüber Parlamenten und Verwaltungen, aber auch auf dem Wege über die Justiz, gesellschaftliche Probleme zur Sprache bringen, politische Forderungen stellen, Interessen oder Bedürfnisse artikulieren und auf die Formulierung von Gesetzesvorhaben oder Politiken Einfluß nehmen. Das Spektrum reicht von Verbänden, die klar definierte Gruppeninteressen vertreten, über Vereinigungen (mit erkennbar parteipolitischen Zielsetzungen) und kulturelle Einrichtungen (wie Akademien, Schriftstellerverbände, radical professionals usw.) bis zu »public interest groups« (mit öffentlichen Anliegen wie Umweltschutz, Warentest, Tierschutz usw.) und Kirchen oder karitativen Verbänden.[44] Diese meinungsbildenden, auf Themen und Beiträge, allgemein auf öffentlichen Einfluß spezialisierten Vereinigungen gehören zur zivilgesellschaftlichen Infrastruktur einer durch Massenmedien beherrschten Öffentlichkeit, die mit ihren informellen, vielfach differenzierten und vernetzten Kommunikationsströmen den eigentlich peripheren Kontext bildet. Wie die neokorporatistische Debatte über Verhandlunssysteme zeigt, ist freilich die Unterscheidung zwischen output-orientierten »Abnehmern« und input-orientierten »Zulieferern« nicht trennscharf. Aber die faktisch zu beobachtende Fusion zwischen der Einflußnahme auf die Implementation beschlossener Politiken einerseits, der Einflußnahme auf die Formulierung und Durchsetzung von Politiken andererseits, kann ohne Verletzung rechtsstaatlicher Prinzipien nicht rechtlich »normalisiert« werden.[45]

Nach einem deskriptiven Überblick führt Peters zwei erklärende Elemente ein: das Schleusenmodell und zwei für die Richtung der Kommunikationsflüsse ausschlaggebende Problemverarbeitungsmodi. Bindende Entscheidungen müssen, wenn sie mit Autorität umgesetzt werden sollen, durch die engen Kanäle des Kernbereichs hindurchgeleitet werden: »Jedoch ist die Legitimität der Entscheidungen abhängig von Meinungs- und Willensbildungsprozessen in der Peripherie. Das Zentrum ist ein System von Schleusen, das viele Prozesse im Bereich des politisch-rechtlichen Systems passieren müssen, aber das Zentrum kontrolliert die Richtung und die Dynamik dieser Prozesse nur in begrenztem Maße. Veränderungen können von der Peripherie ebenso ausgehen wie vom Zentrum ... Die

---

44 H.J. Merry, Five Branch Government, Urbana, Ill. 1980, 25; zu »public interest groups« schon E.E. Schattschneider, The Semisouvereign People, New York 1960, 22 ff.

45 Das gilt natürlich nicht für demokratische Verfahren, die beispielsweise Verwaltungen Publizitäts- und Begründungspflichten auferlegen, Klienten Anhörungs- oder Mitwirkungsrechte einräumen und den Vorrang des Gesetzes nicht beeinträchtigen.

Idee der Demokratie beruht schließlich darauf, daß die politischen Willensbildungsprozesse, die im hier skizzierten Schema einen peripheren oder intermediären Status haben, für die politische Entwicklung ausschlaggebend sein sollen. Das ist durch das vorliegende Schema nicht vorentschieden.«[46] Wenn man sich dieser soziologischen Übersetzung der diskurstheoretischen Lesart von Demokratie bedient, müssen bindende Entscheidungen, um legitim zu sein, von Kommunikationsflüssen gesteuert sein, die von der Peripherie ausgehen und die Schleusen demokratischer und rechtsstaatlicher Verfahren am Eingang des parlamentarischen Komplexes oder der Gerichte (gegebenenfalls auch am Ausgang der implementierenden Verwaltung) passieren. Nur dann kann ausgeschlossen werden, daß sich auf der einen Seite die Macht des administrativen Komplexes oder auf der anderen Seite die soziale Macht der auf den Kernbereich einwirkenden intermediären Strukturen gegenüber einer kommunikativen Macht, die sich im parlamentarischen Komplex bildet, verselbständigen.

Diese Bedingung ist allerdings zu stark, als daß ihr der normale, jedenfalls in westlichen Demokratien eingespielte Betrieb genügen könnte. In jenem Gegenkreislauf, der den »offiziellen« Kreislauf der Macht durchkreuzt, meldet sich keineswegs *nur* das Dementi einer höhnischen sozialen Faktizität. Denn viele dieser zirkulären oder in Gegenrichtung fließenden Kommunikationen dienen einer gleichsam unschädlich problemzerkleinernden Entlastung des offiziellen Kreislaufes von unvermeidlicher Komplexität. Diesem Umstand trägt Peters mit Hilfe eines zweiten Elementes Rechnung. Der größte Teil der Operationen im Kernbereich des politischen Systems läuft nach Routinen ab. Gerichte fällen Urteile, Bürokratien bereiten Gesetze vor und bearbeiten Anträge, Parlamente verabschieden Gesetze und Haushalte, Parteizentralen führen Wahlkämpfe, Klienten nehmen Einfluß auf »ihre« Verwaltungen – und alle diese Vorgänge laufen nach etablierten Mustern ab. Unter normativen Gesichtspunkten ist allein ausschlaggebend, welche Machtkonstellationen diese Muster widerspiegeln – und nach welchem Modus sie sich *ändern* lassen. Davon hängt es wiederum ab,

46 B. Peters, Die Integration moderner Gesellschaften, Frankfurt/Main 1993, 340 f.

ob die eingespielten Routinen für erneuernde Anstöße aus der Peripherie offen bleiben. In Konfliktfällen wird nämlich das Prozessieren nach üblichen Konventionen von einem *anderen* Operationsmodus überlagert.

Dieser ist durch Krisenbewußtsein, erhöhte öffentliche Aufmerksamkeit, intensivierte Suche nach Lösungen, kurz: durch *Problematisierung* gekennzeichnet. In solchen Fällen konfliktreich veränderter Problemwahrnehmungen und Problemlagen expandiert die Spannweite der Aufmerksamkeit, wobei sich Kontroversen in der breiteren Öffentlichkeit vor allem an normativen Aspekten der im Brennpunkt stehenden Probleme entzünden. Der Druck der öffentlichen Meinungen erzwingt dann einen außerordentlichen Problemverarbeitungsmodus, der die rechtsstaatliche Regulierung des Machtkreislaufes begünstigt, also Sensibilitäten für die verfassungsrechtlich geregelten *politischen Verantwortlichkeiten* aktualisiert. Gewiß versuchen Parlamente und Gerichte auch während des »normalen« Geschäftsgangs, den Entscheidungsspielraum einer vorwiegend zweckorientiert handelnden Verwaltung normativ zu begrenzen. Aber das rechtsstaatliche Schema der Verteilung von Zugriffsmöglichkeiten auf normative Gründe gewinnt in Konfliktfällen ein schärferes Profil. Nur dann können Parlamente und Gerichte, denen ein konstruktiver bzw. rekonstruktiver Umgang mit normativen Gründen *formell vorbehalten* ist, die Richtung des Kommunikationskreislaufs auch *faktisch bestimmen*. In derart zugespitzten Konfliktfällen behält der politische Gesetzgeber das letzte Wort. Allerdings sprechen viele Evidenzen dafür, daß dem parlamentarischen Komplex meistens die Kraft fehlt, von sich aus »Fälle zu Konfliktfällen zu machen«. Sowohl die Empfindlichkeit für latente Probleme, die von eingespielten Routinen nicht oder nur unzureichend erfaßt werden, wie auch die Initiative zur erfolgreichen dramatischen Aufarbeitung neu anfallender Probleme sind in den unter Zeitdruck entscheidenden Institutionen schwach ausgeprägt.

Die Unterscheidung zwischen dem normalen und dem außerordentlichen Problemverarbeitungsmodus kann indessen für eine soziologische Übersetzung und realistische Deutung des Diskursbegriffs der Demokratie nur fruchtbar gemacht werden, wenn wir zwei weitere Annahmen einführen. Die illegitime Verselbständigung von administrativer und sozialer Macht gegenüber demokratisch erzeugter kommunikativer Macht wird in dem Maße verhindert, wie die Peripherie a) fähig ist und b) oft genug Anlaß hat, latente (und nur politisch bearbeitbare) gesellschaftliche Integrationsprobleme aufzuspüren, zu identifizieren, wirksam zu thematisieren und über die Schleusen des parlamentarischen Komplexes (oder der Gerichte) in das politische System so einzuführen, daß dessen Routinemodus *gestört* wird. Weniger problematisch ist die Annahme (b). Wie wir gesehen haben, lockert sich im Zuge einer fortschreitenden funktionalen Differenzierung die Koppelung der autonomer werdenden dezentrierten Teilbereiche; so wächst der Integrationsbedarf, der Krisen verstetigt und beschleunigte Lernprozesse nötig macht. Problematisch ist die Annahme (a). Denn nun fällt ein guter Teil der normativen Erwartungen, die mit deliberativer Politik verknüpft sind, auf die peripheren Strukturen der Meinungsbildung. Die Erwartungen richten sich an deren Fähigkeit, gesamtgesellschaftliche Probleme wahrzunehmen, zu interpretieren und auf eine zugleich Aufmerksamkeit erregende und innovative Weise in Szene zu setzen. Diese starken Erwartungen wird die Peripherie nur in dem Maße erfüllen können, wie die Netzwerke der nicht-institutionalisierten öffentlichen Kommunikation mehr oder weniger *spontane* Meinungsbildungsprozesse ermöglichen. Resonanzfähige und autonome Öffentlichkeiten dieser Art sind wiederum angewiesen auf eine soziale Verankerung in zivilgesellschaftlichen Assoziationen und auf eine Einbettung in liberale Muster der politischen Kultur und Sozialisation, mit einem Wort: auf das Entgegenkommen einer rationalisierten Lebenswelt. Die Ausbildung solcher lebensweltlicher Strukturen kann gewiß stimuliert werden, sie entzieht sich aber weitgehend rechtlicher Regelung, administrativem Zugriff oder politischer Steuerung. Sinn ist eine knappe Ressource, die nicht nach Belieben regeneriert oder vermehrt werden kann, wobei ich »Sinn« als die Limesgröße gesellschaftlicher Spontaneität verstehe. Auch diese ist, wie alle empirischen Größen, konditioniert. Aber die Bedingungen liegen in lebensweltlichen Kontexten, die die Fähigkeit assoziierter Rechtsgenossen, ihr Zusammenleben selbst zu organisieren, *von innen* begrenzen. Was den diskursiven Vergesellschaftungsmodus einer Rechtsgemeinschaft letztlich ermöglicht, steht dem Willen ihrer Mitglieder nicht einfach zur Disposition.

III.

Bisher war allgemein die Rede von der politischen Öffentlichkeit als einer Kommunikationsstruktur, die über ihre zivilgesellschaftliche Basis in der Lebenswelt verwurzelt ist. Die politische Öffentlichkeit wurde als Resonanzboden für Probleme beschrieben, die vom politischen System bearbeitet werden müssen, weil sie andernorts nicht gelöst werden. Insoweit ist die Öffentlichkeit ein Warnsystem mit unspezialisierten, aber gesellschaftsweit empfindlichen Sensoren. Aus demokratietheoretischer Sicht muß die Öffentlichkeit darüber hinaus den Problemdruck verstärken, d. h. Probleme nicht nur wahrnehmen und identifizieren, sondern auch überzeugend und *einflußreich* thematisieren, mit Beiträgen ausstatten und so dramatisieren, daß sie vom parlamentarischen Komplex übernommen und bearbeitet werden. Zur Signalfunktion muß eine wirksame Problematisierung hinzukommen. Die beschränkte Kapazität zur *eigenen* Problemverarbeitung muß darüber hinaus für eine Kontrolle der weiteren Problembehandlung innerhalb des politischen Systems genutzt werden. Wie weit das möglich ist, kann ich nur global einschätzen. Zunächst werde ich die umstrittenen Begriffe (1) der Öffentlichkeit und (2) der Zivilgesellschaft klären, um anschließend (3) einige Barrieren und Machtstrukturen innerhalb der Öffentlichkeit zu skizzieren, die allerdings (4) in kritischen Lagen von eskalierenden Bewegungen überwunden werden können. Abschließend (5) fasse ich die Elemente zusammen, die das Rechtssystem in seinem Bild von einer komplexen Gesellschaft berücksichtigen muß.

(1) Öffentlichkeit ist zwar ein ebenso elementares gesellschaftliches Phänomen wie Handlung, Aktor, Gruppe oder Kollektiv; aber es entzieht sich den herkömmlichen Begriffen für soziale Ordnung. Öffentlichkeit läßt sich nicht als Institution und gewiß nicht als Organisation begreifen; sie ist selbst kein Normengefüge mit Kompe-

tenz- und Rollendifferenzierung, Mitgliedschaftsregelung usw. Ebensowenig stellt sie ein System dar; sie erlaubt zwar interne Grenzziehungen, ist aber nach außen hin durch offene, durchlässige und verschiebbare Horizonte gekennzeichnet. Die Öffentlichkeit läßt sich am ehesten als ein Netzwerk für die Kommunikation von Inhalten und Stellungnahmen, also von *Meinungen* beschreiben; dabei werden die Kommunikationsflüsse so gefiltert und synthetisiert, daß sie sich zu themenspezifisch gebündelten *öffentlichen* Meinungen verdichten. Wie die Lebenswelt insgesamt, so reproduziert sich auch die Öffentlichkeit über kommunikatives Handeln, für das die Beherrschung einer natürlichen Sprache ausreicht; sie ist auf die *Allgemeinverständlichkeit* der kommunikativen Alltagspraxis eingestellt. Die Lebenswelt haben wir als ein Reservoir für einfache Interaktionen kennengelernt; an diese bleiben auch die spezialisierten Handlungs- und Wissenssysteme rückgebunden, die sich innerhalb der Lebenswelt ausdifferenzieren. Diese knüpfen entweder (wie Religion, Schule, Familie) an allgemeine Reproduktionsfunktionen der Lebenswelt, oder (wie Wissenschaft, Moral, Kunst) an verschiedene Geltungsaspekte des alltagssprachlich kommunizierten Wissens an. Aber die Öffentlichkeit spezialisiert sich weder in der einen, noch in der anderen Hinsicht; soweit sie sich auf politisch relevante Fragen erstreckt, überläßt sie deren spezialisierte Bearbeitung dem politischen System. Die Öffentlichkeit zeichnet sich vielmehr durch eine *Kommunikationsstruktur* aus, die sich auf einen dritten Aspekt verständigungsorientierten Handelns bezieht: weder auf die *Funktionen* noch auf die *Inhalte* der alltäglichen Kommunikation, sondern auf den im kommunikativen Handeln erzeugten *sozialen Raum.*

Im Unterschied zu erfolgsorientiert eingestellten Aktoren, die sich wechselseitig als etwas in der objektiven Welt Vorkommendes beobachten, begegnen sich kommunikativ Handelnde in einer Situation, die sie zugleich mit ihren kooperativ ausgehandelten Deutungen konstituieren. Der intersubjektiv geteilte Raum einer Sprechsituation erschließt sich mit den interpersonalen Beziehungen, die die Beteiligten eingehen, indem sie zu gegenseitigen Sprechaktangeboten Stellung nehmen und illokutionäre Verpflichtungen übernehmen. Jede Begegnung, die sich nicht in Kontakten wechselseitiger Beobachtung erschöpft, sondern vom gegenseitigen Zugeständnis kommunikativer Freiheit zehrt, bewegt sich in einem sprachlich konstituierten öffentlichen Raum. Er steht für potentielle Gesprächspartner, die anwesend sind oder hinzutreten können, prinzipiell offen. Es bedarf nämlich besonderer Vorkehrungen, um einen solchen sprachlich konstituierten Raum gegen den Zutritt Dritter abzusperren. Diese im kommunikativen Handeln gestiftete räumliche Struktur einfacher und episodischer Begegnungen kann in abstrakter Form für ein größeres Publikum von Anwesenden generalisiert und verstetigt werden. Für die öffentliche Infrastruktur von solchen *Versammlungen*, Veranstaltungen, Vorführungen usw. bieten sich die architektonischen Metaphern des umbauten Raumes an: wir sprechen von Foren, Bühnen, Arenen usw. Diese Öffentlichkeiten haften noch an den konkreten Schauplätzen eines anwesenden Publikums. Je mehr sie sich von dessen physischer Präsenz lösen und auf die medienvermittelte virtuelle Gegenwart von verstreuten Lesern, Zuhörern oder Zuschauern ausdehnen, desto deutlicher wird die Abstraktion, die mit der Öffentlichkeitsgeneralisierung der Raumstruktur einfacher Interaktionen einhergeht.

Die derart verallgemeinerten Kommunikationsstrukturen verengen sich auf Inhalte und Stellungnahmen, die von den dichten Kontexten einfacher Interaktionen, von bestimmten Personen und entscheidungsrelevanten Verpflichtungen abgekoppelt sind. Kontextverallgemeinerung, Inklusion, wachsende Anonymität erfordern andererseits einen höheren Grad der Explikation bei gleichzeitigem Verzicht auf Expertensprachen und Spezialkodes. Während die *Laienorientierung* eine gewisse Entdifferenzierung bedeutet, wirkt sich die Abkoppelung der kommunizierten Meinungen von konkreten Handlungsverpflichtungen in Richtung einer *Intellektualisierung* aus. Gewiß lassen sich Prozesse der Meinungsbildung, zumal wenn es um praktische Fragen geht, nicht vom Präferenz- und Einstellungswandel der Beteiligten separieren – wohl aber von der Umsetzung dieser Dispositionen in Handlungen. Insofern *entlasten* die Kommunikationsstrukturen der Öffentlichkeit das Publikum *von Entscheidungen*; die aufgeschobenen Entscheidungen bleiben beschlußfassenden Institutionen vorbehalten. In der Öf-

fentlichkeit werden die Äußerungen nach Themen und zustimmen-
den bzw. ablehnenden Stellungnahmen sortiert; die Informationen
und Gründe werden zu fokussierten Meinungen verarbeitet. Was
derart gebündelte Meinungen zur *öffentlichen Meinung* macht, ist
die Art ihres Zustandekommens und die breite Zustimmung, von
der sie »getragen« werden. Eine öffentliche Meinung ist nicht etwa
im statistischen Sinne repräsentativ. Sie ist nicht ein Aggregat einzeln abgefragter und privat geäußerter individueller Meinungen; insofern darf sie nicht mit Resultaten der Umfrageforschung verwechselt werden. Die politische Meinungsforschung liefert nur ein
gewisses Spiegelbild der »öffentlichen Meinung«, wenn der Erhe-
bung eine themenspezifische Meinungsbildung in einer mobilisierten Öffentlichkeit bereits vorangegangen ist.

Bei öffentlichen Kommunikationsprozessen kommt es nicht nur,
und nicht in erster Linie, auf die Diffusion von Inhalten und Stellungnahmen durch effektive Übertragungsmedien an. Gewiß sichert erst die breite Zirkulation von verständlichen, Aufmerksamkeit stimulierenden Botschaften eine hinreichende Inklusion der
Beteiligten. Aber für die Strukturierung einer öffentlichen Meinung
sind die Regeln einer *gemeinsam* befolgten Kommunikationspraxis
von größerer Bedeutung. Zustimmung zu Themen und Beiträgen
bildet sich erst als Resultat einer mehr oder weniger erschöpfenden
Kontroverse, in der Vorschläge, Informationen und Gründe mehr
oder weniger rational verarbeitet werden können. Mit diesem
»Mehr oder Weniger« an »rationaler«Verarbeitung von »erschöpfenden« Vorschlägen, Informationen und Gründen variieren allgemein das *diskursive Niveau* der Meinungsbildung und die »Qualität« des Ergebnisses. Deshalb bemißt sich das Gelingen öffentlicher
Kommunikation auch nicht per se an der »Herstellung von Allgemeinheit«,[47] sondern an formalen Kriterien des Zustandekommens
einer qualifizierten öffentlichen Meinung. Die Strukturen einer vermachteten Öffentlichkeit schließen fruchtbare und klärende Diskussionen aus. Die »Qualität« einer öffentlichen Meinung ist,
soweit sie sich an prozeduralen Eigenschaften ihres Erzeugungs-

---

47 So J. Gerhards und F. Neidhardt, Strukturen und Funktionen moderner Öffentlichkeit, Wissenschaftszentrum Berlin, 1990, 19.

prozesses bemißt, eine empirische Größe. Normativ betrachtet, begründet sie ein Maß für die Legitimität des Einflusses, den öffentliche Meinungen auf das politische System ausüben. Gewiß fallen faktischer Einfluß und legitimer Einfluß sowenig zusammen wie Legitimitätsglauben und Legitimität. Aber mit dieser Begrifflichkeit eröffnet sich immerhin eine Perspektive, aus der das Verhältnis von tatsächlichem Einfluß und prozedural begründeter Qualität öffentlicher Meinungen empirisch untersucht werden kann.

»Einfluß« hat Parsons als eine symbolisch generalisierte Form der Kommunikation eingeführt, die Interaktionen kraft Überzeugung bzw. Überredung steuert.[48] Beispielsweise können Personen oder Institutionen über ein Ansehen verfügen, das es ihnen erlaubt, mit ihren Äußerungen auf die Überzeugungen anderer Einfluß zu nehmen, ohne im einzelnen Kompetenzen nachweisen oder Erklärungen geben zu müssen. »Einfluß« zehrt von der Ressource der Verständigung, aber er stützt sich auf einen Vorschuß an entgegengebrachtem Vertrauen in aktuell nicht überprüfte Überzeugungsmöglichkeiten. In diesem Sinne stellen öffentliche Meinungen politische Einflußpotentiale dar, die für Einflußnahmen auf das Wahlverhalten der Bürger oder auf die Willensbildung in parlamentarischen Körperschaften, Regierungen und Gerichten genutzt werden können. Der publizistische, durch öffentliche Überzeugungen gestützte politische *Einfluß* setzt sich freilich in politische *Macht* – in ein Potential, bindende Entscheidungen zu treffen – erst um, wenn er sich auf die Überzeugungen von *autorisierten* Mitgliedern des politischen Systems auswirkt und das Verhalten von Wählern, Parlamentariern, Beamten usw. bestimmt. Publizistisch-politischer Einfluß kann – ebenso wie soziale Macht – nur über institutionalisierte Verfahren in politische Macht transformiert werden.

In der Öffentlichkeit bildet sich Einfluß, in ihr wird um Einfluß gerungen. In diesem Kampf kommt nicht nur der bereits erworbene

48 T. Parsons, On the Concept of Influence, in: ders. Sociological Theory and Modern Society, New York 1967, 355-382. Zum Verhältnis von »Einfluß« und »Wertbindung« und zur Abgrenzung dieser generalisierten Formen der Kommunikation von Steuerungsmedien wie Geld und administrativer Macht vgl. J. Habermas (1981), Bd. II, 408-419.

politische Einfluß (von bewährten Amtsinhabern, von etablierten Parteien oder von bekannten Gruppen wie Greenpeace, Amnesty International usw.) zum Einsatz, sondern auch das Ansehen von Personengruppen und Experten, die ihren Einfluß in speziellen Öffentlichkeiten erworben haben (beispielsweise die Autorität von Kirchenleuten, die Bekanntheit von Literaten und Künstlern, die Reputation von Wissenschaftlern, das Renommée von Stars aus Sport, Showbusiness usw.). Sobald sich der öffentliche Raum über den Kontext einfacher Interaktionen hinaus ausgedehnt hat, tritt nämlich eine Differenzierung in Veranstalter, Redner und Zuhörer, in Arena und Galerie, in Bühne und Zuschauerraum ein. Die *Akteursrollen*, die sich mit Organisationskomplexität und Reichweite der Medien zunehmend professionalisieren und vervielfachen, sind mit differentiellen Einflußchancen ausgestattet. Aber der politische Einfluß, den die Akteure über öffentliche Kommunikation gewinnen, muß sich *letztlich* auf die Resonanz, und zwar die Zustimmung eines egalitär zusammengesetzten Laienpublikums stützen. Das Publikum der Bürger muß durch verständliche und allgemein interessierende Beiträge zu Themen, die es als relevant empfindet, *überzeugt* werden. Das Publikum besitzt diese Autorität, weil es für die Binnenstruktur der Öffentlichkeit, in der Akteure auftreten können, konstitutiv ist.

Allerdings müssen wir die Akteure, die sozusagen aus dem Publikum hervorgehen und an der Reproduktion der Öffentlichkeit selbst beteiligt sind, von Akteuren unterscheiden, die eine bereits konstituierte Öffentlichkeit okkupieren, um sie zu benutzen. Das gilt beispielsweise für die großen, gut organisierten, in gesellschaftlichen Funktionssystemen verankerten Interessengruppen, die *über* die Öffentlichkeit auf das politische System einwirken. Diese können allerdings von ihren Sanktionspotentialen, auf die sie sich in öffentlich regulierten Verhandlungen oder bei nichtöffentlichen Pressionsversuchen stützen, in der Öffentlichkeit keinen manifesten Gebrauch machen. Sie können ihre soziale Macht nur in dem Maße zu politischer Macht kapitalisieren, wie sie – wie beispielsweise die Tarifparteien bei der Unterrichtung der Öffentlichkeit über Forderungen, Strategien oder Verhandlungsergebnisse – für ihre Interessen in einer Sprache werben, die *Überzeugungen* mobilisieren kann. Die Beiträge von Interessengruppen sind jedenfalls einer Art von Kritik ausgesetzt, der sich Beiträge anderer Herkunft nicht exponieren. Öffentliche Meinungen, die nur dank eines nicht-deklarierten Einsatzes von Geld oder Organisationsmacht lanciert werden können, verlieren ihre Glaubwürdigkeit, sobald diese Quellen sozialer Macht publik gemacht werden. Öffentliche Meinungen lassen sich manipulieren, aber weder öffentlich kaufen, noch öffentlich erpressen. Dieser Umstand erklärt sich daraus, daß eine Öffentlichkeit nicht beliebig »hergestellt« werden kann. Bevor sie von strategisch handelnden Akteuren eingenommen wird, muß sich die Öffentlichkeit, zusammen mit ihrem Publikum, als eigenständige Struktur herausgebildet haben und *aus sich selbst* reproduzieren. Diese Gesetzmäßigkeit, nach der sich eine funktionsfähige Öffentlichkeit formiert, bleibt für die konstituierte Öffentlichkeit latent – und tritt nur in Augenblicken der Mobilisierung einer Öffentlichkeit wieder in Kraft.

Die politische Öffentlichkeit kann ihre Funktion, gesamtgesellschaftliche Probleme wahrzunehmen und zu thematisieren, freilich nur in dem Maße erfüllen, wie sie sich aus den Kommunikationszusammenhängen der *potentiell Betroffenen* bildet. Sie wird von einem Publikum getragen, das sich aus der Gesamtheit der Bürger rekrutiert. In der Stimmenvielfalt dieses Publikums ertönt das Echo von lebensgeschichtlichen Erfahrungen, die gesellschaftsweit durch die externalisierten Kosten (und internen Störungen) der funktional spezifizierten Handlungssysteme verursacht werden – auch durch den Staatsapparat selber, auf dessen Steuerung die komplexen und mangelhaft koordinierten gesellschaftlichen Funktionssysteme angewiesen sind. Belastungen dieser Art kumulieren sich in der Lebenswelt. Diese verfügt über die geeigneten Antennen, denn in ihrem Horizont verschränken sich die privaten Lebensgeschichten der »Klienten« der gegebenenfalls versagenden Leistungssysteme. Nur für die Betroffenen zahlen sich deren Leistungen in der Münze von »Gebrauchswerten« aus. Außer Religion, Kunst und Literatur verfügen einzig die »privaten« Lebensbereiche über eine existentielle Sprache, in der gesellschaftlich erzeugte Probleme *lebensgeschichtlich bilanziert* werden können. Die Probleme, die in der politischen Öffentlichkeit zur Sprache kommen, werden als Reflex eines gesellschaftlichen Leidensdrucks zuerst in den Spiegelungen persönlicher Lebenserfahrungen sichtbar. Soweit diese in den Sprachen von Religion, Kunst und Literatur ihren prägnanten Ausdruck finden, verschränkt sich die auf Artikulation und Welterschließung spezialisierte, im weiteren Sinne »literarische« Öffentlichkeit mit der politischen.[49]

Zwischen den *Staatsbürgern* als den Trägern der politischen Öffentlichkeit, und den *Gesellschaftsbürgern* besteht eine Personalunion, weil diese in ihren Komplementärrollen als Arbeitnehmer und Konsumenten, als Versicherte und Patienten, als Steuerzahler und Klienten staatlicher Bürokratien, als Schüler, Touristen, Verkehrsteilnehmer usw. den spezifischen Anforderungen und Fehlleistungen der entsprechenden Leistungssysteme in besonderer Weise ausgesetzt sind. Solche Erfahrungen werden zunächst »privat« verarbeitet, d. h. im Horizont einer Lebensgeschichte interpretiert, die mit anderen Lebensgeschichten in Kontexte gemeinsamer Lebenswelten verwoben ist. Die Kommunikationskanäle der Öffentlichkeit sind an die privaten Lebensbereiche – an die dichten Interaktionsnetze von Familie und Freundeskreis wie auch an die loseren Kontakte mit Nachbarn, Arbeitskollegen, Bekannten usw. – angeschlossen, und zwar so, daß die Raumstrukturen einfacher Interaktionen erweitert und abstrahiert, aber nicht zerstört werden. So bleibt die in der Alltagspraxis vorherrschende Verständigungsorientierung auch für eine *Kommunikation unter Fremden* erhalten, die in komplex verzweigten Öffentlichkeiten über weite Distanzen geführt wird. Die Schwelle zwischen Privatsphäre und Öffentlichkeit ist nicht durch einen fixen Satz von Themen oder Beziehungen markiert, sondern durch *veränderte Kommunikationsbedingungen*. Diese variieren gewiß die Zugänglichkeit, sichern die Intimität der einen, die Publizität der anderen Seite, aber sie riegeln die private Sphäre nicht gegen die Öffentlichkeit ab, sondern kanalisieren nur den Fluß von Themen aus der einen Sphäre in die andere. Denn die Öffentlichkeit bezieht ihre Impulse aus der privaten Verarbeitung lebensgeschichtlich resonierender gesell-

49 Zu dieser Funktion von Kirchen und religiösen Gemeinschaften vgl. F. Schüssler-Fiorenza, Die Kirche als Interpretationsgemeinschaft, in: E. Ahrens (Hg.), Habermas und die Theologie, Düsseldorf 1989, 115-144.

schaftlicher Problemlagen. Für diesen engen Zusammenhang ist es übrigens symptomatisch, daß sich in den europäischen Gesellschaften des 17. und 18. Jahrhunderts eine moderne bürgerliche Öffentlichkeit als »Sphäre der zum Publikum versammelten Privatleute« herausgebildet hat. Historisch gesehen, manifestiert sich der Zusammenhang von Öffentlichkeit und Privatsphäre an dem Vereinswesen und den Organisationsformen eines um Zeitungen und Zeitschriften sich kristallisierenden Lesepublikums von bürgerlichen Privatleuten.[50]

(2) In völlig veränderten geschichtlichen Konstellationen ist heute diese Sphäre einer Bürgergesellschaft wiederentdeckt worden. Der Ausdruck »Zivilgesellschaft« verbindet sich allerdings inzwischen mit einer anderen Bedeutung als jene »bürgerliche Gesellschaft« der liberalen Tradition, die Hegel schließlich als »System der Bedürfnisse«, d. h. als marktwirtschaftliches System der gesellschaftlichen Arbeit und des Warenverkehrs auf den Begriff gebracht hatte. Was heute Zivilgesellschaft heißt, schließt nämlich die privatrechtlich konstituierte, über Arbeits-, Kapital- und Gütermärkte gesteuerte Ökonomie nicht mehr, wie noch bei Marx und im Marxismus, ein. Ihren institutionellen Kern bilden vielmehr jene nicht-staatlichen und nicht-ökonomischen Zusammenschlüsse und Assoziationen auf freiwilliger Basis, die die Kommunikationsstrukturen der Öffentlichkeit in der Gesellschaftskomponente der Lebenswelt verankern. Die Zivilgesellschaft setzt sich aus jenen mehr oder weniger spontan entstandenen Vereinigungen, Organisationen und Bewegungen zusammen, welche die Resonanz, die die gesellschaftlichen Problemlagen in den privaten Lebensbereichen finden, aufnehmen, kondensieren und lautverstärkend an die politische Öffentlichkeit weiterleiten. Den Kern der Zivilgesellschaft bildet ein Assoziationswesen, das problemlösende Diskurse zu Fragen allgemeinen Interesses im Rahmen veranstalteter Öffentlichkeiten institutiona-

50 J. Habermas, Strukturwandel der Öffentlichkeit (1962), Frankfurt/Main 1990, 86; vgl. die Einleitung von C. Calhoun zu dem von ihm edierten Sammelband: Habermas and the Public Sphere, Cambridge, Mass. 1992, 1-50; ferner: D. Goodman, Public Sphere and Private Life: Toward a Synthesis of Current Historical Approaches to the Old Regime, History and Theory 31, 1992, 1-20.

lisiert.[51] Diese »diskursiven Designs« spiegeln in ihren egalitären und offenen Organisationsformen wesentliche Züge der Art von Kommunikation, um die sie sich kristallisieren und der sie Kontinuität und Dauer verleihen.[52]

Solche Assoziationsverhältnisse bilden gewiß nicht das auffälligste Element einer Öffentlichkeit, die von Massenmedien und großen Agenturen beherrscht, durch Institutionen der Markt- und Meinungsforschung beobachtet und mit der Öffentlichkeitsarbeit, Propaganda und Werbung der politischen Parteien und Verbände überzogen wird. Immerhin bilden sie das organisatorische Substrat jenes allgemeinen, aus der Privatsphäre gleichsam hervortretenden Publikums von Bürgern, die für ihre gesellschaftlichen Interessen und Erfahrungen öffentliche Interpretationen suchen und auf die institutionalisierte Meinungs- und Willensbildung Einfluß nehmen.

Über solche deskriptiven Kennzeichnungen der Zivilgesellschaft hinaus sucht man freilich in der Literatur vergeblich nach klaren Definitionen.[53] S. N. Eisenstadt läßt im Sprachgebrauch noch eine gewisse Kontinuität mit der älteren Pluralismustheorie erkennen, wenn er die Zivilgesellschaft so beschreibt: »Civil Society embraces a multiplicity of ostensibly ›private‹ yet potentially autonomous public arenas distinct from the state. The activities of such actors are regulated by various associations existing within them, preventing the society from degenerating into a shapeless mass. In a civil society, these sectors are not embedded in closed, ascriptive or corporate settings; they are open-ended and overlapping. Each has autonomous access to the central political arena, and a certain degree of commitment to that setting.«[54] J. Cohen und A. Arato, die die um-

---

51 Vgl. T. Smith, The Role of Ethics in Social Theory, Albany, New York 1991, 153-174.

52 Zum Begriff des »discursive design« vgl. J.S. Dryzek, Discursive Democracy, Cambridge 1990, 43 ff.

53 J. Keane, Democracy and Civil Society, London 1988; zu Gramsci, der dieses Konzept in die neuere Diskussion eingeführt hat, vgl. N. Bobbio, Gramsci and the Concept of Civil Society, in: J. Keane (Hg.), Civil Society and the State, London 1988, 73-100.

54 S.N. Eisenstadt (Hg.), Democracy and Modernity, Leiden 1992, IX; vgl. auch L. Roniger, Conditions for the Consolidation of Democracy in Southern Europe and Latin America, in: Eisenstadt (1992), 53-68.

fassendste Studie zu diesem Thema vorgelegt haben, nennen einen Katalog von Merkmalen, die die von Staat, Ökonomie und anderen gesellschaftlichen Funktionssystemen abgegrenzte, aber mit den privaten Kernbereichen der Lebenswelt rückgekoppelte Zivilgesellschaft kennzeichnen: »*Plurality*: families, informal groups, and voluntary associations whose plurality and autonomy allow for a variety of forms of life; *publicity*: institutions of culture and communication; *privacy*: a domain of individual self-development and moral choice; and *legality*: structures of general laws and basic rights needed to demarcate plurality, privacy and publicity from at least the state and, tendentially, the economy. Together these structures secure the institutional existence of a modern, differentiated civil society.«[55]

Die *grundrechtliche Verfassung dieser Sphäre* gibt einen ersten Aufschluß über deren gesellschaftliche Struktur. Die Versammlungsfreiheit und das Recht, Vereine und Gesellschaften zu gründen, definieren, in Verbindung mit der Meinungsfreiheit, den Spielraum für freiwillige Assoziationen, die in den Prozeß öffentlicher Meinungsbildung eingreifen, Themen von allgemeinem Interesse behandeln, unterrepräsentierte und schwer organisierbare Gruppen oder Anliegen advokatorisch vertreten, die kulturelle, religiöse oder humanitäre Ziele verfolgen, Bekenntnisgemeinschaften bilden usw. Die Freiheit von Presse, Rundfunk und Fernsehen sowie das Recht zu freier publizistischer Betätigung sichern die mediale Infrastruktur der öffentlichen Kommunikation, wobei Offenheit für konkurrierende Meinungen und eine repräsentative Meinungsvielfalt gewahrt werden sollen. Das politische System, das für publizistische Einflüsse empfindlich bleiben muß, ist über die Betätigung politischer Parteien und die Wahlberechtigung der Staatsbürger mit Öffentlichkeit und Zivilgesellschaft verschränkt. Diese Verzahnung wird durch das Recht der Parteien auf Mitwirkung bei der politischen Willensbildung des Volkes sowie durch das aktive und passive Wahlrecht (und andere Partizipationsrechte) der Bürger garantiert. Schließlich kann das Assoziationswesen nur in dem Maße seine Autonomie behaupten und seine Spontaneität bewahren, wie

55 J.L. Cohen, A. Arato, Civil Society and Political Theory, Cambridge, Mass. 1992, 346.

es sich auf einen gewachsenen Pluralismus von Lebensformen, Subkulturen und Glaubensrichtungen stützen kann. Der Unversehrtheit privater Lebensbereiche dient der grundrechtliche Schutz von »Privatheit«; Persönlichkeitsrechte, Glaubens- und Gewissensfreiheit, Freizügigkeit, Brief-, Post- und Fernmeldegeheimnis, die Unverletzlichkeit der Wohnung sowie der Schutz der Familie umschreiben eine unantastbare Zone persönlicher Integrität und selbständiger Gewissens- und Urteilsbildung.

Der enge Zusammenhang zwischen autonomer Bürgergesellschaft und unversehrter Privatsphäre zeigt sich deutlich im Gegenlicht totalitärer staatssozialistischer Gesellschaften. Hier kontrolliert ein panoptischer Staat nicht nur unmittelbar die bürokratisch ausgetrocknete Öffentlichkeit, er untergräbt auch die private Basis dieser Öffentlichkeit. Administrative Eingriffe und ständige Supervision zersetzen die kommunikative Struktur des alltäglichen Umgangs in Familie und Schule, Kommune und Nachbarschaft. Die Zerstörung von solidarischen Lebensverhältnissen und die Lähmung von Initiative und Eigentätigkeit in Bereichen, die zugleich durch Überregulierung und Rechtsunsicherheit gekennzeichnet sind, gehen Hand in Hand mit der Zerschlagung von sozialen Gruppen, Assoziationen und Netzwerken, mit Indoktrination und Auflösung sozialer Identitäten, mit der Erstickung spontaner öffentlicher Kommunikation. So wird die kommunikative Rationalität *gleichzeitig* in öffentlichen und privaten Verständigungsverhältnissen destruiert.[56] Je mehr in privaten Lebensbereichen die vergesellschaftende Kraft kommunikativen Handelns erlahmt und der Funke kommunikativer Freiheit erlischt, desto leichter lassen sich die derart voneinander isolierten und entfremdeten Akteure in der beschlagnahmten Öffentlichkeit massenhaft formieren, unter Aufsicht stellen und plebiszitär in Bewegung setzen.[57]

56 E. Hankiss, The Loss of Responsibility, in: J. MacLean, A. Montefiori, P. Winch (Hg.), The Political Responsibility of Intellectuals, Cambridge 1990, 29-52.

57 Vgl. H. Arendts kommunikationstheoretische Deutung des Totalitarismus, in: dies., Elemente und Ursprünge totalitärer Herrschaft, Frankfurt/Main 1955, 749: »(Der totale Staat) zerstört einerseits alle nach Fortfall der politisch-öffentlichen Sphäre verbleibenden Beziehungen zwischen Menschen und erzwingt an-

Grundrechtliche Garantien allein können freilich Öffentlichkeit und Zivilgesellschaft vor Deformation nicht bewahren. Die Kommunikationsstrukturen der Öffentlichkeit müssen vielmehr von einer vitalen Bürgergesellschaft intakt gehalten werden. Daß sich die politische Öffentlichkeit in gewissem Sinne selber stabilisieren muß, zeigt sich an der merkwürdigen *Selbstbezüglichkeit der zivilgesellschaftlichen Kommunikationspraxis.* Die Texte derer, die mit ihren Äußerungen in der Öffentlichkeit zugleich die Strukturen dieser Öffentlichkeit reproduzieren, verraten den immer gleichen Subtext, der sich auf die kritische Funktion von Öffentlichkeit überhaupt bezieht. Der performative Sinn öffentlicher Diskurse hält, diesseits der manifesten Gehalte, die Funktion einer unverzerrten politischen Öffentlichkeit als solche gegenwärtig. Die Institutionen und rechtlichen Gewährleistungen der freien Meinungsbildung ruhen auf dem schwankenden Boden der politischen Kommunikation derer, die sie, indem sie davon Gebrauch machen, zugleich in ihrem normativen Gehalt interpretieren, verteidigen – und radikalisieren. Akteure, die wissen, daß sie während ihres Meinungsstreites, ihres Ringens um Einfluß, in das *gemeinsame* Unternehmen der Rekonstituierung und Erhaltung von Strukturen der Öffentlichkeit verwickelt sind, unterscheiden sich von Akteuren, die die bestehenden Foren bloß nutzen, durch eine charakteristische *doppelte Ausrichtung* ihrer Politik: mit ihrer Programmatik nehmen sie geradewegs Einfluß auf das politische System, zugleich geht es ihnen aber reflexiv auch um die Stabilisierung und Erweiterung von Zivilgesellschaft und Öffentlichkeit und um die Vergewisserung der eigenen Identität und Handlungsfähigkeit.

Diese Art von »dual politics« beobachten Cohen und Arato insbesondere an den »neuen« sozialen Bewegungen, die gleichzeitig offensive und defensive Ziele verfolgen. »Offensiv« versuchen diese, Themen von gesamtgesellschaftlicher Relevanz aufzubringen, Problemstellungen zu definieren, Beiträge zu Problemlösungen zu liefern, neue Informationen beizusteuern, Werte anders zu interpretieren, gute Gründe zu mobilisieren, schlechte zu denunzieren, um

dererseits, daß die völlig Isolierten und voneinander Verlassenen zu politischen Aktionen (wiewohl natürlich nicht zu echtem politischen Handeln) wieder eingesetzt werden können ...«.

so einen breitenwirksamen Stimmungsumschwung herbeizuführen, die Parameter der verfaßten politischen Willensbildung zu verändern und zugunsten bestimmter Politiken Druck auf Parlamente, Gerichte und Regierungen auszuüben. »Defensiv« versuchen sie, bestehende Assoziations- und Öffentlichkeitsstrukturen zu erhalten, subkulturelle Gegenöffentlichkeiten und Gegeninstitutionen zu erzeugen, neue kollektive Identitäten zu festigen und in der Form erweiterter Rechte und reformierter Institutionen neues Terrain zu gewinnen: »On this account, the ›defensive‹ aspect of the movements involves preserving *and developing* the communicative infrastructure of the lifeworld. This formulation captures the dual aspects discussed by Tourraine as well as Habermas's insight that movements can be the carriers of the potentials of cultural modernity. This is the sine qua non for successful efforts to redefine identities, to reinterpret norms and to develop egalitarian, democratic associational forms. The expressive, normative and communicative modes of collective action ... also involve efforts to *secure* institutional changes within civil society that correspond to the new meanings, identities and norms that are created.«[58] In den Modus der selbstbezüglichen Reproduktion der Öffentlichkeit und in die janusgesichtige, auf das politische System und die Selbststabilisierung von Öffentlichkeit wie Zivilgesellschaft gerichtete Politik ist ein Spielraum für die dynamische Erweiterung und Radikalisierung bestehender Rechte eingebaut: »The combination of associations, publics, and rights, when supported by a political culture in which independent initiatives and movements maintain an ever-renewable, legitimate political option, represents, in our opinion, an effective set of bulwarks around civil society within whose limits much of the program of radical democracy can be reformulated.«[59]

Tatsächlich bietet das *Zusammenspiel* einer zivilgesellschaftlich basierten Öffentlichkeit mit der rechtsstaatlich institutionalisierten Meinungs- und Willensbildung im parlamentarischen Komplex (und der Entscheidungspraxis der Gerichte) einen guten Ansatzpunkt für die soziologische Übersetzung des Begriffs deliberativer

58 Cohen, Arato (1992), 531.
59 Cohen, Arato (1992), 474.

Politik. Allerdings darf die Zivilgesellschaft nicht als ein Fokus betrachtet werden, in dem sich die Strahlen einer Selbstorganisation der Gesellschaft im ganzen konzentrieren. Cohen und Arato betonen mit Recht den *begrenzten Handlungsspielraum*, den Zivilgesellschaft und Öffentlichkeit den nicht-institutionalisierten Bewegungs- und Ausdrucksformen der Politik gewähren. Sie sprechen von einer strukturell notwendigen »Selbstbegrenzung« der radikaldemokratischen Praxis:

– Erstens kann sich eine vitale Bürgergesellschaft nur im Kontext einer freiheitlichen politischen Kultur und entsprechender Sozialisationsmuster sowie auf der Basis einer unversehrten Privatsphäre herausbilden – sie kann sich nur in einer schon rationalisierten Lebenswelt entfalten. Sonst entstehen populistische Bewegungen, die die verhärteten Traditionsbestände einer von kapitalistischer Modernisierung gefährdeten Lebenswelt blind verteidigen. Diese sind in den Formen ihrer Mobilisierung ebenso modern wie in ihren Zielsetzungen antidemokratisch.[60]

– Zweitens können die Akteure in der Öffentlichkeit, jedenfalls in einer liberalen Öffentlichkeit, nur Einfluß erwerben, nicht politische Macht. Der Einfluß einer mehr oder weniger diskursiv, in offenen Kontroversen erzeugten öffentlichen Meinung ist gewiß eine empirische Größe, die etwas bewegen kann. Aber erst wenn dieser publizistisch-politische Einfluß die Filter der institutionalisierten *Verfahren* demokratischer Meinungs- und Willensbildung passiert, sich in kommunikative Macht verwandelt und in legitime Rechtsetzung eingeht, kann aus der faktisch generalisierten öffentlichen Meinung eine unter dem Gesichtspunkt der Interessenverallgemeinerung *geprüfte* Überzeugung hervorgehen, die politische Entscheidungen legitimiert. Die kommunikativ verflüssigte Souveränität des Volkes kann sich nicht *allein* in der Macht informeller

---

60 Diesen Doppelaspekt betont bereits die klassische Studie von I. Bibo (Die deutsche Hysterie, Frankfurt/Main 1991) über den Faschismus. Auch der Sozialismus trug Züge eines Januskopfes, der gleichzeitig in die Zukunft und in die Vergangenheit blickt; er wollte in den neuen Verkehrsformen des Industrialismus die alten sozialintegrativen Kräfte der Solidargemeinschaften einer versinkenden vorindustriellen Welt retten. Vgl. den Titelaufsatz, in: J. Habermas, Die nachholende Revolution, Frankfurt/Main 1990, 179-204.

öffentlicher Diskurse zur Geltung bringen – auch dann nicht, wenn diese autonomen Öffentlichkeiten entspringen. Ihr Einfluß muß sich auf die Beratungen demokratisch verfaßter Institutionen der Meinungs- und Willensbildung auswirken und in formellen Beschlüssen eine autorisierte Gestalt annehmen, um politische Macht zu erzeugen.

– Schließlich haben die Instrumente, die der Politik mit Recht und administrativer Macht zur Verfügung stehen, in funktional-differenzierten Gesellschaften einen begrenzten Wirkungsgrad. Zwar ist die Politik nach wie vor der Adressat für alle unbewältigten Integrationsprobleme; aber die politische Steuerung kann oft nur indirekt ansetzen und muß, wie wir gesehen haben, die eigensinnige Operationsweise von Funktionssystemen und anderen hochorganisierten Bereichen intakt lassen. Daraus ergibt sich für demokratische Bewegungen, die aus der Zivilgesellschaft hervorgehen, der Verzicht auf jene Aspirationen einer sich im ganzen selbst organisierenden Gesellschaft, die u. a. den marxistischen Vorstellungen der sozialen Revolution zugrunde gelegen haben. Die Zivilgesellschaft kann unmittelbar nur sich selbst transformieren und mittelbar auf die Selbsttransformation des rechtsstaatlich verfaßten politischen Systems einwirken. Im übrigen nimmt sie Einfluß auf dessen Programmierung. Aber sie tritt nicht *an die Stelle* eines geschichtsphilosophisch ausgezeichneten Großsubjekts, das die Gesellschaft im ganzen unter Kontrolle bringen und zugleich legitim für diese handeln sollte. Außerdem eignet sich die für Zwecke der Gesellschaftsplanung eingesetzte administrative Macht nicht zur Beförderung emanzipierter Lebensformen. Diese können sich in der Folge von Demokratisierungsprozessen *herausbilden*, aber sie lassen sich nicht durch Intervention *herbeiführen*.

Die Selbstbegrenzung der Zivilgesellschaft ist nicht gleichbedeutend mit deren *Entmündigung*. Das politische Steuerungswissen, das in komplexen Gesellschaften eine ebenso knappe wie begehrte Ressource bildet, kann gewiß zur Quelle eines neuen Systempaternalismus werden. Weil die staatliche Verwaltung das relevante Wissen zum größten Teil nicht selber produziert, sondern vom Wissenschaftssystem oder anderen, zwischengeschalteten Agenturen bezieht, verfügt sie aber darüber nicht von Haus aus monopolistisch.

Trotz asymmetrischer Zugriffsmöglichkeiten und begrenzter Verarbeitungskapazitäten behält auch die Zivilgesellschaft die Chance, Gegenwissen zu mobilisieren und von einschlägigen Expertisen *eigene* Übersetzungen anzufertigen. Die Tatsache, daß das Publikum aus Laien besteht und die öffentliche Kommunikation in einer allgemeinverständlichen Sprache abläuft, bedeutet nicht notwendigerweise eine Entdifferenzierung der wesentlichen Fragen und Entscheidungsgründe. Das kann nur solange als Vorwand für eine technokratische Entmündigung der Öffentlichkeit dienen, wie die zivilgesellschaftlichen Initiativen nicht ausreichen, um für die Steuerungsaspekte der öffentlich diskutierten Fragen ein hinreichendes Expertenwissen und angemessene, notfalls mehrstufige Übersetzungen zu besorgen.

(3) Die eingeführten Begriffe der politischen Öffentlichkeit und der Zivilgesellschaft haben empirische Referenzen und stellen nicht bloß normative Postulate dar. Um aber die diskurstheoretische Lesart radikaler Demokratie mit Hilfe dieser Begriffe soziologisch zu übersetzen und auf eine falsifizierbare Weise zu reformulieren, müssen weitere Annahmen eingeführt werden. Ich möchte plausibel machen, daß die Zivilgesellschaft *unter bestimmten Umständen* in der Öffentlichkeit Einfluß gewinnen, über eigene öffentliche Meinungen auf den parlamentarischen Komplex (und die Gerichte) einwirken und das politische System zur Umstellung auf den offiziellen Machtkreislauf nötigen kann. Die Soziologie der Massenkommunikation vermittelt uns freilich von den vermachteten massenmedial beherrschten Öffentlichkeiten westlicher Demokratien ein skeptisches Bild. Soziale Bewegungen, Bürgerinitiativen und Bürgerforen, politische Vereinigungen und andere Assoziationen, kurz: die Gruppierungen der Zivilgesellschaft sind zwar problemsensitiv, aber die Signale, die sie aussenden, und die Impulse, die sie geben, sind im allgemeinen zu schwach, um im politischen System kurzfristig Lernprozesse anzustoßen oder Entscheidungsprozesse umzusteuern.

In komplexen Gesellschaften bildet die Öffentlichkeit eine intermediäre Struktur, die zwischen dem politischen System einerseits, den privaten Sektoren der Lebenswelt und funktional spezifizierten Handlungssystemen andererseits vermittelt. Sie stellt ein hochkom-

plexes Netzwerk dar, das sich räumlich in eine Vielzahl von überlappenden internationalen, nationalen, regionalen, kommunalen,
subkulturellen Arenen verzweigt; das sich sachlich nach funktionalen Gesichtspunkten, Themenschwerpunkten, Politikbereichen
usw. in mehr oder weniger spzialisierte, aber für ein Laienpublikum
noch zugängliche Öffentlichkeiten (z. B. in populärwissenschaftli-
che und literarische, kirchliche und künstlerische, feministische
und »alternative«, gesundheits-, sozial- oder wissenschaftspoliti-
sche Öffentlichkeiten) gliedert; und das sich nach Kommunika-
tionsdichte, Organisationskomplexität und Reichweite nach Ebenen differenziert – von der *episodischen* Kneipen-, Kaffeehaus- oder
Straßenöffentlichkeit über die *veranstaltete* Präsenzöffentlichkeit
von Theateraufführungen, Elternabenden, Rockkonzerten, Partei-
versammlungen oder Kirchentagen bis zu der *abstrakten*, über
Massenmedien hergestellten Öffentlichkeit von vereinzelten und
global verstreuten Lesern, Zuhörern und Zuschauern. Trotz dieser
vielfältigen Differenzierungen bleiben aber alle umgangssprachlich
konstituierten Teilöffentlichkeiten porös füreinander. Soziale Bin-
nengrenzen zerstückeln den einen, radial in alle Richtungen aus-
greifenden und kontinuierlich fortgeschriebenen Text »der« Öffentlichkeit in beliebig kleine Texte, für die dann alles übrige
Kontext ist; aber immer lassen sich von einem Text zum nächsten
hermeneutische Brücken bauen. Partielle Öffentlichkeiten konstituieren sich mit Hilfe von Ausschlußmechanismen; da sich aber
Öffentlichkeiten nicht zu Organisationen oder Systemen verfestigen können, gibt es keine Ausschlußregel ohne Kündigungsklau-
sel.
Mit anderen Worten: Grenzen innerhalb der allgemeinen, durch
ihren Bezug zum politischen System definierten Öffentlichkeit
bleiben prinzipiell durchlässig. Die in liberale Öffentlichkeiten eingebauten Rechte auf uneingeschränkte Inklusion und Gleichheit
verhindern Ausschlußmechanismen des Foucaultschen Typs und
begründen ein *Potential* der *Selbsttransformation*. Schon die universalistischen Diskurse der bürgerlichen Öffentlichkeit konnten
sich im Laufe des 19. und 20. Jahrhunderts gegen eine Kritik von
innen nicht mehr immunisieren. An diese Diskurse haben sich beispielsweise Arbeiterbewegung und Feminismus anschließen kön-

nen, um die Strukturen zu zerbrechen, die sie zunächst als »das Andere« einer bürgerlichen Öffentlichkeit konstituiert hatten.[61] Je mehr nun das über Massenmedien vereinigte Publikum alle Angehörigen einer nationalen Gesellschaft oder gar alle Zeitgenossen einschließt und eine entsprechend abstrakte Gestalt annimmt, um so schärfer differenzieren sich die *Rollen der Akteure*, die in den Arenen auftreten, von den Rollen der Zuschauer auf der Galerie. Obwohl der »Erfolg der Arenenakteure letztlich auf den Galerien entschieden« wird,[62] stellt sich die Frage, wie autonom die Ja- und Nein-Stellungnahmen des Publikums sind – ob sie eher einen Überzeugungs- oder doch nur einen mehr oder weniger kaschierten Machtprozeß widerspiegeln. Die Fülle empirischer Untersuchungen erlaubt keine schlüssige Antwort auf diese kardinale Frage. Aber wenigstens die Frage läßt sich präzisieren, wenn man von der Annahme ausgeht, daß sich die öffentlichen Kommunikationsprozesse um so unverzerrter vollziehen können, je mehr sie der Eigendynamik einer aus der Lebenswelt hervorgehenden Zivilgesellschaft überlassen bleiben.

Von den nur lose organisierten, gleichsam »aus« dem Publikum hervortretenden Aktoren lassen sich, wenigstens tentativ, andere, lediglich »vor« dem Publikum auftretende Aktoren unterscheiden, die *von Haus aus* über Organisationsmacht, Ressourcen und Drohpotentiale verfügen. Natürlich sind auch die in der Zivilgesellschaft stärker verankerten Aktoren auf die Unterstützung von »Sponsoren« angewiesen, die die notwendigen Ressourcen an Geld, Organisation, Wissen und sozialem Kapital aufbringen. Aber mäzenatische oder gar »gleichgesinnte« Sponsoren beeinträchtigen nicht notwendig die Neutralität der Trägerkapazitäten. Dagegen stützen sich die kollektiven Aktoren, die aus einem funktional spezifizierten Handlungssystem heraus auf die Öffentlichkeit einwirken, auf eine *eigene* Basis. Zu diesen politischen und gesellschaftlichen Akteuren, die sich ihre Ressourcen nicht aus anderen Bereichen beschaffen müssen, rechne ich in erster Linie die etablierten, weitgehend verstaatlichten Parteien und die großen, mit sozialer Macht ausgestatteten Interessenverbände; sie bedienen sich der »Beobach-

---

61 Habermas (1990), 15-20.
62 Gerhards, Neidhardt (1990), 27.

tungsagenturen« der Markt- und Meinungsforschung und betreiben selber professionelle Öffentlichkeitsarbeit.

Organisationskomplexität, Ressourcen, Professionalisierung usw. sind freilich, für sich genommen, keine hinreichenden Indikatoren für die Unterscheidung zwischen »autochthonen« und nutznießenden Aktoren. Auch an den vertretenen Interessen selbst ist die Herkunft der Aktoren nicht ohne weiteres abzulesen. Zuverlässiger sind andere Indikatoren. So unterscheiden sie sich in der Art und Weise, wie sie identifiziert werden können. Während die Aktoren der einen Art durch ihre Herkunft aus bestimmten Funktionsbereichen als politische Parteien oder Wirtschaftsverbände, als Berufsgruppenvertretungen, Mieterschutzvereinigungen usw. identifiziert werden können, müssen die Aktoren der anderen Art Identifikationsmerkmale erst *hervorbringen*. Das zeigt sich, obwohl es für zivilgesellschaftliche Aktoren allgemein gilt, besonders deutlich an sozialen Bewegungen, die zunächst eine Phase der Selbstidentifikation und der Selbstlegitimierung durchlaufen; auch später betreiben sie parallel zu ihren zielgerichteten Politiken eine selbstbezügliche »identity-politics« – sie müssen sich ihrer Identität immer wieder vergewissern. Ob Aktoren eine bereits konstituierte Öffentlichkeit nur benutzen oder an deren Reproduktion der Öffentlichkeitsstrukturen beteiligt sind, zeigt sich auch an der schon erwähnten Sensibilität für Gefährdungen der Kommunikationsrechte sowie an der Bereitschaft, über ein Selbstverteidigungsinteresse hinaus gegen offene oder kaschierte Formen des Ausschlusses und der Repression von Minderheiten oder Randgruppen Front zu machen. Für soziale Bewegungen ist es im übrigen eine Existenzfrage, ob sie Organisationsformen finden, die Solidaritäten und Öffentlichkeiten hervorbringen und die es gestatten, in der Verfolgung spezieller Ziele zugleich bestehende Kommunikationsrechte und -strukturen auszuschöpfen und zu radikalisieren.[63]

Eine dritte Gruppe von Aktoren bilden »Publizisten«, die Informationen sammeln, über Auswahl und Präsentation der »Sendungen« entscheiden und den Zugang von Themen, Beiträgen und Autoren zur massenmedial beherrschten Öffentlichkeit in gewissem Um-

---

63 Cohen, Arato (1992), 492-563.

fang kontrollieren. Mit steigender Komplexität der Massenmedien und wachsendem Kapitalaufwand geht eine Zentralisierung der wirksamen Kommunikationswege einher. Im selben Maße werden die Massenmedien auf der Anbieter- wie auf der Nachfrageseite einem wachsenden Selektionsdruck ausgesetzt. Diese Selektionsprozesse werden zur Quelle einer neuen Sorte von Macht. Diese *Medienmacht* ist durch professionelle Standards nur unzureichend eingehegt; aber ansatzweise wird die »Vierte Gewalt« heute schon einer rechtlichen Konstitutionalisierung unterworfen. In der Bundesrepublik hängt es z. B. von der rechtlichen Organisationsform und der institutionellen Verankerung ab, ob sich Fernsehanstalten stärker dem Einfluß von Parteien und Verbänden oder dem von Privatfirmen mit großem Werbeetat öffnen. Generell wird man sagen können, daß sich das vom Fernsehen konstruierte Bild der Politik weitgehend aus Themen und Beiträgen zusammensetzt, die bereits für die Medienöffentlichkeit produziert und über Konferenzen, Verlautbarungen, Kampagnen usw. in sie eingeschleust werden. Die Informationsproduzenten setzen sich um so stärker durch, je mehr sich ihre Öffentlichkeitsarbeit durch personelle Besetzung, technische Ausstattung und Professionalität auszeichnet. Kollektive Aktoren, die außerhalb des politischen Systems oder außerhalb gesellschaftlicher Organisationen und Verbände operieren, haben normalerweise geringere Chancen, Inhalte und Stellungnahme der großen Medien zu beeinflussen. Das gilt besonders für Meinungen, die aus dem »ausgewogenen«, d.h. zentristisch eingeschränkten und wenig flexiblen Meinungsspektrum der großen elektronischen Medien herausfallen.[64]

Bevor die derart ausgewählten Botschaften ausgestrahlt werden, unterliegen sie *Informationsverarbeitungsstrategien*. Diese orientieren sich an den von den Publizisten wahrgenommenen Rezeptionsbedingungen. Da Rezeptionsbereitschaft, kognitive Kapazität und Aufmerksamkeit des Publikums eine ungewöhnlich knappe Ressource bilden, um die die Programme zahlreicher »Sender« konkurrieren, folgt die Präsentation von Nachrichten und Kommentaren weitgehend Ratschlägen und Rezepten der Werbefach-

64 M. Kaase, Massenkommunikation und politischer Prozeß, in: M. Kaase, W. Schulz (Hg.), Massenkommunikation, KZfSS 30, 1989, 97-117.

leute. Die Personalisierung von Sachfragen, die Vermischung von Information und Unterhaltung, eine episodische Aufbereitung und die Fragmentierung von Zusammenhängen schießen zu einem Syndrom zusammen, das die Entpolitisierung der öffentlichen Kommunikation fördert.[65] Das ist der wahre Kern der Theorie der Kulturindustrie. Die Forschungsliteratur gibt einigermaßen zuverlässig Auskunft über den institutionellen Rahmen und die Struktur sowie über Arbeitsweise, Programmgestaltung und Nutzung der Medien; aber Aussagen über *Medieneffekte* bleiben auch eine Generation nach Lazarsfeld unsicher. Immerhin hat die Wirkungs- und Rezeptionsforschung mit dem Bild des passiven, von den angebotenen Programmen gesteuerten Konsumenten aufgeräumt. Sie lenkt statt dessen den Blick auf die *Interpretationsstrategien* der – gelegentlich miteinander kommunizierenden – Zuschauer, die sich eben auch zu Widerspruch herausfordern lassen oder das Angebot mit eigenen Deutungsmustern synthetisieren.[66]

Wenn wir auch über Gewicht und Operationsweise der Massenmedien und über die Rollenverteilung zwischen Publikum und verschiedenen Akteuren einigermaßen Bescheid wissen, sogar begründete Vermutungen anstellen können, wer über Medienmacht verfügt, ist keineswegs klar, wie die Massenmedien in die unübersichtlichen Kommunikationskreise der politischen Öffentlichkeit eingreifen. Klarer sind die *normativen Reaktionen* auf das verhältnismäßig neue Phänomen der Machtstellung der Medienkomplexe im Wettbewerb um politisch-publizistischen Einfluß. Die Aufgaben, die die Medien in rechtsstaatlich verfaßten politischen Systemen erfüllen *sollen*, haben Gurevitch und Blumler in folgenden Punkten zusammengefaßt:

»1. Surveillance of the sociopolitical environment, reporting developments likely to impinge, positively or negatively, on the welfare of citizens;

---

65 Diese Aussage gilt in erster Linie für elektronische Medien, die vom breiten Publikum am häufigsten genutzt werden; für die Presse und andere Medien muß sie qualifiziert werden.

66 St. Hall, Encoding and Decoding in TV-Discourse, in: ders., (Hg.), Culture, Media, Language, London 1980, 128-138; D. Morley, Family Television, London 1988.

2. meaningful agenda-setting, identifying the key issues of the day, including the forces that have formed and may resolve them;

3. platforms for an intelligible and illuminating advocacy by politicians and spokespersons of other causes and interest groups;

4. dialogue across a diverse range of views, as well as between power-holders (actual and prospective) and mass publics;

5. mechanisms for holding officials to account for how they have exercized power;

6. incentives for citizens to learn, choose, and become involved, rather than merely to follow and kibitz over the political process;

7. a principled resistence to the efforts of forces outside the media to subvert their independence, integrity and ability to serve the audience;

8. a sense of respect for the audience member, as potentially concerned and able to make sense of his or her political environment.«[67]

An solchen Grundsätzen orientieren sich einerseits der journalistische Berufskodex und das standesethische Selbstverständnis der Profession, andererseits die medienrechtliche Organisation eines freien Pressewesens.[68] In Übereinstimmung mit dem Konzept deliberativer Politik bringen sie eine einfache regulative Idee zum Ausdruck: die Massenmedien sollen sich als Mandatar eines aufgeklärten Publikums verstehen, dessen Lernbereitschaft und Kritikfähigkeit sie zugleich voraussetzen, beanspruchen und bestärken; sie sollen, ähnlich wie die Justiz, ihre Unabhängigkeit von politischen und gesellschaftlichen Aktoren bewahren; sie sollen sich unparteilich der Anliegen und Anregungen des Publikums annehmen und den politischen Prozeß im Lichte dieser Themen und Beiträge einem Legitimationszwang und verstärkter Kritik aussetzen. So soll die Medienmacht neutralisiert – und die Umsetzung von administrativer oder sozialer Macht in politisch-publizistischen Einfluß blockiert werden. Nach dieser Idee dürften die politischen und gesell-

---

67 M. Gurevitch, G. Blumler, Political Communication Systems and Democratic Values, in: J. Lichtenberg (Hg.), Democracy and the Mass Media, Cambridge, Mass. 1990, 270.

68 Vgl. die Grundsätze für einen »regulierten Pluralismus« der Massenmedien in: J.B. Thompson, Ideology and Modern Culture, Cambridge 1990, 261 ff.

schaftlichen Aktoren die Öffentlichkeit nur insoweit »benutzen«, wie sie überzeugende Beiträge zur Behandlung der Probleme leisten, die vom Publikum wahrgenommen oder mit dessen Zustimmung auf die öffentliche Agenda gesetzt worden sind. Auch die politischen Parteien müßten sich an der Meinungs- und Willensbildung des Publikums aus dessen *eigener* Perspektive beteiligen, statt aus der Perspektive der Erhaltung ihrer politischen Macht auf das Publikum einzuwirken, um Massenloyalität aus der Öffentlichkeit bloß zu extrahieren.[69]

Wenn man sich das wie immer auch diffus bleibende Bild der vermachteten, massenmedial beherrschten Öffentlichkeit, das uns die Soziologie der Massenkommunikation vermittelt, vor dem Hintergrund dieser normativen Erwartungen in Erinnerung ruft, wird man die Chancen einer Einflußnahme von seiten der Zivilgesellschaft auf das politische System zurückhaltend einschätzen. Allerdings bezieht sich diese Einschätzung nur auf eine *Öffentlichkeit im Ruhezustand*. In Augenblicken der Mobilisierung beginnen die Strukturen, auf die sich die Autorität eines stellungnehmenden Publikums eigentlich stützt, zu vibrieren. Dann verändern sich die Kräfteverhältnisse zwischen Zivilgesellschaft und politischem System.

(4) Damit kehre ich zu der zentralen Frage zurück, wer die Themen auf die Tagesordnung setzen und die Richtung der Kommunikationsströme bestimmen kann. Cobb, Ross und Ross haben Modelle aufgestellt, welche die Karrieren neuer und politisch gewichtiger Themen, von der ersten Initiative bis zur formellen Behandlung in den Sitzungen eines entscheidungsbefugten Gremiums, abbilden.[70] Wenn man die vorgeschlagenen Modelle – inside access model, mobilization model, outside initiative model – in geeigneter, d. h. in einer unter demokratietheoretischen Gesichtspunkten relevanten Weise modifiziert, stellen sie die Alternativen in der wechselseitigen Beeinflussung von Öffentlichkeit und politischem System vereinfa-

---

69 Eine ähnliche »Medienphilosophie« vertritt J. Keane, The Media and Democracy, Cambridge 1991.

70 R. Cobb, J. K. Ross, M. H. Ross, Agenda Building as a Comparative Political Process, American Political Science Review 70, 1976, 126-138; R. Cobb, Ch. Elder, The Politics of Agenda-Building, Journal of Politics 1971, 892-915.

chend dar. Im ersten Fall geht die Initiative von Amtsinhabern oder politischen Führern aus; und das Thema kreist bis zur formellen Behandlung innerhalb des politischen Systems, sei es unter Ausschluß oder ohne erkennbare Einwirkung der politischen Öffentlichkeit. Im zweiten Fall geht die Initiative wiederum vom politischen System aus; aber dessen Agenten müssen die Öffentlichkeit mobilisieren, weil sie die Unterstützung relevanter Teile des Publikums brauchen, sei es um eine formelle Behandlung zu erreichen oder um die Implementierung eines beschlossenen Programms durchzusetzen. Nur im dritten Fall liegt die Initiative bei Kräften außerhalb des politischen Systems, die mit Hilfe mobilisierter Öffentlichkeit, d.h. des Drucks einer öffentlichen Meinung, die formelle Behandlung des Themas erzwingen: »The outside initiative model applies to the situation in which a group outside the government structure 1) articulates a grievance, 2) tries to expand interest in the issue to enough other groups in the population to gain a place on the public agenda, in order to 3) create sufficient pressure on decision makers to force the issue onto the formal agenda for their serious consideration. This model of agenda building is likely to predominate in more egalitarian societies. Formal agenda status, however, does not necessarily mean, that the final decision of the authorities or the actual policy implementation will be what the grievance group originally sought.«[71]

Im Normalfall haben Themen und Anregungen eine Karriere, deren Verlauf eher dem ersten oder zweiten als dem dritten Modell entspricht. Solange der informelle Machtkreislauf das politische System beherrscht, liegen die Initiative und die Macht, Probleme auf die Tagesordnung zu setzen und entscheidungsreif zu machen, eher bei Regierung und Verwaltung als beim parlamentarischen Komplex; und solange in der Öffentlichkeit die Massenmedien entgegen ihrem normativen Selbstverständnis ihr Material vorzugsweise von den gut organisierten und mächtigen Informationsproduzenten beziehen, solange sie überdies publizistische Strategien bevorzugen, die das diskursive Niveau des öffentlichen Kommunikationskreislaufes eher senken als steigern, nehmen die Themen in der Regel

71 Cobb, Ross und Ross (1976), 132.

einen vom Zentrum ausgehenden und gesteuerten, nicht einen von der gesellschaftlichen Peripherie herkommenden, spontanen Verlauf. Dazu passen jedenfalls die skeptisch stimmenden Befunde über die Problemartikulation in öffentlichen Arenen.[72] Freilich kann es sich in unserem Zusammenhang nicht um eine stichhaltige empirische Gewichtung der wechselseitigen Einflußnahmen von Politik und Publikum aufeinander handeln. Für unseren Zweck genügt es, plausibel zu machen, daß die in unserem Szenario bisher vernachlässigten *zivilgesellschaftlichen Akteure* unter Bedingungen einer wahrgenommenen Krisensituation eine überraschend aktive und folgenreiche Rolle übernehmen *können*.[73] Trotz geringer organisatorischer Komplexität, schwacher Handlungsfähigkeit und struktureller Benachteiligung erhalten sie dann nämlich, für die kritischen Augenblicke einer beschleunigten Geschichte, die Chance, die Richtung der konventionell eingespielten Kommunikationskreisläufe in der Öffentlichkeit und im politischen System *umzukehren* und damit den Problemlösungsmodus des ganzen Systems zu verändern.

Die Kommunikationsstrukturen der Öffentlichkeit sind mit den privaten Lebensbereichen in der Weise verknüpft, daß die zivilgesellschaftliche Peripherie gegenüber den Zentren der Politik den Vorzug größerer Sensibilität für die Wahrnehmung und Identifizierung neuer Problemlagen besitzt. Das läßt sich mit den großen Themen der letzten Jahrzehnte belegen – denken wir an die Spirale des atomaren Wettrüstens, an die Risiken der friedlichen Nutzung von Atomenergie, anderer großtechnischer Anlagen oder wissenschaftlicher Experimente wie der Genforschung, denken wir an die ökologischen Gefährdungen eines überstrapazierten Naturhaushaltes (Waldsterben, Gewässerverschmutzung, Artentod usw.), an die dramatisch fortschreitende Verelendung der Dritten Welt und Probleme der Weltwirtschaftsordnung, denken wir an Themen des Feminismus, an die steigende Immigration mit den Folgeproblemen

---

72 St. Hilgartner, The Rise and Fall of Social Problems, American Journal of Sociology 94, 1988, 53-78.
73 Soziale Bewegungen als »Exponenten der Lebenswelt« analysiert in einer anregenden empirischen Studie L. Rolke, Protestbewegungen in der Bundesrepublik, Opladen 1987.

einer veränderten ethnischen und kulturellen Zusammensetzung der Bevölkerung usw. Fast keines dieser Themen ist *zuerst* von Exponenten des Staatsapparates, der großen Organisationen oder gesellschaftlichen Funktionssysteme aufgebracht worden. Statt dessen werden sie lanciert von Intellektuellen, Betroffenen, radical professionals, selbsternannten »Anwälten« usw. Von dieser äußersten Peripherie aus dringen die Themen in Zeitschriften und interessierte Vereinigungen, Clubs, Berufsverbände, Akademien, Hochschulen usw. ein und finden Foren, Bürgerinitiativen und andere Plattformen, bevor sie gegebenenfalls in gebündelter Form zum Kristallisationskern von sozialen Bewegungen und neuen Subkulturen werden.[74] Diese wiederum können Beiträge dramatisieren und so wirksam inszenieren, daß sich die Massenmedien der Sache annehmen. Erst über die kontroverse Behandlung in den Medien erreichen solche Themen das große Publikum und gelangen auf die »öffentliche Agenda«. Manchmal bedarf es der Unterstützung durch spektakuläre Aktionen, Massenproteste und anhaltende Kampagnen, bis die Themen über Wahlerfolge, über die vorsichtig erweiterten Programmatiken der »Altparteien«, Grundsatzurteile der Justiz usw. in Kernbereiche des politischen Systems vordringen und dort formell behandelt werden.

Natürlich gibt es andere Themenkarrieren, andere Pfade von der Peripherie zum Zentrum, andere Muster mit komplexen Verzweigungen und Rückkoppelungsschleifen. Aber generell läßt sich feststellen, daß sich auch in mehr oder weniger vermachteten politischen Öffentlichkeiten die Kräfteverhältnisse verschieben, sobald die Wahrnehmung von relevanten gesellschaftlichen Problemlagen ein *Krisenbewußtsein* an der Peripherie hervorruft. Wenn sich dann zivilgesellschaftliche Akteure zusammenfinden, ein entsprechendes Thema formulieren und in der Öffentlichkeit propagieren, können ihre Initiativen Erfolg haben, weil mit der endogenen Mobilisierung der Öffentlichkeit eine sonst latent bleibende Gesetzmäßigkeit in Kraft tritt, die in der Binnenstruktur jeder Öffentlichkeit angelegt ist und im normativen Selbstverständnis der Massenmedien auch präsent gehalten wird: daß die Spieler in der Arena ihren Einfluß der

---

74 J. Raschke, Soziale Bewegungen, Frankfurt/Main 1985.

Zustimmung der Galerie verdanken. Mindestens wird man sagen dürfen, daß in dem Maße, wie eine rationalisierte Lebenswelt der Ausbildung einer liberalen Öffentlichkeit mit starkem zivilgesellschaftlichen Fundament entgegenkommt, die Autorität des stellungnehmenden Publikums im Zuge eskalierender öffentlicher Kontroversen gestärkt wird. Denn in Fällen einer krisenabhängigen Mobilisierung bewegt sich *unter diesen Bedingungen* die informelle öffentliche Kommunikation in Bahnen, die einerseits die Zusammenballung populistisch verführbarer, indoktrinierter Massen verhindern und andererseits die zerstreuten kritischen Potentiale eines über die Medienöffentlichkeit nur noch abstrakt zusammengehaltenen Publikums zusammenführen – und diesem zu einer politisch-publizistischen Einflußnahme auf die institutionalisierte Meinungs- und Willensbildung verhelfen. Nur in *liberalen* Öffentlichkeiten haben freilich die subinstitutionellen Bewegungspolitiken, die die konventionellen Bahnen der Interessenpolitik verlassen, um dem rechtsstaatlich regulierten Machtkreislauf des politischen Systems gleichsam den Rücken zu stärken, eine andere Stoßrichtung als in *formierten* Öffentlichkeiten, die lediglich als Foren plebiszitärer Legitimation dienen.[75]

Am oberen Ende jener Stufenleiter, die die subinstitutionellen Bürgerproteste heraufklettern, wenn sie ihre Proteste eskalieren, wird dieser Sinn eines verstärkten Legitimationsdrucks besonders deutlich. Das letzte Mittel, um oppositionellen Argumenten stärkeres Gehör und publizistisch-politischen Einfluß zu verschaffen, sind Akte des bürgerlichen Ungehorsams, die unter hohem Explikationszwang stehen. Diese Akte gewaltfreier symbolischer Regelverletzung verstehen sich als Ausdruck des Protestes gegen bindende Entscheidungen, die nach Auffassung der Akteure trotz ihres legalen Zustandekommens im Lichte geltender Verfassungsgrundsätze illegitim sind. Sie richten sich gleichzeitig an zwei Adressaten. Einerseits appellieren sie an Amtsinhaber und Mandatsträger, formell abgeschlossene politische Beratungen wieder aufzunehmen, um in Abwägung der fortdauernden öffentlichen Kritik ihre Be-

75 C. Offe, Challenging the Boundaries of Institutional Politics: Social Movements since the 1960s, in: Ch. S. Maier, Changing Boundaries of the Political, Cambridge 1987, 63-106.

schlüsse gegebenenfalls zu revidieren. Andererseits appellieren sie »an den Gerechtigkeitssinn der Mehrheit der Gesellschaft«, wie Rawls sich ausdrückt,[76] also an das kritische Urteil eines Staatsbürgerpublikums, das mit ungewöhnlichen Mitteln mobilisiert werden soll. Unabhängig vom jeweiligen Gegenstand der Kontroverse klagt der zivile Ungehorsam implizit immer auch die Rückkoppelung der verfaßten politischen Willensbildung an die Kommunikationsprozesse der Öffentlichkeit ein. Die Botschaft dieses Subtextes richtet sich an ein politisches System, das sich aufgrund seiner rechtsstaatlichen Verfassung nicht von der Zivilgesellschaft losmachen und gegenüber der Peripherie verselbständigen darf. Damit bezieht sich der bürgerliche Ungehorsam auf seine eigene Herkunft aus einer Zivilgesellschaft, die in Krisenfällen die normativen Gehalte des demokratischen Rechtsstaates im Medium der öffentlichen Meinung aktualisiert und gegen die systemische Trägheit der institutionellen Politik aufbietet.

Diese *Selbstbezüglichkeit* betont die Definition, die Cohen und Arato im Anschluß an Überlegungen von Rawls, Dworkin und mir vorschlagen: »Civil disobedience involves illegal acts, usually on the part of collective actors, that are public, principled and symbolic in character, involve primarily nonviolent means of protest, and appeal to the capacity for reason and the sense of justice of the populace. The aim of civil disobedience is to pursuade public opinion in civil and political society ... that a particular law or policy is illegitimate and a change is warranted ... Collective actors involved in civil disobedience invoke the utopian principles of constitutional democracies, appealing to the ideas of fundamental rights or democratic legitimacy. Civil disobedience is thus a means for reasserting the link between civil and political society ..., when legal attempts at exerting the influence of the former on the latter have failed and other avenues have been exhausted.«[77] In dieser Interpretation des bürgerlichen Ungehorsams manifestiert sich das Selbstbewußtsein einer Zivilgesellschaft, die sich zutraut, wenigstens im Krisenfall den Druck einer mobilisierten Öffentlichkeit auf das politische Sy-

76 Rawls (1975), 401.
77 Cohen, Arato (1992), 587f. Über »militante Toleranz«: Rödel, Frankenberg, Dubiel (1989), Kap. VI.

stem so zu verstärken, daß dieses sich auf den Konfliktmodus umstellt und den inoffiziellen Gegenkreislauf der Macht neutralisiert.

Die Rechtfertigung des zivilen Ungehorsams[78] stützt sich überdies auf ein *dynamisches Verständnis* der Verfassung als eines unabgeschlossenen Projektes. Aus dieser Langzeitperspektive stellt sich der demokratische Rechtsstaat nicht als fertiges Gebilde dar, sondern als ein anfälliges, irritierbares, vor allem fehlbares und revisionsbedürftiges Unternehmen, das darauf angelegt ist, das System der Rechte unter wechselnden Umständen *von neuem* zu realisieren, d. h. besser zu interpretieren, angemessener zu institutionalisieren und in seinem Gehalt radikaler auszuschöpfen. Das ist die Perspektive von Bürgern, die sich an der Verwirklichung des Systems der Rechte aktiv beteiligen und die, mit Berufung auf und in Kenntnis von veränderten Kontextbedingungen, die Spannung zwischen sozialer Faktizität und Geltung praktisch überwinden möchten. Die Rechtstheorie kann sich diese Beteiligungsperspektive nicht zu eigen machen; aber sie kann das paradigmatische *Verständnis* von Recht und demokratischem Rechtsstaat rekonstruieren, von dem sich Bürger leiten lassen, wenn sie sich ein Bild von den strukturellen Beschränkungen gemacht haben, denen die Selbstorganisation der Rechtsgemeinschaft in ihrer Gesellschaft unterliegt.

(5) Aus rekonstruktiver Sicht hat sich gezeigt, daß die Grundrechte und die Prinzipien des Rechtsstaates lediglich den performativen Sinn der Selbstkonstituierung einer Gemeinschaft von freien und gleichen Rechtsgenossen explizieren. In den Organisationsformen des demokratischen Rechtsstaates wird diese Praxis verstetigt. Jede historische Verfassung hat einen doppelten Zeitbezug: als geschichtliches Dokument erinnert sie an den Akt der Gründung, den sie interpretiert – sie markiert einen Anfang in der Zeit; zugleich besagt ihr normativer Charakter, daß sich die Aufgabe der Interpretation und Ausgestaltung des Systems der Rechte für jede Generation *von neuem* stellt – als Projekt einer gerechten Gesellschaft

---

78 Zur juristischen Diskussion: R. Dreier, Widerstandsrecht im Rechtsstaat?, in: ders., Recht – Staat – Vernunft, Frankfurt/Main 1991, 39-72; Th. Laker, Ziviler Ungehorsam, Baden-Baden 1986.

artikuliert eine Verfassung den Erwartungshorizont einer je gegenwärtigen Zukunft. Unter diesem Aspekt eines auf Dauer gestellten Prozesses *fortgesetzter* Verfassunggebung gewinnt das demokratische Verfahren der legitimen Rechtsetzung einen ausgezeichneten Stellenwert. Deshalb drängte sich die Frage auf, ob und gegebenenfalls wie in komplexen Gesellschaften unseres Typs ein derart anspruchsvolles Verfahren so wirksam implementiert werden kann, daß sich ein rechtsstaatlich normierter Machtkreislauf im politischen System durchsetzt. Die Antworten auf diese Frage informieren wiederum unser eigenes paradigmatisches Verständnis von Recht. Für die Erläuterung eines solchen geschichtlich situierten Verfassungsverständnisses möchte ich die folgenden Punkte festhalten.

(a) Das rechtsstaatlich verfaßte politische System ist einerseits auf die Erzeugung kollektiv bindender Entscheidungen spezialisiert und bildet insofern nur eines von mehreren Teilsystemen. Andererseits bleibt die Politik, aufgrund ihres internen Zusammenhangs mit Recht, für Probleme zuständig, die die Gesellschaft im ganzen betreffen. Die kollektiv bindenden Entscheidungen müssen zugleich als Verwirklichung von Rechten interpretiert werden können, wobei sich über das Medium des Rechts die Anerkennungsstrukturen verständigungsorientierten Handelns von der Ebene einfacher Interaktionen auf die abstrakt vermittelten, anonymen Beziehungen zwischen Fremden übertragen. Indem die Politik jeweils besondere kollektive Ziele verfolgt und bestimmte Konflikte regelt, bearbeitet sie zugleich allgemeine Integrationsprobleme. Weil sie rechtsförmig verfaßt ist, behält eine in ihrer Operationsweise funktional spezifizierte Politik einen gesamtgesellschaftlichen Problembezug: sie setzt auf reflexiver Ebene eine Sozialintegration fort, die andere Handlungssysteme nicht mehr hinreichend leisten können.

(b) Aus dieser asymmetrischen Stellung erklärt sich, daß das politische System von zwei Seiten Beschränkungen unterliegt – und daß sich seine Leistungen und Entscheidungen an entsprechenden Standards bemessen. Als ein funktional spezifiziertes Handlungssystem wird es von anderen Funktionssystemen begrenzt, die ihrer eigenen Logik gehorchen und sich insoweit gegen direkte Interventionen sperren. Nach dieser Seite hin stößt das politische System an die Grenzen der Wirksamkeit administrativer Macht (einschließlich rechtlicher Organisationsformen und fiskalischer Mittel). Auf der anderen Seite steht die Politik als rechtsstaatlich reguliertes Handlungssystem mit der Öffentlichkeit in Verbindung und ist angewiesen auf die lebensweltlichen Quellen kommunikativer Macht. Hier unterliegt das politische System nicht den externen Beschränkungen einer sozialen Umwelt, es erfährt vielmehr seine Abhängigkeit von internen Ermöglichungsbedingungen. Denn der Politik stehen die Bedingungen, die die Erzeugung legitimen Rechts möglich machen, letztlich nicht zur Disposition.

(c) Von beiden Seiten ist das politische System Störungen ausgesetzt, die die *Effektivität* seiner Leistungen bzw. die *Legitimität* seiner Entscheidungen beeinträchtigen können. Das politische System versagt in seiner Regelungskompetenz, wenn entweder die implementierten Rechtsprogramme unwirksam bleiben oder wenn die Ordnungs- und Steuerungsleistungen desintegrierende Wirkungen in den regelungsbedürftigen Handlungssystemen auslösen, oder wenn die eingesetzten Mittel das Rechtsmedium selbst überfordern und die normative Verfassung des eigenen Systems belasten. Angesichts komplexer Steuerungsprobleme können sich Irrelevanz, Fehlsteuerung und Selbstdestruktion gegebenenfalls kumulieren und zu einem »regulatorischen Trilemma« zuspitzen.[79] Auf der anderen Seite versagt das politische System als Statthalter sozialer Integration, wenn seine (wie immer auch effektiven) Entscheidungen nicht mehr auf legitimes Recht zurückgeführt werden können. Der rechtsstaatlich regulierte Machtkreislauf wird außer Kraft gesetzt, wenn sich das administrative System gegenüber der kommunikativ erzeugten Macht verselbständigt, wenn sich die soziale Macht von Funktionssystemen und großen Organisationen (einschließlich der Massenmedien) in illegitime Macht umsetzt oder wenn die Ressourcen der Lebenswelt für spontane öffentliche Kommunikationen nicht ausreichen, um eine ungezwungene Artikulation gesellschaftlicher Interessen zu gewährleisten. Die Verselbständigung illegitimer Macht und die Schwäche von Zivilgesellschaft und politischer

---

79 G. Teubner, Reflexives Recht, Archiv für Rechts- u. Sozialphilosophie 68 (1982), 13 ff.

Öffentlichkeit können sich zu einem »legitimatorischen Dilemma« zuspitzen, das sich unter Umständen mit dem Steuerungstrilemma zu einem vitiösen Zirkel erweitert. Dann gerät das politische System in den Sog von Legitimitäts- und Steuerungsdefiziten, die sich wechselseitig verstärken.

(d) Solche Krisen lassen sich allenfalls historisch erklären. Sie sind nicht derart in den Strukturen funktional differenzierter Gesellschaften angelegt, daß sie das Projekt der Selbstermächtigung einer Gemeinschaft von Freien und Gleichen durch rechtliche Selbstbindung von vornherein desavouierten. Allerdings sind sie symptomatisch für jene eigentümlich asymmetrische Einbettung des rechtsstaatlich verfaßten politischen Systems in hochkomplexe Kreisprozesse, von der sich die Aktoren ein Bild machen müssen, wenn sie sich als Staatsbürger, Abgeordnete, Richter, Beamte usw. in performativer Einstellung für die Verwirklichung des Systems der Rechte aussichtsreich engagieren wollen. Weil diese Rechte in wechselnden gesellschaftlichen Kontexten verschieden interpretiert werden müssen, bricht sich das Licht, das sie auf die Verhältnisse werfen, im Spektrum wechselnder Rechtsparadigmen. Die historischen Verfassungen lassen sich als ebenso viele Auslegungen ein und *derselben* Praxis – der Selbstbestimmungspraxis freier und gleicher Rechtsgenossen – verstehen; aber wie jede Praxis ist auch diese in der Geschichte situiert. Die Beteiligten müssen von ihrer *jeweiligen* Praxis ausgehen, wenn sie sich darüber klarwerden wollen, was eine solche Praxis *überhaupt* bedeutet.

IX. Paradigmen des Rechts

Spätestens seit den großen Kodifikationen des 18. Jahrhunderts ist das geltende Recht primär in der Gestalt von Texten greifbar: die in den Gesetzbüchern enthaltenen Normsätze sagen, welche Normen gelten sollen. Sie bilden die Basis der Rechtsprechung. Aus deren Perspektive bemüht sich die Dogmatik um die Auslegung des geltenden Rechts. Rechtstheorie und Rechtsgeschichte kultivieren eine weitergehende Objektivierung des Verständnisses von Gesetzestexten und Regelsystemen – allerdings in entgegengesetzten Richtungen. Während die Rechtstheorie, wie wir gesehen haben, durch verallgemeinernde Abstraktion von der fallbezogenen Interpretationsarbeit der richterlichen Entscheidungspraxis Abstand gewinnt, ohne die Teilnehmerperspektive als solche preiszugeben, richtet sich der objetivierende Blick des Historikers auf die gesellschaftlichen Kontexte, in die das Recht als Handlungssystem eingebettet ist – und aus denen sich auch die implizit mitlaufenden Hintergrundannahmen der Justiz und der zeitgenössischen Rechtsdogmatik speisen. Aus dieser Beobachterperspektive erschließen sich jene, für die Beteiligten selbst latent bleibenden Sinnzusammenhänge, die ein Rechtssystem mit seiner gesellschaftlichen Umgebung objektiv, aber auch subjektiv verknüpfen – vermittelt über das Bild, das sich die Juristen von ihrem jeweiligen gesellschaftlichen Kontext machten. Dann wird deutlich, daß die Experten einzelne Normsätze nicht nur aus dem Kontext des Rechtskorpus im ganzen, sondern aus dem Horizont eines jeweils leitenden Vorverständnisses der zeitgenössischen Gesellschaft interpretieren. Insofern ist die Interpretation des Rechts auch eine Antwort auf die Herausforderungen einer in bestimmter Weise wahrgenommenen gesellschaftlichen Situation.

An einigen exponierten Stellen verrät der Gesetzestext selbst diese implizite Zeitdiagnose – beispielsweise im Grundrechtsteil von Verfassungen, die aus politischen Umbrüchen oder Revolutionen hervorgegangen sind. Im Unterschied zum professionell vorformulierten oder fortgebildeten Recht der Juristen geben sich die Grundrechte bis in Stil und Wortlaut hinein als emphatische Willensbekundung und politische Erklärung von Bürgern zu erkennen, die auf konkrete Erfahrungen der Repression und der Verletzung menschlicher Würde reagieren. In den meisten Grundrechtsartikeln schwingt das Echo eines erlittenen Unrechts mit, das gleichsam Wort für Wort negiert wird.[1] Was in den seltenen Augenblicken einer revolutionären Verfassungsgründung offen zutage liegt, muß der Historiker aus der alltäglichen Arbeit von Gesetzgebung und Justiz mühsam entschlüsseln. Trivialerweise können diese das Ziel, Rechte zu verwirklichen und Recht zu sprechen, nur in einem Kontext verfolgen, den sie im Hinblick auf faktisch eingeräumte und begrenzte Handlungsmöglichkeiten interpretieren. Worauf die Aktoren mit ihren Entscheidungen und Gründen wirklich antworten und geantwortet haben, wird man nur verstehen, wenn man ihr *implizites Gesellschaftsbild* kennt, wenn man weiß, welche Strukturen, Leistungen, Potentiale und Gefährdungen sie im Lichte ihrer Aufgabe, das System der Rechte zu verwirklichen, der zeitgenössischen Gesellschaft jeweils zuschreiben.

In ideologiekritischer Absicht hatte O. Kahn-Freund schon 1931 das »Sozialideal« des Reichsarbeitsgerichts untersucht.[2] In deskriptiver Absicht hat F. Wieacker zwei Jahrzehnte später den äquivalenten Begriff des »Sozialmodells« eingeführt, als er aus den klassischen Gesetzbüchern des Privatrechts das liberale Rechtsparadigma entzifferte. Dabei wollte er »das soziale Modell einer gegebenen Rechtsordnung und seine Wandlungen aufdecken; gleichsam ihren geheimen Entwurf, der durch die literarisch, humanistisch und begrifflich bestimmte Kontinuität der wissenschaftlichen Tradition zunächst verdeckt wird«.[3] Wieackers berühmte Studie hat mit dem Paradigma des bürgerlichen Formalrechts zugleich die Fo-

---

1 Eindrucksvolle Beispiele bieten die detaillierten Grundrechtskataloge der nach 1945 verabschiedeten deutschen Länderverfassungen sowie der nicht in Kraft getretene Entwurf für eine Verfassung der Deutschen Demokratischen Republik vom April 1990, herausgegeben von der Arbeitsgruppe »Neue Verfassung der DDR« des Runden Tisches, Berlin 1990.

2 O. Kahn-Freund, Das soziale Ideal des Reichsarbeitsgerichts, in: Th. Ramm (Hg.), Arbeitsrecht und Politik, Frankfurt/Main 1966, 149ff.

3 F. Wieacker, Das Sozialmodell der klassischen Privatrechtsgesetzbücher und die Entwicklung der modernen Gesellschaft, in: ders., Industriegesellschaft und Privatrechtsordnung, Frankfurt/Main 1974, 5.

lie deutlich gemacht, von der sich die »Materialisierung« des Rechts abheben konnte – ein Trend, den bereits Max Weber beklagt hatte, der sich aber erst mit der Sozialstaatsentwicklung nach dem Ende des Zweiten Weltkrieges auf ganzer Breite durchsetzte. Dieser *soziale Wandel des Rechts* ist zunächst als ein Prozeß begriffen worden, in dessen Verlauf ein neues, auf sozialstaatliche Gerechtigkeitsvorstellungen bezogenes instrumentelles Rechtsverständnis das liberale Rechtsmodell überlagerte, verdrängte und schließlich ablöste. Die deutsche Jurisprudenz hat diesen Prozeß, der die klassische Einheit und systematische Gliederung der, wie es schien, einzig rationalen Rechtsordnung auflöste, als eine *Krise des Rechts* wahrgenommen.

In der Anfang der 50er Jahre ausgetragenen Staatsrechtslehrerkontroverse über Rang und Stellenwert der Sozialstaatsklausel in der Architektonik des Grundgesetzes der Bundesrepublik Deutschland bekämpfte die eine Seite, was die andere offensiv vertrat. Man stritt sich um die normative Option für eines von zwei konkurrierenden Rechtsparadigmen. Die stillschweigende Prämisse, daß diese beiden Paradigmen eine vollständige Alternative bilden, wurde erst in Frage gestellt, als sich die dysfunktionalen Nebenfolgen des erfolgreich durchgesetzten Sozialstaates auch politisch aufdrängten. Ein aus juristischer Sicht besonders beunruhigender Aspekt der nun beschworenen »Krise des Sozialstaates« war eine »Unempfindlichkeit« der anwachsenden staatlichen Bürokratien gegenüber Beschränkungen der individuellen Selbstbestimmung ihrer Klienten – eine Schwäche des sozialstaatlichen Paradigmas, die sich zur »sozialen Blindheit« des bürgerlichen Formalrechts symmetrisch verhielt. Seit den 70er Jahren ist die Paradigmendiskussion gewissermaßen reflexiv geworden. Die historische Vergegenwärtigung des Paradigmenwandels hat dem eigenen paradigmatischen Rechtsverständnis den Status eines bloß *intuitiv* orientierenden Hintergrundwissens genommen. So ist der Streit um das richtige paradigmatische Rechtsverständnis zum ausdrücklichen Thema der Rechtsdogmatik geworden.

Die unübersichtliche Struktur einer Rechtsordnung, die sich weder auf das Konditional-, noch auf das Zweckprogramm als privilegierte Regelungsform festlegen ließ, die aber auch mit der Ausweitung von Organisations- und Verfahrensnormen den Gesetzgeber von der Regelung komplexer Materien und eigensinniger Funktionsbereiche keineswegs hinreichend entlastete, hat zur *Suche nach einem neuen Paradigma* jenseits der bekannten Alternativen angeregt.[4] Nicht untypisch für den aporetischen Charakter der gegenwärtigen Argumentationslage ist die tentative Auskunft, mit der D. Grimm den Leser seiner Untersuchung über »Die Zukunft der Verfassung« entläßt. Darin erörtert Grimm, wie wir noch sehen werden, die strukturellen Gründe für die Steuerungsdefizite und die nachlassenden Bindungskräfte des Verfassungsrechts und stellt am Ende die Frage, ob die Idee der Verfassung überhaupt noch eine Zukunft hat: »Nachdem es der Verfassung nicht mehr gelingt, alle Träger öffentlicher Gewalt in ihr Regelungswerk einzubeziehen, muß man damit rechnen, daß sie auch nicht mehr alle Bereiche der Staatstätigkeit erfassen wird. Ob ein *verändertes Verfassungsverständnis* diesen Geltungsschwund auffangen kann, oder ob die Verfassung zu einer Teilordnung verkümmert, bleibt vorerst offen.«[5] In Deutschland scheint sich die Profession vor die Alternative gestellt zu sehen, entweder ein Rechtsverständnis, das sich mit einem auf komplexe Gesellschaften zugeschnittenen Verfassungsprojekt verbindet, überzeugend zu artikulieren[6] oder überhaupt ein normatives Verständnis von Recht preiszugeben – also die Erwartung aufzugeben, daß das Recht die schwache Kraft zwanglos gebildeter, intersubjektiv geteilter Überzeugungen in eine sozialintegrative Macht verwandeln könne, die letztlich jede bloße Gewalt, in welcher Maske diese auch immer auftritt, zu überwältigen vermag.[7] Abschließend möchte ich prüfen, ob das bisher entwickelte prozeduralistische Rechtsverständnis zur Entscheidung dieser Alternative einen Beitrag leisten kann. Ich werde zunächst die Materialisie-

4 Einen Überblick über die Diskussion gibt H. D. Assmann, Wirtschaftsrecht in der Mixed Economy, Frankfurt/Main 1980, Kap. II.

5 D. Grimm, Die Zukunft der Verfassung, Frankfurt/Main 1991, 437 (Hervorhebung von mir).

6 U. K. Preuß, Revolution, Fortschritt und Verfassung. Zu einem neuen Verfassungsverständnis, Berlin 1990.

7 Diese Konsequenz liegt nahe, wenn die systemtheoretische Beschreibung des Rechtssystems als Selbstbeschreibung adoptiert wird, vgl. R. Wiethölter, Ist unserem Recht der Prozeß zu machen?, in: Honneth et al. (1989), 794-812.

rung des Rechts auf einigen Gebieten des Privatrechts und am sozialen Wandel der Grundrechte erläutern. Der Paradigmenwechsel zeigt, daß die private Autonomie, die mit dem Status von Rechtspersonen überhaupt gesetzt ist, in wechselnden sozialen Kontexten auf verschiedene Weise realisiert werden muß (I). Die Folgeprobleme, die sich im Zuge der Sozialstaatsentwicklung für die Gewährleistung einer privatautonomen Lebensgestaltung ergeben, behandele ich anhand der Dialektik von rechtlicher und faktischer Gleichheit. Die nicht-intendierten Folgen der Verrechtlichung machen auf den internen Zusammenhang von privater und öffentlicher Autonomie aufmerksam. Den unerwünschten Folgen der sozialstaatlichen Vorsorge kann eine Politik der Staatsbürgerqualifikation begegnen, die Leistungsrechte nur mit Bezug auf einen, private und öffentliche Autonomie gleichzeitig gewährleistenden Bürgerstatus begründet (II). Aus dem veränderten Katalog der Staatsaufgaben und dem erweiterten Funktionsbereich der Verwaltung ergeben sich auch Probleme für die Gewaltenteilung. Der Selbstprogrammierung einer verselbständigten Verwaltung und der unbefugten Delegation staatlicher Befugnisse kann durch eine Verlagerung der funktionalen Gewaltenteilung ins administrative System selbst begegnet werden – durch neue Elemente der Beteiligung und der Kontrolle durch bereichsspezifische Öffentlichkeiten (III).

I.

(1) Für das paradigmatische Rechtsverständnis einer gesellschaftlichen Epoche haben sich Ausdrücke wie »Sozialideal« oder »Sozialmodell«, »soziale Vision« oder auch einfach »Theorie« eingebürgert. Gemeint sind allemal diejenigen impliziten Bilder von der eigenen Gesellschaft, die der Praxis der Rechtsetzung und Rechtsanwendung eine Perspektive, oder allgemein: dem Projekt der Verwirklichung einer Assoziation freier und gleicher Rechtsgenossen eine Orientierung geben. Die historischen Untersuchungen zum Wandel – und die rechtsdogmatischen Beiträge zum Streit – der Paradigmen beschränken sich allerdings auf die professionellen Auslegungen des geltenden Rechts. Ein Rechtsparadigma wird in erster

Linie an exemplarischen Entscheidungen der Justiz abgelesen und meistens mit dem impliziten Gesellschaftsbild von Richtern gleichgesetzt. In Anlehnung an die sozialphänomenologische Wissenssoziologie spricht beispielsweise F. Kübler von der »gesellschaftlichen Konstruktion der Wirklichkeit«, die im juristischen Diskurs den Tatsachenurteilen, d.h. der Beschreibung und Bewertung von faktischen Abläufen und von Funktionsweisen sozialer Handlungssysteme zugrunde liegt: »die ›Tatsachen‹ sind aufeinander bezogene Verhaltenserwartungen und Verhaltensmotivationen, menschliche Interaktionen, kleine Partikel aus dem großen Strom der vielfältig ineinander verwobenen gesellschaftlichen Abläufe. Noch genauer: es sind nicht diese Abläufe selbst, sondern die Vorstellungen, die das Gericht von jenen Abläufen sich bildet.«[8] H.J. Steiner nennt die impliziten gesellschaftstheoretischen Vorstellungen der Richter eine »soziale Vision«. Diese bildet den Kontext, wenn Richter bei der Begründung ihrer Entscheidungen Tatsachen feststellen und diese auf Normen beziehen: »By social vision ... I mean perceptions of courts about society (its socioeconomic structure, patterns of social interaction, moral goals, and political ideologies), about social actors (their character, behavior, and capacities), and about accidents (their causes, volume and toll)!«[9] Mit Bezugnahme auf die amerikanische Rechtsprechung zur Schadenshaftung erläutert Steiner den Begriff: »The concept then includes courts' understanding about matters as varied as the incidence and social costs of accidents, the operation of market pricing mechanisms, the capacity of individuals for prudent behavior, the bureaucratic rationality of business forms, the effects of standard clauses in contracts, and ideologies of growth or distribution in the nineteenth century or today. Social vision embraces not only empirical observations (the number of auto accidents), but also evaluative characterizations of events (the absence of free choice in a given context) and feelings of disapproval or empathy towards what is described (a ›sharp‹ bargain, or a ›tragic‹ loss).«

Inzwischen bildet das Phänomen eines unvermeidlichen gesell-

---

8 F. Kübler, Über die praktischen Aufgaben zeitgemäßer Privatrechtstheorie, Karlsruhe 1975, 9.

9 H.J. Steiner, Moral Argument and Social Vision, Madison, Wisc. 1987, 92.

schaftstheoretischen Hintergrundverständnisses nicht mehr nur den Gegenstand einer deskriptiv verfahrenden Rechtsgeschichte, dieses ist der Rechtsdogmatik und der Rechtspraxis selber bewußt geworden. Heute kann sich die Rechtsprechung zum eigenen Sozialmodell nicht länger naiv verhalten. Weil das paradigmatische Rechtsverständnis die Unschuld eines hinterrücks fungierenden Orientierungswissens verloren hat, fordert es zu einer selbstkritischen Rechtfertigung heraus. Auch die Dogmatik kann nach diesem Reflexionsschub der Frage nach dem »richtigen« Paradigma nicht mehr ausweichen. So wendet Kübler eine zunächst deskriptiv verfolgte Fragestellung ins Konstruktive, wenn er feststellt, »daß das Privatrecht der Erklärung und Rechtfertigung seiner gesamtgesellschaftlichen Bezüge, und das heißt: seiner Entstehung aus sowie seiner Funktionsweise in der Gesellschaft, immer dringender bedarf«, und zwar deshalb, weil »die herkömmlichen Explikationsversuche«, sei es des liberalen oder des sozialstaatlichen Modells »nicht mehr hinreichend zu überzeugen vermögen«.[10] Das gesuchte Paradigma soll der besten Beschreibung komplexer Gesellschaften genügen; es soll die ursprüngliche Idee der Selbstkonstituierung einer Gemeinschaft freier und gleicher Rechtsgenossen wieder sichtbar machen; und es soll den wuchernden Partikularismus einer Rechtsordnung überwinden, die in Anpassung an die *unbegriffene* Komplexität der gesellschaftlichen Umgebung ihr Zentrum verloren hat und inkrementalistisch zerfasert. Die Fixierung an das Gesellschaftsbild der Richter stützt zudem die Auffassung, daß die Rechtswissenschaft diese Aufgabe in eigener Regie zu lösen habe.

Die erhebungstechnisch gewiß einleuchtende Entscheidung des Historikers, sich der leichter zugänglichen Daten der Gesetzestexte und ihrer Anwendungen zu bedienen, darf freilich nicht dazu verleiten, das Paradigma, das einem bestimmten Rechtssystem eingeschrieben ist, mit dem Vorstellungshaushalt seiner professionellen Verwalter zu identifizieren. Wenn man das tut, liegt in der Tat die Konsequenz nahe, daß sich die Rechtswissenschaft nur mit den So-

---

10 F. Kübler, Privatrecht und Demokratie, in: F. Baur u.a. (Hg.), FS für Ludwig Raiser, Tübingen 1974, 719.

zialwissenschaften interdisziplinär ins Benehmen zu setzen brauche, um die regelbildende Funktion »der hier unter dem Begriff ›Theorie‹ zusammengefaßten richterlichen Vorstellungen« kritisch zu filtern und daraus ein paradigmatisches Rechtsverständnis zu entwickeln, das selbst mit *theoretischem Anspruch* auftreten kann. Nach dieser Auffassung soll sich das neue Paradigma aus einer rechts- und sozialwissenschaftlichen Klärung der »natürlichen« Theorien von Richtern ergeben und selbst die Gestalt einer Theorie annehmen können – und zwar »als Inbegriff auf gemeinsamer Überzeugung beruhender Vorstellungen vom Ablauf gesellschaftlicher Prozesse, von den Erwartungsmustern und Integrationsmechanismen, die das Gemeinwesen konstituieren.« Eine solche Theorie hätte »verfügenden Charakter: sie bestimmt, in welcher Weise das Gesetz verstanden und ausgelegt wird; sie legt fest, an welcher Stelle, in welcher Richtung und in welchem Umfang das Gesetzesrecht durch Dogmatik und Richterrecht zu ergänzen und zu modifizieren ist; und das bedeutet: sie trägt einen Teil der Verantwortung für die Zukunft der Sozialexistenz«.[11]

Kübler betont den methodologischen Gewinn, den angemessene Rechtsparadigmen, wie gezeigt, für die richterliche Entscheidungspraxis abwerfen: sie reduzieren die Komplexität der Aufgabe, den Einzelfall zugleich konsistent und rational, d. h. im Lichte eines kohärent geordneten Regelsystems zu entscheiden. Er sieht auch, daß die geforderte »Theorie« nicht nur der Selbstverständigung der juristischen Profession dient, sondern darüber hinaus Legitimationsfunktionen für die Gerichte im Umgang mit ihren Klienten erfüllt. Hinsichtlich der zivilrechtlichen Entscheidungen, die Kübler im Auge hat, soll die geforderte »Theorie« die tragenden Konstruktionen »allgemeinverständlich erklären, ... damit sie Einverständnis über die Funktionsbedingungen der Privatrechtspraxis herbeiführen kann«.[12] Spätestens hier regen sich freilich Zweifel, ob der Streit um das richtige Rechtsparadigma allein in der Form eines Streites unter Experten ausgetragen, ob das Paradigma selbst die Gestalt einer rechtswissenschaftlich begründeten Theorie annehmen kann.

11 Kübler (1975), 51 f.
12 Kübler (1975), 60.

Es ist gewiß nicht weniger einseitig, den Fokus der Auseinandersetzung kurzerhand von den Gerichten auf die Bevölkerung, d.h. auf die Gesamtheit ihrer Klienten zu verlagern. In diesem Sinne verteidigt L.M. Friedman die These, daß sich der Strukturwandel der Gesellschaft über die Rechtskultur, und das heißt: über eine Veränderung des paradigmatischen Rechtsverständnisses der gesamten Population, in den Wandel des Rechts selber umsetzt: »legal culture here means the ideas, opinions, values, and attitudes about law, that people carry with them in their heads. If you ask, which people? the answer is: whichever people you like, whatever group, and at whatever level of generality«.[13] Aus diesem rechtssoziologischen Blickwinkel behält der Wandel der Rechtskultur und des Rechtsbewußtseins freilich einen naturwüchsigen Charakter; Friedmans Vorschlag wird dem Umstand nicht gerecht, daß inzwischen die Konkurrenz zwischen den beiden problematisch gewordenen Paradigmen als solche zu Bewußtsein gelangt ist. Das ist die Folge der Mobilisierung des Rechts durch einen demokratischen Gesetzgeber, der ja seinerseits nicht im luftleeren Raum agiert. Die mobilisierende Kraft der Gesetzgebung ruft die Bevölkerung in ihrer Autorenrolle, als Staatsbürgerpublikum, in Erinnerung – und nicht nur in der Rolle von Klienten der Rechtsprechung und der Verwaltung.

Rechtsparadigmen erfassen, solange sie in der Art eines unthematischen Hintergrundwissens funktionieren, das Bewußtsein *aller* Aktoren – das Bewußtsein der Staatsbürger und der Klienten nicht weniger als das des Gesetzgebers, der Justiz und der Verwaltung. Mit der Erschöpfung des sozialstaatlichen Paradigmas sind rechtliche Folgeprobleme aufgetreten, die sich gewiß den juristischen Experten als ersten aufgedrängt und sie zur Untersuchung der dem Recht eingeschriebenen Sozialmodelle veranlaßt haben. Gewiß haben auch die rechtsdogmatischen Versuche, aus der Alternative zwischen Sozialstaatsfixierung und Rückkehr zum bürgerlichen Formalrecht auszubrechen und mehr oder weniger hybride Verbindungen zwischen beiden Modellen herzustellen, ein reflexives Verständnis der Verfassung gefördert, wenn nicht gar hervorgeru-

---

13 L.M. Friedman, Transformations in American Legal Culture 1800-1985, Zeitschrift für Rechtssoziologie 6 (1985), 191.

fen: sobald die Verfassung als anspruchsvoller Prozeß der Rechtsverwirklichung begriffen wird, stellt sich die Aufgabe, dieses Projekt geschichtlich zu situieren. Dann müssen sich aber *alle* beteiligten Aktoren ein Bild davon machen, wie der normative Gehalt des
demokratischen Rechtsstaats im Horizont vorgefundener gesellschaftlicher Strukturen und Entwicklungstendenzen wirksam ausgeschöpft werden kann. Der Streit um das richtige paradigmatische
Verständnis eines Rechtssystems, das sich als Teil im Ganzen der
Gesellschaft reflektiert, ist im Kern ein politischer Streit. Im demokratischen Rechtsstaat betrifft er alle Beteiligten, er darf sich nicht
nur in den esoterischen Formen eines von der politischen Arena
entkoppelten Expertendiskurses vollziehen. Justiz und Rechtsdogmatik sind an diesem Interpretationsstreit aufgrund ihrer Entschei-
dungsprärogative und allgemein aufgrund ihrer professionellen Erfahrungen und Kenntnisse in privilegierter Weise beteiligt; aber sie
können ein Verfassungsverständnis, von dem sich das Publikum der
Staatsbürger überzeugen muß, nicht anderen mit wissenschaftlicher
Autorität auferlegen.

(2) Wie die Herkunftsdisziplin der bisher erwähnten Autoren belegt, ist der Paradigmenwandel zunächst innerhalb des Privatrechts
bemerkt und diskutiert worden. Das ist insbesondere in Deutschland kein Zufall. Hier hat sich nämlich das Privatrecht im Rahmen
der konstitutionellen Monarchie als eine Domäne des Richterrechts
und der Rechtswissenschaft entwickelt. Unberührt von der prägenden Kraft einer demokratischen Verfassungsordnung, hat das Privatrecht im Laufe des 19. Jahrhunderts, also bis zur Kodifikation
des Bürgerlichen Gesetzbuches von 1900, die systematische Geschlossenheit eines eigenständigen und geschlossenen Rechtsgebie-
tes erlangt. Unter der Prämisse der Trennung von Staat und Gesellschaft ging die dogmatische Durchgestaltung davon aus, daß das
Privatrecht über die Organisation einer entpolitisierten, staatlichen
Eingriffen entzogenen Wirtschaftsgesellschaft den *negativen* Freiheitsstatus der Rechtssubjekte und damit das Prinzip rechtlicher
Freiheit gewährleistet, während das öffentliche Recht arbeitsteilig
der Sphäre des Obrigkeitsstaates zugeordnet ist, um die unter Eingriffsvorbehalt operierende Verwaltung im Zaume zu halten und
zugleich mit dem individuellen Rechtsschutz den *positiven* Rechts-

status der Bürger zu garantieren. Gewiß hat sich die Materialisierung des Privatrechts im Sinne einer eher autoritären Wahrnehmung sozialer Schutzpflichten angebahnt; aber erst mit der Errichtung der Weimarer Republik entfielen die verfassungsrechtlichen Grundlagen für die angenommene Autarkie des Privatrechts; seitdem war es nicht länger möglich, »das Privatrecht als das Reich individueller Freiheit dem öffentlichen Recht als dem Wirkungsfeld staatlichen Zwangs gegenüberzustellen«.[14] Das Ende des materiellen Vorrangs des Privatrechts vor dem Verfassungsrecht, das die faktische Auflösung einer ideologisch festgehaltenen »Privatrechtsgesellschaft« (F. Böhm) nur noch besiegelte, ist von der deutschen Zivilrechtsdogmatik rückblickend als »Überwältigung« des Privatrechts durch Prinzipien des öffentlichen Rechts und als »Destruktion« des selbständigen Gebäudes eines einheitlichen Rechtssystems wahrgenommen worden.

Der Vorrang der demokratischen Verfassung vor dem Privatrecht bedeutete, daß sich fortan der normative Gehalt der Grundrechte über einen aktiven Gesetzgeber innerhalb des Privatrechts selbst entfalten mußte: »Dem Privatrechtsgesetzgeber ist verfassungsrechtlich die Aufgabe zugewiesen, den Gehalt der Grundrechte differenzierend und konkretisierend in ein für die Beteiligten eines privaten Rechtsverhältnisses unmittelbar verbindliches Recht umzusetzen. Ihm obliegt grundsätzlich die Sorge für die vielfältigen Modifikationen, welche die Realisierung des Einflusses der Grundrechte auf das Privatrecht erfordert.«[15] Als dieser Prozeß nach dem Zweiten Weltkrieg durch die Rechtsprechung des Bundesverfassungsgerichts beschleunigt wurde, reichten weder Klagen über die Desintegration der Rechtsordnung noch definitorische Notmaßnahmen aus, um die veränderten Rechtslagen in den überlieferten Kategorien unterzubringen. Das gab einer in die Defensive gedrängten Zivilrechtsdogmatik einen besonderen Anstoß zur Reflexion auf jene nicht-juristischen Hintergrundannahmen, die der ins Wanken geratenen Zweiteilung zwischen privatem und öffentlichem Recht als stillschweigende Prämissen zugrundegelegen hatten.

14 L. Raiser, Die Zukunft des Privatrechts, Berlin 1971, 20.
15 K. Hesse, Verfassungsrecht und Privatrecht, Heidelberg 1988, 27.

Objektiv hat sich freilich seit dem 19. Jahrhundert ein ähnlicher sozialer Wandel des Rechts auch in (vergleichbaren) Gesellschaften mit anderen Rechtstraditionen vollzogen. Auch hier bestand Anlaß, die Überlagerung und Ablösung des liberalen durch das sozialstaatliche Rechtsmodell vor allem im Privatrecht zu erforschen.[16] Offensichtlich stellt der Sozialstaat auch unabhängig von den in der deutschen Rechtsentwicklung liegenden speziellen Gründen eine Herausforderung für das Privatrecht dar. Wir werden sehen, daß die eingetretenen gesellschaftlichen Veränderungen, die den Paradigmenwechsel zu Bewußtsein bringen, dazu nötigen, das *Verhältnis* von privater und staatsbürgerlicher Autonomie nicht länger als Gegensatz, sondern als reziproken Verweisungszusammenhang zu begreifen. Diese Aufgabe konfrontiert freilich das Zivilrecht, das auf den negativen Status der Rechtssubjekte zugeschnitten ist, mit größeren Problemen als das öffentliche Recht, das von Haus aus alle Aspekte des Bürgerstatus im Blick behält. Das zeigt sich an einem der frühen Versuche, die unübersichtliche Gemengelage zwischen privatem und öffentlichem Recht innerhalb des Privatrechts nach neuen systematischen Gesichtspunkten zu ordnen.

Während das klassische Privatrecht die individuelle Selbstbestimmung im Sinne der negativen Freiheit, tun und lassen zu dürfen, was man will, durch Personenrechte und deliktischen Rechtsschutz, vor allem aber durch die Vertragsfreiheit (insbesondere für den Austausch von Gütern und Leistungen) und durch das Recht auf Eigentum (mit den Konnexgarantien der Verwendung und Verfügung, auch im Erbgang) in Verbindung mit der Institutsgarantie für Ehe und Familie hinreichend gewährleistet sah, hat sich diese Situation durch die Entstehung neuer Rechtsgebiete (wie das Arbeits-, Sozial- und Wirtschaftsrecht) wie auch durch die Materialisierung des Vertrags-, Delikts- und Eigentumsrechts gründlich verändert. Vielfach verbanden und vermischten sich Prinzipien, die bis dahin entweder dem privaten oder dem öffentlichen Recht zugeordnet werden konnten. Das *ganze* Privatrecht schien nun über das Ziel der Sicherung individueller Selbstbestimmung hinauszugreifen

16 Für die angelsächsischen Länder vgl. P.S. Atiyah, The Rise and Fall of Contract of Freedom, Oxford 1979; L.M. Friedman, Total Justice, New York 1985; Steiner (1987).

und der Verwirklichung sozialer Gerechtigkeit dienen zu sollen: »Damit gewinnt auch im Privatrecht die Gewährleistung der Existenz der Rechtsgenossen und der Schutz des Schwächeren gleichen Rang wie die Verfolgung der eigenen Interessen.«[17] Aus dieser Perspektive betrachtet, dringen sozialethische Gesichtspunkte in Rechtsgebiete ein, die sich bisher allein unter dem Gesichtspunkt der Gewährleistung privater Autonomie zu einem Ganzen zusammenfügen ließen. Der Gesichtspunkt sozialer Gerechtigkeit verlangt eine differenzierende Auslegung formell gleicher, aber materiell verschiedener Rechtsbeziehungen, wobei dieselben Rechtsinstitute verschiedene gesellschaftliche Funktionen erfüllen.

Um die disparaten Rechtsgebiete zu ordnen, hat nun L. Raiser bei der soziologischen Rollentheorie Anleihen gemacht und »Sphären« oder Handlungsbereiche unterschieden, deren »Öffentlichkeitsgehalt« im umgekehrten Verhältnis zur Intensität des gewährten individuellen Rechtsschutzes stehen soll. Die Schutzintensität nimmt ab, je mehr der Einzelne über seine soziale Rolle in gesellschaftliche Interdependenzen verstrickt wird, oder, in anderer Theoriesprache, je stärker seine Optionsspielräume durch die individuell unbeeinflußbaren Prozesse gesellschaftlicher Funktionssysteme und großer Organisationen bestimmt werden: »Ordnet mich das öffentliche Polizei-, Gewerbe-, Arbeits- oder Beamtenrecht nach meiner beruflichen Tätigkeit ein, so begegne ich den Privatrechtsnormen als Produzent oder Verbraucher, als Familienvater, als Eigenheimer, als Mitglied eines Sportvereins und Berufsverbandes, als Verkehrsteilnehmer mit je besonderen, diesen verschiedenen Situationen angemessenen Rechten und Pflichten. Die dabei verwendeten Rechtsinstitute des Privatrechts, wie Vertrag, Eigentum und Besitz, Mitgliedschaft, deliktische Haftung mögen die gleichen sein, dennoch ändert sich ihre Funktion und ihre rechtliche Bewertung je nach der typischen Situation und dem Öffentlichkeitsgehalt des betreffenden Bereichs.«[18] Raiser grenzt deshalb eine streng private Lebenssphäre (mit der häuslichen Intimsphäre von Wohnung, Familie und Ehe, mit Freizeit- und Konsumbereich, Vereinsleben

17 Hesse (1988), 34.
18 Raiser (1971), 29.

usw.) gegen eine von typisierten Gruppeninteressen bestimmte Privatsphäre im weiteren Sinne ab. Hier sind die Einzelnen in ihrer Rolle als Klienten beispielsweise von Arbeits- und Mietverhältnissen oder von Verkehrs- und Versorgungsunternehmen abhängig. Demgegenüber wird die Sozialsphäre durch Interaktionen zwischen Unternehmenskorporationen, Großorganisationen, Verbänden, intermediären Strukturen aller Art beherrscht, die über die Ausübung wirtschaftlicher und sozialer Macht auf die Entscheidungen der Individuen Einfluß nehmen. Diese Sphärentheorie, die auch in der Rechtsprechung des Bundesverfassungsgerichts ihren Niederschlag findet,[19] hat einen gewissen deskriptiven Wert. Ihre eigentliche Intention besteht darin, mit Hilfe eines soziologischen Begriffs der Privatsphäre einleuchtend den ethischen Kern subjektiver Privatrechte hervorzuheben.

Das zunächst mit dem klassischen Privatrecht verknüpfte Prinzip rechtlicher Freiheit fordert, »daß dem einzelnen ein relativ auf die rechtlichen und tatsächlichen Möglichkeiten möglichst hohes Maß an Freiheit, zu tun und zu lassen, was er will, zukommen soll«.[20] Das Prinzip fällt mit Kants allgemeinem Menschenrecht zusammen, dem Recht auf das größtmögliche Maß gleicher subjektiver Handlungsfreiheiten. Weil die Optionsspielräume willkürlich handelnder Subjekte so wenig wie möglich von Verboten oder Geboten beschränkt werden sollen, *garantiert* es unmittelbar die negativ ausgegrenzten Handlungsspielräume für die Verfolgung je eigener Interessen. Aber zugleich *ermöglicht* es eine autonome Lebensgestaltung im ethischen Sinne der Verfolgung eines vernünftig gewählten Lebensentwurfs, der die »Eigenständigkeit«, die »Selbstverantwortlichkeit« und die »freie Entfaltung« der Persönlichkeit kennzeichnet. Die positive Freiheit der sittlichen Person verwirklicht sich im bewußten Vollzug einer individuellen Lebensgeschichte und manifestiert sich in jenen privaten Kernbereichen, wo sich die Lebensgeschichte der Angehörigen einer intersubjektiv geteilten Lebenswelt im Rahmen gemeinsamer Traditionen und auf der Ebene einfacher Interaktionen miteinander verflechten. Als ethische entzieht sich diese Freiheit rechtlicher Regelung, aber sie wird

19 Alexy (1985), 327-330.
20 Alexy (1985), 317.

durch rechtliche Freiheit möglich gemacht. Und zwar sind es die klassischen Freiheiten des Privatrechts – Persönlichkeits- und Individualschutzrechte, Vertragsautonomie und Eigentümerrechte, das private Vereinsrecht – die jene innerste Sphäre schützen, wo die ethische Person aus der Hülle des Rechssubjekts hervortreten und den metarechtlichen, eben sittlichen Gebrauchswert rechtlicher Freiheit gleichsam dokumentieren kann.[21]

Abgesehen von ihrer phänomenologischen Kraft bleibt die Sphärentheorie freilich unbefriedigend, und zwar nicht nur darum, weil sie komplexe gesellschaftliche Funktionszusammenhänge übervereinfachend in einem räumlichen Modell von Lebenssphären abbildet, deren »Öffentlichkeitsgehalt« kaum zu operationalisieren ist. Die eigentliche Schwäche der Theorie besteht darin, daß sie rechtliche Kriterien für die Beurteilung und systematische Einteilung der verschiedenen Rechtsgebiete durch vage soziale Indikatoren ersetzt. Diese Verschiebung suggeriert die falsche Annahme, als sei der Geltungsbereich des klassischen Gedankens der Privatautonomie durch den politisch durchgesetzten Geltungsanspruch eines konkurrierenden Gedankens »der sozialen Gliedstellung des Einzelnen und seiner daraus folgenden sozialen Verantwortung«,[22] *beschnitten* worden – und dies gar zugunsten einer sozialethisch vertieften Persönlichkeitsauffassung, die sich strenggenommen in Rechtsbegriffen nicht unterbringen läßt. Tatsächlich erklären sich aber die Veränderungen im Privatrecht durch ein *gewandeltes rechtsparadigmatisches Verständnis* der Privatautonomie.

Weil der Marktmechanismus nicht in der Weise funktioniert und weil die Wirtschaftsgesellschaft nicht eine machtfreie Sphäre von der Art darstellt, wie es im liberalen Rechtsmodell *unterstellt* wird,

---

21 Zur Unterscheidung zwischen dem moralischen, rechtlichen und ethischen Begriff der Person vgl. R. Forst, Kontexte der Gerechtigkeit (Manuskript 1992). Es handelt sich ebenfalls um einen *metarechtlichen* Personenbegriff, wenn K. Hesse den Menschentypus beschreibt, auf den die Verfassungsordnung des Grundgesetzes »angewiesen« ist: »Es ist der Typus des Menschen als ›Person‹: eines Wesens von unverfügbarem Eigenwert, das zu freier Entfaltung bestimmt, zugleich gemeinschaftsbezogen und gemeinschaftsgebunden und darum auch berufen ist, menschliches Zusammenleben verantwortlich mitzugestalten.« Hesse (1988), 43.

22 Raiser (1971), 9.

kann das Prinzip rechtlicher Freiheit unter den veränderten gesellschaftlichen Bedingungen, wie sie im Sozialstaatsmodell *wahrgenommen* werden, nur auf dem Wege der Materialisierung bestehender Rechte und durch die Schaffung neuer Typen von Recht durchgesetzt werden. Am Gedanken der privaten Autonomie, der sich im Recht auf das größtmögliche Maß gleicher subjektiver Handlungsfreiheiten ausspricht, hat sich nichts geändert. Geändert haben sich die perzipierten gesellschaftlichen Kontexte, in denen die private Autonomie eines jeden gleichmäßig verwirklicht werden soll. Mit seiner privaten Autonomie wird dem einzelnen überhaupt der Status einer Rechtsperson gewährleistet; aber dieser gründet sich keineswegs nur auf den Schutz eines im soziologischen Sinne privaten Lebensbereichs, auch wenn sich rechtliche Freiheit vor allem hier als Ermöglichung ethischer Freiheit *bewähren* kann. Der Status eines freien, im privatrechtlichen Sinne autonomen Rechtssubjekts wird durch die Gesamtheit aller handlungs- und zustandsbezogenen Rechte konstituiert, die sich aus der politisch autonomen Ausgestaltung des Prinzips rechtlicher Freiheit ergeben – gleichviel in welchen gesellschaftlichen Sphären. Deshalb kann die rechtliche Auszeichnung eines »unantastbaren Bereichs privater Lebensgestaltung« nur den Sinn haben, daß für fallweise Einschränkungen in diesem Bereich besonders gewichtige Gründe erforderlich sind;[23] aber sie bedeutet nicht, daß sich alle Rechte, die für eine privatautonome Lebensgestaltung genutzt werden können, auf den Schutz einer unter ethischen Gesichtspunkten ausgezeichneten, nur soziologisch abgrenzbaren Privatsphäre beziehen.

Vor allem läßt sich die Einschränkung der klassischen Grundfreiheiten in der (von der engeren und weiteren Privatsphäre unterschiedenen) Sozialsphäre keineswegs auf die Interferenz *anderer* Rechtsprinzipien (wie sozialer Gerechtigkeit oder sozialer Verantwortung) zurückführen. Was als Einschränkung erscheint, ist nur die Kehrseite der Durchsetzung *gleicher* subjektiver Handlungsfreiheiten für alle; denn Privatautonomie im Sinne dieses allgemeinen Freiheitsrechts impliziert ein allgemeines Gleichheitsrecht, eben das Recht auf Gleichbehandlung gemäß Normen, die Rechts-

23 Alexy (1985), 329.

inhaltsgleichheit verbürgen. Wenn sich daraus für eine der Parteien *tatsächliche* Einschränkungen gegenüber dem Status quo ante ergeben, handelt es sich nicht um normative Einschränkungen des Prinzips rechtlicher Freiheit, sondern um die Abschaffung solcher Privilegien, die mit der von diesem Prinzip geforderten Gleichverteilung subjektiver Freiheiten unvereinbar sind.

(3) Das Sozialstaatsmodell ist aus der reformistischen Kritik am bürgerlichen Formalrecht hervorgegangen. Nach diesem Modell sollte eine privatrechtlich (vor allem über Eigentumsrechte und Vertragsfreiheit) institutionalisierte Wirtschaftsgesellschaft vom Staat als der Sphäre der Gemeinwohlverwirklichung getrennt werden und dem spontanen Wirken von Marktmechanismen überlassen bleiben. Diese »Privatrechtsgesellschaft« war auf die Autonomie von Rechtssubjekten zugeschnitten, die, vor allem in ihrer Rolle als Marktteilnehmer, über eine möglichst rationale Verfolgung je eigener Interessen ihr Glück suchen und finden würden. Die normative Erwartung, daß sich über die Ausgrenzung individueller Freiheitssphären, also die Gewährleistung eines negativen Rechtsstatus (mit dem Anspruch auf einen entsprechenden individuellen Rechtsschutz) zugleich soziale Gerechtigkeit herstellen würde, gründete sich auf die Verschränkung des Prinzips rechtlicher Freiheit mit dem allgemeinen Recht auf Gleichheit. Denn das Recht *eines jeden*, im Rahmen der Gesetze tun und lassen zu können, was er will, ist nur unter der Bedingung erfüllt, daß diese Gesetze Gleichbehandlung im Sinne einer Rechtsinhaltsgleichheit garantieren. Diese schien bereits durch die abstrakte Allgemeinheit der Gesetze, also durch die vom bürgerlichen Formalrecht ausgezeichnete Form konditionaler Rechtsprogramme gewährleistet zu sein. Diese Rechtsform war jedenfalls für die Kompetenz- und Verbotsnormen des bürgerlichen Privatrechts (wie für die entsprechenden subjektiv-öffentlichen Rechte mit den spiegelbildlichen Eingriffsvorbehalten der ans Gesetz gebundenen Verwaltung) typisch. Damit war allerdings die Erwartung, über die privatrechtliche Ausgestaltung des Prinzips rechtlicher Freiheit gleichzeitig soziale Gerechtigkeit zu verwirklichen, implizit abhängig gemacht von der Auszeichnung nicht-diskriminierender *Bedingungen für die faktische Wahrnehmung* der Freiheiten, die die Normen des Vertrags-,

Eigentums-, Erb- und Vereinsrechts einräumten. Sie stützte sich stillschweigend auf bestimmte gesellschaftstheoretische Annahmen oder Tatsachenunterstellungen – in erster Linie auf die ökonomischen Gleichgewichtsannahmen über marktförmig organisierte Wirtschaftsprozesse (mit unternehmerischer Freiheit und Konsumentensouveränität), sowie auf entsprechende soziologische Annahmen über eine breite Streuung von Vermögen und eine annähernde Gleichverteilung sozialer Macht, die die chancengleiche Ausübung der privatrechtlichen Kompetenzen sichern sollten. Wenn die Freiheit des »Haben- und Erwerbenkönnens« Gerechtigkeitserwartungen erfüllen soll, muß eine Gleichheit des »rechtlichen Könnens« bestehen.

So hat das kontraktgesellschaftliche Modell des bürgerlichen Formalrechts schon früh Angriffspunkte für eine empirische Kritik geboten. Diese hat zu einer reformistischen Praxis geführt, die aber nicht auf einer Änderung, sondern auf einer abstrakteren Fassung der normativen Prämissen beruhte. Unter Bedingungen eines organisierten, auf staatliche Infrastrukturleistungen und Rahmenplanung angewiesenen Kapitalismus, und mit einer wachsenden Ungleichheit von ökonomischen Machtpositionen, Vermögenswerten und sozialen Lagen trat nur der *objektivrechtliche Gehalt* der subjektiven Privatrechte sichtbarer hervor. Das allgemeine Recht auf gleiche subjektive Freiheiten konnte in einem derart veränderten gesellschaftlichen Kontext nicht mehr allein über den negativen Status der Rechtssubjekte gewährleistet werden. Es erwies sich vielmehr als notwendig, einerseits die bestehenden Privatrechtsnormen inhaltlich zu spezifizieren und andererseits eine neue Kategorie von Grundrechten einzuführen, die Leistungsansprüche auf eine gerechtere Verteilung des gesellschaftlich produzierten Reichtums (und einen wirksameren Schutz vor gesellschaftlich produzierten Gefahren) begründen. Normativ betrachtet, werden sowohl die Materialisierung bestehender Freiheitsrechte wie die neue Kategorie von Leistungsrechten *relativ begründet*, nämlich mit Bezugnahme auf eine ihrerseits absolut begründete Gleichverteilung rechtlich geschützter subjektiver Handlungsfreiheiten. Die Materialisierung ergibt sich daraus, »daß rechtliche Freiheit, also die rechtliche Erlaubnis, etwas zu tun oder zu lassen, ohne faktische

Freiheit, also die tatsächliche Möglichkeit, zwischen dem Erlaubten zu wählen, wertlos ist«; während sich die sozialen Leistungsrechte daraus erklären, »daß unter den Bedingungen der modernen Industriegesellschaft die faktische Freiheit einer großen Zahl von Grundrechtsträgern ihr materielles Substrat nicht in einem von ihnen ›beherrschten Lebensraum‹ findet, sondern wesentlich von staatlichen Aktivitäten abhängt«.[24] Im übrigen stiftet die demokratische Verfassung zwischen dem Privatrecht und dem erweiterten Katalog von Grundrechten einen Zusammenhang, der den Privatrechtsgesetzgeber bindet und darüber hinaus in der Rechtsprechung des Verfassungsgerichts (gestützt auf die Lehre von der »Ausstrahlung« oder der »Drittwirkung« der Grundrechte) seinen Niederschlag findet.[25]

Als Paradebeispiele für die Materialisierung des bürgerlichen Formalrechts dienen Veränderungen auf den klassischen Gebieten des Eigentums- und des Vertragsrechts. So ist die Eigentumsgarantie einerseits über das Sacheigentum hinaus auf alle vermögenswerten subjektiven Rechte (wie Mitgliedschaftsrechte, Rentenansprüche und -anwartschaften) in der Weise ausgedehnt worden, daß in vielen Bereichen die »publizistischen Eigentumssurrogate« die freiheitssichernde Funktion des Sachenrechts übernommen haben; andererseits betrifft die Sozialbindung des Eigentums alle Objekte, »die in einem sozialen Bezug oder einer sozialen Funktion« stehen, und zwar derart, daß die grundrechtliche Bindungswirkung der Eigentumsgarantie »auf einen relativ engen Kern des Individuellen und Höchstpersönlichen reduziert« wird (Mitbestimmung, Enteignung und enteignungsgleicher Eingriff, Abspaltung von Nutzungs-

---

24 Alexy (1985), 458 f.
25 J. Köndgen, Selbstbindung ohne Vertrag, Tübingen 1981; Ch. Joerges, Die Überarbeitung des BGB, die Sonderprivatrechte und die Unbestimmtheit des Rechts, Kritische Justiz 1987, 166-182. In der Bundesrepublik wird der »Durchgriff« der Grundrechte auf das Privatrecht entweder im Sinne der Bindung der Zivilrechtsordnung an die verfassungsrechtlichen Grundrechtsnormen, also als die Forderung einer objektivrechtlichen Normenkongruenz, oder als die privatrechtliche Konkretisierung der »ausfüllungsbedürftigen« subjektiv öffentlichen Rechte interpretiert. Vgl. H.H. Rupp, Vom Wandel der Grundrechte, Archiv des öffentlichen Rechts 1976, 168 ff.

rechten usw.).[26] H. Bethge sieht in der Eigentumsgarantie dasjenige Freiheitsrecht, »dessen ausdrückliche Sozialbindung nicht nur negativ, sondern auch positiv-aktiv am weitesten fortgeschritten ist«.[27]

Als ebenso dramatisch beurteilt die Dogmatik Veränderungen im Vertragsrecht, die (über die Berücksichtigung faktischer Vertragsverhältnisse, über Kontrahierungszwänge bei wichtigen Versorgungsleistungen, über die Theorie des Vertrauensschutzes, die Lehren vom Motivirrtum und der positiven Vertragsverletzung, vor allem über Vertragsinhalts- und Vertragsabschlußkontrollen, über entsprechende Auskunfts-, Beratungs- und Sorgfaltspflichten) auf eine Objektivierung der Austauschbeziehungen hinauslaufen. Wie im Falle des Eigentumsrechts ist auch hier die Kompensation von »Marktversagen« zugunsten der Inhaber schwächerer Marktpositionen (Arbeitnehmer, Mieter, Verbraucher usw.) der erklärte Zweck der Regelungen. Die situationstypischen Vertrauensschutztatbestände, die Selbstbindungen, Erfüllungsverpflichtungen usw. verstehen sich als soziale Schutznormen. Das derart materialisierte Vertragsrecht stellt die »Richtigkeit« des Vertragsinhalts nicht mehr allein der Fiktion der freien Willenserklärung in Verbindung mit der Vertragsabschlußfreiheit anheim. Auch das »Vertragsabschlußrecht ist Teil eines allgemeinen privaten Ausgleichsrechts für Systemvorsprünge und Abhängigkeitsrelationen, das, statt auf die Fiktion der Gleichheit der vertragschließenden Subjekte zu vertrauen, deren strukturelle Informations-, Macht- und Kompetenzvorsprünge einer empirischen Analyse und der rechtlich regulierenden Bewertung zugänglich macht«.[28]

Die exemplarisch erwähnten, vor allem auf dem Wege der Rechtsprechung initiierten Rechtsfortbildungen interessieren in unserem Zusammenhang wegen der zugrundeliegenden Prämissen, die eine veränderte Wahrnehmung und Interpretation gesellschaftlicher

26 H.J. Papier, Eigentumsgarantie des Grundgesetzes im Wandel, Heidelberg 1984, 27.

27 H. Bethge, Aktuelle Probleme der Grundrechtsdogmatik, Der Staat 24, 1985, 369.

28 D. Hart, Soziale Steuerung durch Vertragsabschlußkontrolle, Kritische Vierteljahresschrift für Gesetzgebung und Rechtswissenschaft 1986, 240f.

Prozesse verraten. Die gesetzliche Sozialbindung des Eigentums oder die richterliche Intervention in Vertragsinhalt und -abschluß verfolgen das Ziel, Asymmetrien der wirtschaftlichen Machtpositionen auszugleichen.[29] Dieses Ziel rechtfertigt sich aus dem Prinzip gleicher Chancen für die Ausübung rechtlicher Freiheiten zugleich kritisch mit Bezug auf ein verabschiedetes Sozialmodell (Marktversagen) und konstruktiv im Hinblick auf ein neues, eben das sozialstaatliche Modell. Dieses neue Hintergrundverständnis hat zwei Komponenten: einerseits entsteht das Bild einer komplexer werdenden Gesellschaft von funktional spezifizierten Handlungsbereichen, die die individuellen Aktoren in die Randstellung von »Klienten« abdrängen und den Kontingenzen verselbständigter Systemoperationen ausliefern; andererseits besteht die Erwartung, daß diese Kontingenzen mit dem Einsatz administrativer Macht, also über die Steuerungsleistungen eines präventiv oder reaktiv tätig werdenden Sozialstaates normativ gebändigt werden können.

Am Beispiel der amerikanischen Rechtsprechung zur Schadenshaftung hat H. J. Steiner den auch in den USA zu beobachtenden Paradigmenwandel einleuchtend belegt: »What this common law change does express is not a radical shift in political or legal premises, but rather a trend in liberal thought from the vision and ideology of a more individualist society stressing a facilitative state framework for private activity to the vision and ideology of a more managerial, redistributive, and welfare state.«[30] Die folgende Tabelle stellt die beiden Kombinationen von Merkmalen gegenüber, mit denen Fälle von Schadenshaftung aus geschäftlichen Transaktionen einst, aus liberaler Sicht, und heute, im Hinblick auf die sozialstaatlichen Regulationen, beschrieben *und damit* interpretiert wurden bzw. werden:

---

29 Vgl. die interessante Begründung des Bundesverfassungsgerichts in seinem Beschluß vom 7. 2. 1990 (1 BvR 26/84) zur Verfassungsbeschwerde gegen ein Urteil des Bundesgerichtshofes, Juristenzeitung 1990, 691 ff., insbesondere 692.

30 Steiner (1987), 9; vgl. Köndgen (1981), 19 ff.

unique	statistical
individual, personal	category, impersonal
concrete, anecdotal	generalized, purged of detail
occasional, random	recurrent, systemic
isolated conduct	part of an activity
unforseeable (in the particular)	predictable (in the aggregate)
wait and see, fatalism	manageable, planning through insurance and regulation

Wenn man die Tabelle in der angegebenen Reihenfolge (von der obersten zur untersten Zeile) liest, stellt sich die Differenz der Deutungsmuster als ein Perspektivenwechsel dar, den ein Beobachter beim Übergang von der Handlungs- zur Systemebene der Beschreibung vornimmt: auf der linken Seite bildet der individuelle Aktor in seiner natürlichen, also kontingent wechselnden Umgebung den Bezugspunkt; ihm wird mit der subjektiven Handlungsfreiheit auch die Verantwortung für die Folgen seiner Entscheidungen zugeschrieben; auf der rechten Seite bilden die statistisch beschriebenen Zusammenhänge eines Systems den Bezugspunkt, unter dem die doppelt kontingenten Entscheidungen der beteiligten Parteien samt ihren Folgen als abhängige Variable betrachtet werden. Wenn man die Tabelle in umgekehrter Reihenfolge (von unten nach oben) liest, stellt sich hingegen die Differenz der Deutungsmuster als eine Verschiebung der Aktorperspektive dar: während die Gesellschaft aus der Sicht des liberalen Marktmodells ein Ergebnis spontaner Kräfte und so etwas wie eine zweite Natur bildet, die sich dem Einfluß individueller Aktoren entzieht, verliert sie aus der Sicht des steuernden und sozial gestaltenden Staates genau diese Naturwüchsigkeit. Sobald die Systemzustände über ein bestimmtes Maß der »Sozialverträglichkeit« hinaus variieren, muß sich der Staat Krisenzustände als Folge von Steuerungsdefiziten zurechnen lassen.

Das Sozialstaatsmodell tritt in verschiedenen Versionen auf – je nachdem, ob dem Staat naiverweise ein großer Handlungsspielraum mit politischen Durchgriffsmöglichkeiten auf eine ihm zur Disposition stehende Gesellschaft zugetraut wird, oder ob er realistischerweise als ein System unter mehreren vorgestellt wird, das sich innerhalb eines engen Handlungsspielraums auf indirekte

Steuerungsimpulse beschränken muß. Aber solange nicht die normative Bindung der Steuerungsfunktionen des Staates an individuelle Rechte überhaupt zugunsten von »Systemansprüchen« preisgegeben wird, rechnet das Sozialstaatsmodell in beiden Lesarten mit der Konkurrenz staatlicher und herrschaftsunterworfener Aktoren, die sich gegenseitig ihre Handlungsspielräume streitig machen. Es *erkauft* sozusagen die Aktoreigenschaften der staatlichen Agenturen auf Kosten der autonomen Stellung individueller Aktoren. Ob es sich um den aktiven Interventions- oder den ironischen Supervisionsstaat handeln soll, was ihm an Fähigkeiten zur sozialen Steuerung zugesprochen wird, scheint den in ihre systemischen Abhängigkeiten verstrickten einzelnen an privater Autonomie genommen werden zu müssen. Aus dieser Sicht besteht zwischen staatlichen und privaten Handlungssubjekten ein Nullsummenspiel: der Kompetenzzuwachs der einen bedeutet einen Kompetenzverlust der anderen. Nach liberalen Vorstellungen fanden die Privatrechtssubjekte im Rahmen ihrer gleichverteilten Freiheiten eine Grenze nur an den Kontingenzen der naturwüchsigen gesellschaftlichen Situation; nun stoßen sie sich an den paternalistischen Vorgaben eines überlegenen politischen Willens, der durch diese gesellschaftlichen Kontingenzen steuernd oder sozialgestaltend in der Absicht hindurchgreift, die Gleichverteilung subjektiver Handlungsfreiheiten zu gewähren.

Der sozialstaatliche Paternalismus hat die beunruhigende Frage heraufbeschworen, ob das neue Paradigma überhaupt mit dem Prinzip rechtlicher Freiheit vereinbar ist. Diese Frage hat sich noch verschärft angesichts von Verrechtlichungsfolgen, die den keineswegs neutralen Eigenschaften der administrativen Macht als des Mediums staatlicher Eingriffe geschuldet sind. Ein fürsorgender, Lebenschancen zuteilender Sozialstaat, der mit dem Recht auf Arbeit, Sicherheit, Gesundheit, Wohnung, Vermögensvorsorge, Bildung, Freizeit und natürliche Lebensgrundlagen jedermann erst die materielle Grundlage für eine menschenwürdige Existenz gewährt, liefe offenbar Gefahr, mit seinen penetranten Vorgaben eben die Autonomie zu beeinträchtigen, um derentwillen er doch die faktischen Voraussetzungen für eine chancengleiche Nutzung negativer Freiheiten erfüllen soll. Aus diesem Grunde wendet sich H.H.

Rupp gegen das Verständnis von sozialen Leistungsrechten als »Teilhaberechten«: »Teilhabe ist der Gegensatz freiheitlichen ›Eigenhabens‹, läßt individuelle Selbstentscheidung, Selbstverwirklichung und Selbstverantwortung in bloß passiver Partizipation des einzelnen an vorgefertigten Stücken des allgemeinen Sozialprodukts aufgehen und beschränkt die ›Freiheit‹ des einzelnen auf das Recht, den ihm zugewiesenen Anteil in Empfang zu nehmen und im Sinne der Gebrauchsanweisung auch zu verwenden. Diese ›Teilhabe‹-Deutung ... hat mit der grundrechtsinstitutionellen Entstehungssicherung personaler Freiheit nichts zu tun.«[31] So richtig es ist, daß der Sozialstaat die »Entstehungssicherung« privater Autonomie nicht zum Anspruch auf staatliche Sicherungs- und Versorgungsleistungen *reduzieren* darf, sowenig ist freilich mit der rhetorischen Beschwörung des »westlich-liberalen Freiheitsverständnisses« erreicht. Denn die begründete Kritik am gesellschaftstheoretischen Selbstverständnis des bürgerlichen Formalrechts verbietet eine Rückkehr zum liberalen Rechtsparadigma. Andererseits könnten sich die Schwächen des Sozialstaatsmodells daraus erklären, daß es dieser Kritik, und damit der privatrechtlichen Engführung der kritisierten Ausgangsprämissen, noch zu sehr verhaftet bleibt.

Beide Paradigmen teilen nämlich das *produktivistische Bild* einer industriekapitalistischen Wirtschaftsgesellschaft, die so funktioniert, daß sie die Erwartung sozialer Gerechtigkeit nach der einen Lesart über die privatautonome Verfolgung je eigener Interessen erfüllt, nach der anderen Lesart gerade dadurch zunichte macht. Beide sind auf die normativen Implikationen der gesellschaftlichen Funktionsweise eines rechtlich geschützten negativen Status und damit auf die Frage fixiert, ob es genügt, die private Autonomie durch Freiheitsrechte zu gewährleisten, oder ob die *Entstehung* privater Autonomie über die Gewährung von sozialen Leistungsansprüchen gesichert werden muß. In beiden Fällen gerät der interne Zusammenhang zwischen privater und *staatsbürgerlicher* Autonomie – und damit der demokratische Sinn der Selbstorganisation einer Rechtsgemeinschaft – aus dem Blick. Der Streit, der zwischen

31 Rupp (1976), 180.

beiden Parteien anhängig ist, beschränkt sich auf die Bestimmung der faktischen Voraussetzungen für den Status von Rechtspersonen in ihrer Rolle als Adressaten der Rechtsordnung. Autonom sind diese aber nur in dem Maße, wie sie sich zugleich als Autoren des Rechts verstehen dürfen, dem sie als Adressaten unterworfen sind.

Bei der Begründung des Systems der Rechte haben wir gesehen, daß die Autonomie der Bürger und die Legitimität des Rechts aufeinander *verweisen*. Unter Bedingungen eines nachmetaphysischen Weltverständnisses gilt nur das Recht als legitim, das aus der diskursiven Meinungs- und Willensbildung gleichberechtigter Staatsbürger hervorgeht. Diese können ihre durch demokratische Teilnahmerechte garantierte öffentliche Autonomie wiederum nur angemessen wahrnehmen, soweit ihre private Autonomie gewährleistet ist. Eine gesicherte private Autonomie dient der »Entstehungssicherung« der öffentlichen ebensosehr, wie umgekehrt die angemessene Wahrnehmung der öffentlichen Autonomie der »Entstehungssicherung« der privaten dient. Dieser zirkuläre Zusammenhang manifestiert sich auch in der Genese des geltenden Rechts. Denn legitimes Recht reproduziert sich nur in Formen eines rechtsstaatlich regulierten Machtkreislaufs, der sich aus den Kommunikationen einer nichtvermachteten, über zivilgesellschaftliche Institutionen in den privaten Kernbereichen der Lebenswelt verwurzelten politischen Öffentlichkeit speist. Mit dieser Konzeption der Gesellschaft verschiebt sich die Bürde der normativen Erwartungen überhaupt von der Ebene der Eigenschaften, Kompetenzen und Handlungsspielräume von *Aktoren* auf die Ebene der *Kommunikationsformen*, in denen sich das Zusammenspiel der informellen und der nicht-institutionalisierten Meinungs- und Willensbildung vollzieht. An die Stelle des Nullsummenspiels zwischen den Inititativspielräumen privater und staatlicher Handlungssubjekte treten die mehr oder weniger intakten Kommunikationsformen der privaten und öffentlichen Sphären der Lebenswelt einerseits, des politischen Systems andererseits.

Das bedeutet kein Absehen von den Aktorbezügen des Rechts; anders als bei der anonymisierenden Umpolung des Rechts auf systemische Rechtsträgersurrogate, gehen letztlich alle Rechte auf

jenes System der Rechte zurück, das sich freie und gleiche Rechtssubjekte gegenseitig zuerkennen würden. Die Bezugnahme auf die
Kommunikationsverhältnisse, aus denen politische Macht entsteht,
die Bezugnahme auf Kommunikationsformen, auf die die Erzeugung legitimen Rechts angewiesen ist und über die es sich reproduziert – diese Bezugnahme lenkt den Blick auf jene in abstracto festgehaltenen Strukturen gegenseitiger Anerkennung, die sich mit
dem legitimen Recht wie eine Haut um die Gesellschaft im ganzen
spannt. Eine Rechtsordnung *ist* in dem Maße legitim, wie sie die
gleichursprüngliche private und staatsbürgerliche Autonomie ihrer
Bürger gleichmäßig sichert; aber zugleich *verdankt* sie ihre Legitimität den Formen der Kommunikation, in denen sich diese Autonomie allein äußern und bewähren kann. Das ist der Schlüssel zu
einem prozeduralistischen Rechtsverständnis. Nachdem sich die
formalrechtliche Gewährleistung der Privatautonomie als unzureichend erwiesen hat, und nachdem die soziale Steuerung durch
Recht die Privatautonomie, die sie doch wiederherstellen soll, zugleich gefährdet, bietet einen Ausweg nur die Thematisierung des
Zusammenhangs zwischen Kommunikationsformen, die gleichzeitig private und öffentliche Autonomie *in ihrer Entstehung* gewährleisten.

II.

Bisher hat das prozeduralistische Rechtsparadigma, das aus der
Sackgasse des Sozialstaatsmodells herausführen soll, freilich noch
unscharfe Konturen. Es geht von den Prämissen aus, daß (a) der
Weg zurück, den der Neoliberalismus unter der These einer »Wiederkehr der bürgerlichen Gesellschaft und ihres Rechts« propa-
giert,[32] versperrt ist; daß allerdings (b) der Ruf nach der »Wiederentdeckung des Individuums« durch einen sozialstaatlichen Typus
von Verrechtlichung provoziert wird, der das erklärte Ziel der Wie-

32 Der unter diesem Titel erschienene Vortrag von E. J. Mestmäcker ist erschienen
   im Rechtshistorischen Journal 10, 1991, 177-184; vgl. auch E. J. Mestmäcker,
   Der Kampf ums Recht in der offenen Gesellschaft, Rechtstheorie 20, 1989, 273-
   288.

derherstellung privater Autonomie ins Gegenteil zu verkehren droht;[33] daß schließlich (c) das Sozialstaatsprojekt weder einfach festgeschrieben noch abgebrochen werden darf, sondern auf höherer Reflexionsstufe fortgesetzt werden muß.[34] Dabei ist die Absicht leitend, das kapitalistische Wirtschaftssystem zu zähmen, d.h. auf einem Wege sozial und ökologisch »umzubauen«, auf dem gleichzeitig der Einsatz administrativer Macht »gebändigt«, nämlich unter Effektivitätsgesichtspunkten auf schonende Formen indirekter Steuerung trainiert sowie unter Legitimitätsgesichtspunkten an kommunikative Macht rückgebunden und gegen illegitime Macht immunisiert werden kann. Dieser Weg zur Verwirklichung des Systems der Rechte unter Bedingungen einer komplexen Gesellschaft läßt sich nicht zureichend dadurch kennzeichnen, daß das prozedurale Rechtsparadigma eine bestimmte Rechtsform – das reflexive Recht – in ähnlicher Weise privilegiert, wie das liberale und das sozialstaatliche Paradigma jeweils ihre Rechtsformen – das formale und das materiale Recht – ausgezeichnet haben.[35] Die Wahl der jeweiligen Rechtsform muß vielmehr auf den ursprünglichen Sinn des Systems der Rechte bezogen bleiben – nämlich die private und öffentliche Autonomie der Bürger dadurch uno actu zu sichern, daß jeder Rechtsakt zugleich als Beitrag zur politisch-autonomen Ausgestaltung der Grundrechte, also als Element eines auf Dauer gestellten verfassunggebenden Prozesses verstanden werden kann. Ich möchte dieses Hintergrundverständnis präzisieren, indem ich zunächst aus der Sicht der Privatrechte auf einige Dilemmata des Rechts im Sozialstaat eingehe.[36]

(1) Aus dem sozialstaatlichen Paternalismus bieten sich, von der Warte des Privatrechts, verschiedene Auswege an. Eine Denkrichtung lenkt den Blick auf den Aspekt der Einklagbarkeit subjektiver

---

33 S. Simitis, Wiederentdeckung des Individuums und arbeitsrechtliche Normen, Sinzheimer Cahiers 2, 1991, 7-42.

34 J. Habermas, Die Neue Unübersichtlichkeit, Frankfurt/Main 1985, 157ff.

35 G. Teubner, Substantive and Reflexive Elements in Modern Law, Modern Law Review 17, 1983, 239ff.; ders., Regulatorisches Recht: Chronik eines angekündigten Todes, Archiv für Rechts- u. Sozialphilosophie, Beiheft 54, 1990, 140-161; dazu aber: E. Rehbinder, Reflexives Recht und Praxis, Jahrbuch für Rechtssoziologie und Rechtstheorie, Bd. XII, 1988, 109-129.

36 G. Teubner (Hg.), Dilemmas of Law in the Welfare State, Berlin 1986.

Rechte. Sie geht von der Feststellung aus, daß das materialisierte Recht wegen seiner komplexen Bezugnahmen auf sozialtypische Lagen hohe Kompetenzanforderungen an die Konfliktparteien stellt.[37] Rechte können nur in dem Maße sozial wirksam werden, wie die Betroffenen hinreichend informiert und fähig sind, um in einschlägigen Fällen den durch die Justizgrundrechte verbürgten Rechtsschutz zu aktualisieren. Die Kompetenz, Recht zu mobilisieren, hängt bereits allgemein ab von formaler Schulbildung, sozialer Herkunft und anderen Variablen (wie Geschlecht, Alter, Prozeßerfahrung, der Art der vom Konflikt berührten Sozialbeziehung usw.). Um so höher sind aber die Zugangsbarrieren bei der Inanspruchnahme des materialisierten Rechts, das vom Laien verlangt, seine Alltagsprobleme (von Arbeit, Freizeit und Konsum, Wohnung, Krankheit usw.) in sehr spezielle, von Erfahrungskontexten der Lebenswelt abstrahierende Rechtskonstruktionen zu zerlegen. Deshalb liegt die Forderung nach einer kompensatorischen Rechtsschutzpolitik nahe, die die Rechtskenntnis, die Wahrnehmungs- und Artikulationsfähigkeit, die Konfliktbereitschaft und Durchsetzungsfähigkeit schutzbedürftiger Klienten stärkt. Über konventionelle Maßnahmen wie Rechtschutzversicherung, Prozeßkostenübernahme usw. hinaus kann die Gegenmacht sozialer Interessen in der Form einer *Kollektivierung der Rechtsdurchsetzung* gefördert werden. Das Instrument der Verbands- oder Gemeinschaftsklage sowie die Einrichtung von Ombudsleuten, Schiedsstellen usw. könnten freilich der Entmächtigung überforderter Klienten nur entgegenwirken, wenn der kollektive Rechtsschutz den einzelnen nicht nur durch eine kompetente Stellvertretung entlasten, sondern an der organisierten Wahrnehmung, Artikulation und Durchsetzung seiner eigenen Interessen auch *beteiligen* würde. Wenn sich die sozialstaatliche Entmündigung auf diesem Wege nicht noch verstärken soll, muß der betroffene Bürger die Organisierung des Rechtsschutzes als einen politischen Prozeß erfahren, muß *er selbst* am Aufbau von Gegenmacht und an der Artikulation gesellschaftlicher Interessen teilnehmen können. Diese Interpretation der Verfahrensteilhabe als Mitwirkung am

---

37 Für das Haftungsrecht vgl. G. Brüggemeier, Justizielle Schutzpolitik de lege lata, in: G. Brüggemeier, D. Hart, Soziales Schuldrecht, Bremen 1987, 7-41.

Prozeß der Rechtsverwirklichung bringt den kollektiv aufgewerteten positiven Rechtsstatus in Zusammenhang mit dem aktiven Staatsbürgerstatus. P. Häberle hat diesen demokratisch-prozessualen Sinn der Verfahrensteilhabe allgemein auf die Verwirklichung sozialer Leistungsrechte ausgedehnt. Er setzt seine Hoffnungen auf die Ausgestaltung eines »status activus processualis«.[38] Auch wenn man das Verfahrensrecht nicht demokratieersatztheoretisch überfordern darf, erinnert dieser Vorschlag zur Korrektur der Jellinekschen Statuslehre immerhin an den internen Zusammenhang von privater und öffentlicher Autonomie.

Die an Vorschläge von R. Wiethölter anschließende Schule[39] möchte Beeinträchtigungen des negativen Freiheitsstatus, die sich aus dem Einsatz des materialisierten Rechts für Zwecke der sozialstaatlichen Steuerung ergeben, auf andere Weise wettmachen. Wiederum sollen Organisation und Verfahren den positiven Rechtsstatus des einzelnen stärken, aber diesmal nicht auf dem Wege kollektiver Rechtsdurchsetzung, sondern in *Formen kooperativer Willensbildung*. Der Gesetzgeber soll für die Binnenkonstitutionalisierung von Handlungsbereichen Verfahren und Organisationsformen zur Verfügung stellen, die die Beteiligten instandsetzen, nach dem Modell von Selbstverwaltungseinrichtungen und Schiedsstellen ihre Angelegenheiten und Konflikte in eigener Regie zu lösen. Auf diese Weise soll die Privatautonomie des Einzelnen durch die *Sozialautonomie von Verfahrensteilnehmern* ergänzt oder ersetzt werden. Aus dieser Perspektive stellt E. Schmidt bereits eine »Überlagerung« des materialisierten durch »prozedurales« Recht fest: »Konnte die Blütezeit der Privatautonomie auf die Entfaltungsbedürfnisse eines noch den Selbststeuerungskräften freier Wirtschaftskonkurrenz vertrauenden Bürgertums bezogen werden; und entsprangen die ihr folgenden Bestrebungen einer inhaltlichen Fixierung der Distributionsakte im wesentlichen dem

---

38 P. Häberle (1978).

39 R. Wiethölter, Proceduralization of the Category of Law, in: Ch. Joerges, D.M. Trubek (Hg.), Critical Legal Thought, Baden-Baden 1989, 501-510; Ch. Joerges, Politische Rechtstheorie und Critical Legal Studies, ebd., 597-644; ferner: G. Brüggemeier, Wirtschaftsordnung und Staatsverfassung, Rechtstheorie 8, 1982, 60-73.

Versuch, die Interessen der von jenem Modell Ausgeschlossenen gleichsam stellvertretend zu verwalten; so stehen wir heute vor einer Situation, für die immer weniger ein herber Klassenantagonismus kennzeichnend ist, und in der statt dessen eine sich ständig noch steigernde wechselseitige Abhängigkeit der sozialen Schichtgruppen bemerkbar wird.« Mit der wachsenden Interdependenz der Handlungssysteme gehe eine »zunehmende Artikulationsfähigkeit der Beteiligten« einher: »Diese Fähigkeit – und das ist das grundlegende Neue – wird nun aber nicht individuell, sondern solidarisch entwickelt. Für den Bereich der Produktion genügt dazu ein Hinweis auf die Gewerkschaftsbewegung. Auf diesem Feld sind wir es längst gewohnt, daß die maßgeblichen Schutz- und Einkommensbedürfnisse weder individuell praktiziert, noch staatlich reguliert werden ... Daß tarifvertraglich mitunter sogar zwingendes Recht abbedungen werden kann, (ist) ein Beispiel für den hier eingeräumten Vorrang der Sozialautonomie vor staatlicher Fremdbestimmung.«[40]

Allerdings werden private und öffentliche Autonomie mit dem Begriff der Sozialautonomie – ähnlich wie mit dem des aktiven Prozeßstatus – vorschnell auf einen gemeinsamen Nenner gebracht. Die Tarifautonomie ist gewiß ein gutes Beispiel für die Binnenkonstitutionalisierung eines auf Konfliktaustragung spezialisierten nicht-staatlichen Handlungssystems; und das Beispiel belegt auch, wie der positive Rechtsstatus von Verbandsmitgliedern mit quasipolitischen Teilnahmerechten ausgestattet und dem aktiven Staatsbürgerstatus angeglichen werden kann. Aber dieselbe Tarifautonomie liefert andererseits Beispiele für die Aushöhlung individueller Selbstbestimmung durch kollektiv autonome Regelungskompetenzen. Die Bereitschaft des Gesetzgebers, den Tarifparteien Rechtsetzungsbefugnisse zu übertragen und sich auf komplementäre Aufgaben zu beschränken, bedeutet für den einzelnen Arbeitnehmer nicht *ohne weiteres* einen Gewinn an Autonomie. S. Simitis hat anhand der starren und geschlechtsspezifisch festgelegten Altersgrenzen, anhand der Schutznormen für Frauenarbeit, der Regelungen der Teilzeitarbeit und des betrieblichen Datenschutzes, anhand von

40 E. Schmidt, Von der Privat- zur Sozialautonomie, Juristenzeitung 35, 1980, 158.

Arbeitssicherheitsbestimmungen und allgemein an der rechtlichen Ausgestaltung des sogenannten »Normalarbeitsverhältnisses« nachgewiesen, daß die Instrumente der Betriebsvereinbarung und des Tarifvertrages in der gleichen Weise wie das vom politischen Gesetzgeber beschlossene Arbeitsrecht die Befriedigung sozialer Ansprüche mit starken Schematisierungen und Verhaltensdirektiven erkaufen. Diese Normierungen können sich als *freiheitsein-schränkende Normalisierungen* auswirken. Sie schränken beispielsweise die privatautonome Lebensgestaltung der Begünstigten insoweit unzumutbar ein, wie sie tradierte Rollen fortschreiben, statt die Betroffenen selbst an deren Interpretation, Ausdifferenzierung oder Umgestaltung zu beteiligen: »Gesetz und Tarifvertrag schlagen nicht die Brücke zur Selbstbestimmung des Arbeitnehmers, sie institutionalisieren im Gegenteil, um des besseren Schutzes des einzelnen Arbeitnehmers willen, die Fremdbestimmung. Solange Gesetz und Tarifvertrag den Arbeitnehmer nicht als Individuum, sondern als Teil eines Kollektivs wahrnehmen, vermögen sie ihre Aufgabe nicht zu erfüllen, Anforderungen festzuschreiben, die den Konsequenzen der Abhängigkeit (am Arbeitsplatz) entgegenwirken. Die Folge: Gesetz und Tarifvertrag leiten eine zunächst kaum wahrnehmbare, sich zunehmend ausbreitende und verfestigende *Kolonialisierung des Arbeitnehmerverhaltens* ein.«[41] Die Binnenkonstitutionalisierung des Arbeitsverhältnisses zahlt sich nicht per se in der Münze von Autonomiegewinnen aus: »ganz gleich also, ob es um gesetzliche oder kollektivvertragliche Bestimmungen geht, die individuelle Abmachung wird durchweg zugunsten einer Regelung verdrängt, die sich nicht an den Erwartungen des konkreten Arbeitnehmers orientiert, sondern an der Lage einer spezifischen Arbeitnehmergruppe, wenn nicht der Arbeitnehmerschaft überhaupt«.[42]

Natürlich macht sich Simitis nicht zum Anwalt eines rückwärts gewandten Neokontraktualismus; denn die Ursachen, die zu sozialstaatlichen Regulierungen geführt haben, werden durch Deregulie-

---

41 Simitis (1991), 11 (Hervorhebung von mir); vgl. auch: ders., Zur Verrechtlichung der Arbeitsbeziehungen, in: Kübler (1984), 73-166.
42 Simitis (1991), 10.

rung nicht zum Verschwinden gebracht.[43] Aber diese und ähnliche Analysen machen auf Probleme der Gleichstellung und der Gleichbehandlung aufmerksam, die durch die effektive Durchsetzung bestehender, oder die Einführung neuer Verfahrensrechte noch nicht per se gelöst werden. Das richtige Verhältnis von faktischer und rechtlicher Gleichheit kann nicht im Hinblick auf subjektive Privatrechte alleine bestimmt werden. Unter der Prämisse der Gleichursprünglichkeit von privater und öffentlicher Autonomie kann es *letztlich* nur von den Staatsbürgern selbst bestimmt werden.

(2) Die Diskurstheorie erklärt die Legitimität des Rechts mit Hilfe von – ihrerseits rechtlich institutionalisierten – Verfahren und Kommunikationsvoraussetzungen, welche die Vermutung begründen, daß die Prozesse der Rechtsetzung und der Rechtsanwendung zu rationalen Ergebnissen führen. Als ›rational‹ bewähren sich die vom politischen Gesetzgeber verabschiedeten Normen und die von der Justiz zuerkannten Rechte inhaltlich daran, daß die Adressaten als freie und gleiche Mitglieder einer Gemeinschaft von Rechtssubjekten behandelt werden, kurz: an der Gleichbehandlung der in ihrer Integrität zugleich geschützten Rechtspersonen. Juristisch drückt sich diese Konsequenz im Gleichbehandlungsgebot aus. Dieses schließt Rechtsanwendungsgleichheit, d. h. die Gleichheit der Bürger *vor dem* Gesetz ein, ist aber gleichbedeutend mit dem weiterreichenden Prinzip der Rechtsinhaltsgleichheit, welches besagt, daß in den jeweils relevanten Hinsichten Gleiches gleich und Ungleiches ungleich behandelt werden soll. Was jeweils ›relevante Hinsichten‹ sind, bedarf aber der Begründung. Alexy interpretiert deshalb den Gleichheitssatz im Sinne einer Argumentationslastregel (für Begründungs- und Anwendungsdiskurse).[44] Die Gründe

---

43 S. Simitis, Selbstbestimmung: Illusorisches Projekt oder reale Chance?, in: J. Rüsen et al., Die Zukunft der Aufklärung, Frankfurt/Main 1988, 177: »Die Intervention war kein Willkür- oder Zufallsprodukt und läßt sich deshalb nicht ohne weiteres rückgängig machen.« Vgl. auch I. Maus, Verrechtlichung, Entrechtlichung und der Funktionswandel von Institutionen, in: G. Göhler (Hg.), Grundfragen der Theorie politischer Institutionen, Opladen 1987, 132-172.

44 Alexy (1985), 370, 372: »Wenn es keinen zureichenden Grund für die Erlaubtheit einer Ungleichbehandlung gibt, dann ist Gleichbehandlung geboten« beziehungsweise: »Wenn es einen zureichenden Grund für die Gebotenheit einer Ungleichbehandlung gibt, dann ist eine Ungleichbehandlung geboten.«

sind entweder selbst normativer Art oder stützen sich auf normative Gründe. Sie sind gute oder »ins Gewicht fallende« Gründe, wenn sie unter Diskursbedingungen »zählen« und letztlich für das Publikum der Staatsbürger, als Autoren der Rechtsordnung, rational akzeptabel sind. Legitimes Recht schließt den Kreis zwischen der privaten Autonomie seiner gleichbehandelten Adressaten einerseits und andererseits der öffentlichen Autonomie der Staatsbürger, die als gleichberechtigte Autoren der Rechtsordnung (letztlich) über die Kriterien der Gleichbehandlung befinden müssen.

Diese Kriterien sind gegenüber der Grenzziehung zwischen den Spielräumen privater und öffentlicher Autonomie keineswegs indifferent. Den historischen Streit zwischen sozialstaatlichem und liberalem Rechtsparadigma kann man auch als einen Streit über diese Grenzziehung und damit über die jeweiligen Kriterien der Gleichbehandlung begreifen. Nun hat der reflexiv gewordene Streit die naturwüchsige Dominanz des einen oder des anderen Paradigmas beendet. Deshalb muß von Fall zu Fall entschieden werden, ob und in welchen Hinsichten für die rechtliche Gleichstellung der zugleich privat und öffentlich autonomen Bürger eine faktische Gleichstellung geboten ist. Das prozeduralistische Rechtsparadigma betont normativ genau diesen doppelten Bezug des Verhältnisses von rechtlicher und faktischer Gleichheit zu privater und öffentlicher Autonomie – und zeichnet alle die Arenen aus, in denen der politische Streit über die grundsätzlich strittigen Kriterien der Gleichbehandlung diskursiv ausgetragen werden muß, wenn der Machtkreislauf des politischen Systems dem Richtungssinn rechtsstaatlicher Regulierung folgen soll.

Die sozialstaatliche Kritik am bürgerlichen Formalrecht richtet den Blick auf die Dialektik zwischen der rechtlichen und faktischen Freiheit der Rechts*adressaten*, also in erster Linie auf die Durchsetzung sozialer Grundrechte. Die faktische Gleichstellung bemißt sich an beobachtbaren sozialen Folgen rechtlicher Regelungen für die Betroffenen, während sich die rechtliche Gleichheit auf deren Kompetenz bezieht, im Rahmen der Gesetze nach eigenen Präferenzen frei zu entscheiden. Das Prinzip rechtlicher Freiheit erzeugt faktische Ungleichheiten, da es den differenziellen Gebrauch, den verschiedene Subjekte von denselben Rechten machen, nicht nur zuläßt, sondern ermöglicht; damit erfüllt es die subjektiv-rechtlichen Voraussetzungen für eine privatautonome Lebensgestaltung. Insofern kann rechtlich Gleichheit nicht mit faktischer Gleichstellung zusammenfallen. Andererseits widerstreiten diejenigen faktischen Ungleichheiten dem Gebot rechtlicher Gleichbehandlung, die bestimmte Personen oder Gruppen diskriminieren, indem sie die Chancen zur Nutzung gleichverteilter subjektiver Handlungsfreiheiten tatsächlich beeinträchtigen. Soweit die sozialstaatlichen Kompensationen die Gleichheit der Chancen, von den gewährleisteten Handlungskompetenzen gleichmäßig Gebrauch zu machen, erst herstellen, dient der Ausgleich faktisch ungleicher Lebenslagen und Machpositionen der Verwirklichung rechtlicher Gleichheit. Insoweit ist die Dialektik zwischen rechtlicher und faktischer Gleichheit zu einem normativ unbedenklichen Motor der Rechtsentwicklung geworden.

Zu einem *Dilemma* spitzt sich dieses Verhältnis aber dann zu, wenn sozialstaatliche Regelungen, die unter dem Gesichtspunkt der Rechtsgleichheit eine faktische Gleichheit von Lebenslagen und Machtpositionen sichern sollen, dieses Ziel nur unter Bedingungen oder mit Mitteln erreichen, die für die präsumtiven Nutznießer die sicherungsbedürftigen Spielräume für eine privatautonome Lebensgestaltung zugleich empfindlich *einschränken*. Simitis hat anhand der erwähnten Beispiele den kritischen Punkt beleuchtet, »von dem an der mögliche Gewinn an materieller Handlungskompetenz in eine erneute Abhängigkeit umschlägt«.[45] Ob nun arbeits- und fami-

45 Simitis (1988), 193; vgl. auch die dort behandelten Entwicklungen im Familienrecht, die den Autor zu dem Schluß führen: »Aus der Anerkennung der Individualität aller Familienmitglieder sowie der Eigenständigkeit ihrer Interessen folgt keineswegs die Notwendigkeit, ein detailliertes, auf die Verwirklichung präziser Erziehungsvorstellung bedachtes und in diesem Sinne ständig auszugestaltendes Interventionssystem zu entwickeln ... Jede rechtliche Regelung muß sich vielmehr an der Bedeutung orientieren, die der Interaktion in der Familie für die Entwicklung ihrer Mitglieder zukommt, in der Familiendynamik also ihren eigentlichen Ansatzpunkt sehen ... Der Abschied von der Vorstellung, daß die Familie eine harmonische Einheit sei, ... begründet keineswegs zwangsläufig die Kompetenz familienfremder Instanzen, inhaltliche Entscheidungen zu treffen. Ihre Intervention darf zunächst nichts an der Berechtigung und Verpflichtung der Familienmitglieder ändern, selbst darüber zu befinden, wie sich ihr Verhältnis zueinander gestalten muß ... Der Versuch, die Betroffenen um ihrer Selbst-

lienrechtliche Regelungen Arbeitnehmern oder Familienmitgliedern *auferlegen*, ihr Verhalten an einem »normalen« Arbeitsverhältnis bzw. an einem normalvorbildlichen Sozialisationsmuster auszurichten; ob die Begünstigten andere Kompensationen mit der Abhängigkeit von normalisierenden Eingriffen der Arbeits-, Jugend-, Sozial- und Wohnungsämter oder mit inhaltlich intervenierenden Gerichtsentscheidungen *erkaufen*; oder ob kollektiver Rechtsschutz, Koalitionsfreiheit usw. eine effektive Vertretung von Interessen nur noch auf Kosten der Entscheidungsfreiheit von Organisationsmitgliedern sichern, die zu *passiver Folgebereitschaft* und Anpassung verurteilt sind – in allen kritischen Fällen geht es um dasselbe Phänomen: die Erfüllung der faktischen Voraussetzungen für eine chancengleiche Wahrnehmung subjektiver Handlungsfreiheiten verändert Lebenslagen und Machtpositionen in der Weise, daß sich der Ausgleich von Situationsnachteilen mit Bevormundungen verbindet, die die beabsichtigte *Autorisierung* zum Gebrauch der Freiheit in *Betreuung* verkehren.

Das sozialstaatlich materialisierte Recht ist, wie sich auch am Sozialrecht zeigt,[46] durch eine Ambivalenz von Freiheitsverbürgung und Freiheitsentzug geprägt, die sich aus der Dialektik von rechtlicher und faktischer Gleichheit ergibt und insofern aus der Struktur dieses Verrechtlichungsprozesses hervorgeht. Aber es ist voreilig, diese Struktur selbst als *dilemmatisch* zu beschreiben.[47] Denn die Kriterien, anhand deren sich der Punkt identifizieren läßt, wo die ermächtigende in eine nur noch betreuende sozialstaatliche Vorsorge umschlägt, sind zwar kontextabhängig und umstritten, aber nicht beliebig.

In diesen Kriterien spricht sich eine klare normative Intuition aus, die freilich in verschiedenen politischen Kulturen und im Hinblick

bestimmung willen vor Belastungen zu bewahren, die eine Kommunikation gefährden, wenn nicht unmöglich machen, darf nicht dazu führen, sie noch mehr Steuerungseinflüssen als bisher auszuliefern« (ebd., 184 f.).

46 H. F. Zacher, Verrechtlichung im Bereich des Sozialen, in: Kübler (1984), 14-72.

47 So in Habermas (1981), Bd. 2, 530-547; die in diesem Zusammenhang vorgeschlagene Unterscheidung zwischen Recht als Institution und Recht als Medium, die die sozialintegrativen Rechtsnormen den Rechtsformen der politischen Steuerung gegenüberstellt, läßt sich nicht aufrechterhalten. Vgl. dazu K. Tuori, Discourse Ethics and the Legitimacy of Law, Ratio Juris 2, 1989, 125-143.

auf wechselnde gesellschaftliche Situationen verschieden interpretiert wird. Nach der diskurstheoretischen Lesart des Systems der Rechte muß das positive Recht, weil es von Beschlüssen eines Gesetzgebers abhängt, die Autonomie der Rechtspersonen in das komplementäre Verhältnis von privater und öffentlicher Autonomie aufspalten, damit sich die Adressaten des gesetzten Rechts zugleich als Autoren der Rechtsetzung verstehen können. Beides sind wesentlich unselbständige Elemente, die auf ihr jeweiliges Komplement verweisen. Mit diesem wechselseitigen Verweisungszusammenhang ist ein intuitiver Maßstab gegeben, nach dem sich beurteilen läßt, ob eine Regelung Autonomie fördert oder beeinträchtigt. Diesem Maßstab zufolge müssen die Staatsbürger in Wahrnehmung ihrer öffentlichen Autonomie die Grenzen der privaten Autonomie so ziehen, daß diese die Privatleute für ihre Rolle als Staatsbürger hinreichend qualifiziert. Denn der Kommunikationszusammenhang einer aus Privatleuten zivilgesellschaftlich rekrutierten Öffentlichkeit ist auf die spontanen Zufuhren aus einer Lebenswelt angewiesen, die in ihren privaten Kernbereichen intakt ist. Die normative Intuition, daß sich private und öffentliche Autonomie wechselseitig voraussetzen, informiert den öffentlichen Streit über die Kriterien für die jeweils notwendigen faktischen Voraussetzungen rechtlicher Gleichheit. An diesen Kriterien bemißt sich auch, wann sich eine Regelung als formalrechtliche Diskriminierung oder als sozialstaatlicher Paternalismus auswirkt. Ein Rechtsprogramm erweist sich als diskriminierend, wenn es gegen die freiheitseinschränkenden Nebenfolgen faktischer Ungleichheiten, als paternalistisch, wenn es gegen die freiheitseinschränkenden Nebenfolgen der staatlichen Kompensation dieser Ungleichheiten unempfindlich ist.

Die Gewährung von Ansprüchen auf Teilhabe im Sinne sozialer Sicherheit (und des Schutzes vor ökologischen oder wissenschaftlich-technischen Gefahren) wird relativ begründet; sie bleibt bezogen auf die Gewährleistung individueller Selbstbestimmung als einer notwendigen Bedingung für politische Selbstbestimmung. In diesem Sinne rechtfertigt U. Preuß sozialstaatliche Leistungsrechte mit dem Zweck der Sicherung eines autonomen Bürgerstatus: »Der unhintergehbare Ausgangspunkt staatsbürgerlicher Qualifikation ist (heute) die gleiche Freiheit eines jeden Staatsbürgers unbeschadet der je sehr unterschiedlichen natürlichen Gaben, Fähigkeiten und Leistungsvermögen ... Nicht nur jeder einzelne hat ein Interesse daran ..., sondern die demokratische Gesellschaft insgesamt ist darauf angewiesen, daß die durch die Bürger gefällten Entscheidungen eine – wie immer definierte – Qualität haben. Damit ist sie auch an der guten Qualität der Staatsbürger interessiert: an ihrer Informiertheit, ihrer Fähigkeit zur Reflexion und zur Berücksichtigung der Folgen ihrer politisch relevanten Entscheidungen, an ihrem Willen, ihre Interessen im Hinblick auf die Interessen ihrer Mitbürger ebenso wie der künftigen Generationen zu formulieren und durchzusetzen, kurz an ihrer ›kommunikativen Kompetenz‹ ... Die ungleiche Verteilung von Lebensgütern mindert die Qualität der staatsbürgerlichen Gütemerkmale und damit im Ergebnis auch die erreichbare Rationalität kollektiver Entscheidungen. Eine Politik des Ausgleichs der ungleichen Verteilung der in einer Gesellschaft verfügbaren Güter läßt sich daher als ›Staatsbürgerqualifikationspolitik‹ rechtfertigen.«[48] Diese Interpretation darf freilich nicht auf eine Funktionalisierung *aller* Grundrechte für den demokratischen Prozeß hinauslaufen.[49]

(3) Das sozialstaatliche Paradigma des Rechts orientiert sich ausschließlich am Problem der gerechten Verteilung der gesellschaftlich produzierten Lebenschancen. Indem es Gerechtigkeit auf *distributive* Gerechtigkeit reduziert, verfehlt es den freiheitsverbürgenden Sinn legitimer Rechte: was diejenigen, die an der Praxis der Selbstorganisation einer Gemeinschaft freier und gleicher Rechtsgenossen teilnehmen, implizit immer schon voraussetzen müssen, wird ja im System der Rechte nur ausbuchstabiert. Mit der Idee einer gerechten Gesellschaft verbindet sich das Versprechen von Emanzipation und Menschenwürde. Der distributive Aspekt der rechtlichen Gleichstellung und Gleichbehandlung – die ge-

48 U. Preuß, Verfassungstheoretische Überlegungen zur normativen Begründung des Wohlfahrtsstaates, in: Ch. Sachße et al. (Hg.), Sicherheit und Freiheit, Frankfurt/Main 1990, 125 f.

49 E. Böckenförde kennzeichnet eine solche ›demokratisch-funktionale Grundrechtstheorie‹ mit der Aussage: »Die Grundrechte erhalten ihren Sinn und ihre prinzipielle Bedeutung als konstituierende Faktoren eines freien Prozesses ... demokratischer Willensbildung«, in: E. Böckenförde, Staat, Gesellschaft, Freiheit, Frankfurt/Main 1976, 235.

rechte Verteilung sozialer Entschädigungen – *ergibt* sich erst aus dem universalistischen Sinn eines Rechts, das die Freiheit und Integrität eines jeden gewährleisten soll. In einer Rechtsgemeinschaft ist *niemand* frei, solange die Freiheit des einen mit der Unterdrückung eines anderen erkauft werden muß. Die gleichmäßige Verteilung der Rechte *folgt* erst aus der Gegenseitigkeit der Anerkennung aller als freier und gleicher Mitglieder. Unter diesem Aspekt gleicher Achtung haben die Subjekte Anspruch auf gleiche Rechte. Der komplementäre Fehler des liberalen Rechtsparadigmas liegt darin, Gerechtigkeit auf eine gleiche Distribution von Rechten zu reduzieren, d.h. Rechte an Güter zu assimilieren, die man aufteilen und besitzen kann. Ebensowenig sind Rechte kollektive Güter, die man gemeinsam verzehrt; Rechte lassen sich nur »genießen«, indem man sie *ausübt*. Individuelle Selbstbestimmung konstituiert sich freilich in der Ausübung von Rechten, die sich aus *legitim erzeugten* Normen herleiten. Deshalb läßt sich die Gleichverteilung subjektiver Rechte nicht von jener öffentlichen Autonomie ablösen, die die Staatsbürger, indem sie an der Praxis der Gesetzgebung teilnehmen, nur gemeinsam ausüben können.

Die komplementären Blindheiten des sozialstaatlichen und des liberalen Rechtsparadigmas gehen auf den gemeinsamen Fehler zurück, die rechtliche Konstituierung von Freiheit als »Distribution« mißzuverstehen und an das Modell der Gleichverteilung von erworbenen oder zugeteilten Gütern anzugleichen. Iris M. Young hat diesen Fehler überzeugend kritisiert: »What does distributing a right mean? One may talk about having a right to a distributive share of material things, resources, or income. But in such cases it is the good that is distributed, not the right … Rights are not fruitfully conceived as possessions. Rights are relationships, not things; they are institutionally defined rules specifying what people can *do* in relation to one another. Rights refer to *doing* more than *having*, to social relationships that enable or constrain action.«[50] Ungerechtigkeit bedeutet primär Einschränkung von Freiheit und Verletzung der Menschenwürde. Sie kann sich allerdings in einer Benachteiligung äußern, die den »Unterdrückten« und »Unterworfenen« vor-

---

50 I.M. Young, Justice and the Politics of Difference, Princeton 1990, 25.

enthält, was sie zur Ausübung ihrer privaten und öffentlichen Autonomie instandsetzt: »Justice should refer not only to distribution, but also to the institutional conditions necessary for the development and exercise of individual capacities and collective communication and cooperation. Under this conception of justice, injustice refers primarily to two forms of disabling constraints, oppression and domination. While these constraints include distributive patterns, they also involve matters which cannot easily be assimilated to the logic of distribution: decisionmaking procedures, division of labor and culture.«[51]

Diese Kritik steht nicht zufällig im Zusammenhang einer *feministischen Rechtstheorie*, die sich vom sozialstaatlichen Rechtsparadigma verabschiedet. Denn die – vor allem in den USA fortgeschrittene – feministische Diskussion befaßt sich mit Rechtsentwicklungen, in denen sich die Dialektik von rechtlicher und faktischer Gleichheit auf interessante Weise zuspitzt. Die Probleme der Gleichbehandlung von Mann und Frau bringen die Pointe zu Bewußtsein, daß die angestrebten Berechtigungen nicht nur als sozialstaatliche Begünstigungen im Sinne einer gerechten sozialen Teilhabe verstanden werden dürfen. Rechte können die Frauen nur in dem Maße zu einer privatautonomen Lebensgestaltung ermächtigen, wie sie zugleich eine gleichberechtigte Teilnahme an der Praxis staatsbürgerlicher Selbstbestimmung ermöglichen, weil nur die Betroffenen selbst die jeweils »relevanten Hinsichten« von Gleichheit und Ungleichheit klären können. Der Feminismus beharrt auf dem emanzipatorischen Sinn rechtlicher Gleichbehandlung, weil er sich gegen Strukturen der Abhängigkeit richtet, die vom sozialstaatlichen »Distributionsparadigma« verdeckt werden: »Domination consists in institutional conditions which inhibit or prevent people from participation in determining their actions or the conditions of their actions. Welfare capitalist society creates specifically new forms of domination. Increasingly the activities of everyday work and life come under rationalized bureaucratic control, subjecting people to the discipline of authorities and experts in many areas of life.«[52] Solange diese kolonisierenden Abhängigkeiten nicht überwunden

51 Young (1990), 39.
52 Young (1990), 76.

werden, geht eine noch so wohlmeinende Politik der »begünstigenden Diskriminierung« in die falsche Richtung; denn sie unterdrückt die Stimmen derer, die allein *sagen* könnten, was die jeweils relevanten Gründe für eine Gleich- bzw. Ungleichbehandlung sind.[53]

Ausgehen möchte ich von der feministischen Charta, die 1977 in Houston, Texas, von 2000 Delegierten verschiedener sozialer, ethnischer und regionaler Herkunft verabschiedet worden ist. Wenn man diesen Katalog von Forderungen[54] unter rechtstheoretischen Gesichtspunkten betrachtet, erkennt man die historischen Schichten der bis heute *uneingelösten* Anliegen der feministischen Bewegung. Die *liberalen* Forderungen beziehen sich einerseits auf eine weitergehende Inklusion von Frauen in soziale Handlungssysteme (abolition of all gender discrimination in education and employment; increased representation of women in elective and appointive public offices), andererseits auf die Durchsetzung von Grundrechten in sozialen Bereichen, die in einem neuen Sinne als Sphäre »besonderer Gewaltverhältnisse« gelten dürfen (governmental support for battered women and displaced homemakers; revision of criminal and family laws regarding marital support) oder im Hinblick auf neue Tatbestände (reproductive freedom, pornography, consensual homosexual activity etc.). Daneben stehen *sozialstaatliche* Forderungen (an adequate standard of living for all individuals, including income transfers labeled as wages, not welfare, for indigent homemakers with dependent children; federally funded childcare services accessible to families at all income levels, with adequate opportunity for parental involvement). Der letzte Halbsatz läßt sich bereits als Konsequenz aus enttäuschenden Erfahrungen mit den

---

53 Der machttheoretische Ansatz der feministischen Rechtstheorie hat gegenüber verteilungstheoretischen Ansätzen den Vorzug, mit dem emanzipatorischen Sinn der Gleichberechtigung zugleich die Autonomie der einzelnen wie der vereinigten Rechtsgenossen als den normativen Kern des Systems der Rechte auszuzeichnen. Freilich verbindet er sich zuweilen mit der Tendenz, die Geschlechter in ähnlicher Weise zu monolithischen Einheiten zu stilisieren, wie einst der orthodoxe Marxismus gesellschaftliche Klassen zu Makrosubjekten vergegenständlicht hat. Nicht ganz frei von dieser Tendenz ist die im übrigen lehrreiche Untersuchung von C. A. MacKinnon, Towards a Feminist Theory of the State, Cambridge, Mass. 1989.

54 D. L. Rhode, Justice and Gender, Cambridge, Mass. 1989, 61 f.

Folgen durchgesetzter sozialstaatlicher Forderungen verstehen. Eine *reflexive Einstellung* zu Erfolgen feministischer Reformen spricht auch aus einer Forderung wie: full employment, with increased opportunities for flexible and part-time schedules. Die Gleichzeitigkeit des Ungleichzeitigen, die diese Agenda aus der Zeit des politischen Kampfes für ein Equal Rights Amendment verrät, läßt den Lernprozeß von fast zwei Jahrhunderten ahnen. In diesem Lernprozeß spiegelt sich ein typischer Wandel des paradigmatischen Rechtsverständnisses.

Der klassische, im 19. Jahrhundert wurzelnde Feminismus verstand unter Gleichstellung der Frauen vor allem den gleichberechtigten Zugang zu den bestehenden Institutionen des Erziehungs- und des Beschäftigungssystems, zu öffentlichen Ämtern, Parlamenten usw. Die Rhetorik der Durchsetzung formaler Rechte zielte darauf ab, den Statuserwerb soweit wie möglich von der Identität des Geschlechts zu entkoppeln und die ergebnisneutrale Gleichheit der Chancen im Wettbewerb um Bildungsabschlüsse, Arbeitsplätze, Einkommen, um soziales Ansehen, Einfluß und politische Macht zu gewährleisten. Die liberale Politik sollte die Inklusion der Frauen in eine Gesellschaft herbeiführen, die ihnen bisher faire Wettbewerbschancen vorenthalten hat. Mit der Überwindung des differentiellen Zugangs zu den relevanten Bereichen sollte die Differenz zwischen den Geschlechtern ihre gesellschaftliche Relevanz verlieren. Die Gegner dieses liberalen Feminismus beharrten auf der Nicht-Neutralisierung der »natürlichen« Bestimmung, d. h. der traditionellen Rolle der (bürgerlichen) Frau, die (nach den durchaus modernen) Vorstellungen einer patriarchalischen Arbeitsteilung an die private Sphäre des häuslichen Lebens gebunden bleiben sollte. Beide Seiten warfen sich gegenseitig »Kult der Häuslichkeit« oder »Präokkupation mit Selbstverwirklichung« vor.[55] In dem Maße, wie sich dann in wichtigen sozialen Bereichen die formale Gleichstellung der Frauen durchsetzte, machte sich freilich auch hier die Dialektik von rechtlicher und faktischer Gleichheit bemerkbar und führte zu speziellen Regelungen vor allem im Sozial-, Arbeits- und Familienrecht. Exemplarisch sind Schutznormen, die sich auf

---

55 Zur Geschichte des Feminismus in Amerika vgl. Rhode (1989), erster Teil.

Schwangerschaft und Mutterschaft oder auf die Fürsorgerechte im Scheidungsfall beziehen, also an den handgreiflichen, mit der Reproduktionsfunktion zusammenhängenden biologischen Unterschieden ansetzen. Ähnliches gilt für Spezialregelungen im Sexualstrafrecht. Auf diesen Gebieten folgte die feministische Gesetzgebung der sozialstaatlichen Programmatik, die rechtliche Gleichstellung der Frauen durch Kompensation, sei es natürlicher oder sozialer Benachteiligungen, zu fördern.

Seit den späten 6oer Jahren verwirren sich (in Ländern wie den USA und der Bundesrepublik) die Fronten. Eine erneut auflebende feministische Bewegung lenkt seitdem die öffentliche Aufmerksamkeit nicht nur auf das Ausmaß, in dem sozialstaatlich oder liberal begründete Forderungen nach Gleichberechtigung noch unerfüllt geblieben sind, sondern vor allem auf die *ambivalenten Folgen* der erfolgreich durchgesetzten Programme. Der sozialstaatliche Paternalismus hatte vielfach einen buchstäblichen Sinn angenommen. Soweit nämlich der Schwangerschafts- und Mutterschaftsschutz das Beschäftigungsrisiko für Frauen nur erhöhte; soweit allgemein Normen des Arbeitsschutzes die Segregierung des Arbeitsmarktes oder die Überrepräsentation von Frauen in den niedrigeren Lohngruppen nur verstärkten; soweit ein liberalisiertes Scheidungsrecht die Frauen nur mit belastenden Scheidungsfolgen konfrontierte; soweit sich infolge der vernachlässigten Interdependenzen zwischen Regelungen des Sozial-, Arbeits- und Familienrechts die geschlechtsspezifischen Benachteiligungen durch negative Rückkoppelungsschleifen nur noch kumulierten – solange hatte die Materialisierung des Rechts, die sich doch gegen die Diskriminierung von Frauen richtete, gegenläufige Effekte erzeugt.

Die statistischen Befunde zur »Feminisierung der Armut« waren alarmierend, und dies nicht nur für die USA.[56] Heute wiederholen

56 Rohde (1989), 126: »Those interrelated inequalities, coupled with shifting marriage, employment and fertility patterns, have contributed to an increasing feminization of poverty. Although official classifications of poverty are an imperfect index of actual need, they can measure relative status. Women of all ages are twice as likely as men to be poor, and women who are single parents are five times as likely. Two Thirds of all indigent adults are female, and two thirds of the persistently poor live in female-headed households. Some 90 percents of single-parent families are headed by women, and half of those families are under the poverty

sich die aus den westlichen Gesellschaften bekannten Trends zeitlich gerafft und verstärkt im »Beitrittsgebiet« der Bundesrepublik, wo wiederum Frauen von den »Modernisierungsverlusten« des sozialen Umbruchs weitaus stärker betroffen sind als Männer.

Aus juristischer Sicht besteht ein Grund für diese reflexiv erzeugte Diskriminierung in *überverallgemeinernden Klassifikationen* von benachteiligenden Situationen und benachteiligten Personengruppen. Was die Gleichstellung von Frauen generell fördern soll, kommt oft nur einer Kategorie von (ohnehin privilegierten) Frauen auf Kosten anderer zugute, weil geschlechtsspezifische Ungleichheiten auf komplexe und undurchschaute Weise mit Unterprivilegierungen anderer Art (soziale Herkunft, Alter, ethnische Zugehörigkeit, sexuelle Orientierung usw.) korrelieren. Eine wichtige Rolle spielt jedoch der Umstand, daß Gesetzgebung und Rechtsprechung zu »falschen« Klassifikationen nicht deshalb gelangen, weil sie überhaupt für Kontexte blind wären, sondern weil ihre Kontextwahrnehmung von einem *überholten paradigmatischen Rechtsverständnis* geleitet wird. Das ist das mehr oder weniger unausgesprochene Thema, das die verschiedenen Strömungen des radikalen Feminismus seit den 70er Jahren verbindet. Dieser protestiert gegen jene Prämisse, die den sozialstaatlichen wie den liberalen Gleichstellungspolitiken in gleicher Weise zugrundeliegt, gegen die Annahme nämlich, daß die Gleichberechtigung der Geschlechter innerhalb des bestehenden institutionellen Rahmens und innerhalb einer von Männern definierten und beherrschten Kultur erreicht werden kann.

Jede spezielle Regelung, die Benachteiligungen von Frauen auf dem Arbeitsmarkt oder am Arbeitsplatz, in der Ehe oder nach einer erfolgten Scheidung, im Hinblick auf soziale Sicherheit, Gesundheitsvorsorge, sexuelle Belästigung, Pornographie usw. ausgleichen soll, beruht auf einer Interpretation von Unterschieden geschlechtstypischer Lebenslagen und Erfahrungen. Soweit sich Gesetzgebung und Justiz dabei an tradierten Deutungsmustern orientieren, befestigt das regulative Recht die bestehenden *Stereotype der Geschlechtsidentität*. Mit den »Normalisierungseffekten«,

line. Among minorities, the situation is worse; women head three quarters of all poor black families and over half of all Hispanic families.«

die Gesetzgebung und Justiz auf diese Weise erzeugen, werden diese selbst zum Teil des Problems, das sie lösen sollen: »At the most basic level, traditional approaches have failed to generate coherent or convincing *definitions of difference*. All too often, modern equal protection law has treated as inherent and essential differences that are cultural and contingent. Sex-related characteristics have been both over- and undervalued. In some cases, such as those involving occupational restrictions, courts have allowed biology to dictate destiny. In other contexts, such as pregnancy discrimination, they have ignored women's special reproductive needs. The focus on whether challenged classifications track some existing differences between the sexes has obscured the disadvantages that follow from such differences ... We must insist not just on equal treatment but on women's treatment as equal. Such strategy will require substantial changes in our legal paradigms ...«[57]

Ein extremes Beispiel ist die Diskussion der Frage, ob und in welchen Funktionen Frauen Wehrdienst leisten sollen. Strittig sind vor allem die symbolischen Implikationen eines Ausschlusses vom Wehrdienst, etwa die Frage, ob Frauen in ihrer Staatsbürgerrolle den gleichen Respekt beanspruchen können wie Männer, wenn sie von einer Verpflichtung ausgenommen werden, die mit dieser Rolle zentral verknüpft ist. Auf handfestere Weise stellt sich das Problem der geschlechtsstereotypen Festlegung relevanter Unterschiede im zivilen Beschäftigungssystem. Solange das »Normalarbeitsverhältnis« des voll erwerbstätigen Mannes als Maßstab für ausgleichsbedürftige »Abweichungen« dient, werden Frauen durch kompensatorische Regelungen zu Anpassungen an Institutionen genötigt, die sie *strukturell* benachteiligen: »A more satisfactory theoretical framework for employment litigation would take neither gender nor jobs as fixed. The question should not be simply whether women are, or are not, ›like men‹ with respect to a given occupation. Of greater significance is whether that occupation can be redefined to accomodate biological differences and whether gender as a social construct can be redefined to make those differences less occupationally relevant.«[58] Der Assimilationsdruck, den die sozial-

57 Rhode (1989), 81.
58 Rhode (1989), 97f.

staatliche wie die liberale Gleichstellungspolitik gerade dort, wo sie erfolgreich ist, auf Frauen ausübt, geht letztlich darauf zurück, daß Differenzen zwischen den Geschlechtern nicht als *interpretations- bedürftige* Beziehungen zwischen zwei *gleichermaßen* problemati- schen Bezugsgrößen begriffen werden, sondern als Abweichungen von dem als unproblematisch unterstellten Maßstab »normaler«, nämlich auf Männer zugeschnittener Verhältnisse. Die beiden in der Prämisse übereinstimmenden Rechtsparadigmen führen frei- lich zu verschiedenen Konsequenzen. Während das sozialstaat- liche Paradigma die Abweichungen durch spezielle Regelungen berücksichtigt und als solche fixiert, werden die faktischen Un- gleichheiten im liberalen Marktmodell eher vernachlässigt und tri- vialisiert.[59]

Heute kreist die Diskussion um die angemessene Definition der ge- schlechtsabhängigen Unterschiede. Auch wenn der »Beziehungsfe- minismus« von einer »Verherrlichung« der »weiblichen Natur« (die Ironie der Sprache scheint ihm recht zu geben) manchmal nicht weit entfernt ist, bedeutet der Themenwechsel von der Angleichung zur Differenz nicht *ohne weiteres* eine Rückkehr zu traditionalistischen Rollendefinitionen: »From their perspective, gender inequality stemmed less from denial of opportunities available to men than from devaluation of functions and qualities associated with wom- en.«[60] Freilich verfehlt die feministische Kritik ihr eigentliches Ziel, wenn sie den Fehler im »sameness/difference approach« als sol- chen, also in der vom Gleichbehandlungsgebot in Gang gesetzten Dialektik rechtlicher und faktischer Gleichheit vermutet und zu- sammen mit einem herkömmlichen paradigmatischen Verständ-

59 Vgl. C. A. MacKinnon (1989), 219: »Doctrinally speaking, two alternative paths to sex equality for women exist within the mainstream approach to sex discrimi- nation, paths that follow the lines of the sameness/difference tension. The leading one ist: be the same as men. This path is termed ›gender neutrality‹ doctrinally and the single standard philosophically. It is testimony to how substance be- comes form in law that this rule is considered formal equality … To women who want equality yet find themselves ›different‹, the doctrine provides an alternative route: be different from men. This equal recognition of difference is termed the special benefit rule or special protection rule legally, the double standard philo- sophically. It is in rather bad odor, reminiscent … of protective labor laws.«
60 Rhode (1989), 306.

nis der Rechte die Idee der Verwirklichung von Rechten überhaupt verabschiedet.[61] Die Theorie der Rechte ist ja nicht notwendig mit einer individualistischen Verkürzung des Rechtsbegriffs verbunden.[62] Wenn man ein intersubjektivistisches Rechtskonzept zugrundelegt, ist vielmehr die wirkliche Fehlerquelle leicht zu entdecken: die Hinsichten, unter denen Differenzen zwischen Erfahrungen und Lebenslagen von (bestimmten Gruppen von) Frauen und Männern für eine chancengleiche Nutzung subjektiver Handlungsfreiheiten relevant werden, *müssen erst in öffentlichen Diskussionen geklärt werden.* Die institutionell definierten Geschlechtsstereotype dürfen nicht als etwas Gegebenes unterstellt werden. Diese sozialen Konstruktionen können heute nur noch in bewußter Weise gebildet werden; sie bedürfen einer Artikulation der Vergleichsgesichtspunkte und einer Begründung der relevanten Hinsichten, die *von den Betroffenen selbst* in öffentlichen Diskursen vorgenommen werden müssen. Mit Berufung auf die pragmatistische Tradition hält Martha Minow am Konzept der Rechte und der öffentlich ausgetragenen Dialektik von rechtlicher und faktischer Gleichheit fest: »Interpreting rights as features of relationships, contingent upon negotiation within a community committed to this mode of solving problems, pins law not on some force beyond human control but on human responsibility for the patterns of relationships promoted or hindered by this process. In this way the notion of rights as tools in continuing communal discourse helps to locate responsibility in human beings for legal action and inaction.«[63]
Geschlechtliche Identität und Geschlechterverhältnis sind soziale Konstruktionen, die sich um biologische Unterschiede kristallisieren, aber geschichtlich variieren. Am Kampf um die Gleichstellung der Frauen und am Wandel des paradigmatischen Verständnisses entsprechender Rechtsprogramme läßt sich beobachten, daß die

---

61 MacKinnon (1989), Kap. 12, 13; Young (1990), Kap. 4; C. Smart, Feminism and the Power of Law, London 1989, 138-159.

62 Gegen die kontextualistische und vernunftskeptische Deutung des politischen Diskurses von seiten eines poststrukturalistischen Feminismus wendet sich S. Benhabib, Feminism and the Question of Postmodernism, in: Benhabib (1992), 203-241.

63 M. Minow, Making All the Difference. Inclusion, Exclusion and American Law, Ithaca 1990, 309.

subjektiven Rechte, die auch Frauen eine privatautonome Lebensgestaltung gewährleisten sollen, gar nicht angemessen formuliert werden können, wenn nicht zuvor die jeweils relevanten Hinsichten für Gleich- und Ungleichbehandlung auf überzeugende Weise artikuliert und begründet werden. Die Klassifikation der Geschlechtsrollen und der geschlechtsabhängigen Differenzen berührt elementare Schichten des kulturellen Selbstverständnisses einer Gesellschaft. Den falliblen, grundsätzlich bestreitbaren Charakter dieses Selbstverständnisses hat der radikale Feminismus zur Geltung gebracht. Deshalb müssen sich konkurrierende Auffassungen über die Identität der Geschlechter und deren Verhältnis zueinander der öffentlichen Diskussion stellen. Auch die feministischen Avantgarden verfügen nicht über ein Definitionsmonopol. Die Wortführerinnen können, wie Intellektuelle überhaupt, erst sicher sein, nichts zu präjudizieren und niemanden zu bevormunden, wenn alle Betroffenen die wirksame Chance erhalten, ihre Stimme zu erheben, um aus konkreten Erfahrungen der verletzten Integrität, der Benachteiligung und Unterdrückung Rechte einzufordern. Die konkreten Anerkennungsverhältnisse, die von einer legitimen Rechtsordnung besiegelt werden, gehen stets aus einem »Kampf um Anerkennung« hervor; dieser Kampf ist motiviert durch das Leiden an und die Empörung gegen konkrete Mißachtung.[64] Es sind, wie A. Honneth zeigt, Erfahrungen der Kränkung menschlicher Würde, die artikuliert werden müssen, um jene Hinsichten zu beglaubigen, unter denen im jeweiligen Kontext Gleiches gleich und Ungleiches ungleich behandelt werden muß. Dieser Streit um die Interpretation von Bedürfnissen kann nicht an Richter und Beamte, nicht einmal an den politischen Gesetzgeber delegiert werden.

Daraus ergibt sich die Konsequenz, auf die es in unserem Zusammenhang ankommt: keine noch so kontextsensible Regelung wird das gleiche Recht auf privatautonome Lebensgestaltung *angemessen* konkretisieren, wenn sie nicht zugleich die Stellung der Frauen in der politischen Öffentlichkeit stärkt und damit die Teilnahme an den politischen Kommunikationen fördert, worin die relevanten

64 A. Honneth, Kampf um Anerkennung, Frankfurt/Main 1992.

Hinsichten für eine Gleichstellung allein geklärt werden können. Die Einsicht in diesen Zusammenhang zwischen privater und öffentlicher Autonomie begründet die Reserve des zeitgenössischen Feminismus gegenüber dem Muster einer auf kurzfristige Erfolge ausgerichteten instrumentellen, ausschließlich ergebnisorientierten Politik; sie erklärt das Gewicht, das der Feminismus unter Stichworten wie ›identity politics‹ den bewußtseinsbildenden Wirkungen des politischen Prozesses selber beimißt. Nach diesem prozeduralistischen Verständnis ist die Verwirklichung von Grundrechten ein Prozeß, *der die private Autonomie gleichberechtigter Bürger nur im Gleichschritt mit der Aktivierung ihrer staatsbürgerlichen Autonomie* sichert. Dieses Rechtsparadigma ist mit Entwürfen einer für alle verbindlichen »Identität der Geschlechter in einer gerechten Gesellschaft« unvereinbar – sei diese nun androgyn oder, im Zeichen von Weiblichkeit oder Mütterlichkeit, von einem essentialistisch verstandenen Dualismus der Geschlechter geprägt. Andererseits eröffnet das prozeduralistische Rechtsverständnis eine Perspektive der bestimmten Negation des hier und heute identifizierbaren Unrechts: »Although we cannot know apriori what the good society will be, we know more than enough about what it will not be to provide a current agenda. It will not be a society with wide gender disparities in status, power and economic security. Nor will it be a society that limits women's reproductive freedom, tolerates substantial poverty, violence, and racial injustice, or structures its workplace without regard to family needs. Finally, and most fundamentally, it will not be a society that denies many of its members substantial power over the terms of their daily existence. To realize its full potential, feminism must sustain a vision concerned not only with relations between men and women but also with relations among them. The commitment to sexual equality that gave birth to the women's movement is necessary but not sufficient to express the values underlying that movement.«[65]

---

65 Rhode (1989), 317.

III.

Bisher habe ich das prozedurale Rechtsparadigma im Hinblick auf die Verwirklichung von Rechten diskutiert; das veränderte Rechtsverständnis erstreckt sich jedoch auch, und sogar in erster Linie, auf das Problem, wie in komplexen Gesellschaften der demokratische Rechtsstaat ausgebaut werden kann. Der Übergang zum sozialstaatlichen Modell wurde, wie wir gesehen haben, damit gerechtfertigt, daß subjektive Rechte nicht nur durch ungesetzliche Eingriffe, sondern auch durch vorenthaltene Leistungen der Administration verletzt werden können. Der Strukturwandel der Gesellschaft hatte den objektiv-rechtlichen Gehalt des allgemeinen Rechts auf gleiche Freiheiten in Erinnerung gerufen. Dabei kommen neue normative Gesichtspunkte nicht ins Spiel: »Die das formalrechtliche Paradigma bestimmende Annahme, daß nur individualistische Gerechtigkeit soziale Solidarität verbürge, nur die Vertragsfreiheit einen wirksamen und gerechten Vertrauensschutz gewährleiste, (erwies) sich als unhaltbar. Daß vermehrt positive Pflichten zu einer Leistung neben negative Rechte zur Abwehr eines Eingriffs treten, impliziert daher keinen grundlegenden Wandel in der Idee eines durch das Prinzip der Reziprozität ... begründeten Rechts.«[66] Was sich jedoch änderte, war die eigentümlich ambivalente Auswirkung der neuen Leistungsrechte. Diese bestärken nämlich eine privatautonome Lebensgestaltung unzweideutig nur in dem Maße, wie die Berechtigten nicht nur in den Genuß paternalistisch gewährter Leistungsansprüche gelangen, sondern selber an der Interpretation der Maßstäbe beteiligt werden, nach denen rechtliche Gleichheit angesichts faktischer Ungleichheiten hergestellt werden kann. Auf einer abstrakten Ebene wird diese Bedingung durch die demokratische Legitimation des Gesetzgebers und die rechtsstaatliche Gewaltenteilung erfüllt. Aber konkrete Beispiele, etwa aus dem Bereich der feministischen Gleichstellungspolitiken, machen gegen eine so glatte Antwort mißtrauisch. Mit dem Wachstum und dem qualitativen Wandel der Staatsaufgaben verändert sich der Legitimationsbe-

---

66 K. Günther, Der Wandel der Staatsaufgaben und die Krise des regulativen Rechts, in: D. Grimm (Hg.), Wachsende Staatsaufgaben – sinkende Steuerungsfähigkeit des Rechts, Baden-Baden 1990, 62.

darf; je mehr das Recht als Mittel politischer Steuerung und sozialer Gestaltung in Anspruch genommen wird, um so größer ist die Bürde der Legitimation, die die *demokratische Genese* des Rechts tragen muß.

Über die politischen Programme des Gesetzgebers wanderten gewiß immer schon konkrete Inhalte und teleologische Gesichtspunkte ins Recht ein. Selbst das bürgerliche Formalrecht mußte sich für kollektive Ziele, etwa der Militär- und Steuerpolitik, öffnen. Dabei mußte sich die Verfolgung kollektiver Ziele jedoch der Eigenfunktion des Rechts, d. h. der Normierung von Verhaltenserwartungen so weit unterordnen, daß sich die Politik als Verwirklichung von Rechten interpretieren läßt. Diese Forderung gilt auch noch für die kollektiv bindenden Entscheidungen eines aktiven Staates, der mit Mitteln des Rechts soziale Prozesse zu steuern versucht. Die Konstitutionsbedingungen von Recht und politischer Macht würden verletzt, wenn sich die Politik der Form des Rechts für *beliebige* Zwecke bediente und dabei die Eigenfunktion des Rechts zerstörte. Auch im Sozialstaat darf Recht nicht in Politik aufgehen, wenn nicht die ihm innewohnende Spannung zwischen Faktizität und Geltung, und damit die Normativität des Rechts, ausgelöscht werden soll: »Das Recht wird politisch disponibel, doch schreibt es der Politik zugleich die Verfahrensbedingungen vor, unter denen sie über das Recht disponieren darf.«[67] Die Beschränkungen, denen die Politik durch die Form des Rechtes unterworfen wird, sind struktureller, nicht – wie der Neoliberalismus fürchtet – quantitativer Art. Die *Menge* der Politiken führt nur dann zu einer Überlastung des Rechtsmediums, wenn der politische Prozeß die – in den Prinzipien des Rechtsstaates ausdifferenzierten – Verfahrensbedingungen legitimer Rechtsetzung, letztlich: das demokratische Verfahren der politisch autonomen Ausgestaltung des Systems der Rechte verletzt. Sobald nämlich Politiken, die nur noch in Rechtsformen eingekleidet werden, so zustandekommen, daß sie den Bedingungen der demokratischen Genese von Recht nicht mehr gehorchen, gehen auch die Kriterien verloren, nach denen sie normativ beurteilt werden können. Beim Vollzug solcher Pro-

---

67 Günther, in: Grimm (1990), 57.

gramme treten Maßstäbe der Effektivität, nach denen sich der Einsatz administrativer Macht bemißt, *an die Stelle* von Maßstäben der Legitimität rechtlicher Regulierung. Tatsächlich scheint diese Gefahr mit der Erwartung der Staatsaufgaben zu wachsen. Dann verkommt aus der Sicht eines verselbständigten administrativen Systems das für politische Zielsetzungen *instrumentalisierte* Recht zu einem Mittel unter anderem, um Probleme der funktionalen Integration – und nur diese – zu lösen.[68] Unter dieser Prämisse wird »die kategoriale Verschiedenheit beider Maßstäbe nicht entfaltet, sondern empiristisch umgedeutet. *Legitime* politische Meinungs- und Willensbildung sowie *effiziente* Durchsetzung (werden) als zwei gleichartige Bedingungen der Möglichkeit erfolgreicher gesellschaftlicher Strukturveränderungen durch politische Planung modelliert«.[69]

Legitimationsprobleme lassen sich nicht auf die Ineffizienz staatlicher Steuerungsleistungen reduzieren. Fehlende Legitimationen ergeben sich aus einer Störung der demokratischen Genese des Rechts, wie immer sich Probleme dieser Art mit den Folgen ungelöster Steuerungsprobleme verketten mögen. Wer Legitimationsprobleme nur als abhängige Variable von Steuerungsproblemen betrachtet, geht von der falschen Prämisse aus, daß das sozialstaatlich mobilisierte Recht einer kriterienlosen Kompatibilisierung von beliebig konkurrierenden Wertorientierungen ausgeliefert ist. Dieses Bild ist Artefakt eines falschen paradigmatischen Rechtsverständnisses. Soweit es einen deskriptiven Gehalt hat, beschreibt es Folgen einer Verwirrung, die im Lichte des prozeduralistischen Rechtsverständnisses aufgeklärt werden kann: im Kontingentwerden der Maßstäbe verrät sich die Entwurzelung des regulativen Rechts vom Boden legitimer Rechtsetzung. Denn solche Maßstäbe können sich nur auf jenen öffentlichen Foren herausbilden, wo lebensgeschichtliche Erfahrungen der Repression und Mißachtung zu Wort kommen. In dem Maße, wie die institutionalisierte Meinungs- und Willensbildung den Kontakt mit einem ungezwunge-

---

68 Einige der Schüler des demokratischen Gesetzespositivismus der Weimarer Zeit waren übrigens nicht immun gegen diese Sichtweise eines sozialstaatlichen Gesetzgebers, der für den normativen Eigensinn der Rechtsform unempfindlich ist.
69 Günther, in: Grimm (1990), 65.

nen Prozeß der Bedürfnisartikulation verliert, fehlen ihr Parameter, die sie nicht in eigener Regie erzeugen kann. Dann fällt die Dialektik von rechtlicher und faktischer Gleichheit in eine sekundäre Naturwüchsigkeit zurück; sie wird durch Kriterien gesteuert, die kontingent aus den Anpassungsprozessen einer sich weitgehend selbst programmierenden Verwaltung hervorgehen. Staatliche Instanzen, die Rechte für die Erreichung kollektiver Ziele instrumentalisieren, verselbständigen sich im Konzert mit ihren mächtigsten Klienten zu einer Verwaltung kollektiver Güter, ohne die Auswahl der Ziele selbst am Projekt der Verwirklichung unverfügbarer Rechte zu kontrollieren.

Heute sind solche Tendenzen zur Verselbständigung illegitimer Macht unverkennbar. Aber problematisch ist eine Beschreibung dieser Tendenzen, die die Aushöhlung des Rechtsstaates nicht nur registriert, sondern als die *unausweichliche* Folge von Strukturveränderungen in Staat und Gesellschaft darstellt. Ich will zunächst an bekannte Auffassungen über die Krise des Rechtsstaates erinnern und auf das funktionalistische Hintergrundverständnis eingehen, das diesen Krisendiagnosen ihren fatalistischen Tenor verleiht (1). Sodann versuche ich, den diagnostizierten »Geltungsschwund der Verfassung« aus der Sicht des proziduralistischen Rechtsparadigmas zu erklären (2). Ich schließe mit einer kurzen Bemerkung zum Sinn des »Projekts« einer sich selbst organisierenden Rechtsgemeinschaft (3).

(1) Angelpunkt der gegenwärtigen Rechtskritik ist die nachlassende Bindungswirkung des parlamentarischen Gesetzes und die Gefährdung des Prinzips der Gewaltenteilung in einem Staat, der mit wachsenden und qualitativ neuen Aufgaben belastet wird. Solange sich die klassische Verwaltung[70] auf Ordnungsaufgaben einer Wirtschaftsgesellschaft konzentrieren konnte, die der ökonomischen Selbststeuerung überlassen war, brauchte sie im Prinzip nur einzugreifen, wenn die durch Verfassungsrecht auf Dauer gestellte und rechtsstaatlich garantierte Ordnung gestört wurde. Auf diese Fälle war das allgemeine und abstrakte Gesetz, das typische Tatbestände in bestimmten Rechtsbegriffen präzisiert und mit eindeutig defi-

---

70 D. Grimm, Recht und Staat der bürgerlichen Gesellschaft, Frankfurt/Main 1987.

nierten Rechtsfolgen verknüpft, zugeschnitten; denn der Sinn der Rechtsordnung bestand darin, die rechtliche Freiheit der Bürger gegen Übergriffe eines auf die Ordnungswahrung beschränkten Staatsapparates zu schützen. Sobald aber die Verwaltung vom sozialstaatlichen Gesetzgeber für Aufgaben der Gestaltung und der politischen Steuerung in Anspruch genommen wurde, reichte das Gesetz in seiner klassischen Form nicht mehr aus, um die Praxis der Verwaltung hinreichend zu programmieren. Zusätzlich zur klassischen Eingriffsverwaltung, deren Tätigkeit als reaktiv, bipolar und punktuell gekennzeichnet wird,[71] entstanden planende und vorsorgende Verwaltungen mit einer Praxis ganz anderer Art. Die moderne Leistungsverwaltung, die Aufgaben der Daseinsvorsorge, der Bereitstellung von Infrastruktur, der Planung und Risikovorbeugung, also im weitesten Sinne Aufgaben der politischen Steuerung übernimmt, handelt zukunftsgerichtet und flächendeckend; ihre Interventionen berühren überdies die Beziehungen von Bürgern und sozialen Gruppen untereinander. Die moderne Verwaltungspraxis weist »einen derart hohen Grad an Komplexität, Situationsabhängigkeit und Ungewißheit auf, daß sie gedanklich nicht vollkommen vorweggenommen und folglich normativ auch nicht abschließend determiniert werden kann. Der klassische Normtyp des Konditionalprogramms, das im Tatbestand die Voraussetzungen aufzählt, unter denen der Staat zum Eingreifen berechtigt ist, und in der Rechtsfolge bestimmt, welche Maßnahmen er ergreifen darf, versagt daher hier weitgehend«.[72] Das Spektrum der Rechtsformen ist um Maßnahmegesetze, experimentierende Zeitgesetze und prognoseunsichere Lenkungsgesetze erweitert worden; und das Eindringen von Blankettverweisungen, Generalklauseln, überhaupt unbestimmten Rechtsbegriffen in die Sprache des Gesetzgebers hat jene Diskussion über die »Unbestimmtheit des Rechts«

---

71 D. Grimm, Der Wandel der Staatsaufgaben und die Krise des Rechtsstaats, in: ders., Die Zukunft der Verfassung, Frankfurt/Main 1991, 165: »Reaktiv war sie insofern, als sie stets ein externes Ereignis, das sich als Störung erwies, voraussetzte; bipolar insofern, als sich die Tätigkeit auf das Verhältnis zwischen Staat und Störer beschränkte; punktuell insofern, als sie sich in der Verhütung oder Beseitigung einzelner Störungen erschöpfte.«

72 Grimm (1991), 172.

ausgelöst, die die amerikanische wie die deutsche Jurisprudenz gleichermaßen beunruhigt.[73]

Hier interessieren uns die Konsequenzen, die sich aus der Materialisierung des Rechts für die funktionale Gewaltenteilung ergeben.[74] Die Kritik an einer richterlichen Rechtsfortbildung, die sich zur impliziten Gesetzgebung ausweitet und damit die Rationalität der Rechtsprechung ebenso gefährdet wie die Legitimationsbasis der rechtsprechenden Gewalt überfordert, haben wir ausführlich erörtert.[75] Noch beunruhigender ist das verfassungsrechtliche Regelungsdefizit der steuernden Verwaltung. Gewiß ist das obrigkeitsstaatliche Verhältnis der Verwaltung zu ihren Klienten längst durch ein gerichtlich kontrolliertes Verwaltungsrechtsverhältnis ersetzt worden, das beide Seiten bindet. Zudem hat sich durch eine Ausdehnung des Gesetzesvorbehalts der Zuständigkeitsbereich der ausgebauten Verwaltungsgerichtsbarkeit erweitert.[76] Aber das kompensiert die Bindungsschwäche des regulativen Rechts nicht hinreichend, weil die Administration bei der Erfüllung ihrer Steuerungsaufgaben vielfach auf Eingriffe im rechtstechnischen Sinne gar nicht angewiesen ist: »Wo kein Eingriff, da kein Gesetzesvorbehalt; wo kein Gesetzesvorbehalt, da keine Gesetzesbindung, und wo keine Gesetzesbindung der Verwaltung, da keine Gesetzmäßigkeitskontrolle durch die Gerichte. Das Defizit erstreckt sich aber auch in den Eingriffsbereich selber. Dort verliert der Gesetzesvorbehalt seine grundrechtschützende Wirkung, wenn es ... um die vom Gesetzgeber selbst vorgenommene Veränderung sozialer Be-

73 Jörges, Trubek (1989).
74 In Deutschland ist die Diskussion über die Allgemeinheit des Gesetzes immer noch durch die überpointierte Darstellung bestimmt, die durch C. Schmitt 1928 in seiner Verfassungslehre gegeben und die in der Bundesrepublik auf dem direkten Wege über E. Forsthoff oder indirekt über F. Neumann Einfluß gewonnen hat. Davon bin ich selbst Ende der 50er Jahre nicht unbeeinflußt geblieben: siehe meine Einleitung zu: J. Habermas, L. v. Friedeburg, Ch. Oehler, F. Weltz, Student und Politik, Neuwied 1961, 11-55. Vgl. heute die historisch abwägende und systematisch klärende Analyse von H. Hofmann, Das Postulat der Allgemeinheit des Gesetzes, in: Ch. Starck (Hg.), Die Allgemeinheit des Gesetzes, Göttingen 1987, 9-48.
75 Siehe oben Kap. V. und VI.
76 W. Schmidt, Einführung in die Probleme des Verwaltungsrechts, München 1982, 241-261; H. Faber, Verwaltungsrecht, Tübingen 1987, 25 ff.

ziehungen und Strukturen geht, die große gesellschaftliche Gruppen mit kollidierenden Grundrechtspositionen berührt.«[77] In solchen Bereichen programmiert sich die Verwaltung selbst und verfährt nach Maximen wie dem Verhältnismäßigkeitsprinzip oder den Zumutbarkeits- und Härteklauseln, die aus der Rechtsprechung bekannt sind und einen normativ neutralen Umgang mit gesetzlichen Vorgaben nicht mehr erlauben.

Die Ausweitung des Zeithorizonts, in dem sich die sozialgestaltende, insbesondere aber die präventive Staatätigkeit bewegen muß, verschärft diese Probleme. Der Staat ist zunehmend an der Produktion neuer, wissenschaftlich-technisch bedingter Risiken, sei es nun aktiv oder durch Unterlassungshandeln, beteiligt. Mit Risiken, die beispielsweise von Kernkraft oder Gentechnik ausgehen, stellt sich das Problem der Vorsorge für künftige Generationen, das – natürlich auch vom Gesetzgeber – die erweiterte Perspektive einer stellvertretenden Interessenwahrnehmung verlangt. Allgemein stellen die Gefahren der Risikogesellschaft[78] an die analytische und prognostische Fähigkeit der Experten ebenso wie an die Verarbeitungskapazität, Handlungsbereitschaft und Reaktionsgeschwindigkeit der risikovorbeugenden Verwaltungen so hohe Anforderungen, daß sich die im Sozialstaat bestehenden Probleme der Gesetzesbindung und der Rechtssicherheit dramatisch zuspitzen. Auf der einen Seite können die Präventionsnormen des Gesetzgebers derart komplexe, weit in die Zukunft ausgreifende, von Prognosen abhängige, auf Selbstkorrektur angewiesene und insofern dynamische Handlungsprogramme nur noch teilweise normativ regeln und mit dem demokratischen Prozeß rückkoppeln. Auf der anderen Seite versagen die imperativen Steuerungsmittel der klassischen, eher auf Sachrisiken als auf potentielle Gefährdungen großer Personengruppen eingestellten Prävention. Angesichts der Ermessensspielräume, die von der präventiv tätig werdenden Verwaltung nach umstrittenen technischen Gesichtspunkten ausgefüllt werden müssen, gewährleistet auch die Dynamisierung des Grundrechtsschutzes keinen hinreichenden Rechtsschutz: »die bloße Ge-

---

77 Grimm (1990), 26.
78 U. Beck, Risikogesellschaft, Frankfurt/Main 1986; ders., Gegengifte. Die organisierte Unverantwortlichkeit, Frankfurt/Main 1988.

während verfahrensrechtlicher Positionen anstelle klarer materiell-rechtlicher Befugnisse (bessert) die Situation der Betroffenen keineswegs«.[79] Denninger beobachtet in diesem Zusammenhang eine »Akzentverlagerung von einem System der Rechtssicherheit zu einem System der Rechts*güter*sicherheit«, die den individuellen Rechtsschutz »modifiziert und auflöst«.[80] Zudem beschleunigt sich die sozialstaatliche Dialektik von Ermächtigung und Bevormundung in dem Maße, wie die grundrechtliche Kontrolle der Schutzpflicht des Staates den Ausbau und die Aufrüstung des Rechtsstaates zum »Sicherheitsstaat« zur Folge hat:[81] »Das gilt namentlich für den Wandel grundrechtlicher Freiheit, der eintritt, wenn eine Gesellschaft so viele Sicherheitsrisiken produziert, daß sie die bedrohten Grundrechtsgüter nur noch unter beträchtlicher Ausweitung des Überwachungsapparates zu schützen imstande ist.«[82]

Der Zuwachs an Steuerungsaufgaben hat aber nicht nur die Verselbständigung der administrativen Macht gegenüber einem marginalisierten Gesetzgeber zur Folge. Er verstrickt den Staat in Verhandlungen mit gesellschaftlichen Funktionssystemen, großen Organisationen, Verbänden usw., die sich einer imperativen Steuerung (über Sanktionen, Gebühren oder finanzielle Anreize) weitgehend entziehen und nur noch persuasiven Mitteln der Kommunikation zugänglich sind: »Gegenüber indirekter Steuerung besteht keine Gehorsamspflicht ... Politische Maßnahmen werden zum Gegenstand von Aushandlungen, in denen sich die privaten Steuerungsadressaten ihre Folgebereitschaft vom Staat honorieren lassen können ... Staat und Gesellschaft treffen sich auf derselben Ebene.«[83] Die staatliche Souveränität wird in dem Maße untergraben, wie sozial mächtige Korporationen an der Ausübung öffentlicher Gewalt beteiligt werden, ohne dazu legitimiert zu sein und den für Staatsorgane üblichen Verantwortlichkeiten zu unterliegen. Wie erwähnt sprengen die mit parakonstitutioneller Verhandlungs-

79 E. Denninger, Der Präventions-Staat, in: Denninger (1990), 42.
80 Denninger (1990), 33, 35.
81 J. Hirsch, Der Sicherheitsstaat, Frankfurt/Main 1980.
82 D. Grimm, Verfassungsrechtliche Anmerkungen zum Thema Prävention, in: Grimm (1991), 217.
83 Grimm (1990), 19.

macht ausgestatteten gesellschaftlichen Aktoren den Verfassungsrahmen. Auch die politischen Parteien, die nach GG Art. 21 zur
»Mitwirkung bei der politischen Willensbildung des Volkes« berechtigt sind, haben sich inzwischen zu einem alle Staatsgewalten
integrierenden Machtkartell verselbständigt, das in der Verfassung
– aus guten Gründen – nicht vorgesehen ist. Die Parteien, einst Katalysatoren bei der Umsetzung des politisch-publizistischen Einflusses in kommunikative Macht, haben den Kernbereich des politischen Systems in Besitz genommen, ohne sich der funktionalen
Gewaltenteilung einzufügen. Sie üben parastaatliche Integrations-
funktionen aus, und zwar a) über ihre in Verwaltung, Justiz, Massenmedien und andere gesellschaftliche Sektoren hineinreichenden
Personalrekrutierungskompetenzen, b) über die Verlagerung politischer Entscheidungen aus den formell zuständigen Gremien in die
Vorhöfe informeller Vereinbarungen und Parteiabsprachen und c)
über eine Instrumentalisierung der Öffentlichkeit zu Zwecken der
Lizensierung ihres Zugriffs auf administrative Macht.

Man wird über Formulierungen und Gewichtungen dieser oder
ähnlicher Krisendiagnosen streiten können. Aber sie treffen krisen-
hafte Tendenzen im Rechtsstaat, auf die weder Abwiegelung[84] noch
die Rückkehr zum liberalen Rechtsstaatsverständnis die richtige
Antwort sind. Aber die Schlußfolgerung, daß die Komplexität der
neuen Steuerungsaufgaben das Rechtsmedium als solches überfor-
dere, ist nicht zwingend. Die sozialintegrative Kraft des Rechts
wäre nur dann strukturell überfordert, wenn sich die Krise des
Rechtsstaates als *ausweglos* darstellte. Ich vermute, daß sich die
Suggestion der Ausweglosigkeit einem funktionalistisch voreinge-
nommenen, auf die Staatstätigkeit fixierten Rechtsverständnis verdankt.

Am Leitfaden des Komplexitätszuwachses der Staatsaufgaben bietet sich eine grobe Periodisierung an, wonach sich der Staat zunächst auf die klassische Aufgabe der Ordnungswahrung, dann auf
die gerechte Verteilung sozialer Entschädigungen und am Ende
auf die Bewältigung kollektiver Gefährdungslagen spezialisieren
mußte. Die Bändigung der absolutistischen Staatsgewalt, die Über-

---

84 Peters (1991), 136ff.

windung der kapitalistisch erzeugten Armut, die Vorsorge gegen die von Wissenschaft und Technik hervorgerufenen Risiken geben die epochalen Themen und die Ziele vor: Rechtssicherheit, soziale Wohlfahrt und Prävention. Auf diese Ziele sollen dann die idealtypischen Staatsformen – der Rechtsstaat, der Sozialstaat und der Sicherheitsstaat – zugeschnitten sein. Schon die Benennung dieser Idealtypen legt nahe, daß allein die historische Formation des Rechtsstaates eine enge Verwandtschaft mit dem Recht als solchem unterhält. Die Eingriffsverwaltung des liberalen Rechtsstaats hantiert mit Recht, während sich die Gestaltungstätigkeit des Sozialstaats und die indirekte Steuerung des Präventionsstaats zunehmend auf andere Ressourcen stützen muß: auf Geld und geldwerte Infrastrukturleistungen bzw. auf Information und die Erkenntnisse von Experten. Nur die klassische Eingriffsverwaltung kann ihre Aufgaben mit den normativen Mitteln des Rechts zureichend lösen; die Verwaltungen des Sozial- und des Sicherheitsstaats stützen sich auf eine erweiterte Geldbasis und eine neue Wissensbasis – und müssen, indem sie sich auf einen kognitiven Handlungsmodus umstellen, von den normativen Mitteln des Rechts Abstand nehmen.

Wenn man sich für die Funktionsbedingungen einer effektiven Verwaltung interessiert, ist diese analytische Perspektive vielleicht fruchtbar. Aber Ergebnisse einer funktionalistischen Betrachtung dürfen nicht kurzschlüssig in Rechtsparadigmen übertragen werden. Die aus dieser Sicht wahrgenommene Tendenz zur Versachlichung bedeutet ja nur, daß die anfallenden Probleme immer weniger rechtlicher Natur sind; sie besagt aber nicht, daß sich die entsprechende Verwaltungspraxis rechtlicher Regelung immer weiter entziehen muß. Das wird nur durch die Art und Weise suggeriert, in der die epochal in Führung gehenden Probleme benannt werden. Danach kann nur der liberale Staat sein Problem, nämlich Rechtssicherheit herzustellen, mit Hilfe des Rechtsmediums lösen. Nur im Hinblick auf die Komplementarität von Eingriffsverwaltung und liberaler Wirtschaftsgesellschaft fallen die Bedingungen für die Effektivität der Staatstätigkeit mit wesentlichen Bedingungen einer (formalrechtlich gesicherten) Legitimität zusammen. In den folgenden Perioden wird deutlich, daß die Bedingungen der Effektivität mit Bedingungen der Legitimität keineswegs zusammenfallen müssen. Daraus ergeben sich für die sozial gestaltenden oder indirekt steuernden Verwaltungen, die nach Prinzipien des Rechtsstaates organisiert ist, neue Zielkonflikte. Diese verursachen aber nicht *ohne weiteres* einen Relevanzverlust des Rechts oder gar eine Entbindung von rechtsstaatlichen Normen. Für die Frage, wie rechtliche Freiheit und Gleichheit auf andere Weise garantiert werden können, empfiehlt sich freilich eine andere analytische Perspektive. Wenn man von der Frage ausgeht, wie das System der Rechte im Hinblick auf den Funktionswandel der Verwaltung verwirklicht werden kann, verliert nämlich jene unter verwaltungssoziologischen Gesichtspunkten vorgenommene Periodisierung ihre Trennschärfe. Rechtsdogmatisch betrachtet stellen sich mit den neuen Sicherheitsrisiken keine neuen Probleme, sie verschärfen allenfalls die alten – jene aus der Sozialstaatsentwicklung schon bekannten Probleme einer nachlassenden Bindungswirkung des regulativen Rechts. Ein *neues* Problem schaffen die Präventionsnormen nur im Hinblick auf eine fällige Ausweitung des individuellen zum kollektiven Rechtsschutz.

Wichtiger ist in unserem Zusammenhang der Umstand, daß sich die verselbständigte administrative Macht keineswegs *folgenlos* von rechtsstaatlichen Normierungen abhängen läßt. Eine sich selbst programmierende Verwaltung muß nämlich die im klassischen Gewaltenteilungsschema vorgesehene Neutralität im Umgang mit normativen Gründen aufgeben. In dieser Hinsicht ist eine Tendenz zur Versachlichung gerade nicht zu beobachten. In dem Maße, wie die Administration Aufgaben des politischen Gesetzgebers übernimmt und im Vollzug eigene Programme entwickelt, muß sie Fragen der Normenbegründung und der Normanwendung in eigener Regie entscheiden. Diese praktischen Fragen lassen sich aber nicht unter Effektivitätsgesichtspunkten entscheiden, sondern verlangen einen rationalen Umgang mit normativen Gründen. Einer im kognitiven Stil arbeitenden Verwaltung fehlen dafür die Kommunikationsvoraussetzungen und Verfahren. Die technokratische Verleugnung und empiristische Umdefinition der vor Ort unentscheidbaren praktischen Fragen führt keineswegs zu einer versachlichten Problemverarbeitung; sie hat vielmehr die sekundäre Naturwüchsigkeit einer »kriterienlosen Kompatibilisierung von Wertkomplexen«

(Günther) zur Folge. Die Anzeichen einer Erosion des Rechtsstaates signalisieren gewiß Krisentendenzen; was sich darin manifestiert, ist jedoch eher die *unzureichende Institutionalisierung rechtsstaatlicher Prinzipien* als eine ausweglose Überforderung der komplexer gewordenen Staatstätigkeit durch diese Prinzipien.

(2) Rechtsparadigmen ermöglichen handlungsanleitende Situationsdiagnosen. Sie erhellen den Horizont einer gegebenen Gesellschaft im Hinblick auf das Projekt der Verwirklichung des Systems der Rechte. Insofern haben sie eine primär welterschließende Funktion. Paradigmen eröffnen Deutungsperspektiven, aus denen sich die Prinzipien des Rechtsstaates (in einer bestimmten Interpretation) auf den gesamtgesellschaftlichen Kontext beziehen lassen. Sie beleuchten die Restriktionen und Möglichkeitsspielräume für die Verwirklichung von Grundrechten, die als ungesättigte Prinzipien einer weiteren Interpretation und Ausgestaltung bedürfen. Deshalb enthält auch das prozeduralistische Rechtsparadigma, wie alle anderen, normative und deskriptive Bestandteile.

Die *Diskurstheorie des Rechts* begreift einerseits den demokratischen Rechtsstaat als die über legitimes Recht laufende (und insofern private Autonomie gewährleistende) Institutionalisierung von Verfahren und Kommunikationsvoraussetzungen für eine diskursive Meinungs- und Willensbildung, die wiederum (die Ausübung politischer Autonomie und) legitime Rechtsetzung ermöglicht. Die *Kommunikationstheorie der Gesellschaft* begreift andererseits das rechtsstaatlich verfaßte politische System als eines unter mehreren Handlungssystemen. Dieses kann die Ausfallbürgschaft für Probleme der gesamtgesellschaftlichen Integration über ein Zusammenspiel der institutionalisierten Meinungs- und Willensbildung mit informellen öffentlichen Kommunikationen einlösen, soweit es über eine zivilgesellschaftlich basierte Öffentlichkeit in die Kontexte einer entgegenkommenden (durch eine freiheitliche politische Kultur und entsprechende Sozialisationsmuster geprägten) Lebenswelt eingebettet ist. Schließlich stellt eine bestimmte *Konzeption von Recht* die Beziehung zwischen der normativen und der empirischen Betrachtung her. Dieser Konzeption zufolge läßt sich die Rechtskommunikation als ein Medium begreifen, über das sich die im kommunikativen Handeln realisierten Anerkennungsstrukturen von der Ebene einfacher Interaktionen auf die abstrakte Ebene organisierter Beziehungen übertragen. Die aus rechtlichen Kommunikationen gewobene Haut vermag auch noch komplexe Gesellschaften im ganzen zu umspannen. Das prozedurale Rechtsparadigma ist im übrigen Ergebnis eines Paradigmenstreits und steht unter der Prämisse, daß das sozialstaatliche und das liberale Rechtsmodell die Rechtsverwirklichung *zu konkretistisch* deuten und den von Fall zu Fall interpretationsbedürftigen internen Zusammenhang zwischen privater und öffentlicher Autonomie *verdecken*. Unter diesen Prämissen erscheinen die erwähnten Krisentendenzen in einem anderen Licht; und aus der veränderten Einschätzung ergeben sich andere praktische Empfehlungen.

Als das zentrale Problem gilt jene Instrumentalisierung des Rechts für Zwecke der politischen Steuerung, die die Struktur des Rechtsmediums überfordert und die Bindung der Politik an die Verwirklichung unverfügbarer Rechte auflöst. Aus prozeduralistischer Sicht kann dieses Problem jedoch nicht mehr auf die Ablösung eines Rechtstyps durch einen anderen zurückgeführt werden. Das Vordringen des regulativen Rechts ist nur der *Anlaß* für die Auflösung einer bestimmten historischen Gestalt rechtsstaatlicher Gewaltenteilung. Heute muß der politische Gesetzgeber je nach regelungsbedürftiger Materie zwischen formalem, materialem und prozeduralem Recht wählen. Daraus ergibt sich die Notwendigkeit einer anderen Institutionalisierung des Grundsatzes der Gewaltenteilung. Denn der reflexive Umgang mit alternativen Rechtsformen verbietet die Auszeichnung des abstrakten und allgemeinen Gesetzes als des Scharniers, um das sich die institutionelle Trennung der gesetzgebenden, -anwendenden und -vollziehenden Instanzen allein drehen würde. Auch während der sogenannten liberalen Periode hat sich ja die institutionelle keineswegs vollständig mit der funktionalen Teilung der Gewalten gedeckt. Die Differenzen sind freilich im Verlaufe der Sozialstaatsentwicklung deutlicher hervorgetreten. Die konkretistische Rede von »Gesetzgeber«, »Justiz« und »Verwaltung« verschleiert die Logik einer rechtsstaatlichen Gewaltenteilung, die auf einer anderen Abstraktionsebene die Verfügung über verschiedene Sorten von Gründen und die Art des Umgangs mit ihnen regelt. Sie verlangt die Institutionalisierung verschiedener Diskurse und entsprechender Kommunikationsformen, die – *gleichviel in welchem Kontext* – Zugriffsmöglichkeiten auf entsprechende Sorten von Gründen eröffnen. Ein reflexiver Umgang mit lösungsbedürftigen Problemen, geeigneten Rechtstypen und erforderlichen Gründen hat Konsequenzen sowohl für die demokratische Genese wie für die weitere Verarbeitung von Gesetzesprogrammen. Das Irritierende an der gegenwärtigen Situation besteht in der breiten Diffusion des tatsächlichen Zugriffs auf normative Gründe, die nach dem klassischen Gewaltenteilungsschema dem parlamentarischen Gesetzgeber und der Justiz vorbehalten waren. Dazu nur einige Stichworte.

(a) Der reflexive Umgang mit Recht verlangt vom *parlamentarischen Gesetzgeber* zunächst Entscheidungen auf einer Metaebene – Entscheidungen darüber, ob er überhaupt entscheiden soll, wer an seiner Stelle entscheiden könnte und, falls er entscheiden will, welche Folgen sich für die legitime Verarbeitung seiner Gesetzesprogramme ergeben. In einfachen Fällen wird die unkontrollierte Verlagerung von gesetzgeberischen Kompetenzen auf Gerichte und Verwaltungen durch den Attentismus eines Gesetzgebers gefördert, der seine Kompetenzen nicht ausschöpft und darauf verzichtet, Materien zu regeln, die der Sache nach Gesetze erfordern. In anderen Fällen stellt sich die wesentlich schwierigere Frage, ob sich der parlamentarische Gesetzgeber durch eine Dezentralisierung zugleich funktional spezifizierter Gesetzgebungskompetenzen von Entscheidungen entlasten kann, die er selbst nicht mit hinreichender Bestimmtheit treffen könnte. Wenn er aber, und dies sind die problematischen Regelfälle, regulatives Recht einsetzt, muß er Vorsorge treffen, daß dessen Bindungsschwäche in Justiz und Verwaltung auf legitime Weise ausgeglichen wird.

Während der Gesetzgeber in Verfolgung seiner Politiken Rechte interpretiert und ausgestaltet, darf die *Justiz* die Gründe, die ihr mit »Recht und Gesetz« vorgegeben sind, nur mobilisieren, um im Einzelfall zu kohärenten Entscheidungen zu gelangen. Das gilt auch, wie wir gesehen haben, für die konstruktiven Interpretationen eines Verfassungsgerichts, das sich durch ein prozeduralistisches Rechtsverständnis eher auf eine restriktive Rolle festgelegt sähe. Im prozeduralistischen Rechtsparadigma sind vor allem die Verfahrensbedingungen des demokratischen Prozesses schützenswert. Sie gewinnen jedenfalls einen Stellenwert, der manche Kollisionen in einem anderen Licht erscheinen läßt. Die vakant gewordenen Plätze des privatautonomen Marktteilnehmers und des Klienten wohlfahrtsstaatlicher Bürokratien werden nämlich von Staatsbürgern eingenommen, die an politischen Diskursen teilnehmen, um verletzte Interessen zur Geltung zu bringen und auf dem Wege ihrer Artikulation an der Bildung von Maßstäben für die Gleichbehandlung gleicher und die Ungleichbehandlung ungleicher Fälle mitzuwirken. Soweit Gesetzesprogramme auf eine rechtsfortbildende Konkretisierung in dem Maße angewiesen sind, daß der Justiz trotz aller Kautelen Entscheidungen in der Grauzone zwischen Gesetzgebung und Rechtsanwendung zufallen, müssen die juristischen Anwendungsdiskurse auf eine erkennbare Weise um Elemente von Begründungsdiskursen ergänzt werden. Diese Elemente einer quasi-gesetzgeberischen Meinungs- und Willensbildung bedürfen freilich einer anderen Legitimation. Die zusätzliche Legitimationsbürde könnte durch Rechtfertigungszwänge vor einem erweiterten justizkritischen Forum abgegolten werden. Dazu bedürfte es der Institutionalisierung einer Rechtsöffentlichkeit, die über die bestehende Expertenkultur hinausreicht und hinreichend sensibel ist, um problematische Grundsatzentscheidungen zum Fokus öffentlicher Kontroversen zu machen.

(b) Die Bindungsschwäche des regulativen Rechts verlangt jedoch vor allem Kompensationen im Bereich einer mit Steuerungsaufgaben belasteten *Verwaltung*, die sich nicht mehr im Rahmen normativ eindeutiger Zuständigkeiten auf einen normativ neutralen, fachkompetenten Gesetzesvollzug beschränken kann. Nach dem expertokratischen Modell hatte die Verwaltung allein pragmatische Entscheidungen zu treffen; diesem Ideal hat sie natürlich nie gehorcht. Aber in der modernen Leistungsverwaltung häufen sich Probleme, die die Gewichtung kollektiver Güter, die Wahl zwischen konkurrierenden Zielen und die normative Beurteilung von Einzelfällen erfordern. Auf rationale Weise können sie nur noch in Begründungs- und Anwendungsdiskursen bearbeitet werden, die den professionellen Rahmen einer normativ neutralen Aufgabenerfüllung sprengen. Dann müssen aber in die Entscheidungsabläufe einer nach wie vor an Effizienzgesichtspunkten orientierten Verwaltung mit Hilfe von prozeduralem Recht *Legitimationsfilter* eingebaut werden. Insofern ist mein Bild von der demokratisch »belagerten« Festung des Staatsapparates irreführend.[85] Soweit sich die Verwaltung bei der Implementierung offener Gesetzesprogramme des Zugriffs auf normative Gründe nicht enthalten kann, sollten sich diese Schritte administrativer Rechtsetzung in Kommunikationsformen und nach Verfahren vollziehen können, die rechtsstaatlichen Legitimationsbedingungen genügen. Ob sich für eine solche über Informationspflichten hinausgehende »Demokratisierung« der Verwaltung, die die parlamentarische und gerichtliche Verwaltungskontrolle von innen ergänzte, die Entscheidungsteilhabe von Betroffenen, die Aktivierung von Ombudsleuten, gerichtsanaloge Verfahren, Anhörungen usw. eignen, oder ob für einen derart störanfälligen und effizienzabhängigen Bereich andere Arrangements gefunden werden müssen, ist, wie stets bei solchen Innovationen, eine Frage des Zusammenspiels von institutioneller Phantasie und vorsichtiger Erprobung. Praktiken der Verwaltungsbeteiligung dürfen freilich nicht nur als Rechtsschutzsurrogate betrachtet werden, sondern als ex ante wirksame Verfahren zur Legitimation von Entscheidungen, die, ihrem normativen Gehalt nach beurteilt, Akte der Gesetzgebung oder Rechtsprechung substituieren.

Das macht reaktive Verwaltungskontrollen natürlich nicht überflüssig. Einer Durchlöcherung des *individuellen Rechtsschutzes*, die wir im Zusammenhang mit präventiven Staatsaufgaben diskutiert haben, sollen Kautelen wie die Ausweitung des Gesetzesvorbehalts, die Dynamisierung des Grundrechtsschutzes, kollektive Rechtsschutzformen usw. vorbeugen. Diese Rechtsbehelfe bleiben unwirksam, solange die Betroffenen nicht bereit oder in der Lage sind, ihre Rechte wahrzunehmen. Das prozedurale Rechtsparadigma lenkt den Blick des Gesetzgebers auf *Bedingungen der Mobilisierung* des Rechts. Bei einem hohen Grad der sozialen Differenzierung und einer entsprechenden Fragmentierung von Kenntnisstand und Bewußtsein potentiell gefährdeter Gruppen sind Vorkehrungen geboten, die »die Einzelnen auch instandsetzen, Interes-

---

85 J. Habermas, Volkssouveränität als Verfahren, siehe unten S. 626.

sen auszubilden, gemeinschaftlich wahrzunehmen und im staatlichen Entscheidungsprozeß zur Geltung zu bringen«.[86]

(c) Diese Überlegungen berühren noch nicht das *neokorporatistisch geprägte Verhältnis* der Verwaltung zu jenen Organisationen und gesellschaftlichen Funktionssystemen, die sich durch soziale Macht und komplexe Binnenstruktur von anderen rechtsschutzbedürftigen Klienten schon deshalb unterscheiden, weil sie einer imperativen Steuerung weitgehend unzugänglich sind. Wir haben gesehen, daß die Architektonik des Rechtsstaates Schaden nimmt, wenn sich der Staat in solchen Verhandlungen mit der Position eines Teilnehmers unter anderen zufriedengibt. Angesichts politischer Entscheidungen von gesamtgesellschaftlicher Relevanz muß der Staat nach wie vor öffentliche Interessen wahrnehmen und gegebenenfalls durchsetzen können. Auch wenn er in der Rolle eines intelligenten Beraters oder eines Supervisors auftritt, der prozedurales Recht zur Verfügung stellt, muß diese Rechtsetzung mit Programmen des Gesetzgebers auf transparente, nachvollziehbare und kontrollierbare Weise rückgekoppelt bleiben. Dafür gibt es keine Patentrezepte. Gegen die Verselbständigung illegitimer Macht dient als »Palladium der Freiheit« in letzter Instanz wiederum nur eine mißtrauische, mobile, wache und informierte Öffentlichkeit, die auf den parlamentarischen Komplex einwirkt und auf den *Entstehungsbedingungen legitimen Rechts* beharrt.

Damit sind wir beim Kern des prozeduralistischen Rechtsparadigmas: nach einer Formulierung von I. Maus ist die »durchgängige Kombination und wechselseitige Vermittlung rechtlich institutionalisierter und nicht-institutionalisierter Volkssouveränität«[87] der Schlüssel zur demokratischen Genese des Rechts. Das gesellschaftliche Substrat für die Verwirklichung des Systems der Rechte bilden weder die Kräfte einer spontan operierenden Marktgesellschaft, noch die Maßnahmen eines intentional operierenden Wohlfahrtsstaates, sondern die Kommunikationsströme und publizistischen

---

86 D. Grimm, Interessenwahrung und Rechtsdurchsetzung in der Gesellschaft von morgen, in: ders. (1991), 178.

87 Maus (1992), 203 ff.; dies., Basisdemokratische Aktivitäten und rechtsstaatliche Verfassung, in: Th. Kreuder (Hg.), der orientierungslose Leviathan, Marburg 1992, 99-116.

Einflüsse, die aus Zivilgesellschaft und politischer Öffentlichkeit hervorgehen und über demokratische Verfahren in kommunikative Macht umgesetzt werden. Die Hegung autonomer Öffentlichkeiten, eine erweiterte Partizipation der Bürger, die Zähmung der Medienmacht und die Vermittlungsfunktion nicht-verstaatlichter politischer Parteien haben dafür eine zentrale Bedeutung. Gegen die Vermachtung der *politischen Öffentlichkeit* richten sich die bekannten Vorschläge zur Verankerung plebiszitärer Elemente in der Verfassung (Volksabstimmung, Volksbegehren usw.), auch die Vorschläge zur Einführung basisdemokratischer Verfahren (bei Kandidatenaufstellung, innerparteilicher Willensbildung usw.). Die Versuche zu einer stärkeren Konstitutionalisierung der *Macht der Medien* zielen in die gleiche Richtung. Die Massenmedien müssen einen Handlungsspielraum gewinnen, der sie vom Zugriff politischer und anderer Funktionseliten unabhängig macht und instandsetzt, das diskursive Niveau der öffentlichen Meinungsbildung zu sichern, ohne die kommunikative Freiheit des stellungnehmenden Publikums zu beeinträchtigen.[88] Im prozeduralistischen Rechtsparadigma wird die politische Öffentlichkeit nicht nur als Vorhof des parlamentarischen Komplexes vorgestellt, sondern als die impulsgebende Peripherie, die das politische Zentrum *einschließt*: sie wirkt über den Haushalt normativer Gründe ohne Eroberungsabsicht auf alle Teile des politischen Systems ein. Über die Kanäle allgemeiner Wahlen und spezieller Beteiligungsformen setzen sich öffentliche Meinungen in eine kommunikative Macht um, die den Gesetzgeber autorisiert und eine steuernde Verwaltung legitimiert, während die öffentlich mobilisierte Rechtskritik einer rechtsfortbildenden Justiz verschärfte Begründungspflichten auferlegt. Die aktuelle Kritik an der Verstaatlichung der *politischen Parteien* richtet sich in erster Linie gegen eine Praxis, die den programmatischen Wettbewerb um die Zustimmung des Wählerpublikums für Ziele der Personalrekrutierung und Ämterverteilung instrumentali-

---

88 Vgl. die Entscheidungen des Bundesverfassungsgerichts, die einer Konstitutionalisierung der Vierten Gewalt immerhin die Richtung weisen. Neue Juristische Wochenschrift 1981, H. 33, 1174ff; NJW 1987, H. 5, 239ff.; NJW 1987, H. 47, 2987ff.; NJW 1991, H. 14, 899ff.; dazu: F. Kübler, Die neue Rundfunkordnung. Marktstruktur und Wettbewerbsbedingungen, in: NJW 1987, H. 47, 2961-2967.

siert. Es geht um eine institutionelle Differenzierung zwischen zwei Funktionen, die die Parteien aus guten Gründen gleichzeitig wahrnehmen. Als Katalysatoren der öffentlichen Meinung sind sie zur Mitwirkung an politischer Willensbildung und politischer Bildungsarbeit (mit dem Ziel der Staatsbürgerqualifikation) berufen; als Rekrutierungsmaschinen betreiben sie Personalauslese und entsenden Führungsgruppen ins politische System. In dem Maße, wie die Parteien selbst zu dessen Bestandteil geworden sind, haben sich beide Funktionen entdifferenziert. Denn aus der Perspektive von Inhabern administrativer Macht nehmen die Parteien ihre Mitwirkungsbefugnis in der Art einer Steuerungsfunktion wahr und betrachten die politische Öffentlichkeit als eine Umwelt, aus der sie sich Massenloyalität beschaffen. Nicht in der Person eines Chefs der Verwaltung dürfte sich das Publikum der Staatsbürger wiedererkennen können, sondern in demokratischen Parteiführern. Diese müßten sich im Streit um die angemessene Interpretation von Bedürfnissen und die Durchsetzung relevanter Themen, in der Auseinandersetzung um die richtige Beschreibung der Probleme und die besten Vorschläge zu ihrer Lösung profilieren. Solange ihnen der demokratische Wettbewerb nicht eine höhere Reputation verschafft als den Inhabern administrativer Macht der Amtsbonus, hat die Politik ihren falschen Heiligenschein noch nicht abgelegt. Im demokratischen Rechtsstaat als der Behausung einer sich selbst organisierenden Rechtsgemeinschaft, bleibt nämlich der symbolische Ort der diskursiv verflüssigten Souveränität *leer*.[89]

(3) Unter Bedingungen des nachmetaphysischen Denkens, zu dem einleuchtende Alternativen (trotz der auf Modernisierungsverluste reagierenden Fundamentalismen) nicht bestehen, hat der Staat seine sakrale Substanz eingebüßt. Diese längst eingetretene Säkularisierung der geistigen Grundlagen staatlicher Gewalt leidet an einem überfälligen Vollzugsdefizit, das durch eine weitergehende Demokratisierung ausgeglichen werden muß, wenn nicht der Rechtsstaat selbst in Gefahr geraten soll. Für diese These ließen sich weitere

89 Im Anschluß an C. Lefort entwickelt diesen Gedanken U. Rödel, in: U. Rödel, G. Frankenberg, H. Dubiel, Die demokratische Frage, Frankfurt/Main 1989, 83 ff.; dazu: U. Rödel (Hg.), Autonome Gesellschaft und libertäre Demokratie, Frankfurt/Main 1990.

Evidenzen sammeln, wenn wir unsere auf nationale Gesellschaften beschränkte Perspektive aufgeben und, am Ende einer Epoche der Dekolonisierung, auf die internationale Ordnung der Weltgesellschaft erweitern würden. Die für den Golfkrieg von den Alliierten in Anspruch genommenen Legitimationen bestätigen ebenso wie die erweiterten Kompetenzen der KSZE eine fortschreitende Denationalisierung des Völkerrechts.[90] Darin spiegeln sich Tendenzen zur Auflösung der nationalstaatlichen Souveränität, die im Horizont einer entstehenden Weltöffentlichkeit den Anfang einer neuen universalistischen Weltordnung signalisieren könnten.[91] Angesichts des im Vorwort erwähnten Problemdrucks ist das freilich nicht mehr als eine – eher aus Verzweiflung geborene – Hoffnung.

Wer den reformistischen Perspektiven mit den üblichen Komplexitätsargumenten begegnet, verwechselt Legitimität mit Effizienz und verkennt, daß die Institutionen des Rechtsstaates immer schon darauf angelegt waren, Komplexität nicht nur zu reduzieren, sondern durch Gegensteuerung zu erhalten, um die dem Recht innewohnende Spannung zwischen Faktizität und Geltung zu stabilisieren. Andererseits sind die Konsequenzen, die ich aus dem prozeduralistischen Rechtsparadigma für das Verständnis der »Krise des Rechtsstaats« ziehe, im einzelnen keineswegs originell. Auf diese Weise können aber Reformbestrebungen, die diskutiert werden oder schon in Gang gekommen sind, eine gewisse Kohärenz gewinnen.

Wenn Utopie soviel heißt wie der ideale Entwurf einer konkreten Lebensform, dann ist die als Projekt verstandene Verfassung weder Gesellschaftsutopie, noch ein Ersatz dafür. Dieses Projekt ist erst recht »das Gegenteil der Utopie einer im Staat institutionalisierten Einheit von kollektiver Vernunft und säkularisierter Allmacht: die Idee der Zivilgesellschaft und ihrer Fähigkeit, in diskursiven Prozessen und durch kluge Institutionalisierungen auf sich selbst einzuwirken«.[92] U. Preuß definiert »Verfassung« als die Einrichtung eines falliblen Lernprozesses, durch den eine Gesellschaft ihre Unfähigkeit zur normativen Selbstthematisierung schrittweise über-

90 J. Habermas, Vergangenheit als Zukunft, Zürich 1991, 14 ff.
91 R. Knieper, Nationale Souveränität. Versuch über Ende und Anfang einer Weltordnung, Frankfurt/Main 1991.
92 Preuß (1990), 64.

windet: »Eine Gesellschaft ist verfaßt, wenn sie sich in geeigneten institutionellen Formen und normativ geleiteten Prozessen der Anpassung, des Widerstandes und der Selbstkorrektur mit sich selbst konfrontiert.«[93] Von den bislang konkurrierenden Rechtsparadigmen unterscheidet sich das prozedurale nicht dadurch, daß es »formal« im Sinne von »leer« oder »inhaltsarm« wäre. Denn mit Zivilgesellschaft und politischer Öffentlichkeit zeichnet es energisch Bezugspunkte aus, unter denen der demokratische Prozeß für die Verwirklichung des Systems der Rechte ein anderes Gewicht und eine bisher vernachlässigte Rolle gewinnt. In komplexen Gesellschaften sind weder die Produktivität einer marktwirtschaftlich organisierten Wirtschaft noch die Steuerungskapazität der öffentlichen Verwaltung die knappsten Ressourcen. Einen schonenden Umgang verlangen in erster Linie die Ressourcen des erschöpften Naturhaushaltes und der im Zerfall begriffenen gesellschaftlichen Solidarität. Und die Kräfte gesellschaftlicher Solidarität lassen sich heute nur noch regenerieren in den Formen kommunikativer Selbstbestimmungspraktiken.

Das Projekt der Rechtsverwirklichung, das sich auf die Funktionsbedingungen unserer, also einer bestimmten, historisch entstandenen Gesellschaft bezieht, kann nicht nur formal sein. Gleichwohl präjudiziert dieses Rechtsparadigma nicht mehr – wie das liberale und das sozialstaatliche – ein bestimmtes Gesellschaftsideal, eine bestimmte Vision des guten Lebens oder auch nur eine bestimmte politische Option. Denn formal ist es in der Hinsicht, daß es lediglich notwendige Bedingungen benennt, unter denen die Rechtssubjekte in ihrer Rolle als Staatsbürger sich miteinander darüber verständigen können, welches ihre Probleme sind und wie sie gelöst werden sollen. Gewiß ist das prozedurale Rechtsparadigma mit der selbstbezüglichen Erwartung verknüpft, nicht nur das Selbstverständnis von Eliten zu prägen, die als Experten mit Recht umgehen, sondern das *aller* Beteiligten. Aber diese Erwartung zielt nicht auf Indoktrination und hat nichts Totalitäres – um einen weit hergeholten, aber gegen die Diskurstheorie immer wieder erhobenen Einwand vorwegzunehmen. Denn das neue Paradigma stellt sich unter

93 Preuß (1990), 73.

den eigenen Bedingungen selber zur Diskussion: in dem Maße, wie es den Horizont eines Vorverständnisses prägen würde, innerhalb dessen alle an der Interpretation der Verfassung arbeitsteilig und je auf ihre Weise teilnähmen, müßte jede wahrgenommene historische Veränderung des gesellschaftlichen Kontextes als Herausforderung begriffen werden, das paradigmatische Rechtsverständnis selbst zu überprüfen. Dieses behält gewiß, wie der Rechtsstaat selber, einen dogmatischen Kern: die Idee der Autonomie, wonach Menschen nur in dem Maße als freie Subjekte handeln, wie sie genau den Gesetzen gehorchen, die sie sich gemäß ihren intersubjektiv gewonnenen Einsichten selber geben. »Dogmatisch« ist diese Idee freilich nur in einem unverfänglichen Sinne. Denn in dieser Idee spricht sich eine Spannung von Faktizität und Geltung aus, die mit dem Faktum der sprachlichen Verfassung soziokultureller Lebensformen »gegeben«, d.h. *für uns*, die wir in einer solchen Lebensform unsere Identität ausgebildet haben, unhintergehbar ist.

Vorstudien und Ergänzungen

I. Recht und Moral
(Tanner Lectures 1986)*

Erste Vorlesung
Wie ist Legitimität durch Legalität möglich?

Max Weber begreift die staatlichen Ordnungen der modernen westlichen Gesellschaften als Ausprägungen »legaler Herrschaft«. Sie
stützen ihre Legitimität auf den Glauben an die Legalität der Herrschaftsausübung. Die legale Herrschaft gewinnt einen rationalen
Charakter unter anderem dadurch, daß der Glaube an die Legalität
gesatzter Ordnungen und der Kompetenz der zur Herrschaftsausübung Berufenen eine andere Qualität hat als der Glaube an Tradition oder Charisma: es ist die der Rechtsform selbst innewohnende
Rationalität, die der in legalen Formen ausgeübten Herrschaft Legitimität verschafft.[1] Diese These hat eine lebhafte Diskussion ausgelöst. Max Weber stützte damit einen positivistischen Rechtsbegriff:
Recht ist genau das, was der politische Gesetzgeber (ob dieser nun
demokratisch legitimiert ist oder nicht) nach einem rechtlich institutionalisierten Verfahren als Recht setzt. Unter dieser Prämisse
kann die Rechtsform ihre legitimierende Kraft nicht aus einer Verwandtschaft des Rechts mit der Moral beziehen. Das moderne
Recht muß die rechtsförmig ausgeübte Herrschaft allein aufgrund
eigener formaler Eigenschaften legitimieren können. Diese sollen
sich als »rational« erweisen lassen, ohne daß man dabei auf praktische Vernunft im Sinne von Kant oder Aristoteles Bezug nehmen
dürfte. Das Recht verfügt Weber zufolge über eine eigene, von Moral unabhängige Rationalität. In seinen Augen stellt die Entdifferenzierung von Recht und Moral sogar eine Gefährdung der Rationalität des Rechts und damit der Legitimitätsgrundlage legaler
Herrschaft dar. Eine solche fatale Moralisierung des Rechts diagno-

---

* Englische Fassung in: The Tanner Lectures on Human Values, Vol. VIII, Salt Lake
  City 1988, 217-280.
1 Max Weber, Wirtschaft und Gesellschaft, Köln 1964, Kap. III, 2, 160ff.

stiziert Weber an zeitgenössischen Entwicklungen, die er als »Materialisierung« des bürgerlichen Formalrechts beschreibt. Heute wird eine Debatte über »Verrechtlichung« geführt, die sich an Webers Diagnose anschließt.[2] Deshalb möchte ich meine Überlegungen zu Recht und Moral in diesem Kontext aufnehmen. Ich werde zunächst (I) an Webers Analyse der Entformalisierung des Rechts erinnern, um die impliziten moraltheoretischen Annahmen herauszuarbeiten, die mit Webers deklarierten wertskeptischen Voraussetzungen unvereinbar sind. In einem zweiten Teil (II) werde ich aus der neueren deutschen Diskussion über den Formwandel des Rechts drei Positionen behandeln, um Gründe für ein angemesseneres Konzept der Rechtsrationalität zu sammeln. Schließlich werde ich (III) wenigstens in groben Zügen die These entwickeln, daß die Legalität ihre Legitimität allein aus einer moralisch gehaltvollen Verfahrensrationalität schöpfen kann. Diese verdankt sich einer Verschränkung von zwei Typen von »Verfahren«: moralische Argumentationen werden mit rechtlichen Mitteln institutionalisiert. Diese Erörterungen haben normativen Charakter. Wie in der nächsten Vorlesung deutlich werden soll, unternehme ich diese aber nicht in rechts-, sondern in gesellschaftstheoretischer Absicht.

I. Max Webers Konzept der Rechtsrationalität

(1) Was Weber als Materialisierung des bürgerlichen Formalrechts beschrieben hat, erkennen wir heute als den für den Sozialstaat charakteristischen Schub der Verrechtlichung. Dabei handelt es sich nicht nur um quantitatives Wachstum, um die Zunahme der Regelungsdichte und Regelungstiefe rechtlicher Vorschriften in einer komplexer werdenden Gesellschaft.[3] Mit den Interventionsbedürfnissen eines (seinem Selbstverständnis nach) aktiven, zugleich steuernden und kompensierenden Staatsapparates verändern sich viel-

---

2 F. Kübler (Hg.), Verrechtlichung von Wirtschaft, Arbeit und sozialer Solidarität, Baden-Baden 1984 und Frankfurt/Main 1985; A. Görlitz, R. Voigt, Rechtspolitologie, Hamburg 1985.

3 R. Voigt (Hg.), Abschied vom Recht?, Frankfurt/Main 1983.

mehr die Funktionen und die inneren Strukturen des Rechtssystems. Das Rechtsmedium wird nicht nur in größerem Umfang beansprucht, auch die Rechtsform wandelt sich unter Imperativen einer *neuen Art* der Beanspruchung.

Schon Weber steht das regulatorische Recht des Sozialstaats vor Augen. Dieses Recht wird für die gestaltenden Aufgaben eines Gesetzgebers instrumentalisiert, der Forderungen nach sozialer Gerechtigkeit mit kompensierenden Umverteilungen, stabilisierenden Steuerungsleistungen und transformierenden Eingriffen erfüllen will: »Mit dem Erwachen moderner Klassenprobleme (entstehen) materiale Anforderungen an das Recht von seiten eines Teils der Rechtsinteressenten (namentlich der Arbeiterschaft) einerseits, der Rechtsideologen andererseits, welche ... ein soziales Recht auf der Grundlage pathetischer sittlicher Postulate (›Gerechtigkeit‹, ›Menschenwürde‹) verlangen. Dies aber stellt den Formalismus des Rechts grundsätzlich in Frage.«[4] Hier kommt das Begriffspaar »formal – material« ins Spiel, mit dem Weber die einschlägige Diskussion bis heute bestimmt und – wie ich meine – in die falsche Richtung gelenkt hat: nach seiner Auffassung dringen die Forderungen nach »materialer« Gerechtigkeit in das Medium des Rechts ein und zerstören dessen »formale Rationalität«. Weber belegt seine These vor allem mit Beispielen aus dem Privatrecht, das einst – aus liberaler Sicht – durch öffentliche, abstrakte und allgemeine Gesetze Leben, Freiheit und Eigentum vertragschließender Rechtspersonen sichern sollten. Aus diesem Korpus haben sich tatsächlich neue Sonderprivatrechte ausdifferenziert. Tendenzen zur Entformalisierung sind z. B. am Sozial- und Arbeitsrecht, am Kartell- und Gesellschaftsrecht gut abzulesen.[5]

Als »Materialisierung« lassen sich diese Tendenzen beschreiben, wenn man von dem in Deutschland mit der Pandektenwissenschaft und der Begriffsjurisprudenz zur Herrschaft gelangten *formalistischen* Rechtsverständnis ausgeht. Die in dieser Tradition scharf herausgearbeiteten formalen Qualitäten des Rechts erklärt Max Weber allgemein als Ergebnis der rechtsdogmatischen Arbeit akademisch

4 Weber (1964), 648.
5 G. Teubner, Verrechtlichung – Begriffe, Merkmale, Grenzen, Auswege, in: Kübler (1984), 289 ff; ders. (Hg.), Dilemmas of Law in the Welfare State, Berlin 1986.

ausgebildeter Fachjuristen. Die Rechtsexperten sorgen für einen »Formalismus des Rechts« vor allem in dreifacher Hinsicht. Die systematische Durchgestaltung eines Korpus von klar analysierten Rechtssätzen bringt erstens die geltenden Normen in eine überschaubare und kontrollierbare Ordnung. Zweitens gibt die Form des abstrakten und allgemeinen, weder auf besondere Kontexte zugeschnittenen, noch an bestimmte Adressaten gerichteten Gesetzes dem Rechtssystem eine einheitliche Struktur. Und drittens garantiert die Gesetzesbindung von Justiz und Verwaltung eine verfahrensmäßige, kalkulierbare Anwendung und ebenso zuverlässige Implementation dieser Gesetze. Abweichungen von diesem liberalen Modell können dann als eine Beeinträchtigung der formalen Qualitäten des Rechts verstanden werden. Der sozialstaatliche Verrechtlichungsschub macht das klassische Bild vom Privatrechtssystem, die Vorstellung einer klaren Trennung von privatem und öffentlichem Recht sowie der Hierarchie von Grundnorm und einfachem Gesetz unhaltbar. Auch die Fiktion eines wohlgeordneten Rechtssystems zerbricht. Die Einheit der Rechtsnormen im ganzen erschließt sich nur noch von Fall zu Fall einem von Prinzipien geleiteten, rekonstruktiven Vorverständnis, das im Gesetzestext nicht als solches objektiviert ist.[6] Und tatsächlich verdrängen folgenorientierte Zweckprogramme die regelorientierten Rechtsformen in dem Maße, wie die Rechtsetzung sozial gestaltende politische Eingriffe mit schwer prognostizierbaren Folgewirkungen programmiert. Sowohl konkrete Tatbestände wie abstrakte Zielvorgaben finden Eingang in die Sprache des Gesetzes; und vormals rechtsexterne Merkmale werden immer häufiger in die rechtlichen Bestimmungen aufgenommen. Dieser »Aufstieg des Zwecks im Recht« (Ihering) lockert schließlich die einst als unproblematisch unterstellte Gesetzesbindung von Justiz und Verwaltung. Die Gerichte müssen mit Generalklauseln fertig werden und gleichzeitig einer größeren Variationsbreite von Kontexten wie der größeren Interdependenz ungeordneter Rechtssätze gerecht werden. Entsprechendes gilt für ein »situatives« Verwaltungshandeln.

Wenn man früher die formalen Qualitäten des Rechts durch Sy-

6 Teubner (1984), 300 ff.

stematisierung des Rechtskorpus, durch die Form des abstrakten und allgemeinen Gesetzes und durch strikte, das Ermessen von Richtern und Beamten einschränkende Verfahren charakterisiert sah, so verdankte sich diese Sicht immer schon einer starken Stilisierung; aber die mit dem Sozialstaat eintretenden Veränderungen des Rechtssystems mußten auch das liberale Selbstverständnis des Formalrechts erschüttern. Insoweit kann man durchaus in einem deskriptiven Sinne von einer »Materialisierung« des Rechts sprechen. Einen kritischen Sinn verlieh Max Weber diesem Ausdruck freilich erst dadurch, daß er zwei explikative Beziehungen herstellte: er sah in den formalen Qualitäten des Rechts auch dessen Rationalität begründet; und Materialisierung bedeutete für ihn Moralisierung des Rechts, nämlich das Eindringen von Gesichtspunkten materialer Gerechtigkeit ins positive Recht. Daraus ergab sich die rechtskritische Aussage, daß in dem Maße, wie sich ein interner Zusammenhang zwischen Recht und Moral herstellt, die dem Rechtsmedium als solchem innewohnende Rationalität zerstört wird.

(2) Diese Gedankenkette trägt aber nur dann, wenn die formalen Qualitäten des Rechts so, wie Max Weber sie dem formalistischen Rechtsverständnis entlehnt, in einem streng moralneutralen Sinne als »rational« gedeutet werden können. Erinnern wir uns an die drei Bedeutungsaspekte, unter denen Weber »rational« in diesem Sinne verwendet.[7]

Weber geht *zunächst* von einem weiten Begriff von Technik (auch im Sinne von Gebetstechnik, Maltechnik, Erziehungstechnik usw.) aus, um klarzumachen, daß der Aspekt des Regelhaften überhaupt für eine gewisse Rationalität des Handelns wichtig ist. Verläßlich reproduzierbare Verhaltensmuster haben den Vorzug der Berechenbarkeit. Sobald es sich um verbesserungsfähige technische Regeln der Natur- und Materialbeherrschung handelt, nimmt die allgemeine *Regelrationalität* die engere Bedeutung von instrumenteller Rationalität an. Wenn es jedoch nicht mehr nur um die geregelte Verwendung von Mitteln geht, sondern um die Selektion von Zwecken unter vorgegebenen Werten, spricht Weber *zweitens* von *Zweckrationalität*. Unter diesem Aspekt kann ein Handeln in dem

7 J. Habermas, Theorie des kommunikativen Handelns, Frankfurt/Main 1981, Bd. 1, 239 ff.

Maße rational sein, wie es nicht durch blinde Affekte oder naturwüchsige Traditionen gelenkt wird. Wertorientierungen betrachtet
Weber als inhaltliche, eben an materialen Werten ausgerichtete Präferenzen, die den Entscheidungen zweckrational handelnder Subjekte als etwas nicht weiter Begründbares vorausliegen – beispielsweise die je eigenen Interessen, die die Privatrechtssubjekte im
Wirtschaftsverkehr verfolgen. Rational nennt Weber *schließlich*
auch die Ergebnisse der intellektuellen Arbeit von Experten, die
überlieferte Symbolsysteme, z.B. religiöse Weltbilder oder Moral-
und Rechtsvorstellungen analytisch durchdringen. Diese dogmatischen Leistungen sind Ausdruck *wissenschaftlich-methodischen*
Denkens. Sie steigern gleichzeitig die Komplexität und Spezifizität
lehrbaren Wissens.

In einem ersten Durchgang ist nun leicht zu sehen, wie sich unter
diesen drei Aspekten der Regelrationalität, der Wahlrationalität und
der wissenschaftlichen Rationalität die oben genannten formalen
Qualitäten des Rechts als »rational« in einem engen, moralisch noch
neutralen Sinne beschreiben lassen. Die systematische Durchgestaltung des Rechtskorpus verdankt sich der wissenschaftlichen Rationalität von Fachgelehrten; öffentliche, abstrakte und allgemeine
Gesetze sichern privatautonome Spielräume für die zweckrationale
Verfolgung subjektiver Interessen; und die Institutionalisierung
von Verfahren für die strikte Anwendung und Implementation solcher Gesetze ermöglicht eine regelhafte und damit kalkulierbare
Verknüpfung von Handlungen, Tatbeständen und Rechtsfolgen –
vor allem im privatrechtlichen organisierten Geschäftsverkehr. Insoweit wäre also die Rationalität des bürgerlichen Formalrechts auf
dreifache Weise in seinen formalen Qualitäten begründet. Aber
sind es tatsächlich diese Rationalitätsaspekte, die der Legalität einer
rechtsförmig ausgeübten Herrschaft legitimierende Kraft hätten
verleihen können?

Wie ein Blick auf die europäische Arbeiterbewegung und die Klassenkämpfe des 19. Jahrhunderts lehrt, sind ja die politischen Ordnungen, die den Modellvorstellungen von einer formalrechtlich rationalisierten Herrschaft noch am nächsten kamen, keineswegs per
se als legitim empfunden worden – sondern allenfalls von seiten der
nutznießenden Sozialschichten und ihrer liberalen Ideologen.

Wenn man das liberale Modell einmal für Zwecke der immanenten Kritik voraussetzt, ergibt sich die Legitimität des bürgerlichen Formalrechts bei näherem Zusehen gar nicht aus den angegebenen »rationalen« Kennzeichnungen, sondern bestenfalls aus moralischen Implikationen, die sich aus jenen Kennzeichnungen unter Zuhilfenahme weiterer empirischer Annahmen über Struktur und Funktion der Wirtschaftsordnung ableiten lassen.

(3) Wenn wir jene drei Rationalitätsbestimmungen in umgekehrter Reihenfolge durchgehen, gilt das erstens für die Rechtssicherheit, soweit sie auf der Grundlage abstrakt-allgemeiner Gesetze durch strikte Verfahren von Justiz und Verwaltung gewährleistet wird. Nehmen wir an, die empirischen Bedingungen für eine universelle und gleichmäßige Gewährleistung von Rechtssicherheit seien erfüllt. Dann ist zu bedenken, daß Rechtssicherheit im Sinne der Prognostizierbarkeit von Eingriffen in Leben, Freiheit und Eigentum ein »Wert« ist, der mit anderen Werten konkurriert – beispielsweise mit der chancengleichen Teilnahme an politischen Entscheidungen oder der Gleichverteilung von sozialen Entschädigungen. Schon Hobbes hatte ja eine Maximierung von Rechtssicherheit im Sinn, als er seinen Souverän darauf verpflichtete, Befehle durch das Medium des Rechts hindurchzuleiten. Aber der priviligierte Platz, den dieser Wert im bürgerlichen Formalrecht genießt, rechtfertigt sich nicht schon daraus, daß die Berechenbarkeit der Rechtsfolgen eigener Handlungen für die marktwirtschaftliche Organisation des gesellschaftlichen Verkehrs *funktional* ist. Ob beispielsweise sozialstaatliche, nur mit Hilfe unbestimmter Rechtsbegriffe zu verwirklichende Politiken in gewissem Maße auf Kosten der Kalkulierbarkeit richterlicher Entscheidungen erkauft werden sollten, ist eine Frage der moralischen Abwägung zwischen verschiedenen Prinzipien. Solche Kollisionen müssen dann aber unter dem moralischen Gesichtspunkt der Verallgemeinerungsfähigkeit von Interessen entschieden werden.

Damit ist zweitens die formale Qualität von Gesetzen berührt. Die klassische Form des abstrakten und allgemeinen Gesetzes legitimiert eine in solchen Formen ausgeübte Herrschaft nicht schon dadurch, daß sie gewisse funktionale Erfordernisse für die privatautonome und zweckrationale Verfolgung jeweils eigener Interessen erfüllt. Von Marx bis Macpherson[8] ist immer wieder gezeigt worden, daß davon nur die Rede sein dürfte, wenn sich jedermann eines chancengleichen Zugangs zu den opportunity-structures einer Marktgesellschaft erfreuen dürfte – und selbst dann nur unter der Voraussetzung, daß es keine wünschenswertere Alternative gibt zu den durch monetäre und bürokratische Mechanismen geprägten Lebensformen. Allerdings haben regelorientierte Gesetzesprogramme gegenüber Zweckprogrammen tatsächlich den Vorzug, daß sie aufgrund semantischer Allgemeinheit dem Prinzip der Gleichheit vor dem Gesetz entgegenkommen. Und aufgrund ihrer Abstraktheit entsprechen sie, soweit die geregelten Tatbestände tatsächlich generell sind und in ihrem wesentlichen Gehalt von wechselnden Kontexten nicht berührt werden, sogar dem weitergehenden Prinzip, daß Gleiches gleich und Ungleiches ungleich behandelt werden soll. Entgegen Max Webers funktionalistischer Argumentation stellt sich also heraus, daß die Form abstrakter und allgemeiner Gesetze nur im Lichte dieser moralisch gehaltvollen Prinzipien als vernünftig gerechtfertigt werden kann. (Daraus darf freilich nicht geschlossen werden, daß eine Rechtsordnung *nur* in den Formen öffentlicher, abstrakter und allgemeiner Gesetze den beiden Prinzipien der Rechtsanwendungs- und der Rechtsinhaltsgleichheit Genüge tun könnte).

Auch die dritte formale Qualität, der wissenschaftlich-methodische Aufbau eines systematisch durchgestalteten Rechtskorpus, kann für sich genommen die Legitimationswirksamkeit der Legalität nicht erklären. Bei aller Autorität, die die Wissenschaften in modernen Gesellschaften für sich reklamieren mögen, gewinnen Rechtsnormen nicht schon dadurch Legitimität, daß ihre Bedeutungen präzisiert, ihre Begriffe expliziert, daß ihre Konsistenz geprüft und die Gedankenmotive vereinheitlicht werden. Die professionelle rechtsdogmatische Arbeit vermag einen Beitrag zur Legitimation allein dann zu leisten, wenn und soweit sie jenen Begründungsbedarf befriedigen hilft, der in dem Maße hervortritt, wie das Recht im ganzen positives Recht wird. Die Änderbarkeit des positiven Rechts ist nämlich aus der Sicht ihrer Adressaten und ihrer Verwal-

8 C.B. Macpherson, Die politische Theorie des Besitzindividualismus, Frankfurt/Main 1967.

ter mit dem Anspruch auf legitime Geltung nur solange vereinbar, wie sie unterstellen dürfen, daß Rechtsänderungen und Rechtsfortbildungen in veränderten Kontexten aus einleuchtenden Prinzipien begründet werden können. Die Systematisierungsleistungen der Fachjuristen haben gerade den posttraditionalen Geltungsmodus des Rechts zu Bewußtsein gebracht. Im positiven Recht haben die Normen die Art gewohnheitsmäßiger Geltung grundsätzlich verloren. Die einzelnen Rechtssätze müssen deshalb als Bestandteil einer im ganzen aus Prinzipien einsichtig gemachten Rechtsordnung begründet werden, wobei die Prinzipien selbst miteinander kollidieren können und einer diskursiven Prüfung ausgesetzt sind. Auf dieser Ebene normativer Diskussionen kommt aber wiederum eine Rationalität zum Zuge, die Kants praktischer Vernunft näher steht als einer rein wissenschaftlichen Rationalität – eine, die jedenfalls moralisch nicht neutral ist.

Zusammenfassend können wir feststellen, daß die von Weber untersuchten formalen Qualitäten des Rechts unter speziellen gesellschaftlichen Bedingungen die Legitimität der Legalität nur insoweit hätten ermöglichen können, wie sie sich in einem moralisch-praktischen Sinne als »rational« erwiesen. Weber hat diesen moralischen Kern des bürgerlichen Formalrechts nicht als solchen erkannt, weil er moralische Einsichten stets als subjektive Wertorientierungen verstanden hat; Werte galten als nicht weiter rationalisierbare Inhalte, die mit dem formalen Charakter des Rechts unvereinbar sind. Er hat nicht unterschieden zwischen der Präferenz von Werten, die sich innerhalb bestimmter kultureller Lebensformen und Traditionen als vorrangig vor anderen Werten gleichsam *empfehlen*, und der Sollgeltung von Normen, die alle Adressaten gleichermaßen *verpflichten*. Er hat die Wertschätzungen, die über die ganze Breite konkurrierender Wertinhalte streuen, nicht getrennt vom formalen Aspekt der Verbindlichkeit oder Gültigkeit von Normen, die mit den Norminhalten keineswegs variiert. Er hat, mit einem Wort, den ethischen Formalismus nicht ernstgenommen.

(4) Das zeigt sich an der Deutung des modernen Vernunftrechts, welches Weber dem positiv gewordenen »Formalrecht« gegenüberstellt. Er meint, »daß es ein rein formales Naturrecht nicht geben« könne: »Materialer Maßstab für das, was naturrechtlich legitim ist,

sind Natur und Vernunft ...«[9] Man wird zugeben müssen, daß die Naturrechtstheorien von Hobbes bis Rousseau und Kant noch gewisse metaphysische Konnotationen behalten. Rousseau und Kant genügen aber mit ihrem Modell eines Gesellschaftsvertrages, durch den die Rechtsgenossen als Freie und Gleiche ihr Zusammenleben demokratisch regeln, durchaus schon der methodischen Forderung nach einer prozeduralen Begründung des Rechts. In dieser neuzeitlichen Tradition stehen Ausdrücke wie »Natur« und »Vernunft« nicht eigentlich für metaphysische Inhalte; sie dienen vielmehr der Erklärung der Voraussetzungen, unter denen eine Vereinbarung müßte zustande kommen können, wenn sie legitimierende Kraft haben soll. Aus einem solchen Vertragsmodell lassen sich Verfahrensbedingungen für eine rationale Willensbildung herauslesen. Weber unterscheidet wiederum nicht hinreichend zwischen strukturellen und inhaltlichen Aspekten. Nur deshalb kann er »Natur« und »Vernunft« mit Wert*inhalten* verwechseln, von denen sich erst das Formalrecht gelöst habe. Er setzt die prozeduralen Eigenschaften eines posttraditionalen Begründungsniveaus fälschlich mit materialen Wertorientierungen gleich. Darum sieht er nicht, daß sich die Denkfigur des Gesellschaftsvertrags (ähnlich wie der Kategorische Imperativ) als Vorschlag zu einem Verfahren verstehen läßt, dessen Rationalität die Richtigkeit beliebiger verfahrensmäßig zustandegekommener Entscheidungen garantiert.

An dieser Stelle soll die Erinnerung an prozeduralistisch angelegte Moral- und Gerechtigkeitstheorien nur erklären, warum sich Recht und Moral nicht mit Hilfe der Begriffe »formal« und »material« voneinander abgrenzen lassen. Unsere bisherigen Überlegungen führen vielmehr zu dem Ergebnis, daß sich die Legitimität der Legalität nicht aus einer eigenständigen, der Rechtsform gleichsam moralfrei innewohnenden Rationalität erklären läßt; sie muß vielmehr auf eine interne Beziehung zwischen Recht und Moral zurückgeführt werden. Das gilt zunächst für das Modell des bürgerlichen Formalrechts, das sich um die semantische Form des abstrakten und allgemeinen Gesetzes herum kristallisiert. Die formalen Qualitäten dieses Rechtstyps bieten nämlich legitimierende Gründe nur im

9 Weber (1964), 638.

Lichte moralisch gehaltvoller Prinzipien. Nun ist es zwar richtig, daß der Formwandel des Rechts, den Max Weber unter dem Stichwort »Materialisierung« beschreibt, genau diesen Gründen die Basis entzieht. Damit ist aber keineswegs schon erwiesen, daß dem materialisierten Recht überhaupt Formeigenschaften fehlten, aus denen sich in analoger Weise legitimierende Gründe ableiten lassen. Der Formwandel des Rechts fordert vielmehr zu einer Radikalisierung von Webers Frage nach der dem Rechtsmedium innewohnenden Rationalität heraus. Formales und entformalisiertes Recht bilden von Anfang an verschiedene Varianten, in denen sich dasselbe positive Recht ausdrückt. Der »Formalismus« des Rechts, der diesen speziellen Rechtstypen gemeinsam ist, muß auf einer abstrakteren Ebene liegen. Es führt zu konkretistischen Fehlschlüssen, wenn man den Formalismus von Recht überhaupt an Eigenschaften eines bestimmten historischen Modells, eben am bürgerlichen Formalrecht dingfest machen will.

Für moderne Rechtssysteme ist allgemein der Begriff des rechtlich institutionalisierten *Verfahrens* zentral. Dieser Begriff muß tolerant gehandhabt, jedenfalls nicht von vornherein mit einer speziellen Form des Gesetzes verknüpft werden. H. L. A. Hart und andere haben gezeigt, daß moderne Rechtssysteme nicht nur aus direkten Verhaltens- und Strafnormen bestehen, sondern auch aus sekundären Normen, aus Ermächtigungs- und Organisationsregeln, die dazu dienen, Verfahren der Gesetzgebung, der Rechtsprechung und der Verwaltung zu institutionalisieren.[10] Auf diese Weise wird die Normenproduktion ihrerseits normiert. Das fristgerechte Zustandekommen rechtsverbindlicher Entscheidungen wird durch eine prozedural festgelegte, inhaltlich aber unbestimmte Vorgehensweise ermöglicht. Weiterhin muß man bedenken, daß diese Verfahren Entscheidungen mit Begründungspflichten verknüpfen. Was in dieser Weise institutionalisiert wird, sind juristische Diskurse, die nicht nur unter den äußeren Beschränkungen des rechtlichen Verfahrens operieren, sondern auch unter den *internen Beschränkungen* der argumentativen Erzeugung guter Gründe.[11] Die jeweiligen Argumentationsregeln stellen die Konstruktion und Be-

10 H. L. A. Hart, Der Begriff des Rechts, Frankfurt/Main 1968.
11 R. Alexy, Theorie der juristischen Argumentation, Frankfurt/Main 1978.

wertung von Gründen nicht ins Belieben der Teilnehmer. Sie können ihrerseits wiederum nur argumentativ verändert werden. Schließlich ist zu berücksichtigen, daß sich juristische Diskurse, wie immer sie auch ans geltende Recht gebunden sind, nicht in einem geschlossenen Universum eindeutig fixierter Rechtsregeln bewegen können. Das ergibt sich schon aus der Schichtung des modernen Rechts in Regeln und Prinzipien.[12] Viele dieser Prinzipien sind, wie man sich am Verfassungsrecht leicht klarmachen kann, zugleich rechtlicher und moralischer Natur. Die moralischen Grundsätze des Naturrechts sind in den modernen Verfassungsstaaten positives Recht geworden. Deshalb bleiben die durch Rechtsverfahren institutionalisierten Begründungswege, argumentationslogisch betrachtet, gegenüber moralischen Diskursen geöffnet.

Wenn nun die formalen Qualitäten des Rechts – unterhalb der Ebene einer Differenzierung in mehr oder weniger materialisierte Rechtstypen – aufzufinden sind in der Dimension der rechtlich institutionalisierten Verfahren; und wenn diese Verfahren juristische Diskurse regeln, die ihrerseits gegenüber moralischen Argumentationen durchlässig sind; bietet sich die Hypothese an: daß Legitimität durch Legalität möglich ist, soweit die Verfahren zur Produktion rechtlicher Normen auch im Sinne einer moralisch-praktischen Verfahrensrationalität vernünftig sind und auf vernünftige Weise praktiziert werden. Die Legitimität der Legalität verdankt sich einer Verschränkung rechtlicher Verfahren mit einer moralischen Argumentation, die ihrer eigenen Verfahrensrationalität gehorcht.

II. Entformalisierung des Rechts: drei Interpretationen

(1) Max Weber hat sich noch an einem inzwischen durch die historische Forschung in Frage gestellten formalistischen Rechtsverständnis orientiert. Das liberale Modell hatte mit der Rechtswirklichkeit nicht viel zu tun – weder im Deutschland des späten 19. Jahrhunderts noch anderswo. Die automatisch funktionierende

---

12 R. Dworkin, Taking Rights Seriously, Cambridge, Mass. 1977, Kap. 2, 3 (deutsch: Bürgerrechte ernstgenommen, Frankfurt/Main 1984).

Gesetzesbindung der Justiz beispielsweise ist immer eine Fiktion gewesen.[13] Gleichwohl ist die fortbestehende Aktualität der Weberschen Diagnose kein Zufall. Denn als *komparative* Aussage über einen Trend im Selbstverständnis und in der Praxis der Rechtsexperten hat sich die These der Entformalisierung des Rechts bewährt. Inzwischen bestätigen neu aufgetretene Phänomene, die Max Weber noch nicht beobachten konnte, seine Diagnose.

(a) *Reflexives Recht.* Weber hatte die Umstellung des Formalrechts auf Zweckprogramme vor Augen. Daneben trat, wie das Beispiel des Tarifrechts zeigt, alsbald ein anderer Typus des entformalisierten Rechts auf. Ich meine die Delegation von Verhandlungsmacht an streitende Parteien und die Einrichtung von quasipolitischen Verfahren der Willens- und Kompromißbildung.[14] Mit diesem Regelungstyp will der Gesetzgeber nicht mehr unmittelbar konkrete Zwecke erreichen; die prozeßorientierten Verfahrensnormen sollen die Beteiligten vielmehr instand setzen, ihre Angelegenheiten jeweils in *eigener* Regie zu regeln. Dieser reflexive oder zweistufige Modus der Entformalisierung hat den Vorzug größerer Flexibilität bei gleichzeitiger Autonomisierung der Rechtsadressaten. Inzwischen hat sich dieses reflexive Recht im Schatten korporatistischer Entwicklungen ausgebreitet.

(b) *Marginalisierung.* Die Implementationsforschung der letzten Jahrzehnte hat die »Lücken« nachgewiesen, die zwischen dem Wortlaut und den Wirkungen von Rechtsprogrammen bestehen. Das Recht genießt in vielen Handlungsbereichen alles andere als strenge Verbindlichkeit. Das Bewußtsein der Marginalität geht teilweise auf die sozialwissenschaftliche Erforschung bisher nicht bekannter Tatsachen zurück. Andere Phänomene kommen aber hinzu: der zunehmend experimentelle Charakter der zweckorientierten Regelung schwer überschaubarer Prozesse; eine wachsende Empfindlichkeit des Gesetzgebers gegenüber Problemen der Durchsetzbarkeit oder Akzeptanz; sowie die Angleichung des Strafrechts an Formen der sozialen Kontrolle. Auch die Ersetzung

13 R. Ogorek, Richterkönig oder Subsumtionsautomat. Zur Justiztheorie im 19. Jahrhundert, München 1986.
14 G. Teubner, Substantive and Reflexive Elements in Modern Law, Law and Society Review 17, 1983, 239ff.

staatlicher Strafverfolgung durch private Abmachungen, der verhandelbare Täter-Opfer-Ausgleich und ähnliches verstärken die »Normerosion« und den Zug zu einer fragwürdigen »Konsensorientierung«.[15] Dies alles streift dem heutigen Recht etwas vom klassischen Charakter des Zwangsrechts ab.

(c) *Funktionale Imperative.* Den sozialstaatlichen Verrechtlichungsschub verstehen wir, wie schon der Begriff des »regulatorischen« Rechts zeigt, als Instrumentalisierung des Rechts für Zwecke des politischen Gesetzgebers. Damit wird aber den Absichten von Akteuren zugeschrieben, was diese oft nur als Agenten eines immer komplexer werdenden Staatsapparates oder unter dem Druck der systemischen Imperative einer verselbständigten und zugleich stabilisierungsbedürftigen Wirtschaft mehr oder weniger bewußtlos vollziehen. Auch an der Rechtsprechung läßt sich beobachten, wie normative Gesichtspunkte den Bestanderhaltungsimperativen von staatlichen Institutionen oder den Steuerungsimperativen von Märkten »ordnungspolitisch« untergeordnet werden. In der Konkurrenz zwischen Rechten einerseits, Kollektivgütern andererseits setzen sich funktionale Erfordernisse von geld- und machtgesteuerten Subsystemen durch, die ihrerseits nicht mehr über Normen und Werte integriert sind.

(d) *Moralität vs. Positivität des Rechts.* Mit der zunehmenden Mobilisierung des Rechts verschärft sich die Frage nach den Legitimitätsbedingungen der Legalität. In gewisser Weise untergräbt ja das positive Recht mit steigender Änderungsgeschwindigkeit seine eigenen Geltungsgrundlagen. Mit jedem Regierungswechsel werden andere Interessen mehrheitsfähig, die z. B. aufs Miet-, Familien- oder Steuerrecht durchgreifen. Damit verbindet sich paradoxerweise die gegenläufige Tendenz, sich im Zeichen eines moralisierten Rechts auf »richtiges« Recht zu berufen – beispielsweise in der Form des zivilen Ungehorsams oder bei Fragen der Abtreibung, der Scheidung, des Umweltschutzes usw. Auch das hat systematische Gründe. Moralische Prinzipien vernunftrechtlicher Herkunft sind heute Bestandteile des positiven Rechts. Die Verfassungsinterpreta-

---

15 W. Naucke, Die Wechselwirkung zwischen Strafziel und Verbrechensbegriff, Stuttgart 1985; ders., Versuch über den aktuellen Stil des Rechts, Schriften der H. Ehler-Akademie, Kiel 1986.

tion nimmt deshalb eine mehr und mehr rechtsphilosophische Gestalt an. W. Naucke spricht ironisch von einer »juristischen Verwaltung des Naturrechts.«[16]

Alle diese Tendenzen fallen unter das Stichwort der »Entformalisierung« des Rechts. Gleichzeitig bilden sie unter dem pejorativen Stichwort »Verrechtlichung« einen Gegenstand der Rechtskritik. Auch in dieser Hinsicht knüpft die gegenwärtige Debatte an Max Weber an: seine Frage nach der Rationalität der Rechtsform zielte ja auf Maßstäbe für ein zugleich richtiges und funktionales Recht. Insofern wirft diese Diskussion Licht auf unsere Frage, wie Legitimität durch Legalität möglich ist. Im folgenden will ich drei Positionen anhand deutscher Beispiele kennzeichnen, ohne auf die amerikanischen Entsprechungen näher einzugehen. Diesen Positionen ist gemeinsam die Perspektive von Beteiligten, aus der sie das Rechtssystem von innen analysieren.[17] Implizit ist die deutsche Diskussion auch durch den Streit über die Deformation des Rechts während der Naziperiode bestimmt. Je nachdem, wie diese interpretiert wird, setzt der eine größeres Vertrauen in Justiz und Verwaltung, der andere in den parlamentarischen Gesetzgeber. Diese Polarisierung hat den Vorzug, den Blick auf alle drei Staatsgewalten zu lenken und die Legitimitätsbedingungen der legalen Herrschaft nicht von vornherein nur bei der Rechtsprechung zu suchen.

(2) Die Verarbeitung der historischen Erfahrungen mit dem NS-Regime hinterläßt besonders deutliche Spuren in einer Kontroverse, die in den frühen 5oer Jahren zwischen den Protagonisten Ernst Forsthoff und Wolfgang Abendroth über Rechtsstaat und Sozialstaat geführt worden ist.[18] Sie setzt Debatten fort, die während der Weimarer Zeit u. a. zwischen Carl Schmitt, Hans Kelsen und Hermann Heller geführt worden sind.[19] In unserem Zusammenhang ist nun von Bedeutung, daß Forsthoff Max Webers formalistische Rechtskritik mit rechtsdogmatischen Mitteln fortgeführt hat.

16 Naucke (1986), 21.
17 Die Systemtheorie des Rechts behandle ich in der zweiten Vorlesung. Die ökonomische Interpretation des Rechts (»Law and Economy«) lasse ich als eine weitere Variante des Empirismus hier außer acht.
18 E. Forsthoff (Hg.), Rechtsstaatlichkeit und Sozialstaatlichkeit, Darmstadt 1968.
19 I. Maus, Bürgerliche Rechtstheorie und Faschismus, München 1980.

Er möchte den Tendenzen zur Entformalisierung dadurch begegnen, daß die sozialen Gestaltungsaufgaben, die der Gesetzgebung und der Verwaltung im Sozialstaat zugewachsen sind, in den Formen des klassischen Rechtsstaates kanalisiert werden. Das in das Grundgesetz der BRD aufgenommene Sozialstaatsprinzip darf keinen Verfassungsrang erhalten und den formalen Aufbau des Rechtsstaates nicht berühren. Die liberale Logik des Rechtsstaates ist wiederum durch die Form des öffentlichen, abstrakten und allgemeinen Gesetzes bestimmt. Solange der politische Gesetzgeber nur die Ziele verfolgt, die er in solche regelorientierte Rechtsprogramme umsetzen kann, bleibt die Berechenbarkeit einer unabhängigen Justiz und einer gewährleistenden Verwaltung gesichert. Ein aktiver Staat, der mit einer planenden und leistenden Verwaltung in den gesellschaftlichen Status quo eingreift, müßte den Rechtsstaat deformieren. Daß die Legitimität des Rechtsstaates mit der semantischen Form des Gesetzes steht und fällt, ist übrigens eine Prämisse, die Lon Fuller als »internal morality of law« im einzelnen analysiert hat.[20]

Die Schwäche dieser Position liegt in ihrem rein defensiven Charakter. Forsthoff ist sich darüber im klaren, daß zwischen liberalem Rechtsstaat und liberaler Wirtschaftsgesellschaft »eine strukturelle Entsprechung« bestanden hat. Angesichts des inzwischen vollzogenen gesellschaftlichen Strukturwandels muß er die unrealistische Annahme machen, daß sich die Strukturen des Rechtsstaates aus ihren sozialen Entstehungszusammenhängen herauslösen und zu einem »technisch gewordenen Verfassungssystem« verselbständigen lassen. Forsthoff kann nicht erklären, wie der sozialstaatliche Verrechtlichungsschub auf das Format einer inzwischen längst ausgehöhlten Gesetzesform zurückgespult werden könnte, ohne den in der Substanz nicht mehr rückgängig zu machenden sozialstaatlichen Kompromiß aufzukündigen.[21]

Zu dieser Realität scheint der demokratische Gesetzespositivismus seines Gegenspielers Wolfgang Abendroth besser zu passen. Unter Prämissen von Webers und Forsthoffs Rechtsformalismus muß das regulatorische Recht des Sozialstaats ein Fremdkörper bleiben; da

20 R. S. Sumners, Lon L. Fuller, Stanford 1984, 33 ff.
21 C. Offe, Contradictions of the Welfare State, London 1984.

helfen auch keine Formelkompromisse.[22] Abendroth will hingegen Sozialstaatsprinzip und rechtsstaatliche Garantien unter dem Dach der demokratischen Selbstbestimmung zusammenführen. Die Gesellschaftsordnung steht der demokratischen Willensbildung des Volkes im ganzen zur Disposition. Der demokratische Staat gilt als Zentrum einer sich selbst bestimmenden und transformierenden Gesellschaft. Die Rechtsform dient lediglich der Umsetzung von Reformpolitiken in bindende Entscheidungen. Das Recht besitzt keine *eigene* Struktur, die verformt werden könnte. Die Rechtsform wird eher als eine plastische Hülle für beliebige administrative Steuerungsleistungen vorgestellt. Der Gesetzesbegriff wird positivistisch aller inneren Rationalitätsbestimmungen entkleidet. Das ethische Minimum geht von der semantischen Form des Gesetzes auf die demokratische Form der Gesetzgebung über. Die rechtsstaatlichen Garantien vertraut Abendroth der rousseauistischen Hoffnung an, daß ein mit sich selbst konsistent bleibender demokratischer Gesetzgeber keine Beschlüsse faßt, denen nicht alle zustimmen könnten. Mit diesem legislativen Aktivismus ist Abendroth noch eigentümlich blind sowohl gegenüber den Systemzwängen von Staat und Ökonomie wie auch gegenüber den spezifischen Erscheinungsformen der sozialstaatlichen Verrechtlichung.

(3) Inzwischen hat sich aber eine Metakritik an der Verrechtlichungskritik ausgebildet, die sich auf Abendroths Position stützt. Im Zentrum dieser Kritik steht die Überlegung, daß die Ersetzung des formstrengen Rechts durch weiche, entformalisierte Regelungen den Weg bahnt, auf dem sich Justiz und Verwaltung der Suprematie der Gesetzgebung und damit der einzig legitimierenden Kraft des demokratischen Gesetzgebungs*verfahrens* entziehen. Materialisiertes Recht und bestimmte Formen des reflexiven Rechts zerstören, so argumentiert beispielsweise Ingeborg Maus, die klassische Gewaltenteilung, weil sich mit dem Vordringen von Generalklauseln und unbestimmten Zielvorgaben einerseits, mit der Delegation von Entscheidungskompetenzen und Verhandlungspositionen andererseits die Bindung von Justiz und Verwaltung ans demokratische

---

22 E.R. Huber, Rechtsstaat und Sozialstaat in der modernen Industriegesellschaft, in: Forsthoff (1968), 589.

Gesetz auflöst.[23] Die Justiz füllt die erweiterten Ermessensspielräume mit eigenen Gesetzesprogrammen und Wertvorstellungen auf; die Verwaltung operiert im Dunkel zwischen programmierenden und programmierten Entscheidungen und macht ihre eigene Politik. »Gesetzesattrappen« bilden nur noch eine hauchdünne Legitimation für die Durchgriffe der Justiz auf überpositive Wertungen einerseits, für die korporatistischen Vernetzungen und Arrangements der Verwaltung mit den jeweils mächtigsten Interessen andererseits. Die Umstellung der Rechtsstruktur auf ein solches »situatives« Verwaltungshandeln wird durch eine am Einzelfall orientierte, werteabwägende Justiz nur noch befördert.

Diese Kritik zielt zwar in die gleiche Richtung wie der liberale Rechtsformalismus. Sie unterscheidet sich davon aber in ihren normativen Ausgangspunkten. Auch wenn I. Maus auf wohldefinierte, den Ermessensspielraum von Justiz und Verwaltung strikt eingrenzende Gesetzesbestimmungen drängt, kann die rechtsstaatliche Rationalität ihren Sitz nicht mehr in der semantischen Form des Gesetzes haben. Legitimationswirksam ist allein das *demokratische Verfahren* der Gesetzgebung. Dann dürften sich allerdings Justiz und Verwaltung der legislativen Kontrolle nicht allein der Formveränderung sozialstaatlicher Gesetzesprogramme wegen entziehen können: denn sonst verfehlte die demokratietheoretische Linie der Argumentation ihre Pointe und deckte sich schließlich mit der liberalen. Die Suprematie der Gesetzgebung gegenüber den beiden anderen Staatsfunktionen darf auch nicht nur soziologisch als eine Frage der Macht analysiert werden. Bei Abendroth stand noch eine Klassenanalyse im Hintergrund und die Vorstellung eines Klassenkompromisses, der sich in den Formen des demokratischen und sozialen Rechtsstaates zugunsten der Arbeiterparteien würde verschieben lassen. Heute ist das Vertrauen in die Hintergrundannahmen der marxistischen wie jeder anderen Geschichtsphilosophie weitgehend geschwunden. Es bedarf daher einer normativen Rechtfertigung der postulierten Vorherrschaft des Parlaments. Dafür genügt Abendroths demokratischer Gesetzespositivismus

---

23 I. Maus, Verrechtlichung, Entrechtlichung und der Funktionswandel von Institutionen, in: G. Göhler (Hg.), Grundlagen einer Theorie der politischen Institutionen, Köln 1986.

nicht. Wenn die Leerstelle des positivistischen Gesetzesbegriffes normativ nicht mehr mit einem privilegierten Klasseninteresse ausgefüllt werden kann, müssen die Legitimitätsbedingungen für das demokratische Gesetz in der Rationalität des Gesetzgebungsverfahrens selber aufgesucht werden.

Aus der bisherigen Erörterung ergibt sich also das interessante Desiderat, die in den demokratischen Gesetzgebungsprozeß eingebaute Verfahrensrationalität daraufhin zu untersuchen, ob sich aus ihr Gründe für eine Legitimität durch Legalität gewinnen lassen. Selbst für den Fall, daß dieses Desiderat erfüllt werden kann, stellt sich freilich mindestens ein weiteres Problem. Sobald das abstrakte und allgemeine, jede Unbestimmtheit ausschließende Gesetz nicht mehr die normal-vorbildliche Form sozialstaatlicher Regelungsprogramme ist, fehlt nämlich der Transmissionsriemen, der die Rationalität des Gesetzgebungsverfahrens auf die Verfahren der Justiz und der Verwaltung *überträgt*. Ohne die automatische Wirksamkeit einer strengen Gesetzesbindung, wie sie nur im liberalen Modell unterstellt wird, bleibt die Frage offen, wie sich die Verfahrensrationalität der einen Seite auf die Verfahrensrationalität der anderen Seite abbilden könnte.

(4) Diese Frage wird, jedenfalls im Hinblick auf die Rationalität der richterlichen Entscheidungspraxis, zum Ausgangspunkt einer dritten Argumentationslinie. Diese Position ist weniger scharf ausgeprägt als die demokratietheoretische und die formalistische Rechtskritik. Die Antwort auf die Frage, wie die Justiz mit entformalisiertem Recht fertig wird, tritt mindestens in zwei Varianten auf – naturrechtlich und kontextualistisch. Zunächst aber zur Beschreibung der einschlägigen Phänomene.

Die Analyse heftet sich vielfach an Beispiele aus der Entscheidungspraxis des mit Aufgaben der abstrakten Normenkontrolle betrauten Bundesverfassungsgerichts. Aber auch das Familien-, Arbeits- und Sozialrecht konfrontieren die Rechtsprechung mit Materien, die nicht nach dem klassischen Muster des fallsubsumierenden Zivilgerichtsverfahrens bearbeitet werden können.[24] An den Interpretationen des Verfassungsrechts lassen sich freilich die Tendenzen zu

24 R. Salgo, Soll die Zuständigkeit des Familiengerichts erweitert werden?, Zeitschrift für das gesamte Familienrecht 31 (1984), 221 ff.

einer nicht nur Gesetzeslücken ausfüllenden, sondern konstruktiv rechtsfortbildenden Entscheidungspraxis gut ablesen.

Hier zeigt sich besonders deutlich, daß der Augenschein, der für das liberale Rechtsstaatsmodell gesprochen hatte, zerfallen ist. Die Schranke zwischen der staatlichen Sphäre der »Gemeinwohlver-wirklichung« und dem gesellschaftlichen Bereich der privatautonomen Verfolgung des jeweils individuellen Wohls ist durchbrochen. Die Verfassung stellt sich heute als ein dynamisches Ganzes dar, worin Konflikte zwischen Einzelwohl und Gemeinwohl im Lichte oberster Verfassungsgrundsätze und eines holistischen Verfassungsverständnisses jeweils ad hoc ausgeglichen werden müssen.[25] Die Hierarchie zwischen Grundnorm und einfachem Gesetz hat sich ebenso aufgelöst wie der Regelcharakter der Grundrechte.[26] Es gibt schlechterdings kein Recht, das nicht aufgrund von Prinzipienabwägungen eingeschränkt werden könnte. Deshalb hat das Bundesverfassungsgericht den »Grundsatz der Wechselwirkung« aufgestellt: jedes einzelne Element der Rechtsordnung kann je nach Kontext aus dem Verständnis der »grundgesetzlichen Werteordnung« im ganzen *anders* interpretiert werden. Mit diesem prinzipiengeleiteten Vorgriff auf den rekonstruierten Sinn des Ganzen stellt sich, nicht zwar auf der Ebene des Wortlauts des Gesetzestextes, wohl aber methodisch eine Zweistufigkeit zwischen Legalordnung und legitimierenden Grundsätzen her. Diese hat eine erhebliche Rechtsunsicherheit zur Folge. E. Denninger spricht in diesem Zusammenhang von einer Ablösung der legalen Herrschaft – der Herrschaft aufgrund der Legalität von Gesetz und Maßnahme – durch eine »Herrschaft aufgrund richterlich sanktionierter Legitimität«.[27]

Um so prekärer wird dann aber die rechtskritische Frage, ob sich die Justiz überhaupt noch zutrauen kann, die unvermeidlich erweiterten Ermessensspielräume rational, d. h. mit intersubjektiv nachprüfbaren Argumenten auszufüllen. Die konservativen Bedenken

---

25 E. Denninger, Verfassungsrechtliche Schlüsselbegriffe, in: Chr. Broda (Hg.), Festschrift für R. Wassermann, Darmstadt und Neuwied 1985, 279 ff.

26 R. Alexy, Theorie der Grundrechte, Baden-Baden 1985 und Frankfurt am Main 1986.

27 Denninger (1985), 284.

sind in der Regel vom Mißtrauen gegen einen demagogisch verführbaren parlamentarischen Gesetzgeber motiviert. Darin verhält sich diese Position spiegelbildlich zur demokratietheoretischen Linie der Argumentation. Auch hier schlägt eine spezielle Einschätzung des nationalsozialistischen Unrechtsregimes durch. Eine Justiz, die sich an überpositiven Rechtsgrundsätzen orientieren kann, soll ein Gegengewicht bilden gegen »den Zweck- und Machtpositivismus« »gedankenloser, rechtsblinder, eingeschüchterter oder vergewaltigter Mehrheiten«.[28] Da die legitimierende Kraft des demokratischen Gemeinwillens rechtspositivistisch untergraben worden sei, müsse die Gesetzgebung der Kontrolle einer Rechtsprechung unterworfen werden, die zwar ans Gesetz, aber auch »an die obersten Gesetze einer materialen Gerechtigkeit gebunden ist.«[29] Ob man diese nun dem christlichen Naturrecht oder einer materialen Wertethik entlehnt, oder ob man sich neoaristotelisch auf das eingelebte Ethos vor Ort beruft, gleichviel – mit dieser Berufung auf die »Unverfügbarkeit« einer konkreten Wertordnung erfüllt sich tatsächlich Max Webers Befürchtung, daß die Entformalisierung des Rechts für einströmende materiale und damit strittige, im Kern irrationale Wertorientierungen Tür und Tor öffnet.[30]

Für die Anwälte einer solchen naturrechtlichen bzw. kontextualistischen Wertejudikatur ist es kennzeichnend, daß sie die *philosophischen Prämissen* Max Webers unter anderen Vorzeichen teilen. Sie stellen Verfahren, abstrakte Grundsätze und konkrete Werte auf eine Ebene. Weil das sittlich Allgemeine immer schon in konkrethistorische Handlungszusammenhänge eingelassen sei, könne es eine Begründung oder Abwägung von Prinzipien nach einem allgemeinen, Unparteilichkeit verbürgenden Verfahren nicht geben. Insbesondere die Neoaristoteliker neigen zu einer Institutionenethik, die die Spannung zwischen Norm und Wirklichkeit, Prinzip und Regel einzieht, Kants Differenzierung zwischen Begründungs- und Anwendungsfragen rückgängig macht und moralische Erörte-

28 F. Wieacker, Privatrechtsgeschichte der Neuzeit, Göttingen 1967, 560.
29 Wieacker (1967), 604.
30 U. K. Preuß, Legalität und Pluralismus, Frankfurt/Main 1973.

rungen auf das Niveau von Klugheitserwägungen herabstuft.[31] Auf dieser Ebene einer bloß pragmatischen Urteilskraft vermischen sich dann normative und funktionale Erwägungen auf eine undurchsichtige Weise.

Auch das Bundesverfassungsgericht verfügt bei seiner konkreten Werteabwägung nicht über Kriterien, nach denen es den Vorrang normativer Prinzipien (wie Gleichbehandlung oder Menschenwürde) oder wichtiger methodischer Prinzipien (wie Verhältnismäßigkeit und Angemessenheit) vor funktionalen Imperativen (des Betriebsfriedens, der Einsatzfähigkeit der Bundeswehr oder allgemein des sog. Möglichkeitsvorbehalts) auszeichnen könnte. Wo individuelle Rechte und kollektive Güter zu Werten aggregiert werden, von denen einer so partikular ist wie der andere, fließen deontologische und teleologische, sogar systemtheoretische Erwägungen trübe ineinander. Und der Verdacht, daß sich im Aufeinanderprallen solcher nicht weiter rationalisierbarer Wertpräferenzen das durchsetzungsfähigste Interesse auch tatsächlich durchsetzt, ist nur zu begründet. Aus diesem Umstand erklärt sich dann auch, warum sich der Ausgang von Gerichtsprozessen mit Hilfe interessen- und machttheoretischer Ansätze relativ gut voraussagen läßt.

Diese dritte Linie der Argumentation ist nur insofern von Interesse, als sie auf ein ungelöstes Problem aufmerksam macht. Sie zeigt am Beispiel des Umgangs der Justiz mit entformalisiertem Recht, daß sich eine nun auch manifest hervortretende Moralisierung des Rechts nicht leugnen und auch nicht rückgängig machen läßt; sie ist mit dem sozialstaatlichen Verrechtlichungsschub intern verknüpft. Das christlich oder wertethisch erneuerte Naturrecht oder der Neoaristotelismus stehen dem allerdings hilflos gegenüber, weil diese Interpretationen ungeeignet sind, den rationalen Kern der gerichtlichen Verfahrenspraxis herauszuarbeiten. Güter- und Wertethiken zeichnen jeweils besondere Norm*inhalte* aus – ihre normativen Prämissen sind als Grundlagen für *allgemein verbindliche* Entscheidungen in einer vom Pluralismus der Glaubensmächte gekennzeichneten modernen Gesellschaft zu stark. Allein die proceduralistisch angelegten Moral- und Gerechtigkeitstheorien versprechen

31 H. Schnädelbach, Was ist Neoaristotelismus? in: W. Kuhlmann (Hg.), Moralität und Sittlichkeit, Frankfurt/Main 1986, 38 ff.

ein *unparteiliches* Verfahren für die Begründung und Abwägung von Prinzipien.

III. Die Rationalität rechtlich institutionalisierter Verfahren: Vorfragen

(1) Wenn Legitimität durch Legalität in Gesellschaften unseres Typs möglich sein soll, muß sich der Legalitätsglauben, dem die kollektiven Gewißheiten von Religion und Metaphysik abhanden gekommen sind, in irgendeinem Sinne auf die »Rationalität« des Rechts stützen. Max Webers Annahme aber, daß eine eigenständige, moralfreie, dem Recht als solchem innewohnende Rationalität der Grund für die legitimierende Kraft der Legalität sei, hat sich nicht bestätigt. Legitimität verdankt eine in den Formen begründungspflichtigen positiven Rechts ausgeübte Herrschaft stets einem impliziten moralischen Gehalt der formalen Qualitäten des Rechts. Der Formalismus des Rechts darf indessen nicht konkretistisch an bestimmten semantischen Merkmalen festgemacht werden. Legitimierende Kraft haben vielmehr *Verfahren*, die Begründungsforderungen und den Weg zu ihrer argumentativen Einlösung institutionalisieren. Die Legitimationsquelle darf zudem nicht einseitig, nicht nur am Ort sei es der politischen Gesetzgebung *oder* der Rechtsprechung gesucht werden. Denn unter Bedingungen sozialstaatlicher Politik kann auch der sorgfältigste demokratische Gesetzgeber Justiz und Verwaltung nicht mehr allein durch die semantische Form des Gesetzes binden; ohne regulatorisches Recht kommt er nicht aus. Ein im moralisch-praktischen Sinne rationaler Kern rechtlicher Verfahren schält sich erst heraus, wenn man analysiert, wie sich über die Idee der Unparteilichkeit sowohl der Normenbegründung als auch der Anwendung von verbindlichen Regelungen ein konstruktiver Zusammenhang zwischen geltendem Recht, Gesetzgebungsverfahren und Verfahren der Rechtsanwendung herstellt. Diese Idee der Unparteilichkeit bildet den Kern der praktischen Vernunft. Wenn wir das Problem unparteilicher Normanwendung hintanstellen, wird die Idee der Unparteilichkeit zunächst unter dem Aspekt der Begründung von Normen in jenen Moral- und Ge-

rechtigkeitstheorien entfaltet, die ein Verfahren vorschlagen, wie man praktische Fragen unter dem moralischen Gesichtspunkt beurteilen kann. Die Rationalität eines solchen reinen, aller Institutionalisierung vorausgehenden Verfahrens, bemißt sich daran, ob in ihm der moral point of view angemessen expliziert wird.

Zur Zeit sehe ich *drei ernsthafte Kandidaten* für eine solche prozeduralistische Gerechtigkeitstheorie. Alle gehen aus der Kantischen Tradition hervor, aber sie unterscheiden sich nach den Modellen, anhand deren sie das Verfahren unparteilicher Willensbildung erläutern.[32] John Rawls geht weiterhin vom Modell der vertraglichen Vereinbarung aus und baut in die Beschreibung des Urzustandes diejenigen normativ gehaltvollen Beschränkungen ein, unter denen der rationale Egoismus der freien und gleichen Parteien zur Wahl richtiger Prinzipien führen muß. Die Fairness der Ergebnisse wird durch die Prozedur ihres Zustandekommens gewährleistet.[33] Lawrence Kohlberg verwendet stattdessen G. H. Meads Modell der allgemeinen Reziprozität miteinander verschränkter Perspektiven. An die Stelle eines idealisierten Urzustandes tritt eine ideale Rollenübernahme, die vom moralisch urteilenden Subjekt fordert, sich in die Lage all derjenigen hineinzuversetzen, die von der Inkraftsetzung einer fraglichen Norm betroffen sein würden.[34] Beide Modelle haben meines Erachtens den Nachteil, daß sie dem kognitiven Anspruch moralischer Urteile nicht ganz gerecht werden. Nach dem Modell des Vertragsabschlusses werden moralische Einsichten an rationale Wahlentscheidungen, nach dem Modell der Rollenübernahme an empathische Verstehensleistungen *angeglichen*. Karl-Otto Apel und ich haben deshalb vorgeschlagen, die moralische Argumentation selbst als das angemessene Verfahren rationaler Willensbildung zu begreifen. Die Prüfung hypothetischer Geltungsansprüche stellt ein solches Verfahren dar, weil sich jeder, der ernsthaft argumentieren will, auf die idealisierenden Unterstellungen einer anspruchsvollen Kommunikationsform einlassen muß. Jeder Teilnehmer an einer Argumentationspraxis muß nämlich

---

32 J. Habermas, Gerechtigkeit und Solidarität, in: W. Edelstein, G. Nunner-Winkler (Hg.), Zur Bestimmung der Moral, Frankfurt/Main 1986.
33 J. Rawls, Theorie der Gerechtigkeit, Frankfurt/Main 1975.
34 L. Kohlberg, The Philosophy of Moral Development, San Francisco 1981.

pragmatisch voraussetzen, daß im Prinzip alle möglicherweise Betroffenen als Freie und Gleiche an einer kooperativen Wahrheitssuche teilnehmen könnten, bei der einzig der Zwang des besseren Argumentes zum Zuge kommen darf.[35]

Auf die moraltheoretische Diskussion kann ich mich hier nicht einlassen; in unserem Zusammenhang genügt die Feststellung, daß es ernsthafte Kandidaten für eine prozeduralistische Gerechtigkeitstheorie gibt. Nur dann hängt nämlich meine These nicht in der Luft, daß prozeduralisiertes Recht und moralische Begründung von Prinzipien aufeinander verweisen. Legalität kann nur in dem Maße Legitimität erzeugen, wie die Rechtsordnung reflexiv auf den mit dem Positivwerden des Rechts entstandenen Begründungsbedarf reagiert, und zwar in der Weise, daß juristische Entscheidungsverfahren institutionalisiert werden, die für moralische Diskurse *durchlässig* sind.

(2) Freilich dürfen die Grenzen zwischen Recht und Moral nicht verwischt werden. Die Prozeduren, die Gerechtigkeitstheorien anbieten, um zu erklären, wie man etwas unter dem moralischen Gesichtspunkt beurteilen kann, haben mit rechtlich institutionalisierten Verfahren nur dies gemein, daß die Rationalität der Verfahren die »Gültigkeit« der verfahrensmäßig erzielten Resultate verbürgen soll. Die juristischen Verfahren nähern sich aber den Forderungen vollständiger Verfahrensrationalität an, weil sie mit institutionellen, also unabhängigen Kriterien verknüpft sind, anhand deren sich aus der Perspektive eines Unbeteiligten feststellen läßt, ob eine Entscheidung regelrecht zustandegekommen ist oder nicht. Das Verfahren moralischer, rechtlich nicht geregelter Diskurse erfüllt diese Bedingung nicht. Hier ist die Verfahrensrationalität unvollständig. Ob etwas unter dem moralischen Gesichtspunkt beurteilt worden ist, läßt sich nur aus der Perspektive von Beteiligten entscheiden. Denn es fehlen externe oder vorgängige Kriterien. Keines dieser Verfahren kommt ohne Idealisierungen aus, auch wenn diese – wie die Kommunikationsvoraussetzungen der Argumentationspraxis – im Sinne einer schwachen transzendentalen Nötigung als unvermeidlich oder alternativenlos nachgewiesen werden können.

35 J. Habermas, Moralbewußtsein und kommunikatives Handeln, Frankfurt/Main 1983; inzwischen K.-O. Apel, Diskurs und Verantwortung, Frankfurt/Main 1988.

Andererseits sind es gerade die Schwächen einer derart imperfekten Verfahrensrationalität, die unter funktionalen Gesichtspunkten verständlich machen, warum bestimmte Materien rechtlicher Regelung bedürfen und nicht moralischen Regeln des posttraditionalen Zuschnitts überlassen bleiben können. Wie immer die Prozedur aussieht, nach der wir prüfen wollen, ob eine Norm die zwanglose, d.h. rational motivierte Zustimmung aller möglicherweise Betroffenen finden könnte, sie garantiert weder Unfehlbarkeit, noch Eindeutigkeit, noch fristgerechtes Zustandekommen des Resultats. Eine autonome Moral verfügt nur über fallibilistische Verfahren der Normenbegründung. Dieses hohe Maß an kognitiver Unbestimmtheit wird zudem dadurch verstärkt, daß mit einer kontextsensiblen Anwendung hochabstrakter Regeln auf komplexe – möglichst angemessen und in allen relevanten Aspekten möglichst vollständig beschriebene – Situationen eine zusätzliche strukturelle Ungewißheit verbunden ist.[36] Dieser kognitiven Schwäche entspricht eine motivationale Schwäche. Jede posttraditionale Moral verlangt eine Distanzierung von den Selbstverständlichkeiten unproblematisch eingewöhnter Lebensformen. Die von der konkreten Sittlichkeit des Alltags entkoppelten moralischen Einsichten führen nicht mehr ohne weiteres die motivierende Kraft mit sich, welche die Urteile auch praktisch wirksam werden läßt. Je mehr sich die Moral verinnerlicht und autonom wird, desto mehr zieht sie sich in private Bereiche zurück.

In allen Handlungsbereichen, wo Konflikte, bestandswichtige Probleme, gesellschaftliche Materien überhaupt eine eindeutige, fristgerechte und bindende Regelung verlangen, müssen deshalb Rechtsnormen die Unsicherheiten absorbieren, die aufträten, wenn sie einer rein moralischen Verhaltenssteuerung überlassen blieben. Diese *Ergänzung* der Moral durch zwingendes Recht läßt sich selber noch moralisch begründen. K.-O. Apel spricht in diesem Zusammenhang vom Problem der Zumutbarkeit einer anspruchsvollen universalistischen Moral.[37] Zumutbar sind nämlich auch mo-

---

36 K. Günther, Der Sinn für Angemessenheit, Frankfurt/Main 1988.
37 K.-O. Apel, Kann der postkantische Standpunkt der Moralität noch einmal in substantielle Sittlichkeit aufgehoben werden?, jetzt in: ders. (1988), 103 ff.

ralisch gut begründete Normen nur in dem Maße, wie diejenigen, die ihre Praxis danach einrichten, erwarten dürfen, daß auch alle anderen sich normenkonform verhalten. Denn nur unter der Bedingung einer allgemein praktizierten Befolgung von Normen zählen die Gründe, die zu ihrer Rechtfertigung angeführt werden können. Wenn nun von moralischen Einsichten eine praxiswirksame Verbindlichkeit nicht durchgängig erwartet werden kann, ist die Befolgung entsprechender Normen verantwortungsethisch nur zumutbar, wenn sie Rechtsverbindlichkeit erlangen.

Wichtige Merkmale des positiven Rechts werden verständlich, wenn wir das Recht aus diesem Blickwinkel einer Kompensation der Schwächen autonomer Moral begreifen. Rechtlich institutionalisierte Verhaltenserwartungen erlangen über die Koppelung mit dem staatlichen Sanktionspotential *bindende Kraft*. Sie erstrecken sich auf das, was Kant den *äußeren Aspekt* des Handelns nennt, nicht auf Motive und Gesinnungen, die nicht erzwungen werden können. Die *professionelle Verwaltung* des schriftlich fixierten, öffentlichen und systematisch ausgestalteten Rechts entlastet die privaten Rechtspersonen von dem Aufwand, der bei der moralischen Lösung von Handlungskonflikten dem Einzelnen selbst abverlangt wird. Schließlich verdankt das positive Recht seine *konventionellen Züge* dem Umstand, daß es durch die Entscheidungen eines politischen Gesetzgebers in Kraft gesetzt und im Prinzip beliebig geändert werden kann.

Diese Abhängigkeit von der Politik erklärt auch den instrumentellen Aspekt des Rechts. Während Moralnormen stets Selbstzweck sind, dienen Rechtsnormen *auch* als Mittel für politische Ziele. Sie sind nämlich nicht nur wie die Moral für die unparteiliche Beilegung von Handlungskonflikten da, sondern auch für die Umsetzung politischer Programme. Die kollektiven Zielsetzungen und die implementierenden Maßnahmen der Politik verdanken der Rechtsform erst ihre bindende Kraft. Insofern steht das Recht zwischen Politik und Moral; und entsprechend verbinden sich, wie Dworkin gezeigt hat, im juristischen Diskurs die Anwendungsargumente der Gesetzesauslegung sowohl mit politischen Zielsetzungsargumenten wie andererseits mit moralischen Begründungsargumenten. Das wird uns in der nächsten Vorlesung noch beschäftigen.

(3) Die Frage nach der Legitimität der Legalität hat bisher das Thema Recht und Moral in den Vordergrund gerückt. Wir haben uns klargemacht, wie sich das konventionell veräußerlichte Recht und die verinnerlichte Moral ergänzen. Mehr als dieses komplementäre Verhältnis interessiert uns jedoch die gleichzeitige *Verschränkung* von Moral und Recht. Diese kommt dadurch zustande, daß in rechtsstaatlichen Ordnungen Mittel des positiven Rechts in Anspruch genommen werden, um Argumentationslasten zu verteilen und Begründungswege zu institutionalisieren, die zu moralischen Argumentationen hin geöffnet sind. Die Moral schwebt nicht mehr, wie es die Konstruktion des Vernunftsrechts als eines überpositiven Satzes von Normen suggeriert, *über* dem Recht; sie wandert ins positive Recht ein, ohne darin aufzugehen. Die Moralität, die dem Recht nicht nur gegenübersteht, sondern sich auch im Recht selber festsetzt, ist freilich rein prozeduraler Natur; sie hat sich aller bestimmten Norminhalte entledigt und zu einem Verfahren der Begründung und Anwendung möglicher Norminhalte sublimiert. So können sich Verfahrensrecht und prozeduralisierte Moral *gegenseitig* kontrollieren. In juristischen Diskursen wird die argumentative Behandlung moralisch-praktischer Fragen auf dem Wege rechtlicher Institutionalisierung gleichsam gezähmt; die moralische Argumentation wird nämlich methodisch durch die Bindung ans geltende Recht, sachlich im Hinblick auf Themen und Beweislasten, sozial im Hinblick auf Teilnahmevoraussetzungen, Immunitäten und Rollenverteilungen, zeitlich im Hinblick auf Entscheidungsfristen limitiert. Andererseits wird aber die moralische Argumentation auch als ein offenes Verfahren institutionalisiert, das seiner eigenen Logik gehorcht und so seine eigene Vernünftigkeit kontrolliert. Die rechtliche Verfassung greift nicht ins Innere der Argumentation derart ein, daß diese an den Grenzen des positiven Rechts ins Stocken geriete. Das Recht selbst lizensiert und stimuliert eine Begründungsdynamik, die das geltende Recht auf eine von diesem nicht determinierte Weise auch transzendiert.

Diese Konzeption muß gewiß nach den verschiedenen Kontexten rechtswissenschaftlicher, richterlicher, anwaltlicher Diskurse und nach verschiedenen Themenbereichen (von moralischen bis zu rein technischen Fragestellungen) differenziert werden. Dann kann sie aber dem kritischen Zweck dienen, die jeweilige Entscheidungspraxis unter dem Gesichtspunkt zu rekonstruieren, wieweit die rechtlichen Verfahren der Logik der Argumentation Spielraum geben oder durch implizit mitgeführte externe Beschränkungen das Argumentationsspiel systematisch verzerren. Solche Effekte zeichnen sich nicht nur an den rechtlichen Verfahrensregeln selbst ab, sondern auch an der Art, wie diese praktiziert werden. Manchmal bietet sich eine spezielle Klasse von Argumenten für eine solche Rekonstruktion an. In der richterlichen Entscheidungspraxis eignen sich dafür z. B. Urteilsbegründungen, die normative Gesichtspunkte zugunsten unterstellter funktionaler Erfordernisse ausschalten. Allerdings zeigt sich gerade an solchen Beispielen, daß die Justiz und das Rechtssystem auf die Gesellschaft gewiß reagieren, ihr gegenüber jedoch nicht autonom sind. Ob man sich systemischen Imperativen, sei es der Ökonomie oder des Staatsapparates selbst, auch dann beugen muß, wenn sie gut begründete Prinzipien verletzen oder beeinträchtigen, entscheidet sich ja letztlich nicht in den Gerichten, auch nicht in der Rechtsöffentlichkeit, sondern in politischen Kämpfen über den Grenzverlauf zwischen System und Lebenswelt.

Nun haben wir gesehen, daß sich die legitimierende Kraft, die in der Rationalität rechtlicher Verfahren ihren Sitz hat, der legalen Herrschaft nicht nur über die Verfahrensnormen der Rechtsprechung mitteilt, sondern in erster Linie über das demokratische Gesetzgebungsverfahren. Daß der parlamentarische Betrieb einen im moralisch-praktischen Sinne rationalen Kern haben könne, ist freilich auf den ersten Blick nicht plausibel. Hier scheint es in der Weise um den Erwerb politischer Macht und um die machtgesteuerte Konkurrenz widerstreitender Interessen zu gehen, daß die parlamentarischen Auseinandersetzungen allenfalls einer empirischen Analyse zugänglich sind, nicht aber einer kritischen Rekonstruktion nach dem Muster der fairen Aushandlung von Kompromissen oder gar der diskursiven Willensbildung. An dieser Stelle kann ich ein befriedigendes Modell nicht anbieten; ich möchte aber auf die prozeßorientierten Verfassungslehren hinweisen, die einen kritisch-rekonstruktiven Ansatz verfolgen.[38] Dabei werden die Mehr-

38 J. H. Ely, Democracy and Distrust, Cambridge, Mass. 1980.

heitsregel, die parlamentarischen Verfahrensnormen, der Wahlmodus usw. unter dem Gesichtspunkt analysiert, wie weit sie in parlamentarischen Entscheidungsprozessen die gleichmäßige Berücksichtigung aller jeweils berührten Interessen und aller jeweils relevanten Aspekte einer regelungsbedürftigen Materie sicherstellen können. Eine Schwäche dieser Theorien sehe ich nicht im prozeßorientierten Ansatz als solchem, sondern darin, daß sie ihre normativen Gesichtspunkte nicht aus einer Logik der moralischen Argumentation entwickeln und nicht auf die kommunikativen Bedingungen für eine diskursive Willensbildung anwenden. Im übrigen bildet die innerparlamentarische Willensbildung nur ein schmales Segment des öffentlichen Lebens. Die rationale Qualität der politischen Gesetzgebung hängt nicht nur davon ab, wie gewählte Mehrheiten und geschützte Minderheiten innerhalb der Parlamente arbeiten. Sie hängt auch ab vom Niveau der Beteiligung und der Schulbildung, vom Grad der Information und der Schärfe der Artikulation strittiger Fragen, kurz: vom diskursiven Charakter der nicht institutionalisierten Meinungsbildung in der politischen Öffentlichkeit. Die Qualität des öffentlichen Lebens wird allgemein bestimmt durch die tatsächlichen Chancen, die die politische Öffentlichkeit mit ihren Medien und Strukturen eröffnet.[39] Alle diese Ansätze setzen sich allerdings dem Zweifel aus, ob nicht angesichts der rapide zunehmenden gesellschaftlichen Komplexität schon die Fragestellung hoffnungslos naiv ist. Wenn wir uns die Kritik der rechtsrealistischen Schulen, die heute von den Critical Legal Studies noch einmal radikalisiert wird, vor Augen führen, scheint jede normative Untersuchung, die den demokratischen Rechtsstaat aus der Innenperspektive betrachtet und sozusagen beim Wort nimmt, einem ohnmächtigen Idealismus zu verfallen. Ich werde in der nächsten Vorlesung die Perspektive wechseln und zu einer gesellschaftstheoretischen Betrachtungsweise übergehen.

39 F. Michelman, Justification (and Justifiability) of Law, Nomos, Vol. XVIII, 1986, 71 ff.

Mit Max Webers Fragestellung, wie Legitimität durch Legalität möglich ist, habe ich mir stillschweigend den Ansatz einer Theorie vorgeben lassen, die die Rechtsentwicklung unter Gesichtspunkten einer Rationalisierung des Rechts beschreibt. Dieser Ansatz erfordert eine sonst nicht übliche Verschränkung von deskriptiven und normativen Untersuchungsstrategien. Aus der Wissenschaftsgeschichte kennen wir ein ähnliches Zusammenspiel zwischen der externen Erklärung eines Paradigmenwechsels und der internen Rekonstruktion jener ungelösten Probleme, die ein ausgereiztes Forschungsprogramm schließlich degenerieren lassen. Der Übergang von traditionaler zu legaler Herrschaft ist ein komplexes Phänomen, das im Zusammenhang mit anderen Modernisierungsprozessen zunächst nach einer empirischen Erklärung verlangt; andererseits deutet Max Weber die formalen Qualitäten des Rechts aus der Innenperspektive der Rechtsentwicklung als Ergebnis eines Rationalisierungsprozesses.

Bisher sind wir Weber auf diesem Wege einer internen Rekonstruktion gefolgt, allerdings nicht unkritisch. Wir haben erstens gesehen, daß sich die Form des modernen Rechts auch dann, wenn man sie unter Prämissen des Rechtsformalismus beschreibt, keineswegs in einem moralisch neutralen Sinne als »rational« beschreiben läßt. Wir haben zweitens gezeigt, daß der im Sozialstaat eintretende Formwandel des Rechts dessen im weiteren Sinne formale Qualitäten keineswegs zerstören muß. Die formalen Qualitäten können im Hinblick auf das komplementäre Verhältnis zwischen positivem Recht und einer prozeduralistisch verstandenen Gerechtigkeit abstrakter gefaßt werden. Dieses Ergebnis hat uns aber drittens mit dem Problem zurückgelassen, daß Maßstäbe einer außerordentlich anspruchsvollen Verfahrensrationalität ins Rechtsmedium einwandern. Sobald die implizite Frage nach dem zugleich richtigen und funktionalen Recht, die fast aller Rechtskritik seit Max Weber zugrundegelegen hat, in dieser Weise explizit gemacht wird, stellt sich die realistische Gegenfrage: ob denn das Rechtssystem in einer immer komplexer werdenden Gesellschaft eine derart verschärfte

Spannung zwischen normativen Forderungen und funktionalen Erfordernissen überhaupt aushalten kann. Es drängt sich der Zweifel auf, ob nicht ein Recht, das in solcher Umgebung funktionieren muß, das idealistische Selbstverständnis einer moralischen Rechtfertigung aus Prinzipien nur noch als Ornament mit sich führt.

Viele verstehen diese Frage als rhetorisches Rückzugsgefecht und schwenken sogleich auf die Beobachterperspektive rechtssoziologischer oder rechtsökonomischer Untersuchungen ein. Für den sozialwissenschaftlichen Beobachter stellt sich ja das, was für die Beteiligten normativ verbindlich *ist*, als etwas dar, das die Beteiligten lediglich für richtig *halten*. Aus dieser Sicht verliert auch der Legalitätsglauben seine interne Beziehung zu guten Gründen. Jedenfalls büßen die in rekonstruktiver Absicht erschlossenen Rationalitätsstrukturen ihre Bedeutung ein. Bei diesem methodisch vorgenommenen Wechsel der Perspektive wird freilich die normative Problematik nur durch pure Entscheidung neutralisiert. Sie wird zur Seite geschoben und kann von dort her jederzeit wieder aufbrechen. Aussichtsreicher ist deshalb eine funktionalistische Umdeutung der normativen Problematik. Diese wird nicht von vornherein außer acht gelassen, sondern auf dem Wege einer interpretierenden Beschreibung zum Verschwinden gebracht.

Ich will zunächst (I) auf einige Grundzüge von Luhmanns systemfunktionalistischer Rechtstheorie eingehen und auf Phänomene hinweisen, an denen sich diese Erklärungsstrategie vergeblich abarbeitet. Ausgehend von dem Ergebnis, daß sich die Autonomie des Rechtssystems in Begriffen der Systemtheorie nicht befriedigend erfassen läßt, werde ich in einem zweiten Teil (II) untersuchen, in welchem Sinne sich das moderne Recht mithilfe des Vernunftrechts aus dem traditionellen Komplex von Politik, Recht und Moral ausdifferenziert hat. Schließlich wird uns (III) die Frage beschäftigen, ob aus dem Zusammenbruch des Vernunftrechts eine Idee von Rechtsstaat hervorgeht, die selbst einer Gesellschaft von hoher Komplexität und beschleunigtem Strukturwandel nicht bloß ohnmächtig gegenübersteht, sondern in dieser selbst wurzelt.

I. Systemische Autonomie des Rechts?

(1) Luhmann begreift Recht als ein autopoietisches System und entwickelt auf dieser Basis eine anspruchsvolle, auch rechtskritisch brauchbare Theorie.[40] Was aus der Innenperspektive der Rechtsdogmatik in der Gestalt einer normativen Entscheidungspraxis erscheint, erklärt Luhmann funktionalistisch als das Ergebnis von faktischen Prozessen der selbstgesteuerten Bestandserhaltung eines sozialen Teilsystems. Die Systemtheorie des Rechts läßt sich kurz durch drei begriffsstrategische Weichenstellungen kennzeichnen. Zunächst wird die Sollqualität von Rechtsnormen so umdefiniert, daß sie einer rein funktionalen Analyse zugänglich wird (a). Sodann wird die positivistische Rechtsauffassung funktionalistisch übersetzt in das Modell eines ausdifferenzierten, vollständig autonom gewordenen Rechtssystems (b). Schließlich wird Legitimität durch Legalität als eine systemstabilisierende Selbsttäuschung erklärt, die durch den Rechtskode erzwungen und durch das Rechtssystem selbst abgearbeitet wird (c).

ad (a) Als *erstes* entkleidet Luhmann normativ generalisierte Verhaltenserwartungen ihres deontologischen, d.h. verpflichtenden Charakters.[41] Er bringt den illokutionären Sinn von Geboten (bzw. Verboten und Erlaubnissen) und damit die spezifische Bindungswirkung dieser Sprechakte zum Verschwinden. Er deutet nämlich normative Verhaltenserwartungen lerntheoretisch in eine Variante rein kognitiver, nicht auf Berechtigungen, sondern auf Prognosen beruhender Erwartungen um. Nach dieser Lesart können Normen Erwartungen nur um den Preis eines kognitiven Defizits auf Dauer stellen und gegen Enttäuschungen immunisieren. Unter dieser empiristischen Beschreibung erscheinen normative Erwartungen als dogmatisierte, lernunwillig festgehaltene kognitive Erwartungen. Und da eine Verweigerung lernender Anpassung riskant ist, müssen normative Erwartungen durch eine besondere Autorität gedeckt, u.a. durch staatliche Institutionalisierung und die Androhung von Sanktionen gesichert, mit anderen Worten in Recht transformiert

---

40 N. Luhmann, Rechtssoziologie. Opladen 1983; ders. Ausdifferenzierung des Rechts, Frankfurt/Main 1981.

41 Luhmann (1981), 73 ff.

werden. Je komplexer Gesellschaften werden, desto stärker gerät auch das Rechtssystem unter Änderungsdruck. Es muß sich beschleunigt an veränderte Umgebungen anpassen.

ad (b) So beschreibt Luhmann in einem weiteren Schritt das positive Recht als intelligente Kombination von Lernunwilligkeit – im Sinne der empiristisch umgedeuteten Normativität überhaupt – und Lernfähigkeit. Diese Kapazität erwirbt das Recht durch Ausdifferenzierung in dem Maße, wie es sich einerseits von rechtsfremden oder vernunftrechtlich begründeten Moralnormen löst und andererseits von Politik, also von Gesetzgebung und Administration unabhängig macht. Es etabliert sich nämlich als ein funktional spezifiziertes, selbstbezüglich operierendes, äußere Informationen nur nach Maßgabe des eigenen Kodes verarbeitendes, sich selbst reproduzierendes Teilsystem *neben* anderen sozialen Teilsystemen. Diese Art der systemischen Autonomie bezahlt das Rechtssystem freilich mit jener Paradoxie, die auch Harts »rule of recognition« anhaftet: was von außen gesehen soziale Tatsache, emergente Eigenschaft oder eingewöhnte Praxis, jedenfalls etwas kontingent Auftretendes ist, soll von innen als überzeugendes Kriterium der Gültigkeit akzeptiert werden können. Darin spiegelt sich die in die Geltungsgrundlagen des positiven Rechts eingebaute Paradoxie: wenn die Funktion des Rechts darin besteht, normativ generalisierte Verhaltenserwartungen zu stabilisieren, wie kann diese Funktion noch erfüllt werden von einem beliebig änderbaren, allein kraft der Entscheidung eines politischen Gesetzgebers geltenden Rechts? Auch Luhmann muß auf die Frage, wie Legitimität durch Legalität möglich ist, eine Antwort geben.

ad (c) Ein ausdifferenziertes Rechtssystem kann jene mit einem autonom gewordenen Rechtskode auftretende Zirkularität – daß nur als Recht gilt, was rechtmäßig als Recht gesetzt wird – nicht durch Rückgriff auf legitimierende außerrechtliche Gründe durchbrechen. Wenn das Recht ungeachtet der Tatsache, daß es als positives Recht nur bis auf weiteres gilt, als gültig akzeptiert werden soll, muß sowohl unter den zu Gehorsam verpflichteten Rechtsadressaten wie auch unter den Experten, die das Recht unzynisch verwalten, mindestens die Fiktion richtigen Rechts aufrechterhalten bleiben.

An dieser Stelle gibt Luhmann der Legitimation durch Verfahren eine interessante Deutung.[42] Die institutionalisierten Verfahren der Anwendung des geltenden Rechts sind im Hinblick auf die Adressaten dazu da, die Konfliktbereitschaft der jeweils unterlegenen Klienten zu lähmen, indem sie Enttäuschungen absorbieren. Im Verlaufe eines Verfahrens werden Positionen im Hinblick auf das offene Ergebnis derart spezifiziert, werden Konfliktthemen ihrer lebensweltlichen Relevanzen so sehr entkleidet und zu bloß subjektiven Ansprüchen kleingearbeitet, »daß der Widerstrebende als einzelner isoliert und entpolitisiert wird«.[43] Es geht also nicht um Konsenserzeugung, sondern nur darum, daß der äußere Schein (oder die Wahrscheinlichkeit der Unterstellung) allgemeiner Akzeptanz entsteht. Sozialpsychologisch gesehen hat die Beteiligung an Rechtsverfahren etwas Entwaffnendes, weil sie den Eindruck fördert, daß sich die jeweils Enttäuschten »nicht auf institutionalisierten Konsens berufen können, sondern lernen müssen.«

Diese Erklärung genügt natürlich nur für die Laien, nicht für die juristischen Experten, die das Recht als Richter, Anwälte oder Ankläger verwalten. Die Juristen, die Rechtsfälle bearbeiten und sich dabei zunehmend an den Folgen orientieren, kennen ihren Ermessensspielraum und wissen, daß die Prognosen unsicher und die Prinzipien vieldeutig sind. Wenn dieser amtliche Rechtsgebrauch dessen ungeachtet den Glauben an die Legitimität des Rechts nicht zerstören soll, müssen die Rechtsverfahren von seiten der Eingeweihten anders interpretiert werden als von seiten der Klienten, nämlich als die Institutionalisierung von Begründungspflichten und Argumentationslasten. Argumente sind dazu da, daß sich die Juristen unter den Verfahrensbeteiligten der Illusion hingeben können, nicht nach Belieben zu entscheiden: »Jedes Argument mindert den Überraschungswert weiterer Argumente und letztlich den Überraschungswert von Entscheidungen.«[44] Unter funktionalistischen Gesichtspunkten mag man eine Argumentation auch so beschreiben; aber Luhmann hält das für eine hinreichende Beschreibung, weil er Gründen eine rational motivierende Kraft nicht zutraut. Nach sei-

42 Luhmann, Legitimation durch Verfahren, Neuwied 1969.
43 Luhmann (1983), 264.
44 Luhmann, Die soziologische Beobachtung des Rechts, Frankfurt/Main 1986, 35.

ner Auffassung gibt es eben keine guten Argumente dafür, daß schlechte Argumente schlechte Argumente sind; glücklicherweise bildet sich durch Argumentation jedoch der Schein, »als ob die Gründe die Entscheidungen rechtfertigen und nicht (der Zwang zu) Entscheidungen die Gründe«.[45]

(2) Unter diesen drei Prämissen kann der seit Max Weber diagnostizierte Formwandel des Rechts dann als Konsequenz einer erfolgreichen Ausdifferenzierung des Rechtssystems gedeutet werden. Die Anpassungsleistungen, die eine immer komplexer werdende Gesellschaft dem Rechtssystem abverlangt, erzwingen die Umstellung auf einen kognitiven Stil, d. h. auf eine kontextsensitive, lernbereite und flexible Entscheidungspraxis. Allerdings darf diese Verschiebung der Gewichte von den spezifischen Aufgaben einer normativen Sicherung generalisierter Verhaltenserwartungen zu Aufgaben der systemischen Steuerung[46] nicht so weit gehen, daß die Identität des Rechts selber bedroht wird. Dieser Grenzfall träte beispielsweise dann ein, wenn das Rechtssystem sein rechtsdogmatisches Selbstverständnis allzu lernwillig durch eine von außen vorgenommene Systemanalyse ersetzen würde. Beispielsweise müßte die Internalisierung einer Fremdbeschreibung à la Luhmann die zynische Auflösung des Normbewußtseins unter den juristischen Experten zur Folge haben und die Eigenständigkeit des Rechtskodes gefährden.

Der Begriff der Systemautonomie des Rechts hat auch einen kritischen Stellenwert. Luhmann sieht wie Max Weber in den Tendenzen der Entformalisierung die Gefahr einer Mediatisierung des Rechts durch die Politik; er muß diese »Überpolitisierung« freilich als Gefahr einer Entdifferenzierung wahrnehmen, die eintritt, wenn der Formalismus des Rechts durch Macht- und Nützlichkeitskalküle aufgeweicht und schließlich von diesen aufgesogen wird. Die Autonomie des Rechtssystems steht und fällt mit seiner Fähigkeit, sich reflexiv selbst zu steuern und gegen Politik wie Moral abzugrenzen. Auf diesem Wege wird Luhmann zu Webers Frage nach der Rationalität des Rechts, die er doch hinter sich gelassen zu haben wähnt, zurückgeführt. Um die Autonomie des Rechtssystems wenigstens analytisch zu bestimmen, muß er das strukturbil-

45 Ebd. 33 (Ergänzung von mir).
46 Luhmann (1981), 388 ff.

dende Prinzip angeben, das Recht beispielsweise von Macht oder Geld spezifisch unterscheidet. Luhmann braucht ein Äquivalent für die der Rechtsform innewohnende Rationalität. Zunächst hatte er mit Weber und Forsthoff die Form abstrakt-allgemeiner Gesetze, d. h. konditionaler Rechtsprogramme als für Recht überhaupt konstitutiv angesehen. Inzwischen kann auch Luhmann materiales und reflexives Recht nicht mehr als Abweichungen herunterspielen. Deshalb trennt er mittlerweile scharf zwischen dem Rechtskode und den Rechtsprogrammen, damit die Autonomie des Rechtssystems nur noch von der Erhaltung eines ausdifferenzierten Rechtskodes abhängt. Über diesen Kode heißt es freilich nur, daß er die binäre Unterscheidung zwischen Recht und Unrecht erlaube. Aus dieser tautologischen Formel lassen sich aber keine näheren Formbestimmungen gewinnen. Nicht zufällig füllt Luhmann den Platz, an dem die Einheit des Kodes erklärt werden müßte, mit einem Fragezeichen aus.[47] Darin sehe ich etwas anderes als nur das Desiderat einer vorerst fehlenden begrifflichen Explikation.

Als Rationalität darf Luhmann nämlich die Formbestimmungen des autonom gewordenen Rechts nicht mehr begreifen, nachdem er juristischen Argumentationen nur noch den Stellenwert einer mit dogmatischem Aufwand betriebenen Selbstillusionierung zubilligt. Es ist sogar eine notwendige Bedingung für die Autonomie des Rechtssystems, daß diese Argumentationen fallbezogen und konkret bleiben; sie dürfen sich nicht rechtsphilosophisch verselbständigen zu einer Thematisierung der unvermeidlich paradoxen Geltungsgrundlagen des positiven Rechts. Juristische Argumentationen bleiben nur solange funktional, wie sie diese Paradoxie aus dem Bewußtsein des »amtlichen Rechtsgebrauchs« verdrängen. An ihnen dürfen sich Grundlagenreflexionen nicht entzünden. Der Kode darf nicht *gleichzeitig* von innen und von außen analysiert werden; er muß unproblematisch bleiben. Tatsächlich beobachten wir aber das Gegenteil. Die Debatte über Verrechtlichung zeigt, daß die Entformalisierung des Rechts rechtskritische Erörterungen provoziert und auf ganzer Breite eine Problematisierung des Rechts auf den Plan gerufen hat.

47 Luhmann, Ökologische Kommunikation, Opladen 1986, 124 ff.

(3) Auch in den USA ist mit der Critical Legal Studies-Bewegung aus der Mitte der Rechtsdogmatik selbst eine Diskussion aufgebrochen, die das formalistische Rechtsverständnis unter die Lupe nimmt und ohne Erbarmen demontiert.[48] Die kasuistisch durchgeführte Kritik wird in einer Unbestimmtheitsthese zusammengefaßt. Sie besagt nicht, daß der Ausgang von Gerichtsverfahren schlechthin unbestimmt sei. Jeder erfahrene Praktiker wird mit großer Wahrscheinlichkeit zutreffende Prognosen machen können. Unbestimmt ist der Ausgang von Gerichtsverfahren nur in dem Sinne, daß er nicht aufgrund eindeutiger Rechtslagen vorausgesagt werden kann. Es ist nicht der Gesetzestext, der das Urteil determiniert. In die richterlichen Entscheidungsspielräume schießen vielmehr vorgeschobene Argumente ein; über unreflektierte Hintergrundannahmen und soziale Vorurteile, die sich zu professionellen Ideologien verdichten, setzen sich uneingestandene Interessen eher durch als gute Gründe.

Dieser Typus von Kritik ist, wie die harschen Reaktionen zeigen, durchaus dazu angetan, das Normbewußtsein der Juristen zu erschüttern. Man muß jedoch gegen Luhmanns Systemanalyse und auch gegen das Selbstverständnis der Critical Legal Studies-Bewegung darauf beharren, daß sich diese Sorte von »dysfunktionaler« Selbstreflexion des Rechtssystems aus dem Inneren der juristischen Argumentationspraxis heraus doch nur entfalten kann, weil diese eben mit Rationalitätsunterstellungen arbeitet, die beim Wort genommen und gegen die bestehende Praxis gewendet werden können. Offenbar wird zugleich mit den verfahrensgemäßen Argumentationslasten ein selbstkritischer Stachel institutionalisiert, der eine von Luhmann fälschlich zur Systemnotwendigkeit erhobene Selbstillusionierung auch zu durchbrechen vermag.

Gewiß, die breite Literatur über die Unbestimmtheit der Entscheidungspraxis von Gerichten[49] widerspricht jener konventionellen Weisheit, die z.B. M. Kriele gegen Luhmanns funktionalistische Lesart juristischer Argumentationen ins Feld führt: »Den entschei-

48 R.W. Gorden, »Critical Legal Histories«, Stanford Law Review 1984, 57ff.
   R.M. Unger, Critical Legal Studies Movement, Cambridge, Mass. 1986.
49 A. Altman, »Legal Realism, Critical Legal Studies, and Dworkin«, Philosophical and Public Affairs 15, 1986, 205ff.

denden Grund für die legitimierende Funktion der Verfahren scheint Luhmann zu verkennen: ... Sie erhöhen die Chance, daß alle relevanten Gesichtspunkte zur Geltung kommen und daß die zeitliche und sachliche Prioritätenordnung, so gut es geht, ausdiskutiert wird; und sie erhöhen deshalb die Chance, daß die Entscheidung rational gerechtfertigt ist. Die dauerhafte Institutionalisierung von Verfahren erhöht die Chance, daß die Entscheidungen der Staatsgewalt auch in der Vergangenheit gerechtfertigt waren und in der Zukunft gerechtfertigt sein werden ...«.[50] Aber konventionell ist diese Weisheit auch in einem anderen Sinne; sie bringt die Rationalitätsunterstellungen zum Ausdruck, die als kontrafaktische Voraussetzungen solange praktisch wirksam sind, wie sie als Maßstäbe fungieren, an die die Kritik und die Selbstkritik der Beteiligten appelieren können. Diese Rationalitätsunterstellungen verlören ihre operative Bedeutung erst in dem Augenblick, wenn sie als Maßstäbe eingezogen würden. Damit verlöre aber auch jede Art von Rechtskritik ihren Boden.[51]

Nicht nur die Tatsache jener Art von Kritik, die seit dem Aufkommen rechtsrealistischer Schulen immer wieder geübt wird, spricht gegen Luhmanns Theorie. Auch die Ergebnisse dieser Kritik zeigen, daß es mit der Systemautonomie des Rechts nicht weit her sein kann. Die Autonomie des Rechtssystems ist eben nicht schon dadurch gewährleistet, daß alle Argumente außerrechtlicher Herkunft an Gesetzestexte angeschlossen und in die Sprache des positiven Rechts gekleidet werden. Genau das behauptet Luhmann: »Das Rechtssystem gewinnt seine operative Geschlossenheit dadurch, daß es durch die Differenz von Recht und Unrecht codiert ist und kein anderes System unter diesem Code arbeitet. Durch die zweiwertige Codierung des Rechtssystems wird die Sicherheit erzeugt, daß man, wenn man im Recht ist, im Recht ist und nicht im Unrecht.«[52] Bereits aus der immanenten Kritik an rechtspositivistischen Auffassungen, wie sie von Fuller bis Dworkin an Austin, Kelsen und Hart vorgetragen worden ist, geht hervor, daß die Rechtsanwendung immer weniger ohne expliziten Rückgriff auf

50 M. Kriele, Einführung in die Staatslehre, Opladen 1981, 38 f.
51 F. Michelman (1986).
52 Luhmann (1986), 26.

politische Zielsetzungen sowie auf die moralische Begründung und Abwägung von Prinzipien auskommt. In Luhmanns Begriffen bedeutet das aber, daß in den Rechtskode Inhalte aus dem Moral- und Machtkode einfließen; insofern ist das Rechtssystem nicht »geschlossen«.

Darüberhinaus kann eine durch den Rechtskode gesicherte sprachliche Selbstbezüglichkeit des Rechtssystems auch nicht ausschließen, daß sich latente Machtstrukturen durchsetzen, sei es über die vom politischen Gesetzgeber vorgegebenen Rechtsprogramme oder in Gestalt vorgeschobener Argumente, über die rechtlich unerhebliche Interessen in die Rechtsprechung Eingang finden.

Offensichtlich trifft der Begriff der systemischen Autonomie, selbst soweit er einen empirischen Bezug hat, nicht die normative Intuition, die wir mit »Autonomie des Rechts« verbinden. Die richterliche Entscheidungspraxis betrachten wir nur in dem Maße als unabhängig, wie erstens die Rechtsprogramme des Gesetzgebers den moralischen Kern des Rechtsformalismus nicht verletzen; und wie zweitens die in die Rechtsprechung unvermeidlich einfließenden politischen und moralischen Erwägungen begründet sind und nicht bloß als Rationalisierung rechtlich unerheblicher Interessen zum Zuge kommen. Max Weber hatte schon recht: nur Rücksichtnahme auf die dem Recht selbst innewohnende Rationalität kann die Unabhängigkeit des Rechtssystems sichern. Weil aber das Recht auch intern mit Politik auf der einen, Moral auf der anderen Seite in Beziehung steht, ist die Rationalität des Rechts nicht allein Sache des Rechts.

II. Vernunft und Positivität: Zur Verschränkung von Recht,
Politik und Moral

(1) Wenn wir uns klarmachen wollen, warum die Ausdifferenzierung des Rechts dessen interne Verschränkung mit Politik und Moral keineswegs vollständig auflöst, empfiehlt sich ein Rückblick auf die Entstehung des positiven Rechts. Dieser Vorgang hat sich in Europa vom ausgehenden Mittelalter bis zu den großen Kodifika-

tionen des 18. Jahrhunderts erstreckt. Auch in den Ländern des Common-Law wird das Gewohnheitsrecht unter dem Einfluß akademisch gebildeter Juristen durch römisches Recht überformt; dabei wird es sukzessiv an Verkehrsbedingungen einer entstehenden kapitalistischen Wirtschaft und an die bürokratisierte Herrschaft des sich ausbildenden Territorialstaats angepaßt. Diesen verschlungenen, variantenreichen, schwer überschaubaren Prozeß will ich hier lediglich auf eine Pointe bringen, die in unserem rechtsphilosophischen Zusammenhang interessiert. Was die Positivierung des Rechts philosophisch bedeutet, läßt sich nämlich vor dem Hintergrund der dreigliedrigen Struktur des zerfallenden mittelalterlichen Rechtssystems erklären.

Aus einer gewissen Distanz erkennt man in unseren heimischen Traditionen Entsprechungen zu jenen drei Elementen, die nach den Einsichten der vergleichenden Rechtssoziologie für die Rechtskultur der Alten Reiche überhaupt typisch gewesen sind.[53] Das Rechtssystem wurde jeweils überwölbt durch ein von theologischen und juristischen Fachleuten exegetisch verwaltetes sakrales Recht; sein Kernstück bildete das bürokratische, vom König oder Kaiser, der zugleich oberster Gerichtsherr war, in Übereinstimmung mit den geheiligten Rechtstraditionen gesetzte Recht. Beide Rechtstypen überformten das in der Regel ungeschriebene Gewohnheitsrecht, das in letzter Instanz auf stammesrechtliche Überlieferungen zurückging. Im europäischen Mittelalter lagen die Dinge insofern etwas anders, als das kanonische Recht der katholischen Kirche ohne Unterbrechung das hohe rechtstechnische und begriffliche Niveau des *klassischen* römischen Rechts fortsetzte, während das Herrscherrecht der kaiserlichen Erlasse und Kapitularien auch schon vor der Wiederentdeckung des Corpus Justinianum wenigstens an die Idee des römischen Imperiums anknüpfte. Selbst das Gewohnheitsrecht verdankte sich der gemischten römisch-germanischen Rechtskultur der weströmischen Provinzen und wurde seit dem 12. Jahrhundert schriftlich tradiert. Aber in den wesentlichen Zügen wiederholt sich die aus allen Hochkulturen bekannte Struktur – die Verzweigung in sakrales

53 R. Unger, Law and Society, New York 1976.

und profanes Recht, wobei das sakrale Recht aus der Sicht einer der großen Weltreligionen der Ordnung des Kosmos oder einem Heilsgeschehen integriert wird. Dieses göttliche oder »natürliche« Recht steht dem politischen Herrscher nicht zur Disposition. Es gibt vielmehr den legitimierenden Rahmen vor, innerhalb dessen der Herrscher über die Funktionen der Rechtsprechung und der bürokratischen Rechtsetzung seine profane Herrschaft ausübt. In diesem Zusammenhang spricht M. Weber vom »Doppelreich der traditionalen Herrschaft«.[54]

Auch im Mittelalter bleibt dieser traditionale Charakter des Rechts erhalten. Alles Recht entlehnt seinen Geltungsmodus der göttlichen Herkunft des christlich verstandenen Naturrechts. Neues Recht kann nur im Namen der Reformation oder Wiederherstellung des guten alten Rechts geschaffen werden. Im traditionalen Rechtsverständnis ist freilich schon eine interessante Spannung angelegt, die zwischen den beiden Elementen des Herrscherrechts besteht. Als oberster Gerichtsherr untersteht der Herrscher dem sakralen Recht. Nur so kann sich dessen Legitimität auf die weltliche Macht übertragen. Aus der pietätvollen Wahrung der unantastbaren Rechtsordnung erwächst eine Legitimitätsprämie für die Ausübung der politischen Herrschaft überhaupt. Zugleich macht aber der Herrscher, an der Spitze einer nach Ämtern organisierten Verwaltung, auch vom Recht als einem Medium Gebrauch, das seinen Befehlen, beispielsweise in der Form von Edikten und Erlassen, kollektive Verbindlichkeit verleiht. Auf dieser Seite kann das Recht als Mittel der bürokratischen Herrschaftsausübung allerdings Ordnungsfunktionen nur solange erfüllen, wie es auf der anderen Seite in Gestalt geheiligter Rechtstraditionen zugleich den nicht-instrumentellen, d.h. *unverfügbaren* Charakter behält, den der Herrscher in der Rechtsprechung respektieren muß. Zwischen diesen beiden Momenten – der Unverfügbarkeit des in der gerichtlichen Konfliktregelung vorausgesetzten Rechts, der Instrumentalität des für die Herrschaftsausübung in Dienst genommenen Rechts – besteht eine unaufgelöste Spannung. Sie bleibt unauffällig, solange die sakrale Grundlage des Rechts nicht angefochten wird und der

54 Vgl. dazu W. Schluchter, Okzidentaler Rationalismus, Tübingen 1979.

Sockel des traditionsfesten Gewohnheitsrechts in der Alltagspraxis fest verankert ist.[55]

(2) Wenn man nun davon ausgeht, daß in modernen Gesellschaften genau diese beiden Bedingungen immer weniger erfüllt werden können, kann man sich aus interner Sicht die Positivierung des Rechts als eine Reaktion auf solche Veränderungen erklären. In dem Maße, wie die religiösen Weltbilder privatisierten Glaubensmächten weichen und die gewohnheitsrechtlichen Überlieferungen auf dem Wege über den usus modernus vom gelehrten Recht absorbiert werden, muß die dreigliedrige Struktur des Rechtssystems zerbrechen. Das Recht schrumpft auf eine einzige Dimension zusammen und besetzt nur noch den Platz, den bis dahin das bürokratische Herrscherrecht eingenommen hatte. Die politische Gewalt des Herrschers emanzipiert sich von der Bindung ans sakrale Recht und wird souverän. Ihr fällt die Aufgabe zu, die Lücke, die das theologisch verwaltete Naturrecht hinterlassen hat, aus eigener Kraft durch politische Gesetzgebung zu füllen. Schließlich soll alles Recht aus dem souveränen Willen des politischen Gesetzgebers fließen. Gesetzgebung, Vollzug und Anwendung der Gesetze werden zu drei Momenten innerhalb eines einzigen, politisch gesteuerten Kreisprozesses; sie bleiben es auch dann, wenn sie sich institutionell nach Staatsgewalten differenzieren.

Dadurch verändert sich das Verhältnis jener beiden Momente der Unverfügbarkeit und der Instrumentalität des Rechts. Heute werden bei hinreichender Differenzierung der Rollen, darin liegt ja die Bedeutung der Gewaltenteilung, die Gesetzesprogramme zwar der Rechtsprechung vorgegeben. Aber wie kann vom beliebig änderbaren politischen Recht noch eine ähnlich verpflichtende Autorität ausgehen wie zuvor vom unverfügbaren sakralen Recht? Bewahrt das positive Recht überhaupt noch einen verpflichtenden Charakter, wenn es seinen Geltungsmodus nicht mehr, wie das bürokratische Herrscherrecht im traditionalen Rechtssystem, einem vorgängigen und übergeordneten Recht entlehnen kann? Auf diese Fragen hat der Rechtspositivismus unbefriedigende Antworten gegeben.[56] In der einen Variante wird das Recht überhaupt seines normativen

---

55 H. Schlosser, Grundzüge der Neueren Privatrechtsgeschichte, Heidelberg 1982.
56 N. Hoerster (Hg.), Recht und Moral, Göttingen 1972.

Charakters beraubt und nur noch instrumentell definiert: es gilt als der Befehl eines Souveräns (Austin). Dabei verschwindet das Moment der Unverfügbarkeit als metaphysisches Relikt. Die andere Variante des Rechtspositivismus hält fest an der Prämisse, daß das Recht seine Kernfunktion der gerichtlichen Konfliktregelung nur solange erfüllen kann, wie den angewendeten Gesetzen Normativität im Sinne einer nicht-imperativischen Sollgeltung erhalten bleibt. Aber dieses Moment darf nun nur noch an der Form des positiven Rechts, nicht mehr an naturrechtlichen Inhalten haften (Kelsen). Aus dieser Sicht bleibt das von Politik und Moral getrennte Rechtssystem, mit der Rechtsprechung als seinem institutionellen Kern, als der einzige Ort zurück, wo das Recht aus eigener Kraft seine Form und damit seine Autonomie wahren kann. (In der Luhmannschen Version haben wir diese These bereits kennengelernt.) Beide Male ergibt sich die Konsequenz, daß die durchs sakrale Recht gegebene metasoziale Garantie der Rechtsgeltung *ersatzlos* entfallen kann.

Die historischen Ursprünge des modernen wie des traditionalen Rechts sprechen gegen diese Auffassung. Wie wir aus der Anthropologie lernen, geht Recht überhaupt der Entstehung politischer, d.h. staatlich organisierter Herrschaft voraus, während staatlich sanktioniertes Recht und rechtlich organisierte Staatsgewalt in der Form politischer Herrschaft gleichzeitig entstehen.[57] Es scheint so zu sein, daß die archaische Rechtsentwicklung das Auftreten einer politischen Herrschaftsgewalt, in der staatliche Macht und staatliches Recht sich wechselseitig konstituieren, erst ermöglicht hat. Bei dieser Konstellation läßt sich aber schwer vorstellen, daß jemals das Recht entweder durch die Politik vollständig aufgesaugt oder von der Politik ganz abgespalten werden könnte. Zudem läßt sich zeigen, daß bestimmte Strukturen des moralischen Bewußtseins beim Zustandekommen der Symbiose von Recht und staatlicher Macht eine wichtige Rolle gespielt haben müssen. Eine ähnliche Rolle spielt das moralische Bewußtsein beim Übergang vom traditionalen Recht zum profanen, durchs staatliche Gewaltmonopol abgesicherten und dem politischen Gesetzgeber zur Disposition gestellten po-

---

57 U. Wesel, Frühformen des Rechts, Frankfurt/Main 1985.

sitiven Recht. Jenes Moment Unverfügbarkeit, das auch noch im modernen Recht ein unverzichtbares Gegengewicht bildet zur politischen Instrumentalisierung des Rechtsmediums, verdankt sich der Verschränkung von Politik und Recht mit Moral.

(3) Diese Konstellation stellt sich zum ersten Mal in frühen Hochkulturen her mit der Symbiose von Recht und staatlicher Macht. In neolithischen Stammesgesellschaften sind typischerweise drei Mechanismen für die Regelung innerer Konflikte in Kraft: Praktiken der Selbsthilfe (Fehde und Blutrache), die rituelle Anrufung magischer Mächte (Orakel, Zweikampf) und die schiedsrichterliche Vermittlung als friedliches Äquivalent für Gewalt und Zauberei.[58] Solchen Vermittlern fehlt noch die Kompetenz, den Streit der Parteien *bindend* oder autoritativ zu entscheiden und das Urteil gegen verwandtschaftliche Loyalitäten durchzusetzen. Neben dem Merkmal der Erzwingbarkeit fehlen auch Gerichtshöfe und Gerichtsverfahren. Zudem bleibt das Recht mit Sitte und religiösen Vorstellungen noch so eng verschwistert, daß genuin rechtliche von anderen Phänomenen des Sittlichen schwer abzugrenzen sind. Die allen Formen der Konfliktregelung zugrundeliegenden Gerechtigkeitskonzepte sind mit der mythischen Deutung der Welt verwoben. Rache, Vergeltung, Entschädigung dienen der Wiederherstellung einer gestörten Ordnung. Diese aus Symmetrien und Gegenseitigkeiten konstruierte Ordnung erstreckt sich gleichermaßen auf einzelne Personen und Verwandtschaftsgruppen wie auf Natur und Gesellschaft im ganzen. Die Schwere des Verbrechens bemißt sich an den Konsequenzen der Tat, nicht an den Intentionen des Täters. Eine Sanktion hat den Sinn einer Kompensation des entstandenen Schadens, nicht den der Bestrafung eines Täters, der sich einer Normverletzung schuldig gemacht hat.

Diese konkretistischen Gerechtigkeitsvorstellungen erlauben noch nicht die Trennung zwischen Rechts- und Tatsachenfragen. Im archaischen Rechtsgang fließen normative Urteile, kluge Interessenabwägungen und Tatsachenbehauptungen ineinander. Es fehlen Begriffe wie Zurechnungsfähigkeit und Schuld; Vorsatz und Fahrlässigkeit werden nicht unterschieden. Was zählt, ist die Wahrneh-

<hr>

58 U. Wesel (1985), 329 ff.

mung eines objektiv verursachten Schadens. Es gibt keine Trennung von Privatrecht und Strafrecht; alle Rechtsverletzungen sind gewissermaßen Delikte, die Schadensersatz verlangen. Solche Unterscheidungen werden erst möglich, wenn ein ganz neues Konzept auftritt und die Welt der moralischen Vorstellungen revolutioniert. Ich meine den Begriff der situationsunabhängigen, den streitenden Parteien wie auch dem unparteilichen Schiedsrichter übergeordneten, also vorgängig und intersubjektiv als verbindlich anerkannten Rechtsnorm. Um diesen Kern kristallisiert sich das, was L. Kohlberg ein »konventionelles« moralisches Bewußtsein nennt. Ohne ein solches Normkonzept kann der Schiedsrichter die streitenden Parteien nur dazu überreden, Kompromisse zu schließen. Dabei mag er das persönliche Ansehen, das er seinem Status, seinem Reichtum oder seinem Alter verdankt, als *Einfluß* geltend machen. Aber *politische Macht* fehlt ihm noch; an die unpersönlich verpflichtende Autorität eines Gesetzes und die moralische Einsicht der Beteiligten kann er noch nicht appellieren.[59]

Ich schlage nun folgendes Gedankenexperiment vor. Nehmen wir einmal an, daß sich, bevor so etwas wie eine staatliche Autorität entsteht, konventionelle Rechts- und Moralvorstellungen bilden. Dann könnte sich beispielsweise ein streitschlichtender Häuptling schon auf den verpflichtenden Charakter anerkannter Rechtsnormen stützen; aber der moralischen Verbindlichkeit seines Urteils könnte er noch nicht den faktisch zwingenden Charakter eines staatlichen Sanktionspotentials hinzufügen. Dennoch müßte sich die Rolle des Häuptlings, dessen Führungsrolle bis dahin allein auf faktischem Einfluß und Prestige beruhte, folgenreich ändern, sobald der Begriff einer moralisch verpflichtenden Norm Eingang findet in die richterliche Tätigkeit. Drei Sequenzen sind wichtig in diesem Szenario. Ein solcher Häuptling hätte als Wahrer intersubjektiv anerkannter Normen erstens teil an der Aura des von ihm verwalteten Rechts. Die normative Autorität des Rechts könnte sich von der Kompetenz des Richters auf die damit in Personalunion verbundene Befehlsmacht des Häuptlings im ganzen übertragen. Unmerklich verwandelte sich dann die faktische Macht des

---

59 L. Pospicil, Anthropologie des Rechts, München 1982.

Einflußreichen in die normativ autorisierte Macht eines Befehlshabers, der nun kollektiv bindende Entscheidungen treffen kann. Daraufhin müßte sich zweitens die Qualität der richterlichen Entscheidung selbst ändern. Hinter den moralisch verpflichtenden Rechtsnormen stünde nicht mehr nur der Konformitätsdruck des Stammes oder der faktische Einfluß eines Prominenten, sondern die Sanktionsdrohung eines legitimen Herrschers. So entstünde der ambivalente, Anerkennung und Zwang fusionierende Geltungsmodus staatlichen Rechts. Mit diesem würde aber der politische Herrscher drittens ein Medium gewinnen, mit dessen Hilfe er eine Ämterorganisation schaffen und seine Herrschaft bürokratisch ausüben kann. Als Organisationsmittel erhält dadurch das Recht neben dem Aspekt der Unverfügbarkeit objektiven Rechts auch einen instrumentellen Aspekt. Nach diesem Szenario wirkt das moralische Bewußtsein bei der Legierung von Recht und Macht als eine Art Katalysator.

Obwohl diese Überlegungen auch einen empirischen Gehalt haben,[60] geht es mir in erster Linie um die Klärung konzeptueller Beziehungen. Erst in komplexer werdenden Weltbildern formt sich ein moralisches Bewußtsein konventioneller Stufe; erst ein Bewußtsein von traditional verankerten und moralisch verpflichtenden Normen verändert die Rechtsprechung und ermöglicht die Umwandlung von faktischer Macht in normative; erst die Verfügung über legitime Macht erlaubt die politische Durchsetzung von Rechtsnormen; erst zwingendes Recht kann für die Organisation staatlicher Macht genutzt werden. Wenn man diese Verschränkung von religiös eingebetteter Moral, rechtlich legitimierter Herrschaft und rechtsförmig organisierter staatlicher Verwaltung im einzelnen analysiert, wird die Unhaltbarkeit der erwähnten positivistischen Rechtskonzepte klar.

(4) Die Reduktion von Rechtsnormen auf Befehle des politischen Gesetzgebers würde bedeuten, daß sich in der Moderne Recht in Politik gleichsam auflöst. Damit müßte sich aber der Begriff des Politischen selbst zersetzen. Unter dieser Prämisse kann jedenfalls

60 K. Eder, Die Entstehung staatlich organisierter Gesellschaften, Frankfurt/Main 1976; J. Habermas, Zur Rekonstruktion des Historischen Materialismus, Frankfurt/Main 1976.

politische Herrschaft nicht mehr als rechtlich legitimierte Macht verstanden werden; denn ein der Politik vollständig verfügbar gewordenes Recht verlöre seine legitimierende Kraft. Sobald Legitimation als *Eigen*leistung der Politik vorgestellt wird, geben wir *unsere* Begriffe von Recht und Politik auf. Die gleiche Konsequenz ergibt sich für die andere Auffassung, daß das positive Recht seine Normativität aus eigener Kraft, d.h. durch die dogmatischen Leistungen einer gesetzestreuen, aber gegenüber Politik und Moral verselbständigten Justiz aufrechterhalten könne. Sobald die Rechtsgeltung jeden über die Dezision des Gesetzgebers hinausgreifenden moralischen Bezug zu Aspekten der Gerechtigkeit einbüßte, müßte die Identität des Rechts selber diffus werden. Dann fehlten nämlich die legitimierenden Gesichtspunkte, unter denen das Rechtssystem auf die Bewahrung einer bestimmten Struktur des Rechtsmediums festgelegt werden könnte.

Vorausgesetzt, daß moderne Gesellschaften nicht überhaupt auf Recht verzichten (auch nicht unter dem beibehaltenen Pseudonym von »Recht« eine funktional äquivalente, aber *ganz andere Art* von Praxis wie z.B. Verhaltenskontrolle betreiben) können, schafft die Positivierung des Rechts schon aus konzeptuellen Gründen ein Folgeproblem. Für das entzauberte sakrale Recht – und für ein entleertes, substanzlos gewordenes Gewohnheitsrecht – muß ein Äquivalent gefunden werden, welches dem positiven Recht *ein Moment Unverfügbarkeit* erhalten kann. Und tatsächlich ist ein solches Äquivalent zunächst in Gestalt des Vernunftrechts entwickelt worden, das ja nicht nur rechtsphilosophische, sondern für die großen Kodifikationen und die richterliche Praxis der Rechtsfortbildung eine unmittelbar rechtsdogmatische Bedeutung gehabt hat.[61] Ich möchte in unserem Zusammenhang die Aufmerksamkeit auf zwei Punkte lenken: (a) Im Vernunftrecht artikuliert sich eine neue, posttraditionale Stufe des moralischen Bewußtseins, die das moderne Recht von Prinzipien abhängig macht und auf Verfahrensrationalität umstellt. (b) Je nachdem, ob die Positivierung des Rechts als solche oder ob der daraus entstandene Begründungsbedarf als erklärungsbedürftiges Phänomen in den Vordergrund rückte, sind

61 F. Wieacker (1967), 249 ff.

die Sozialvertragstheorien in entgegengesetzten Richtungen entwickelt worden. So oder so haben sie aber zwischen den Momenten der Unverfügbarkeit und der Instrumentalität des Rechts keine plausible Beziehung herstellen können.

ad (a) Das Vernunftrecht reagiert auf den Zerfall des religiös und metaphysisch begründeten Naturrechts und auf die Entmoralisierung einer zunehmend naturalistisch gedeuteten, auf Selbstbehauptungsinteressen umgestellten Politik. Sobald sich der gewaltmonopolisierende Staat in der Rolle des souveränen Gesetzgebers einen exklusiven Zugriff aufs Recht verschafft, droht dem zum Organisationsmittel herabgesetzten Recht jeder Bezug zur Gerechtigkeit und damit der genuine Rechtscharakter verloren zu gehen. Mit der Positivität des vom staatlichen Souverän abhängig gewordenen Rechts verschwindet die Begründungsproblematik nicht, sie verschiebt sich nur auf das schmaler gewordene Fundament einer nachmetaphysischen, von Weltbildern entkoppelten Profanethik. Die Grundfigur des bürgerlichen Privatrechts ist der Vertrag. Die Vertragsautonomie ermächtigt private Rechtspersonen zur Erzeugung subjektiver Rechte. In der Idee des Gesellschaftsvertrages wird nun diese Denkfigur in einer interessanten Weise verallgemeinert und dazu benutzt, um die in Formen des positiven Rechts ausgeübte Herrschaft – legale Herrschaft – moralisch zu rechtfertigen: ein Vertrag, den jeder von Haus aus autonome Einzelne mit allen anderen autonomen Einzelnen abschließt, kann nur etwas zum Inhalt haben, was alle im jeweils eigenen Interesse vernünftigerweise wollen können. Auf diesem Wege können nur solche Regelungen zustande kommen, die die ungezwungene Zustimmung aller haben. Dieser prozedurale Grundgedanke verrät, daß die Vernunft des modernen Naturrechts wesentlich praktische Vernunft ist – die Vernunft einer autonomen Moral. Diese verlangt, daß wir zwischen Normen, rechtfertigenden Prinzipien und Verfahren unterscheiden – Verfahren, nach denen wir prüfen, ob Normen im Lichte gültiger Prinzipien auf allgemeine Zustimmung rechnen dürfen. Indem mit der Idee des Gesellschaftsvertrages ein solches Verfahren für die Begründung rechtlich verfaßter politischer Ordnungen in Anschlag gebracht wird, wird das positive Recht moralischen Grundsätzen unterworfen. Aus entwicklungsgeschichtlicher Perspektive legt das die Hypothese nahe, daß beim Übergang zur Moderne wiederum eine Veränderung des moralischen Bewußtseins *Schrittmacher*-funktionen für die Rechtsentwicklung erfüllt hat.

ad (b) Das Vernunftrecht ist in verschiedenen Versionen aufgetreten. Autoren wie Hobbes sind stärker vom Phänomen der beliebigen Änderbarkeit, Autoren wie Kant vom Begründungsdefizit des neuen, positiv gewordenen Rechts fasziniert. Hobbes entwickelt seine Theorie bekanntlich unter Prämissen, die sowohl dem positiven Recht wie der politischen Macht alle moralischen Konnotationen abstreifen; das vom Souverän gesetzte Recht soll auch ohne ein vernünftiges Äquivalent für das entzauberte sakrale Recht auskommen können. Freilich verwickelt sich Hobbes mit einer Theorie, die ihren Adressaten eben ein solches vernünftiges Äquivalent anbietet, in einen performativen Widerspruch. Der manifeste Gehalt seiner Theorie, die das moralfreie Funktionieren des vollständig positivierten Rechts erklärt, gerät in Widerspruch zur *pragmatischen* Rolle derselben Theorie, die ja ihren Lesern erklären will, warum sie als freie und gleiche Bürger gute Gründe haben könnten, sich für die Unterwerfung unter eine absolute Staatsgewalt zu entscheiden.

Kant macht später die von Hobbes implizit mitgeführten normativen Annahmen explizit und entwickelt seine Rechtslehre von Anbeginn im Rahmen einer Moraltheorie. Das allgemeine Rechtsprinzip, das aller Gesetzgebung objektiv zugrundeliegt, ergibt sich aus dem Kategorischen Imperativ. Aus diesem obersten Prinzip der Gesetzgebung folgt wiederum das ursprüngliche subjektive Recht eines jeden, jeden anderen Rechtsgenossen dazu zu verpflichten, seine Freiheit zu respektieren, sofern sie nur mit der gleichen Freiheit aller nach allgemeinen Gesetzen zusammenstimmt. Während für Hobbes das positive Recht letztlich ein Organisationsmittel der politischen Herrschaft ist, behält es für Kant einen wesentlich moralischen Charakter. Aber auch in diesen ausgereiftesten Versionen tut sich das Vernunftrecht schwer mit der selbstgestellten Aufgabe, die Legitimitätsbedingungen legaler Herrschaft vernünftig zu erklären. Hobbes opfert die Unverfügbarkeit des Rechts seiner Positivität auf, bei Kant gewinnt das aus praktischer Vernunft apriori abgeleitete natürliche oder moralische Recht so sehr die Oberhand, daß Recht in Moral aufzugehen droht: Recht wird beinahe zu einem defizienten Modus der Moral herabgestuft.

Kant baut das Moment Unverfügbarkeit in die moralischen Grundlagen des Rechts derart ein, daß das positive Recht dem Vernunftrecht subsumiert wird. In diesem vernunftrechtlich präjudizierten Recht bleibt wenig Spielraum für den instrumentellen Aspekt eines Rechts, dessen sich der politische Gesetzgeber für seine Gestaltungsaufgaben bedient. Nachdem der Baldachin des christlichen Naturrechts eingestürzt ist, sind die Säulen der naturalistisch ernüchterten Politik auf der einen, des auf politische Dezision umgestellten Rechts auf der anderen Seite als Ruinen stehen geblieben. Kant rekonstruiert das zerfallene Gebäude durch einfache Substitution: das autonom begründete Vernunftrecht soll den vakanten Platz des religiös-metaphysischen Naturrechts einnehmen. Damit ändert sich im Vergleich zum dreigliedrigen traditionalen Recht zwar die vermittelnde Funktion der Rechtsprechung, die die sakrale Legitimation auf den Herrscher und seine bürokratische Herrschaft übertragen hatte; sie tritt nun hinter den politischen Gesetzgeber zurück und verwaltet dessen Programme. Jetzt geraten aber die in sich differenzierten Staatsgewalten allesamt in den Schatten einer aus Vernunft gerechtfertigten res publica noumenon, die in der res publica phaenomenon ein möglichst getreues Abbild finden soll. Die Positivierung des Rechts steht als die Realisierung vernunftrechtlicher Grundsätze selbst noch unter Imperativen der Vernunft.

Wenn aber Politik und Recht in die subordinierte Stellung von Ausführungsorganen für die Gesetze der praktischen Vernunft geschoben werden, verliert die Politik ihre gesetzgeberische Kompetenz und das Recht seine Positivität. Deshalb muß Kant auf die metaphysischen Prämissen seiner Zwei-Reiche-Lehre zurückgreifen, um Legalität von Moralität auf eine immer noch widerspruchsvolle Weise voneinander zu unterscheiden.[62]

---

62 W. Kersting, Wohlgeordnete Freiheit, Berlin 1984, 16 ff.

III. Die Substitution des Vernunftrechts durch die Idee
des Rechtsstaates

(1) Das klassische Vernunftrecht ist nicht nur aus philosophischen Gründen preisgegeben worden; die Verhältnisse, die es interpretieren sollte, sind ihm über den Kopf gewachsen. Bald wurde klar, daß sich die Dynamik einer über Märkte integrierten Gesellschaft in den normativen Begriffen des Rechts nicht mehr einfangen und im Rahmen eines apriorisch entworfenen Rechtssystems erst recht nicht *stillstellen* ließ. Jeder Versuch, die Grundlagen des privaten und des öffentlichen Rechts theoretisch ein für allemal aus obersten Prinzipien abzuleiten, mußte an der Komplexität von Gesellschaft und Geschichte scheitern. Die Vertragstheorien – und keineswegs nur die idealistischen unter ihnen – waren zu abstrakt angelegt. Sie hatten sich über die sozialen Voraussetzungen ihres possessiven Individualismus keine Rechenschaft abgelegt. Sie hatten sich nicht eingestanden, daß die grundlegenden privatrechtlichen Institute (Eigentum und Vertrag) wie auch die subjektiv-öffentlichen Abwehrrechte gegen den bürokratischen Staat nur durch das Entgegenkommen einer fiktiven Kleinwarenwirtschaft Gerechtigkeit verheißen konnten. Gleichzeitig waren die Vertragstheorien – und keineswegs nur die aprioristisch verfahrenden – zu konkretistisch angelegt. Sie hatten sich über die Mobilisierung der Lebensverhältnisse nicht hinreichend Rechenschaft abgelegt und den Anpassungsdruck unterschätzt, der vom kapitalistischen Wachstum, von gesellschaftlicher Modernisierung überhaupt ausging.

In Deutschland ist der moralische Gehalt des Kantischen Vernunftrechts von der Rechtstheorie aufgespalten und auf den parallelen Geleisen der Privatrechtsdogmatik und der Rechtstaatsidee zunächst fortgeführt, im Verlaufe des 19. Jahrhunderts aber positivistisch ausgetrocknet worden. Aus der Sicht der Pandektenwissenschaft ging das Recht wesentlich in dem von Juristen verwalteten zivilrechtlichen Kodex auf. Hier, im Privatrechtssystem selbst, und nicht von seiten eines demokratischen Gesetzgebers, sollten die moralischen Gehalte des Rechts gesichert werden.[63] F. C. von Savi-

---

63 H. Coing, Das Verhältnis der positiven Rechtswissenschaft zur Ethik im 19.

gny, der das gesamte Privatrecht als·ein Gebäude von subjektiven Rechten konstruierte, war in Anlehnung an Kant der Auffassung, daß die Form des subjektiven Rechts an sich selbst moralisch sei. Allgemeine subjektive Rechte grenzen privatautonome Verfügungsbereiche aus und garantieren auf dem Wege subjektiver Berechtigungen individuelle Freiheit. Die Moralität des Rechts besteht darin, »daß dem individuellen Willen ein Gebiet angewiesen wird, in welchem er unabhängig von jedem fremden Willen zu herrschen hat.«[64] Im Verlaufe der faktischen Rechtsentwicklung wurde aber bald klar, daß subjektive Rechte etwas gegenüber dem objektiven Recht Sekundäres sind und auch keineswegs die konzeptuelle Grundlage für das Privatrechtssystem im ganzen bieten können. Der Begriff des subjektiven Rechts ist daraufhin positivistisch umgedeutet und von allen normativen Assoziationen gereinigt worden. Nach B. Windscheids Definition setzen subjektive Rechte nur noch die Befehle der objektiven Rechtsordnung in die Befehlsmacht einzelner Rechtssubjekte um.

Eine parallele Entwicklung läßt sich für die Idee des Rechtsstaates nachzeichnen, die Kant ohnehin nur unter hypothetischen Vorbehalten eingeführt hatte. Die deutschen Theoretiker des 19. Jahrhunderts sind vor allem an der konstitutionellen Zähmung der monarchischen Verwaltungsmacht interessiert. Mohl und Welcker setzen im Vormärz noch darauf, daß sich allgemeine und abstrakte Gesetze als das geeignete Medium erweisen für eine gleichmäßige Förderung aller Staatsbürger »bei der möglichst allseitigen, vernunftgemäßen Ausbildung sämtlicher geistiger und körperlicher Kräfte.«[65] Nach der Reichsgründung entwickeln Gerber und Laband bereits die Lehre vom Gesetz als dem Befehl einer souveränen, inhaltlich ungebundenen Gesetzgebungsinstanz. Es ist dieser positivistische Gesetzesbegriff, der schließlich von progressiven Staatsrechtlern der Weimarer Zeit wie Hermann Heller für den parlamen-

Jahrhundert, in: J. Blühdorn, J. Ritter (Hg.), Recht und Ethik, Frankfurt/Main 1970, 11 ff.

64 F. C. von Savigny, System des heutigen Römischen Rechts I (1840), 333.

65 Zitiert nach I. Maus, Entwicklung und Funktionswandel des bürgerlichen Rechtsstaates, in: M. Tohidipur (Hg.), Der bürgerliche Rechtsstaat I, Frankfurt/Main 1978, 13 ff.

tarischen Gesetzgeber in Anspruch genommen wurde: »Gesetze
heißen im Rechtsstaat nur, aber auch alle von der Volkslegislative
gesetzten Rechtsnormen.«[66]

Ich erinnere an die gewiß nicht typische deutsche Entwicklung nur
deshalb, weil sich hier die Erosion eines vernunftrechtlich moralisierten Gesetzesbegriffs aus der zweifachen Perspektive des
Rechtsdogmatikers und Richters einerseits, des nach und nach
parlamentarisierten Gesetzgebers andererseits studieren läßt. In
den angelsächsischen Ländern, wo die Idee des Rechtsstaates von
Anbeginn im Einklang mit demokratischen Entwicklungen als
»rule of law« entfaltet worden ist, bot sich das faire Gerichtsverfahren – due process – als einheitliches Interpretationsmodell an, das
auf Gesetzgebung und Rechtsprechung zugleich angewendet worden ist. In Deutschland hat sich die positivistische Destruktion des
Vernunftrechts auf getrennten Wegen vollzogen. Gewiß, sowohl in
der Privatrechtsdogmatik wie in der Rechtsstaatstheorie wird Kants
Konstruktion, nach der Politik und Recht den moralischen Imperativen des Vernunftrechts unterworfen waren, dementiert – aber einmal aus der Sicht der Justiz, das andere Mal aus der Sicht des politischen Gesetzgebers. Deshalb mußte sich für diejenigen, die nach
dem Einsturz der vernunftrechtlichen Dachkonstruktion noch weniger von der Alternative des schieren Rechtspositivismus überzeugt waren, *dasselbe* Problem auf beiden Seiten in jeweils anderer
Form präsentieren. Dem Problem kann man allgemein die folgende
Fassung geben. Einerseits lassen sich die moralischen Grundlagen
des positiven Rechts nicht in Gestalt eines übergeordneten Vernunftrechts erklären. Andererseits lassen sie sich auch nicht ersatzlos liquidieren, ohne dem Recht das ihm wesentlich innewohnende
Moment von Unverfügbarkeit zu nehmen. Dann muß aber gezeigt
werden, wie im Inneren des positiven Rechts selbst der moralische
Gesichtspunkt einer unparteilichen Urteils- und Willensbildung
stabilisiert werden kann. Dieser Forderung ist nicht schon dadurch
Genüge getan, daß bestimmte moralische Prinzipien des Vernunftrechts als *Inhalte* des Verfassungsrechts positiviert werden. Denn
um die Kontingenz der Inhalte eines beliebig änderbaren Rechts

---

66 H. Heller, Gesammelte Schriften II, Leiden, 1971, 226.

geht es gerade. Ich möchte deshalb auf die in der ersten Vorlesung entwickelte These zurückkommen, daß die ins positive Recht eingebaute Moralität die transzendierende Kraft eines sich selbst regulierenden Verfahrens besitzt, welches seine eigene Vernünftigkeit kontrolliert.

Unter dem Druck der Frage, wie aus Legalität Legitimität entstehen könne, haben sich jene unter den Nachfolgern Savignys, die sich mit der positivistischen Umdeutung subjektiver Rechte nicht zufriedengeben wollten, das wissenschaftliche Juristenrecht zur Legitimationsquelle ausgebaut. Savigny hatte in seiner Rechtsquellenlehre der Justiz und der Rechtsdogmatik noch die bescheidene und abgeleitete Funktion zugewiesen, das aus Gewohnheit und Gesetzgebung stammende positive Recht »in wissenschaftlicher Weise zu Bewußtsein zu bringen und darzustellen«.[67] Demgegenüber vertritt G. F. Puchta gegen Ende des Jahrhunderts die Auffassung, daß die Produktion von Recht nicht allein Sache des politischen Gesetzgebers sein dürfe, weil sonst der Staat nicht auf legitimes Recht gegründet, d. h. Rechtsstaat sein könne. Vielmehr übernehme die Justiz, hinausgehend über die Anwendung geltenden Rechts, die produktive Aufgabe einer von Prinzipien geleiteten konstruktiven Fortbildung und Ergänzung des geltenden Rechts. Dieses Richterrecht sollte seine unabhängige Autorität aus der *wissenschaftlichen Methode der Begründung*, also aus den Argumenten einer wissenschaftlich verfahrenden Jurisprudenz beziehen. Bereits Puchta bietet den Ansatzpunkt für eine Theorie, die aus der Perspektive der Rechtsprechung die legitimierenden Gründe der Legalität auf die in den juristischen Diskurs eingebaute Verfahrensrationalität zurückführt.

Aus der Perspektive der Gesetzgebung legt sich eine analoge Deutung nahe, auch wenn die parlamentarische Diskussion weitgehend auf Kompromißbildung und nicht, wie der juristische Diskurs, auf die wissenschaftlich disziplinierte Begründung von Urteilen angelegt ist. Auch auf dieser Seite stellt sich für diejenigen, die sich mit dem demokratischen Gesetzespositivismus nicht abfinden wollen, die Frage, aus welchen Gründen die mit parlamentarischen Mehr-

67 Zitiert nach W. Maihofer (Hg.), Begriff und Wesen des Rechts, Darmstadt 1973, 52 ff.

heiten zustandegekommenen Gesetze Legitimität beanspruchen dürfen. Schon Kant hatte im Anschluß an Rousseaus Begriff der Autonomie den entscheidenden Schritt getan, um aus dem Verfahren der demokratischen Gesetzgebung selbst den moralischen Gesichtspunkt der Unparteilichkeit herauszuarbeiten. Zum Probierstein der Rechtmäßigkeit eines jeden öffentlichen Gesetzes erklärt er bekanntlich das Kriterium der Universalität – ob nämlich das Gesetz »aus dem vereinigten Willen eines ganzen Volkes habe entspringen können«.[68] Freilich hat Kant selbst dazu beigetragen, daß alsbald zwei ganz verschiedene Bedeutungen von »Allgemeinheit« des Gesetzes verwechselt wurden: die semantische Allgemeinheit des abstrakt allgemeinen Gesetzes trat an die Stelle jener prozeduralen Allgemeinheit, die das demokratisch zustandegekommene Gesetz als Ausdruck des »vereinigten Volkswillens« auszeichnet.

In Deutschland, wo die demokratietheoretische Diskussion ohnehin erst wieder in den 20er Jahren auflebte, hat diese Verwechslung zwei mißliche Konsequenzen gehabt. Zum einen konnte man sich über die erheblichen Beweislasten einer prozeduralistisch angelegten Demokratietheorie, die erst noch abzutragen sind, täuschen. Erstens müßte argumentationstheoretisch gezeigt werden, wie in der parlamentarischen Willensbildung des Gesetzgebers politische Zielsetzungs- und moralische Begründungsdiskurse mit rechtlicher Normenkontrolle ineinandergreifen. Zweitens müßte klargemacht werden, worin sich ein argumentativ erzieltes Einverständnis von Verhandlungskompromissen unterscheidet und wie sich hier der moralische Gesichtspunkt indirekt wiederum in den Fairneßbedingungen für Kompromisse zur Geltung bringt. Drittens und vor allem müßte aber rekonstruiert werden, wie die Unparteilichkeit der gesetzgeberischen Willensbildung durch rechtliche Verfahren institutionalisiert werden soll – angefangen von der Mehrheitsregel, über die Regeln der parlamentarischen Geschäftsordnung bis zum Wahlrecht und der Meinungsbildung, d. h. der Selektion und Verteilung von Themen und Beiträgen in der politischen Öffentlichkeit. Diese Analyse müßte sich von einem Modell leiten lassen, das die notwendigen Kommunikationsvoraussetzungen für diskursive

---

68 I. Kant, Grundlegung der Metaphysik der Sitten, § 46.

Willensbildung und fairen Ausgleich von Interessen in ihrem Zusammenhang darstellt. Nur auf einer solchen Folie läßt sich der normative Sinn und die tatsächliche Praxis solcher Verfahren kritisch analysieren.[69]

Weiterhin hatte aber jene Verwechslung der prozeduralen Allgemeinheit mit der semantischen Allgemeinheit des parlamentarischen Gesetzes die Konsequenz, daß man sich über die eigenständige Problematik der Rechtsanwendung täuschen konnte. Selbst wenn eine moralisch gehaltvolle Verfahrensrationalität für die Gesetzgebung institutionell gesichert wäre, könnten die Gesetze (ob es sich nun ums regulatorische Recht des Sozialstaates handelt oder nicht) normalerweise nicht die semantische Form und Bestimmtheit erreichen, die dem Richter nur noch eine algorithmische Anwendung übriglassen würde. Die regelanwendenden Interpretationsleistungen sind, wie die philosophische Hermeneutik zeigt,[70] mit implizit-rechtsfortbildenden Konstruktionsleistungen (im Sinne Dworkins) unauflöslich verwoben. Deshalb stellt sich das Problem der Verfahrensrationalität erneut für die richterliche Entscheidungspraxis und die Rechtsdogmatik.

Im Gesetzgebungsverfahren kann eine ins positive Recht eingewanderte Moralität in der Weise zum Zuge kommen, daß die politischen Zielsetzungsdiskurse unter den Beschränkungen des Prinzips allgemeiner Zustimmungsfähigkeit, also jenes moralischen Gesichtspunktes stehen, den wir bei der *Begründung* von Normen beachten müssen. Bei der kontextsensiblen *Anwendung* von Normen kommt aber die Unparteilichkeit des Urteils nicht schon dadurch zum Zuge, daß wir uns fragen, was alle wollen könnten, sondern: ob wir alle relevanten Aspekte einer gegebenen Situation angemessen berücksichtigt haben. Um entscheiden zu können, welche Normen, die unter Umständen miteinander kollidieren und dann im Lichte von Prinzipien in eine Rangfolge gebracht werden müssen, auf einen Fall Anwendung finden, muß geklärt werden, ob

---

69 U. Neumann, Juristische Argumentationslehre, Darmstadt, 1986, 70ff.; A. Kaufmann, Über die Wissenschaftlichkeit der Rechtswissenschaft, Archiv für Rechts- und Sozialphilosophie 72 (1986), 425 ff.

70 J. Esser, Vorverständnis und Methodenwahl in der Rechtsprechung, Frankfurt/Main 1972.

die Beschreibung der Situation im Hinblick auf alle berührten Interessen angemessen und vollständig ist. Wie Klaus Günther gezeigt hat,[71] bringt sich die praktische Vernunft in Zusammenhängen der Begründung von Normen durch eine Prüfung der *Verallgemeinerungsfähigkeit* von Interessen, in Zusammenhängen der Anwendung von Normen durch die *angemessene* und *vollständige* Erfassung relevanter Kontexte im Lichte konkurrierender Regeln zur Geltung. Dieser regulativen Idee müssen die rechtlichen Verfahren entsprechen, über die die Unparteilichkeit der Rechtsprechung institutionalisiert werden soll.

(2) Mit diesen Überlegungen ziele ich auf die Idee eines gewaltenteilenden Rechtsstaates, der seine Legitimität aus einer Unparteilichkeit verbürgenden Rationalität von Gesetzgebungs- *und* Rechtsprechungsverfahren zieht. Damit ist nicht mehr gewonnen als ein kritischer Maßstab für die Analyse der Verfassungswirklichkeit. Jene Idee tritt freilich einer Realität, die ihr so wenig entspricht, auch nicht bloß abstrakt – in ohnmächtigem Sollen – gegenüber. Vielmehr kennzeichnet die ins positive Recht schon eingewanderte Verfahrensrationalität die (nach dem Zusammenbruch des Vernunftrechts) einzig übriggebliebene Dimension, in der dem positiven Recht ein Moment Unverfügbarkeit und eine kontingenten Zugriffen entzogene Struktur gesichert werden kann.

Nur aus der Verschränkung juristischer Verfahren mit Argumentationen, die sich unter Prinzipien der Verallgemeinerung und der Angemessenheit selber regulieren, erklärt sich die irritierende Ambivalenz des Geltungsanspruchs, mit dem positives Recht auftritt. Die durch kompetente Beschlußfassung garantierte Rechtsgeltung muß von der sozialen Geltung des tatsächlich akzeptierten oder durchgesetzten Rechts unterschieden werden. Aber im komplexen Sinn der Rechtsgeltung selbst kommt eine Ambivalenz zum Ausdruck, die das moderne Recht seiner doppelten, auf Satzungs- und Begründungsprinzip beruhenden Geltungsgrundlage verdankt. Im Geltungsanspruch von Moralnormen, die im Sinne eines Rawlsschen Konstruktivismus darauf angewiesen sind, gleichermaßen konstruiert wie *entdeckt* zu werden, dominiert der wahrheitsana-

71 K. Günther, Der Sinn für Angemessenheit (1988).

loge Sinn moralischer *Einsichten*. Im Geltungsanspruch des positiven Rechts tritt die Kontingenz der Setzung und die Faktizität der Zwangsandrohung hinzu.[72] Dennoch wird die Positivität verfahrensgerecht erzeugter und erzwingbarer Rechtsnormen vom Anspruch auf Legitimität begleitet und überlagert. Der Geltungsmodus des Rechts verweist gleichzeitig auf die politisch erwartete Fügsamkeit gegenüber Dezision und Zwang wie auf die moralische Erwartung der rational motivierten Anerkennung eines normativen Geltungsanspruchs, der nur durch Argumentation eingelöst werden kann. In den Grenzfällen des legitimen Widerstandes und des zivilen Ungehorsams zeigt sich, daß solche Argumentationen auch noch die rechtliche Form, in der sie selbst institutionalisiert sind, sprengen können.[73]

Daß die überschießende Idee des Rechtsstaats, der ich eine diskurstheoretische Lesart geben möchte, nicht überschwenglich ist, sondern aus dem Boden der Rechtswirklichkeit selbst hervorsprießt, ist schließlich daran zu sehen, daß sich die Autonomie des Rechtssystems allein an dieser Idee bemessen läßt. Wenn sich jene Dimension, in der sich die rechtlich institutionalisierten Begründungswege zur moralischen Argumentation hin öffnen, schließen würde, wüßten wir nicht einmal mehr, was Autonomie des Rechts anders als Systemautonomie bedeuten könnte. Autonomie erwirbt ein Rechtssystem nicht für sich alleine. Autonom ist es nur in dem Maße, wie die für Gesetzgebung und Rechtssprechung institutionalisierten Verfahren eine unparteiliche Meinungs- und Willensbildung garantieren und auf diesem Wege einer moralischen Verfahrensrationalität gleichermaßen in Recht und Politik Eingang verschaffen. Kein autonomes Recht ohne verwirklichte Demokratie.

72 R. Dreier, Rechtsbegriff und Rechtsidee, Frankfurt/Main 1986.
73 Zum zivilen Ungehorsam vgl. J. Habermas, Die Neue Unübersichtlichkeit, Frankfurt/Main 1985, 79-117.

II. Volkssouveränität als Verfahren (1988)*

Im Hinblick auf ihre imponierende Wirkungsgeschichte ist die Französische Revolution »kaum mit einem anderen historischen Ereignis vergleichbar«.[1] Diese eine unbestrittene Aussage erklärt, warum fast alles andere strittig ist. In unseren Tagen hat sich eine neue Kontroverse entwickelt: die über das Ende der Aktualität der Großen Revolution.

Im Zeichen der postmodernen Verabschiedungen sollen wir nun auch auf Distanz gehen zu jenem exemplarischen Ereignis, in dessen Sog wir zweihundert Jahre gelebt haben. Walter Markov, der bedeutende Leipziger Revolutionshistoriker, hatte 1967 noch behauptet: »Die Französische Revolution ist von keiner der nachgeborenen Generationen als eine in sich abgeschlossene und insofern museumsreife Episode empfunden worden.«[2] Damals war gerade das Werk erschienen, mit dem François Furet und Denis Richet die mentalitätsgeschichtliche Betrachtungsweise der Revolution zur Geltung brachten.[3] Ein Jahrzehnt später, als sich in Paris die Selbstkritik der Linken zur poststrukturalistischen Vernunftkritik zugespitzt hatte, kann Furet schon lakonisch feststellen: »Die Französische Revolution ist beendet«.[4] Furet will aus dem Bannkreis einer »Vermächtnishistoriographie« heraustreten, welche die Französische Revolution als handlungsorientierenden Ursprung der Gegenwart begreift. Er erklärt die Französische Revolution für beendet, damit »die Verseuchung der Vergangenheit« durch den narzißtischen Gegenwartsbezug ein Ende habe.

Dieser Impuls zu Abkühlung und Verwissenschaftlichung darf nicht mit jenem jüngsten Versuch verwechselt werden, eine angeblich verseuchte Gegenwart durch die normalisierende Einebnung

---

* Der im Dezember 1988 gehaltene Vortrag ist zuerst erschienen in: Forum für Philosophie Bad Homburg (Hg.), Die Ideen von 1789, Frankfurt/Main 1989, 7-36.

1 E. Schulin, Die Französische Revolution, München 1988, 11.

2 W. Markov, Die Jakobinerfrage heute, Berlin 1967, 3.

3 F. Furet, D. Richet, Die Französische Revolution, Frankfurt/Main 1968, 84.

4 Furet, Penser la Révolution française (1978), deutsch: 1789 – Vom Ereignis zum Gegenstand der Geschichtswissenschaft, Frankfurt/Main 1980.

einer anderen, *negativ* besetzten Vergangenheit gesundzubeten. Die Uhren, die dem kollektiven Gedächtnis den Takt schlagen, gehen in Frankreich und in Deutschland jeweils anders. Während dort liberale und sozialistische Deutungen der Revolution das Selbstverständnis der Nation bestimmt haben, standen bei uns, nach dem ersten Enthusiasmus der Zeitgenossen, die »Ideen von 1789« stets unter dem Verdacht ihrer terroristischen Konsequenzen. Das galt nicht nur fürs preußisch-deutsche Selbstverständnis der Nation. Auch der Faden einer konservativen, sogar aggressiv-feindseligen Geschichtsschreibung ist diesseits des Rheins erst nach 1945 abgerissen.[5] Nun besagen internationale Unterschiede der Rezeptionsgeschichte noch nichts über die Wahrheit einer These; aber dieselbe These gewinnt in anderen Kontexten eine andere Bedeutung. Furet antwortet auf die Tradition derer, die der Französischen Revolution im Lichte der bolschewistischen die Rolle eines Modells zuschreiben. Dieser dialektische Zusammenhang gibt seiner These vom Ende der Französischen Revolution ihr Recht – und relativiert sie zugleich.[6]

Ein Nicht-Historiker kann zu dieser Kontroverse nicht viel beitragen. Statt dessen möchte ich die Frage, ob die Orientierungskraft der Französischen Revolution erschöpft ist, auf der Ebene der politischen Theorie aufnehmen. Es geht mir um die normative Frage, ob jener Mentalitätswandel, der sich in den Jahren der Französischen Revolution vollzogen hat, für uns noch Aspekte eines uneingeholten Erbes enthält. Erlaubt die Ideen-Revolution von 1789 eine Lesart, die für den eigenen Orientierungsbedarf noch informativ ist?

5 Schulin (1988), 9ff.
6 Diese Relativierung hat Furet inzwischen selber vorgenommen: F. Furet, La Révolution 1780-1880, Paris 1988; ders., La France Unie, in: La République du Centre, Paris 1988; vgl. A. I. Hartig, Das Bicentennaire – eine Auferstehung?, in: Merkur, März 1989, 258 ff.

(1) Die Frage nach dem Unabgegoltenen der Französischen Revolution läßt sich unter verschiedenen Gesichtspunkten erörtern.

(a) Die Revolution hat in Frankreich die Entfaltung einer mobilen bürgerlichen Gesellschaft und eines kapitalistischen Wirtschaftssystems teils ermöglicht, teils nur beschleunigt. Sie hat Prozesse befördert, die sich andernorts ohne eine revolutionäre Umgestaltung der politischen Herrschaft und des Rechtssystems vollzogen haben. Diese ökonomische und gesellschaftliche Modernisierung hat sich inzwischen krisenhaft, aber geheimnislos profan verstetigt. Heute bringt sie mit ihren dysfunktionalen Nebenfolgen eher Gefahren zu Bewußtsein; die unaufhaltsame Entfaltung der Produktivkräfte und die globale Ausbreitung der westlichen Zivilisation wird eher als Bedrohung erfahren. Ein uneingelöstes Versprechen wird man dem kapitalistisch-produktivistischen Entwurf nicht mehr entlocken können. Die Utopie der Arbeitsgesellschaft ist erschöpft.

(b) Ähnliches gilt für die Entstehung des modernen Staatsapparates. Für den Prozeß der Staatenbildung und der Bürokratisierung bedeutet die Französische Revolution allenfalls eine Beschleunigung von weiter zurückgreifenden Kontinuitäten, wie schon Tocqueville gesehen hat, und keineswegs einen innovativen Schub. Diese staatliche Ebene der Integration verliert heute, unter dem Druck regionaler Bewegungen einerseits, weltweit operierender Unternehmungen und überstaatlicher Organisationen andererseits, immer mehr Kompetenzen. Wo das Ethos der Zweckrationalität noch überlebt, findet es in den unberechenbaren Organisationsleistungen einer sich selbst programmierenden staatlichen Verwaltung kaum noch eine Stütze.

(c) Eine genuine Hervorbringung der Französischen Revolution ist hingegen jener Nationalstaat, der dem Patriotismus seiner Bürger die allgemeine Wehrpflicht zumuten konnte. Mit dem Nationalbewußtsein hat sich eine neue Form der sozialen Integration für die aus ständisch-korporativen Bindungen freigesetzten Staatsbürger gebildet. Nach diesem französischen Modell hat sich auch noch die letzte, aus der Dekolonisierung hervorgegangene Staatengeneration gerichtet. Aber die Weltmächte USA und UdSSR haben sich mit ihren multinationalen Gesellschaften dem Schema der Staatsnation nie eingefügt. Und die heutigen Erben des europäischen Staatensystems haben den Nationalismus ausgereizt und befinden sich auf dem Weg zur postnationalen Gesellschaft.

(d) Für eine affirmative Antwort auf die Frage nach der Aktualität der Französischen Revolution scheint nur noch ein Kandidat übrig zu bleiben: jene Ideen, die den demokratischen Rechtsstaat inspiriert haben. Demokratie und Menschenrechte bilden den universalistischen Kern des Verfassungsstaates, der aus der Amerikanischen und der Französischen Revolution in verschiedenen Varianten hervorgegangen ist. Dieser Universalismus hat seine Sprengkraft und Vitalität bewahrt, nicht nur in den Ländern der Dritten Welt und im sowjetischen Herrschaftsbereich, sondern auch in den europäischen Nationen, wo im Zuge eines Identitätswandels dem Verfassungspatriotismus eine neue Bedeutung zukommt. Das jedenfalls meinte jüngst R. v. Thadden bei einer deutsch-französischen Begegnung in Belfort: »Mit sieben bis acht Prozent Einwanderern laufen die Nationen Gefahr, ihre Identität zu verändern; sie können sich bald nicht mehr als monokulturelle Gesellschaften begreifen, wenn sie keine Integrationspunkte anbieten, die über die reine ethnische Abstammung hinausgehen. Unter diesen Umständen drängt es sich auf, auf die Idee des Bürgers als des Citoyen zurückzukommen, die zugleich offener und weniger starr ist als die der traditionellen Nationszugehörigkeit.«[7]

Wenn freilich die Institutionalisierung gleicher Freiheiten die einzige noch vorscheinende Idee wäre, würde es – wie viele meinen – genügen, vom Erbe der Amerikanischen Revolution zu zehren: aus dem Schatten der *terreur* könnten wir heraustreten.

Diese Konsequenz zieht von Thadden nicht; und es ist wohl nicht nur dem Anlaß seiner Rede, der Eröffnung der Feiern zur 200. Wiederkehr der Großen Revolution, geschuldet, wenn der Redner auf spezifisch französische Ideen zurückgreift. Im Sinne von Rousseau stellt er dem Bourgeois den Citoyen gegenüber; im Sinne der republikanischen Tradition verknüpft er Bürgerrechte und Partizipation mit Brüderlichkeit oder Solidarität. Noch im Gestus erkennt man

7 R. v. Thadden, Die Botschaft der Brüderlichkeit, in: Süddeutsche Zeitung vom 26./27. Nov. 1988.

das schwache Echo alter revolutionärer Parolen: »Das zu bauende Europa der Bürger braucht Kräfte der Bürderlichkeit, der gegenseitigen Hilfe und der Solidarität, damit auch die Schwachen, Hilfsbedürftigen und Arbeitslosen imstande sind, die Europäische Gemeinschaft als einen Fortschritt im Vergleich zu den bestehenden Verhältnissen anzunehmen. Dieser Appell zur Beförderung der Brüderlichkeit, verbunden mit der Idee des Bürgerseins, muß die zentrale Botschaft der Feiern zum 200. Jahrestag der Französischen Revolution sein.«

Anders als die Amerikanische Revolution, die aus den Ereignissen gleichsam *resultierte*, ist die Französische von den Protagonisten im Bewußtsein einer Revolution *betrieben* worden. Auch F. Furet erkennt in diesem Bewußtsein der revolutionären Praxis »eine neue Modalität des geschichtlichen Handelns«. Man könnte auch sagen, daß die bürgerlichen Revolutionen, die holländische, die englische und die amerikanische, erst in der französischen *als* Revolutionen zu sich gekommen sind. Weder der kapitalistische Wirtschaftsverkehr (a) noch die bürokratische Form der legalen Herrschaft (b), nicht einmal das Nationalbewußtsein (c) und der moderne Verfassungsstaat (d) hätten aus einer *als* Revolution erfahrenen Umwälzung hervorgehen müssen, »aber Frankreich ist das Land, das durch die Revolution die demokratische Kultur erfindet und das der Welt eine der grundlegenden Bewußtseinslagen des historischen Handelns offenbart.«[8] Unsere Bewußtseinslage ist durch beides gekennzeichnet: wir appellieren immer noch an die Handlungsbereitschaft und die politisch-moralische Zukunftsorientierung derer, die die bestehende Ordnung umbauen wollen; gleichzeitig ist aber die Zuversicht auf eine revolutionäre Veränderbarkeit der Umstände geschwunden.

(2) Das Revolutionsbewußtsein ist die Geburtsstätte einer neuen Mentalität, die geprägt wird durch ein neues Zeitbewußtsein, einen neuen Begriff der politischen Praxis und eine neue Legitimationsvorstellung. Spezifisch modern ist das historische Bewußtsein, das mit dem Traditionalismus naturwüchsiger Kontinuitäten bricht; das Verständnis von politischer Praxis, welches im Zeichen

8 Furet (1980), 34.

von Selbstbestimmung und Selbstverwirklichung steht; und das Vertrauen auf den vernünftigen Diskurs, an dem sich jede politische Herrschaft legitimieren soll. Unter diesen drei Aspekten dringt ein radikal innerweltlicher, nachmetaphysischer Begriff des Politischen ins Bewußtsein der mobil gewordenen Bevölkerung ein.

Im Rückblick auf die letzten zweihundert Jahre regt sich freilich der Zweifel, ob sich dieses Politikverständnis nicht so weit von seinen mentalen Ursprüngen entfernt hat, daß das Revolutionsbewußtsein jede Aktualität verloren hat. Ist nicht gerade die revolutionäre Signatur, die den Jahren zwischen 1789 und 1794 spezifisch eingeschrieben war, blaß geworden?

(a) Das revolutionäre Bewußtsein drückt sich in der Überzeugung aus, daß ein neuer Anfang gemacht werden kann. Darin spiegelt sich ein verändertes historisches Bewußtsein.[9] Die zum Singular zusammengezogene Weltgeschichte dient als abstraktes Bezugssystem für ein zukunftsorientiertes Handeln, das sich die Entkoppelung der Gegenwart von der Vergangenheit zutraut. Dahinter steht die Erfahrung eines Traditionsbruchs: die Schwelle zu einem reflexiven Umgang mit kulturellen Überlieferungen und gesellschaftlichen Institutionen ist überschritten. Der Prozeß der Modernisierung wird als Beschleunigung von Ereignissen erfahren, die sich dem zielstrebigen kollektiven Eingriff gleichsam öffnen. Die gegenwärtige Generation sieht sich mit der Verantwortung für das Schicksal künftiger Generationen belastet, während das Vorbild vergangener Generationen seine Verbindlichkeit verliert. Im erweiterten Horizont künftiger Möglichkeiten gewinnt die Aktualität des Augenblicks Prominenz und Übergewicht gegenüber der Normativität eines Bestehenden, das in die Gegenwart nur noch hereinragt. Diese emphatische Zuversicht hat H. Arendt mit unserer »Natalität« in Verbindung gebracht – mit jenem rührenden Affekt der Erwartung einer besseren Zukunft, der sich beim Anblick eines Neugeborenen immer wieder einstellt.

Diese Vitalität hat freilich die Gestalt eines revolutionären Bewußt-

9 R. Koselleck, Vergangene Zukunft, Frankfurt/Main 1979; J. Habermas, Der philosophische Diskurs der Moderne, Frankfurt/Main 1985, 9 ff.

seins längst verloren. Denn die reflexive Verflüssigung von Traditionen hat sich inzwischen verstetigt; die hypothetische Einstellung gegenüber bestehenden Institutionen und vorgefundenen Lebensformen ist zur Normalität geworden. Die Revolution ist selbst zur Tradition geronnen: 1815, 1830, 1848, 1871, 1917 bilden die Zäsuren einer Geschichte von revolutionären Kämpfen, aber auch von Enttäuschungen. Die Revolution entläßt ihre Dissidenten, die gegen nichts anderes mehr rebellieren als gegen die Revolution selber. Diese selbstzerstörerische Dynamik wurzelt auch in einem schon von Benjamin aufgespießten Fortschrittskonzept, das sich der Zukunft verschreibt, ohne sich der Opfer vergangener Generationen zu erinnern. Andererseits legen die Auswirkungen von Jugendrevolten und neuen sozialen Bewegungen in Gesellschaften unseres Typs die Vermutung nahe, daß sich die von der Französischen Revolution freigesetzte kulturelle Dynamik im unauffälligeren Wertewandel breiter Bevölkerungsschichten niederschlägt, während sich das esoterische Bewußtsein von Aktualität, durchschlagener Kontinuität und verletzter Normativität in Bereiche der postavantgardistischen Kunst zurückgezogen hat.

(b) Das revolutionäre Bewußtsein drückt sich weiterhin in der Überzeugung aus, daß die emanzipierten Einzelnen gemeinsam zu Autoren ihres Schicksals berufen sind. In ihren Händen liegt die Macht, über die Regeln und die Art ihres Zusammenlebens zu entscheiden. Indem sie sich als Bürger die Gesetze, denen sie gehorchen wollen, *selbst* geben, stellen sie ihren eigenen Lebenszusammenhang her. Dieser wird als Erzeugnis einer kooperativen Praxis begriffen, die in der bewußten politischen Willensbildung ihr Zentrum hat. Eine radikal innerweltliche Politik versteht sich als Ausdruck und Bestätigung der Freiheit, die zugleich der Subjektivität des Einzelnen und der Souveränität des Volkes entspringt. Auf der Ebene der politischen Theorie liegen gewiß von Anbeginn individualistische und kollektivistische Ansätze, die jeweils dem Einzelnen oder der Nation den Vorrang geben, miteinander im Wettstreit. Aber stets wird politische Freiheit als Freiheit eines Subjektes begriffen, das sich selbst bestimmt und selbst verwirklicht. Autonomie und Selbstverwirklichung sind die Schlüsselbegriffe für eine Praxis, die ihren Zweck, nämlich die

Produktion und Reproduktion eines menschenwürdigen Lebens in sich selbst hat.[10]

Auch dieser holistische Begriff von politischer Praxis hat seinen Glanz und seine motivierende Kraft verloren. Auf dem mühsamen Wege zur rechtsstaatlichen Institutionalisierung der gleichen Teilnahme aller Bürger an der politischen Willensbildung sind die Widersprüche manifest geworden, die im Begriff der Volkssouveränität selbst angelegt sind. Das Volk, von dem alle staatlich organisierte Gewalt ausgehen soll, bildet kein Subjekt mit Willen und Bewußtsein. Es tritt nur im Plural auf, *als* Volk ist es im ganzen weder beschluß- noch handlungsfähig. In komplexen Gesellschaften scheitern auch die ernsthaftesten Anstrengungen um politische Selbstorganisation an Widerständen, die auf den systemischen Eigensinn des Marktes und der administrativen Macht zurückgehen. Einst sollte die Demokratie gegen den Despotismus durchgesetzt werden, den man im König, in Teilen des Adels und des höheren Klerus handgreiflich verkörpert sah. Inzwischen ist politische Herrschaft entpersonalisiert; die Demokratisierung arbeitet sich nicht einmal mehr an genuin politischen Widerständen ab, sondern an den systemischen Imperativen eines ausdifferenzierten Wirtschafts- und Verwaltungssystems.

(c) Das revolutionäre Bewußtsein drückt sich schließlich in der Überzeugung aus, daß die Ausübung politischer Herrschaft weder religiös (durch Berufung auf göttliche Autorität) noch metaphysisch (durch Berufung auf ein ontologisch fundiertes Naturrecht) legitimiert werden kann. Eine radikal diesseitige Politik soll nurmehr aus Vernunft, und zwar mit Mitteln einer nachmetaphysisch ansetzenden Theorie, gerechtfertigt werden können. Dafür boten sich die Lehren des rationalen Naturrechts an. Diese hatten den aristotelischen Begriff der politischen Herrschaft – einer Herrschaft von Freien und Gleichen über sich selbst – auf subjektphilosophische Grundbegriffe umgestellt und damit erst dem individualistisch zugespitzten Freiheitsverständnis sowie einem universalistischen Verständnis von Gerechtigkeit Genüge getan. So konnte die revolutionäre Praxis als eine theoretisch angeleitete Verwirklichung der

10 Ch. Taylor, Legitimationskrise, in: ders., Negative Freiheit?, Frankfurt/Main 1988, 235 ff.

Menschenrechte verstanden werden; die Revolution selbst schien sich aus Grundsätzen praktischer Vernunft herzuleiten. Dieses Selbstverständnis erklärt auch den Einfluß der »sociétés de penser« und die aktive Rolle der »ideologues«.

Dieser Intellektualismus hat den Argwohn nicht nur der konservativen Gegner geweckt. Denn die Annahme, daß die politische Willensbildung unmittelbar theoriefähig sei und sich nach einer vorgängig konsentierten Vernunftmoral richten könne, hatte für die Demokratietheorie mißliche, für die politische Praxis verheerende Folgen. Die Theorie muß mit der Spannung zwischen souveräner Willensbildung und apodiktischer Vernunfteinsicht fertig werden; die Praxis mit jener falschen Auratisierung der Vernunft, wie sie sich im Kult des höchsten Wesens und den Emblemen der Französischen Revolution niedergeschlagen hat.[11] Im Namen einer autoritären, jeder tatsächlichen Verständigung vorausliegenden Vernunft konnte sich eine Dialektik der Wortführer entfalten, die den Unterschied zwischen Moral und Taktik unkenntlich machte und in die Rechtfertigung des tugendhaften Terrors einmündete. Von C. Schmitt bis Lübbe, von Cochin bis Furet ist deshalb der Diskurs, der die Macht ins Wort verlagert, denunziert, nämlich als ein Mechanismus dargestellt worden, der die konsensuell verbrämte Herrschaft der intellektuellen Wortführer, also den Avantgardismus, unvermeidlich hervorrufe.[12]

(3) Die durch die Französische Revolution geschaffene Mentalität hat sich, das scheint unser Rückblick zu zeigen, sowohl verstetigt wie auch trivialisiert: sie lebt heute nicht mehr in der Gestalt eines revolutionären Bewußtseins fort und hat sowohl an utopischer Sprengkraft wie an Prägnanz eingebüßt. Aber sind mit diesem Formwandel auch die Energien erlahmt? Offenbar ist die von der Französischen Revolution ausgelöste *kulturelle* Dynamik *nicht* zum Stillstand gekommen. Diese hat erst heute die Bedingungen für einen aller Bildungsprivilegien entkleideten kulturellen Aktivismus geschaffen, der sich administrativen Zugriffen eigensinnig entzieht; der weitgefächerte Pluralismus dieser aus den Klassenschranken heraustretenden Aktivitäten steht freilich dem revolutionären

11 J. Starobinski, 1789 – Die Embleme der Vernunft, München 1988.
12 In erstaunlicher Übereinstimmung mit C. Schmitt vgl. Furet (1980), 197ff.

Selbstverständnis einer mehr oder weniger homogenen Nation entgegen; gleichwohl geht die kulturelle Mobilisierung der Massen auf
diesen Ursprung zurück. In den urbanen Zentren zeichnen sich die
Umrisse eines gesellschaftlichen Verkehrs ab, der zugleich durch
sozial entdifferenzierte Ausdrucksformen und individualisierte Le-
bensstile geprägt ist. Die zweideutige Physiognomie ist schwer zu
entziffern. Man weiß nicht recht, ob sich in dieser »Kulturgesell-
schaft« nur die kommerziell und wahlstrategisch »mißbrauchte
Kraft des Schönen«, eine semantisch ausgelaugte, privatistische
Massenkultur spiegelt – oder ob sie den Resonanzboden für eine
revitalisierte Öffentlichkeit darstellen könnte, auf dem die Saat der
Ideen von 1789 erst aufgeht.

Ich muß das offenlassen und werde mich im folgenden auf normative Argumente beschränken, um herauszufinden, wie denn heute
eine radikal-demokratische Republik überhaupt *gedacht* werden
müßte, wenn wir mit dem Entgegenkommen einer resonanzfähigen
politischen Kultur rechnen dürften – eine Republik, die wir nicht
aus der retrospektiven Sicht der glücklichen Erben als Besitz hin-
nehmen, sondern als Projekt im Bewußtsein einer zugleich permanent und alltäglich gewordenen Revolution betreiben. Es geht nicht
um eine triviale Fortsetzung der Revolution mit anderen Mitteln.
Schon aus Büchners *Danton* kann man lernen, wie bald das revolutionäre Bewußtsein von den Aporien des revolutionären Instru-
mentalismus eingeholt worden ist. Dem revolutionären Bewußtsein ist die Melancholie eingeschrieben – die Trauer über das
Scheitern eines *gleichwohl unaufgebbaren* Projektes. Sowohl Scheitern wie Unaufgebbarkeit erklären sich damit, daß das revolutionäre Projekt über die Revolution selbst hinausschießt, sich deren
eigenen Begriffen entzieht. Ich mache deshalb den Versuch, den
normativen Gehalt dieser einzigartigen Revolution in unsere Begriffe zu übersetzen, ein Unterfangen, das sich einem Linken, der in
der Bundesrepublik lebt, im Hinblick auf das doppelte Jubiläum
der Jahre 1789 und 1949 – und den Stachel *anderer* »Jubiläen« im
Fleische – aufdrängt: die Prinzipien der Verfassung werden in unserem Gemüt keine Wurzeln schlagen, bevor sich nicht die Vernunft
ihrer orientierenden, ihrer zukunftsweisenden Gehalte vergewissert hat. Nur als geschichtliches Projekt behält der demokratische

Rechtsstaat einen übers Juristische hinausweisenden normativen Sinn – Sprengkraft und Gestaltungskraft in einem.

Aus der Sicht politischer Theorie wird Geschichte zum Laboratorium für Argumente. Die Französische Revolution bildet ohnehin eine Kette von Ereignissen, die mit Argumenten bewehrt sind: die Revolution hüllte sich in die Gewänder der vernunftrechtlichen Diskurse. Und redselige Spuren hinterließ sie in den politischen Ideologien des 19. und 20. Jahrhunderts. Aus der Distanz des Nachgeborenen formieren sich die weltanschaulichen Kämpfe zwischen Demokraten und Liberalen, zwischen Sozialisten und Anarchisten, zwischen Konservativen und Progressiven – wenn wir eine gewisse Lieblosigkeit gegenüber dem Detail in Kauf nehmen – zu Grundmustern einer heute noch lehrreichen Argumentation.

II.

(1) Die von der Französischen Revolution angestrengte *Dialektik zwischen Liberalismus und radikaler Demokratie* ist weltweit explodiert. Der Streit geht darum, wie sich Gleichheit mit Freiheit, Einheit mit Vielfalt, oder das Recht der Mehrheit mit dem Recht der Minderheit vereinbaren lassen. Die Liberalen fangen mit der rechtlichen Institutionalisierung gleicher Freiheiten an und begreifen diese als subjektive Rechte. Für sie genießen die Menschenrechte normativen Vorrang vor der Demokratie, die gewaltenteilende Verfassung Vorrang vor dem Willen des demokratischen Gesetzgebers. Die Anwälte des Egalitarismus begreifen andererseits die kollektive Praxis der Freien und Gleichen als souveräne Willensbildung. Sie verstehen die Menschenrechte als Äußerung des souveränen Volkswillens, die gewaltenteilende Verfassung *entspringt* dem aufgeklärten Willen des demokratischen Gesetzgebers.

So ist die Ausgangskonstellation bereits durch die Antwort gekennzeichnet, die Rousseau auf Locke gegeben hatte. Rousseau, der Vorläufer der Französischen Revolution, versteht Freiheit als Autonomie des Volkes, als gleiche Teilnahme aller an der Praxis der *Selbstgesetzgebung*. Kant, der philosophische Zeitgenosse der Französischen Revolution, der gesteht, daß Rousseau ihn erst »zu-

recht gebracht« habe, formuliert das so: »Die gesetzgebende Gewalt kann nur dem vereinigten Willen des Volkes zukommen.
Denn, da von ihr alles Recht ausgehen soll, so muß sie durch ihr
Gesetz schlechterdings niemand unrecht tun können. Nun ist es,
wenn jemand etwas gegen einen anderen verfügt, immer möglich,
daß er ihm dadurch unrecht tue, nie aber in dem was er über sich
selbst beschließt (denn volenti non fit iniuria). Also kann nur der
übereinstimmende und vereinigte Wille aller, sofern ein jeder über
alle und alle über einen jeden eben dasselbe beschließen, mithin nur
der allgemein vereinigte Volkswille gesetzgebend sein« (Rechtslehre § 46).

Die Pointe dieser Überlegung ist die Vereinigung von praktischer
Vernunft und souveränem Willen, von Menschenrechten und Demokratie. Damit die herrschaftslegitimierende Vernunft nicht
mehr, wie bei Locke, dem souveränen Willen des Volkes vorauseilen und die Menschenrechte in einem fiktiven Naturzustand verankern muß, wird der Autonomie der Gesetzgebungspraxis selbst
eine vernünftige Struktur eingeschrieben. Der vereinigte Wille der
Staatsbürger ist, da er sich nur in der Form allgemeiner und abstrakter Gesetze äußern kann, per se zu einer Operation genötigt, die alle
nicht-verallgemeinerungsfähigen Interessen ausschließt und nur
solche Regelungen zuläßt, die allen gleiche Freiheiten garantieren.
Die Ausübung der Volkssouveränität sichert zugleich die Menschenrechte.

Durch Rousseaus jakobinische Schüler hat dieser Gedanke praktisch gezündet und die liberalen Gegner auf den Plan gerufen. Die
Kritiker machen geltend, daß sich die Fiktion des einheitlichen
Volkswillens nur um den Preis einer Verschleierung oder Unterdrückung der Heterogenität der Einzelwillen verwirklichen lasse.
Rousseau hatte sich in der Tat schon die Konstituierung des Volkssouveräns als einen gleichsam existentiellen Akt der Vergesellschaftung vorgestellt, durch den sich die vereinzelten Individuen in gemeinwohlorientierte Staatsbürger verwandeln. Diese bilden dann
die Glieder eines kollektiven *Körpers* und sind das Subjekt einer
Gesetzgebungspraxis, die sich von den Einzelinteressen der den
Gesetzen bloß unterworfenen Privatleute gelöst hat. Die moralische Überfrachtung des tugendhaften Staatsbürgers wirft einen lan

gen Schatten auf alle radikalen Spielarten des Rousseauismus. Realistisch ist die Annahme republikanischer Tugenden nur für ein Gemeinwesen mit einem durch Tradition und Ethos vorgängig gesicherten normativen Konsens: »Je weniger sich die Einzelwillen auf den Gemeinwillen beziehen – das heißt: die Sitten auf die Gesetze –, desto mehr muß die Zwangsgewalt wachsen.«[13] So können sich die liberalen Einwände gegen den Rousseauismus auf Rousseau selbst stützen: moderne Gesellschaften sind nicht homogen.

(2) Die Opponenten betonten die Vielfalt der Interessen, die zum Ausgleich gebracht, den Pluralismus der Meinungen, der in einen Mehrheitskonsens überführt werden muß. Die Kritik an der »Tyrannei der Mehrheit« tritt allerdings in zwei verschiedenen Varianten auf. Der klassische Liberalismus eines Alexis de Tocqueville versteht die Volkssouveränität als Gleichheitsprinzip, das der Einschränkung bedarf. Es ist die Furcht des Bourgeois vor der Überwältigung durch den Citoyen: wenn nicht die Konstitution des gewaltenteilenden Rechtsstaates der Demokratie des Volkes *Grenzen zieht*, sind die vorpolitischen Freiheiten des Einzelnen in Gefahr. Damit wird freilich die Theorie wieder zurückgeworfen: die praktische Vernunft, die sich in der Verfassung verkörpert, gerät wiederum in Gegensatz zum souveränen Willen der politischen Massen. Das Problem, das Rousseau mit dem Konzept der Selbstgesetzgebung hatte lösen wollen, kehrt wieder. Ein demokratisch aufgeklärter Liberalismus muß deshalb an Rousseaus Intention festhalten.

Auf dieser Seite führt die Kritik nicht zu einer Einschränkung, sondern zu einer Umdeutung des Prinzips der Volkssouveränität; diese soll sich nur unter den diskursiven Bedingungen eines in sich differenzierten Meinungs- und Willensbildungsprozesses äußern können. Noch bevor John Stuart Mill in seiner Schrift »On Liberty« (1859) Gleichheit und Freiheit im Gedanken der diskursiven Öffentlichkeit vereinigt, entwickelt der süddeutsche Demokrat Julius Fröbel in einer Kampfschrift des Jahres 1848 die Idee eines durchaus *nicht utilitarisch gedachten* Gesamtwillens, der sich durch Diskussion und Abstimmung aus dem freien Willen aller Bürger bilden

13 J.-J. Rousseau, Staat und Gesellschaft, München 1959, 53 (Contrat Social, Drittes Buch, Kap. I).

soll: »Wir wollen die soziale Republik, d. h. den Staat, in welchem das Glück, die Freiheit und die Würde jedes Einzelnen als gemeinsamer Zweck aller anerkannt ist und die Rechts- und Machtvollkommenheit der Gesellschaft aus der *Verständigung* und Vereinbarung *aller ihrer Glieder* entspringt.«[14]

Ein Jahr zuvor hatte Fröbel ein *System der socialen Politik*[15] erscheinen lassen, in dem er das Prinzip der freien Diskussion mit dem Mehrheitsprinzip auf eine interessante Weise verbindet. Er mutet dem öffentlichen Diskurs die Rolle zu, die Rousseau der vermeintlich universalisierenden Kraft der bloßen Gesetzes*form* zuschreibt. Der normative Sinn der Gültigkeit von Gesetzen, die allgemeine Zustimmung verdienen, läßt sich anhand der logisch-semantischen Eigenschaften abstrakt-allgemeiner Gesetze nicht erklären. Statt dessen rekurriert Fröbel auf die Kommunikationsbedingungen, unter denen sich die wahrheitsorientierte Meinungsbildung mit einer majoritären Willensbildung kombinieren läßt. Gleichzeitig hält Fröbel an Rousseaus Begriff der Autonomie fest: »Ein Gesetz gibt es immer nur für den, der es selbst gemacht oder ihm beigestimmt hat; für jeden anderen ist es ein Gebot oder ein Befehl« (97). Deshalb verlangen Gesetze die begründete Zustimmung aller. Der demokratische Gesetzgeber beschließt aber mit Mehrheit. Eins ist mit dem anderen nur vereinbar, wenn die Mehrheitsregel eine interne Beziehung zur Wahrheitssuche behält: der öffentliche Diskurs muß zwischen Vernunft und Willen, der Meinungsbildung aller und der majoritären Willensbildung der Volksvertreter vermitteln.

Eine Mehrheitsentscheidung darf nur so zustandekommen, daß ihr Inhalt als das rational motivierte, aber *fehlbare* Ergebnis einer unter Entscheidungsdruck *vorläufig* beendeten Diskussion über das, was das Richtige ist, gelten darf: »Die Diskussion läßt die Überzeugungen, wie sie sich im Geiste verschiedener Menschen entwickelt haben, aufeinander wirken, klärt sie auf und erweitert den Kreis ihrer Anerkennung. Die ... praktische Bestimmung des Rechtes ist die Folge der Entwicklung und Anerkennung des vorhergehenden theoretischen Rechtsbewußtseins in der Gesellschaft, kann aber ...

14 J. Fröbel, Monarchie oder Republik, Mannheim 1848, 6.

15 J. Fröbel, System der socialen Politik, Mannheim 1847 (Nachdruck Scientia Verlag, Aalen 1975; Seitenangaben beziehen sich auf diese Ausgabe).

nur auf einem Wege gelingen, nämlich auf dem der Abstimmung und der Entscheidung durch das Stimmenmehr« (96). Die Mehrheitsentscheidung interpretiert Fröbel als *bedingtes* Einverständnis, als die Zustimmung der Minderheit zu einer Praxis, die sich nach dem Willen der Mehrheit richtet: »Man verlangt keineswegs von der Minorität, indem sie auf ihren Willen resigniert, daß sie ihre Meinung für irrig erkläre, ja man verlangt nicht einmal, daß sie ihren Zweck aufgebe, sondern ... daß sie auf die praktische Anwendung ihrer Überzeugung solange verzichtet, bis es ihr gelungen ist, ihre Gründe besser geltend zu machen und sich die nötige Zahl von Beistimmenden zu verschaffen« (108 f.).

(3) Fröbels Position zeigt, daß sich die normative Spannung zwischen Gleichheit und Freiheit auflösen läßt, sobald man auf eine *konkretistische Lesart des Prinzips der Volkssouveränität* verzichtet. Fröbel pflanzt die praktische Vernunft nicht wie Rousseau mit der bloßen Form des allgemeinen Gesetzes dem souveränen Willen eines Kollektivs ein, sondern verankert sie in einer Prozedur der Meinungs- und Willensbildung, die festlegt, wann ein politischer Wille, der mit Vernunft nicht identisch ist, die Vermutung der Vernunft für sich hat. Das bewahrt Fröbel vor einer normativen Abwertung des Pluralismus. Der öffentliche Diskurs ist die vermittelnde Instanz zwischen Vernunft und Willen: »Einheit der Überzeugungen wäre für den Fortschritt der Erkenntnis ein Unglück; Einheit des Zweckes in den Angelegenheiten der Gesellschaft ist eine Notwendigkeit« (108). Die majoritäre Herstellung eines einheitlichen Willens ist mit dem »Prinzip der gleichen Geltung des persönlichen Willens aller« nur vereinbar in Verbindung mit dem Prinzip, »auf dem Wege der Überzeugung den Irrtum zu reduzieren« (105). Und dieses Prinzip kann sich gegen tyrannische Mehrheiten allein in öffentlichen Diskursen behaupten.

Fröbel postuliert deshalb Volksbildung, ein hohes Bildungsniveau für alle sowie Freiheit für theoretische Meinungsäußerung und Propaganda. Als erster erkennt er auch die verfassungspolitische Bedeutung der Parteien und des mit Mitteln der »theoretischen Propaganda« zu führenden parteipolitischen Kampfes um die Mehrheit der Stimmen. Nur offene Kommunikationsstrukturen können verhindern, daß sich Avantgardeparteien durchsetzen. Es soll nur

»Parteien«, aber keine »Sekten« geben: »Die Partei will ihren Separatzweck im Staate geltend machen, die Sekte den Staat mit ihrem Separatzweck überwinden. Die Partei will im Staate zur Herrschaft kommen, die Sekte den Staat ihrer Existenzform unterwerfen. Indem sie im Staate zur Herrschaft kommt, will die Partei sich in ihm auflösen, die Sekte will, indem sie den Staat in sich auflöst, zur Herrschaft kommen« (277). Fröbel stilisiert die lockeren Parteien seiner Zeit zu freien Assoziationen, die darauf spezialisiert sind, auf den Prozeß der öffentlichen Meinungs- und Willensbildung in erster Linie durch Argumente Einfluß zu nehmen. Sie stellen den organisatorischen Kern eines vielstimmig diskutierenden, mit Mehrheit entscheidenden Staatsbürgerpublikums dar, das den Platz des Souveräns einnimmt.

Während bei Rousseau der Souverän die Macht und das legale Machtmonopol *verkörperte*, ist Fröbels Publikum kein Körper mehr, sondern nur noch Medium des vielstimmigen Prozesses einer Gewalt durch Verständigung ablösenden Meinungsbildung, die ihrerseits majoritäre Entscheidungen rational motiviert. So sind die Parteien und der Wettstreit der Parteien in der politischen Öffentlichkeit dazu bestimmt, den Rousseauischen Akt des Gesellschaftsvertrages in der Form einer, wie Fröbel sagt, »legalen und permanenten Revolution« auf Dauer zu stellen. Fröbels Verfassungsgrundsätze streifen der Verfassungsordnung alles Substantielle ab; streng nachmetaphysisch zeichnen sie keine »natürlichen Rechte« aus, sondern allein die Prozedur der Meinungs- und Willensbildung, die gleiche Freiheiten über allgemeine Kommunikations- und Teilnahmerechte sichert: »Mit dem Verfassungsvertrage kommen die Parteien überein, ihre Meinungen nur noch durch eine freie Diskussion aufeinander wirken zu lassen, und auf die Ausführung jeder Theorie zu verzichten, bis dieselbe die Mehrheit der Staatsglieder für sich hat. Mit dem Verfassungsvertrage kommen die Parteien überein: die Einheit des Zweckes durch die Mehrheit der Anhänger der Theorie zu bestimmen, die Propaganda der Theorie aber der Freiheit jedes Einzelnen zu überlassen, und nach dem Resultat aller individuellen Bemühungen, welches sich in den Abstimmungen an den Tag legt, ihre Verfassung und Gesetzgebung weiterzubilden« (113). Während die ersten drei Verfassungsartikel

Bedingungen und Prozeduren einer vernünftigen demokratischen Willensbildung festlegen, verbietet der vierte Artikel die Unveränderlichkeit der Verfassung und jede Einschränkung der prozeduralisierten Volkssouveränität *von außen.* Die Menschenrechte *konkurrieren* nicht mit der Volkssouveränität; sie sind mit den konstitutiven Bedingungen einer sich selbst beschränkenden Praxis öffentlich-diskursiver Willensbildung identisch. Die Gewaltenteilung erklärt sich dann aus der Logik der Anwendung und des kontrollierten Vollzuges derart zustandegekommener Gesetze.

III.

(1) Der Diskurs über Freiheit und Gleichheit wird im *Streit des Sozialismus mit dem Liberalismus* auf einer anderen Ebene fortgeführt. Auch diese Dialektik ist schon in der Französischen Revolution angelegt, wenn sich Marat gegen den Formalismus der Gesetze wendet und von »legaler Tyrannei« spricht, wenn Jacques Roux beklagt, daß sich die Gleichheit der Gesetze gegen die Armen richte, und wenn Babeuf die Institutionalisierung gleicher Freiheiten im Namen einer gleichmäßigen Befriedigung der Bedürfnisse eines jeden kritisiert.[16] Klare Konturen gewinnt diese Diskussion erst im frühen Sozialismus.

Im 18. Jahrhundert hatte sich die Kritik an gesellschaftlicher Ungleichheit gegen die sozialen Folgen politischer Ungleichheit gerichtet. Juristische, d. h. vernunftrechtliche Argumente genügten, um gegen das Ancien Régime die gleichen Freiheiten des demokratischen Verfassungsstaates und der bürgerlichen Privatrechtsordnung einzuklagen. In dem Maße, wie sich die konstitutionelle Monarchie und der Code Napoléon durchsetzten, kamen aber soziale Ungleichheiten *anderer* Art zu Bewußtsein. An die Stelle der mit politischen Privilegien gesetzten Ungleichheiten traten jene, die sich im Rahmen der privatrechtlichen Institutionalisierung gleicher Freiheiten erst entwickelten. Nun geht es um die sozialen Folgen der ungleichen Verteilung einer unpolitisch ausgeübten ökonomi-

16 H. Dippel, Die politischen Ideen der französischen Revolution, in: Pipers Handbuch der Politischen Ideen, Bd. 4, München 1986, 21 ff.

schen Verfügungsmacht. Marx und Engels entlehnen die Argumente, mit denen sie die bürgerliche Rechtsordnung als juristischen Ausdruck ungerechter Produktionsverhältnisse denunzieren, der politischen Ökonomie – und erweitern damit den Begriff des Politischen selber. Nicht nur die Organisation des Staates steht zur Disposition, sondern die Einrichtung der Gesellschaft im ganzen.[17] Mit diesem Perspektivenwechsel kommt ein funktionaler Zusammenhang von Klassenstruktur und Rechtssystem in den Blick, der die Kritik am Rechtsformalismus, also an der inhaltlichen Ungleichheit formal, d.h. dem Wortlaut nach gleicher Rechte ermöglicht. Derselbe Perspektivenwechsel verstellt aber zugleich den Blick auf das Problem, das sich mit der Politisierung des Gesellschaftlichen für die politische Willensbildung selber stellt. Marx und Engels haben sich mit Hinweisen auf die Pariser Kommune zufriedengegeben und Fragen der Demokratietheorie mehr oder weniger beiseitegeschoben. Wenn man den philosophischen Bildungshintergrund beider Autoren in Betracht zieht, könnte ihre pauschale Ablehnung des Rechtsformalismus, ja der Rechtssphäre als ganzer, auch damit erklärt werden, daß sie Rousseau und Hegel zu sehr mit den Augen von Aristoteles gelesen, die normative Substanz des Kantischen Universalismus und der Aufklärung verkannt und die Idee einer befreiten Gesellschaft konkretistisch mißverstanden haben. Den Sozialismus haben sie als eine geschichtlich privilegierte Gestalt konkreter Sittlichkeit begriffen und nicht als Inbegriff notwendiger Bedingungen für emanzipierte Lebensformen, über die sich die Beteiligten *selbst* zu verständigen hätten.

Dem erweiterten Begriff des Politischen entsprach kein vertieftes Verständnis der Funktionsweisen, Kommunikationsformen und Institutionalisierungsbedingungen egalitärer Willensbildung. Leitend blieb die holistische Vorstellung einer politisierten Arbeitsgesellschaft. Die Frühsozialisten hatten noch die Zuversicht, daß aus der richtig eingerichteten Produktion von selbst die konvivalen Lebensformen frei assoziierter Arbeiter hervorgehen würden. Diese Idee einer Arbeiterselbstverwaltung mußte an der Komplexität entwickelter, funktional differenzierter Gesellschaften scheitern; und

17 O. Negt, E.Th. Mohl, Marx und Engels – der unaufgehobene Widerspruch von Theorie und Praxis, in: Pipers Handbuch der Politischen Ideen, Bd. 4, 449ff.

dies sogar dann, wenn die arbeitsgesellschaftliche Utopie, mit Marx, als ein Reich der Freiheit vorgestellt wurde, das auf der Basis eines fortbestehenden, systemisch geregelten Reichs der Notwendigkeit errichtet werden soll. Auch Lenins Strategie des berufsrevolutionären Machterwerbs konnte die fehlende politische Theorie nicht ersetzen. Die praktischen Folgen dieses Defizits zeigen sich an jenen Aporien, in die sich der bürokratische Sozialismus mit einer zur Nomenklatura erstarrten politischen Avantgarde bis heute verstrickt.

(2) Andererseits haben die reformistischen, im Rahmen des demokratischen Rechtsstaats operierenden Gewerkschaften und Parteien bei der Verwirklichung des sozialstaatlichen Kompromisses die enttäuschende Erfahrung gemacht, daß sie sich mit einer Adaptierung des bürgerlich-liberalen Erbes begnügen und auf die Einlösung radikaldemokratischer Versprechen verzichten müssen. Die geistige Verwandtschaft zwischen Reformismus und linkem Liberalismus (zwischen E. Bernstein und F. Naumann, den Paten noch der sozialliberalen Koalition) gründet sich auf das gemeinsame Ziel der sozialstaatlichen Universalisierung der Bürgerrechte.[18] Die Masse der Bevölkerung soll dadurch, daß der Status der abhängigen Erwerbsarbeit durch politische Teilnahme- und soziale Teilhaberrechte normalisiert wird, die Chance erhalten, in Sicherheit, sozialer Gerechtigkeit und wachsendem Wohlstand zu leben. Die zur Regierung gelangten Parteien sollen die Hebel administrativer Macht bedienen, um diese Ziele auf der Grundlage eines zugleich disziplinierten und gehegten kapitalistischen Wachstums interventionistisch durchzusetzen. Nach orthodoxer Vorstellung sollte die soziale Emanzipation auf dem Wege einer politischen Revolution erreicht werden, die den Staatsapparat nur in Besitz nimmt, um ihn zu zerschlagen. Der Reformismus kann die soziale Pazifizierung allein auf dem Wege sozialstaatlicher Interventionen herbeiführen; dabei werden aber die Parteien von einem expandierenden Staatsapparat aufgesogen. Mit dem Prozeß der Verstaatlichung der Parteien verlagert sich die politische Willensbildung in ein politisches System, das sich weitgehend selbst programmiert. Dieses wird von

18 O. Kallscheuer, Revisionismus und Reformismus, in: Pipers Handbuch der Politischen Ideen, Bd. 4, München 1986, 545 ff.

den demokratischen Quellen seiner Legitimation in dem Maße unabhängig, wie es ihm gelingt, Massenloyalität aus der Öffentlichkeit zu *extrahieren*. So ist die Kehrseite eines halbwegs erfolgreichen Sozialstaates jene Massendemokratie, die Züge eines administrativ *gesteuerten* Legitimationsprozesses annimmt. Auf der programmatischen Ebene entspricht dem die Resignation – sowohl das Sich-Abfinden mit dem Skandal eines vom Arbeitsmarkt verhängten Naturschicksals wie auch der Verzicht auf radikale Demokratie.

Das erklärt die Aktualität jenes weit ins 19. Jahrhundert zurückreichenden *Diskurses*, den der *Anarchismus* von Anbeginn *mit dem Sozialismus* geführt hat. Was in der kleinbürgerlichen Revolution der Sansculotten schon praktiziert worden ist, wird erst in der anarchistischen Gesellschaftskritik und in der Rätediskussion mit Gründen versehen und halbwegs zur Theorie ausgestaltet. Dabei sind die Techniken der Selbstorganisation (wie Permanenz der Beratung, imperatives Mandat, Ämterrotation, Gewaltenverschränkung usw.) vielleicht weniger wichtig als die Organisationsform selbst – der Typus freiwilliger Assoziationen.[19] Diese weisen nur einen minimalen Grad der Institutionalisierung auf. Die horizontalen Kontakte auf der Ebene einfacher Interaktionen sollen sich zu einer intersubjektiven Beratungs- und Entscheidungspraxis verdichten, die stark genug ist, um alle *anderen* Institutionen im flüssigen Aggregatzustand der Gründungsphase festzuhalten und gleichsam vor dem Gerinnen zu bewahren. Dieser Antiinstitutionalismus berührt sich mit altliberalen Vorstellungen einer von Assoziationen getragenen Öffentlichkeit, in der sich die kommunikative Praxis einer allerdings argumentationsgesteuerten Meinungs- und Willensbildung vollziehen kann. Wenn Donoso Cortes dem Liberalismus ankreidet, daß er die Diskussion fälschlich zum politischen Entscheidungsprinzip erhebt, und wenn mit ihm C. Schmitt das liberale Bürgertum als die diskutierende Klasse denunziert, haben beide die anarchistischen, also *machtauflösenden* Konsequenzen der öffentlichen Diskussion vor Augen. Dasselbe Motiv bewegt die zahlreichen Schüler Carl Schmitts immer noch bei ihrem gespenstischen Kampf gegen die intellektuellen Verursacher eines »europäischen Bürgerkriegs«.

19 P. Lösche, Anarchismus, in: Pipers Handbuch der Politischen Ideen, Bd. 4, 415 ff.

Die Organisationsform freiwilliger Assoziationen ist im Unterschied zur individualistisch-vernunft*rechtlichen* Konstruktion des Naturzustandes ein *soziologischer* Begriff, der es gestattet, spontan entstehende herrschaftsfreie Beziehungen nicht-kontraktualistisch zu denken. Die herrschaftsfreie Gesellschaft braucht dann nicht mehr als die instrumentelle und damit vorpolitische Ordnung konzipiert zu werden, die sich aus Verträgen, d.h. aus den interessegeleiteten Vereinbarungen erfolgsorientiert handelnder Privatleute herstellt. Eine über Assoziationen statt über Märkte integrierte Gesellschaft wäre eine politische und gleichwohl herrschaftsfreie Ordnung. Die Anarchisten führen die spontane Vergesellschaftung auf einen anderen Impuls zurück als das moderne Vernunftrecht, nicht auf das Interesse am nützlichen Tausch von Gütern, sondern auf die Bereitschaft zur problemlösenden und handlungskoordinierenden Verständigung. Assoziationen unterscheiden sich von formalen Organisationen dadurch, daß sich der Zweck der Vereinigung noch nicht funktional gegenüber den Wertorientierungen und Zielen der assoziierten Mitglieder verselbständigt hat.

(3) Nun war dieser anarchistische Entwurf einer Gesellschaft, die in der horizontalen Vernetzung von Assoziationen aufgeht, immer schon utopisch; erst recht scheitert er heute am Steuerungs- und Organisationsbedarf moderner Gesellschaften. Mediengesteuerte Interaktionen im Wirtschafts- und Verwaltungssystem sind geradezu definiert durch die Entkoppelung der Organisationsfunktionen von den Mitgliederorientierungen; aus der Handlungsperspektive spiegelt sich dies als eine Verkehrung von Zwecken und Mitteln – als fetischistisches Eigenleben des Verwertungs- und Verwaltungsprozesses. Aber der anarchistische Argwohn kann ins Methodische gewendet werden, und zwar kritisch nach beiden Seiten: sowohl gegen die Systemblindheit einer normativen Demokratietheorie, die sich über die bürokratische Enteignung der Basis hinwegtäuscht, wie auch gegen die fetischisierende Verfremdung einer Systemtheorie, die alles Normative abräumt und die Möglichkeit einer fokusbildenden Kommunikation der Gesellschaft über sich als ganze bereits analytisch ausschließt.[20]

20 N. Luhmann, Politische Theorie im Wohlfahrtsstaat, München 1981.

Die klassischen Demokratietheorien gehen davon aus, daß die Gesellschaft über den souveränen Gesetzgeber auf sich selbst einwirkt. Das Volk programmiert die Gesetze, diese wiederum programmieren den Vollzug und die Anwendung der Gesetze, so daß die Gesellschaftsmitglieder über die kollektiv bindenden Entscheidungen von Verwaltung und Justiz die Leistungen und Regelungen erhalten, die sie in ihrer Rolle als Staatsbürger selbst programmiert haben. Diese *Idee einer über Gesetze programmierten Selbsteinwirkung* bezieht ihre Plausibilität allein aus der Unterstellung, daß die Gesellschaft insgesamt als eine Assoziation im großen vorgestellt werden kann, die sich über die Medien Recht und politische Macht selbst bestimmt. Nun hat uns die soziologische Aufklärung über den faktischen Machtkreislauf eines Besseren belehrt; auch wissen wir, daß die Form der Assoziation zu unterkomplex ist, um den gesellschaftlichen Lebenszusammenhang im ganzen strukturieren zu können. Aber nicht das interessiert mich hier. Vielmehr zeigt schon die begriffliche Analyse der wechselseitigen Konstituierung von Recht und politischer Macht, daß in dem Medium, über das die gesetzesprogrammierte Selbsteinwirkung ablaufen soll, der *Gegensinn eines selbstprogrammierten Kreislaufs* der Macht angelegt ist.

Recht und politische Macht müssen füreinander Funktionen erfüllen, bevor sie *eigene* Funktionen, nämlich die Stabilisierung von Verhaltenserwartungen und kollektiv bindende Entscheidungen, übernehmen können. So verleiht das Recht jener Macht, der es seinen zwingenden Charakter entlehnt, erst die Rechtsform, der diese wiederum ihren bindenden Charakter verdankt – und umgekehrt. Nun erfordert jeder dieser beiden Kodes eine eigene Perspektive – das Recht eine normative, die Macht eine instrumentelle. Aus der Perspektive des Rechts bedürfen sowohl Politiken wie Gesetze und Maßnahmen der normativen Begründung; während diese aus der Perspektive der Macht als Mittel und Beschränkungen (für die Reproduktion der Macht) funktionieren. Aus der Perspektive von Gesetzgebung und Justiz ergibt sich ein normativer Umgang mit dem Recht; dem entspricht aus der Perspektive der Machterhaltung ein instrumenteller Umgang mit dem Recht. Aus der Machtsperspektive nimmt der durch Gesetze programmierte Kreislauf der normativen Selbsteinwirkung den Gegensinn eines selbstprogrammierten

Kreislaufs der Macht an: die Verwaltung programmiert sich selbst, indem sie das Verhalten des Wählerpublikums steuert, Regierung und Gesetzgebung vorprogrammiert und die Rechtsprechung funktionalisiert.

Der im Medium einer rechtlich-administrativen Selbsteinwirkung schon *begrifflich* angelegte Gegensinn ist im Verlaufe der Sozialstaatsentwicklung auch empirisch immer stärker zum Zuge gekommen. Es ist inzwischen deutlich geworden, daß die administrativen Mittel der Umsetzung sozialstaatlicher Programme keineswegs ein passives, gleichsam eigenschaftsloses Medium darstellen. Tatsächlich hat sich der interventionistische Staat so weit zu einem in sich zentrierten, machtgesteuerten Subsystem zusammengezogen und die Legitimationsprozesse so sehr in seine Umwelt abgeschoben, daß es sich empfiehlt, auch die normative Idee einer Selbstorganisation der Gesellschaft zu modifizieren. Ich schlage vor, nach Maßgabe der normativ-instrumentellen Doppelperspektive eine Unterscheidung im Begriff des Politischen selbst vorzunehmen.[21]

Wir können zwischen der *kommunikativ erzeugten* und der *administrativ verwendeten* Macht unterscheiden. In der politischen Öffentlichkeit begegnen und durchkreuzen sich dann zwei gegenläufige Prozesse: die kommunikative Erzeugung legitimer Macht, wofür H. Arendt ein normatives Modell entworfen hat, und jene Legitimationsbeschaffung durchs politische System, mit der die administrative Macht reflexiv wird. Wie sich beide Prozesse, die spontane Meinungsbildung in autonomen Öffentlichkeiten und die organisierte Beschaffung von Massenloyalität, durchdringen, und wer wen überwältigt, ist eine empirische Frage. Mich interessiert vor allem, daß sich in dem Maße, wie diese Differenzierung überhaupt empirisch relevant wird, auch das normative Verständnis einer demokratischen Selbstorganisation der Rechtsgemeinschaft verändern muß.

21 J. Habermas, Die Neue Unübersichtlichkeit, Frankfurt/Main 1985.

IV.

(1) Zunächst stellt sich die Frage nach dem Modus der Einwirkung. Wie das administrative System durch die aus Prozessen öffentlicher Meinungs- und Willensbildung hervorgehenden Politiken und Gesetze überhaupt programmiert werden kann, wird zum Problem, da es alle normativen Eingaben in die eigene Sprache übersetzen muß. Die im Rahmen der Gesetze operierende Verwaltung gehorcht eigenen Kriterien der Rationalität; aus der Perspektive der Verwendung administrativer Macht zählt nicht die praktische Vernunft der Normanwendung, sondern die Wirksamkeit der Implementation eines gegebenen Programms. So geht das administrative System mit dem Recht in erster Linie instrumentell um; normative Gründe, die in der Sprache des Rechts die gewählten Politiken und gesetzten Normen rechtfertigen, gelten in der Sprache der administrativen Macht als nachgeschobene Rationalisierungen für vorgängig induzierte Entscheidungen. Freilich bleibt die politische Macht auf normative Gründe angewiesen; das erklärt sich aus ihrem rechtsförmigen Charakter. Normative Gründe bilden deshalb die Währung, in der sich die kommunikative Macht zur Geltung bringt. Aus dem Verhältnis von Verwaltung und Ökonomie kennen wir das Muster der indirekten Steuerung, der Einflußnahme auf Mechanismen der Selbststeuerung (z.B. »Hilfe zur Selbsthilfe«). Vielleicht läßt sich dieses Modell auf das Verhältnis von demokratischer Öffentlichkeit und Administration übertragen. Die kommunikativ erzeugte legitime Macht kann auf das politische System in der Weise einwirken, daß sie den Pool von Gründen, aus dem die administrativen Entscheidungen rationalisiert werden müssen, in eigene Regie nimmt. Es »geht« eben nicht alles, was für das politische System machbar wäre, wenn die ihm vorgeschaltete politische Kommunikation die von ihm nachgeschobenen normativen Gründe durch Gegengründe diskursiv entwertet hat.

Weiterhin stellt sich die Frage nach der Möglichkeit einer Demokratisierung der Meinungs- und Willensbildungsprozesse selber. Normative Gründe können nur in dem Maße eine indirekt steuernde Wirkung erzielen, wie die Produktion dieser Gründe nicht ihrerseits vom politischen System gesteuert wird. Nun haben die demokratischen Verfahren des Rechtsstaates den Sinn, die für eine vernünftige Willensbildung notwendigen Kommunikationsformen zu institutionalisieren. Jedenfalls läßt sich unter diesem Gesichtspunkt der institutionelle Rahmen, in dem sich heute der Legitimationsprozeß vollzieht, einer kritischen Bewertung unterziehen. Mit institutioneller Fantasie kann man zudem überlegen, wie die bestehenden parlamentarischen Körperschaften um Institutionen zu ergänzen wären, welche die Exekutive, einschließlich der Justiz, einem stärkeren Legitimationszwang von seiten der betroffenen Klientele und der Rechtsöffentlichkeit aussetzen. Das schwierigere Problem besteht aber darin, wie die schon institutionalisierte Meinungs- und Willensbildung selbst autonomisiert werden kann. Diese erzeugt ja kommunikative Macht nur in dem Maße, wie Mehrheitsentscheidungen den von Fröbel genannten Bedingungen genügen, also diskursiv zustandekommen.

Der unterstellte interne Zusammenhang zwischen politischer Willens- und Meinungsbildung kann die erwartete Rationalität der Entscheidungen nur sichern, wenn die Beratungen innerhalb der parlamentarischen Körperschaften nicht unter ideologisch *vorgegebenen* Prämissen ablaufen. Darauf hat man im Sinne der liberalkonservativen Deutung des Repräsentationsprinzips, nämlich mit der Abschirmung der organisierten Politik gegen die stets verführbare Volksmeinung, reagiert. Aber normativ betrachtet, ist diese Verteidigung der Rationalität gegen die Volkssouveränität widersprüchlich: wenn die Meinung der Wähler irrational ist, ist es die Wahl der Repräsentanten nicht weniger. Dieses Dilemma lenkt die Aufmerksamkeit auf das von Fröbel nicht thematisierte Verhältnis zwischen der verfaßten, zu Beschlüssen führenden politischen Willensbildung (auf deren Ebene auch noch die allgemeinen Wahlen liegen) und der Umgebung der nicht verfaßten, weil nicht unter Entscheidungszwang stehenden informellen Meinungsbildungsprozesse. Fröbels eigene Annahmen nötigen zu der Konsequenz, daß die rechtlich eingerichteten demokratischen Verfahren nur in dem Maße zu einer rationalen Willensbildung führen können, wie die organisierte Meinungsbildung, die innerhalb des Rahmens staatlicher Organe zu verantwortlichen Entscheidungen führt, durchlässig bleibt für die frei flottierenden Werte, Themen, Beiträge und

Argumente einer sie umgebenden politischen Kommunikation, die als solche und im ganzen nicht *organisiert* werden kann.

Letztlich gründet sich also die normative Erwartung vernünftiger Ergebnisse auf das Zusammenspiel zwischen der institutionell verfaßten politischen Willensbildung mit den spontanen, nicht-vermachteten Kommunikationsströmen einer nicht auf Beschluß-fassung programmierten, in diesem Sinne nicht-organisierten Öffentlichkeit. In diesem Zusammenhang fungiert Öffentlichkeit als ein normativer Begriff. Freie Assoziationen bilden die Knoten-punkte eines aus der Verflechtung autonomer Öffentlichkeiten ent-stehenden Kommunikationsnetzes. Solche Assoziationen sind auf die Erzeugung und Verbreitung praktischer Überzeugungen, also darauf spezialisiert, Themen von gesamtgesellschaftlicher Relevanz zu entdecken, Beiträge zu möglichen Problemlösungen beizusteu-ern, Werte zu interpretieren, gute Gründe zu produzieren, andere zu entwerten. Sie können nur auf indirekte Weise, nämlich dadurch wirksam werden, daß sie über einen breitenwirksamen Einstel-lungs- und Wertewandel die Parameter der verfaßten Willensbil-dung verschieben. Daß solche Überlegungen den Kontakt mit der gesellschaftlichen Realität nicht ganz verloren haben, zeigt die wachsende Relevanz, die undurchsichtige politisch-kulturelle Stimmungsumschwünge für das Wahlverhalten der Bevölkerung haben. Aber hier sollen uns nur die normativen Implikationen die-ser Beschreibung interessieren.

(2) Im Anschluß an H. Arendt hat A. Wellmer die selbstbezügli-che Struktur jener öffentlichen Praxis herausgestellt, aus der kom-munikative Macht hervorgeht.[22] Diese kommunikative Praxis wird mit der Aufgabe belastet, sich selbst zu stabilisieren; mit jedem zentralen Beitrag muß der öffentliche Diskurs zugleich den Sinn einer unverzerrten politischen Öffentlichkeit überhaupt und das Ziel demokratischer Willensbildung selbst präsent halten. Fortlau-fend thematisiert sich damit die Öffentlichkeit selbst in ihrer Funk-tion; denn die Existenzvoraussetzungen einer nicht organisierbaren Praxis können nur durch diese selbst gesichert werden. Die Institu-

22 H. Arendt, Macht und Gewalt, München 1971; J. Habermas, Hannah Arendts Begriff der Macht, in: ders., Philosophisch-politische Profile, Frankfurt/Main 1981, 228ff.

tionen der öffentlichen Freiheit stehen auf dem schwankenden Boden der politischen Kommunikation derer, die sie, indem sie sie nutzen, zugleich interpretieren und verteidigen. Dieser Modus einer *selbstbezüglichen Reproduktion* der Öffentlichkeit verrät den Ort, an den sich die Erwartung einer souveränen Selbstorganisation der Gesellschaft zurückgezogen hat. Die Idee der Volkssouveränität wird damit entsubstantialisiert. Zu konkretistisch ist selbst die Vorstellung, daß ein Netz von Assoziationen den Platz des verabschiedeten Volkskörpers – sozusagen als vakanten Sitz der Souveränität – einnehmen könnte.

Die vollends zerstreute Souveränität verkörpert sich nicht einmal in den Köpfen assoziierter Mitglieder, sondern – wenn von Verkörperung überhaupt noch die Rede sein kann – in jenen subjektlosen Kommunikationsformen, die den Fluß der diskursiven Meinungs- und Willensbildung so regulieren, daß ihre falliblen Ergebnisse die Vermutung praktischer Vernunft für sich haben. Eine subjektlos und anonym gewordene, intersubjektivistisch aufgelöste Volkssouveränität zieht sich in die demokratischen Verfahren und in die anspruchsvollen kommunikativen Voraussetzungen ihrer Implementierung zurück. Sie sublimiert sich zu jenen schwer greifbaren Interaktionen zwischen einer rechtsstaatlich institutionalisierten Willensbildung und kulturell mobilisierten Öffentlichkeiten. Die kommunikativ verflüssigte Souveränität bringt sich in der Macht öffentlicher Diskurse zur Geltung, die autonomen Öffentlichkeiten entspringt, aber in den Beschlüssen demokratisch verfaßter Institutionen der Meinungs- und Willensbildung Gestalt annehmen muß, weil die Verantwortung für praktisch folgenreiche Beschlüsse eine klare institutionelle Zurechnung verlangt. Kommunikative Macht wird ausgeübt im Modus der Belagerung. Sie wirkt auf die Prämissen der Urteils- und Entscheidungsprozesse des politischen Systems ohne Eroberungsabsicht ein, um in der einzigen Sprache, die die belagerte Festung versteht, ihre Imperative zur Geltung zu bringen: sie bewirtschaftet den Pool von Gründen, mit denen die administrative Macht zwar instrumentell umgehen kann, ohne sie aber, rechtsförmig verfaßt wie sie ist, ignorieren zu können.

Freilich wird auch eine derart prozeduralisierte »Volkssouveränität« nicht ohne die Rückendeckung einer entgegenkommenden politischen Kultur, nicht ohne jene durch Tradition und Sozialisa-tion vermittelten Gesinnungen einer an politische Freiheit *gewöhn-ten* Bevölkerung operieren können: keine vernünftige politische Willensbildung ohne das Entgegenkommen einer rationalisierten Lebenswelt. Wenn sich hinter dieser These nicht doch wiederum nur jenes Ethos, jene Tugendzumutung der republikanischen Tra-dition verbergen soll, durch die die Bürger seit eh und je moralisch überfordert waren, muß allerdings erst gezeigt werden, was sich der politische Aristotelismus mit dem Begriff des Ethos erschleicht; wir müssen erklären, wie es im Prinzip möglich ist, daß sich staatsbür-gerliche Moral und Eigeninteresse miteinander verflechten. Wenn das normativ angesonnene politische Verhalten *zumutbar* sein soll, muß die moralische Substanz der Selbstgesetzgebung, die bei Rous-seau kompakt zu einem einzigen Akt zusammengezogen war, über viele Stufen des prozeduralisierten Meinungs- und Willensbil-dungsprozesses auseinandergezogen werden und in viele kleine Partikel zerfallen. Es muß gezeigt werden, daß die politische Moral nur noch in kleiner Münze erhoben wird.[23] Dazu nur eine illustra-tive Überlegung.

Warum sollten Abgeordnete ihre Entscheidungen von richtigen, wie wir voraussetzen wollen, mehr oder weniger diskursiv gebilde-ten Urteilen abhängig machen, ohne die legitimierenden Gründe bloß vorzuschieben? Weil die Institutionen so eingerichtet sind, daß sie sich in der Regel der Kritik ihrer Wähler nicht aussetzen möchten, denn die Repräsentanten können bei nächster Gelegen-heit von ihren Wählern sanktioniert werden, während sie diesen gegenüber keine vergleichbaren Sanktionsmittel in der Hand ha-ben. Warum sollten aber die Wähler ihre Stimmabgabe von einer, wie wir voraussetzen wollen, mehr oder weniger diskursiv gebilde-ten öffentlichen Meinung abhängig machen, statt sich um die legiti-mierenden Gründe nicht zu kümmern? Weil sie in der Regel nur die Wahl haben zwischen den hochgeneralisierten Zielsetzungen und unscharfen Profilen von Volksparteien und ihre eigenen Interessen nur im Lichte vorverallgemeinerter Interessenlagen wahrnehmen können. Aber sind nicht die beiden Voraussetzungen selbst unreali-

23 U. Preuß, Was heißt radikale Demokratie heute? in: Forum für Philosophie Bad Homburg (Hg.): die Ideen von 1789, Frankfurt/Main 1989, 37-67.

stisch? Nun, im Rahmen unserer bloß normativen Abwägung prinzipiell möglicher Alternativen nicht ganz. Die rechtsstaatlich eingerichteten demokratischen Verfahren würden, so haben wir gesehen, in dem Maße rationale Ergebnisse erwarten lassen, wie die Meinungsbildung innerhalb der parlamentarischen Körperschaften sensibel bleibt für die Ergebnisse einer autonomen Öffentlichkeiten entspringenden informellen Meinungsbildung in ihrer Umgebung. Gewiß, diese zweite Voraussetzung einer nicht-vermachteten politischen Öffentlichkeit ist unrealistisch; richtig verstanden, ist sie aber nicht in einem schlechten Sinne utopisch. Sie würde sich in dem Maße erfüllen lassen, wie meinungsbildende Assoziationen, um die sich autonome Öffentlichkeiten kristallisieren können, entstehen und, als solche wahrnehmbar, das Spektrum der durch Massenmedien, Verbände und Parteien machtabhängig kanalisierten Werte, Themen und Gründe verändern, zugleich innovativ entschränken und kritisch filtern. Letztlich bleibt freilich die Entstehung, die Reproduktion und der Einfluß eines solchen Netzwerks von Assoziationen abhängig von einer liberal eingestellten und egalitären, für gesamtgesellschaftliche Problemlagen sensiblen, geradezu nervösen, in ständiger Vibration befindlichen, eben resonanzfähigen politischen Kultur.

(3) Nehmen wir einmal an, daß sich komplexe Gesellschaften einer solchen Fundamentaldemokratisierung öffnen würden. Dann sehen wir uns sogleich mit jenen *konservativen Einwänden* konfrontiert, die immer wieder seit Burke gegen die Französische Revolution und ihre Folgen ins Feld geführt worden sind.[24] In einer letzten Runde müssen wir uns auf jene Argumente einlassen, mit denen ein allzu naives Fortschrittsbewußtsein von Geistern wie de Maestre und de Bonald an die Grenzen des Machbaren erinnert worden ist. Das überanstrengte Projekt einer Selbstorganisation der Gesellschaft, so heißt es, setzt sich achtlos hinweg über das Gewicht von Traditionen, über das organisch Gewachsene, über Bestände und Ressourcen, die sich nicht beliebig vermehren lassen. Tatsächlich hat sich ja das instrumentelle Verständnis einer die Theorie bloß verwirklichenden Praxis verheerend ausgewirkt. Schon Robes-

24 H.J. Puhle, Die Anfänge des politischen Konservatismus in Deutschland, in: Pipers Handbuch der Politischen Ideen, Bd. 4, 255 ff.

pierre bringt Revolution und Verfassung in Gegensatz zueinander: die Revolution sei für Krieg und Bürgerkrieg da, die Konstitution für den siegreichen Frieden. Von Marx bis Lenin sollte der theoretisch informierte Eingriff der Revolutionäre die von den Produktivkräften in Gang gehaltene Teleologie der Geschichte bloß vollenden. Aber diese Art geschichtsphilosophischen Vertrauens findet an der prozeduralisierten Volkssouveränität keinen Halt mehr. Nachdem der praktischen Vernunft das Subjekt genommen worden ist, kann die fortschreitende Institutionalisierung von Verfahren vernünftiger kollektiver Willensbildung nicht mehr als Zwecktätigkeit, als eine sublime Art von Produktionsvorgang begriffen werden. Heute hat sich vielmehr der Prozeß einer umstrittenen *Verwirklichung* universalistischer Verfassungsprinzipien bereits in den Akten der einfachen Gesetzgebung verstetigt. Die der Beschlußfassung vorangehenden Debatten vollziehen sich unter Bedingungen eines sozialen und politisch-kulturellen Wandels, dessen Richtung von politisch gestalteten Eingriffen zwar nicht gesteuert, aber indirekt beschleunigt oder gehemmt werden kann. So hat die Verfassung ihr Statisches verloren; auch wenn der Wortlaut der Normen unverändert bleibt, ihre Interpretationen sind im Fluß.

Der demokratische Rechtsstaat wird zum Projekt, zugleich Ergebnis und beschleunigender Katalysator einer weit über das Politische hinausgreifenden Rationalisierung der Lebenswelt. Einziger Inhalt des Projektes ist die schrittweise verbesserte Institutionalisierung von Verfahren vernünftiger kollektiver Willensbildung, welche die konkreten Ziele der Beteiligten nicht präjudizieren können. Jeder Schritt auf diesem Wege hat Rückwirkungen auf die politische Kultur und die Lebensformen, ohne deren nichtintendierbares Entgegenkommen umgekehrt Kommunikationsformen, die der praktischen Vernunft angemessen sind, nicht entstehen können.

Ein solches kulturalistisches Verständnis der Verfassungs*dynamik* scheint zu suggerieren, daß sich die Souveränität des Volkes in die kulturelle Dynamik meinungsbildender Avantgarden verlagern soll. Diese Vermutung muß erst recht den Argwohn gegen die Intellektuellen nähren: sie sind des Wortes mächtig und reißen eben die Macht, die sie im Medium des Wortes aufzulösen vorgeben, an sich. Aber einer Herrschaft von Intellektuellen steht folgendes entgegen:

Kommunikative Macht kann nur indirekt, in der Art einer Begrenzung des Vollzugs der administrativen – also der tatsächlich ausgeübten – Macht wirksam werden. Und eine solche Belagerungsfunktion kann die nicht verfaßte öffentliche Meinung wiederum nur auf dem Wege über eine durch demokratische Verfahren organisierte und verantwortliche Beschlußfassung erfüllen. Wichtiger noch ist der Umstand, daß sich der Einfluß der Intellektuellen erst unter Bedingungen, die eine Konzentration der Macht ausschließen, zu kommunikativer Macht überhaupt verdichten könnte. Autonome Öffentlichkeiten könnten sich um freie Assoziationen nur in dem Maße kristallisieren, wie sich die heute sichtbar werdende Tendenz zu einer Entkoppelung der Kultur von Klassenstrukturen durchsetzt.[25] Resonanz finden öffentliche Diskurse nur im Maße ihrer Diffusion, also nur unter Bedingungen einer breiten und aktiven, zugleich *zerstreuenden* Partizipation. Diese wiederum erfordert den Hintergrund einer egalitären, von allen Bildungsprivilegien entblößten, auf ganzer Breite intellektuell gewordenen politischen Kultur.

Dieses Reflexivwerden der kulturellen Überlieferungen muß nun keineswegs im Zeichen von subjektzentrierter Vernunft und futuristischem Geschichtsbewußtsein stehen. In dem Maße, wie wir der intersubjektiven Konstituierung der Freiheit gewahr werden, zerfällt der possessiv-individualistische Schein einer als Selbstbesitz vorgestellten Autonomie. Das sich selbst behauptende Subjekt, das über alles verfügen will, findet kein angemessenes Verhältnis zu irgendeiner Tradition. Benjamins jungkonservativer Sinn hat in der Kulturrevolution selbst ein anderes Zeitbewußtsein aufgespürt, das unsere Blicke aus dem Horizont eigener künftiger Gegenwarten zurücklenkt auf die an uns gerichteten Ansprüche vergangener Generationen. Aber ein Bedenken bleibt bestehen. Der Nüchternheit einer profanen, vorbehaltlos egalitären Massenkultur verfällt nicht nur jenes Pathos heiliger Nüchternheit, das dem Seherischen allein den sozialen Rang sichern will. Die notwendige Banalisierung des Alltags in der politischen Kommunikation stellt auch eine Gefahr dar für die semantischen Potentiale, von denen diese doch zehren

25 H. Brunkhorst, Die Ästhetisierung der Intellektuellen, in: Frankfurter Rundschau vom 28. November 1988.

muß. Eine Kultur ohne Stachel würde von bloßen Kompensations-
bedürfnissen aufgesogen; sie legte sich, nach einem Wort von M.
Grefrath, wie ein Schaumteppich über die Risikogesellschaft. Keine
noch so geschickt geschneiderte Zivilreligion könnte dieser Entro-
pie des Sinns vorbeugen.[26] Selbst jenes Moment Unbedingtheit, das
in den transzendierenden Geltungsansprüchen der Alltagskommunikation beharrlich zur Sprache kommt, genügt nicht. Eine *andere*
Art von Transzendenz ist in dem Unabgegoltenen bewahrt, das die
kritische Aneignung identitätsbildender religiöser Überlieferung
erschließt, und *noch* eine andere in der Negativität der modernen
Kunst. Das Triviale muß sich brechen können am schlechthin
Fremden, Abgründigen, Unheimlichen, das sich der Assimilation
ans Vorverstandene verweigert, obwohl sich hinter ihm kein Privileg mehr verschanzt.[27]

26 H. Kleger, R. Müller, Religion des Bürgers, München 1986; H. Dubiel, Zivilreligion in der Massendemokratie (Manuskript 1989).
27 Ch. Menke-Eggers, Die Souveränität der Kunst, Frankfurt/Main 1988.

III. Staatsbürgerschaft und nationale Identität
(1990)*

Bis in die Mitte der 80er Jahre schien die Geschichte in den kristallinen Zustand der ›posthistoire‹ überzugehen. Das war Arnold Gehlens Stichwort für jenes merkwürdige Gefühl, daß sich alles ändert, aber nichts mehr geht. Rien ne va plus – es sollte sich nichts wirklich Überraschendes mehr ereignen können. Unter der Glasglocke systemischer Zwänge schienen alle Möglichkeiten ausgereizt, alle Alternativen eingefroren, die noch offenen Optionen bedeutungslos geworden zu sein. Inzwischen ist diese Stimmung umgeschlagen. Die Geschichte ist wieder in Bewegung geraten, sie beschleunigt sich, läuft sogar heiß. Neue Probleme verschieben die alten Perspektiven. Sie eröffnen gar, was wichtiger ist, Zukunftsperspektiven, aus denen wir überhaupt wieder Handlungsalternativen wahrnehmen.

Drei historische Bewegungen unserer mobil gewordenen Zeitgeschichte berühren das Verhältnis von Staatsbürgerschaft und nationaler Identität: (1) Die deutsche Einigung, die Befreiung der ostmitteleuropäischen Staaten aus sowjetischer Vormundschaft und die in ganz Osteuropa aufbrechenden Nationalitätenkonflikte verschaffen der Frage nach der Zukunft des Nationalstaates eine unerwartete Aktualität. (2) Das Zusammenwachsen der europäischen Staatengemeinschaft, mit der Zäsur des 1993 in Kraft tretenden gemeinsamen Binnenmarktes beleuchtet das Verhältnis von Nationalstaat und Demokratie: hinter der supranational vollzogenen ökonomischen Integration bleiben die nationalstaatlich verfaßten demokratischen Prozesse hoffnungslos zurück. (3) Die riesigen Wanderungsbewegungen aus den armen Regionen des Ostens und des Südens, mit denen sich Westeuropa in den kommenden Jahren verstärkt konfrontiert sieht, geben dem Asylantenproblem eine neue Größenordnung und Dringlichkeit. Damit verschärft sich der Widerstreit zwischen den universalistischen Grundsätzen des de-

---

* Als Monographie veröffentlicht im Erker-Verlag, St. Gallen 1991.

mokratischen Rechtsstaates einerseits und den partikularistischen Ansprüchen auf die Integrität eingespielter Lebensformen andererseits.

Diese drei Themen bilden den Anlaß für die begriffliche Klärung einiger normativer Gesichtspunkte, unter denen wir das komplexe Verhältnis von Staatsbürgerschaft und nationaler Identität besser verstehen können.[1]

I. Vergangenheit und Zukunft des Nationalstaates

Die Ereignisse in Deutschland und in den osteuropäischen Ländern haben einer Diskussion, die in der Bundesrepublik seit längerem über den Weg zur »postnationalen Gesellschaft« geführt wird, eine neue Wendung gegeben.[2] Viele Intellektuelle haben beispielsweise das demokratische Defizit eines Vereinigungsprozesses beklagt, der auf administrativer und ökonomischer Ebene ohne Beteiligung der Staatsbürger vollzogen worden ist; heute sehen sie sich dem Vorwurf der »Arroganz des Postnationalen« ausgesetzt. Diese Kontroverse über Art und Tempo der staatlichen Einigung speist sich nicht nur aus den konträren Gefühlslagen der streitenden Parteien, sie erklärt sich auch aus unklaren Begriffen. Die eine Seite begreift den Beitritt der fünf neuen Länder zur Bundesrepublik als die Wiederherstellung der Einheit eines vor vier Jahrzehnten zerrissenen Nationalstaates; aus dieser Sicht stellt sich die Nation als die vorpolitische Einheit einer historischen Schicksalsgemeinschaft dar. Die andere Seite begreift die staatliche Einigung als die Wiederherstellung von Demokratie und Rechtsstaat auf einem Territorium, wo seit 1933 staatsbürgerliche Rechte so oder so außer Kraft gesetzt worden waren; aus dieser Sicht war die alte Bundesrepublik nicht weniger als die neue eine Nation von Staatsbürgern. Mit diesem republikanischen Sprachgebrauch verliert der Begriff der Staatsnation genau die vorpolitisch-völkischen Konnotationen, die den Ausdruck ›Natio-

---

1 Ich danke Ingeborg Maus und Klaus Günther für kritische Ratschläge und Anregungen.

2 P. Glotz, Der Irrweg des Nationalstaats, Stuttgart 1990. J. Habermas, Vergangenheit als Zukunft, Zürich 1991.

nalstaat‹ im modernen Europa begleitet haben. Die Auflösung der semantischen Klammer um Staatsbürgerschaft und nationale Identität trägt der Tatsache Rechnung, daß sich die klassische Form des Nationalstaates heute, mit dem Übergang der Europäischen Gemeinschaft zu einer politischen Union, in Auflösung befindet. Das lehrt ein Blick auf seine Entstehung in der frühen Moderne.

In der europäischen Neuzeit hat sich die vormoderne Form des viele Völker vereinigenden *Imperiums*, wie es in den Gestalten des alten Römischen Reiches Deutscher Nation oder des Russischen und des Osmanischen Reiches fortlebte, nicht stabilisieren können.[3] Eine zweite, und zwar föderative Struktur der Staatenbildung ist aus dem mitteleuropäischen Städtegürtel hervorgegangen. Vor allem in der Schweiz hat sich eine *Föderation* entwickelt, die stark genug ist, die ethnischen Spannungen eines multikulturellen Staatsbürgerverbandes auszugleichen. Aber nur die dritte Form, der zentral verwaltete *Territorialstaat*, hat für das europäische Staatensystem langfristig eine strukturbildende Kraft erlangt. Er ist – wie Portugal, Spanien, Frankreich, England und Schweden – zunächst aus Königreichen hervorgegangen und hat sich später, im Zuge einer Demokratisierung nach französischem Vorbild, zum *Nationalstaat* ausgebildet. Diese staatliche Formation hat Rahmenbedingungen gesichert, unter denen sich das kapitalistische Wirtschaftssystem weltweit entfalten konnte. Der Nationalstaat bildete nämlich die Infrastruktur für eine rechtsstaatlich disziplinierte Verwaltung und bot die Garantie für einen staatsfreien Raum individuellen und kollektiven Handelns. Er hat, was uns vor allem interessiert, die Grundlage für die kulturelle und ethnische Homogenität geschaffen, auf der sich seit dem späten 18. Jahrhundert die Demokratisierung des Staatswesens durchsetzen konnte – allerdings um den Preis der Unterdrückung und Ausgrenzung nationaler Minderheiten. Nationalstaat und Demokratie sind als Zwillinge aus der Französischen Revolution hervorgegangen. Kulturell stehen sie im Schatten des Nationalismus.

Dieses Nationalbewußtsein ist eine spezifisch moderne Erscheinung der kulturellen Integration. Das politische Bewußtsein natio-

3 Vgl. zum Folgenden M. R. Lepsius, Der europäische Nationalstaat, in: ders., Interessen, Ideen und Institutionen, Opladen 1990, 256ff.

naler Zusammengehörigkeit entsteht aus einer Dynamik, die die Bevölkerung erst ergreifen konnte, als diese durch Prozesse der wirtschaftlichen und gesellschaftlichen Modernisierung schon aus ihren ständischen Sozialverbänden herausgerissen, also zugleich mobilisiert und vereinzelt worden war. Der Nationalismus ist eine Bewußtseinsformation, die eine durch Geschichtsschreibung und Reflexion hindurch gefilterte Aneignung kultureller Überlieferungen voraussetzt. Er entsteht im gebildeten bürgerlichen Publikum und verbreitet sich über die Kanäle der modernen Massenkommunikation. Beides, die literarische Vermittlung und die publizistische Ausbreitung, verleiht dem Nationalismus künstliche Züge; das gewissermaßen Konstruierte macht ihn von Haus aus für den manipulativen Mißbrauch durch politische Eliten anfällig.

Die Entstehungsgeschichte des Nationalstaats spiegelt sich in der Geschichte des Begriffes ›Nation‹.[4] Bei den Römern heißt ›Natio‹ die Göttin der Geburt und der Herkunft. ›Nation‹ bezieht sich, wie ›gens‹ und ›populus‹ und im Gegensatz zu ›civitas‹, auf Völkerschaften (oft auf ›wilde‹, ›barbarische‹ oder ›heidnische‹ Völker), die noch nicht als politische Verbände organisiert sind. Nationen sind nach diesem klassischen Sprachgebrauch Abstammungsgemeinschaften, die geographisch durch Siedlung und Nachbarschaft sowie kulturell durch die Gemeinsamkeit von Sprache, Sitte, Überlieferung, aber noch nicht politisch durch eine staatliche Organisationsform integriert sind. In dieser Bedeutung erhält sich ›Nation‹ während des Mittelalters und dringt im 15. Jahrhundert in die Volkssprachen ein. Sogar Kant sagt noch: »Diejenige Menge, welche sich durch gemeinschaftliche Abstammung für vereinigt zu einem bürgerlichen Ganzen erkennt, heißt Nation (gens).« Aber in der frühen Neuzeit entsteht ein konkurrierender Sprachgebrauch: Nation als Träger der Souveränität. Die Stände repräsentieren gegenüber dem ›König‹ die ›Nation‹. Seit der Mitte des 18. Jahrhunderts verschränken sich die beiden Bedeutungen von ›Nation‹ im Sinne von Abstammungsgemeinschaft und ›Staatsvolk‹. Mit Sieyès und der Französischen Revolution wird die ›Nation‹ zur Quelle der staatlichen Souveränität. Jeder Nation soll nun das Recht auf politi-

---

4 Vgl. Art. ›Nation‹ in: Historisches Wörterbuch der Philosophie, Bd. 6, 406-414.

sche Selbstbestimmung zustehen. An die Stelle des ethnischen Zusammenhangs tritt die demokratische Willensgemeinschaft.

Mit der Französischen Revolution hat sich also die Bedeutung von ›Nation‹ aus einer vorpolitischen Größe zu einem Merkmal gewandelt, das für die politische Identität der Bürger eines demokratischen Gemeinwesens konstitutiv ist. Am Ende des 19. Jahrhunderts kann sich das Bedingungsverhältnis von zugeschriebener nationaler Identität und erworbener, demokratisch konstituierter Staatsbürgerschaft sogar umkehren. So steht etwa das berühmte Wort von Ernest Renan »L'existence d'une nation est ... un plébiscite de tous les jours« bereits in einem *gegen* den Nationalismus gerichteten Kontext. Renan kann nach 1871 den Anspruch des Deutschen Reiches auf das Elsaß nur deshalb mit Hinweis auf die französische Nationalität der Bevölkerung abwehren, weil er die ›Nation‹ als eine Nation von Staatsbürgern begreift und nicht als Abstammungsgemeinschaft. Die Staatsbürgernation findet ihre Identität nicht in ethnisch-kulturellen Gemeinsamkeiten, sondern in der Praxis von Bürgern, die ihre demokratischen Teilnahme- und Kommunikationsrechte aktiv ausüben. Hier löst sich die republikanische Komponente der Staatsbürgerschaft vollends von der Zugehörigkeit zu einer vorpolitischen, durch Abstammung, geteilte Tradition und gemeinsame Sprache integrierten Gemeinschaft. Von diesem Ende her betrachtet, hatte die anfängliche Verschmelzung des Nationalbewußtseins mit der republikanischen Gesinnung nur eine katalysatorische Funktion.

Der durch historisches Bewußtsein und Romantik, also wissenschaftlich und literarisch, vermittelte Nationalismus hat eine kollektive Identität begründet, die für die in der Französischen Revolution entstandene Staatsbürgerrolle *funktional* gewesen ist. Im Schmelztiegel des Nationalbewußtseins verwandelten sich nämlich die askriptiven Herkunftsmerkmale in ebenso viele Resultate einer bewußten Traditionsaneignung. Aus der angestammten Nationalität wurde ein erworbener Nationalismus, eine aus eigener Kraft konstituierte Gestalt des Geistes. Er konnte die Identifikation des Einzelnen mit einer Rolle fördern, die ein hohes Maß an persönlichem Engagement verlangt – bis hin zur Selbstaufopferung: die allgemeine Wehrpflicht war nur die Kehrseite der Bürgerrechte. In der Bereitschaft, für das Vaterland zu kämpfen und zu sterben, bewährten sich gleichermaßen nationales Bewußtsein und republikanische Gesinnung. Daraus erklärt sich das komplementäre Verhältnis, in dem Nationalismus und Republikanismus ursprünglich stehen: eins würde zum Vehikel der Entstehung des anderen.

Dieser sozialpsychologische Zusammenhang ist jedoch kein konzeptueller. Nationale Selbständigkeit und kollektive Selbstbehauptung gegen fremde Nationen können als eine kollektivistische Art von Freiheit verstanden werden. Diese nationale Freiheit fällt nicht zusammen mit der genuin politischen Freiheit der Staatsbürger im Inneren. Deshalb kann sich später das moderne Verständnis dieser republikanischen Freiheit vom Schoß des nationalen Freiheitsbewußtseins, dem es entsprungen ist, auch wieder lösen. Der Nationalstaat hatte nur vorübergehend einen engen Zusammenhang zwischen »Ethnos« und »Demos« gestiftet.[5] Dem Begriffe nach war die Staatsbürgerschaft von der nationalen Identität immer schon unabhängig.

Das Konzept der Staatsbürgerschaft entwickelt sich aus dem Rousseauschen Begriff der Selbstbestimmung. Zunächst hatte man »Volkssouveränität« als eine Eingrenzung oder Umkehrung der Fürstensouveränität verstanden, die auf einem Vertrag zwischen Volk und Regierung beruht. Demgegenüber haben Rousseau und Kant Volkssouveränität nicht als einen Transfer der Herrschaftsgewalt von oben nach unten oder als Teilung der Herrschaft zwischen zwei Parteien begriffen. Für sie bedeutet Volkssouveränität vielmehr die Transformation der Herrschaft in *Selbstgesetzgebung*. An die Stelle eines historischen Paktes, des Herrschaftsvertrages, tritt hier der Gesellschaftsvertrag als ein abstraktes Modell für die Art und Weise der *Konstituierung* einer Herrschaft, die sich nur noch am Vollzug demokratischer Selbstgesetzgebung legitimiert. Dadurch verliert politische Herrschaft den Charakter naturwüchsiger Gewalt: aus der ›auctoritas‹ der Staatsgewalt sollten die Reste der ›violentia‹ getilgt werden. Nach dieser Vorstellung »kann nur der übereinstimmende und vereinigte Wille aller, sofern ein jeder über alle und alle über einen jeden dasselbe beschließen ... gesetzgebend sein« (Kant).

5 M.R. Lepsius, Ethnos und Demos, in: Lepsius (1990), 247-255.

Damit ist nicht ohne weiteres die substanzhafte Allgemeinheit eines Volkswillens gemeint, der seine Einheit einer vorgängigen Homogenität der Abstammung oder der Lebensform verdankt. Der in einer Assoziation von Freien und Gleichen jeweils erstrittene und erzielte Konsens beruht letztlich nur auf der Einheit eines konsentierten *Verfahrens*. Dieses Verfahren der demokratischen Meinungsbildung und Entscheidungsfindung wird zur rechtsstaatlichen Verfassung ausdifferenziert. In einer pluralistischen Gesellschaft drückt die Verfassung einen formalen Konsens aus. Die Staatsbürger wollen ihr Zusammenleben nach Prinzipien regeln, die, weil sie im gleichmäßigen Interesse eines jeden liegen, die begründete Zustimmung aller finden können. Eine solche Assoziation ist durch Verhältnisse reziproker Anerkennung strukturiert, unter denen jeder erwarten kann, von allen als Freier und Gleicher respektiert zu werden. Jede und jeder soll dreifache Anerkennung finden: Sie sollen in ihrer Integrität als unvertretbare Individuen, als Angehörige einer ethnischen oder kulturellen Gruppe und als Bürger, d.h. als Mitglieder des politischen Gemeinwesens, gleichen Schutz und gleiche Achtung finden können. Diese Idee eines sich selbst bestimmenden politischen Gemeinwesens hat in den Verfassungen, überhaupt in den politischen Systemen Westeuropas und der Vereinigten Staaten auf vielfältige Weise rechtliche Verkörperungen gefunden.

In der Sprache der Juristen hat freilich »Staatsbürgerschaft«, »citoyenneté« oder »citizenship« lange Zeit nur den Sinn von Staatsangehörigkeit oder Nationalität gehabt; erst neuerdings wird der Begriff im Sinne eines durch Bürgerrechte umschriebenen Staatsbürgerstatus erweitert.[6] Die *Staatsangehörigkeit* regelt die Zuordnung von Personen zu einem Staatsvolk, dessen Existenz völkerrechtlich anerkannt ist. Ungeachtet der inneren Organisation der Staatsgewalt, dient diese Definition der Mitgliedschaft, zusammen mit der territorialen Bestimmung des Staatsgebietes, der sozialen Abgrenzung des Staates. Nach dem Selbstverständnis des demokratischen Rechtsstaates als einer Assoziation freier und gleicher Bürger ist die Staatsangehörigkeit an das Prinzip der Freiwilligkeit gebun-

6 Zum Folgenden R. Grawert, Staatsangehörigkeit und Staatsbürgerschaft, Der Staat 23, 1984, 179-204.

den. Die herkömmlichen askriptiven Merkmale des Wohnsitzes und der Geburt (jus soli und jus sanguinis) begründen keine unwiderrufliche Unterwerfung unter die staatliche Hoheitsgewalt. Sie dienen nur noch als administrative Kriterien der Zuschreibung einer unterstellten impliziten Zustimmung, mit der das Recht auf Auswanderung oder auf den Verzicht der Staatsangehörigkeit korrespondiert.[7]

Heute werden freilich die Ausdrücke ›Staatsbürgerschaft‹ oder ›citizenship‹ nicht nur für die staatliche Organisationsmitgliedschaft, sondern auch für den Status verwendet, der durch die staatsbürgerlichen Rechte und Pflichten inhaltlich definiert wird. Das Grundgesetz kennt zwar einen staatsbürgerlichen Status wie die Schweizer Aktivbürgerschaft nicht ausdrücklich;[8] aber gestützt auf Art. 33 Abs. 1 GG hat die Rechtsdogmatik das Bündel staatsbürgerlicher Rechte und Pflichten, insbesondere die Grundrechte, zu einem ähnlich begriffenen Gesamtstatus ausgebildet.[9] Für die republikanische Auffassung bildet das Problem der Selbstorganisation der Rechtsgemeinschaft den Bezugspunkt, sind die politischen Teilhabe- und Kommunikationsrechte der Kern der Staatsbürgerschaft. R. Grawert begreift diese als »das Rechtsinstitut, durch das der ein-

7 P. H. Shuck, R. M. Smith, Citizenship without Consent, New Haven 1985, Kap. 1. Die Entkoppelung des normativen Sinnes der Staatsangehörigkeit von askriptiven Merkmalen der Abstammung ist freilich nicht überall konsequent durchgeführt. Art. 116 GG führt beispielsweise den sog. Statusdeutschen ein, der nach Maßgabe des objektiv bestätigten »Bekenntnisses zur Kulturgemeinschaft« dem deutschen Volk zugehört, ohne deutscher Staatsangehöriger zu sein; er genießt ein (heute allerdings verfassungspolitisch umstrittenes) Privileg auf Einbürgerung.

8 R. Winzeler, Die politischen Rechte des Aktivbürgers nach schweizerischem Bundesrecht, Bern 1983.

9 K. Hesse, Grundzüge des Verfassungsrechts, Heidelberg 1990, 113: »Als subjektive Rechte bestimmen und sichern sie (die Grundrechte) den Rechtszustand des Einzelnen in seinen Fundamenten; als (objektive) Grundelemente der demokratischen und rechtsstaatlichen Ordnung fügen sie ihn in diese Ordnung ein, die ihrerseits erst durch die Aktualisierung jener Rechte Wirklichkeit gewinnen kann. Der durch die Grundrechte des Grundgesetzes begründete und gewährleistete verfassungsrechtliche Status des Einzelnen ist ein materieller Rechtsstatus, d. h. ein Status konkret bestimmten Inhalts, der weder für den Einzelnen noch für die staatlichen Gewalten unbegrenzt verfügbar ist. Dieser verfassungsrechtliche Status bildet den Kern des allgemeinen staatsbürgerlichen Status, der neben den Grundrechten ... durch die Gesetze bestimmt wird.«

zelne Staatsangehörige in den konkreten Wirkzusammenhang des Staates mitwirkend einbezogen wird«.[10] Der Status des Staatsbürgers fixiert insbesondere die demokratischen Rechte, die der Einzelne reflexiv in Anspruch nehmen kann, um seine materiale Rechtsstellung zu *verändern*.

In der Rechtsphilosophie liegen zwei konträre Deutungen dieser aktiven Staatsbürgerschaft miteinander im Wettstreit. In der von Locke ausgehenden liberalen Tradition des Naturrechts hat sich ein individualistisch-instrumentalistisches, in der auf Aristoteles zurückgreifenden republikanischen Tradition der Staatslehre ein kommunitaristisch-ethisches Verständnis der Staatsbürgerrolle herauskristallisiert. Im einen Fall wird die Staatsbürgerschaft nach dem Muster einer Organisationsmitgliedschaft konzipiert, die eine Rechtsstellung begründet, im anderen Fall nach dem Modell der Zugehörigkeit zu einer sich selbst bestimmenden ethisch-kulturellen Gemeinschaft. Nach der einen Lesart bleiben die Individuen dem Staat äußerlich, leisten zu dessen Reproduktion – etwa mit Wahlstimmen und Steuerzahlungen – bestimmte Beiträge, um im Austausch dafür Organisationsleistungen zu erhalten. Nach der anderen Lesart sind die Bürger dem politischen Gemeinwesen wie die Teile einem Ganzen derart integriert, daß sie ihre persönliche und soziale Identität nur im Horizont gemeinsamer Überlieferungen und anerkannter politischer Institutionen ausbilden können. Nach liberaler Lesart unterscheiden sich die Staatsbürger nicht wesentlich von Privatleuten, die ihre vorpolitischen Interessen gegenüber dem Staatsapparat zur Geltung bringen; nach republikanischer Lesart aktualisiert sich die Staatsbürgerschaft allein in der kollektiven Selbstbestimmungspraxis. Charles Taylor beschreibt diese beiden konkurrierenden Staatsbürgerkonzepte folgendermaßen: »One (model) focuses mainly on individual rights and equal treatment, as well as on a government performance which takes account of citizen's preferences. This is what has to be secured. Citizen capacity consists mainly in the power to retrieve these rights and ensure equal treatment, as well as to influence the effective decisionmakers ... These institutions have an entirely instrumental significance ...

10 R. Grawert, Staatsvolk und Staatsangehörigkeit, Handbuch des Staatsrechts, hg. v. J. Isensee und P. Kirchhof, Heidelberg 1987, 684 ff.

No value is put on participation in rule for its own sake ... The other model, by contrast, defines participation in self-rule as of the essence of freedom, as part of what must be secured. This is ... an essential component of citizen capacity ... Full participation in self-rule is seen as being able, at least part of the time, to have some part in the forming of a ruling consensus, with which one can identify along with others. To rule and be ruled in turn means that at least some of the time the governors can be ›us‹ and not always ›them‹.«[11]

Obwohl das ganzheitliche Modell eines Gemeinwesens, dem die Staatsbürger mit Haut und Haaren einverleibt sind, in vielen Hinsichten der modernen Politik unangemessen ist, hat es gegenüber dem Organisationsmodell, wonach die Einzelnen isoliert dem Staatsapparat gegenüberstehen und nur über eine funktional spezifizierte Mitgliedschaftsbeziehung mit ihm verknüpft sind, einen Vorzug: Es macht klar, daß politische Autonomie ein Selbstzweck ist, den niemand für sich allein, in der privaten Verfolgung je eigener Interessen, sondern nur alle gemeinsam auf dem Wege einer intersubjektiv geteilten Praxis verwirklichen können. Die Rechtsstellung des Staatsbürgers konstituiert sich durch ein Netz egalitärer Beziehungen reziproker Anerkennung. Sie mutet jedem die Teilnehmerperspektiven der ersten Person Plural zu – nicht nur die Beobachterperspektive eines am je eigenen Erfolg orientierten Beobachters oder Aktors.

Rechtlich garantierte Anerkennungsverhältnisse reproduzieren sich aber nicht von selbst, sie bedürfen der kooperativen Anstrengung einer staatsbürgerlichen Praxis, zu der niemand durch rechtliche Normen genötigt werden kann. Das moderne Zwangsrecht erstreckt sich aus gutem Grund nicht auf die Motive und die Gesinnungen seiner Adressaten. Eine Rechtspflicht etwa zur aktiven Wahrnehmung demokratischer Rechte hat etwas Totalitäres. Darum bleibt der rechtlich konstituierte Staatsbürgerstatus angewiesen auf das *Entgegenkommen* eines konsonanten Hintergrundes von rechtlich nicht erzwingbaren Motiven und Gesinnungen eines am Gemeinwohl orientierten Bürgers. Das republikanische Modell

11 Ch. Taylor, The Liberal-Communitarian Debate, in: N. Rosenblum (Ed.), Liberalism and the Moral Life, Cambridge, Mass. 1989, 178 ff.

der Staatsbürgerschaft erinnert daran, daß die verfassungsrechtlich gesicherten Institutionen der Freiheit nur so viel wert sind, wie eine an politische Freiheit *gewöhnte*, in die Wir-Perspektive der Selbstbestimmungspraxis eingewöhnte Bevölkerung aus ihnen macht. Die rechtlich institutionalisierte Staatsbürgerrolle muß in den Kontext einer freiheitlichen politischen Kultur eingebettet sein. Deshalb beharren die Kommunitaristen darauf, daß sich der Staatsbürger »patriotisch« mit seiner Lebensform identifizieren soll. Auch Taylor postuliert ein Gemeinbewußtsein, das aus der Identifikation mit bewußt akzeptierten Überlieferungen der eigenen politisch-kulturellen Gemeinschaft hervorgeht: »The issue is, can our patriotism survive the marginalization of participatory self-rule? As we have seen, a patriotism is a common identification with a historical community founded on certain values ... But it must be one whose core values incorporate freedom.«[12]

Das scheint unserer These zu widersprechen, daß zwischen Republikanismus und Nationalismus nur ein geschichtlich kontingenter, kein begrifflicher Zusammenhang besteht. Bei näherer Betrachtung ergibt sich aber aus Taylors Überlegung nur die Aussage, daß die universalistischen Grundsätze demokratischer Rechtsstaaten irgendeiner politisch-kulturellen Verankerung bedürfen. Die Verfassungsprinzipien können erst dann in den gesellschaftlichen Praktiken Gestalt annehmen und zur treibenden Kraft für das dynamisch verstandene Projekt der Herstellung einer Assoziation von Freien und Gleichen werden, wenn sie im Kontext der Geschichte einer Nation von Staatsbürgern so situiert werden, daß sie mit Motiven und Gesinnungen der Bürger eine Verbindung eingehen.

Nun zeigen die Beispiele multikultureller Gesellschaften wie der Schweiz und der USA, daß sich eine politische Kultur, in der die Verfassungsgrundsätze Wurzeln schlagen können, keineswegs auf eine allen Staatsbürgern gemeinsame ethnische, sprachliche und kulturelle Herkunft stützen muß. Eine liberale politische Kultur bildet nur den gemeinsamen Nenner eines *Verfassungs*patriotismus, der gleichzeitig den Sinn für die Vielfalt und die Integrität der verschiedenen koexistierenden Lebensformen einer multikulturel-

12 Taylor (1989), 178.

len Gesellschaft schärft. Auch in einem künftigen europäischen Bundesstaat müssen *dieselben* Rechtsprinzipien aus den Perspektiven *verschiedener* nationaler Überlieferungen, verschiedener nationaler Geschichten interpretiert werden. Die eigene Tradition muß jeweils aus einer an den Perspektiven der anderen relativierten Sicht so angeeignet werden, daß sie in eine übernational geteilte westeuropäische Verfassungskultur eingebracht werden kann. Eine partikularistische Verankerung *dieser Art* würde der Volkssouveränität und den Menschenrechten keinen Deut von ihrem universalistischen Sinn nehmen. Es bleibt dabei: Die demokratische Staatsbürgerschaft braucht nicht in der nationalen Identität eines Volkes verwurzelt zu sein; unangesehen der Vielfalt verschiedener kultureller Lebensformen, verlangt sie aber die Sozialisation aller Staatsbürger in einer gemeinsamen politischen Kultur.

II. Nationalstaat und Demokratie im geeinten Europa

Die politische Zukunft der Europäischen Gemeinschaft beleuchtet das Verhältnis zwischen Staatsbürgerschaft und nationaler Identität auf andere Weise. Das von Aristoteles entwickelte Konzept der Staatsbürgerschaft war ja ursprünglich auf das Format von Städten oder Stadtstaaten zugeschnitten. Die Umwandlung von Bevölkerungen in staatenbildende Nationen hat, wie wir gesehen haben, im Zeichen eines Nationalismus gestanden, der die republikanischen Ideen mit der Größenordnung moderner Flächenstaaten in Einklang zu bringen schien. In den politischen Formen dieses Nationalstaates hat sich der moderne Wirtschaftsverkehr entfaltet. Und wie die bürokratische Staatsanstalt, so hat auch die kapitalistische Wirtschaft einen systemischen Eigensinn entwickelt. Die Güter-, Kapital- und Arbeitsmärkte gehorchen einer eigenen, von den Absichten der Subjekte unabhängigen Logik. Neben der administrativen Macht, wie sie in den staatlichen Bürokratien verkörpert ist, ist das Geld zu einem anonymen, über die Köpfe der Beteiligten hinweg wirksamen Medium der gesellschaftlichen Integration geworden. Diese *Systemintegration* tritt in Konkurrenz zu der über Werte, Normen und Verständigung laufenden, also durch das Bewußtsein der Aktoren vermittelten *Sozialintegration*. Die über demokratische Staatsbürgerschaft laufende *politische Integration* bildet einen Aspekt dieser allgemeinen Sozialintegration. Aus diesem Grunde stehen Kapitalismus und Demokratie in einer – von liberalen Theorien oft geleugneten – Spannung.

Am Beispiel der Entwicklungsländer zeigt sich, daß es zwischen der Entfaltung des demokratischen Rechtsstaates und der kapitalistischen Modernisierung keineswegs einen linearen Zusammenhang gibt. Ebensowenig ist der sozialstaatliche Kompromiß, der sich in den westlichen Demokratien seit dem Ende des Zweiten Weltkrieges eingespielt hat, automatisch zustande gekommen. Die Entwicklung der Europäischen Gemeinschaft bringt dieselbe Spannung zwischen Demokratie und Kapitalismus auf andere Weise zum Ausdruck. Hier äußert sie sich im vertikalen Gefälle zwischen einer systemischen Integration von Wirtschaft und Verwaltung, die auf supranationaler Ebene zustande kommt, und einer nur auf nationalstaatlicher Ebene vollzogenen politischen Integration. Die technokratische Gestalt der Europäischen Gemeinschaft verstärkt deshalb jenen Zweifel, der gegenüber den mit der Rolle des demokratischen Staatsbürgers verknüpften normativen Erwartungen ohnehin besteht. Sind diese Erwartungen nicht auch schon innerhalb der Grenzen des Nationalstaates weitgehend Illusion gewesen? Hat die vorübergehend erzielte Symbiose von Republikanismus und Nationalismus nicht nur die Tatsache verschleiert, daß das Konzept des Staatsbürgers bestenfalls für die unterkomplexen Verhältnisse eines ethnisch homogenen und überschaubaren, noch durch Tradition und Sitte integrierten Gemeinwesens taugt?

Aus der »Europäischen Wirtschaftsgemeinschaft« ist heute eine »Europäische Gemeinschaft« geworden, die den politischen Willen bekundet, eine »Europäische Politische Union« zu bilden. Für ein solches staatliches Gebilde mit zunächst 320 Millionen Einwohnern gibt es, wenn man von Indien absieht, nur das Beispiel der Vereinigten Staaten. Die USA bilden freilich eine multikulturelle Gesellschaft, die durch dieselbe politische Kultur und (vorerst) eine einzige Sprache geeint wird, während die Europäische Union einen vielsprachigen Nationalitätenstaat darstellen würde. Dieser Verband müßte auch dann, wenn er, was noch kontrovers ist, einem

Bundesstaat ähnlicher sein würde als einer Föderation teilsouveräner Einzelstaaten, gewisse Züge von de Gaulles »Europa der Vaterländer« behalten. Die bisherigen Nationalstaaten müßten auch in einem solchen Europa eine starke strukturbildende Kraft *behalten*.

Auf dem dornigen Wege zur Europäischen Union bilden allerdings die Nationalstaaten weniger ein Problem wegen unüberwindlicher Souveränitätsansprüche als vielmehr deshalb, weil bisher demokratische Prozesse nur innerhalb ihrer Grenzen halbwegs funktionieren. Mit einem Wort: die politische Öffentlichkeit ist bisher nationalstaatlich fragmentiert geblieben. Deshalb drängt sich die Frage auf, ob es eine europäische Staatsbürgerschaft überhaupt geben kann. Damit meine ich nicht die grenzüberschreitenden Möglichkeiten kollektiven politischen Handelns, sondern das Bewußtsein »der Verpflichtung auf ein europäisches Gemeinwohl.«[13] Noch im Jahre 1974 hat Raymond Aron diese Frage entschieden verneint. Auf der supranationalen Steuerungsebene wird demnächst ein großräumiger europäischer Binnenmarkt mit rechtlich-administrativen Mitteln eingerichtet, während ein kompetenzarmes Europäisches Parlament aus dem Blickwinkel der politischen Öffentlichkeiten der Mitgliedstaaten auch weiterhin kaum wahrgenommen werden dürfte. Bisher greifen die wirksamen politischen Staatsbürgerrechte über den Rahmen des Nationalstaates nicht hinaus.

Die Rechtsprechung des Europäischen Gerichtshofes orientiert sich an den »Fünf Freiheiten des Gemeinsamen Marktes« und interpretiert den freien Warenverkehr, die Freizügigkeit der Arbeitnehmer, das Niederlassungsrecht der Unternehmer, die Freiheit des Dienstleistungsverkehrs sowie die Freiheit des Zahlungsverkehrs als Grundrechte. Das entspricht den Kompetenzen, die die Römischen Verträge dem Ministerrat und der Hohen Kommission in Art. 3 einräumen. Diese wiederum erklären sich aus dem in Art. 9 genannten Ziel: »Grundlage der Gemeinschaft ist eine Zollunion, die sich auf den gesamten Warenaustausch erstreckt.« In der gleichen Richtung liegen der Binnenmarkt und die geplante Einrichtung einer autonomen Zentralbank. Das neue Niveau wirtschaftli-

13 P. Kielmannsegg, Ohne historisches Vorbild (FAZ vom 7.12.1990).

cher Interdependenzen läßt einen wachsenden Koordinationsbedarf auch für andere Politikfelder wie Umweltpolitik, Steuer- und Sozialpolitik, Bildungspolitik usw. erwarten. Und dieser Regulierungsbedarf dürfte wiederum nach Maßgabe der Sicherung gleicher Wettbewerbsverhältnisse primär unter wirtschaftlichen Rationalitätskriterien verarbeitet werden. Bisher werden diese Aufgaben von europäischen Organisationen erledigt, die sich zu einem dichten administrativen Geflecht vernetzt haben. Die neuen Funktionseliten sind zwar der Form nach an die Regierungen und Institutionen ihrer Herkunftsländer rückgebunden; tatsächlich sind sie ihren nationalen Kontexten schon entwachsen. Professionell arbeitende Beamte bilden eine von demokratischen Prozessen abgehobene Bürokratie.

Für die Bürger öffnet sich damit die Schere zwischen Betroffensein und Teilnahme immer weiter. Eine zunehmende Zahl von supranational beschlossenen Maßnahmen betrifft immer mehr Bürger in immer weiteren Lebensbereichen. Da die Staatsbürgerrolle in effektiver Weise bisher nur nationalstaatlich institutionalisiert ist, haben aber die Bürger keine aussichtsreichen Möglichkeiten, europäische Entscheidungen zu thematisieren und zu beeinflussen. M. R. Lepsius stellt lapidar fest: »Eine europäische öffentliche Meinung gibt es nicht.«[14] Bildet nun diese Disparität ein vorübergehendes Ungleichgewicht, das durch die Parlamentarisierung der Brüsseler Expertokratie beseitigt werden kann? Oder zeichnet sich in diesen nach wirtschaftlichen Rationalitätskriterien arbeitenden Bürokratien nur deutlicher eine Entwicklung ab, die auch innerhalb der Nationalstaaten seit langem und unaufhaltsam fortschreitet – die Verselbständigung ökonomischer Imperative und eine Verstaatlichung der Politik, die den Staatsbürgerstatus aushöhlen und dessen republikanischen Anspruch dementieren?

T. H. Marshall[15] hat am Beispiel Englands die Expansion staatsbürgerlicher Rechte und Pflichten im Zusammenhang mit der kapitalistischen Modernisierung untersucht. Marshalls Einteilung der staatsbürgerlichen Rechte in ›civil‹, ›political‹ und ›social rights‹ folgt

14 M. R. Lepsius, Die Europäische Gemeinschaft, Beitrag zum 20. Deutschen Soziologentag, Frankfurt/Main 1990.
15 T. H. Marshall, Citizenship and Social Class, Cambridge, Mass. 1950.

einer bekannten juristischen Klassifikation. Danach schützen die liberalen Abwehrrechte das private Rechtssubjekt gegen ungesetzliche Eingriffe des Staates in Freiheit und Eigentum, die politischen Teilnahmerechte ermöglichen dem Aktivbürger eine Beteiligung am demokratischen Prozeß der Meinungs- und Willensbildung, die sozialen Teilhaberechte gewähren dem Klienten des Wohlfahrtsstaates Mindesteinkommen und soziale Sicherheit. Marshall vertritt die These, daß sich der Status des Staatsbürgers in modernen Gesellschaften sukzessive erweitert und gefestigt hat. Zunächst sollen die demokratischen Rechte die negativen Freiheitsrechte, dann die sozialen Rechte wiederum die beiden klassischen Grundrechtsarten ergänzt haben, und zwar so, daß immer weitere Kreise der Bevölkerung schrittweise ihre vollen Mitgliedschaftsrechte erworben haben.

Auch wenn man von den historischen Details Abstand nimmt, trifft diese Suggestion einer im großen und ganzen linear verlaufenden Entwicklung nur auf das zu, was die Soziologen verallgemeinernd ›Inklusion‹ nennen. In einer funktional immer weiter ausdifferenzierten Gesellschaft erwerben immer mehr Personen immer weitere Rechte auf Zugang zu und Beteiligung an immer mehr Teilsystemen – ob es sich nun um Märkte, Betriebe und Arbeitsplätze, um Ämter, Gerichte und stehende Heere, um Schulen und Krankenhäuser, Theater und Museen, um politische Vereinigungen und öffentliche Kommunikationsmittel, Parteien, Selbstverwaltungseinrichtungen oder Parlamente handelt. Für den Einzelnen vervielfältigen sich damit die Organisationsmitgliedschaften, erweitern sich die Optionsspielräume. Dieses Bild eines linearen Fortschritts verdankt sich freilich einer Beschreibung, die gegenüber Zuwächsen und Verlusten an Autonomie neutral bleibt. Sie ist blind gegenüber der tatsächlichen Nutzung eines aktiven Staatsbürgerstatus, über den der Einzelne auf die demokratische Veränderung seines eigenen Status einwirken kann. Nur die politischen Teilnahmerechte begründen ja die reflexive, auf sich selbst bezügliche Rechtsstellung eines Staatsbürgers. Die negativen Freiheitsrechte und die sozialen Teilhaberechte können hingegen paternalistisch verliehen werden. Rechtsstaat und Sozialstaat sind im Prinzip auch ohne Demokratie möglich. Auch wo, wie im »demokratischen und sozialen Rechtsstaat« des

Grundgesetzes, alle drei Kategorien von Rechten institutionalisiert sind, behalten nämlich diese Abwehrrechte und Teilhaberechte ein Janusgesicht.

Die liberalen Rechte, die sich, historisch gesehen, um die gesellschaftliche Stellung des privaten Eigentümers kristallisiert haben, lassen sich unter *funktionalen* Gesichtspunkten als die Institutionalisierung eines marktgesteuerten Wirtschaftssystems begreifen, während sie unter *normativen* Gesichtspunkten individuelle Freiheiten gewährleisten. Die sozialen Rechte bedeuten unter *funktionalen* Gesichtspunkten die Installierung wohlfahrtsstaatlicher Bürokratien, unter *normativen* Gesichtspunkten gewähren sie kompensatorische Ansprüche auf eine gerechte Teilhabe am gesellschaftlichen Reichtum. Gewiß, sowohl individuelle Freiheiten wie soziale Sicherheiten können auch als rechtliche Basis für jene gesellschaftliche Unabhängigkeit betrachtet werden, die eine effektive Wahrnehmung politischer Rechte erst ermöglicht. Dabei handelt es sich aber um empirische, nicht etwa um konzeptuell notwendige Zusammenhänge. Denn Freiheits- und Teilhaberechte ermöglichen genausogut die privatistische Abkehr von einer Staatsbürgerrolle, die sich damit auf die Beziehungen eines Klienten zu vorsorgenden und leistenden Verwaltungen reduziert.

Das Syndrom des staatsbürgerlichen Privatismus und die Ausübung der Staatsbürgerrolle aus der Interessenlage von Klienten werden um so wahrscheinlicher, je mehr Ökonomie und Staat, die über dieselben Rechte institutionalisiert werden, einen systemischen Eigensinn entfalten und die Staatsbürger in die periphere Rolle von bloßen Organisationsmitgliedern abdrängen. Die Systeme von Wirtschaft und Verwaltung haben die Tendenz, sich gegen ihre Umwelten abzuschließen und nur den eigenen Imperativen von Geld und Macht zu gehorchen. Sie sprengen das Modell eines Gemeinwesens, das sich über die gemeinsame Praxis der Staatsbürger selbst bestimmt. Die republikanische Grundvorstellung der politisch selbstbewußten Integration einer »Gemeinschaft« von Freien und Gleichen ist für moderne Verhältnisse offensichtlich zu konkret und zu einfach, jedenfalls dann, wenn man an eine Nation, gar an eine ethnisch homogene, durch gemeinsame Traditionen zusammengehaltene Schicksalsgemeinschaft denkt.

Glücklicherweise ist das Recht ein Medium, das eine wesentlich abstraktere Vorstellung von staatsbürgerlicher Autonomie erlaubt. Heute zieht sich die staatsbürgerliche Souveränität des Volkes in die rechtlich institutionalisierten Verfahren und die grundrechtlich ermöglichten informellen Prozesse einer mehr oder weniger diskursiven Meinungs- und Willensbildung zurück. Ich gehe dabei von einer Vernetzung verschiedener Kommunikationsformen aus, die allerdings so organisiert sein müßten, daß sie die Vermutung für sich haben, die öffentliche Verwaltung an rationale Prämissen zu binden und auf diesem Wege auch das Wirtschaftssystem, ohne dessen eigene Logik anzutasten, unter sozialen und ökologischen Gesichtspunkten zu disziplinieren. Das ist ein *Modell deliberativer Politik*. Es geht nicht mehr vom Großsubjekt eines gemeinschaftlichen Ganzen aus, sondern von anonym verzahnten Diskursen. Es schiebt den demokratischen Verfahren und der Infrastruktur einer aus spontanen Quellen gespeisten politischen Öffentlichkeit die Hauptlast der normativen Erwartungen zu. Von der Masse der Bevölkerung können die politischen Teilnahmerechte heute nur noch im Sinne der Integration in und der Einflußnahme auf einen informellen, im ganzen nicht organisierbaren, vielmehr von einer liberalen und egalitären politischen Kultur getragenen Kreislauf öffentlicher Kommunikation wahrgenommen werden. Zugleich müßten die Beratungen in den beschlußfassenden Körperschaften gleichsam porös bleiben für Themen, Wertorientierungen, Beiträge und Programme, die ihnen aus einer nicht-vermachteten politischen Öffentlichkeit zufließen. Nur wenn ein solches Zusammenspiel zwischen der institutionalisierten Meinungs- und Willensbildung einerseits und den informellen öffentlichen Kommunikationen andererseits zustande käme, könnte Staatsbürgerschaft auch heute noch mehr bedeuten als die Aggregierung vorpolitischer Einzelinteressen und den passiven Genuß paternalistisch verliehener Rechte.

Auf dieses Modell kann ich hier nicht näher eingehen.[16] Aber für die Beurteilung der Chancen einer künftigen europäischen Staatsbürgerschaft lassen sich aus dem Rückblick auf die Geschichte der nationalstaatlichen Institutionalisierung staatsbürgerlicher Rechte

16 Siehe oben Kap. VII, Abschn. II.

wenigstens einige empirische Anhaltspunkte gewinnen. Das Schema, wonach sich die staatsbürgerlichen Rechte im wesentlichen als Resultat von Klassenkämpfen darstellen, ist offensichtlich zu eng.[17] Auch soziale Bewegungen anderer Art, vor allem Migrationen und Kriege, haben die Entwicklung zu einem vollen Staatsbürgerstatus vorangetrieben. Zudem wirken sich Faktoren, die die Verrechtlichung neuer Inklusionsbeziehungen stimulieren, auch auf die politische Mobilisierung der Bevölkerung und damit auf eine Aktivierung schon vorhandener Staatsbürgerrechte aus.[18] Aus solchen und ähnlichen Befunden lassen sich für die europäische Entwicklung vorsichtig optimistische Erwartungen extrapolieren, die uns nicht von vornherein zur Resignation verurteilen.

Der Europäische Binnenmarkt wird eine größere horizontale Mobilität auslösen und die Kontakte zwischen Angehörigen verschiedener Nationalitäten vervielfachen. Darüber hinaus wird die Immigration aus Osteuropa und den Armutsregionen der Dritten Welt die multikulturelle Vielfalt der Gesellschaft steigern. Das wird gewiß soziale Spannungen hervorrufen. Aber diese Spannungen können, wenn sie produktiv verarbeitet werden, eine politische Mobilisierung fördern, die den endogenen, schon im Rahmen des Nationalstaates entstandenen sozialen Bewegungen neuen Typs (wie der Friedens-, der Ökologie- und der Frauenbewegung) Auftrieb gibt. Das wird die lebensweltliche Relevanz öffentlicher Themen verstärken. Gleichzeitig wächst der Druck von Problemen, für die es nur noch europäisch koordinierte Lösungen gibt. Unter diesen Bedingungen könnten sich Kommunikationszusammenhänge in europaweiten Öffentlichkeiten herausbilden, die sowohl für die parlamentarischen Körperschaften neu zusammenwachsender Regionen wie auch für ein mit stärkeren Kompetenzen ausgestattetes Europaparlament einen günstigen Kontext bilden.

Bisher bildet die EG-Politik in den Mitgliedstaaten gewiß keinen Gegenstand legitimationswirksamer Kontroversen. Noch sind die nationalen Öffentlichkeiten kulturell weitgehend gegeneinander abgeschottet. Sie wurzeln nämlich in Kontexten, in denen politische Fragen nur vor dem Hintergrund der jeweils eigenen nationa-

17 B. S. Turner, Citizenship and Capitalism, London 1986.
18 J. M. Barbalet, Citizenship, Stratford, England 1988.

len Geschichte Bedeutung gewinnen. In Zukunft könnte sich aber aus den verschiedenen *nationalen* Kulturen eine gemeinsame *politische* Kultur ausdifferenzieren. Es könnte eine Differenzierung eintreten zwischen einer europaweiten *politischen* Kultur und den seit der frühen Moderne sich verzweigenden *nationalen* Traditionen in Kunst und Literatur, Geschichtsschreibung, Philosophie usw. Dabei wird den kulturellen Eliten und den Massenmedien eine wichtige Rolle zufallen. Ein europäischer Verfassungspatriotismus muß, anders als der amerikanische, aus verschiedenen nationalgeschichtlich imprägnierten Deutungen derselben universalistischen Rechtsprinzipien zusammenwachsen. Die Schweiz gibt ein Beispiel dafür, daß sich ein solches gemeinsames politisch-kulturelles Selbstverständnis aus den kulturellen Orientierungen verschiedener Nationalitäten ausdifferenzieren kann.

Dazu bedarf es weniger der Selbstvergewisserung gemeinsamer Ursprünge im europäischen Mittelalter als vielmehr eines neuen politischen Selbstbewußtseins, das der Rolle Europas in der Welt des 21. Jahrhunderts entspricht. Bisher hat die Weltgeschichte den auf- und absteigenden Imperien jeweils nur *einen* Auftritt zugebilligt. Das gilt ebenso für die Reiche der Alten Welt wie für die modernen Staaten – für Portugal, Spanien, England, Frankreich und Rußland. Als Ausnahme von der Regel fällt heute Europa als Ganzem eine *zweite* Chance zu. Diese Chance wird es freilich nicht mehr im Stile seiner alten Machtpolitik nutzen können, sondern nur noch unter der veränderten Prämisse einer nicht-imperialen Verständigung mit und des Lernens von anderen Kulturen.

III. Immigration und Wohlstandschauvinismus. Eine Debatte

Hannah Arendts Diagnose, daß Heimatlose, Entrechtete und Flüchtlinge die Signatur des 20. Jahrhunderts bestimmen würden, hat sich in erschreckendem Maße bestätigt. Die ›displaced persons‹, die der Zweite Weltkrieg in der Mitte des zerstörten Europas zurückgelassen hat, sind längst von Asylanten und Immigranten abgelöst worden, die aus dem Süden und dem Osten ins friedliche und wohlhabende Europa strömen. Die alten Flüchtlingslager fassen die

Flut der neuen Migrationswellen nicht mehr. Die Statistiker rechnen in den kommenden Jahren mit zwanzig bis dreißig Millionen Einwanderern allein aus Osteuropa. Dieses Problem ist nur noch durch eine gemeinsame Politik der betroffenen europäischen Staaten zu lösen. Dabei wiederholt sich eine Dialektik, die sich in kleinerem Maßstab schon während des Prozesses der deutschen Einigung vollzogen hat. Die transnationalen Wanderungsbewegungen wirken in der Art von Sanktionen, die Westeuropa nötigen, einer Verantwortung gerecht zu werden, die ihm durch den Bankrott des Staatssozialismus zugefallenen ist. Entweder unternimmt es eminente Anstrengungen, damit sich die Lebensbedingungen in den Armutsregionen des mittleren und östlichen Europas schnell bessern – oder es wird von Asylanten und Einwanderern überflutet.

Die Experten streiten sich über die Grenzen der Absorptionsfähigkeit der eigenen Wirtschaften. Aber die Bereitschaft zur politischen Integration der Wirtschaftsimmigranten hängt auch davon ab, wie die einheimischen Bevölkerungen die sozialen und wirtschaftlichen Folgeprobleme der Einwanderung *wahrnehmen*. Nur davon soll die Rede sein. Rechtsradikale Abwehrreaktionen gegen die Überfremdung durch Ausländer haben in ganz Europa zugenommen. Die relativ deprivierten Schichten – ob sie nun vom sozialen Abstieg erst bedroht oder schon in die segmentierten Randgruppen abgerutscht sind – identifizieren sich besonders deutlich mit der ideologisierten Übermacht des eigenen Kollektivs und wehren alles Fremde ab. Das ist die Kehrseite eines überall wachsenden Wohlstandschauvinismus. So bringt das »Asylantenproblem« von neuem die latente Spannung zwischen Staatsbürgerschaft und nationaler Identität zum Vorschein.

Ein Beispiel sind nationalistische und antipolonistische Stimmungen in den neuen Bundesländern. Der neu erworbene Status eines Bürgers der Bundesrepublik wurde dort mit der Aussicht verknüpft, daß sich die bundesrepublikanische Wohlstandsgrenze alsbald an die Oder und Neiße verlagern würde. Ihre neue Staatsbürgerschaft quittieren viele mit der ethnozentrischen Genugtuung, endlich nicht mehr als Deutsche zweiter Klasse behandelt zu werden. Darüber vergessen sie, daß die staatsbürgerlichen Rechte ihren freiheitsverbürgenden Charakter dem Gehalt universeller Menschenrechte verdanken. Bereits Artikel 4 der Revolutionsverfassung von 1793, der »Vom Stand der Bürger« handelt, gewährte konsequenterweise *jedem* erwachsenen Ausländer, der ein Jahr in Frankreich ansässig war, nicht nur die Staatsangehörigkeit, sondern auch die aktiven Staatsbürgerrechte.

In der Bundesrepublik hat sich, wie in den meisten Rechtssystemen des Westens, die Rechtsstellung von Fremden, heimatlosen Ausländern und Staatenlosen an den Status von Staatsbürgern immerhin angeglichen. Da die Architektonik des Grundgesetzes durch die Idee der Menschenrechte bestimmt ist, genießen *alle* Einwohner den Schutz der Verfassung. Fremde haben den gleichen Pflichten-, Leistungs- und Rechtsschutzstatus wie Inländer; auch im Hinblick auf den Wirtschaftsstatus besteht, mit wenigen Ausnahmen, Gleichbehandlung. Die große Zahl der angehörigkeitsneutralen Gesetze relativiert die tatsächliche Bedeutung der fehlenden Staatsangehörigkeit. Die menschenrechtliche Komponente der Staatsbürgerschaft wird durch supranationale Rechte, insbesondere durch das Europäische Bürgerrecht, sogar im Hinblick auf den Kern der politischen Gestaltungsmöglichkeiten verstärkt. Bemerkenswert ist in diesem Zusammenhang ein Satz in der Begründung der Bundesverfassungsgerichtsentscheidung vom 31. Oktober 1990. Diese erklärt zwar das Wahlrecht für Ausländer bei Gemeinde- und Kreiswahlen, also das kommunale Ausländerwahlrecht, für verfassungswidrig; aber in der Begründung wird das von den Antragstellern geltend gemachte Prinzip immerhin anerkannt: »Hinter dieser Auffassung steht ersichtlich die Vorstellung, es entspreche der demokratischen Idee, insbesondere dem in ihr enthaltenen Freiheitsgedanken, eine Kongruenz zwischen den Inhabern demokratischer politischer Rechte und den dauerhaft einer bestimmten staatlichen Herrschaft Unterworfenen herzustellen. Das ist im Ausgangspunkt zutreffend ...«[19]

Diese Tendenzen besagen nur, daß sich aus dem normativen Gehalt einer von nationaler Identität weitgehend entkoppelten Staatsbürgerschaft keine Gesichtspunkte für eine restriktive oder hinhal-

19 Europäische Grundrechtszeitschrift 1990, 443.

tende Asyl- und Einbürgerungspolitik gewinnen lassen. Es bleibt aber eine offene Frage, ob die Europäische Gemeinschaft heute, in Erwartung großer Migrationsströme, eine ebenso liberale Politik gegenüber Ausländern und Immigranten verfolgen kann und soll wie seinerzeit die Jakobiner. Die einschlägige *moraltheoretische Diskussion*, auf die ich mich beschränke, kreist um den Begriff der »special duties«, jener besonderen Verpflichtungen, die nur innerhalb der sozialen Grenzen einer Gemeinschaft bestehen. Auch der Staat bildet ja eine konkrete Rechtsgemeinschaft, die den Staatsangehörigen spezielle Verpflichtungen auferlegt. Weniger die Asylsuchenden als die Wirtschaftsimmigranten stellen die Angehörigen der europäischen Staaten vor das Problem, ob sich ein Vorrang der auf die Staatsangehörigkeit bezogenen speziellen Pflichten gegenüber universellen, Staatsgrenzen überschreitenden Verpflichtungen begründen läßt. Ich möchte diese unter Philosophen geführte Diskussion in fünf Schritten rekapitulieren.

(a) *Spezielle Verpflichtungen* haben bestimmte Personen gegenüber bestimmten anderen Personen, die ihnen als »Angehörige«, also als Mitglieder der eigenen Familie, als Freunde und Nachbarn, als Mitbürger des politischen Gemeinwesens oder der Nation »nahestehen«. Eltern haben spezielle Verpflichtungen gegenüber ihren Kindern – und umgekehrt; die konsularischen Vertretungen im Ausland nehmen spezielle Verpflichtungen gegenüber schutzbedürftigen Staatsangehörigen wahr – und diese wiederum gegenüber den Institutionen und Gesetzen ihres Landes. Dabei denken wir vor allem an positive Pflichten, die insofern unbestimmt sind, als sie ein nicht genau festzulegendes Maß an Leistung und Solidarität, Zuwendung und Engagement fordern. Nicht jede Hilfeleistung ist allen jederzeit zuzumuten. Die speziellen Verpflichtungen, die sich aus der Zugehörigkeit zu konkreten Gemeinschaften ergeben, lassen sich als eine soziale Zuschreibung und eine sachliche Spezifizierung solcher von Haus aus unbestimmter Pflichten verstehen.

Unter utilitaristischen Gesichtspunkten hat man versucht, spezielle Pflichten aus dem gegenseitigen Nutzen zu begründen, den die Angehörige eines Gemeinwesens voneinander aus ihren reziproken Leistungen ziehen. Auch Nationen und Staaten werden als solche ›mutual benefit societies‹ begriffen.[20] Nach diesem Modell darf jedes Mitglied erwarten, daß der langfristige Gewinn, den es aus Tauschbeziehungen mit anderen Mitgliedern zieht, den Leistungen proportional ist, die es selbst in seine Interaktionen mit Angehörigen einbringt. Daraus rechtfertigt sich eine Reziprozität von besonderen Pflichten und Rechten, die beispielsweise eine Unterprivilegierung von Gastarbeitern verbietet. Allerdings kann das Modell keine Pflichten gegenüber den leistungsschwachen Angehörigen (Behinderten, Kranken, Alten) oder gegenüber Hilfsbedürftigen, beispielsweise Asyl suchenden Fremden, begründen. Der instrumentelle Ethnozentrismus gegenseitiger Nutzenerwartungen würde eine Einwanderungspolitik nahelegen, die Fremden den Zuzug nur dann gestattet, wenn eine begründete Aussicht besteht, daß diese die bestehende Bilanz von Leistungen und Ansprüchen (beispielsweise im Sozialversicherungssystem) nicht belasten.

(b) Dieses kontraintuitive Ergebnis ist ein Grund dafür, den utilitaristischen Ansatz zugunsten eines Modells aufzugeben, wonach spezielle Pflichten nicht aus dem reziproken Nutzen eines Leistungsaustauschs zwischen Angehörigen eines Kollektivs erklärt werden, sondern aus den Koordinationsleistungen einer zentral eingerichteten moralischen Arbeitsteilung.[21] Spezielle Verpflichtungen variieren nämlich nicht etwa gleichförmig mit dem sozialen Abstand, so daß die Ansprüche derjenigen, die uns jeweils näherstehen, stets Priorität vor den Ansprüchen der Fernerstehenden hätten. Diese Intuition trifft nur auf den Nahbereich von Familie und Nachbarschaft zu. Sie ist aber insofern irreführend, als uns alle Personen jenseits des unmittelbaren Bekanntenkreises gleichermaßen nahe und fern stehen. Diese »Fremden« nehmen wir normalerweise unter der Kategorie des »Anderen« wahr, ob sie nun der eigenen Nation angehören und Mitbürger sind oder nicht. Spezielle Verpflichtungen gegenüber »Anderen« resultieren nicht primär aus der Zugehörigkeit zu einer konkreten Gemeinschaft. Sie ergeben sich vielmehr aus der abstrakten Handlungskoordination *rechtlicher* Institutionen, die bestimmten Personenkreisen oder Agenturen be-

20 R. Goodin, What is so Special about our Fellow Countrymen?, Ethics 98, July 1988, 663-686.
21 H. Shue, Mediating Duties, Ethics 98, July 1988, 687-704.

stimmte Verpflichtungen zuschreiben, um die andernfalls unbestimmt bleibenden positiven Pflichten sozial und sachlich zu spezifizieren und verbindlich zu machen. Nach dieser Auffassung ergeben sich spezielle Pflichten aus der institutionell vermittelten Zuschreibung spezifischer Verantwortlichkeiten zu bestimmten, moralisch arbeitsteilig handelnden Adressaten. Im Rahmen einer solchen rechtlich geregelten moralischen Arbeitsteilung haben die sozialen Grenzen einer Rechtsgemeinschaft nur die Funktion, die Verteilung von Verantwortlichkeiten zu regeln. Das bedeutet nicht, daß unsere Verpflichtungen überhaupt an diesen Grenzen enden. Vielmehr müssen nationale Regierungen auch dafür sorgen, daß die positiven Pflichten, die Staatsbürger gegenüber Nicht-Angehörigen, z. B. gegenüber Asylsuchenden, haben, erfüllt werden. Damit ist die Frage, was das für Pflichten sind, freilich noch nicht beantwortet.

(c) Der moralische Gesichtspunkt verpflichtet uns, dieses Problem unparteilich, also nicht einseitig aus der Perspektive des Bewohners einer Wohlstandsregion, zu beurteilen, sondern auch aus der eines Immigranten, der dort sein Heil, sagen wir: ein freies und menschenwürdiges Dasein und nicht nur politisches Asyl, sucht. J. Rawls hat bekanntlich das Gedankenexperiment eines Urzustandes vorgeschlagen, der alle in Unwissenheit darüber läßt, in welche Gesellschaft sie hineingeboren worden sind und welche Position sie darin einnehmen. Im Hinblick auf unser Problem liegt das Ergebnis einer mit Bezug auf die Weltgesellschaft vorgenommenen moralischen Prüfung auf der Hand: »Behind the ›veil of ignorance‹, in considering possible restrictions of freedom, one adopts the perspective of the one who would be most disadvantaged by the restrictions, in this case the perspective of the alien who wants to immigrate. In the original position, then, one would insist that the right to migrate be included in the system of basic liberties for the same reasons one would insist that the right to religious freedom would be included: it might prove essential to one's plan of life.«[22] Legitime Beschränkungen des Rechts auf Immigration würden sich allenfalls unter konkurrierenden Gesichtspunkten begründen lassen, z. B. der Forderung, soziale Konflikte und Belastungen einer Grö-

22 J. H. Carens, Aliens and Citizens: The Case for Open Borders, Review of Politics 49, 1987, 258.

ßenordnung zu vermeiden, welche die öffentliche Ordnung oder die ökonomische Reproduktion der Gesellschaft ernstlich gefährden müßte. Gesichtspunkte der Abstammung, Sprache und Erziehung – oder gar eines »Bekenntnisses zur Kulturgemeinschaft« des Einwanderungslandes, wie im Falle der Statusdeutschen – könnten eine Privilegierung bei Einwanderung oder Einbürgerung nicht begründen.

(d) Demgegenüber weisen nun Kommunitaristen auf einen Umstand hin, der von den bisher erwähnten individualistischen Ansätzen vernachlässigt wird. Die sozialen Grenzen eines politischen Gemeinwesens haben nicht nur, wie es das Modell der rechtlich geregelten moralischen Arbeitsteilung nahelegt, eine *funktionale* Bedeutung. Sie regulieren vielmehr die Zugehörigkeit zu einer historischen Schicksalsgemeinschaft und einer politischen Lebensform, die für die Identität der Staatsbürger selber konstitutiv ist: »Citizenship is an answer to the question ›Who am I?‹ and ›What should I do?‹ when posed in the public sphere.«[23] Die Zugehörigkeit zu einem politischen Gemeinwesen begründet spezielle Pflichten, hinter denen eine patriotische Identifikation steht. Diese Art von Loyalität reicht über den Geltungssinn von institutionell vermittelten Rechtspflichten hinaus: »Each member recognizes a loyalty to the community expressed in a willingness to sacrifice personal gain to advance its interests.«[24] Die Bedenken gegen eine ausschließlich moralische und rechtliche Betrachtung des Problems stützen sich auf jenes kommunitaristische Staatsbürgerkonzept, das wir schon kennengelernt haben. Dieses ist gewiß den Verhältnissen komplexer Gesellschaften nicht mehr angemessen, aber es hebt doch eine *ethische* Komponente hervor, die nicht unterschlagen werden darf.

Auch der moderne Staat stellt eine politische Lebensform dar, die in der abstrakten Form einer Institutionalisierung allgemeiner Rechtsprinzipien nicht aufgeht. Diese Lebensform bildet den *politisch-kulturellen* Kontext, in dem die universalistischen Verfassungsgrundsätze implementiert sein müssen; denn nur eine an Freiheit *gewöhnte* Bevölkerung kann Institutionen der Freiheit am Leben

23 H. R. van Gunsteren, Admission to Citizenship, Ethics 98, July 1988, 752.
24 D. Miller, The Ethical Significance of Nationality, Ethics 98, July 1988, 648.

erhalten. Deshalb meint M. Walzer, daß das Recht auf Immigration seine Grenze findet an dem Recht eines politischen Gemeinwesens, die Integrität seiner Lebensform zu bewahren. Nach seiner Auffassung schließt das Recht der Staatsbürger auf Selbstbestimmung das Recht auf die Selbstbehauptung der jeweils eigenen Lebensform ein.[25]

(e) Dieses Argument läßt allerdings zwei gegensätzliche Lesarten zu. In der kommunitaristischen Lesart soll es dem liberalen Recht auf Einwanderung zusätzliche normative Beschränkungen auferlegen. Zu den funktionalen Beschränkungen, die sich aus den Reproduktionsbedingungen des ökonomischen und gesellschaftlichen Systems ergeben, treten Beschränkungen hinzu, die die ethnisch-kulturelle Substanz der jeweiligen Lebensform sichern. Damit gewinnt das Argument den *partikularistischen* Sinn, wonach die Staatsbürgerschaft zwar nicht mit nationaler Identität, aber mit bestimmten historisch ausgeprägten kulturellen Identitäten verschränkt ist. So formuliert H. R. van Gunsteren ganz im Geiste von H. Arendt die folgende Bedingung für die Zulassung zur Bürgerschaft in einem demokratischen Gemeinwesen: »The prospective citizen must be capable and willing to be a member of this particular historical community, its past and future, its forms of life and institutions within which its members think and act. In a community that values autonomy and judgement of its members, this is obviously not a requirement of pure conformity. But it is a requirement of knowledge of the language and the culture and of acknowledgement of those institutions that foster the reproduction of citizens who are capable of autonomous and responsible judgement.«[26]

Die geforderte Kompetenz, »als Bürger dieses besonderen politischen Gemeinwesens (this particular polity) zu handeln« muß man jedoch ganz anders, nämlich in einem *universalistischen* Sinne verstehen, sobald das politische Gemeinwesen selbst universalistische Verfassungsgrundsätze implementiert. Die Identität des politischen Gemeinwesens, die auch durch Immigration nicht angetastet werden darf, hängt primär an den in der *politischen Kultur* verankerten Rechtsprinzipien und nicht an einer besonderen *ethnisch-kultu-*

25 M. Walzer, Spheres of Justice, New York 1983, 31-63.
26 H. R. van Gunsteren (1988), 736.

rellen Lebensform im ganzen. Demnach muß von Einwanderern nur die Bereitschaft erwartet werden, daß sie sich auf die politische Kultur ihrer neuen Heimat einlassen, ohne deshalb die kulturelle Lebensform ihrer Herkunft aufgeben zu müssen. Die geforderte *politische Akkulturation* erstreckt sich nicht auf das Ganze ihrer Sozialisation. Vielmehr können Einwanderer mit einer importierten neuen Lebensform jene Perspektiven erweitern oder vervielfältigen, aus denen die gemeinsame politische Verfassung allerdings interpretiert werden muß: »People live in communities with bonds and bounds, but these may be of different kinds. In a liberal society, the bonds and bounds should be compatible with liberal principles. Open immigration would change the character of the community, but it would not leave the community without any character.«[27]

Aus der Diskussion, die wir von (a) bis (e) verfolgt haben, schält sich als normatives Ergebnis heraus, daß sich die europäischen Staaten auf eine liberale Immigrationspolitik einigen sollten. Sie dürfen sich nicht in der Wagenburg des Wohlstandschauvinismus gegen den Andrang von Immigrationswilligen und Asylsuchenden verschanzen. Das demokratische Recht auf Selbstbestimmung schließt gewiß das Recht auf Bewahrung einer eigenen *politischen* Kultur ein, die für die Staatsbürgerrechte einen konkreten Kontext bildet; es schließt aber nicht das Recht auf die Selbstbehauptung einer privilegierten *kulturellen* Lebensform ein. Im Rahmen der Verfassung eines demokratischen Rechtsstaates können vielfältige Lebensformen gleichberechtigt koexistieren. Diese müssen sich allerdings in einer gemeinsamen politischen Kultur überlappen, welche wiederum für Anstöße von seiten neuer Lebensformen offen ist.

Allein eine demokratische Staatsbürgerschaft, die sich nicht partikularistisch abschließt, kann im übrigen den Weg bereiten für einen *Weltbürgerstatus*, der heute schon in weltweiten politischen Kommunikationen Gestalt annimmt. Der Vietnam-Krieg, die revolutionären Veränderungen in Ost- und Mitteleuropa sowie der Krieg am Golf sind die ersten *weltpolitischen* Ereignisse im strikten Sinne. Durch elektronische Massenmedien sind sie einer ubiquitären Öffentlichkeit gleichzeitig präsent gemacht worden. Im Hinblick auf

27 Carens (1987), 271.

die Französische Revolution hat Kant auf die Reaktionen eines teilnehmenden Publikums Bezug genommen. Damals hat er das Phänomen einer Weltöffentlichkeit identifiziert, das erst heute in einem weltbürgerlichen Kommunikationszusammenhang zur politischen Realität wird. Sogar die Weltmächte müssen mit der Realität weltweiter Proteste rechnen. Die Obsoleszenz des noch fortdauernden Naturzustandes zwischen bellizistischen Staaten, die ihre Souveränität bereits eingebüßt haben, hat immerhin begonnen. Der weltbürgerliche Zustand ist kein bloßes Phantom mehr, auch wenn wir noch weit von ihm entfernt sind. Staatsbürgerschaft und Weltbürgerschaft bilden ein Kontinuum, das sich immerhin schon in Umrissen abzeichnet.

Nachwort

zur vierten, durchgesehenen und um ein Literaturverzeichnis ergänzten Auflage[1]

In gewisser Weise erfährt ein Autor erst durch die Antwort der Leser, was er mit seinem Text gesagt hat. Das bringt ihm auch zu Bewußtsein, was er gesagt zu haben meinte, und gibt ihm die Chance, klarer auszudrücken, was er hatte sagen wollen. In dieser Situation befinde ich mich ein knappes Jahr nach Erscheinen des Buches – und nach der Lektüre einer Reihe von klugen, meist wohlwollenden, in jedem Falle lehrreichen Rezensionen. Gewiß genießt der Interpret den Vorzug, einen Text besser zu verstehen als der Autor selbst; aber diesem mag es bei Gelegenheit einer neuen Auflage erlaubt sein, in der Rolle eines Interpreten den Versuch zu machen, den Gedanken zu rekapitulieren, der nach seinem Verständnis die Struktur des Ganzen bestimmt. Auf diesem Wege lassen sich auch einige der inzwischen vorgebrachten Einwände klären.

I.

Das moderne Recht wird durch ein System von zwingenden, positiven und – dem Anspruch nach – freiheitsverbürgenden Normen gebildet. Die Formeigenschaften des Zwangs und der Positivität verbinden sich mit dem Anspruch auf Legitimität: der Umstand, daß die mit staatlichen Sanktionsdrohungen bewehrten Normen auf die änderbaren Beschlüsse eines politischen Gesetzgebers zurückgehen, wird mit der Erwartung verknüpft, daß sie die Autonomie aller Rechtspersonen gleichmäßig gewährleisten. Diese Legitimitätserwartung verschränkt sich mit der Faktizität von Rechtsetzung und -durchsetzung. Und das spiegelt sich wiederum im ambivalenten Geltungsmodus des Rechts. Das moderne Recht wendet sich nämlich seinen Adressaten mit einem Janusgesicht zu: es stellt ihnen frei, ob sie die Rechtsnormen nur als Befehle im Sinne faktischer Ein-

---

1 Für die Herstellung des Literaturverzeichnisses danke ich Sebastian Knell.

schränkungen des eigenen Handlungsspielraums betrachten und mit den kalkulierbaren Folgen möglicher Regelverletzungen *strategisch* umgehen wollen oder ob sie dieselben in *performativer* Einstellung als gültige Gebote ansehen und »aus Achtung vor dem Gesetz« befolgen wollen. Die Geltung einer Rechtsnorm besteht, wenn der Staat beides zugleich garantiert: er sorgt einerseits für eine durchschnittliche, notfalls mit Sanktionen erzwungene Normbefolgung, und er gewährleistet andererseits die institutionellen Voraussetzungen für das legitime Zustandekommen der Norm selbst, damit sie jederzeit auch aus Achtung vor dem Gesetz befolgt werden kann.

Worauf gründet sich nun die Legitimität von Regeln, die doch vom politischen Gesetzgeber jederzeit geändert werden können? Diese Frage verschärft sich zumal in pluralistischen Gesellschaften, in denen inklusive Weltbilder und kollektiv verbindliche Ethiken zerfallen sind und wo die übriggebliebene posttraditionale Gewissensmoral keine hinreichende Grundlage mehr für das einst religiös oder metaphysisch begründete Naturrecht bietet. Die einzige nachmetaphysische Quelle der Legitimität bildet offensichtlich das demokratische Verfahren der Rechtserzeugung. Was verleiht aber diesem Verfahren seine legitimierende Kraft? Darauf gibt die Diskurstheorie eine einfache, auf den ersten Blick unwahrscheinliche Antwort: das demokratische Verfahren ermöglicht das freie Flottieren von Themen und Beiträgen, Informationen und Gründen, sichert der politischen Willensbildung einen diskursiven Charakter und begründet damit die fallibilistische Vermutung, daß verfahrensgerecht zustandegekommene Resultate mehr oder weniger vernünftig sind. Für einen diskurstheoretischen Ansatz sprechen prima facie zwei Überlegungen.

Gesellschaftstheoretisch betrachtet, erfüllt das Recht sozialintegrative Funktionen; zusammen mit dem rechtsstaatlich verfaßten politischen System übernimmt das Recht eine Ausfallbürgschaft für andernorts versagende sozialintegrative Leistungen. Es funktioniert in der Art eines Transmissionsriemens, über den sich die aus konkreten Zusammenhängen kommunikativen Handelns bekannten Strukturen der gegenseitigen Anerkennung von Angehörigen in abstrakter, aber bindender Form auf die anonym gewordenen und systemisch vermittelten Interaktionen zwischen Fremden übertragen. Solidarität – neben Geld und administrativer Macht die dritte Quelle gesellschaftlicher Integration – entsteht aus Recht freilich auf indirekte Weise: mit der Stabilisierung von Verhaltenserwartungen sichert es zugleich symmetrische Beziehungen reziproker Anerkennung zwischen abstrakten Trägern subjektiver Rechte. Aus diesen strukturellen Ähnlichkeiten zwischen Recht und kommunikativem Handeln erklärt sich, warum Diskurse, also Formen des reflexiv gewordenen kommunikativen Handelns, eine konstitutive Rolle für die Erzeugung (und Anwendung) von Rechtsnormen spielen.

Rechtstheoretisch betrachtet, können moderne Rechtsordnungen ihre Legitimation nur noch aus der Idee der Selbstbestimmung ziehen: die Bürger sollen sich jederzeit auch als Autoren des Rechts, dem sie als Adressaten unterworfen sind, verstehen können. Die kontraktualistischen Theorien haben sich die Autonomie der Bürger in Kategorien des bürgerlichen Vertragsrechts, eben als die private Willkür vertragschließender Parteien, zurechtgelegt. Das Hobbessche Problem der Begründung einer sozialen Ordnung ließ sich aber aus dem zufälligen Aufeinandertreffen rationaler Wahlentscheidungen unabhängiger Aktoren nicht befriedigend erklären. Kant hat deshalb die Parteien des Naturzustandes – wie später Rawls die Parteien des Urzustandes – mit einem genuin moralischen Vermögen ausgestattet. Nach der linguistischen Wende bietet sich für dieses deontologische Verständnis der Moral nunmehr eine diskurstheoretische Deutung an. Damit tritt ein Diskurs- oder Beratungsmodell an die Stelle des Vertragsmodells: die Rechtsgemeinschaft konstituiert sich nicht auf dem Wege eines Gesellschaftsvertrages, sondern auf der Grundlage eines diskursiv erzielten Einverständnisses.

Der Bruch mit der vernunftrechtlichen Tradition bleibt freilich unvollständig, solange die *moralische* Argumentation als Muster für den verfassunggebenden Diskurs dient. Wie bei Kant fällt dann die Autonomie der Bürger mit dem freien Willen moralischer Personen zusammen, und nach wie vor bildet die Moral oder das natürliche Recht den Kern des positiven Rechts.[1a] Dem liegt noch das natur-

1a Diese Interpretation des Kantischen Privatrechts bestreitet I. Maus (1992), 148 ff.

rechtliche Bild einer Legeshierarchie zugrunde: das positive Recht bleibt dem moralischen Recht untergeordnet und empfängt von diesem seine Orientierung. In Wahrheit ist das Verhältnis von Moral und Recht jedoch viel komplizierter.

Die im Buch entfaltete Argumentation zielt wesentlich auf den Nachweis, daß zwischen Rechtsstaat und Demokratie nicht nur ein historisch-zufälliger, sondern ein begrifflicher oder interner Zusammenhang besteht. Dieser kommt, wie ich im letzten Kapitel gezeigt habe, auch in jener Dialektik zwischen rechtlicher und faktischer Gleichheit zur Geltung, die gegenüber dem liberalen Rechtsverständnis zunächst das sozialstaatliche Paradigma auf den Plan gerufen hat und die uns heute zu einem prozeduralistischen Selbstverständnis des demokratischen Rechtsstaates nötigt. Der *demokratische Prozeß* trägt die ganze Bürde der Legitimation. Er muß gleichzeitig die private und die öffentliche Autonomie der Rechtssubjekte sichern; denn die subjektiv-privaten Rechte können nicht einmal angemessen formuliert, geschweige denn politisch durchgesetzt werden, wenn nicht zuvor die Betroffenen selbst in öffentlichen Diskussionen die jeweils relevanten Hinsichten für die Gleich- und Ungleichbehandlung typischer Fälle geklärt und kommunikative Macht für die Berücksichtigung ihrer neu interpretierten Bedürfnisse mobilisiert haben. Das prozeduralistische Rechtsverständnis zeichnet also die Kommunikationsvoraussetzungen und Verfahrensbedingungen der demokratischen Meinungs- und Willensbildung als einzige Legitimationsquelle aus. Mit der platonistischen Vorstellung, daß das positive Recht seine Legitimität aus höherem Recht schöpfen kann, ist das ebenso unvereinbar wie mit der empiristischen Leugnung jeder, über die Kontingenz der gesetzgeberischen Entscheidungen hinausreichenden, Legitimität. Für den Nachweis eines internen Zusammenhangs von Rechtsstaat und Demokratie müssen wir uns deshalb klarmachen, warum sich das positive Recht der Moral nicht schlicht unterordnen läßt (II), wie sich Volkssouveränität und Menschenrechte wechselseitig voraussetzen (III) und daß das Demokratieprinzip eigene, vom Moralprinzip unabhängige Wurzeln hat (IV).

II.

(1) Moral und Recht dienen gewiß beide der Regelung interpersoneller Konflikte; und beide sollen die Autonomie aller Beteiligten und Betroffenen gleichmäßig schützen. Interessanterweise erzwingt aber die Positivität des Rechts eine *Aufspaltung* der Autonomie, für die es auf seiten der Moral kein Gegenstück gibt. Während moralische Selbstbestimmung ein einheitliches Konzept ist, wonach jeder genau den Normen folgt, die er nach eigenem unparteilichem Urteil für verbindlich hält, tritt die Selbstbestimmung des Bürgers in der doppelten Gestalt von privater und öffentlicher Autonomie auf. Die rechtliche Autonomie deckt sich nicht mit Freiheit im moralischen Sinne. Sie nimmt zwei weitere Momente in sich auf – die Willkürfreiheit des rational entscheidenden Aktors sowie die Freiheit der ethisch entscheidenden Person.

Subjektive Rechte haben zunächst den Sinn, Rechtspersonen auf eine wohlumschriebene Weise von moralischen Geboten zu *entbinden* und den Aktoren Spielräume legitimer Willkür einzuräumen. Mit diesen Rechten bringt das moderne Recht allgemein das Prinzip zur Geltung, daß alles erlaubt ist, was nicht verboten ist. Während in der Moral von Haus aus eine Symmetrie zwischen Rechten und Pflichten besteht, ergeben sich Rechts*pflichten* erst als Konsequenzen aus der Wahrung von *Berechtigungen*, die konzeptuell in Führung gehen. Private Autonomie bedeutet allerdings nicht nur Willkürfreiheit in rechtlich gesicherten Grenzen; sie bildet zugleich eine Schutzhülle für die ethische Freiheit des Einzelnen, den eigenen existentiellen Lebensentwurf, in Rawls' Worten: die jeweils eigene Konzeption des Guten zu verfolgen.[2] Einen moralischen Charakter hat erst die Autonomie, von der die Staatsbürger als Mitgesetzgeber gemeinsam Gebrauch machen müssen, damit alle in den gleichmäßigen Genuß subjektiver Freiheiten gelangen können. Anders als die moralische Autonomie, die in der Fähigkeit zur vernünftigen Selbstbindung *aufgeht*, schließt also die Autonomie der Rechtsperson drei verschiedene Komponenten ein – neben der gemeinsam ausgeübten Autonomie der Staats-

---

2 J. Rawls, Political Liberalism, New York 1992.

bürger die Fähigkeit zu rationaler Wahl und ethischer Selbstverwirklichung.

Die Ausübung der rechtlichen Autonomie verzweigt sich in den öffentlichen Gebrauch der kommunikativen und den privaten Gebrauch der subjektiven Freiheiten. Diese Differenzierung erklärt sich aus der Positivität eines Rechts, das auf die kollektiv verbindlichen Beschlüsse rechtsetzender (und rechtanwendender) Instanzen zurückgeht und insofern schon aus konzeptuellen Gründen eine, wenn auch nur vorläufige, Rollentrennung zwischen Autoren, die Recht setzen (und sprechen), sowie Adressaten, die dem geltenden Recht unterworfen sind, verlangt. Wenn aber die Autonomie der Rechtsperson mehr umfaßt als Autonomie im moralischen Sinne, kann das positive Recht nicht als spezieller Fall der Moral begriffen werden.

(2) Eine Hierarchisierung von natürlichem und positivem Recht verbietet sich auch aus anderen Gründen. Moralische und rechtliche Vorschriften haben verschiedene Referenten und regeln jeweils andere Materien. Das im sozialen Raum und in der historischen Zeit entgrenzte *moralische* Universum umfaßt *alle* natürlichen Personen, und zwar in ihrer lebensgeschichtlichen Komplexität; insofern bezieht sich der moralische Schutz auf die Integrität vollständig individuierter Einzelner. Demgegenüber schützt eine raumzeitlich lokalisierte *Rechtsgemeinschaft* die Integrität ihrer Angehörigen nur insoweit, wie diese den Status von Trägern subjektiver Rechte einnehmen.

Unterschiede bestehen auch in extensionaler Hinsicht. Die rechtlich regelungsbedürftigen und regelungsfähigen Materien sind zugleich eingeschränkter und umfangreicher als moralisch relevante Angelegenheiten: eingeschränkter, weil nur äußeres, nämlich erzwingbares Verhalten rechtlicher Regulierung zugänglich ist; und umfangreicher, weil das Recht, sofern es als Organisationsmittel der politischen Herrschaft dient, kollektiven Zielen oder Programmen eine verbindliche Form verleiht, sich also nicht in der Regelung interpersoneller Konflikte *erschöpft*. Politiken und Rechtsprogramme haben von Fall zu Fall ein größeres oder geringeres moralisches Gewicht. Denn die rechtlich regelungsbedürftigen Materien werfen keineswegs *nur* moralische Fragen auf, sondern berühren empirische, pragmatische und ethische Aspekte ebenso wie solche des fairen Ausgleichs zwischen kompromißfähigen Interessen. Deshalb ist auch die Meinungs- und Willensbildung des demokratischen Gesetzgebers auf ein verzweigtes Netz von Diskursen und Verhandlungen – und nicht allein auf moralische Diskurse – angewiesen. Und anders als der klar geschnittene normative Geltungsanspruch moralischer Gebote stützt sich der Legitimitätsanspruch von Rechtsnormen – wie die legislative Rechtsfertigungspraxis selbst – auf verschiedene Sorten von Gründen.[3]

Zusammenfassend läßt sich festhalten, daß das Recht eine komplexere Struktur hat als die Moral, weil es (1) subjektive Handlungsfreiheiten (mit der Orientierung an je eigenen Werten und Interessen) zugleich entfesselt und normativ eingrenzt und weil es (2) kollektive Zielsetzungen in sich aufnimmt, so daß die Regelungen zu konkret sind, um alleine unter moralischen Gesichtspunkten gerechtfertigt werden zu können. Als Alternative zur naturrechtlichen Unterordnung des Rechts unter die Moral empfiehlt es sich, das einklagbare positive Recht als funktionale Ergänzung zur Moral aufzufassen: es *entlastet* die urteilenden und handelnden Personen von den erheblichen kognitiven, motivationalen und – wegen der für positive Pflichten oft erforderlichen moralischen Arbeitsteilung – organisatorischen Anforderungen einer auf das subjektive Gewissen umgestellten Moral. Das Recht kompensiert sozusagen die funktionalen Schwächen einer Moral, die, aus der Beobachterperspektive betrachtet, häufig kognitiv unbestimmte und motivational ungesicherte Ergebnisse liefert. Das *komplementäre* Verhältnis bedeutet aber keineswegs eine moralische Neutralität des Rechts. Moralische Gründe fließen ja über den Gesetzgebungsprozeß ins Recht ein. Auch wenn moralische Gesichtspunkte für die Legitimation von Rechtsprogrammen nicht hinreichend selektiv sind, sollen Politik und Recht mit der Moral – auf einer gemeinsamen

---

3 Normalerweise sind politische Fragen so komplex, daß sie gleichzeitig unter pragmatischen, ethischen und moralischen *Aspekten* behandelt werden müssen. Diese lassen sich freilich nur *analytisch* trennen. Deshalb ist mein (S. 203 ff.) unternommener Versuch, verschiedene Arten von Diskursen anhand linear zugeordneter konkreter Fragen zu exemplifizieren, irreführend.

nachmetaphysischen Begründungsbasis – doch in Einklang stehen.[4]

Die Verdoppelung des Rechts in natürliches und positives Recht suggeriert die Vorstellung, daß die historischen Rechtsordnungen eine vorgegebene intelligible Ordnung *nachbilden* sollen. Das diskurstheoretische Rechtskonzept steuert zwischen den Klippen des Rechtspositivismus und des Naturrechts hindurch: wenn die Legitimität des grundsätzlich änderbaren Zwangsrechts als Verfahrensrationalität begriffen und letztlich auf ein geeignetes kommunikatives Arrangement für die vernünftige politische Willensbildung des Gesetzgebers (und für die Rechtsanwendung) zurückgeführt wird, braucht das unverfügbare Moment der Rechtsgeltung nicht in blindem *Dezisionismus* zu verschwinden, noch muß es durch eine *eindämmende* Moral vor dem Sog der Temporalität bewahrt werden. Unter diskurstheoretisch veränderten Prämissen läßt sich dann die Ausgangsfrage des Vernunftrechts in der folgenden Weise reformulieren: Welche Rechte müssen sich Bürger gegenseitig zuerkennen, wenn sie sich entschließen, sich als eine freiwillige Assoziation von Rechtsgenossen zu konstituieren und ihr Zusammenleben mit Mitteln des positiven Rechts legitim zu regeln? In dem performativen *Sinn* dieser verfassunggebenden Praxis liegt in nuce der ganze Gehalt des demokratischen Rechtsstaates schon beschlossen. Das System der Rechte und die Prinzipien des Rechtsstaates lassen sich aus dem Vollzugssinn der Praxis entfalten, auf die man sich mit dem ersten Akt der Selbstkonstituierung einer solchen Rechtsgemeinschaft eingelassen hat.

Wenn wir diese Rekonstruktion des Rechts vornehmen müssen, ohne uns auf ein höheres oder vorgängiges Recht moralischer Di-

---

4 Freilich muß man zwischen moralisch begründeten Rechten und Politiken unterscheiden; nicht alle legitimen politischen Programme begründen Rechte. So sprechen einerseits starke moralische Gründe für ein individuelles Recht auf politisches Asyl und eine entsprechende Rechtswegegarantie (und gegen die Ersetzung durch eine staatlich gewährte institutionelle Garantie). Andererseits besteht kein individueller Rechtsanspruch auf Immigration schlechthin, obwohl die westlichen Gesellschaften zu einer liberalen Einwanderungspolitik sehr wohl moralisch verpflichtet sind. Im Text (S. 658 ff.) habe ich diese Unterscheidungen nicht klar genug vorgenommen; vgl. aber mein Nachwort zu Ch. Taylor, Multikulturalismus und die Politik der Anerkennung, Frankfurt/M. 1993, 179 ff.

gnität stützen zu können, ergeben sich freilich in der Konsequenz der bisherigen Überlegungen zwei Probleme: ad (1) stellt sich die Frage, wie denn die gleichmäßige Gewährleistung von privater und öffentlicher Autonomie zu begreifen ist, wenn wir die als Menschenrechte konzipierten Freiheitsrechte in derselben positivrechtlichen Dimension ansiedeln wie die politischen Bürgerrechte; und ad (2) drängt sich die Frage auf, wie sich das für die Legitimation des Rechts maßgebende Diskursprinzip verstehen läßt, wenn es wegen der Komplementarität von Recht und Moral nicht länger mit dem Moralprinzip zusammenfallen darf.

III.

Der interne Zusammenhang zwischen Rechtsstaat und Demokratie erklärt sich begrifflich daraus, daß sich die subjektiven Handlungsfreiheiten des Privatrechtssubjekts und die öffentliche Autonomie des Staatsbürgers wechselseitig ermöglichen. In der politischen Philosophie wird dieses Verhältnis für gewöhnlich so dargestellt, daß die private Autonomie der Gesellschaftsbürger durch die Menschenrechte (die klassischen Rechte auf »Freiheit, Leben und Eigentum«) und eine anonyme *Herrschaft der Gesetze* gewährleistet wird, während sich die politische Autonomie der Staatsbürger aus dem Prinzip der Volkssouveränität herleitet und in der demokratischen *Selbstgesetzgebung* Gestalt annimmt. In der Tradition standen die beiden Elemente freilich in einem ungelösten Konkurrenzverhältnis. Der auf Locke zurückgehende *Liberalismus* hat seit dem 19. Jahrhundert die Gefahr tyrannischer Mehrheiten beschworen und gegenüber der Volkssouveränität einen Vorrang der Menschenrechte postuliert, während der auf Aristoteles zurückreichende *Republikanismus* der »Freiheit der Alten« auf politische Teilnahme stets Vorrang vor den unpolitischen »Freiheiten der Modernen« eingeräumt hat. Sogar Rousseau und Kant verfehlen noch die Intuition, die sie doch auf den Begriff bringen wollten. Die Menschenrechte, die sich bei Kant im »ursprünglichen« Recht auf gleiche subjektive Handlungsfreiheiten zusammenfassen, dürfen weder dem souveränen Gesetzgeber als äußere Schranke bloß auferlegt noch als funktionales Requisit für dessen Zwecke instrumentalisiert werden.

Menschenrechte mögen als *moralische* Rechte noch so gut begründet werden können; sobald wir sie aber als Bestandteil des *positiven* Rechts konzipieren, liegt es auf der Hand, daß sie einem souveränen Gesetzgeber nicht gleichsam paternalistisch übergestülpt werden dürfen. Die Adressaten des Rechts könnten sich nicht zugleich als dessen Autoren verstehen, wenn der Gesetzgeber die Menschenrechte als moralische Tatsachen vorfände, um sie nur noch zu positivieren. Andererseits soll dieser, unbeschadet seiner Autonomie, nichts beschließen können, was gegen die Menschenrechte verstößt. Für die Auflösung dieses Dilemmas erweist es sich nun als Vorteil, daß wir das Recht als ein Medium eigener Art gekennzeichnet und durch seine Formeigenschaften von Moral unterschieden haben.

Für eine verfassunggebende Praxis genügt es nicht, ein Diskursprinzip einzuführen, in dessen Licht die Bürger beurteilen können, ob das Recht, das sie setzen, legitim ist. Vielmehr bedürfen genau die Kommunikationsformen, in denen sich ein vernünftiger politischer Wille auf diskursive Weise soll bilden können, selber der rechtlichen Institutionalisierung. Indem das Diskursprinzip rechtliche Gestalt annimmt, verwandelt es sich in ein Demokratieprinzip. Für diesen Zweck muß aber der Rechtskode als solcher zur Verfügung stehen; und die Einrichtung dieses Kodes verlangt, daß eine Statusordnung für mögliche Rechtspersonen geschaffen wird, d. h. für Personen, die als Träger subjektiver Rechte einer freiwilligen Assoziation von Rechtsgenossen angehören und Rechtsansprüche effektiv einklagen können. Ohne eine Gewährleistung privater Autonomie kann es so etwas wie positives Recht überhaupt nicht geben. Mithin kann es ohne klassische Freiheitsrechte, die die private Autonomie von Rechtspersonen sichern, auch kein *Medium* für die rechtliche Institutionalisierung jener Bedingungen geben, unter denen die Bürger von ihrer staatsbürgerlichen Autonomie erst Gebrauch machen können.

Den Subjekten, die ihr Zusammenleben mit Mitteln des positiven Rechts legitim regeln wollen, steht die Wahl des Mediums, in dem sie ihre Autonomie verwirklichen können, nicht mehr frei. An der

Erzeugung von Recht sind sie nur als *Rechtssubjekte* beteiligt; sie können nicht mehr darüber disponieren, welcher Sprache sie sich dabei bedienen wollen. Der gesuchte interne Zusammenhang zwischen »Menschenrechten« und Volkssouveränität besteht mithin darin, daß das Erfordernis der rechtlichen Institutionalisierung der Selbstgesetzgebung nur mit Hilfe eines Kodes erfüllt werden kann, der *zugleich* die Gewährleistung einklagbarer subjektiver Handlungsfreiheiten impliziert. Umgekehrt kann wiederum die Gleichverteilung dieser subjektiven Rechte (und ihres »fairen Werts«) nur durch ein demokratisches Verfahren befriedigt werden, das die Vermutung auf vernünftige Ergebnisse der politischen Meinungs- und Willensbildung begründet. Auf diese Weise setzen sich private und öffentliche Autonomie gegenseitig voraus, ohne daß die eine vor der anderen einen Primat beanspruchen dürfte.

Die liberalismuskritische Pointe dieses Gedankens hat die Verteidiger des Primats der Menschenrechte aufgeschreckt. So wendet sich beispielsweise Otfried Höffe gegen die Herabstufung der *Menschen*rechte (deren universelle Geltung er anthropologisch begründen möchte) zu bloßen *Grund*rechten.[5] Wenn man von »Recht« nur im Sinne des positiven Rechts sprechen will, muß man in der Tat zwischen *Menschen*rechten als moralisch gerechtfertigten Handlungsnormen und Menschen*rechten* als positiv geltenden Verfassungsnormen unterscheiden. Solche Grundrechte haben einen anderen Status als – möglicherweise bedeutungsgleiche – moralische Normen. Als gesatzte und einklagbare Verfassungsnormen werden sie innerhalb des Geltungsbereichs eines bestimmten politischen Gemeinwesens verbürgt. Aber dieser Status widerspricht nicht dem universalistischen Sinn der klassischen Freiheitsrechte, die alle Personen überhaupt und nicht nur alle Staatsangehörigen einschließen. Auch als Grundrechte erstrecken sie sich auf sämtliche Personen, sofern sie sich nur im Geltungsbereich der Rechtsordnung aufhalten: alle genießen insoweit den Schutz der Verfassung. Wegen des menschenrechtlichen *Sinnes* dieser Grundrechte hat sich beispielsweise in der Bundesrepublik Deutschland die Rechtsstellung von Fremden, heimatlosen Ausländern und Staaten-

---

5 O. Höffe, Eine Konversion der Kritischen Theorie?, in: Rechtshistorisches Journal, Nr. 12, 1993.

losen dem Status von Staatsangehörigen immerhin angenähert; sie genießen denselben Rechtschutz und haben nach dem Buchstaben des Gesetzes einen ähnlichen Pflichten- und Leistungsstatus.[6] Die Diskrepanz zwischen dem menschenrechtlichen Gehalt der klassischen Freiheitsrechte einerseits und der zunächst national-staatlich beschränkten Geltung ihrer rechtlichen Positivierungen andererseits bringt gerade zu Bewußtsein, daß das diskursiv begründete »System der Rechte« über den demokratischen Rechtsstaat im Singular hinausweist und auf die Globalisierung der Rechte abzielt. Wie Kant gesehen hat, fordern die Grundrechte aufgrund ihres semantischen Gehalts einen international verrechtlichten »weltbürgerlichen Zustand«. Damit aus der Menschenrechtserklärung der UNO einklagbare Rechte werden, genügen internationale Gerichtshöfe allein nicht; diese können erst angemessen funktionieren, wenn das Zeitalter souveräner Einzelstaaten durch eine *nicht nur beschluß-, sondern handlungs- und durchsetzungsfähige* UNO ein Ende gefunden haben wird.[7]

Bei der Verteidigung des Primats der Menschenrechte lassen sich die Liberalen von der einleuchtenden Intuition leiten, daß Rechtspersonen gegen die willkürliche Handhabung der staatlich monopolisierten Gewalt geschützt werden sollen. Deshalb meint Charles Larmore, daß jedenfalls *ein* – eben moralisch begründetes – subjektives Recht der demokratischen Willensbildung vorausliegen und diese einschränken müsse: »Niemand sollte durch Gewalt gezwungen werden, sich Normen zu unterwerfen, wenn es nicht möglich ist, deren Gültigkeit vernünftig einzusehen.«[8] In einer harmlosen Lesart besagt das Argument, daß die Personen, die sich als Rechtsgemeinschaft konstituieren wollen, eo ipso einen Begriff des positiven Rechts akzeptiert haben, der die Legitimitätserwartung einschließt. Begründungsbedürftigkeit gehört dann zu den seman-

6 Damit möchte ich nicht von immer noch bestehenden Einschränkungen, insbesondere von jenen Defiziten des deutschen Staatsbürgerrechts ablenken, die seit einiger Zeit unter den Stichworten des kommunalen Ausländerwahlrechts und der zweiten Staatsbürgerschaft diskutiert werden; siehe im Anhang S. 653 f.
7 Vgl. das Nachwort zu: J. Habermas, Vergangenheit als Zukunft, München 1993.
8 Ch. Larmore, Die Wurzeln radikaler Demokratie, in: Deutsche Zeitschrift für Philosophie 41 (1993), 327.

tischen Implikationen dieses Rechtsbegriffs und damit der verfassunggebenden Praxis überhaupt. In einer weniger harmlosen Lesart bringt das Argument jedoch die spezielle Überzeugung zum Ausdruck, daß die unpersönliche Herrschaft der Gesetze so fundamental ist wie die Gewalt des Leviathan, den sie in Ketten legen soll. Diese liberale Denkfigur, die sich aus naheliegenden historischen Erfahrungen erklärt, wird jedoch dem konstitutiven Zusammenhang von Recht und Politik nicht gerecht.[9] Sie verwechselt Volkssouveränität mit Gewaltmonopol und verfehlt den von Haus aus technischen, jedenfalls nicht-repressiven Sinn einer in Rechtsform auftretenden administrativen Macht – sofern diese nur im Rahmen demokratischer Gesetze ausgeübt wird; sie verfehlt vor allem den für jedes politische Gemeinwesen konstitutiven Sinn der intersubjektiv ausgeübten staatsbürgerlichen Autonomie. Beiden Aspekten wird nur eine zweistufige Rekonstruktion gerecht, die von der horizontalen Vergesellschaftung der *einander* als gleichberechtigt anerkennenden Bürger ausgeht und zur rechtsstaatlichen Disziplinierung der vorausgesetzten staatlichen Gewalt fortschreitet. Dann sieht man, daß die liberalen Abwehrrechte der Einzelnen gegenüber dem gewaltmonopolisierenden Staatsapparat keineswegs originär sind, sondern aus einer Transformation der zunächst *gegenseitig* eingeräumten subjektiven Handlungsfreiheiten hervorgehen. Die mit dem Rechtskode als solchem verknüpften subjektiven Rechte gewinnen den negatorischen Sinn der Ausgrenzung eines privaten Kernbereichs, der willkürlichen administrativen Zugriffen entzogen bleiben soll, erst sekundär. Abwehrrechte entstehen erst in der *Konsequenz* der Ausdifferenzierung einer sich selbst verwaltenden Assoziation von Rechtsgenossen zur staatlich organisierten Rechtsgemeinschaft. Die Abwehrrechte entstehen gleich ursprünglich mit dem rechtsstaatlichen Prinzip der Gesetzmäßigkeit der Verwaltung; ihnen kommt deshalb im logischen Aufbau des Systems der Rechte nicht der fundamentale Stellenwert zu, mit dem Larmore den Primat der Menschenrechte begründen möchte.

---

9 Zur grundbegrifflichen Analyse vgl. Kap. IV, 1, S. 167-187.

IV.

Das positive Recht kann seine Legitimität nicht mehr einem übergeordneten moralischen Recht, sondern nur noch einem Verfahren
präsumtiv vernünftiger Meinungs- und Willensbildung entlehnen.
Dieses demokratische Verfahren, das unter Bedingungen des gesellschaftlichen und weltanschaulichen Pluralismus der Rechtsetzung
legitimitätserzeugende Kraft verleiht, habe ich unter diskurstheoretischen Gesichtspunkten näher analysiert.[10] Dabei bin ich von dem
hier nicht näher zu begründenden Prinzip ausgegangen, daß genau
die normativen Regelungen und Handlungsweisen Legitimität beanspruchen dürfen, denen alle möglicherweise Betroffenen als Teilnehmer an rationalen Diskursen zustimmen könnten.[11] Die Bürger
prüfen im Lichte dieses Diskursprinzips, welche Rechte sie sich gegenseitig zuerkennen sollten. *Als* Rechtssubjekte müssen sie diese
Praxis der Selbstgesetzgebung im Medium des Rechts selbst verankern; sie müssen die Kommunikationsvoraussetzungen und Verfahren eines politischen Meinungs- und Willensbildungsprozesses,
in dem das Diskursprinzip zur Anwendung gelangt, selbst rechtlich
institutionalisieren. Die mit Hilfe des allgemeinen Rechts auf subjektive Handlungsfreiheiten vorgenommene Einrichtung des
Rechtskodes muß also *vervollständigt* werden durch Kommunika-
tions- und Teilhaberechte, die einen chancengleichen öffentlichen
Gebrauch kommunikativer Freiheiten garantieren. Auf diesem
Wege erhält das Diskursprinzip die rechtliche Gestalt eines Demokratieprinzips.
Dabei wird die kontrafaktische Idee allgemeiner Zustimmungsfähigkeit von der Faktizität der rechtlichen Institutionalisierung öffentlicher Diskurse keineswegs aufgesogen und neutralisiert, wie

10 Vgl. im Text S. 195-207 und S. 369 ff.
11 Im Text S. 138 ff. Die Idee allgemeiner Zustimmungsfähigkeit erläutert den Sinn
    der Geltung von Handlungsnormen als eine – nicht nur lokal nachvollziehbare –
    rationale Akzeptabilität. Diese Explikation der Sollgeltung bezieht sich auf den
    Prozeß der Begründung, nicht der Anwendung von Normen. Insofern ist der
    Vergleich mit einer Maxime der richterlichen Entscheidungspraxis fehl am
    Platze; vgl. N. Luhmann, Quod omnes tangit..., in: Rechtshistorisches Journal,
    Nr. 12, 1993.

Onora O'Neill anzunehmen scheint.[12] Albrecht Wellmer betont zu Recht, daß der »Begriff der Rechtslegitimität durchaus auch eine *kontrafaktische* Anwendung (hat) ... Freilich liegt es in der Logik des modernen Legitimitätsbegriffs, daß die Gemeinsamkeit des Beschließens so weit wie möglich als eine *faktische* realisiert wird – sofern nämlich allen Betroffenen ein gleiches *Recht* zur Teilnahme an kollektiven Willensbildungsprozessen zuzugestehen ist: dies ist die Idee der Demokratie. Wenn aber legitime Gesetze so sein sollen, daß alle Betroffenen sie hätten gemeinsam beschließen können, und wenn alle Betroffenen – im Prinzip – ein gleiches Recht zur Teilnahme an der kollektiven Beschlußfassung haben, dann versteht sich von selbst, daß die öffentlich-argumentative Klärung normativer Fragen eine zentrale Rolle bei jedem Versuch spielen muß, legitimes Recht ... zu verwirklichen und die Anerkennung seiner Legitimität sicherzustellen. Für eine Rechtsnorm – oder ein System von Rechtsnormen – zu argumentieren bedeutet in diesem Falle den Versuch, gegenüber allen anderen Betroffenen mit Gründen zu zeigen, weshalb alle Gutwilligen und Einsichtigen das soziale Gelten dieser Norm oder dieser Normen als gleichermaßen gut für alle müßten beurteilen können.«[13] Dieselbe Spannung zwischen Faktizität und Geltung ist freilich schon im moralischen Diskurs – wie in der Argumentationspraxis überhaupt – angelegt; sie wird im Medium des Rechts nur intensiviert und verhaltenswirksam operationalisiert.

Demgegenüber möchte Wellmer die im Diskursprinzip ausgedrückte Idee allgemeiner Zustimmungsfähigkeit für die Erklärung der Legitimität des *Rechts* reservieren und nicht auf die Geltung moralischer Normen ausgedehnt sehen. Er ist der Auffassung, daß die Diskursethik den Zusammenhang von normativer Gültigkeit und realem Diskurs, der im speziellen Fall der Rechtsgeltung gegeben sei, auf die Sollgeltung moralischer Gebote fälschlich übertrage. Der Einwand selbst muß uns an dieser Stelle nicht interessieren;[14] er macht aber auf ein Abgrenzungsproblem aufmerksam, das

---

12 O. O'Neill, Kommunikative Rationalität und praktische Vernunft, in: Deutsche Zeitschrift für Philosophie 41 (1993), 329-332.

13 A. Wellmer, Ethik und Dialog, Frankfurt/M. 1986, 121 f.

14 Zur Kritik an Wellmer vgl. J. Habermas, Erläuterungen zur Diskursethik,

sich der Diskurstheorie von Recht und Moral in der Tat stellt. Wenn man nämlich das Diskursprinzip nicht wie Wellmer ausschließlich zur Erklärung des Demokratieprinzips heranzieht, sondern allgemein zur Explikation des Sinnes der unparteilichen Beurteilung normativer Fragen *jeder Art* verwendet, droht die Grenze zwischen der postkonventionellen Begründung von Handlungsnormen im allgemeinen und der Begründung von Moralnormen im besonderen verwischt zu werden. Das Diskursprinzip muß nämlich auf einer Abstraktionsebene angesiedelt werden, die gegenüber der Unterscheidung zwischen Moral und Recht noch neutral ist. Einerseits soll es einen normativen Gehalt haben, der für die unparteiliche Beurteilung von Handlungsnormen überhaupt hinreicht, andererseits darf es nicht mit dem Moralprinzip zusammenfallen, weil es sich in jeweils anderen Hinsichten zum Moral- und zum Demokratieprinzip erst ausdifferenziert. Dann muß aber gezeigt werden, inwiefern das Diskursprinzip den Gehalt des diskursethischen Verallgemeinerungsprinzips ›U‹ nicht schon erschöpft. Sonst wäre das im Diskursprinzip bloß versteckte Moralprinzip doch wieder – wie im Naturrecht – einzige Legitimationsquelle für das Recht.

In der vorgeschlagenen Formulierung des Diskursprinzips ›D‹: »Gültig sind genau die Handlungsnormen, denen alle möglicherweise Betroffenen als Teilnehmer an rationalen Diskursen zustimmen könnten« bleiben zwei zentrale Begriffe unbestimmt; es fehlt eine Spezifizierung der verschiedenen »Handlungsnormen« (und entsprechender normativer Aussagen) ebenso wie der verschiedenen »rationalen Diskurse« (von denen übrigens Verhandlungen insofern abhängen, als deren Verfahren diskursiv gerechtfertigt werden müssen). Damit bleibt aber genügend Spielraum, um Demokratie- und Moralprinzip durch entsprechende Spezifizierungen aus dem Diskursprinzip herzuleiten. Während das Demokratieprinzip nur auf die Normen Anwendung findet, die die Formeigenschaften von Rechtsnormen aufweisen, bedeutet das Moralprinzip – wonach gültige Normen im gleichmäßigen Interesse aller Personen liegen[15] – eine Einschränkung auf die Art von Diskursen,

Frankfurt/M. 1991, 131 ff.; sowie L. Wingert, Gemeinsinn und Moral, Frankfurt/M. 1993.

15 Vgl. die Formulierung von ›U‹ in: J. Habermas, Moralbewußtsein und kommu-

in denen *allein* moralische Gründe den Ausschlag geben. Das Moralprinzip läßt die Normsorten, das Demokratieprinzip die Formen der Argumentation (und Verhandlungen) unspezifiziert. Das erklärt zwei Asymmetrien. Während moralische Diskurse auf eine einzige Sorte von Gründen spezialisiert sind und moralische Normen mit einem entsprechend scharf geschnittenen Modus der Sollgeltung ausgestattet sind, stützt sich die Legitimität von Rechtsnormen auf ein breites Spektrum von Gründen, unter anderem auch auf moralische Gründe. Und während das Moralprinzip als eine Regel der Argumentation ausschließlich der Urteilsbildung dient, strukturiert das Demokratieprinzip nicht nur das Wissen, sondern zugleich die Praxis der Bürger.

Wenn man das Verhältnis von Moral und Recht auf diese Weise bestimmt und den Legitimitätsanspruch von Rechtsnormen nicht länger unter dem gemeinsamen Titel von »Richtigkeit« mit dem Anspruch auf moralische Gerechtigkeit identifiziert,[16] kann man übrigens die weitergehende Frage der *moralischen* Begründung von Recht als solchem – das vernunftrechtliche Problem des Übergangs vom Natur- zum Gesellschaftszustand – offenlassen. Das positive Recht, das wir in der Moderne als Ergebnis eines gesellschaftlichen Lernprozesses sozusagen vorfinden, empfiehlt sich aufgrund seiner Formeigenschaften als geeignetes Mittel für die Stabilisierung von Verhaltenserwartungen; dafür scheint es in komplexen Gesellschaften kein funktionales Äquivalent zu geben. Die Philosophie stellt sich eine *unnötige* Aufgabe, wenn sie nachweisen will, daß es sich nicht nur aus funktionalen Gründen empfiehlt, sondern daß es moralisch geboten ist, unser Zusammenleben rechtsförmig zu organisieren, also überhaupt Rechtsgemeinschaften zu bilden. Die Einsicht, daß es in komplexen Gesellschaften eben nur noch im Medium des Rechts möglich ist, moralisch gebotene Verhältnisse gegenseitiger Achtung auch unter Fremden verläßlich zu etablieren, sollte dem Philosophen genügen.

nikatives Handeln, Frankfurt/Main 1983, 131: »Jede gültige Norm muß der Bedingung genügen, daß die Folgen und Nebenwirkungen, die sich aus ihrer allgemeinen Befolgung für die Befriedigung der Interessen jedes Einzelnen voraussichtlich ergeben, von allen Betroffenen zwanglos akzeptiert werden können.«

16 Vgl. jetzt R. Alexy, Begriff und Geltung des Rechts, Freiburg 1992.

V

Das Recht ist kein narzißtisch in sich abgeschlossenes System, sondern zehrt von der »demokratischen Sittlichkeit« der Staatsbürger[17] und dem Entgegenkommen einer liberalen politischen Kultur. Das zeigt sich, wenn man den paradoxen Umstand zu erklären versucht, wie legitimes Recht aus bloßer Legalität entstehen kann. Das demokratische Rechtsetzungsverfahren ist darauf angelegt, daß die Staatsbürger von ihren Kommunikations- und Teilhaberechten *auch* einen gemeinwohlorientierten Gebrauch machen, der politisch zwar angesonnen, aber rechtlich nicht erzwungen werden kann. Wie alle subjektiven Rechte räumen auch die politischen Bürgerrechte ihrer Form nach lediglich Sphären der Willkürfreiheit ein und machen einzig legales Verhalten zur Pflicht. Ungeachtet dieser Struktur können sie aber die Legitimationsquellen der diskursiven Meinungs- und Willensbildung nur erschließen, wenn die Bürger ihre kommunikativen Freiheiten nicht ausschließlich *wie* subjektive Handlungsfreiheiten für die Verfolgung eigener Interessen, sondern für Zwecke des »öffentlichen Vernunftgebrauchs« *als* kommunikative Freiheiten nutzen. Recht kann sich als legitimes nur erhalten, wenn die Staatsbürger aus der Rolle privater Rechtssubjekte heraustreten und die Perspektive von Teilnehmern an Prozessen der Verständigung über die Regeln ihres Zusammenlebens einnehmen. Insofern ist der demokratische Rechtsstaat auf Motive einer an Freiheit *gewöhnten* Bevölkerung angewiesen, die sich rechtlich-administrativen Zugriffen entziehen. Das erklärt, warum im prozeduralistischen Rechtsparadigma die rechtlich nicht erzwingbaren Strukturen einer lebendigen Zivilgesellschaft und einer nicht vermachteten politischen Öffentlichkeit einen guten Teil der normativen Erwartungen, vor allem die Bürde der normativ erwarteten demokratischen Genese des Rechts, tragen müssen.

Natürlich ruft das die Skeptiker in der doppelten Gestalt des Sozialwissenschaftlers und des Juristen auf den Plan. Als Empiriker be-

---

17 Zum Begriff demokratischer Sittlichkeit vgl. A. Wellmer, Bedingungen einer demokratischen Kultur, in: M. Brumlik, H. Brunkhorst (Hg.), Gemeinschaft und Gerechtigkeit, Frankfurt/M. 1993, 173-196; sowie A. Honneth, Posttraditionale Gesellschaften, ebd., 260-270.

lehrt uns der eine über die machtlosen Ideen, die sich vor den Interessen stets blamieren; als Pragmatiker belehrt uns der andere über
die steifen Konflikte, die nur mit der Rückendeckung eines substantiellen Staates bewältigt werden können. Immerhin führt gerade der
diskurstheoretische Ansatz ein realistisches Element insofern ein,
als er die Bedingungen für eine vernünftige politische Meinungs-
und Willensbildung von der Ebene der Motivationen und Entscheidungsgrundlagen einzelner Aktoren oder Gruppen auf die soziale
Ebene institutionalisierter Beratungs- und Entscheidungsprozesse
verschiebt. Dabei kommt der strukturalistische Gesichtspunkt zum
Zuge: demokratische Verfahren und entsprechende kommunikative Arrangements können als Filter funktionieren, die Themen und
Beiträge, Informationen und Gründe so sortieren, daß nur die relevanten und gültigen Eingaben »zählen«. Dennoch drängt sich die
Frage auf, wie ein anspruchsvolles Selbstverständnis von Recht und
Demokratie, das eben nicht auf »ein Volk von Teufeln« zugeschnitten ist, mit den Funktionsbedingungen komplexer Gesellschaften
überhaupt vereinbar ist.

Andererseits hat mich gerade diese Skepsis veranlaßt, die Spannung
zwischen Faktizität und Geltung überhaupt zum Thema zu machen.[18] Eine rekonstruktiv verfahrende Rechtstheorie ist in ihrer
methodischen Anlage auf die Prämisse zugeschnitten, daß sich das
kontrafaktische Selbstverständnis des demokratischen Rechtsstaates in unvermeidlichen und faktisch folgenreichen Präsuppositionen der einschlägigen Praktiken niederschlägt. Schon der erste Akt
einer verfassunggebenden Praxis treibt in die gesellschaftliche
Komplexität den Keil einer überschwenglichen Idee. Im Lichte dieser Idee der Selbstkonstituierung einer Gemeinschaft von Freien
und Gleichen sind die eingespielten Praktiken der Erzeugung, Anwendung und Implementierung von Recht unausweichlich der Kritik und Selbstkritik ausgesetzt. In der Gestalt subjektiver Rechte
werden die Energien von Willkürfreiheit, strategischem Handeln
und Selbstverwirklichung zugleich entbunden und durch einen
normativen Zwang kanalisiert, über den sich die Bürger nach demokratischen Verfahren verständigen müssen, indem sie von ihren

18 Im Text S. 53-60.

rechtlich gewährleisteten kommunikativen Freiheiten öffentlich Gebrauch machen. Die paradoxe Leistung des Rechts besteht also darin, daß es das Konfliktpotential entfesselter subjektiver Freiheiten durch Normen zähmt, die nur so lange zwingen können, wie sie auf dem schwankenden Boden entfesselter kommunikativer Freiheiten als legitim anerkannt werden. Eine Gewalt, die sonst der sozialintegrativen Kraft der Kommunikation entgegensteht, wird so in der Form legitimen staatlichen Zwangs zum konvertierten Mittel der sozialen Integration selbst. Dabei nimmt die Sozialintegration eine eigentümlich reflexive Gestalt an: indem das Recht seinen Legitimationsbedarf mit Hilfe der Produktivkraft Kommunikation deckt, nutzt es ein auf Dauer gestelltes Dissensrisiko als Stachel rechtlich institutionalisierter öffentlicher Diskurse.

Frankfurt, im September 1993   J. H.

Literaturverzeichnis

Aarnio A., The Rational as Reasonable, Dordrecht 1987.

Ackerman B., Social Justice in the Liberal State, New Haven 1980.

–, What is Neutral about Neutrality?, Ethics 93 (1983).

–, The Storrs Lectures; Discovering the Constitution, Yale Law Review 93 (1984), 1013-1072.

–, Why Dialogue?, Journal of Philosophy 86 (1989).

–, We the People, Cambridge/Mass. 1991.

Ahrens E. (Hg.), Habermas und die Theologie, Düsseldorf 1989.

Alexy R., Theorie der juristischen Argumentation, Frankfurt/M. 1978, 1990³.

–, Theorie der Grundrechte, Baden-Baden 1985 u. Frankfurt/M. 1986.

–, Probleme der Diskurstheorie, Zeitschrift für philosophische Forschung 43 (1989), 81-93.

–, Zur Kritik des Rechtspositivismus, in: Dreier (1990), 9-26.

–, Eine diskurstheoretische Konzeption der praktischen Vernunft, in: Maihofer/Sprenger (1993), 1-27.

Altman A., Legal Realism, Critical Legal Studies and Dworkin, Philosophy and Public Affairs 15 (1986), 202-235.

Apel K.-O., Transformation der Philosophie, 2 Bde., Frankfurt/M. 1973.

–, Das Apriori der Kommunikationsgemeinschaft, in: ders. (1973), Bd. II.

–, Der Denkweg von Charles S. Peirce, Frankfurt/M. 1975.

–, Sprache und Bedeutung, Wahrheit und normative Gültigkeit, Archivo di Filosofia 55 (1987), 51-88.

–, Diskurs und Verantwortung, Frankfurt/M. 1988.

–, Zurück zur Normalität?, in: ders. (1988).

–, Kann der postkantische Standpunkt der Moralität noch einmal in substantielle Sittlichkeit aufgehoben werden?, in: ders. (1988), 103-153.

–, Diskursethik vor der Problematik von Recht und Politik, in: Apel/Kettner (1992), 29-61.

Apel K.-O./Kettner M. (Hg.), Zur Anwendung der Diskursethik in Politik, Recht und Wissenschaft, Frankfurt/M. 1992.

Arendt H., Elemente und Ursprünge totalitärer Herrschaft, Frankfurt am Main 1955.

–, Vita Activa, Stuttgart 1960.

–, Über die Revolution, München 1965.

–, Macht und Gewalt, München 1970.

–, Das Urteilen, Texte zu Kants Politischer Philosophie, München 1982.

Arens P., Zivilprozeßrecht, München 1988⁴.

Arnaud A. J., Hilpinen R., Wroblewski J. (Hg.), Juristische Logik und Irrationalität im Recht, Beiheft 8, Rechtstheorie, 1985.

Assmann H. D., Wirtschaftsrecht in der Mixed Economy, Frankfurt/M. 1980.

Atiyah P.S., The Rise and Fall of Contract of Freedom, Oxford 1979.

Bachrach B., Die Theorie demokratischer Eliteherrschaft, Frankfurt/M. 1967.

Barbalet M., Citizenship, Stratford, England 1988.

Baur F. u.a. (Hg.), Funktionswandel der Privatrechtsinstitutionen, Festschrift für L. Raiser, Tübingen 1974.

Baynes K., The Normative Grounds of Social Criticism, Kant, Rawls, and Habermas, Albany, New York 1992.

Beck U., Risikogesellschaft, Frankfurt/M. 1986.

–, Gegengifte. Die organisierte Unverantwortlichkeit, Frankfurt/M. 1988.

Becker W., Die Freiheit, die wir meinen, München 1982.

Beiner R., Political Judgement, London, Chicago 1983.

Benhabib S., Critique, Norm and Utopia, New York 1986.

–, Liberal Dialogue vs.a Critical Theory of Discoursive Legitimation, in: Rosenblum (1989).

–, Situating the Self, Cambridge 1992.

–, Models of Public Space, in: dies. (1992), 89-120.

–, Feminism and the Question of Postmodernism, in: dies. (1992), 203-242.

Benjamin W., Der Surrealismus, Gesammelte Schriften II,3.

Bermbach U., Politische Institutionen und gesellschaftlicher Wandel, in: Hartwich (1989), 57-71.

Bethge H., Aktuelle Probleme der Grundrechtsdogmatik, Der Staat 24 (1985).

Bibo I., Die deutsche Hysterie, Frankfurt/M. 1991.

Blankenagel A., Tradition und Verfassung, Baden-Baden 1987.

Blühdorn J., Ritter J. (Hg.), Recht und Ethik, Frankfurt/M. 1970.

Bobbio N., The Future of Democracy, Cambridge/Mass. 1987.

–, Gramsci and the Concept of Civil Society, in: Keane (1988), 73-100.

Böckenförde E.W., Grundrechtstheorie und Grundrechtsinterpretation, in: Neue Juristische Wochenschrift 1974.

– (Hg.), Staat und Gesellschaft, Darmstadt 1976.

–, Recht, Freiheit, Staat, Frankfurt/M. 1991.

–, Das Bild vom Menschen in der Perspektive der heutigen Rechtsordnung, in: ders. (1991) 58-66.

–, Entstehung und Wandel des Rechtsstaatsbegriffs, in: ders. (1991), 143-169.

–, Die sozialen Grundrechte im Verfassungsgefüge, in: ders. (1991), 146-158.

–, Grundrechte als Grundsatznormen, in: ders. (1991).

Boyle J., The Politics of Reason: Critical Legal Theory and Local Social Thought, Pennsylvania Law Review 133 (1985), 685-780.

Brest P., The Fundamental Rights Controversy, Yale Law Journal 90 (1981), 1063-1109.

Broda C. (Hg.), Festschrift für R. Wassermann, Neuwied, Darmstadt 1985.

Brüggemeier G., Wirtschaftsordnung und Staatsverfassung, Rechtstheorie 8 (1982), 60-73.

–, Justizielle Schutzpolitik de lege lata, in: Brüggemeier/Hart (1987), 7-41.

Brüggemeier G./Hart D., Soziales Schuldrecht, Bremen 1987.

Brunkhorst H., Die Ästhetisierung der Intellektuellen, in: Frankfurter Rundschau vom 28. Nov. 1988.

–, Zur Dialektik von realer und idealer Kommunikationsgemeinschaft, in: A. Dorschel u. a. (Hg.), Transzendentalpragmatik, Frankfurt/M., 342-358.

Bubner R., Antike Themen und ihre moderne Verwandlung, Frankfurt/M. 1992.

–, Das sprachliche Medium der Politik, in: ders. (1992), 188-202.

Buchanan A. E., Marx and Justice, London 1982.

Calhoun C., Habermas and the Public Sphere, Cambridge/Mass. 1992.

Carens J. H., Aliens and Citizens: The Case for Open Borders, Review of Politics 49 (1987).

Cobb R./Elder Ch., The Politics of Agenda-Building, Journal of Politics (1971), 892-915.

Cobb R./Ross J. K./Ross M. H., Agenda Building as a Comparative Political Process, American Political Science Review 70 (1976), 126-138.

Cohen J., Deliberation and Democratic Legitimacy, in: Hamlin/Pettit (1989).

Cohen J./Rogers J., On Democracy, New York 1983.

Cohen J. L./Arato A., Civil Society and Political Theory, Cambridge/Mass. 1992.

Coing H., Zur Geschichte des Begriffs »subjektives Recht«, in Coing u. a. (1959).

–, Das Verhältnis der positiven Rechtswissenschaft zur Ethik im 19. Jahrhundert, in: Blühdorn/Ritter (1970).

– et al., Das subjektive Recht und der Rechtsschutz der Persönlichkeit, Frankfurt/M., Berlin 1959.

Conolly W. E., The Terms of Political Discourse, Lexington/Mass. 1974.

Czybulka D., Die Legitimation der öffentlichen Verwaltung, Heidelberg 1989.

Dahl R. A., A Preface to Economic Democracy, Oxford 1985.

–, Democracy and its Critics, New Haven 1989.

Daniels N. (Hg.), Reading Rawls, Oxford 1975.

Denninger E., Staatsrecht, Reinbek 1973.

–, Verfassungsrechtliche Schlüsselbegriffe, in: Broda Chr. (1985), wieder in: Denninger (1990).

–, Verfassung und Gesetz, in: Kritische Vierteljahresschrift für Gesetzgebung und Rechtswissenschaft (1986).

–, Der gebändigte Leviathan, Baden-Baden 1990.

–, Der Präventions-Staat, in: ders. (1990).

Derrida J., Gesetzeskraft. Der »mystische Grund der Autorität«, Frankfurt/M. 1991.

Dewey J., The Public and its Problems, Chicago 1954.

Dippel H., Die politischen Ideen der französischen Revolution, in: Pipers Handbuch der Politischen Ideen, Bd. 4, München 1986.

Downs A., An Economic Theory of Democracy, New York 1957.

Dreier R., Was ist und wozu Allgemeine Rechtstheorie?, Tübingen 1975.

–, Recht – Moral – Ideologie, Frankfurt/M. 1981.

–, Recht und Moral, in: ders. (1981).

–, Rechtsbegriff und Rechtsidee, Frankfurt/M. 1986.

683

– (Hg.), Rechtspositivismus und Wertbezug des Rechts, Stuttgart 1990.

–, Recht – Staat – Vernunft, Frankfurt/M. 1991.

–, Widerstandsrecht im Rechtsstaat?, in: ders. (1991), 39-72.

Dryzek J. S., Discursive Democracy, Cambridge 1990.

Dubiel H., Zivilreligion in der Massendemokratie, Manuskript 1989.

Durkheim E., Physik der Sitten und des Rechts, Frankfurt/M. 1991.

Dworkin R., Taking Rights Seriously, Cambridge/Mass. 1977; dt.: Bürgerrechte ernstgenommen, Frankfurt/M. 1984.

–, A Matter of Principle, Cambridge/Mass. 1985.

–, Principle, Policy, Procedure, in: ders. (1985), 72-103.

–, Law's Empire, Cambridge/Mass. 1986.

–, Liberal Community, Calif. Law Rev. 77 (1989), 479-589.

–, Foundations of Liberal Equality. The Tanner Lectures on Human Values, Vol. VIII, 1990.

Edelstein W./Nunner-Winkler G. (Hg.), Zur Bestimmung der Moral, Frankfurt/M. 1986.

Eder K., Die Entstehung staatlich organisierter Gesellschaften, Frankfurt/M. 1976.

–, Geschichte als Lernprozeß?, Frankfurt/M. 1985.

Eisenstadt S. N. (Hg.), Democracy and Modernity, Leiden 1992.

Ellscheid G./Hassemer W. (Hg.), Interessenjurisprudenz, Darmstadt 1974.

Elster J., The Market and the Forum, in: Elster/Hylland (1986).

–, The Cement of Society, Cambridge 1989.

–, Arguing and Bargaining, Manuskript 1991.

–, The Possibility of Rational Politics, in: Held (1991).

–, Arguing and Bargaining in Two Constituent Assemblies, The Storr Lectures, Yale Law School, 1991, Manuskript.

Elster J./Hylland A. (Hg.), Foundations of Social Choice Theory, Cambridge 1986.

Elster J./Slagstad R. (Hg.), Constitutionalism and Democracy, Cambridge 1988.

Ely J. H., Democracy and Distrust. A Theory of Judicial Review, Cambridge/Mass. 1980.

Ennecerus L., Allgemeiner Teil des bürgerlichen Rechts, Tübingen 1959[15].

Esser J., Grundsatz und Norm in der richterlichen Fortbildung des Privatrechts, Tübingen 1964.

–, Vorverständnis und Methodenwahl in der Rechtsfindung, Kronberg 1972.

Euchner W., Naturrecht und Politik bei John Locke, Frankfurt/M. 1979.

Ewald F., L'Etat Providence, Paris 1986.

Faber H., Verwaltungsrecht, Tübingen 1987.

Ferguson A., Versuch über die Geschichte der bürgerlichen Gesellschaft, Frankfurt/M. 1986.

Fetscher I./Münkler H. (Hg.), Pipers Handbuch politischer Ideen, Bd. 3, München 1985.

Fiss O., Objectivity and Interpretation, Standford Law Review 34 (1982), 739-763.

Forst R., Kontexte der Gerechtigkeit, Frankfurt/M. 1993.

Forsthoff E., Der Staat der Industriegesellschaft, München 1971.

684

– (Hg.), Rechtsstaatlichkeit und Sozialstaatlichkeit, Darmstadt 1968.

Forum für Philosophie Bad Homburg (Hg.), Die Ideen von 1789, Frankfurt/M. 1989.

Fraenkel E., Deutschland und die westlichen Demokratien, (hg. v. Alexander v. Brüneck), Frankfurt/M. 1991.

–, Die repräsentative und plebiszitäre Komponente im demokratischen Verfassungsstaat, in: ders. (1991), 153-203.

–, Parlament und öffentliche Meinung, in: ders. (1991).

Frankenberg G., Der Ernst im Recht, Kritische Justiz 20 (1987).

Frankenberg G./Rödel U., Von der Volkssouveränität zum Minderheitenschutz, Frankfurt/M. 1981.

Frankfurt H. The Importance of what we know about, Cambridge/Mass. 1988.

–, Freedom of the Will and the Concept of the Person, in: ders (1988), 11-25.

Fraser N., Unruly Practices, Oxford 1991.

–, Struggle over Needs, in: dies. (1991), 161-190.

–, Rethinking the Public Sphere, in: Calhoun (1992).

Frege G., Logische Untersuchungen, Göttingen 1966.

Friedman L. M., Transformations in American Legal Culture 1800-1985, Zeitschrift für Rechtssoziologie 6 (1985).

–, Total Justice, New York 1985.

Fröbel J., System der socialen Politik, Mannheim 1847.

–, Monarchie oder Republik, Mannheim 1848.

Fuller L., The Morality of Law, Chicago 1969.

Furet F., Vom Ereignis zum Gegenstand der Geschichtswissenschaft, Frankfurt/M. 1980.

–, La Revolution 1780-1880, Paris 1988.

Furet F./Richet D., Die Französische Revolution, Frankfurt/M. 1968.

Gadamer H. G., Wahrheit und Methode, Tübingen 1960.

Gehlen A., Der Mensch, Bonn 1950.

–, Urmensch und Spätkultur, Bonn 1956.

Gerhards J./Neidhardt F., Strukturen und Funktionen moderner Öffentlichkeit, Wissenschaftszentrum Berlin 1990.

Giddens A., Profiles and Critiques in Social Theory, London 1982.

Giegel H. J. (Hg.), Kommunikation und Konsens in modernen Gesellschaften, Frankfurt/M. 1992.

Glotz P., Der Irrweg des Nationalstaates, Stuttgart 1990.

Glusy Ch., Das Mehrheitsprinzip im demokratischen Staat, in: Guggenberger/Offe (1984), 61-82.

Göhler G. (Hg.), Grundfragen der Theorie politischer Institutionen, Opladen 1987.

Göhler G. u.a. (Hg.), Politische Institutionen im gesellschaftlichen Umbruch, Opladen 1990.

Goodin R., What is so Special about our Fellow Countrymen?, Ethics 98 (1988), 663-686.

Goodman D., Public Sphere and Private Life: Toward a Synthesis of Current

Historical Approaches to the Old Regime, History and Theory 31 (1992), 1-20.

Gorden R.W., Critical Legal Histories, Stanford Law Review (1984).

Görlitz A., Voigt R., Rechtspolitologie, Hamburg 1985.

Grawert R., Staatsangehörigkeit und Staatsbürgerschaft, Der Staat 23 (1984), 179-204.

–, Staatsvolk und Staatsangehörigkeit, in: Isensee/Kirchhoff (1987).

Grimm D., Reformalisierung des Rechtsstaats?, Juristische Schulung, H. 10 (1980), 704-709.

–, Recht und Staat der bürgerlichen Gesellschaft, Frankfurt/M. 1987.

– (Hg.), Wachsende Staatsaufgaben – sinkende Steuerungsfähigkeit des Rechts, Baden-Baden 1990.

–, Die Zukunft der Verfassung, Frankfurt/M. 1991.

–, Rückkehr zum liberalen Grundrechtsverständnis?, in: ders. (1991), 221-240.

–, Der Wandel der Staatsaufgaben und die Krise des Rechtsstaats, in: ders. (1991).

–, Verfassungsrechtliche Anmerkungen zum Thema Prävention, in: ders. (1991).

–, Interessenwahrung und Rechtsdurchsetzung in der Gesellschaft von morgen, in: ders. (1991).

Guggenberger B./Offe C. (Hg.), An den Grenzen der Mehrheitsdemokratie, Opladen 1984.

Gunsteren H.R. van, Admission to Citizenship, Ethics 98 (1988).

Günther K., Der Sinn für Angemessenheit, Frankfurt/M. 1988.

–, Ein normativer Begriff der Kohärenz. Für eine Theorie der juristischen Argumentation, Rechtstheorie 20 (1989).

–, Hero-Politics in Modern Legal Times, Institute for Legal Studies, Madison Law School, Series 4, Madison/Wi. 1990.

–, Der Wandel der Staatsaufgaben und die Krise des regulativen Rechts, in: Grimm (1990).

–, Kann ein Volk von Teufeln Recht und Staat moralisch legitimieren?, in: Rechtshistorisches Journal, Heft 10 (1991) 233-267.

–, Die Freiheit der Stellungnahme als politisches Grundrecht, in: Koller u.a. (1991).

–, Universalistische Normbegründung und Normanwendung, in: Herberger u.a. (1991).

–, Möglichkeiten einer diskursethischen Begründung des Strafrechts, in: Jung u.a. (1991), 205-217.

Gurevitch M./Blumler G., Political Communication Systems and Democratic Values, in: Lichtenberg (1990).

Häberle P., Grundrechte im Leistungsstaat, in: Veröffentlichungen der Vereinigung der Deutschen Staatsrechtslehrer 30 (1972), 43-131.

– (Hg.), Verfassungsgerichtsbarkeit, Darmstadt 1976.

–, Verfassung als öffentlicher Prozeß, Frankfurt/M. 1978.

–, Die Verfassung des Pluralismus, Frankfurt/M. 1980.

–, Die offene Gesellschaft der Verfassungsinterpreten, in: ders. (1980), 79-105.

Habermas J., Theorie und Praxis, Frankfurt/M. 1971.

–, Legitimationsprobleme im Spätkapitalismus, Frankfurt/M. 1973.

–, Zur Rekonstruktion des Historischen Materialismus, Frankfurt/M. 1976.

–, Theorie des kommunikativen Handelns, 2 Bde., Frankfurt/M. 1981 (a).

–, Philosophisch-politische Profile, Frankfurt/M. 1981 (b).

–, Zur Logik der Sozialwissenschaften, Frankfurt/M. 1982.

–, Moralbewußtsein und kommunikatives Handeln, Frankfurt/M. 1983.

–, Vorstudien und Ergänzungen zur Theorie des kommunikativen Handelns, Frankfurt/M. 1984.

–, Der philosophische Diskurs der Moderne, Frankfurt/M. 1985 (a).

–, Die neue Unübersichtlichkeit, Frankfurt/M. 1985 (b).

–, Gerechtigkeit und Solidarität, in: Edelstein/Nunner-Winkler (1986).

–, Eine Art Schadensabwicklung, Frankfurt/M. 1987.

–, Nachmetaphysisches Denken, Frankfurt/M. 1988.

–, Der Philosoph als wahrer Rechtslehrer: Rudolf Wiethölter, Kritische Justiz 22 (1989), 138-156.

–, Die nachholende Revolution, Frankfurt/M. 1990.

–, Strukturwandel der Öffentlichkeit, Frankfurt/M. 1990.

–, Erläuterungen zur Diskursethik, Frankfurt/M. 1991 (a).

–, Texte und Kontexte, Frankfurt/M. 1991 (b).

–, Vergangenheit als Zukunft, Zürich 1991 (c).

Habermas J./Friedeburg L. v./Oehler Ch./Weltz F., Student und Politik, Neuwied 1961.

Hall St. (Hg.), Culture, Media, Language, London 1980.

Hall St., Encoding and Decoding in TV-Discourse, in: ders. (1980), 128-138.

Hamlin A./Pettit B. (Hg.), The Good Polity, Oxford 1989.

Hankiss E., The Loss of Responsibility, in: MacLean/Montefiori/Winch (1990), 29-52.

Hart D., Soziale Steuerung durch Vertragsabschlußkontrolle, Kritische Vierteljahresschrift für Gesetzgebung und Rechtswissenschaft (1986).

Hart H. L. A., Der Begriff des Rechts, Frankfurt/M. 1973.

–, Rawls on Liberty and its Priority, in: Daniels (1975), 230-252.

Hartig A. I., Das Bicentennaire – eine Auferstehung?, in: Merkur, März 1989.

Hartwich H. H. (Hg.), Macht und Ohnmacht politischer Institutionen, Opladen 1989.

Hassemer W., Juristische Hermeneutik, Archiv für Rechts- und Sozialphilosophie 72 (1986).

–, Rechtsphilosophie, Rechtswissenschaft, Rechtspolitik, Archiv für Rechts- und Sozialphilosophie, Beiheft 44 (1991), 130-143.

Hayek F. A. v., Die Verfassung der Freiheit, Tübingen 1971.

Held D., Models of Democracy, Oxford 1987.

–, Political Theory and the Modern State, Oxford 1989.

–, Citizenship and Autonomy, in: ders. (1989), 214-242.

– (Hg.), Political Theory Today, Oxford 1991.

Heller H., Gesammelte Schriften, Leiden 1971.

687

Hellesness J., Toleranz und Dissens, Zeitschr. f. Phil. 40 (1992), 245-255.

Herberger M. u. a. (Hg.), Generalisierung und Individualisierung im Rechtsdenken, Archiv für Rechts- und Sozialphilosophie, Beiheft 45, 1991.

Hesse K., Verfassungsrecht und Privatrecht, Heidelberg 1988.

–, Grundzüge des Verfassungsrechts der Bundesrepublik Deutschland, Heidelberg 1990.

Hilgartner St., The Rise and Fall of Social Problems, American Journal of Sociology 94 (1988), 53-78.

Hirsch J., Der Sicherheitsstaat, Frankfurt/M. 1980.

Hobbes Th., Vom Menschen – Vom Bürger, Hamburg 1977.

–, Leviathan, Neuwied 1966.

Hoerster N. (Hg.), Recht und Moral, Göttingen 1972.

Hoerster N., Verteidigung des Rechtspositivismus, Frankfurt/M. 1989.

Höffe O., Politische Gerechtigkeit, Frankfurt/M. 1987.

–, Kategorische Rechtsprinzipien, Frankfurt/M. 1990.

–, Gerechtigkeit als Tausch? Baden-Baden 1991.

Hofman H., Das Postulat der Allgemeinheit des Gesetzes, in: Starck (1987), 9-48.

Holmes St., Gag Rules or the Politics of Omission, in: Elster/Slagstad (1988), 19-58.

Honneth A. u. a. (Hg.), Zwischenbetrachtungen im Prozeß der Aufklärung, Frankfurt/M. 1989.

Honneth A., Kampf um Anerkennung, Frankfurt/M. 1992.

Hoy D. C., Interpreting the Law: Hermeneutical and Poststructuralist Perspectives, Southern California Law Review 58 (1985), 135-176.

–, Dworkin's Constructive Optimism vs. Deconstructive Legal Nihilism, Law and Philosophy 6 (1987), 321-356.

Huber E. R., Rechtsstaat und Sozialstaat in der modernen Industriegesellschaft, in: Forsthoff (1968).

Huber H., Rechtstheorie, Verfassungsrecht, Völkerrecht, 1971.

–, Die Bedeutung der Grundrechte für die sozialen Beziehungen unter den Rechtsgenossen, in: ders. (1971).

Ihering R. v., Geist des römischen Rechts, Leipzig 1888.

Isensee J. v./Kirchhoff P. (Hg.), Handbuch des Staatsrechts, Heidelberg 1987.

Joerges Ch., Die Überarbeitung des BGB, die Sonderprivatrechte und die Unbestimmtheit des Rechts, Kritische Justiz (1987), 166-182.

–, Politische Rechtstheorie und Critical Legal Studies, in: Joerges/Trubek (1989), 597-644.

Joerges Ch./Trubek D. M. (Hg.), Critical Legal Thought: An American-German Debate, Baden-Baden 1989.

Johnson J., Habermas on Strategic and Communicative Action, Political Theory 19 (1991), 181-201.

Jung u. a. (Hg.), Recht und Moral, Baden-Baden 1991.

Kaase M., Massenkommunikation und politischer Prozeß, in: Kaase/Schulz (1989), 97-117.

Kaase M., Schulz W. (Hg.), Massenkommunikation, KZfSS 30, 1989.

Kahn P.W., Reason, Will and the Origins of American Constitutionalism, Yale Law Journal 98 (1989), 449-517.

Kahn-Freund O., Das soziale Ideal des Reichsarbeitsgerichts, in: Ramm (1966).

Kallscheuer O., Revisionismus und Reformismus, in: Pipers Handbuch der politischen Ideen, Bd. 4, München 1986.

Kant I., Die Metaphysik der Sitten, Werke (hg. von Wilhelm Weischedel) Bd. IV.

–, Grundlegung zur Metaphysik der Sitten, Werke, Bd. IV.

–, Über den Gemeinspruch, Werke, Bd. VI.

Kaufmann A., Theorie der Gerechtigkeit, Frankfurt/M. 1984.

–, Über die Wissenschaftlichkeit der Rechtswissenschaft, Archiv für Rechts- und Sozialphilosophie 72 (1986).

– (Hg.), Rechtsstaat und Menschenwürde, Festschrift für W. Maihofer, Frankfurt/M. 1986.

Kaufmann A., Recht und Rationalität, in: ders. (Hg.), Festschrift für W. Maihofer, Frankfurt/M. 1986.

–, Rechtsphilosophie in der Nach-Neuzeit, Heidelberg 1990.

Keane, J., Democracy and Civil Society, London 1988.

– (Hg.), Civil Society and the State, London 1988.

Keane J., The Media and Democracy, Cambridge 1991.

Kelsen H., Wer soll der Hüter der Verfassung sein?, in: Die Justiz VI (1931), 576-628.

–, Allgemeine Staatslehre, Bad Homburg 1968.

Kennedy D., Form and Substance in Private Law Adjucation, Harvard Law Review 89 (1976).

Kersting W., Wohlgeordnete Freiheit, Berlin 1984.

Kielmannsegg P., Ohne historisches Vorbild, FAZ vom 7. Dez. 1990.

Kleger H./Müller R., Religion des Bürgers, München 1986.

Knieper R., Nationale Souveränität. Versuch über Ende und Anfang einer Weltordnung, Frankfurt/M. 1991.

Koch H.J., Die juristische Methode im Staatsrecht, Frankfurt/M. 1977.

Kohlberg L., The Philosophy of Moral Development, Essays on Moral Development, Vol. I, San Francisco 1981.

Koller P. u.a. (Hg.), Theoretische Grundlagen der Rechtspolitik, Archiv für Rechts- und Sozialphilosophie, Beiheft 51, 1991.

Köndgen J., Selbstbindung ohne Vertrag, Tübingen 1981.

Koselleck R., Vergangene Zukunft, Frankfurt/M. 1979.

Koslowski P., Gesellschaft und Staat, Stuttgart 1982.

Kress K.J., Legal Reasoning and Coherence Theories: Dworkins Rights Thesis, Retroactivity and the Linear Order of Decisions, University of California Law Review 72 (1984), 369-402.

Kreuder Th. (Hg.), Der orientierungslose Leviathan, Marburg 1992.

Kriele M., Einführung in die Staatslehre, Reinbek 1975, Opladen 1981.

–, Recht und praktische Vernunft, Göttingen 1979.

Kübler F., Privatrecht und Demokratie, in: Baur u.a. (1974).

–, Über die praktischen Aufgaben zeitgemäßer Privatrechtstheorie, Karlsruhe 1975.

– (Hg.), Verrechtlichung von Wirtschaft, Arbeit und sozialer Solidarität, Baden-Baden 1984, Frankfurt/M. 1985.

–, Die neue Rundfunkordnung. Marktstruktur und Wettbewerbsbedingungen, in: Neue Juristische Wochenschrift, Heft 47 (1987), 2961-2967.

Kuhlmann W. (Hg.), Moralität und Sittlichkeit, Frankfurt/M. 1986.

Kunig Ph., Das Rechtsstaatsprinzip, Tübingen 1986.

Kuratorium für einen demokratisch verfaßten Bund Deutscher Länder (Hg.), In freier Selbstbestimmung. Für eine gesamtdeutsche Verfassung mit Volksentscheid, Berlin, Köln, Leipzig 1990 (Schriftenreihe der Heinrich-Böll-Stiftung, Heft 4, 1990).

Laker Th., Ziviler Ungehorsam, Baden-Baden 1986.

Langer C., Reform nach Prinzipien. Zur politischen Theorie Immanuel Kants, Stuttgart 1986.

Larmore Ch., Patterns of Moral Complexity, Cambridge 1987.

–, Political Liberalism, Political Theory 18 (1990).

Lepenies W., Melancholie und Gesellschaft, Frankfurt/M. 1969.

Lepsius M. R., Interessen, Ideen und Institutionen, Opladen 1990.

–, Ethnos und Demos, in: ders. (1990), 247-255.

–, Der europäische Nationalstaat, in: ders. (1990).

Lichtenberg J. (Hg.), Democracy and the Mass Media, Cambridge/Mass. 1990.

Lösche P., Anarchismus, in: Pipers Handbuch der Politischen Ideen, Bd. 4, München 1986.

Löwith K., Weltgeschichte und Heilsgeschehen, Stuttgart 1953.

Lüderssen K., Genesis und Geltung im Recht, Frankfurt/M. 1993.

–, Die Steuerungsfunktion des Gesetzes – Überformung oder Gegensteuerung zur Entwicklungstendenz einer Gesellschaft, in: ders. (1992).

Luhmann N., Legitimation durch Verfahren, Neuwied 1969.

–, Normen in soziologischer Perspektive, Soziale Welt 20 (1969).

–, Ausdifferenzierung des Rechts, Frankfurt/M. 1981.

–, Politische Theorie im Wohlfahrtsstaat, München 1981.

–, Rechtssoziologie, Opladen 1983.

–, Einige Probleme mit »reflexivem« Recht, Zeitschr. f. Rechtstheorie 6 (1985).

–, Die soziologische Beobachtung des Rechts, Frankfurt/M. 1986.

–, Ökologische Kommunikation, Opladen 1986.

–, Intersubjektivität oder Kommunikation, Archivo di Filosofia, Vol. LIV, 1986.

–, Politische Steuerung. Ein Diskussionsbeitrag, in: Politische Vierteljahresschrift 30 (1989), 4-9.

–, Gesellschaftsstruktur und Semantik, 3 Bde., Frankfurt/M. 1990.

–, Juristische Argumentation, Manuskript 1991.

–, Beobachtungen der Moderne, Köln 1992.

MacCormick N., Legal Reasoning and Legal Theory, Oxford 1978.

MacIntyre A., Whose Justice? Which Rationality? Notre Dame/Ind. 1988.

MacKinnon C. A., Towards a Feminist Theory of the State, Cambridge/Mass. 1989.

MacLean J./Montefiori A./Winch P. (Hg.), The Political Responsibility of Intellectuals, Cambridge 1990.

Macpherson C.B., Die politische Theorie des Besitzindividualismus, Frankfurt/M. 1973.

Maier Ch.S. (Hg.), Changing Boundaries of the Political, Cambridge 1987.

Maihofer W. (Hg.), Begriff und Wesen des Rechts, Darmstadt 1973.

Maihofer W./Sprenger G. (Hg.), Praktische Vernunft und Theorien der Gerechtigkeit. Vorträge des 15. IVR-Weltkongresses in Göttingen, August 1991, Bd. 1, Stuttgart 1993 (Archiv für Rechts- und Sozialphilosophie Beiheft 50).

Manin B., On Legitimacy and Political Deliberation, Political Theory 15 (1987).

Mansbridge J., Self-Interest in Political Life, Political Theory 18 (1990), 132-153.

March J.G./Olsen J.P., The New Institutionalism: Organizational Factors of Political Life, in: American Political Science Review 77 (1984), 734-749.

–, Popular Souvereignity and the Search for Appropriate Institutions, Journal of Public Policy 6 (1984), 341-370.

–, Rediscovering Institutions. The Organisational Basis of Politics, New York 1989.

Markov W., Die Jakobinerfrage heute, Berlin 1967.

Marshall T.H., Citizenship and Social Class, Cambridge/Mass. 1950, wieder in: ders. (1973); dt. in: ders., Bürgerrecht und soziale Klassen, Frankfurt/M. 1992, 33-94.

–, Class, Citizenship and Social Development, Westport/Conn. 1973.

Marx K., Der 18. Brumaire des Louis Napoleon, Berlin 1953.

Mashaw J.L., Due Process in the Administrative State, New Haven 1985.

Maus I., Entwicklung und Funktionswandel des bürgerlichen Rechtsstaates, in: Tohidipur (1978), Bd. I.

–, Bürgerliche Rechtstheorie und Faschismus, München 1980.

–, Rechtstheorie und politische Theorie im Industriekapitalismus, München 1986.

–, Entwicklung und Funktionswandel der Theorie des bürgerlichen Rechtsstaats, in: dies. (1986), 11-82, auch in: Göhler (1987).

–, Verrechtlichung, Entrechtlichung und der Funktionswandel von Institutionen, in dies. (1986), 277-331.

–, Die Trennung von Recht und Moral als Begrenzung des Rechts, Rechtstheorie 20 (1989), 191-210.

–, Zur Theorie der Institutionalisierung bei Kant, in: Göhler u.a. (Hg.) (1990).

–, Zur Aufklärung der Demokratietheorie, Frankfurt/M. 1992.

–, Basisdemokratische Aktivitäten und rechtsstaatliche Verfassung, in: Kreuder (1992), 99-116.

Mayntz R. (Hg.), Implementation politischer Programme II, Opladen 1983.

–, Steuerung, Steuerungsakte, Steuerungsinstrumente, H. 70, Hi-Mon, Gesamthochschule Siegen 1986.

McCarthy J.E., Semiotic Idealism, Transactions of the Ch.S. Peirce Society, Vol. 20, 1984.

Menke-Eggers Ch., Die Souveränität der Kunst, Frankfurt/M. 1988.

Merry H.J., Five Branch Government, Urbana/Ill. 1980.

Mestmäcker E. J., Der Kampf ums Recht in der offenen Gesellschaft, Rechtstheorie 20 (1989), 273-288.

–, Die Wiederkehr der bürgerlichen Gesellschaft und ihres Rechts, Rechtshistorisches Journal 10 (1991), 177-184.

Michelman F. I., The Supreme Court 1985 Term, Foreword, Havard Law Review 100 (1986), 4-77.

–, Justification (and Justifiability) of Law, Nomos, Vol. XVIII (1986).

–, Justification and the Justifiability of Law in a Contradictory World, Nomos, Vol. XVIII (1986).

–, Political Truth and the Rule of Law, Tel Aviv University Studies in Law 8 (1988).

–, Law's Republic, The Yale Law Journal, Vol. 97 (1988).

–, Bringing the Law to Life, Cornell Law Review 74 (1989).

–, Conceptions of Democracy in American Constitutional Argument: The Case of Pornography Regulation, Tennessee Law Review 56 (1989).

–, Conceptions of Democracy in American Constitutional Argument: Voting Rights, Florida Law Review 41 (1989), 443-490.

Millar J., Vom Ursprung des Unterschieds in den Rangordnungen und Ständen der Gesellschaft, Frankfurt/M. 1967.

Miller D., The Ethical Significance of Nationality, Ethics 98 (1988).

Minda G., The Jurisprudential Movements of the 1980s, Ohio State Law Journal 50 (1989), 599-662.

Minow M., Making all the Difference. Inclusion, Exclusion and American Law, Ithaca 1990.

Moon J. D., Constrained Discourse and Public Life, Political Theory 19 (1991), 202-229.

Morley D., Family Television, London 1988.

Münch R., Theorie des Handelns, Frankfurt/M. 1982.

–, Die sprachlose Systemtheorie, Zeitschr. f. Rechtstheorie 6 (1985).

–, Die Kultur der Moderne, 2 Bde., Frankfurt/M. 1986.

Naucke W., Die Wechselwirkung zwischen Strafziel und Verbrechensbegriff, Stuttgart 1985.

–, Versuch über den aktuellen Stil des Rechts, Schriften der H. Ehlers-Akademie 19 (1986).

Negt O./Mohl E. Th., Marx und Engels – der unaufgehobene Widerspruch von Theorie und Praxis, in: Pipers Handbuch der Politischen Ideen, Bd. 4, München 1986.

Neumann U., Juristische Argumentationslehre, Darmstadt 1986.

–, Rückwirkungsverbot bei belastenden Rechtsprechungsänderungen der Strafgerichte?, in: Zeitschrift für die gesamte Staatswissenschaft 103 (1991), 331-356.

Offe C., Contradictions of the Welfare State, London 1984.

–, Challenging the Boundaries of Institutional Politics: Social Movements since the 1960s, in: Maier (1987), 63-106.

–, Bindung, Fessel, Bremse, in: Honneth u. a. (1989).

Offe C./Preuß U.K., Democratic Institutions and Moral Resources, in: Held (1991).

Ogorek R., Richterkönig oder Subsumtionsautomat. Zur Justiztheorie im 19. Jahrhundert, München 1986.

Papier H.J., Eigentumsgarantie des Grundgesetzes im Wandel, Heidelberg 1984.

Parsons T., Sociological Theory and Modern Society, New Nork 1967.

–, On the Concept of Influence, in: ders. (1967), 355-382.

–, The System of Modern Societies, Englewood Cliffs 1971.

Parsons T./Shils E., Toward a General Theory of Action, New York 1951.

Parsons T./Bales R.F./Shils E., Working Papers in the Theory of Action, New York 1953.

Pateman C., The Problem of Political Obligation, Oxford 1979.

Peirce Ch.S., Collected Papers, Vol I-VIII, Cambridge/Mass. 1966.

Perry M.J., Morality, Politics and Law, Oxford 1988.

Peters B., Rationalität, Recht und Gesellschaft, Frankfurt/M. 1991.

–, Die Integration moderner Gesellschaften, Frankfurt/M. 1993.

Pitkin H., Justice. On Relating Private and Public, Political Theory 9 (1981).

Pocock J.G.A., The Machiavellian Moment: Florentine Political Thought and the Atlantic Republican Tradition, Princeton 1975.

–, Virtues, Rights, and Manners, Political Theory 9 (1981), 353-368.

Popitz H., Die normative Konstruktion von Gesellschaft, Tübingen 1980.

Posposil L., Anthropologie des Rechts, München 1982.

Preuß U.K., Legalität und Pluralismus, Frankfurt/M. 1973.

–, Die Internalisierung des Subjekts, Frankfurt/M. 1979.

–, Was heißt radikale Demokratie heute?, in: Forum für Philosophie Bad Homburg (1989), 37-67.

–, Revolution, Fortschritt und Verfassung. Zu einem neuen Verfassungsverständnis, Berlin 1990.

–, Verfassungstheoretische Überlegungen zur normativen Begründung des Wohlfahrtsstaates, in: Sachße u.a. (1990).

Puchta G.F., Cursus der Institutionen, Leipzig 1865.

Puhle H.J., Die Anfänge des politischen Konservatismus in Deutschland, in: Pipers Handbuch der Politischen Ideen, Bd. 4, München 1986.

Putnam H., Why Reason can't be naturalized, Synthese 52 (1982), 1-23.

–, Vernunft, Wahrheit und Geschichte, Frankfurt/M. 1982.

Raiser L., Die Zukunft des Privatrechts, Berlin 1971.

–, Die Aufgabe des Privatrechts, Frankfurt/M. 1977.

–, Der Stand der Lehre vom subjektiven Recht im Deutschen Zivilrecht, in: ders. (1977).

Raiser Th., Rechtssoziologie, Frankfurt/M. 1987.

Ramm Th. (Hg.), Arbeitsrecht und Politik, Frankfurt/M. 1966.

Raschke J., Soziale Bewegungen, Frankfurt/M. 1985.

Rawls J., Justice as Fairness: Political not Metaphysical, Philosophical and Public Affairs, Vol. 14 (1985).

693

–, Theorie der Gerechtigkeit, Frankfurt/M. 1975.

–, Kantian Constructivism in Moral Theory, Journal of Philosophy, Vol. 77 (1980), 515-572.

–, The Tanner Lectures on Human Values 1982 (hg. von St. McMurrin), Salt Lake City 1983.

–, The Basic Liberties and their Priorities, in: ders. (1983).

–, The Domain of the Political and Overlapping Consensus, Manuskript 1989.

–, Die Idee des politischen Liberalismus, Frankfurt/M 1992.

Regh W., Insight and Solidarity, The Idea of a Discourse Ethics, Diss. phil., Northwestern University, Evanston 1991.

Regh W., Discourse and the Moral Point of View: Deriving a Dialogical Principle of Universalization, Inquiry 34 (1991), 27-48.

Rehbinder E., Reflexives Recht und Praxis, Jahrbuch für Rechtssoziologie und Rechtstheorie, Bd. XII (1988), 109-129.

Richards D. A. J., Moral Philosophy and the Search for Fundamental Values in Constitutional Law, Ohio State Law Journal 42 (1981).

Ridder H., Die soziale Ordnung des Grundgesetzes, Opladen 1975.

Ritter J., Metaphysik und Politik, Frankfurt/M. 1969.

Rödel U. (Hg.), Autonome Gesellschaft und libertäre Demokratie, Frankfurt/M. 1990.

Rödel U./Frankenberg G./Dubiel H., Die demokratische Frage, Frankfurt/M. 1989.

Rohde D. L., Justice and Gender, Cambridge/Mass. 1989.

Rolke L., Protestbewegungen in der Bundesrepublik, Opladen 1987.

Roniger L., Conditions for the Consolidation of Democracy in Southern Europe and Latin America, in: Eisenstadt (1992), 53-68.

Rorty R., Solidarität oder Objektivität, Stuttgart 1988.

–, Der Vorrang der Demokratie vor der Philosophie. In: ders. (1988).

Rosenblum N. (Hg.), Liberalism and the Moral Life, Cambridge/Mass. 1989.

Rousseau J.-J., Contrat Social III, 1; deutsch: Staat und Gesellschaft, München 1959.

Royce J., The Spirit of Modern Philosophy, Boston 1892.

Rupp H. H., Vom Wandel der Grundrechte, Archiv des öffentlichen Rechts (1976).

Rüsen J. u. a. (Hg.), Die Zukunft der Aufklärung, Frankfurt/M. 1988.

Rüthers B., Die unbegrenzte Auslegung, Frankfurt/M. 1973.

Sachße Ch. u. a. (Hg.), Sicherheit und Freiheit, Frankfurt/M. 1990.

Salgo R., Soll die Zuständigkeit des Familiengerichts erweitert werden?, Zeitschrift für das gesamte Familienrecht 31 (1984).

Savigny F. C. v., System des heutigen Römischen Rechts, Berlin 1840.

Scharpf F. W., Demokratietheorie zwischen Utopie und Anpassung, Konstanz 1970.

–, Verhandlungssysteme, Verteilungskonflikte und Pathologien der politischen Steuerung, in: Politische Vierteljahresschrift, Sonderheft »Staatstätigkeit«, 19 (1989), 61-67.

–, Politische Steuerung und politische Institution, in: Politische Vierteljahresschrift 30 (1989), 10-21.

–, Politische Steuerung und politische Institution, in: Hartwich (1989), 17-29.

Schattschneider E. E., The Semisouvereign People, New York 1960.

Scheit H., Wahrheit – Demokratie – Diskurs, Freiburg 1987.

Schelling Th., Micromotives and Macrobehavior, New York 1978.

Schelsky H., Die Soziologen und das Recht, Opladen 1980.

Schlosser H., Grundzüge der neueren Privatrechtsgeschichte, Heidelberg 1982.

Schluchter W., Die Entwicklung des okzidentalen Rationalismus, Tübingen 1979.

–, Religion und Lebensführung, Frankfurt/M. 1988.

–, Beiträge zur Werttheorie, in: ders. (1988).

Schmidt E., Von der Privat- zur Sozialautonomie, Juristenzeitung 35 (1980).

Schmidt J., Zur Funktion der subjektiven Rechte, Archiv für Rechts- u. Sozialphilosophie, Bd. 57 (1971), 383-396.

Schmidt W., Einführung in die Probleme des Verwaltungsrechts, München 1982.

Schmidt-Assmann E., Der Rechtsstaat, in: Isensee/Kirchhoff (1987).

Schmitt C., Die geistesgeschichtliche Lage des heutigen Parlamentarismus, Berlin 1926.

–, Verfassungslehre, Berlin 1928.

–, Der Hüter der Verfassung, Tübingen 1931.

–, Über drei Arten des rechtswissenschaftlichen Denkens, Hamburg 1934.

Schnädelbach H., Was ist Neoaristotelismus?, in: Kuhlmann (1986).

Schnur R. (Hg.), Zur Geschichte der Erklärung der Menschenrechte, Darmstadt 1964.

Schulin E., Die Französische Revolution, München 1988.

Schumpeter J. A., Kapitalismus, Sozialismus und Demokratie, Bern 1950.

Schüssler-Fiorenza F., Die Kirche als Interpretationsgemeinschaft, in: Ahrens (1989), 115-144.

Sen A., Rational Fools, Philosophy and Public Affairs 6 (1977).

Shuck P. H., Smith R. M., Citizenship without Consent, New Haven 1985.

Shue H., Mediating Duties, Ethics 98 (1988), 687-704.

Simitis S., Zur Verrechtlichung der Arbeitsbeziehungen, in: Kübler (1984), 73-166.

–, Selbstbestimmung: Illusorisches Projekt oder reale Chance?, in: Rüsen u. a. (1988).

–, Wiederentdeckung des Individuums und arbeitsrechtliche Normen, Sinzheimer Cahiers 2 (1991), 7-42.

Simon H., Rational Decision Making in Business Organizations, in: Models of Bounded Rationality, Bd. 2, Cambridge/Mass. 1982.

Smart C., Feminism and the Power of Law, London 1989.

Smith T., The Role of Ethics in Social Theory, Albany, New York 1991.

Starck Ch. (Hg.), Die Allgemeinheit des Gesetzes, Göttingen 1987.

Starobinski J., 1789 – Die Embleme der Vernunft, München 1988.

Steiner H. J., Moral Argument and Social Vision, Madison/Wisc. 1987.

Suhr D., Staat – Gesellschaft – Verfassung, Der Staat 17 (1978).

Sumners R. S., Instrumentalism and American Legal Theory, Ithaca 1982.
–, Lon Fuller, Stanford 1984.
Sunstein C. R., Interest Groups in American Public Law, Stanford Law Review 38 (1985).
–, After the Rights Revolution, Cambridge/Mass. 1990.
Taylor Ch., Negative Freiheit?, Frankfurt/M. 1988.
–, Legitimationskrise, in: ders. (1988).
–, Was ist menschliches Handeln?, in: ders. (1988).
–, Sources of the Self, Cambridge/Mass. 1989.
–, The Liberal-Communitarian Debate, in: Rosenblum (1989).
Teubner G., Reflexives Recht, Archiv für Rechts- u. Sozialphilosophie 68, (1982).
–, Substantive and Reflexive Elements in Modern Law, 17, Law and Society Review 239, 1983.
–, Verrechtlichung – Begriffe, Merkmale, Grenzen, Auswege, in: Kübler (1984) 289-344.
– (Hg.), Dilemmas of Law in the Welfare State, Berlin 1986.
– (Hg.), Autopoietic Law: A New Approach to Law and Society, Berlin 1988.
–, Recht als autopoietisches System, Frankfurt/M. 1989.
–, Regulatorisches Recht: Chronik eines angekündigten Todes, Archiv für Rechts- u. Sozialphilosophie, Beiheft 54 (1990), 140-161.
–, Die Episteme des Rechts, in: Grimm (1990).
Thadden R. v., Die Botschaft der Brüderlichkeit, in: Süddeutsche Zeitung vom 26./ 27. Nov. 1988.
Thompson J. B., Ideology and Modern Culture, Cambridge 1990.
Tohidipur M. (Hg.), Der bürgerliche Rechtsstaat I, Frankfurt/M. 1978.
Toulmin St., Der Gebrauch von Argumenten, Kronberg 1975.
Toulmin St./Rieke R./Janik A., An Introduction to Reasoning, New York 1979.
Tribe L. H., The Puzzling Persistence of Process-Based Constitutional Theories, Yale Law Journal 89 (1980), 1063-1080.
Trubek D. M./Esser J. P., Critical Empiricism and American Critical Legal Studies, in: Joerges/Trubek (1989).
Tugendhat E., Einführung in die sprachanalytische Pilosophie, Frankfurt/M. 1976.
–, Selbstbewußtsein und Selbstbestimmung, Frankfurt/M. 1979.
Tuori K., Discourse Ethics and the Legitimacy of Law, Ratio Juris 2 (1989), 125-143.
Turner B. S., Citizenship and Capitalism, London 1986.
Unger R. M., Law and Society, New York 1976.
–, The Critical Legal Studies Movement, Cambridge/Mass. 1986.
Varain H. J., Die Bedeutung des Mehrheitsprinzips, in: Guggenberger/Offe (1984).
Voigt R. (Hg.), Abschied vom Recht?, Frankfurt/M. 1983.
Vollrath E., Die Rekonstruktion der politischen Urteilskraft, Stuttgart 1977.
Walzer M., Spheres of Justice, New York 1983.
–, The Communitarian Critique of Liberalism, Political Theory 18 (1990).
Weber M., Wirtschaft und Gesellschaft, Köln 1956 (1964).

–, Rechtssoziologie (hg. von J. Winckelmann), Neuwied 1960.

–, Methodologische Schriften, Frankfurt/M. 1968.

–, Über einige Kategorien der verstehenden Soziologie, in: ders. (1968).

Weber W., Spannungen und Kräfte im westdeutschen Verfassungssystem, Stuttgart 1951.

Weinberger O., Der Streit um die praktische Vernunft, in: Maihofer/Sprenger (1993), 29-47.

Wellmer A., Ethik und Dialog, Frankfurt/M. 1986.

–, Models of Freedom in the Modern World, The Philosophical Forum XXI (1989/90), 227-252.

–, Konsens als Telos sprachlicher Kommunikation?, in: Giegel H.J. (1992), 18-30.

Wesel U., Frühformen des Rechts in vorstaatlichen Gesellschaften, Frankfurt/M. 1985.

Westbrook R.B., J. Dewey and American Democracy, Ithaca 1991.

Wieacker F., Privatrechtsgeschichte der Neuzeit, Göttingen 1967.

–, Industriegesellschaft und Privatrechtsordnung, Frankfurt/M. 1974.

–, Das Sozialmodell der klassischen Privatrechtsgesetzbücher und die Entwicklung der modernen Gesellschaft, in: ders. (1974).

Wiethölter R., Proceduralization of the Category of Law, in: Joerges/Trubek (1989), 501-510.

–, Ist unserem Recht der Prozeß zu machen?, in: Honneth u.a. (1989), 794-812.

Willke H., Ironie des Staates, Frankfurt/M. 1992.

Windscheid B., Lehrbuch des Pandektenrechts, Frankfurt/M. 1906.

Wingert L., Gemeinsinn und Moral, Frankfurt/M. 1993.

Winzeler R., Die politischen Rechte des Aktivbürgers nach schweizerischem Bundesrecht, Bern 1983.

Wroblewski J., Legal Syllogism and Rationality of Judicial Decision, Rechtstheorie 5 (1974).

Young I.M., Justice and the Politics of Difference, Princeton 1990.

Zacher H.F., Verrechtlichung im Bereich des Sozialen, in: Kübler (1984), 14-72.

Namenregister